Günther Anders
Hiroshima ist überall

Günther Anders

Hiroshima ist überall

Verlag C. H. Beck München

Dieser Sammelband enthält die folgenden Schriften von
Günther Anders zur atomaren Situation:

Der Mann auf der Brücke. Tagebuch aus Hiroshima und Nagasaki
C.H. Beck, München [2]1963 (1959)

Off limits für das Gewissen. Der Briefwechsel zwischen dem Hiroshima-Piloten Claude Eatherly und Günther Anders
Herausgegeben und eingeleitet von Robert Jungk
Rowohlt, Reinbek [4]1962 (1961)

Die Toten. Rede über die drei Weltkriege
Pahl-Rugenstein, Köln 1965

Mit drei Abbildungen

CIP-Kurztitelaufnahme der Deutschen Bibliothek
Anders, Günther:
Hiroshima ist überall / Günther Anders. –
München: Beck, 1982.
ISBN 3 406 08889 9

ISBN 3 406 08889 9

Umschlagentwurf von Bruno Schachtner, Dachau

Satz und Druck: C. H. Beck'sche Buchdruckerei, Nördlingen
Printed in Germany

Jenen Staatsmännern, Industriellen, Wissenschaftlern und Publizisten,

die zu denkfaul sind oder moralisch zu beschränkt, um sich die Folgen ihres Tuns vorzustellen,

und die unfähig bleiben zu begreifen, daß sie durch ihre pausenlose Erpressung und Terrorisierung der Menschheit

den von ihnen selbstgerecht verdammten Namen *Terroristen* als die Ersten verdienen.

Inhalt

Einleitung 1982

Seite IX

Der Mann auf der Brücke

Tagebuch aus Hiroshima und Nagasaki (1958)

Seite 1

Off limits für das Gewissen

*Der Briefwechsel zwischen
dem Hiroshima-Piloten Claude Eatherly
und Günther Anders (1959–1961)
Mit einem Vorwort von Bertrand Russell
und einer Einleitung von Robert Jungk*

Seite 191

Die Toten

Rede über die drei Weltkriege (1964)

Seite 361

Einleitung 1982

I

Der Titel dieses Buches stammt so wenig wie der in diesem behandelte Tatbestand von heute, sondern aus meinen, im Jahre 1959 formulierten, „*Thesen zum Atomzeitalter*". Damals war die Aussage vielleicht noch eine Übertreibung gewesen. Nun aber ist sie *wahr geworden:* nicht *heute noch wahr* ist sie, sondern *heute erst ganz wahr.* Aus diesem Grunde hielt ich es für überflüssig, einen neuen Reiztitel zu erfinden.

Die vor mehr als zwei Jahrzehnten formulierten Einsichten zu haben, das hatte damals keinen Gran einer prognostischen Gabe erfordert. Wer die Momentaufnahme einer Hochschwangeren macht und dieser, wenn sie so töricht ist, ihren Zustand zu verkennen oder sich durch ihre Mitmenschen ausreden zu lassen, die Wahrheit mitteilt, also: sie werde wohl im Verlaufe der nächsten Wochen ein Kind kriegen, der bezeugt dadurch wahrhaftig *kein Sondertalent.* Die mir, durchweg besten Willens, ein solches deshalb nachsagen, weil ich seinerzeit die „Schwangerschaft" der Weltsituation gesehen hatte, also so *normal* gewesen war, diese zu erkennen und Momentaufnahmen von dieser zu machen, die beweisen damit nur ihre eigene visuelle Schwäche, um nicht zu sagen: ihre damalige *Blindheit.* Natürlich hat es damals Tausende, sogar Hunderttausende wie mich gegeben, darunter auch Naturwissenschaftler ersten Ranges, die sogar von den *blutigen Befürwortern der atomaren Rüstung* (bei denen ich als „blutiger Laie" gelte) als sachverständig nicht bestritten werden können. (Freilich de facto bestritten worden sind und noch werden.)[1] Und völlig ungehört sind wir damals ja nicht geblieben. In den sechziger Jahren war ja eine *Massenbewegung* entstanden, die „*Kampf dem Atomtod*"-*Bewegung,* die, namentlich in der Bundesrepublik, ihren jährlichen Höhepunkt in den sogenannten „Ostermärschen" erreichte.[2] Diese damals von einer der großen bundesrepublikanischen Parteien willkommen geheißene Bewegung ist dann – die triste Geschichte dieses ausdrücklichen

Absterbenlassens ist niemals geschrieben worden – durch das Zusperren des Finanzhahns zum Stillstand gekommen. Und dieses Zusperren war seinerseits natürlich durch den Druck Washingtons veranlaßt worden, das die „Stimmungsmache" gegen Hiroshima, Nagasaki und die Atomdrohung, nicht anders als später den Protest gegen den Völkermord in Vietnam, als *antiamerikanisch*; damit automatisch als *prosowjetisch*, nein sogar als *„ferngelenkt"*, verdächtigte. Und dieser Verdacht, der drüben erzeugt worden war, der genügte leider, um Staatsmänner hüben einzuschüchtern, sogar das Wort *„Frieden"* als *„unabendländisch"* zu verketzern. Für die damals enthusiastische jugendliche Generation war es natürlich aufs tiefste enttäuschend, erleben zu müssen, daß ihre *erste große moralische Bewegung nach dem Zusammenbruch des Nationalsozialismus* durch den Wink von oben bzw. von drüben prompt stillgelegt werden konnte. Von diesem moralischen Schock und von dieser Enttäuschung hat sich die damalige deutsche Jugend, die unterdessen ihre Jugend eingebüßt hat, nicht sofort erholen können, dies um so weniger, als ihr Land ja in vielen anderen Hinsichten aufs üppigste zu prosperieren schien. Der eigene Wagen, die Zweitwohnung und die Flüge nach Mallorca schienen die Atomgefahr zu widerlegen, mindestens *emotional zu widerlegen.*

Und vergessen wurde die Antiatombewegung auch deshalb, weil *Substitute* für sie auftauchten. Denn bald setzten ja jene internationalen Bewegungen, zum großen Teile Jugendbewegungen, ein, die teils gegen den Vietnamkrieg waren, teils die Ideale des Jahres 68 verfolgten, teils den Feminismus zur Welt brachten. An einer dieser Bewegungen habe auch ich damals aktiv teilgenommen.[3] Und keiner dieser Substitutsbewegungen kann man nachsagen (was z. B. die Züricher Bourgeoisie getan hat), daß sie eine „Rowdybewegung" gewesen sei. Keine Frage: sie waren und sind legitime politische Bewegungen. Und trotzdem gilt: Die für unser Zeitalter (und für alle eventuellen weiteren) ausschlaggebende causa: *die der steigenden Atomrüstung und die der damit verbundenen „Atomtod"-Drohung haben diese Revoltierenden doch ausgelassen, die notwendige Hauptrevolte haben sie durch Nebenrevolten überspielt, den Kampf gegen eine weltlose Zukunft oder zukunftlose Welt durch fast ausschließlichen Kampf gegen gegenwärtige Übel oder gegen Übel in einer unbezweifelten Zukunft ersetzt.* Damit haben sie sich leider jahrelang begnügt. Und vielleicht ist sogar der Verdacht berechtigt, daß den herrschenden Mächten diese *Ersatz-*

rebellionen garnicht so unwillkommen gewesen sind, wie sie es vorgegeben haben. Denn während sich diese Rebellionen abspielten, konnten die Weltmächte ihre wahnsinnige atomare Rüstungssteigerung ungestört weiterbetreiben.

Wie gesagt, war ich damals, in der ersten Phase, im „*Kampf dem Atomtod*" nur *einer unter Abertausenden* gewesen. Wenn mir eine *spezielle Aufgabe* zugefallen war, so hatte diese allein darin bestanden, zu versuchen, *die weit verbreitete Sprachlosigkeit zu überwinden*, genauer: die philosophische und literarische Vorbildung, die nicht mein persönliches Verdienst, sondern eine Gunst des Schicksals gewesen war, dazu zu benutzen, um *für die total neue und unerhörte Situation*, die die Zeitgenossen begreiflicher-, sogar verzeihlicherweise, nicht angemessen benennen und formulieren konnten (auch heute noch nicht können, und das gilt von den Besten bis tief hinunter zu Reagan), *ein einigermaßen angemessenes Vokabular und eine der Enormität würdige Sprechweise zu finden oder zu erfinden.*

Da man dasjenige, was man sprachlich nicht meistert, nicht verstehen, nein: noch nicht einmal vorstellen, nein: noch nicht einmal richtig wahrnehmen kann, hielt ich die Formulierungsaufgabe für absolut geboten. Wenn mein Versuch nicht ganz erfolglos geblieben ist, so hat mich dieser doch Jahre gekostet. Den Stupor, in den mich die berühmte Rundfunk-Nachricht am 6. August 1945 versetzt hatte, den habe ich viele Jahre lang nicht überwinden oder durch Sprechen lockern können. Erst in den frühen fünfziger Jahren, 1952 oder 1953, lange nach der Rückkehr aus dem amerikanischen Exil, ist mir der erste unsichere Schritt gelungen. Erst damals zwang ich mich, unter einem Nußbaum in einem Sommergarten nahe Leibniz sitzend – ich hatte mir gewissermaßen ein Ultimatum gestellt – *doch* ein paar Sätze über diesen „Gegenstand" zu Papier zu bringen, da dieser ja immerhin der wichtigste überhaupt wäre, und da neben der „Beschäftigung" mit diesem „Thema" jede mit einem anderen unentschuldbar, nein läppisch sein würde. Aber was ich da, nicht etwa flüssig schreibend, sondern jeden einzelnen Buchstaben zögernd malend, zusammenbrachte, war kaum mehr als das *Bekenntnis meiner Unfähigkeit*, nein: *unserer Unfähigkeit, das, was „wir" da angestellt oder hergestellt hatten, uns auch nur vorzustellen.* Das erste Ergebnis bestand also eigentlich nur in dem, freilich unzweideutig formulierten, *Eingeständnis des Mißlingens.* Hätte mir an diesem Tag jemand vorausgesagt, daß sich aus diesem jämmerlichen, drei Seiten langen, Text einmal Bücher entwickeln würden, ich hätte ihn verhöhnt. Erst ein paar Tage später dämmerte es mir, daß die Furchtbarkeit unserer Situation: nämlich die Möglichkeit, nein: die Wahrscheinlichkeit der Wiederholung von Hiroshima und Nagasaki gerade auf dieser *Diskrepanz zwischen unserer Vorstellungs- und unserer Herstellungskapazität beruhte.* In der Tat sind ja fast alle meine späteren Schriften nur Variationen über dieses Grundthema der *Diskrepanz,* das ich seit damals nicht mehr losgelassen habe; das mich seit damals nicht mehr losgelassen hat. Gleichviel, damals: also vor etwa dreißig Jahren entstand mein Essay „*Über die Bombe und die Wurzeln der Apokalypseblindheit*", den ich dann 1956 in meinen ersten Band der „Antiquiertheit des Menschen" aufnahm. Mit diesem Aufsatz hat wohl die philosophische (und auch theologische) Diskussion des Atomproblems im deutschen Sprachraum angehoben. Freilich war dieser Text schon Jahre früher, und total echolos, veröffentlicht worden: ausgerechnet und gewissermaßen hinter meinem Rücken, vermutlich als Alibi, von dem fashionablen „Jahresring der deutschen Industrie". Der näheren Umstände dieser nun fast dreißig Jahre zurückliegenden Posse entsinne ich mich nicht mehr genau, jedenfalls kam die Industrie zu diesem vehementen Antiatomaufsatz wie die Jungfrau zum Kind – ein Fehltritt, den sie heute, nach der Verbesserung der politischen Verhütungsmethoden, gewiß nicht mehr begehen könnte. Ein Einzelfall war dieses Malheur übrigens nicht. Gleichviel, die damaligen Veröffentlichungen beweisen, daß in diesem Problemgelände noch eine unüberbietbare Unsicherheit und Desorientiertheit herrschte, und daß die Medien noch nicht recht wußten, was sie taten, wenn sie meine unverblümten Texte der Öffentlichkeit darboten. Damals konnte es ihnen noch zustoßen, daß sie versehentlich moralischer handelten als sie es eigentlich vorhatten. Tempi passati.

II

Diese vor etwa zwanzig Jahren abgefaßten Texte gehören also der *Vorgeschichte,* bzw. der ersten Phase *der Antiatombewegung,* an. Sie sind – ob historisch wichtige oder unwichtige, das kann offen bleiben – *Vergangenheitszeugnisse,* die heute zu verbessern oder „auf den gegenwärtigen Stand der Forschung" zu bringen nicht nur unmöglich gewesen, sondern auf Fälschung herausgelaufen wäre. Ebensowenig läßt sich Philosophie – und auch sie, die unausschließbare, war natürlich durch Ritzen in alle diese Texte hineingekrochen – „up to date" bringen. Ebensowenig dürfen (oder können) Tagebucheintragungen (siehe dazu unter III) oder Briefe (IV) nach so langer Zeit verändert werden. Schließlich gilt dieses „noli me tangere" sogar auch für die vor achtzehn Jahren gehaltene „Rede über die drei Weltkriege" (V), obwohl deren moralisches Kernstück: der an die Arbeiter gerichtete *Appell zum Produktstreik*,[4] die Aufforderung, sich den Prinzipien und Entschlüssen gewisser großer Physiker anzuschließen, das heißt: *die Teilnahme an der Herstellung, Transportierung, Installierung und „Betreuung"* von Massenvernichtungsmitteln zu verweigern, heute als tiefste Vergangenheit, als unrealistisch und utopisch wirken könnte. Ich formuliere das deshalb so konjunktivisch und gewunden, um dem Eindruck zuvorzukommen, zur Zeit der Niederschrift sei ich noch naiv und utopistisch gewesen; das gäbe ich nun jedoch, vernünftiger geworden, fünf Minuten vor zwölf, zu (und auf). Nichts liegt mir ferner als das. Naiv oder utopistisch bin ich niemals gewesen, das sind allein Berufshoffer. Womit ich meine, daß ich auch damals keinen Augenblick lang an die prompte Befolgbarkeit oder gar Befolgung des Verweigerungspostulats geglaubt hatte; und daß keine Rede davon sein kann, ich hätte erst zuguterletzt eine Konversion zum „Realismus" durchgemacht. Die heute so gern zu Hilfe gerufene *„normative Kraft des Faktischen"* anzuerkennen, würde ich mich mit Kant tief schämen. Der Ausdruck ist erbärmlich. Gleichviel, *schon bei der ersten Niederschrift des Produktstreik-Imperativs war ich mir dessen Unrealistik bewußt gewesen.* Das betrachtete ich aber nicht (und betrachte es auch heute noch nicht) als zureichenden Grund für dessen Widerrufung. Auch die Geltung des Gebots „du sollst nicht töten" wird ja nicht durch die Existenz von Mördern entwertet, vielmehr ist deren Existenz der Grund für dieses Gebot. Wäre es mir damals, als ich das Produktstreik-Gebot formulierte, vergönnt gewesen, ihn in den USA vorzutragen – das war mir nicht vergönnt, da ich, offiziell als „fraud" eingestuft, keine Erlaubnis hatte, „to step on American ground"[5] –, über dessen empörte Ablehnung durch Regierung, Industrie und Gewerkschaften hätte ich mich nicht nur keinen Augenblick lang gewundert, umgekehrt hätte ich ungläubig gestaunt, wenn mir jemand applaudiert hätte. Und gewundert habe ich mich auch nicht, als ich (wohl ein paar Monate nach der Niederschrift des Textes) die Gelegenheit hatte, den Grundgedanken des „Produktstreiks" auf einem internationalen Friedenskongreß in Warschau kurz vorzutragen, und als dieser als antisowjetisch mißverstanden wurde (wohl als Aufforderung, der amerikanischen Nuklearrüstung nichts entgegenzusetzen) und von neunzig Prozent der Zuhörer mit eisigem Schweigen, von zehn Prozent sogar mit höhnenden Zwischenrufen quittiert wurde. Wie gesagt, gewundert oder desillusioniert hat mich auch das nicht; höchstens bedrückt. Was aber nicht bedeutete (und auch heute nicht bedeutet) daß ich die erste Echolosigkeit oder das falsche Echo in Warschau zum Anlaß dazu nähme, das Postulat zu entschärfen. Mir ist aus der Geschichte kein religiöser oder moralischer Kodex bekannt, dessen Forderungen je, gar sofort, befolgt worden wären. Sind denn diese vielleicht durch die Tatsache ihrer Mißachtung oder Übertretung widerlegt oder entwertet worden? Haben sich denn Stifter dadurch lächerlich gemacht oder sich dadurch als „unrealistisch" oder unreif blamiert, daß ihre Gebote stundstündlich *nicht* eingehalten worden sind, vielleicht nicht hatten eingehalten werden können? Hat die Verbindlichkeit der Bergpredigt dadurch aufgehört, daß wir seit zweitausend Jahren durch Blut gewatet sind? Dadurch, daß die Zeit post Christum bestialischer gewesen ist als die vorchristliche?

Außerdem scheint es mir, daß unser Zeitalter, nicht weniger als jedes andere, dazu verpflichtet ist, *die Maßstäbe für das moralisch Fällige,* für das, was in ihm eigentlich getan oder unterlassen werden *müßte, auf den Tisch des Hauses zu legen,* wie gering auch immer die Wahrscheinlichkeit sein möge, daß diese Gebote oder Verbote sofort oder überhaupt eingehalten werden. Dazu kommt ferner, daß *in der Moral leider dieselbe Regel gilt wie auf Ramsch-Märkten: daß man nämlich mehr verlangen muß als was man sofort zu erhalten erwarten darf.*

Im übrigen bin ich mit meinen Maximen gar nicht so schlecht gefahren. Zum Beispiel ist es geschehen, daß gewisse meiner „Thesen zum Atomzeitalter"[6], die 1959 als „voreilig", „übertrieben", „utopistisch", „unzumutbar" beiseitegeschoben worden waren, nun, also ein Vierteljahrhundert später, bei Massendemonstrationen als Slogans eine Rolle zu spielen begannen. *Man darf nicht nur zu viel verlangen, man soll das auch. Vielleicht wird morgen das zu Viele nicht mehr als zu viel gelten.* Was freilich nicht bedeutet, daß meine damals formulierten Postulate morgen in toto erfüllt werden werden. Oder gar heute bereits erfüllt würden. Davon kann keine Rede sein. Aber doch, daß sie heute als Prinzipien ein Ohr finden, zuweilen sogar Zustimmung, zuweilen sogar Bereitschaft zur Aktion.

Natürlich darf aus solchem Spätkrepiererbeispiel nicht die altkluge Folgerung abgeleitet werden, man müßte eben „Geduld haben". Mir war damals, nach der ersten Phase der Antiatombewegung „Kampf dem Atomtod", über deren plötzlichen Tod ich mich anderswo[7] auslasse, nichts anderes übriggeblieben als Geduld. Heute dagegen, da die *zweite* Phase der Antiatombewegung eingesetzt hat, wäre nichts falscher als ein generelles Lob der Geduld, nichts schädlicher, nichts unmoralischer, als Geduld zum Prinzip zu erheben, bzw. als Prinzip aufrechtzuerhalten. Denn *die Zeit, in der wir leben, ist eine, in der wir keine Zeit für Geduld mehr haben, also keine haben dürfen. Geduld darf uns nicht mehr* (wie es uns vor-atomare Autoritäten, manchmal vielleicht sogar mit Recht, gelehrt hatten, und wie es uns auch heute noch Zeitgenossen, die keine wirklichen Zeitgenossen sind, weismachen wollen) *als Tugend gelten.* Umgekehrt müssen wir, da das Unheil, dessen Eintritt wir unter allen Umständen zu verhüten versuchen müssen, so ungeheuer groß ist, und da sich das Tempo, in dem das Unheil auf uns zurast, von Tag zu Tag so sichtbar beschleunigt, *Ungeduld zur Tugend ernennen; und sogar zu der unentbehrlichsten.*

III

Dem *Japan-Tagebuch* einen längeren Kommentar mitzugeben, scheint mir kaum erforderlich. Hier die Vorgeschichte: Mein erster Text über die Atomgefahr (in dem ich den Ausdruck *„Apokalypseblindheit"*, der sich unterdessen, aber erst nach dreißig Jahren, durchgesetzt hat, eingeführt hatte), der lag bereits fünf Jahre hinter mir. Dieser Text hatte mich in freundschaftlichen Kontakt gebracht mit dem unvergessenen Begründer des „Kampfbundes gegen Atomschäden" und Autor hochwichtiger medizinischer Werke über Strahlungsgefährdung: mit dem Hospitaldirektor Dr. *Bodo Manstein,* mit dem mich, obwohl wir aus völlig verschiedenen politischen Lagern kamen, bald gemeinsame Sorge verband. Als mir Manstein im Frühjahr 58 mitteilte, daß im Sommer ein Antiatomkongreß in Tokio stattfinden sollte, beschlossen wir, daß ich, da ich die (englische) Kongreßsprache beherrschte, als Delegierter des „Bundes", aber ohne jede ideologische oder institutionelle Bindung, teilnehmen sollte. – Zu dem Bericht über diese so zustandegekommene Reise ist höchstens ein einziger Beitrag nachzutragen, den ich damals (da die Zahl der ,,atomfähigen" Mitglieder des sogenannten ,,Atomklubs" noch sehr niedrig war) nicht für entscheidend hielt und auch deshalb in den Tagebuchtext nicht aufnahm. Ich meine meinen unterdessen wohl aktueller gewordenen Vorschlag, ein paar Staaten sollten, mit ,,gutem Beispiel" vorangehend – der Ausdruck schlug nicht ein – *,,Atom-Askese" geloben,* also öffentlich erklären, ein für alle Male auf die Erzeugung und Lagerung nuklearer Waffen zu verzichten; sie sollten das freilich nicht ,,gratis" tun, vielmehr als Gegenleistung für diesen Verzicht die Garantie verlangen, *,,atomfreie Zonen" zu bleiben,* atomar also niemals angegriffen zu werden. Mein Argument – ich gab ihm damals den Namen *,,contagion argument"* – lautete: *Die Bürger der Staaten, die an solcherart gesicherte Regionen angrenzten, würden diese mit Recht beneiden, würden sich gewissermaßen ,,anstecken"*, das heißt: *die gleichen Garantien anbieten und vice versa die gleiche Garantie verlangen* – was dann vielleicht eine *ständige automatische Erweiterung der Peripherie des atomfreien Areals zur Folge haben könnte.* Wie gesagt: mit diesem Vorschlag, den ich nicht im Plenum, sondern einzelnen Delegierten vortrug, bin ich damals nicht durchgedrungen, von manchen, die das Atomproblem damals noch nicht als global erkennen konnten, sogar noch nicht einmal verstanden worden. Endgültig aufgegeben habe ich die Idee aber auch heute noch nicht, sonst hätte ich die Flinte längst ins Korn geworfen. Aber natürlich stehe ich ihr heute skeptischer gegenüber als damals. Und zwar deshalb, weil die Entwicklung der atomaren ,,Waffen", deren numerische und Brisanzsteigerung, die täglich wachsende Ausweitung radioaktiver Verseuchung, die technische Unmöglichkeit, einen atomaren Krieg lokal zu halten, und nicht zuletzt weil die Mentalität, die ich einmal *,,Apokalypsefaulheit"* genannt habe: nämlich die Tatsache, daß die Existenz der atomaren Drohung und die Wahrscheinlichkeit des Atomkrieges von Tag zu Tag als selbstverständlicher akzeptiert werden, sogar als täglich langweiliger gelten – weil alle diese Tatsachen ja unbestreitbar sind. Aber ebenso unbestreitbar scheint es mir, daß dieses ,,contagion argument" in die Ideenchronik des Atomzeitalters hineingehört. Ob es eine solche Chronik einmal geben wird, das ist freilich durch den Charakter dieses Zeitalters selbst unwahrscheinlich geworden.[8]

IV

Und nun zum zweiten Stück des Bandes, das die größte Publizität nach sich gezogen hat: zum *Briefwechsel mit dem Hiroshima-Piloten Eatherly*. Entstanden ist dieser beinahe zufällig. Meine damalige Frau legte mir, während ich an philosophischer Arbeit saß, eine Notiz aus dem amerikanischen Magazin „Newsweek" auf den Schreibtisch, die ich, da ich nicht gestört zu werden wünschte, sofort in meinen Papierkorb fegte. Sie fischte den Fetzen unbeeindruckt wieder heraus, ich fegte ihn wieder zurück, und dieses Spiel wiederholte sich stumm mehrere Male. Bis sie mit den Worten *„da mußt du was tun!"* siegte. Die fünfzeilige Notiz enthielt die sowohl sprachlich unbedarfte wie theoretisch armselige Nachricht – schon damals gab es in den USA ein aus höchstens zehn Wörtern bestehendes *„Pidgin-Psychoanalytisch"* – daß der Hiroshimapilot, der sonderbare halb- und schein-kriminelle, letztlich völlig harmlose, Taten begangen habe, damit einen *Ödipuskomplex* bewiesen habe und auf Grund dieses (wohl noch nie zuvor mit Internierung bestraften) Komplexes in eine geschlossene Anstalt eingeliefert worden sei. Diese Nachricht, dieses populärwissenschaftliche catchword, roch nicht nach Wahrheit, sondern „fishy". Der Versuch, dem Publikum – denn in ein solches war die amerikanische Bevölkerung damals schon längst verwandelt worden – einzureden, daß ein in die Katastrophe von Hiroshima mit-hineingerissener Mann nicht unter dieser seiner ungewollten Beteiligung leide, sondern ausgerechnet unter einem Ödipuskomplex, – dieser Versuch schien mir nicht nur eine Irreführung, nicht nur ein Zeichen der Verachtung der Leserschaft, sondern auch ein Symptom moralischer Faulheit: man hatte sich noch nicht einmal die kleine Mühe gemacht, sich etwas Plausibleres auszudenken. Davon, daß er seiner Mutter nachgestellt habe oder durch Fixierung an diese eingeschüchtert gewesen sei oder seinen Vater bedroht habe, war freilich nichts zu lesen.[9] Kurz: ich gab dem Insistieren meiner Frau nach, nein, mehr als das: nun hielt ich es nicht mehr aus, nichts zu unternehmen. Ich schob mein philosophisches Manuskript von der Tischplatte und schrieb (freilich überzeugt davon, wie in den Jahrzehnten des Exils, *ins Leere zu schreiben*) an einen gewissen Claude Eatherly, c/o Veterans Hospital etc. Warum dieser mein erster Brief den Adressaten wirklich erreicht hat, ein Brief, der der Hospitalzensur hätte auffallen müssen, da er nicht nur aus

Europa kam, sondern in einem ganz unidiomatischen und wohl gestelzten Englisch geschrieben war, und warum auch die weiteren (mindestens die meisten) Briefe durchgelassen worden sind, das ist mir noch heute unverständlich. Denn schließlich war ja die Anstalt, in der Claude saß, keine zivile, sondern ein Veterans Hospital. Umgekehrt halte ich es aber auch für ganz unwahrscheinlich, daß sich die Leiter dieses Instituts, die sich ausnahmslos durch unbeirrbares Nichtverstehen des Falles auszeichneten, eine Beeinflussung Claudes durch meine Argumente erhofft haben könnten. Ich kann mithin nur annehmen: Der rettende Engel hieß – *Schlamperei.* Gleichviel, so ist der Briefwechsel in Gang gekommen, der sonderbarerweise auch heute noch gelesen wird, oder richtiger (denn zwischen damals und heute klafft eine nahezu zwanzigjährige Pause) – wieder gelesen werden wird.

Claude, der erste, der ursprünglich gemeinte Adressat meiner Briefe, ist längst schon gestorben.[10] Aber wir Heutigen bestehen aus zahllosen *virtuellen Claudes,* denen dasselbe zustoßen könnte, was Claude zugestoßen ist: nämlich als *Apparatstück zum Mitverbrecher zu werden.* Wenn ich diese Briefe wiederveröffentliche, so, weil ich hoffe, dadurch einige Zeitgenossen davon abzuhalten, ,,Claudes" zu werden.

Natürlich war er (wie ich es bereits in einer ausführlichen Anmerkung zu seinem ersten Antwortbrief betont hatte) in allen theoretischen, politischen und ethischen Reflexionen und Formulierungen – wo hätte er denn geistige Finessen oder sprachliche Nüancierungen gelernt haben sollen, vielleicht in der Air Force? – absolut unakademisch, nein: *naiv.* Höhe- bzw. Tiefpunkt dieser Naivität wird im Brief 38 sichtbar. Dieser Mangel löscht aber die Haupttatsache nicht aus: nämlich die, daß er *sich trotz der Indirektheit seiner Mitschuld eben mitschuldig gefühlt hat.* In der Tat ist *diese Einsicht in das schuldlose Schuldigwerden, in die Indirektheit der heutigen Verstrickung, die* entscheidende, *die unentbehrliche Einsicht unseres Zeitalters.* Hätte Eatherly direkt und in voller Kenntnis der Konsequenzen seines Tuns gehandelt, wäre wirklich *er* es gewesen, der die Bombe ausgeklinkt, den Effekt dann gesehen und erkannt hätte, und wären ihm daraufhin moralische Skrupel gekommen, dann wären diese auch im Maß-System konventionellen Moraldenkens noch akzeptabel (wenn auch durchaus nicht obligatorisch) gewesen. Auf keinen Fall aber wäre diese moralische Reaktion auch nur annähernd so verdienstvoll gewesen wie das, was Claude wirklich geleistet hat, *da seine ungewöhnliche Lei-*

stung ja eben gerade im Verstehen und (wenn auch notwendigerweise vergeblichen) *Bereuen von etwas bestanden hat, was er nur mitgemacht* hatte; darin, daß er *moralisch und emotional dasjenige „übernahm", was nicht eigentlich er „unternommen" hatte.*[11] Diese Leistung ist in der Tat auch verstanden, gewürdigt und bewundert worden, gewiß auch deshalb, weil er, wohl zu Recht, als *die Gegenfigur zu Eichmann* empfunden wurde. Und dies nicht nur von Männern, deren geistige und moralische Maßstäbe als unanzweifelbar bekannt waren, wie die von Bertrand Russell oder Graham Greene oder Thomas S. Szasz, sondern von Abertausenden von Anonymen, zum Beispiel von den Teilnehmern an den Ostermärschen, von denen freilich viele – diese Schwäche zu verschweigen wäre unredlich – unfähig gewesen sind, ihre Einsicht durch die Jahrzehnte aufrechtzuerhalten, und in den indolenten Trott des Alltags zurückgefallen sind. Die heute marschieren und demonstrieren, sind nicht identisch mit den Damaligen: den Eltern und Großeltern. Hoffen wir, daß diese ihre Kinder und Enkel nicht verhöhnen, sondern diesen folgen, also wieder „die alten" werden.

Zu behaupten, daß Claude vor zwanzig Jahren, als er als Symbolfigur sichtbar wurde, allgemein erkannt worden sei, wäre freilich unwahr. Natürlich war es, mindestens in den Vereinigten Staaten, schwierig, einen als Victory Boy aufgebauten, hochdekorierten und mit einem Weltmonopol: dem atomaren, verknüpften Offizier völlig anders zu sehen. Das zu tun erforderte Selbständigkeit und *Zivilcourage*, es bedeutete, den Sieg moralisch anzuzweifeln; den errungenen Triumph zu schmälern; dadurch das Triumphmittel: eben die Atombombe, zu diskreditieren. Wer das tat, der geriet in den Verdacht, den (schon während der letzten Kriegsjahre psychologisch vorbereiteten) kalten Krieg gegen Sowjetrußland zu sabotieren und dadurch automatisch für den Kommunismus Stellung zu beziehen. Kurz: *Wer für Eatherly war, galt eo ispo als Stalinist* und lebte vom „Solde Moskaus". So simplistisch war das politische Denken – nein, nicht etwa nur der Massenblätter und der von diesen lebenden Massen; sondern auch das der höchsten Departments mancher westlicher Staaten in der Zeit des kalten Krieges. In anderen Worten: Claude und ich waren bald personae non gratae – was wir Männern verdankten, die entweder auf einen Wink hin oder als Voluntäre den Fall aufbauschten oder (da sie mich als den Aufbauscher ansahen) „entbauschten", d. h. als Schwindel darstellten. Wenn dabei *ich* als der eigentliche Bösewicht vorgezeigt wurde – Schuld war eben nicht die Verwüstung Hiroshimas, sondern die „Mühe des Beichtvaters" – so deshalb, weil ich dem an sich guten und ahnungslosen Boy from Texas Gedanken eingepflanzt hätte, die nie auf seinem texanischen Mist hätten wachsen können. Gewissen ist nicht nur „off limits", vielmehr ist das *Ausbrechen des Gewissensrufes bereits Beweis für Verführtwordensein. Ohne Verführer wäre in den Augen der Verleumder Claude niemals den Verlockungen der Moral zur Beute gefallen.* – Mir soll niemals etwas Schlimmeres zustoßen als solche üble Nachrede.

Den Männern, die sich dazu hergegeben haben, diese Fleißaufgabe der Verteufelung zu erfüllen, soll *die Ehre des Vergessenwerdens* nicht gegönnt werden. Derjenige Publizist, der im deutschsprachigen Raum das Beste leistete, war *Friedrich Torberg,* der als Schreibender Claude natürlich um Haupteslänge überragte, und der gewiß auch intelligent genug war – zuweilen war er sogar geistreich –, um zu erkennen, daß Claude ihn durch seine Insistenz auf seiner schuldlosen Schuld turmhoch (und auch ich ihn durch meine Hilfsversuche um ein paar Zentimeter) überragte. Aber dieser Mann durfte angesichts des Hiroshimaproblems in keine andere Stimmung geraten als in die des *Hohns.* Denn er hatte seine Aufgabe in „seiner" Zeitschrift „*Forum*[12] zu erfüllen, was er so prompt tat, daß er sich noch nicht einmal die Zeit nahm, das erste Stück des Briefwechsels zu lesen. In diesem hatte ich ausdrücklich betont, daß Eatherly *nicht* als der Ausklinker der Bombe fungiert hatte, und daß *seine Reue* eben *gerade deshalb* so „*verdienstvoll*" sei, weil sie etwas nur *indirekt Verschuldetes* beträfe – was des Pudels Kern sei. Aber so weit ist Torberg eben nicht gekommen, weder im Text so weit noch in der Moral, da er, offenbar überzeugt davon, ich hielte Eatherly für den Zerstörer Hiroshimas oder ernennte ihn zum Zerstörer, mich hämisch belehrte – die Komik ist unüberbietbar – Eatherly *habe* die Bombe ja gar nicht selbst geworfen, *also* habe er auch garnichts bereuen können, *also* sei ich auf ihn hereingefallen, beziehungsweise ich hätte einen „hoax" begangen oder Sinnloses geschrieben – was er mit der (in seine „gesammelten Schriften" aufgenommenen) Mahnung abschloß, ich („Burschi" titulierte er mich dabei) solle „mit Schreiben aufhören". –

Aber natürlich war die Affäre kein Wiener Lokalfall, sondern vor allem, da die Moralität der Zerstörung von Hiroshima und Nagasaki, bzw. der Drohung mit Atomkrieg „at stake" war, ein amerikanischer. In der Tat hat Amerika rasch und sehr massiv reagiert: nämlich den, mit der Air Force in Verbindung stehenden, bekannten Romancier William B. Huie damit betraut, ein Buch über Eatherly, bzw. gegen mich, zu schreiben.[13] Und dieser hat sich auch wirklich ungleich mehr Mühe gemacht als Torberg, da er Eatherly, und zwar wiederholt, interviewt, und seine Interviews (die weitgehend aus Suggestionsfragen bestanden, auf die der naive Eatherly oft hereingefallen ist) in einem umfangreichen Band zusammengefaßt hat.[14] Sein Argument (wenn auch nicht dessen moralisches Niveau) unterscheidet sich von dem Torbergs fundamental: Seine Pointe besteht nämlich nicht in der Betonung, daß Claude nicht der „Bombenwerfer" gewesen sei – diese Version unterstellt er mir auch garnicht –, sondern in dem Argument, daß *Claude in Wirklichkeit niemals bereut habe;* er (Huie) sei jedenfalls niemals Zeuge einer solchen Reue gewesen. Und hier liegt des Pudels Kern. Das heißt: der Kern dessen, was er, bzw. Washington, gewünscht hatte: die nachträgliche *Rechtfertigung für Hiroshima. Claude,* so argumentierte nämlich Huie, *habe deshalb nicht bereut, weil er garnichts hätte bereuen können; und er hätte deshalb nichts bereuen können, weil es nichts zu bereuen gegeben habe.* Oder – auf die Reihenfolge von Voraussetzung und Behauptung kommt es Huie nicht sonderlich an – *Hiroshima sei deshalb allright gewesen, weil Claude ja garnicht bereut habe.* So wie das Bombenflugzeug *vor* seinem Start eingesegnet worden war – wohl der erschreckendste Mißbrauch, der in der christlichen Ära je geschehen –, so ist es also durch Huie auch *post festum* noch einmal abgesegnet worden. Mehr Gottessegen kann wahrhaftig kein Mensch verlangen. Den gottlosen Schreiber dieser Zeilen schaudert's, und der Gedanke, daß die Gläubigen ihrem Christentum nicht besser zu Hilfe springen, versetzt ihn in Schwermut.

Juristisch: Wenn Huie mit seinem Argument, daß, da Claude nicht oder nichts bereut habe, nichts Bemerkens-, Tadelns- oder Bereuenswertes vorliegen könne, recht hätte, dann *würde er damit eine,* nein: *die Revolution in der Rechtsgeschichte inaugurieren.* Denn das Argument würde ja darauf hinauslaufen, daß man *alle reuelosen Verbrecher* deshalb *freisprechen müßte,* weil *ihre Reue-, d.h. Gewissenlosigkeit ihre Unschuld beweise.* Woraufhin wir „einpacken" könnten.

Ich halte es durchaus nicht für unmöglich, daß es dem dialogisch und argumentativ dem texanischen Boy natürlich überlegenen Huie zuweilen wirklich gelungen ist, Claude in die Enge zu treiben und ihn zu veranlassen, diejenigen Antworten auszuspucken, die bei Huie bestellt waren und die er abzuliefern hatte – denn *Suggestionsfragen sind ja stets vorgekaute Antworten.* Außerdem ist es psychologisch unüberbietbar primitiv, zu erwarten, daß sich die Existenz von Reue (fehlt nur noch die „Reue-Tiefe") wie Reaktionen im experimentalpsychologischen Labor feststellen und messen lasse. Dazu kommt natürlich, daß *kein Bereuender vor jedem bereut.* Vielmehr gilt die Regel: „Sage mir, vor wem, vor welchem Zuhörer, du bereust oder nicht bereust, und ich werde dir sagen, wer du bist und wer der Zuhörer ist." – Im übrigen erübrigt sich jedes weitere Wort darüber. Wer den ersten Brief Claudes an mich für ein Schwindel-Dokument hält, der mißversteht nicht nur den Charakter des Schreibers, vielmehr *überschätzt* er dessen Geist ungeheuer. Denn um so raffiniert schwindeln zu können, benötigt man eine hochgradige *schauspielerische Intelligenz,* die Claude gar nicht besessen hat. In der Tat ist auch kein Psychologe – der bekannte amerikanische Psychiater *Thomas S. Szasz* hat nach seiner Lektüre der Briefe sofort seine Mithilfe angeboten – je auf den Gedanken gekommen, einem Schwindler aufzusitzen (oder gar gleich zwei Schwindlern); ebenso hilfsbereit war nach der Brief-Lektüre auch der (mir persönlich bis heute unbekannte) psychologisch ja nicht gerade einfältige *Graham Greene.* Ebensowenig hat schließlich *Bertrand Russell,* dem wohl auch nicht zu Unrecht eine gewisse Intelligenz nachgesagt wird, irgendeinen Verdacht geschöpft, vielmehr hat er sofort seine Erklärung über die Briefe abgegeben, die schon die erste englische Ausgabe einführte, und die dieser neuen deutschen Ausgabe vorangestellt ist.

Aber trotzdem unterschätze man nicht die Wirkung jener Männer, die es nicht wahrhaben wollten oder wollen durften, daß jemand die Hiroshima-Mission bereute und *durch* diese Reue diskreditierte. So hat es zum Beispiel unter den vielen Verlegern der Korrespondenz einen gegeben – er hatte den Text offensichtlich niemals gelesen –, der die zwei Idiotenargumente „Eatherly *hat* ja *garnicht* die Bombe geworfen" und „er *hat* ja *garnicht* bereut" in einer Saufnacht mit Huie während einer der Frankfurter Buchmessen – das hat er mir naiverweise selbst erzählt, er glaubte, mir mich erschreckende Neuigkeiten mitzuteilen – der also die zwei Idiotenargumente akzeptierte und sich, ohne die Autoren zu informieren, des Washington so wenig genehmen Dokuments rasch *entledigte:* es also (obwohl es sich verkaufte wie warme Semmeln, es gibt halt noch Idealisten) aus dem Handel zog; wodurch er vermeinte, das Problem „Eatherly und Anders" *erledigt* zu haben. In der Tat hat er dadurch, daß er den Briefwechsel, mindestens in *einer* Sprache, zur Nichtexistenz verdammte, die Erfüllung der mit dem Buche verbundenen Mission vorübergehend hemmen können. Gleichviel, heute hat sich das Buch nun also seiner *entledigt,* und die Enkel der ersten Leser können sich von neuem mit der Figur Eatherlys vertraut machen.

Mir persönlich, der ich als äußerst argwöhnisch gelte, ist der Verdacht, daß Claude seine Reue nur gespielt, also gar keine Reue empfunden habe, nie gekommen. Wofür, cui bono, hätte er das denn auch tun sollen, da ja die ihm zugedachte Rolle des „national glamour boy" viel größere Vorteile versprach? Wenn ich aber irgendwelche Verdächte gehabt hätte, dann wären diese mir im Jahre 1962, als ich mich mit ihm in Mexico City traf,[15] gründlich ausgetrieben worden. Dort bin ich nämlich Zeuge eines Reue-Anfalls gewesen, der, wenn er nicht „echt" gewesen ist, beweisen würde, daß Eatherly nicht nur der größte Briefschwindler, sondern auch der überwältigendste Schauspieler aller Zeiten gewesen ist. Das verlief so: Im Laufe einer Unterhaltung, die der Vorbereitung einer Filmaufnahme dienen sollte, stellte ich ihm noch einmal, vielleicht zu unvermittelt, die Frage, *wann und woraufhin seine „Konversion" eingetreten* sei. Und da geschah es: da wurde er nämlich, er, der angebliche Stolz der Nation, von einem Weinkrampf überrascht und geschüttelt – er rannte währenddessen im Zimmer auf und ab –, von einer Attacke, der nicht nur *er* nicht gewachsen war; die aufzuhalten oder zu stillen auch *ich* völlig unfähig blieb, obwohl ich, wie ich weiß, Mitmenschen zuweilen ein wenig beruhigen kann. Ich mußte den Anfall einfach seinen Lauf nehmen lassen, bis Claudes Weinen nach einem letzten schweren Seufzer verstummte, und er, der glamour boy, kraftlos in einen Sessel zurücksank. Was er mir dann mitteilte, war – man entschuldige diese hier ungehörig klingenden Wörter – „ungeheuer interessant", und zwar deshalb, weil es allen Legenden über ihn widersprach. Er gestand nämlich, nicht nur während seines Hinfluges, und nicht nur während seines Signalgebens, sondern auch noch in den Tagen danach – er konnte den Zeitraum nicht angeben – *durchaus noch nicht begriffen zu haben, in was er sich da eigentlich verstrickt hatte,* „what I hat done"; daß vielmehr der eigentliche Schreck, das Grauen, die Einsicht und die Reue erst eingetreten wären, als er die ersten *Photos* der Stadtwüste und der im Wasser treibenden verkohlten Leichen zu sehen bekommen hätte.[16] Ich hatte durchaus das Gefühl (dessen Berechtigung sich nun, nach Claudes Tod, freilich jeder Bestätigung entzieht), daß der Zusammenbruch, zu dessen ungewolltem und hilfunfähigem Zeugen ich damals wurde, nicht nur durch den Wunsch, „nicht Schuld daran zu sein" (Matthias Claudius), verursacht war, sondern mehr noch durch die Scham darüber, erst so verspätet erfahren und nur so indirekt begriffen zu haben, was er da *mit-gemacht* und *mit-angerichtet* hatte. Durch die Scham darüber also, daß er *nun* erst etwas *„mit-machte"* – dieses Mal im üblichen Wortsinne von „erlitt". Echte Reue scheint mir nicht so sehr im nachträglichen „hätt' ich's doch nicht getan!" zu bestehen, als in dem viel schlimmeren, pausenlos frustrierten, *Versuch, das „tu's nicht!" doch noch nachzuholen.* Es gibt wohl nichts Beschämenderes, als Zeuge solcher Reue zu sein. Meine Bitte, mein Zeuge-Sein zu entschuldigen, hat er wohl kaum verstanden.

Ungleich größer freilich als die Zahl der Verständnisunfähigen, der Verständnisunwilligen und der mutwillig Verständnis Verhindernden war die der *Verstehenden.* Die Lesungen, Dramen, Radio- und Fernsehstücke, denen der Briefwechsel als Basis bzw. als Stoff gedient hat, sind schwer aufzählbar. Und ohne die Figur Eatherlys wäre es, zum Beispiel in Italien, wohl kaum zu einer Antiatombewegung gekommen – was bewies (und auch heute wieder beweist, denn die „Verwendung" der Korrespondenz setzt ja von neuem ein), daß diese nicht einfach als ein mehr oder minder interessantes Stückchen Briefliteratur aufgefaßt worden ist, sondern als ein Objekt völlig anderer Art: nämlich als ein *Epoche-Symbol,* als *Symbol für die Problematik, mit der wir in unserem Zeitalter der dritten industriellen Revolution global konfrontiert sind.* Jawohl: global. Der eklatanteste Beweis für diese Globalität ist wohl die Tatsache, daß die Briefe, die sofort in alle sogenannten „Kultursprachen“ übersetzt wurden, gleichzeitig in Franco-Spanien und in Sowjetrußland erschienen sind. In dieser Tatsache, daß die Briefe den Eisernen Vorhang einen Augenblick lang hatten durchlöchern können, sah ich freilich nicht nur einen Anlaß für Stolz, sondern vor allem eine schreckliche Bestätigung für die *Omnipräsenz der Bedrohung*. Freunde, die mir zum „Welterfolg“ des Buches gratulierten, beschied ich mit den Worten, daß dieser nichts anderes sei als das schwache Weltecho auf die ungeheure Weltgefahr.

Aus den Antwortbriefen, die ich von Personen, die eigentlich Claudes Schicksal mindestens ebenso viel hätte angehen müssen wie mich, *niemals erhalten* habe, weil sie *niemals geschrieben* worden sind: aus diesen Nicht-Antworten seiner Familie, seines Arztes, seines Richters, seines Präsidenten ließe sich leicht ein zwar hauchdünner, aber moralisch untragbar schwerer *zweiter Band von „Off limits“* zusammenstellen. „Querulanten antwortet man nicht.“ In der Tat haben alle diese Nichtbeantworter meiner Briefe so gehandelt, daß auf sie der Titel des ersten Bandes „Off limits“ zutrifft. *Manche der Nichtantworter werden vielleicht sogar als Beispiele von Inhumanität überleben.* Der Ausdruck „Off limits“ trifft auf sie natürlich nicht in dem Sinne zu, daß es ihnen, wie Claude, verboten gewesen wäre, Gewissen zu haben; sondern in dem, daß sie es sich selbst verboten hatten; daß sie geglaubt hatten, es sich selbst verbieten zu müssen, eines zu haben (unterstellt, sie hätten vorher überhaupt eines besessen). Oder in dem Sinne, daß sie geglaubt hatten, es *sich leisten zu dürfen, gewissenlos zu bleiben.*

Jeder Leser möge, wenn er den vorliegenden Band zugeklappt hat, schwermütig (oder besser: in gutem Zorn) dieses imaginären zweiten Bandes gedenken.

Und damit nehme ich Abschied von dir, Claude. Du bist sehr früh zugrundegegangen; und wohl nach einem Leben, das, verglichen mit seinem „Höhepunkt“, nur noch Durchschnittliches zu bieten gehabt hätte. Das, was den Inhalt und die Botschaft deines Lebens ausgemacht hat, durch tägliches Darandenken zu wiederholen, das wäre nicht nur unnütz gewesen, das hätte auch deine Kraft überstiegen, wohl jedermanns Kraft. Daß es gerade *dich* getroffen hat; daß gerade *du* diese unselige Figur hast werden müssen, als die du nun einmal gelebt hast, das ist reiner Zufall gewesen, Millionen Andere hätte es genau so treffen können. Aber du bist eben nicht nur als eine unselige Figur dagewesen, sondern auch als eine symbolische. Und dieser, gerade dir zugefallenen, Symbolfunktion hast du dich als gewachsen erwiesen. Wenn man von irgendeinem Zeitgenossen behaupten darf, sein Leben habe – dieses salbungsvolle Wort geht mir nur schwer über die Lippen – „*Sinn*" gehabt, dann von dir. Denn du hast uns bewiesen – das hab ich dir gottseidank noch bei Lebzeiten klarmachen können –, daß Eichmann nicht die einzige Verkörperung unserer Epoche sein muß. Daß es eine Alternative gibt. Thanks and good bye!

V

Über das letzte Stück dieses dreiteiligen Bandes „*Rede über die drei Weltkriege*" hatte ich bereits auf den diese Einleitung eröffnenden Seiten gesprochen; und zwar deshalb, weil in ihm das wohl grundsätzlichste Problem (bzw. Postulat) des Atomzeitalters vorkommt: das des „*Produkt-* bzw. *Produzierstreiks*".[17] Die Erläuterung anderer, auf diesen Eröffnungsseiten noch nicht besprochener Punkte muß nun nachgeholt werden.

Was zunächst auffällt, und zwar aufs erschreckendste, ist, daß der Titel, der seinerzeit als „*unerlaubt pessimistisch*" gerügt worden war – welch banaler und verlogener Ausdruck, so als hingen Wahrheiten von Temperamenten ab –, daß also der Ausdruck „Dritter Weltkrieg" unterdessen in aller Munde ist, da ja jedermann einen nächsten erwartet, und das sogar mit derselben Selbstverständlichkeit wie die nächste Theatersaison. Wenn es heute etwas wirklich „*Unerlaubtes*" gibt, dann besteht dieses statt im „Pessimismus" eben in der Selbstverständlichkeit, mit der man sich an den *gedankenlosen Gedanken* an einen neuen Krieg („einen"!) gewöhnt hat. Ich sage „gedankenlosen Gedanken", weil man, obwohl man fest von seinem Kommen überzeugt ist, *pragmatisch nicht an ihn glaubt* – womit ich meine, daß man genau so weiterplant und lebt, als würde alles – Mallorca inclusive – wie gehabt weitergehen. – Gleichviel, *der Titel der Rede* ist, so wie der des ganzen Buches, im Laufe der vergangenen zwanzig Jahre *zeitgemäßer geworden*, als er es ursprünglich gewesen war (oder geschienen hatte). *Die Wirklichkeit hat ihn eingeholt.*

Anderes dagegen hat seine Zeitgemäßheit eingebüßt. *Nicht alles ist so konstant geblieben* wie die Grundtatsache des Atomzeitalters selbst: die Möglichkeit bzw. Wahrscheinlichkeit der Selbstvernichtung der Menschheit. Aber das bedeutet nicht, daß die Überlieferung des Nichtkonstantgebliebenen, des unterdessen Veränderten, einen Anachronismus darstelle. Ein Dokument der Vergangenheit veraltet nicht dadurch, daß es ein Dokument der *Vergangenheit* ist. Wäre das der Fall, dann liefe jede Beschäftigung mit Geschichte auf Anachronismus hinaus. Schließlich besteht ja das Wesen oder Unwesen der Geschichte in Veränderung; und die Tatsache, daß es eine Konstante wie die oben genannte gibt, ist umgekehrt eine Ausnahme, vielleicht sogar *die* erst- und ein- und letztmalige Ausnahme in der Geschichte der Menschheit.[18] Wenn ich also das politische Weltbild, das sich uns zur Zeit der Niederschrift der Rede darbot, wieder vor Augen führe, so nicht etwa deshalb, weil ich es noch für aktuell hielte, oder weil ich stehengeblieben wäre – stehen zu bleiben fällt mir Achtzigjährigem ungleich schwerer, als mich auf dem Laufenden zu halten oder Andere in Trab zu setzen –, sondern einfach deshalb, weil wir, namentlich die Jüngeren unter uns, die das Vorgestern noch nicht miterlebt hatten, das Heute ohne dessen Kenntnis nicht werden verstehen können.

Die Passagen, die ich dabei vor allem im Auge habe, sind die über Rußland und China, deren heutiges Verhältnis zueinander sich seit der durch Nixon bzw. Kissinger bewerkstelligten „Umdrehung" Chinas von dem Verhältnis, das zur Zeit der Niederschrift meiner Rede bestanden hatte, total unterscheidet. Aber anders geworden ist dieses Verhältnis eben vor allem auf Grund der atomaren Situation, vielleicht sogar auch auf Grund der Tatsache, daß China angeblich[19] aus *beiden* Richtungen atomar hätte bedroht oder angegriffen werden können. Gleichviel, als ich meine Rede hielt, galt China noch als der infektiöse Koloß, dessen Ausbreitung durch „den Westen" *„contained"* werden müßte, weil er im Begriff stünde, den Kommunismus in den ganzen Südosten Asiens zu tragen – kurz: als der in Betracht gezogene, wenn nicht sogar willkommen geheißene Feind der Vereinigten Staaten. Und in der Tat war ja auch China (das man zwar nicht als gefährlicher als Sowjetrußland einschätzte, aber doch als leichter besiegbar) eigentlich gemeint, als Amerika sich dann zur „Antidomino"-Strategie, also zur Übernahme des Krieges in Südostasien entschloß. Die Millionen der später in Vietnam Ermordeten sind in der Tat in einem Kriege gestorben, der gar nicht ihnen gegolten hatte, sondern als präventives Vorspiel zum ,,containment"-Kriege gegen China gemeint gewesen war.[20] Aber so weit war es damals noch nicht. Da damals die Feindschaft gegen China aktueller war als die gegen den Finalfeind Sowjetrußland, konnte man sich damals noch, wie ich es in meiner Rede getan habe, die heute absurd klingende Einschaltung Sowjetrußlands als Vermittlers zwischen den USA und China vorstellen.

Für diejenigen, die während der ersten Phase der Antiatombewegung noch nicht gelebt hatten oder noch Kinder gewesen waren (aber auch für uns Erwachsene, denn die meisten der in den frühen Sechzigern herrschenden Zustände haben wir ja unterdessen vergessen), ist es kaum mehr vorstellbar, wie abgrundtief sich die Situation in jener Phase von der heutigen unterschieden hatte. Und das betrifft nicht nur die soeben skizzierte Konstellation der Weltmächte zueinander, sondern auch den heute lächerlich wirkenden (unterdessen tausendmal vertausendfachten) damaligen Brisanzkoeffizienten der atomaren Waffen; ferner die Tatsache, daß sich die inzwischen zum selbstverständlichen Eigentum fast aller Staaten gewordenen Atomwaffen damals nur in den Händen eines äußerst exklusiven *„Atomklubs"* (dies der offizielle politische Name) befanden; schließlich – was damit aufs engste zusammenhängt – die noch sehr kleine Anzahl von Mächten, die damals schon gierig damit beschäftigt waren, ,,atomar gleichzuziehen", also einander erpressen zu können. In gewissem Sinne war also die damalige Situation, verglichen mit der heutigen, noch – sit venia verbo – *„harmlos"* gewesen. Diese *relative Harmlosigkeit* (die trotz der auch damals schon absichtlich von mir niemals unterbrochenen, absichtlich von mir pausenlos aufrechterhaltenen Erschrecktheit, der alle meine damaligen Texte, und auch der dieser Rede, entsprungen waren, noch zu existieren schien) muß man in Evidenz halten, um meine damaligen Worte zu verstehen.

Nun, damit ist es Schluß. Von ,,relativer Harmlosigkeit" kann keine Rede mehr sein, das Zeitalter ist restlos unzweideutig geworden. Denn das Charakteristikum der heutigen Situation besteht nun darin, daß die *Technik,* also auch die Atomartechnik, mit allen ihren politischen und militärischen Konsequenzen, *universell* geworden, daß die Exklusivität aufgehoben ist, daß alle im ,,Klub" sind, *alle alle erpressen können und dies durch ihr Können effektiv auch pausenlos tun.* Geschichtsphilosophisch[21] bedeutet das: Wahr ist nicht, daß es heute unter anderem auch die Technik der Erzeugung von Atomwaffen und die Taktik der Totaldrohung mit diesen gebe; wahr ist umgekehrt, daß diese Technik, und die durch diese erzeugten Produkte und die durch deren bloßes *Haben ausgeübte kontinuierliche Erpressung, das Medium ist, in dem die Geschichte sich abspielt. –*

Die politischen, bzw. historischen Veränderungen, die in den letzten fünfunddreißig Jahren vor sich gegangen sind, namentlich die Veränderung des Geschichtstempos, sind letztlich fast ausschließlich Veränderungen der atomaren Machtkonstellationen oder der Echos auf diese gewesen. Wenn die politische Geschichte der letzten Jahrzehnte so ins Rasen geraten ist, sich derart beschleunigt hat, daß wir die in der „Rede über die drei Weltkriege" geschilderte Weltsituation heute schon kaum mehr wiedererkennen oder auch nur glauben können, so letztlich deshalb, weil sie *das rasende Tempo der Technikgeschichte angenommen hat. Die Geschichte läuft stets so rasch wie die Geschichte der Veränderung der Produkte.*[22] Heute ist es vor allem das Tempo, in dem die Vernichtungsindustrie des Staates A versucht, die des Staates B zu überholen, was den Geschichts-„Gang" so rasend beschleunigt; also die „*Konkurrenz*" in einem ganz neuen Sinne. Und in diesem Konkurrenzkampf befindet sich sogar jedes Industrieunternehmen *mit sich selbst,* da es, um weiterproduzieren zu können, seine eigenen gestrigen Produkte zu bekämpfen, obsolet zu machen, also dadurch zu vernichten, genötigt ist. *Dieser pausenlose Kampf gegen gestrige Produkte, seien es nun fremde oder eigene, ist eigentlich schon der Dritte Weltkrieg,* der im Titel der damaligen Rede angezeigt ist. Er ist der „*kalte*" *Dritte Weltkrieg.* Der gewöhnlich „Krieg" (oder bereits „Dritter Weltkrieg") genannte Krieg ist nur ein Extremstadium, in das der längst schon wütende, und als „Friedenssicherung" durch „deterrence" getarnte, Krieg eines (baldigen) Tages umschlägt, oder durch den bodenlosen Dilettantismus der heutigen Politiker hineinrutscht.

Gleichviel, schon der noch im Zustand der „Kälte" befindliche, als *Produktionsmanie* auftretende Kampf zielt auf Zerstörung ab. Nicht sosehr, wie die tägliche Lüge behauptet, auf die Zerstörung von „unfreien" Regierungs- und Wirtschaftsformen, als auf die von *Produkten,* weil deren Existenz die Erforderlichkeit der Weiterproduktion in

Frage stellt. *Zerstörung, auch der technischen Installationen, ist das Ziel, das die in der atomaren Industrie „verkörperte" Technik ständig verfolgen muß, um sich selbst am Leben zu erhalten.*[23]

Die Befremdlichkeit der, nunmehr zwei Jahrzehnte zurückliegenden, ersten Phase der atomaren Situation ist ein Charakteristikum der atomaren Epoche, und die Befremdlichkeit des jeweiligen Gestern wird so lange bestehen bleiben, wie wir noch dasein werden. Ebenso befremdlich wie uns Heutigen die Lage vor zwanzig Jahren wird den Kindern, sofern es solche noch geben sollte, das Bild unserer heutigen Phase vorkommen. Man nehme also die zwei Jahrzehnte alte (aber so viel älter wirkende) „Rede" als ein Exempel für das atemberaubende Tempo der Veränderung der politischen Konstellation, die wir Kreaturen des Atomzeitalters durchgemacht haben, durchmachen und vielleicht, hoffentlich, weiter durchmachen werden. Diese „Seite" des Atomzeitalters ist um so eigentümlicher, als (wenn man dieses solid klingende Wort verwenden darf) *das „Fundamentale" unseres Zeitalters ja konstant bleibt: nämlich nach wie vor in der Fundamentlosigkeit und Nichtkonstanz unserer Existenz besteht.*

VI

Die Antiatom-Bewegung, die, wie wiederholt gesagt, jahrelang gelähmt, oder mutwillig gelähmt *worden,* war, hat sich nun also wieder erholt. Die Zahl derer, die nun wissen, was auf dem Spiel steht: nämlich *alles,* hat sich unterdessen vervielfacht. Der „zweite Kreuzzug" ist im Gang. Man möchte aufatmen, so als sei der gute Ausgang nun gesichert oder gar schon in Sicht. Aber bleiben wir nüchtern! Gewonnen ist der Kampf durch unsere Vervielfachung durchaus noch nicht. Geben wir zu, daß ein „happy end" zu versprechen unerlaubt wäre.

Denn wir stehen nicht mehr in derselben Situation wie während der ersten Phase unserer Bewegung, die ja auch schon gefährlich genug gewesen war. Vervielfacht hat sich seit dieser nicht nur die Zahl der Mitstreiter. Vervielfacht, nein vertausendfacht, hat sich auch die Zahl der Atommächte; auch die Menge und die Reichweite der bereitstehenden und genau eingestellten Waffen; auch die Zahl der Raketenlager und damit der uns alle tödlich gefährdenden Schußziele; auch die Zahl der in jeder Rakete untergebrachten Sprengköpfe; auch die Phantasie- und Gewissenlosigkeit derer, die, so oder so gelaunt, über den herostratisch so verlockenden Einsatz der Raketen und damit über das „Sein oder Nichtsein" entscheiden können. (Denn die Waffen kann man doch nicht – dies das Truman-Argument – einfach vergeuden, einfach unbenutzt herumliegen lassen!) Dazu kommt schließlich etwas Weiteres, wenn nicht sogar das Allerwichtigste. Eine Tatsache, die die Militärs aller Länder zwar längst schon kennen, die wir selbst dagegen in unserer Denkfaulheit uns niemals ganz klar gemacht, die wir jedenfalls niemals ausdrücklich formuliert haben, und die sogar die Summe unserer Anstrengungen zur Chimäre machen könnte – die Tatsache nämlich, daß (und zwar schon seit Jahrzehnten) *die strategische Bedeutung der Zahl der Widerstand Leistenden, also die Effizienz der protestierenden Masse, durch die Steigerung der Effizienz der Technik aufs erschreckendste gesunken ist. Wir haben den Mut aufzubringen, uns zu fragen, ob die Macht, die wir bis vor kurzem den Massen als solchen zugesprochen hatten, diesen heute wirklich noch zukommt, ob die Gleichung „Masse = Macht" wirklich noch gilt.* Wenn heute Hunderttausende gegen die Atomdrohung demonstrieren (während es noch vor einem Jahrzehnt kaum möglich gewesen wäre, auch nur tausend auf die Straße zu locken), so bedeutet diese Tatsache vielleicht weniger, als sie zu versprechen scheint. Vor dieser Möglichkeit dürfen wir nicht die Augen verschließen. Sie besteht bereits seit Hiroshima. Stellen wir uns einmal vor, am 6. August 1945 seien die 400000 Einwohner der Stadt nicht, wie sie es natürlich getan, ihren Tagesgeschäften nachgegangen, sondern hätten sich statt dessen zu einem imposanten oder triumphalen Protestzug formiert. Oder sie hätten sogar – schwer vorzustellen, wie – irgendeine Gegenaktion versucht. (Von der Unvoraussehbarkeit der Attacke sehe ich dabei ganz ab.) Was hätten sie denn verhindern können? Wem hätten sie denn imponieren können? Dem Piloten? Dem General Tibbets? Der Air Force? Den Physikern und Ingenieuren? Der Los Alamos-Installationen? Mr. Truman? Und über wen von diesen hätten sie denn triumphieren können?

Die traurige Regel – sie ist eine Doppelregel – vor der wir uns nicht drücken dürfen, lautet also:

1. Je enormer die Effizienz der technischen Apparate, um so geringer die der Masse.

2. Je enormer die Effizienz der technischen Apparate, um so enormer auch die der Einzelnen, die nun durch solistische Launen, genannt

„politische Entscheidungen", in der Lage sind, die enormen Apparate in Gang zu setzen, und das heißt: Millionen Menschen oder die Menschheit als ganze untergehen zu lassen. Nicht nur im Zeitalter der monströsen Vermassung leben wir – das pfeifen die Spatzen von den Dächern –, sondern gleichzeitig *im Zeitalter der monströsen Solistik.*[24] Konkret: Der Präsident *eines Staates* könnte, in seiner Eigenschaft als „oberster Kriegsherr", allein irgendwo hoch über dem Wolkenmeer schwebend, das entscheidende „Go ahead"-Zeichen geben, das das Jüngste Gericht prompt auslösen würde. Und das würde er *auch dann* können, wenn wir, die vier Milliarden Erdbewohner, in diesem Augenblick, flankiert und gefolgt von allen Lebewesen unseres Globus, als geschlossene Prozession demonstrieren und unisono „Kampf dem Atomtod!" schreien und brüllen und bellen und blöken würden.[25]

In anderen Worten: Die Großtechnik ist nicht nur deshalb katastrophal, weil sie – das ist uns allen ja längst bekannt – uns Menschen verdinglicht und Millionen von uns arbeitslos macht; sondern auch deshalb, weil sie Widerstand und Protest ersticken und Einzelindividuen allmächtig machen kann. Ich weiß – und das weiß ich schaudernd –, daß diese Warnung defaitistisch klingt. Aber diese zu unterdrücken, das liefe auf Betrug hinaus. *Wissen müssen wir die Wahrheit. Aber obwohl wissend, haben wir so zu handeln, als wüßten wir sie nicht. Das ist unerläßlich. Die „Prozession" muß stattfinden.* Vielleicht wird diese doch die möglichen Täter erschrecken oder sogar ergreifen. Vielleicht. Noch immer gilt: *„Wenn wir verzweifelt sind, was geht's uns an!" An die Arbeit!*

Post scriptum

Abgeschlossen habe ich diese Einleitung am Ostersonntag 1982, an dessen Ostermärschen teilzunehmen ich als zu Alter nun leider nicht mehr fähig gewesen bin. Soeben – ich hatte den Stift bereits aus der Hand gelegt – höre ich aus dem Rundfunk, daß ein gewisser deutscher Staatsmann die Hunderttausende von *Friedensdemonstranten „infantil"* genannt habe.

Vielleicht ist es ein Zeichen von Infantilität meinerseits, wenn ich finde, daß solch ein Ausspruch gerade an einem solchen Tage beweist, daß sein Sprecher aller Leidenschaft für das Gute *entwachsen*, also

„erwachsen" im traurigsten Sinne ist. Ich jedenfalls bin mein Lebtag lang „infantil" geblieben, richtiger: ich habe mich programmatisch „infantil" gehalten. So infantil, daß ich seit dem 6. August 1945 unfähig blieb, mich *nicht* um die Welt zu ängstigen; so infantil, daß ich seit 1953 pausenlos vor der Gefahr gewarnt habe; so infantil, daß ich es 1958 für geboten gehalten habe, die Opfer von Hiroshima zu besuchen; so infantil, daß ich es 1959 als erforderlich angesehen habe, mich mit dem Hiroshima-Piloten Eatherly in Verbindung zu setzen. Und ein *chronisch Infantiler* bin ich seitdem geblieben. Als achtzigjähriger Infantiler übergebe ich nun dieses Buch meinen vielen Freunden, die bereits *reif genug* sind, *den Reihen der „Infantilen" sich anzuschließen;* und denen ich wünsche, daß sie sich ihre „Infantilität" niemals von einem im traurigsten Sinne „Erwachsenen" ausreden lassen, und daß sie sich dieser „Infantilität" niemals schämen werden.

Zu schämen hätten sich andere.

Anmerkungen

1. Diese wurden freilich zuweilen von führenden Politikern wie vorlaute Schulbuben zurechtgewiesen, am blamabelsten durch jenen bornierten Kanzler – die unterdessen verdrängte Schande darf nicht der endgültigen Vergessenheit anheimfallen –, der zwar schamlos genug war, ausgerechnet den Autor der nazistischen Judengesetzgebung, Globke, als graue Kanzlei-Eminenz zu verwenden, aber die bei ihm vorsprechende, um den Weiterbestand der Welt tief besorgte Gruppe von Nobelpreisträgern *„abkanzelte"*: sie sollten sich „statt um Politik lieber um ihre Laboratorien kümmern".
2. Die entsprechende, natürlich viel bescheidenere, Bewegung in Österreich hatten Robert Jungk und ich gegründet.
3. Als Jury-Mitglied des Russell-Tribunals über den Vietnamkrieg; und als Verfasser des Buches über das amerikanische Kriegsvokabular „Visit Beautiful Vietnam", Köln 1968.
4. Dazu siehe auch d. V. „Die atomare Drohung", München 1981, S. 136ff.
5. Unterdessen habe ich das Verbot natürlich übertreten. – Niemals bin ich übrigens in besserer Gesellschaft gewesen: Bertrand Russell, Graham Greene und Sartre war ja ebenfalls die Entweihung des Bodens untersagt.
6. Wiederabgedruckt u. a. in „Die atomare Drohung" S. 93ff.
7. S. X.
8. Die damalige (1959/60) Reaktion deutscher Blätter auf mein Hiroshima-Tagebuch bewies, wie desorientiert sie während des „kalten Krieges" in ihrer Stellungnahme zum Problem der atomaren Bedrohung gewesen sind.

Während „*Die Zeit*" in der Überschrift behauptete, daß mein Tagebuch *einen mit Flugblättern beladenen Güterzug aufwöge*, nannte mich der „Spiegel" neckisch den „*Atompfarrer vom Amt*" (oder „vom Dienst"? – ich besitze keine Kopie mehr). – Diese Desorientiertheit scheint nun – ich wage nicht recht zu sagen „glücklicherweise" – durch die Unbestreitbarkeit des Ernstes der Situation „überwunden".

9. In der Tat hat weder in meiner Korrespondenz noch in meinen Gesprächen mit Claude die Beziehung zu seinen Eltern irgendeine erwähnenswerte Rolle gespielt. Da er als schön uniformierter glamour boy der Air Force ein leichtfüßiger Steiger war, hat seine wohl rustikale Mutter für ihn keine erotische Rolle gespielt, und Eifersucht auf den Vater benötigte er, da er eben stets gut eingedeckt war, vermutlich nicht.
10. Daß sein früher Krebstod irgendetwas mit Hiroshima zu tun habe, halte ich für ein unseriöses Tendenzgerücht.
11. Diese moralische Grundeinsicht schließt nicht aus, daß er sich in manchen Kleinigkeiten moralisch dubios benommen hat. Gewiß hat er zuweilen mit erfundenen Leistungen geprahlt, z. B. mit „Artikeln", von denen ich niemals einen gelesen habe. Es wäre unsinnig, aus ihm einen Heiligen zu machen. Der ist er gewiß nicht gewesen: Ich habe ihn „chasing girls" auf dem Dachgarten des Hilton Hotels in Mexico City erlebt. Aber wo stünde geschrieben, daß ein „good looking Air Force officer" – als der wurde er ja gehandelt – auf Grund der Tatsache, daß er zufällig in den „Fall Hiroshima" mitverwickelt war, nun in *jeder* Beziehung ein Musterknabe sein müsse? In der Hauptsache hat er, und nur er, eben *nicht* versagt.
12. Diese ist von der konservativen „Republican Party" Amerikas, zusammen mit den Zeitschriften „Preuves", „Encounter" und „Der Monat" offiziell als Organ der CIA enthüllt worden.
13. Er war der Verfasser der vier von ihm selbst „War Reports" genannten Bücher: „The Fight for Air Power", „Can do: The Story of the Seabees", „From Omaha to Okinawa", „The case against the admirals".
14. Als dieser Band „The Hiroshima Pilot" (*dieser* Titel ist irreführend, nicht meiner) 1964 bei Putnam erschienen war, habe ich einen ausführlichen Gegentext zu diktieren begonnen, um erst einmal alle Zitatfälschungen (und alle Zitate aus meinem Text waren verändert) festzunageln und richtigzustellen. Die Arbeit daran habe ich aber nach einem Monat abgebrochen, da ich wichtigere Pflichten hatte, als mich mit einem amerikanischen Romancier herumzuschlagen, der es nicht wahrhaben wollte oder sollte oder durfte, daß es sich hier um keinen Privatfall, sondern um einen globalen und epochalen Fall handelte. Mein diktiertes Material könnte vielleicht einmal von einem Dritten herausgegeben werden.
15. Warum er schließlich entlassen wurde, aus den Vereinigten Staaten ausfliegen, sich mit mir treffen und dann heimfliegen durfte – kurz: warum er plötzlich ein freier Mann war, das konnte *er* nicht erklären; und *ich* kann das ebensowenig. Dafür, daß er seine Freiheit der Veröffentlichung des Briefwechsels verdankt habe, fehlt jeder Beweis. – Mir wurde freilich (nach Cuernavaca) eine gewisse Dr. Thomson nachgeschickt, angeblich Claudes

,,private Psychiatrin", die aber im Gespräch mit mir gelerntem Psychologen hundertprozentige Ignoranz in diesem Fache bewies; kurz: die damit beauftragt war, herauszubekommen, warum (das hieß: in welchem Solde) ich und meine mich begleitende amerikanische Frau Charlotte ein so ungewöhnliches Interesse für Eatherly an den Tag legten. Die arme Beamtin stellte sich, da man ernst mit ihr sprach, was ihr offenbar noch nicht sehr häufig zugestoßen war, als menschlich berührbares, sogar zutrauliches, Wesen heraus, das über diesen Auftrag nicht sehr glücklich war. Da ich aber den Spieß behutsam umdrehte, und nun *sie* fragte, woraufhin sie denn eigentlich ein so ungewöhnliches Interesse für mich an den Tag legte, versagte ihre Antwortfähigkeit. Sie hat ihre Rückreise ohne honorarwürdige Ausbeute antreten müssen.

16. Ein merkwürdiger Beweis dafür, daß meine (seit dem frühen Essay über ,,Phantom und Matrize" vertretene) These einer Ergänzung bedarf (,,Die Antiquiertheit des Menschen", I, S. 99ff.). Dort hatte ich beklagt, daß wir Heutigen statt aus der wirklichen Welt nur noch aus ,,*Weltbildern*" lernten. Offenbar gilt ebenso, daß wir vieles, was wir wirklich zu sehen niemals die Gelegenheit hätten, (gottlob) durch Bilder kennenlernen können. So hat der größte Teil der amerikanischen Bevölkerung den *reinen, von keinen Schlagwörtern verschmutzten, wirklichen Schmutz des Vietnamkrieges allein durch das Fernsehen erfahren.* Und ohne diese optische ,,*Invasion Vietnams into the American homes*" hätte der Krieg vermutlich noch viel länger gedauert. (Dazu siehe mein ,,Visit Beautiful Vietnam", Köln 1968, passim).
17. Dazu siehe d. V. ,,Die atomare Drohung", München 1981, S. 170ff.
18. ,,Die Antiquiertheit des Menschen", Band 2, S. 20ff.
19. Ob den Gerüchten über gewisse Erwägungen der russischen Generalität irgendetwas Reelles zugrundegelegen hatte, ist nie bewiesen worden.
20. Und dieser gegen China geplante Krieg war seinerseits wiederum als ein präventiver Vorkrieg geplant gewesen: nämlich als einer, der dem eigentlichen Krieg, nämlich dem gegen den ,,Urschuldigen", den ,,Verbreiter des Weltkommunismus" und, last not least, Atomkonkurrenten den Weg ebnen sollte.
21. Siehe d. V. ,,Die Antiquiertheit des Menschen", Band 2, S. 9ff.
22. Das hatte schon, auf harmlose Weise, im vorigen Jahrhundert gegolten, in dem das Tempo des Modenwechsels das Tempo der Geschichte zu diktieren schien (was heute beiläufig auch noch der Fall ist).
23. Darum widerspricht ihr die (bisher nur ganz seicht und sentimental als ,,inhuman" bekämpfte) *Neutronenbombe*: denn deren Prinzip ist es ja, bereits Produziertes intakt zu lassen, das heißt: *sie sabotiert* ja gerade *die Begierde der heutigen Industrie, das Produzierte zu zerstören, um Anlaß zum Weiterproduzieren zu schaffen.*
24. Daß diese zwei Phänomene nur die zwei Seiten einer einzigen Medaille sind, hoffe ich im dritten Band der ,,Antiquiertheit des Menschen" auszuführen.
25. Durchaus denkbar, daß die Entwicklung der Technik (die eben selber eine revolutionäre Entwicklung, wenn nicht *die* Revolution unseres Zeitalters, gewesen ist) Revolutionen im klassischen Sinne, in denen die *Masse als*

Macht unterstellt war, unmöglich gemacht hat. Das bedeutet aber nicht etwa, daß der Revolutionär im Begriffe stehe, zur komischen Figur von vorgestern zu werden. Er wird – und diese Entwicklung zeichnet sich z. B. in Mittelamerika schon heute ab – in neuer Version wieder auftauchen.

Der Mann auf der Brücke

Tagebuch aus Hiroshima
und Nagasaki
1958

Auf einer der Hiroshimabrücken steht einer, der singt und in die Saiten greift. Blickt ihn an. Wo Ihr sein Gesicht erwartet, da werdet Ihr kein Gesicht finden, sondern einen Vorhang: Weil er kein Gesicht mehr hat. Und wo Ihr seine Hand erwartet, da werdet Ihr keine Hand finden, sondern eine stählerne Klaue: Weil er keine Hand mehr hat.

Solange es uns nicht gelingt, das zu erreichen, was zu erreichen wir hier zusammengekommen sind: Die Gefahr zu bannen, die, als sie zum ersten Male losbrach, zweihunderttausend mit sich nahm, so lange wird dieser Roboter auf der Brücke stehen und singen. Und solange er auf dieser Brücke stehen wird, so lange wird er auf allen Brücken stehen, die in unsere gemeinsame Zukunft führen sollen. Als Schandfleck. Und als Bote.

Erlösen wir den Mann von seinem Amt. Tun wir das Nötige, um ihm sagen zu können:

„Du bist überflüssig geworden. Du darfst abtreten."

Schlußworte des Verfassers auf dem „IV. Internationalen Kongreß gegen Atom- und Wasserstoffbomben und für Abrüstung", Tokio, den 20. August 1958

Einleitung

Aus diesen Tagebuchblättern wird Ihnen kein Aroma des ,,Fernen Ostens" entgegensteigen. Von Exotik oder pittoresken Reizen, Tempeln oder Noh-Spielen, Zen-Buddhisten oder Tee-Zeremonien, Pagoden oder Gartenkünsten, Lampions oder Geishas, selbst von Fischern oder Reisbauern wird kaum die Rede sein. Denn nicht vom sogenannten ,,Fernen Osten" handeln diese Japan-Blätter, sondern von einem sehr nahen: ausschließlich von demjenigen Lande, das durch die Namen Hiroshima und Nagasaki bezeichnet wird: in dem also das atomare Zeitalter zur wirklichen Erfahrung geworden ist. Ich sage aber: von einem ,,sehr nahen Osten". Denn die Hauptleistung unseres Zeitalters besteht ja eben darin, daß es den Begriff der ,,Ferne", nein nicht nur deren Begriff, sondern *die Ferne selbst, annulliert hat.* Nicht nur Zeitgenossen sind wir heute, sondern Raumgenossen. Und wer sich, weil er sich ,,für Exotisches interessiert", etwas auf seinen Avantgardismus einbildet, der ist, da der Begriff des ,,Exotischen" bereits dem Gestern angehört, bereits von gestern. Wenn es heute überhaupt noch etwas Exotisches gibt, dann allein unsere Vorzeit: Die nicht mehr erreichbare Küste des vor-atomaren Zeitalters, die ist wirklich exotisch geworden. Wir aber: jedes Individuum und jedes Land, leben als Raum- und Zeitgenossen in der mörderischsten Nachbarschaft jedes anderen Individuums und jedes anderen Landes; und jeder morgige Tag lebt in der mörderischsten Nachbarschaft jedes jeweils heutigen Tages.

Natürlich gibt es niemanden, der das nicht wüßte. Aber da die meisten es ,,nur wissen"; und da die wenigsten wissen, daß sie es ,,nur wissen"; und daß ,,nur zu wissen" heute nicht auslangt; und da gerade diejenigen, in deren Hände die Nachbarschaftsprobleme von heute und morgen gelegt sind, am wenigsten davon wissen, können diese Tatsachen gar nicht oft genug ausgesprochen werden. Schon vor einem halben Jahre wäre es vermutlich nützlich gewesen, wenn gewisse Zivile oder Wehrminister die Gelegenheit gehabt hätten, meine Reise an meiner Statt zu machen, und statt meiner mit den Opfern von Hiroshima zu sprechen. Wenn Sie, meine Herren, mindestens indirekt, vermittels dieser Aufzeichnungen, ein paar Stunden mit diesen Menschen zubringen würden, wäre vielleicht ein kleiner Ersatz für das Versäumnis geschafft. Glauben Sie mir, Sie brauchen nicht die mindeste Scheu davor zu haben. Sie sind ja ungeheuer mutig. Nicht etwa mutig nur für sich selbst – das ist eine im Vergleich mit den heutigen Anforderungen natürlich veraltete Tugend – sondern auch und sogar vor allem für Millionen Ihrer Mitmenschen, ja sogar für alle Ihre und unsere Nachkommen – in anderen Worten: Sie fürchten nicht die Gefahren des Atomzeitalters. Da Sie etwas derart Unabsehbares nicht fürchten, wäre ja die Annahme, daß einige Seiten bedruckten Papiers, auf denen ein einzelner den Versuch unternimmt, die von Ihnen nicht gefürchtete Gefahr zu gefährden und den von Ihnen nicht beargwöhnten Mut zu unterwandern, Ihnen Angst einjagen könnten, eine lächerliche Anmaßung. Für nichts wäre Ihnen jedenfalls der Schreiber dieser Zeilen (den Sie, da er Ihre Phantasielosigkeit wirklich zu unterwandern wünscht, ruhig einen ,,Unterwanderer" nennen dürfen) dankbarer, als wenn Sie den Erfahrungen, die er aus Japan mitgebracht, einen gemütlichen Abend widmen würden.

In anderen Worten: Diese Seiten sind durchaus nicht nur für diejenigen bestimmt, die ohnehin ahnen, worum es heute geht, und die ohnehin den Mut zur heute gebotenen Angst aufbringen. Sondern vor allem für diejenigen, die, aus Angst vor diesem Mut, diese ihre Angst als Mut ausgeben.

Es waren zwei Chancen, die sich mir in Japan boten. Einmal die, zu sehen, wie der ,,post-atomare Mensch" lebt; und dann die, die, weltgeschichtlich gesehen, neue Nachbarschaft mit einigen meiner neuen Nachbarn zusammen durchzudenken; oder auch: die Grundsätze und die Maßnahmen zu erwägen, durch die diese neue mörderische Nachbarschaft in eine friedliche überführt werden könnte. Darüber hier ein paar Worte.

Die Zeitgenossen, die ich (und zwar auf der ,,Fourth World Conference against A and H Bombs and for Disarmament" in Tokio) als meine neuen Raumgenossen, also als meine neuen ,,Nachbarn", kennenlernte, die waren sich, welchem Erdteil oder Lande sie auch entstammten, fast ausnahmslos dieser gemeinsamen Aufgabe bewußt. Das war eine große Ermutigung.

Ob wir Heutigen und Morgigen imstande sein werden, uns überhaupt durchzubringen, das ist ungewiß. Wir sind ja bereits soweit, daß *nicht unser Verschwinden ein Wunder* sein würde, *sondern unser Fortbestand*, und zwar ein miraculum perpetuum, das sich von Tag zu Tag immer neu zu vollziehen hätte; das wir von Tag zu Tag immer neu zu provozieren hätten. Wenn es aber eine fortbestehende Menschheit, eine Menschheit, die sich des täglichen Fortbestandes als täglich neuer Aufgabe bewußt wäre, geben sollte, dann war unsere Gruppe in Tokio ein Mikromodell dieser Menschheit von morgen. Und zwar deshalb, weil wir den Gegner nicht in diesem oder jenem Volk, nicht in diesem oder jenem Regierungssystem, nicht in dieser oder jener politischen Philosophie sahen, sondern in der Bedrohung, in die uns, und zwar uns alle, die technische Entwicklung gebracht hat; und in der Tatsache, daß keiner von uns dieser Entwicklung psychologisch gewachsen ist; das heißt: daß keiner von uns imstande ist, sie phantasiemäßig, emotional oder moralisch zu bewältigen.

Diese zweite Gefahr: also die Tatsache, daß wir unseren eigenen Produkten und deren Effekten nicht weniger ahnungslos und nicht weniger atemlos gegenüberstehen, als wenn sie Objekte wären, die Bewohner eines fremden Planeten uns unaufgefordert ins Haus geliefert hätten, die ist wohl sogar die größere der zwei Gefahren.

Diese Sorgen waren es, die uns erfüllten. Die Schuldfrage dagegen ließen wir so gut wie unerwähnt. Wo, wie es in Tokio der Fall war, Sorge, und zwar die akuteste, lebendig ist, da wäre es Zeitvergeudung (nicht nur unvernünftig also, sondern sogar unentschuldbar), in dieser Frage die Hauptfrage zu sehen.

Sie werden fragen, ob wir eine Versammlung von Kernphysikern oder von Politikern gewesen seien. Antwort: Nein, das waren wir nicht, obwohl beide Kategorien bei uns vorkamen; denn daneben waren die verschiedensten Berufe vertreten: Gewerkschaftler, Ärzte, Soziologen, Geistliche (verschiedener Konfessionen), Studenten. – Und Sie werden weiterfragen, auf Grund wovon wir uns denn, da „die Angelegenheit doch entweder den Physiker oder den Politiker angeht", als „Experten" betrachtet hätten, die über dieses Problem zu reden ein Recht gehabt hätten. Worauf die Antwort einfach lautet: Falsch gefragt. Denn wer so spricht, als wenn die Frage des Überlebens der Menschheit (und daß dieses in Frage gestellt ist, das ist ja keine von professionellen Panikmachern ausgedachte Redensart, sondern eine von verantwortungsbewußten Naturwissenschaftlern der Öffentlichkeit mitgeteilte Möglichkeit) eine Angelegenheit wäre, die man Spezialisten zur gefälligen Bearbeitung überlassen könnte, der dekuvriert sich als unsachverständig, nämlich als unsachverständig in Sachen Apokalypse. ,,Kompetent" oder ,,Experten" waren wir insofern, als wir wußten, worum es geht: nämlich um Sein oder Nichtsein; und daß Rettung nur möglich ist durch einen pausenlosen und bei niemandem haltmachenden Feldzug der Informierung, und durch Herstellung einer alle Grenzen und Vorhänge ignorierenden Front gegen jene, die so, als handelte es sich um Maßnahmen industrieller oder taktischer Natur und in konventionellem Maßstab, die Herstellung der nuklearen Waffen und deren Lagerung, die angeblichen Testexplosionen und die Probeflüge, die Installierung von Raketenbasen und die Einexerzierung von Spezialisten weiterbetreiben.

Will man heute vernünftig über die atomare Situation sprechen und in dieser vernünftig handeln, dann hat man eine ,,kopernikanische Drehung" zu vollziehen, dann hat man sich ein völlig neues Axiom zu eigen zu machen. Dieses Axiom, das von der Mehrzahl der Zeitgenossen, auch von den heutigen Staatsmännern, nicht aufgefaßt, geschweige denn innerlich verarbeitet worden ist, lautet:

Es ist falsch zu glauben, daß es innerhalb unserer heutigen politischen Weltsituation unter anderem auch sogenannte ,,Atomwaffen" gebe; daß diese Mittel darstellen, die man für diesen oder jenen politischen Zweck strategisch oder taktisch verwenden könnte. Umgekehrt gilt: Da unsere Welt durch die Tatsache der ,,Atomwaffen" mit ihrem ,,to be or not to be" konfrontiert ist, ist die Weltsituation durch die atomaren Tatsachen definiert. Kurz: *Politik findet innerhalb der atomaren Situation statt.*

Wie gesagt, diese Grundeinsicht ist noch nicht allgemeines Eigentum von heute. Und auch in unserem Tokioer Kreise hat es Männer gegeben, die diese ,,kopernikanische Drehung" noch nicht, mindestens noch nicht endgültig, vollzogen hatten. Zu diesen gehörten zwei Typen:

Erstens Vertreter (oder ideologische Opfer) jener Großmächte, deren Taktik darin besteht, das Problem als rein taktisch darzustellen, und deren Prinzip es ist, die atomare Drohung gleichzeitig zu verwenden und zu verharmlosen. Dieser Typ ist uns ja leider so vertraut, daß wir auf ausführliche Schilderung verzichten können.

Zweitens aber gehörten dazu auch eine Handvoll von Vertretern jener Völker, die in demjenigen Augenblick, in dem wir durch die atomare Situation dazu gezwungen werden, den Begriff der „Souveränität" zu revidieren und Souveränität einzuschränken, das heute Einschränkende noch niemals vollständig genossen haben; die also erst einmal, und zwar als deren dernier cri, dieses bereits veraltende Ziel vor Augen haben. Es ist begreiflich, daß für sie dieses Zielbild die Folie abgibt, vor der sie alle anderen politischen Probleme, zuweilen also auch das Atomproblem, sehen. Auch sie leben zwar, genau so wie wir, als Bedrohbare oder Bedrohte im atomaren Zeitalter; aber eben *nicht nur* in diesem, sondern außerdem auch noch in der vor-atomaren Epoche: Das Heutige sehen sie gewissermaßen sub specie eines Vorgestern, das für sie noch ein Übermorgen darstellt.

Wenn ich schon hier[1] auf diese widerspruchsvolle, diese asynchrone Gleichzeitigkeit zu sprechen komme, so weil diese ja durchaus nicht nur bei dunkelhäutigen Völkern festgestellt werden kann. Auch von uns dürften wir ja nicht behaupten, daß wir ausschließlich im „atomaren Zeitalter" lebten. Im Gegenteil. –

Aber kehren wir zu unserer Kongreßgruppe zurück. „Vermutlich haben sich", werden Sie sagen, „in dieser Gruppe, nicht anders als auf anderen Tagungen, die sich mit vitalen und in den Bereich des Politischen eingreifenden Problemen befassen, auch ‚dunkle Figuren' herumgetrieben." – Unwahrscheinlich, aber nicht unmöglich. Aber selbst wenn das der Fall gewesen sein sollte, würden diese Leute, da, was auch immer gesprochen oder beschlossen wurde, für die Öffentlichkeit gemeint war und veröffentlicht wurde, beutelos abgezogen sein. Heimlichkeiten ihren Auftraggebern im Osten oder im Westen zuzustellen, wäre jedenfalls unmöglich gewesen.

Aber, wie gesagt, die Anwesenheit solcher Dunkelmänner ist reine Hypothese. Was wirklich war, und was wirklich vorherrschte, das war gegenseitiges Vertrauen und eine Solidarität von solcher Überzeugungskraft, daß sie einen hätte glücklich machen können, wenn nicht eben dasjenige, *was* voller Vertrauen und Solidarität besprochen wurde, so unsäglich angsteinflößend gewesen wäre.

In der Tat gibt es Situationen, die jedes Mißtrauen hinfällig machen; Situationen, in denen weder Heuchler weiter heucheln können, noch mit offiziellen Weisungen ausgestattete Agenten fähig bleiben, ihre ausschließlich taktischen Zielsetzungen aufrechtzuerhalten; kurz: in denen auch sie, ob sie es wollen oder nicht, wieder zu Menschen werden. Eine solche Situation war zum Beispiel der Abend in Hiroshima, an dem wir uns mit den Überlebenden trafen, und an dem diese (so als wäre Opfer zu sein eine Schande) flüsternd ihre „Erlebnisse" erzählten. Möglich, daß bis dahin zwischen den einander fremden Delegierten Schranken noch bestanden hatten. Aber in diesen Stunden fielen sie. Wenn uns nach diesem Abend jemand unter dem Siegel der Verschwiegenheit mitgeteilt hätte, von echtem Interesse an diesen Erzählungen könnte bei den Delegierten X oder Y gar keine Rede sein, denn diese nähmen an dem Kongreß ja ausschließlich in der Absicht teil, für sich selbst oder für ihre Auftraggeber dies oder jenes durchzusetzen – dann hätten wir für solche Mitteilungen nur Achselzucken gehabt. Unterstellt selbst (was fraglich ist) X oder Y seien wirklich nur aus taktischen Gründen oder aus propagandistischen Motiven gekommen – zu behaupten, daß diese Männer, als sie bei den Erzählungen der Opfer erblaßten, aus taktischen oder propagandistischen Gründen erblaßt seien, das wäre einfach unsinnig.

Und nicht weniger unsinnig wäre es uns vorgekommen, wenn uns jemand das beliebte, von den Chauvinisten aller Länder immer neu aufgewärmte Märchen von der totalen Verschiedenheit des Fühlens der verschiedenen Rassen aufgetischt hätte. Nichts liegt mir ferner, als die Seinsdifferenzen, die sich aus den Herkunftsdifferenzen ergeben, einfach abzustreiten. Aber wer diese in endgültige Wesensdifferenzen ummünzt; wer sie benutzt, um zu behaupten, die Verständigung „von Ufer zu Ufer" sei ausgeschlossen, der spricht entweder aus Unwissenheit oder in böser Absicht. Eine wie massive Wirklichkeit das gemeinsame Menschsein ist, das weiß man erst, wenn man sich einmal in einem aus Vertretern aller Völker der Welt zusammengesetzten Kreis aufgehalten hat. Und diese Gemeinsamkeit besteht nicht etwa nur, wie man so gern behauptet, in einem dünnen Generalnenner, in der Allgemeinheit der Rationalität oder der Vernunft, sondern gerade in einer „Allgemeinheit des Herzens". Ja, zuweilen ist es umgekehrt sogar vorgekommen, daß, während wir alle von einer einzigen und gemeinsamen Welle des Gefühls getragen wurden, als letzte Differenz gerade die Rationalität übrigblieb, nämlich die Verschiedenheit der Denkstile.

Wie gesagt, ich habe dabei vor allem jenen Abend im Auge, an dem die überlebenden Opfer von Hiroshima versuchten, uns die Sekunde, in der „es" geschehen war, und die dieser Sekunde folgenden Minuten und Stunden zu schildern. Der europäische Geschäftsmann, der sich einen Augenblick lang in den Hotelgarten, in dem wir zusammensaßen, verirrte, und der uns alle: die Weißen, Schwarzen, Gelben und Braunen in der gleichen Haltung, nämlich mit zu Boden gesenkten Augen, erblickte, der muß in diesem identischen Benehmen ein Ritual gesehen haben oder davon überzeugt gewesen sein, daß wir da ein gemeinsames Experiment durchführten. Überflüssig, noch einmal zu betonen, daß die Identität des Benehmens nichts anderes war als die unmittelbare Folge der Identität des Gefühls.

Sie werden fragen, worin dieses, bei uns allen identische, Gefühl bestanden habe. Die Antwort darauf – und sie ist in späteren Gesprächen, und aus immer anderen Mündern, immer wieder gefallen –: Es bestand darin, daß wir uns voreinander *schämten:* und zwar *uns schämten, Menschen zu sein.*[2]

Das mag sonderbar klingen, vielleicht sogar hochmütig, wenn nicht sogar wie eine empörende Desolidarisierung. Mag sein. Wir hatten keine Zeit, darüber nachzudenken. Die erste Reaktion war jedenfalls eine der Verweigerung: der Weigerung, diejenigen als unsereinen anzuerkennen, uns denjenigen zuzurechnen, die unsereinem so etwas hatten antun können.

Man mißverstehe nicht. Was entscheidet, ist nicht das Element der Desolidarisierung, die dieses Schamgefühl enthielt, sondern umgekehrt gerade die Gemeinsamkeit dieser Desolidarisierung, also die neue Solidarität, die in diesem Augenblicke Wirklichkeit wurde. Und darum ist Empörung über diese Scham (die ich nach meiner Heimkehr oft erlebt habe) unberechtigt. Was mich betrifft, so habe ich jedenfalls, was „Menschheit" ist, niemals mit solcher Stärke und Schmerzlichkeit empfunden wie in diesen Stunden der „Desolidarisierung". Wenn Nachbarn neben dir, gleich ob sie Afrikaner, Amerikaner, Deutsche, Russen, Burmesen oder Japaner sind, aus demselben Grunde wie du verstummen, dann ist damit die Menschheit in uns nicht beleidigt, sondern wiederhergestellt; vielleicht sogar erst wirklich hergestellt.

Aus diesem Grunde widme ich die nun folgenden Seiten denen, die sich vor mir geschämt haben, Menschen zu sein, so wie ich mich vor ihnen geschämt habe, ein Mensch zu sein.

Zum Abschluß zwei Bemerkungen zum Text:

1. Über das, was der Leser hier nicht erwarten darf. Nicht Daten im

statistischen Sinne. Informationen über den Zerstörungsgrad, die Zahl der Opfer oder die nach Latenzzeiten an Strahlenleiden Erkrankten oder Gestorbenen muß er sich anderswo beschaffen; und die kann er sich heute auch überall beschaffen. – Ebensowenig wird er hier einen Bericht über den „Weltkongreß“ finden, dessen Verhandlungen und Beschlüsse ebenfalls der Öffentlichkeit vorliegen. Ein solches Referat zu liefern, wäre mir im übrigen auch gar nicht möglich, da ich mich während der Tagung ausschließlich einer einzigen Sonderkommission, der über die „moralischen Verpflichtungen im Atomzeitalter“ zu widmen hatte.

2. Über die Bearbeitung des ursprünglichen Tagebuchtextes. Dieser war skizzenhaft, voll von Wiederholungen, durch Bemerkungen über Personen indiskret. Die Skizzen habe ich ausgeführt, die Wiederholungen gestrichen, die Namen, Plätze oder Daten dort, wo Diskretionsgründe es verlangten, unkenntlich gemacht. Außerdem habe ich Argumente (in mitgeteilten Reden oder Gesprächen), wo sie unprägnant blieben, zugespitzt; und Diskussionen, die sich über mehrere Sitzungstage erstreckten, zusammengedrängt und ihr Tempo beschleunigt. Aber obwohl kaum ein Satz des Originaltextes unverändert geblieben ist, glaube ich doch, der Wahrheit keinen Abbruch getan zu haben.

24. Juni, Tageszeit unbekannt, da ewiger Tag.
6000 m über dem Polarkreis

Nun siehst du also, was du weißt: Nämlich, daß die Erde eine Kugel ist. Und das ist ein geschichtlicher Augenblick.

Denn, war es dir auch nicht täglich klar gewesen: Zwischen Wissen und Wahrnehmen, zwischen dem Weltbilde des Verstandes und dem der Sinnlichkeit, zwischen der Erde Newtons und der des Alltags waren alle Brücken abgebrochen gewesen. *Zwei* Erden hatte es gegeben. – Blick hinunter! Dein Auge, nun beinahe göttlich, sieht die Erde als Globus *und* als Landschaft. Die Kluft hat sich geschlossen.

Über Grönland

Wirklich? Am Horizont Gebirgiges. Aber wie hoch mag es sein? Und wie weit entfernt? Wie es beurteilen, da Vergleichsgrößen fehlen? Kein Wunder, daß der Dicke am rechten Fenster es aufgegeben hat, hinunterzublicken, und daß die zwei Französinnen vorne, obwohl 6000 m über der Arktis schwebend, zurückgekehrt sind in ihre proportio humana und schlafen oder in Illustrierten blättern oder Karten spielen. Stundenlang und sogar bei deutlichster Sicht – denn es ist glasklar draußen, und jedes Etwas ist bis ins Letzte artikuliert – nicht zu erkennen, ob, was man überfliegt, Hügel sind oder Massive, Tümpel oder provinzgroße Seen, Inseln oder Erdteile, das ist wirklich irritierend. Sehen wir, wie groß der Mond ist? Nun gehts uns mit der Erde genau so. Lächerlich zu glauben, „Verfremdung" sei ein Trick der Literatur oder der Kunst. Sie ist eine Methode der heutigen Technik, mindestens deren Folge. Und wer versucht, den Mond zur Erde zu machen, dem „vermondet" sich die Erde.

Noch immer über Grönland

Dort hinten links (im Süden also – aber was ist nicht Süden?) beginnt etwas, was aussieht wie eine haardünne schwarze Wurzelfaser. Oder wie ein schwarzer Sprung im Porzellan der unendlichen Schneedecke. Ein Fluß wohl; der sich, vermutlich durch hunderte von Kilometern, uns entgegenwindet. Und plötzlich, wohl in irgendeiner Bucht, sein Ende findet. Und dies: Quellpunkt, Flußlauf und Mündung siehst du mit *einem* Blick; sie sind eingezeichnet in eine einzige Landkarte; nein, nur in ein Stück der Landkarte, nur in einen winzigen Ausschnitt aus dem Umkreis, den du beherrschst. Und den Kopf brauchst du zu dem Zweck nicht zu rühren. – *Landschaft* ? Kaum. Wie weit entfernt sind „Landschaften"! Wie lange her sind „Landschaften"! Denn was uns die Hobbemas und Ruisdeals, die Rousseaus und Monets bis gestern vorgesetzt hatten: Land und Berg und See und Himmel und Wetter und Jahreszeit – dies alles aus *unserer* Perspektive, als das *uns* Umgebende, als das *von uns* Besiedelte, als das *von uns* Bearbeitete, als das *uns* Überwältigende – das hat seine Gültigkeit verloren. Siedlungen gibt es nicht. Jahreszeiten gibt es nicht. Und das angeblich Überwältigende ist überwältigt – durch *uns.* Hobbema oder Monet – sie alle hat der Motor besiegt; während ein paar andere Maler, deren Größe wir unterschätzt hatten (z. B. der Altdorfer der „Alexanderschlacht", der die Gebirge malte, als hätte er sie von hier oben aus gesehen) plötzlich zu Propheten werden. Wahrhaftig, er hat „vorhergesehen". Denn Erdschaft hatte er gemalt, nicht „Landschaft". Und von „Erdschaft" sollte man auch hier sprechen.

Über Ellesmere Island, polnächster Punkt

Ja, von „Erdschaft". Denn dies ist die Erde ohne uns. Seit vielen Stunden – und keine Sekunde lang habe ich die Suche unterbrochen – habe ich keine einzige Spur entdecken können, die mir verraten oder bestätigt hätte, daß wir *sind.* Es ist unwahr. Wir sind unauffindbar geworden und unsichtbar. Nein, nicht geworden. Wir haben uns unauffindbar *gemacht* und uns unsichtbar *gemacht.* Das also hätten wir geschafft. Die Nordsee war die Nordsee gewesen und sonst nichts. Grönland Grönland und sonst nichts. Und was nun unter uns vorbeizieht – wie gesagt: ob es Hügel sind oder vereiste Alpen, das ist unerkennbar – von uns spricht es jedenfalls nicht und ist nichts als seiend; und das im massivsten und furchtbarsten Sinne: nämlich so, daß man es ihm ansieht, wie wenig es nötig hat, zu wissen, daß es *ist.* Und erst in sechs, sieben Stunden, so heißt es, werden wir uns, nach Überfliegung der Alaska-Alpen (die vermutlich glühen würden, und deren Glühen man uns ankündigt wie eine spezielle bonanza der Air France für ihre Reisenden) wieder menschlichen Siedlungen nähern. – Aber selbst *wenn.* Selbst wenn hier und da Punkte aufgetaucht wären oder noch auftauchen werden, Punkte, von denen wir wüßten, daß sie zu uns gehören, zu uns Menschen: Wären sie auch nicht nichts – *nichtig* wären sie, verloren in dieser Weite und gesehen aus dieser Höhe, gewiß. Damit aber auch – und das ist ein entscheidendes Erlebnis – *vernichtbar.* Denn daß wir in dieser Höhe bedenkenlos werden, daß wir aus dieser Höhe Vernichtungen durchführen, so als wäre Vernichten nichts, das ist plötzlich begreiflich. Und auch ich würde wohl keine Hemmungen kennen.

Eismeer

Es gibt eine extreme Phantasielosigkeit, die sich als Wahrnehmungsdefekt äußert. Den Passagieren, die, statt in das ungeheure arktische Nichts hinunterzublicken, überzeugt davon, daß es dort nur nichts (kleingeschrieben) zu sehen gebe, Karten spielen, denen fehlt eben die Fähigkeit, sich das Wahrnehmbare vorzustellen. Und dieser Defekt bleibt sogar (denn zuweilen werden sie ja von der Langeweile verführt, doch hinunterzublicken) in actu des Wahrnehmens selbst. Sie sind also *zu phantasielos, um zu sehen, was sie sehen.*

Eismeer und Parry Islands

Kompässe sind hier in der Nähe des magnetischen Pols natürlich veraltete Geräte. Also erzählt man einander, wohl als Navigationströstung: Eigentlich sei die Einsamkeit, die wir durchflögen, gar keine richtige Einsamkeit. Denn wo auch immer wir flögen, niemals seien wir von einer jener Installationen, die die Vereinigten Staaten und Kanada um den Pol herum angelegt hätten, weiter entfernt als zwei Flugstunden; eigentlich blieben wir also pausenlos in unmittelbarster Nachbarschaft und Tuchfühlung mit den Mitmenschen. Jetzt weiß ich, was Nachbarschaft ist. Jetzt weiß ich, was Tuchfühlung ist. „Zwei Flugstunden" bedeutet ja wirklich nicht mehr als lumpige sechshundert Meilen, also nicht mehr als die Entfernung Wien-Frankfurt. Wenn dir in Wien schlecht ist, keine Sorge! Du brauchst nur anzuklopfen, und der gute Nachbar in Frankfurt wird aufwachen und durch die Tür anfragen, was er für dich tun könne. Vollends wohlig kann dir aber ums Herz werden, wenn du bedenkst, zu welchem Zwecke diese nachbarlichen Asyle errichtet worden sind: Daß sie die behaglich geheizten, um den Polarkreis angelegten, Atombomber-Basen sind. Und die Träne der Dankbarkeit steigt dir heiß ins Auge.

Über dem Beaufortmeer. Nichts als Eis

Und doch: wir *sind.* Der Wisch, auf dem ich hier schreibe (nein, von einem „Wisch" kann keine Rede sein, im Gegenteil: auf so üppigem und teppichartigem Material habe ich noch niemals geschrieben) ist die Speisekarte der Air France, die mir (so als gehörte es zu meinem Alltag, nahe der Place Vendôme zu speisen) in den elegantesten Drucktypen

Buche de Jambon Lucullus
Tournedos Sauté Helder
Salade Béatrice
Fruits de Saison

ankündigt. Wo es „Salade Béatrice" gibt, kann die Toskana nicht allzu fern sein; und die „Fruits de saison" widerlegen die eisige Jahreszeitenlosigkeit da unten sofort. „Quels fruits?" möchte ich zwar, in die Tiefe blickend, da unten anfragen, und: „Quelle Saison?" Aber ehe ich noch angefragt habe, ist mir der Luxus bereits ins Wort gefallen, und zwar in Form von Erdbeeren, die, obwohl völlig trocken, so märchenhaft duften, daß neben dieser zärtlichen Perfektion die Einöde unter mir einfach zum Wahn wird. Jawohl, eine ganz neue Funktion hat der Luxus hier. Denn nicht, um das Sein zu versüßen, ist er da, sondern um es zu *beweisen.* „Wir verwöhnen dich", sprechen diese Erdbeeren, „also bist du". Und hier jedenfalls ist dieser Seinsbeweis auch notwendig. Extremes erfordert Extremes. Wenn jenseits der Fensterscheiben, also einen halben Zentimenter von mir entfernt, die archaische Welt beginnt: die Welt ohne Zeit, die Welt vor Erschaffung des Lebens, die Welt vor unserer Erschaffung, die Welt, die von uns niemals gehört hat, die vorgestrige Welt – dann sind die „Fruits de saison", die man uns anbietet, und mit deren Hilfe man uns in den Mittelpunkt der Vorsorge hineinstellt, das einzige Mittel, um uns zurückzurufen.

Noch immer Beaufortmeer

Die gestrige Welt? Ist es wirklich die gestrige, die da unten liegt? Oder sollte es nicht vielleicht die morgige sein? – Keinen Augenblick vergessen, daß sie das von einem Augenblick zum nächsten werden könnte, daß sie schon im nächsten für immer so daliegen könnte, wie sie immer dagelegen hatte, ohne zu ahnen oder irgendjemandem zu verraten, daß auch *wir* einmal dagewesen waren als ontologischer Zwischenfall. Deshalb habe ich „das Unsrige" ja „verlassen". Aber „deshalb" bedeutet eben: „damit das nicht geschehe".

Vor uns, tief unten, der Brooks Range.
Also amerikanische Alpen

Soeben erschien im Himmel (übrigens im Himmel tief unter uns – auch *das* gibt es heute) und nur für wenige Sekunden (aber es war atemberaubend wie die Begegnung von Schiff mit Schiff auf hoher See) ein Nichts, ein Punkt, ein Etwas, das als menschgemacht zwar nicht erkennbar war, aber etwas Natürliches auch nicht gewesen sein kann – kurz: wir haben soeben ein anderes Flugzeug gesichtet. Und da sich dieses Flugzeug in einer Richtung fortbewegte, die nirgendwohin führt (oder die nur dann irgendwohin führen würde, wenn es zwischen den USA und den USSR friedliche Polarverbindungen gäbe); und da es in nördlicher Richtung verschwand (oder sollte es schon in südlicher gewesen sein?) kann es nur eines von jenen gewesen sein, die in den „nachbarlichen Asylen" beheimatet sind und, beladen mit scharfer Atomfracht, hier in der Gegend in pausenloser Bereitschaft herumschwirren, um, wie man zur Beruhigung kommentiert, „im Ernstfall" den halben Weg immer schon hinter sich zu haben. „Auf Probeflug" nennt man das. Welch ein Ausdruck! Als wenn es etwas gäbe, was geeigneter wäre, einen Ernstfall herauszufordern, nein etwas, was einen ernsteren Ernstfall darstellte als solche angebliche Verhütung des Ernstfalles. – Unterstellt *du* wärest der Pilot, und *du* hättest täglich mit solcher apokalyptischen Fracht zu üben – bist du so sicher, daß du nicht eines Tages weiterfliegen würdest, um die Fracht an jenem Punkt abzuladen, für den sie bestimmt ist? Ja, das würdest du vielleicht tun. Wahrscheinlich sogar. Und wahrhaftig nicht, um einem herostratischen Wunschtraum Erfüllung zu verschaffen. Sondern einfach deshalb, weil du ein Mensch, weil du nicht „foolproof" bist; weil deine Nerven reißen würden; weil ewig im „Als ob" zu leben, dich überfordern würde; weil es unfair ist, demjenigen, der täglich proben muß, nicht ein einziges Mal die Gelegenheit zu gönnen, die Probe aufs Exempel zu machen; kurz: weil du ein *Recht* darauf hättest. – Mit welcher Spielart von menschlichen Wesen rechnen eigentlich jene, die uns auf solche Flüge ausschicken? Und was für Menschen sind diese Auftraggeber selbst? Kann es denn auch nur den leisesten Zweifel darüber geben, daß Menschen, die Mitmenschen als „foolproof" einsetzen, selbst „fools", also Narren, sein müssen? Niemals vergessen: In den Händen solcher Narren liegt unser Schicksal!

Über Alaska. Herrlichste alpine Gegend.
Dazwischen ein tiefes Flußtal

Ich sollte hinunterblicken. Denn nun fliegen wir 8000 m hoch, in Everesthöhe; der Mount McKinley, 2000 m höher als der Mont Blanc, liegt zur Rechten tief unter uns; auch das Alpenglühen ist nicht zu Unrecht angekündigt worden; und Alpenglühen *unter* sich zu sehen, ist gewiß nichts Alltägliches. Aber die Sehlust ist mir vergangen. Weder der Empörte hat einen Blick für das Schöne noch der Trauernde. Und empört bin ich noch immer und noch immer voll Trauer, weil ich im Geiste noch immer in jenem Punkt sitze, der vorhin unsern Weg gekreuzt hatte, in jenem von Narren ausgeschickten Flugzeug; und weil ich im Geiste nun weiter nordwärts fliege (oder vielleicht, weil ich nicht wende, bereits südwärts) um die Fracht, mit der ich zu oft geübt habe, um noch weiter mit ihr üben zu können, endlich loszuwerden. Und dann geschieht es also, *es.* Und dann *ist* es also geschehen. Und *ich* bin es also, der es getan hat, *ich,* der angefangen hat ... aber was heißt: „angefangen"? Denn darüber, daß dieser Anfang das Signal ist, das Signal für das Ende; und daß nach einer halben Stunde alles, was unter uns liegt, ein einziges Hiroshima ist, eine Erde, die keine Spuren mehr davon zeigt, daß wir dagewesen – darüber gibt es ja keinen Zweifel.

Blick hinunter: dieser menschenlose Planet unter dir – ist er nicht vielleicht schon die Erde *nach* diesem Tage?

Ach, wenn sie es nur begriffen, die da unten irgendwo leben. Aber selbst die sieben oder acht, die den Punkt tief unter sich im Himmel gleichfalls gesehen haben, und die mit mir über dem, was unsere Erde einmal gewesen war, dahinfliegen – selbst sie, die Urenkel des Daedalus und des Ikarus – sie wissen es nicht. Denn die Einen nippen an ihrem Cointreau, und die Anderen schlafen oder sie blättern in Illustrierten, oder sie spielen Karten.

Mittags, nach 15 Stunden Flug über dem
Wolkenmeer des Stillen Ozeans

Das Wolkenmeer lockert sich, indigoblau leuchtet es zwischen den Wattebäuschen. Nach 32 Stunden also noch immer Meer. Aber nun verweht die Watte, und siehe da, dort in Flugrichtung – wir sind da! wir sind bei den Menschen! – dort beginnt ein Schachbrett! Und schon wandert es, einem Fließband gleich, unter uns; und die Schachfelder werden wirkliche Felder, grüne und gelbe; und nach rechts hin blinkt es, blendende Wasserlachen, wohl Reisfelder unter Wasser. Und das wächst uns entgegen, das Grüne artikuliert sich und dazwischen – jawohl, wir sind da! – dazwischen liegt ein Dorf, vorbei, wieder eines, und nun unterscheidet man schon hundert Dächer. „Ferner Osten" flüstere ich mir zu. Aber mit dem Wort kann ich nichts anfangen. Was heißt schon „ferner Osten"? Das Archaische liegt hinter uns. Das Apokalyptische liegt hinter uns. Die Erde hat uns wieder. Wir sind zu Hause.

Tokio, 22. Juni

Gestrige Ankunft: Mehrfache Schleifen über Bucht, Flugplatz unter uns direkt an der waterfront, Stadt grenzenlos. Bei schiefem Flugzeugstand Horizont weit oberhalb der Augenlinie, kein Streifen Himmel darüber: Stadt als Stadtplan vor mir aufgehängt. Landung. Heraus. Richtiger hinein: denn man tritt in dampfende Waschküche. Gang zum Flughafengebäude: Rückfall in archaischste Fortbewegungsart. Im Flugbahnhof herzlichster, ganz unzeremonieller Empfang durch sechs Mitglieder des ‚Preparatory Committee'; Professoren, Sekretäre, darunter ein perfekt deutsch sprechender; Erklärung des ‚großen Bahnhofs': Bin zweiter Ankömmling, vor mir erst einer angekommen, ein Sudanese. Endlose Autofahrt, typische Vorstädte, charakterlos wie überall; Aura von Arbeit und Abfall; Werkstätten, Lagerhäuser, Fabriken, Autofriedhöfe. Könnte ein von Ostasiaten eroberter, mit Japanern bevölkerter, mit japanisch beschrifteten Schildern behängter Vorort von Chicago sein; ein paar (durchweg auf Autos bezügliche) englische Schilder haben sie versehentlich hängenlassen. Die Stadt gleichfalls gesichtslos. „Everything here was in shambles", erklärt Professor O. Mir scheint, auch jetzt ist die Stadt noch „in Trümmern". Oder wieder. Damals nämlich war die japanische *Stadt* zerstört worden; nun, durch den Neuaufbau, die *japanische* Stadt. Halten vor Riesenhotel. „Western Style". („Western" ein Stil, den es nur im Osten gibt, so wie „European" oder „Continental" ein Stil, den es nur in Amerika gibt.) „Western" faßt alles Nichtjapanische, Amerikanische und Europäische, von Bett über Schnitzel zu Coca Cola, zusammen. Hotelhalle eisig, aber gefüllt von brünstigster Tosca-Musik, die mich bis in mein im 8. Stock liegendes Zimmer verfolgt. Schlaf. Abends von Neugierde getrieben hinaus. Gerate in zwei Minuten in ein Gängeviertel, Luft butterwarm, Vieux-Quartier-haft, aber selbst die dunkelsten Figuren wie aus dem Ei gepellt. Überall liegt der Mageninhalt des Meeres aus, phantastische Fische und Tangarten. Für den Japaner die Welt offenbar nicht nur sichtbar, sondern eßbar. Tintige, ölige, bittere, arzneiige Gerüche. Sackgassen. Bordellartiges. Lockmethoden nicht annähernd so terroristisch wie in Europa. Nach zehn Minuten japanische Menge nicht mehr erstaunlich. „Menschen sehen wie Japaner aus", werden zum „physiognomischen Nullpunkt". Mich blickt man an, zwar ohne Bosheit, aber stutzend; bin tatsächlich der einzige Nichtjapaner. Um halb zwölf total verlaufen; vermutlich xmal im Kreis gegangen. Englisch fragen sinnlos. Stehe schließlich vor Bahnhof (Shimbashi Station, weiß ich jetzt), von dort ist die Dachlichtreklame des Hotels erkennbar. Ganz froh, heimzukehren. In Vorhalle umbraust von Cavalleria Rusticana. Von sizilianischen Blutrachestimmen in Schlaf gesungen.

Tokio, Juni

Sitzung (die wievielte?) des „Preparatory Committee". Erfreulich große Anzahl von Akademikern; nicht etwa nur von Physikern oder Medizinern, sondern beschämender und beneidenswerter Weise auch von Vertretern der Rechts- und Sozialwissenschaften. Ach, wo stehen die bei uns?

Erste Gelegenheit, mein „Projekt", den „*Moralkodex im Atomzeitalter*", mindestens einzuführen. Antrag: Die Delegierten sollten einen solchen Kodex gemeinsam ausarbeiten und sich auf dessen Gebote und Verbote verpflichten. Die Fixierung des Kodextextes sollte als eine der offiziellen Kongreßaufgaben angekündigt, und für dieses Unternehmen den zwei bislang vorgesehenen Kongreßkommissionen eine dritte hinzugefügt werden.

Man bittet um Begründung.

Begründung: „Da wir heute in einer total neuen, unvorhergesehenen, in ihren Effekten unabsehbaren Welt leben; in einer Welt, in der Entfernungen abgeschafft sind, dagegen die Möglichkeit einer selbstgemachten Apokalypse droht, gibt es Forderungen, die nie zuvor formuliert worden sind, nie zuvor formuliert zu werden brauchten, nie zuvor hätten formuliert werden können. Diese Forderungen, die in das zeitgenössische Moralbewußtsein noch nicht eingegangen sind, verlangen nach Formulierung."

Man bittet um Beispiele.

Beispiele: 1. „Da der Effekt der ‚Waffen', also der angeblichen ‚Mittel', jedes mögliche Ziel auslöschen würde, gibt es kein Ziel, das du als Rechtfertigungsgrund für den Einsatz von Atomwaffen, einschließlich jener Einsätze, die du ‚tests' nennst, darstellen oder propagieren darfst." Oder:

2. „Da die Effekte deiner Handlungen (wieder einschließlich der ‚tests'), wo immer und wann immer du sie durchführst, jeden erreichen, schädigen oder vernichten könnten, wo immer und wann immer er leben mag, hast du jeden (nicht nur geographisch, sondern auch zeitlich) ‚Fernsten' als deinen Nachbarn anzusehen und zu behandeln."

Sie nicken. Die Inhalte der Postulate bejahen sie natürlich. Deshalb sind wir hier ja zusammen. Aber der Gedanke, dasjenige, was wir alle verlangen, in Form moralischer Grundsätze zu bringen, ist ihnen offenbar fremd.

Diskussion. – 1. Frage: „Welchen nicht nur moralischen Effekt erhoffen Sie sich von der Feststellung eines solchen Postulat-Kodex?"

Antwort: „Den einer *Folie*."

Frage: „Was heißt das?"

Antwort: „Während bislang die öffentliche Beurteilung der Atomrüstung und aller mit dieser verbundenen Operationen desorientiert geblieben ist, wäre durch den neuen Kodex ein Hintergrund geschaffen, von dem sich die Handlungen und die moralistischen Deklamationen der Atommächte kraß abheben würden; und ein Maßstab, mit dem diese beurteilt werden könnten."

Frage: „Sie meinen, wir hätten zu versuchen, einen moralischen Generalnenner zu konstruieren, der für alle verbindlich sein soll?"

„Ja."

„Unterschätzen Sie nicht die psychologischen Widerstände, die sich bei der Verschiedenheit der aus allen Ländern und Philosophien der Welt kommenden Delegierten der Annahme eines solchen Generalnenners entgegenstellen würden?"

„Ich glaube nicht. Auch ich halte die Schwierigkeiten für sehr groß. Vor allem mache ich mich auf Widerstände von Seiten der ‚religionists'[3] gefaßt."

„Warum gerade von dort?"

„Deshalb, weil für diese ‚Gebote und Verbote' Bestandteile ihres religiösen corpus ausmachen, und als solche göttlichen, mindestens heiligen, Ursprungs sind. Ich erwarte, daß sie in unserem Verlangen nach ‚neuen Geboten' einen indirekten Angriff auf die Zulänglichkeit und die Vollständigkeit ihrer eigenen sakralen Gebote sehen werden. Vermutlich werden sie behaupten, unsere Forderungen enthielten stillschweigend die Unterstellung, daß in ihren Geboten nicht jede Situation (z. B. nicht die heutige) vorgesehen sei. Natürlich hätten sie damit recht: Denn diese Unterstellung mache ich in der Tat. Aber für sie wäre es natürlich unmöglich, eine solche Unterstellung zu akzeptieren. Daher halte ich es für wahrscheinlich, daß sie alles tun werden, um die heute fälligen Gebote als bloße Varianten oder Anwendungen der ohnehin bestehenden und gültigen ‚ewigen Gebote' darzustellen; ja sogar, daß sich die Vertreter der verschiedenen positiven Religionen, ungeachtet der Tatsache, daß deren ‚Positivitäten' eigentlich einander ausschließen, solidarisieren und eine gemeinsame Verteidigungslinie beziehen werden."

„Was würden Sie in einem solchen Falle tun?"

„Entgegenkommen. – Da mir ohnehin alles daran liegt, den Eindruck zu vermeiden, wir verfolgten mit der Formulierung des Kodex etwa das Ziel einer Religionsstiftung (was absurd wäre), würde ich nichts dagegen einzuwenden haben, wenn unsere Postulate als bloße Anwendungsfälle oder als Ergänzungen auftreten würden. Jedenfalls hat unsere Sorge und Behutsamkeit bis ins Stilistische zu reichen: Sprachliche Eigentümlichkeiten oder Vokabeln, die ‚anklingen', die den Eindruck religiöser Ambitionen oder gar der ‚Religionskonkurrenz' machen könnten, sind strikt zu vermeiden." –

„Und wie wollen Sie Ihre Postulate *begründen*?"

„Meine Antwort wird Sie um so mehr befremden, als sie aus dem Munde eines ‚professionellen Philosophen' kommt. Aber sie lautet: ‚Gar nicht'. Umgekehrt müssen wir das Problem der ‚Sanktionierung' (also die Frage, welcher Quelle die Gebote ihre Verbindlichkeit verdanken, wo sie ‚verankert' sind) willentlich als ‚tabu' draußen lassen. Über dieses Problem in zwei oder drei Kongreßtagen Einigung erreichen zu wollen, wäre einfach kindisch. Nicht nur das, sondern unmoralisch. Denn wo Ertrinkende auf Rettung warten, ist es nicht erlaubt, auf der Brücke stehen zu bleiben, um die philosophische oder die theologische Frage zu diskutieren, auf Grund wovon wir dem Leben der zu Errettenden Wert beizumessen haben. (Schmunzeln bei der Ceylonesin.) In anderen Worten: Wir haben bewußt darauf zu verzichten, religionsphilosophisch bis zu den Wurzeln vorzustoßen. Tiefsinn verboten. Unsere Verpflichtung, einen für Vertreter verschiedener Positionen annehmbaren Generalnenner zu finden, ist bei der Schärfe der Gefahr, in der wir uns alle befinden, größer als die Verpflichtung, daß wir uns auf eine sanktionierende Wurzel unserer Verpflichtung einigen. Anerkennung finden sollen die Gebote ja schließlich nicht nur bei Vertretern monotheistischer Religionen, die die Verbindlichkeit in Gottes Wort verankern; sondern ebenso bei Vertretern solcher Religionen, für die der Gottesbegriff nicht im Mittelpunkt steht, also zum Beispiel bei Buddhisten (ich warte, kein Widerspruch); und ebenso bei denen, die sich, ohne viel Begründung, auf ‚Menschenrechte' berufen; oder bei denen, die, ohne alle Begründung, an die Heiligkeit des Lebens als solches glauben; nicht zu vergessen jene Millionen, die entweder nicht religiös sind oder sogar ausgesprochen antireligiös – denn sie alle müssen sich zusammentun, wir alle müssen uns zusammentun, um uns vor einander zu schützen. Wir sind ‚in the same boat'. Also brauchen wir alle eine und dieselbe Schiffsordnung. Auf Grund wovon jeder von uns diese für verbindlich hält, darüber können wir diskutieren, wenn wir heil das Ufer erreicht haben."

Erste auffällige Reaktion: Befremdung. Ungewißheit, wie sie reagieren sollen. Das jedenfalls bei einer großen Zahl der Japaner. Aus welchen Gründen (vermutlich kommen mehrere zusammen), mir natürlich unbekannt. Möglich, daß es sich (aber wohl nur unter anderem) um einen ‚Vokabelschock' handelt; daß also, mindestens bei den ‚Linken' der Gruppe, das Wort ‚Moral' noch als ‚bürgerlich', also suspekt gilt. Die Welt ist eben nicht synchronisiert.

Außerdem fand ich aber auch Unterstützung. Starke sogar bei der ungewöhnlich fähigen (sonderbarerweise katholischen) Vertreterin Ceylons. Da diese bei den Japanern in höchstem Ansehen steht, bringt man meinem Antrag immerhin Respekt entgegen. Auch der holländische und der peruanische Delegierte stellen sich hinter mein Projekt. Da wir vier in diesem Frühstadium der Kongreßvorbereitung noch die einzigen Gäste sind, ist die Situation durch mein Verschulden plötzlich peinlich: unversehens stehen wir als eine Art ‚Front' zusammen. Aber die Japaner sind feinfühlig, einer von ihnen, H., macht einen Scherz, der, da nun alle zusammen lachen, sofort alles in Ordnung bringt. Voraussage für das Projekt: Gutwetter nicht unmöglich, aber sehr unwahrscheinlich. Um auf jeden Fall klar zu machen, welche Inhalte ich für den Kodex im Auge habe, habe ich englische Versionen meiner ‚Gebote des Atomzeitalters'[4] verteilt.

Tokio

Die eigentlich Gewissenlosen von heute: diejenigen, die aus der Tatsache, daß sie von keinen Gewissensbissen geplagt werden, also aus ihrer moralischen Analgie, den Schluß ziehen, daß sie nichts Gewissenloses getan haben. „Nein, ich spüre nicht die mindesten ‚pangs of conscience'," war die Antwort, die ein Mann (übrigens ein ehemals führender Staatsmann, der sich rühmen konnte, das Startzeichen für zwei Massenmorde gegeben zu haben) einem Interviewer gab. Damit war die Sache für ihn erledigt. Und leider nicht nur für ihn: Denn damit galt es als erwiesen, daß seine zwei Untaten keine Untaten gewesen sein konnten. Formel: *Mangel an schlechtem Gewissen gleich gutes Gewissen gleich Kriterium der Unschuld.*

Die eigentlich Gewissenhaften von heute sind dagegen die Zweifler, um nicht zu sagen: die ‚Gewissensnihilisten', die nicht nur darauf verzichten, sich weiszumachen, daß ihre ‚moralische Analgie' ihre Untadeligkeit beweise; sondern die sich auch weigern, auf Treu und Glauben zu akzeptieren, daß der Gewissensruf (dessen Auftreten und dessen Schärfe sie nicht bestreiten) eo ipso die Verbindlichkeit dessen verbürge, wozu der Gewissensruf aufrufe. Diese Höchstleistung von Mißtrauen, diese ‚Kostbarkeit des Zweifels', wird freilich nur sehr selten erreicht. Sie ist die ausschließliche Leistung einiger großer Charaktere, die bei sich selbst und bei anderen miterlebt haben, daß sich, was sie als die angebliche Stimme des eigenen Gewissens gehört und befolgt hatten, nachträglich als die Stimme eines Papageien herausstellte; als eine Stimme, die dasjenige nachgeplappert hatte, was Gewissenlose ihnen in Form von Befehlen ans Herz gelegt hatten; und die aus dieser Erfahrung nun die Konsequenz ziehen. Formel: *Gewissen gleich seinem Gewissen mißtrauen.*

Tokio. Aus einer Ansprache in einer Schule
für Erwachsenenbildung

„Unterstellen wir einmal, unsere Bemühungen seien gelungen: diejenigen Ziele, um die wir nun seit Jahren kämpfen, seien erreicht: die sogenannten Versuchsexplosionen und die Testflüge seien eingestellt; die Produktion der atomaren Waffen hätte aufgehört, die gelagerten Waffen wären entschärft, die Raketenbasen abmontiert; und gegenseitige Kontrolle verhindere die geheime Fortsetzung der gegenseitigen Bedrohung – was wäre gewonnen?

Gewiß viel. Keinen Augenblick lang dürfen wir ruhen, um diese Ziele zu verwirklichen. Und dennoch, machen wir uns keine Illusionen. Die Hauptsache wäre damit noch nicht gewonnen. Niemals wäre soviel erreicht, daß wir nun die Hände in den Schoß legen dürften; niemals soviel, daß wir aufatmend sagen dürften: der Vor-Hiroshima-Zustand oder der Zustand vor dem Tode Kuboyamas sei wiederhergestellt. Denn was gewesen ist, ist, auch wenn es abgeschafft ist, niemals so, als wäre es nicht gewesen. *Was geschehen ist, das ist auf unwiderrufliche Weise geschehen; und zwar deshalb, weil das gleiche Geschehen immer wieder herbeirufbar und immer wieder hervorrufbar ist.*

Natürlich leben wir alle in der Sehnsucht nach der Wiederherstellung des alten Zustandes. Und diejenigen unter unseren Zeitgenossen, die diese unsere Sehnsucht nicht teilen, die scheinen uns wie Seelenblinde.

Aber leider gibt es Gefühle, die zur heutigen Wirklichkeit in schroffstem Widerspruch stehen; in so schroffem Widerspruch, daß wir sie uns selbst verbieten müssen. Und zu diesen Gefühlen gehört leider auch unsere Sehnsucht nach der guten alten vor-atomaren Zeit. Dieses Gefühl widerspricht aber unserer heutigen Lage deshalb, weil diese Lage nicht in dem besteht, was wir (damit meine ich natürlich die heutige Menschheit) gerade haben oder tun; sondern in dem, was wir haben können oder tun können.

So gewaltig der Mensch nämlich sein mag – eines kann er nicht: Sein eigenes Können kann er nicht widerrufen. Und so großartig die Fähigkeit seines Lernens sein mag, eines kann er nicht lernen: nämlich dasjenige, was er kann, zu verlernen. Die Atomwaffen, die er gerade *hat*, die kann er zwar abschaffen; aber seine Kenntnis der Herstellung, die kann er nicht wieder loswerden. Die technische Situation, in der sich der Mensch befindet, definiert sich nicht nur durch dasjenige, was er beherrscht, sondern auch durch dasjenige, was er unfähig ist, *nicht* zu beherrschen. Auch Sie, die Sie nicht Physiker sind – und auch ich bin keiner – wissen ja, daß die Fähigkeit, atomare Waffen zu produzieren, keine isolierte Fähigkeit darstellt; daß, wer friedliche Reaktoren erzeugen kann, jederzeit auch in der Lage ist, die atomaren Zerstörungsmittel zu erzeugen. Diese sind eben, obwohl ihre möglichen Effekte über alle Effekte, die wir technisch sonst verursachen können, weit hinausreichen, doch nur Spezialitäten und Teilstücke unseres ganzen physikalischen und technischen Besitzstandes. Und da dieser Besitzstand unabschaffbar ist, ist auch die Spezialität unabschaffbar. In anderen Worten: Selbst wenn es keine einzige „Atomwaffe" mehr gäbe, keine Versuchsexplosion, keinen Testflug, keine Abschußrampe und kein Land, das an der Herstellung dieser Waffen arbeiten würde – behoben wäre damit die Gefahr nicht. Da durch die momentane Abschaffung der bedrohenden Geräte die Fähigkeit, diese Geräte herzustellen, nicht mit-abgeschafft wäre, und die Versuchung und die Verlockung, mit Hilfe solcher Geräte allmächtig zu werden, natürlich auch nicht, würden wir uns noch immer, und zwar für alle Zukunft, in der apokalyptischen Situation befinden, also in der Situation, in der sich die Menschheit durch sich selbst zugrunde richten könnte.

Sie sehen also: Die Aufgabe, der wir pausenlos gegenüberstehen, läßt sich, obwohl sie in jedem Augenblick das Maximum an politischer Weisheit und Behutsamkeit verlangt, mit Hilfe von nur politischen Maßnahmen (oder gar mit nur technischen Mitteln) nicht bewältigen. Die Maßnahmen, die getroffen werden müssen, gehören einer anderen Klasse von Maßnahmen an: Denn diese werden darin zu bestehen haben, uns davon abzuhalten, dasjenige zu tun, was wir tun *können*; und davon, diejenigen Geräte herzustellen, deren Herstellungsart zu vergessen wir unfähig sind. Das heißt aber: Die Verwandlung des Menschen wird eine Verwandlung seiner *Moral* sein müssen. Das Bewußtsein, daß es sich hier um ein absolutes *Tabu* handelt, wird in jedem von uns Milliarden Menschen so tiefe Wurzeln schlagen und wird so allgemein werden müssen, daß, wer auch immer die Möglichkeit in Betracht zöge, sich zur Durchsetzung seiner politischen Ziele dieser Mittel zu bedienen, sich der Indignation der gesamten Menschheit gegenübersähe.

Es gibt eine entsetzliche, entsetzlich vieldeutige Formel, die der bedeutende Physiker von Weizsäcker geprägt hat. Sie lautet: „*Mit der*

Bombe leben." Was Weizsäcker mit dieser Formel gemeint hat, können wir hier offen lassen; seine Position scheint unentschieden, denn obwohl er dem Kreis der wegen ihrer Gewissenhaftigkeit und ihrer Zivilcourage zu Recht berühmten „Göttinger" zugehört, hat er diese Formel doch in einem Augenblick geprägt, in dem die Diskussion über die atomare Bewaffnung des deutschen Bundesheeres ihren Höhepunkt erreichte; und damit den Befürwortern dieser Bewaffnung vielleicht eine gewisse Schützenhilfe geleistet. Gleichviel – die Formel hat, wenn sie recht verstanden wird, eine tiefe Wahrheit. Denn recht verstanden bedeutet sie: Keinen Augenblick lang dürfen wir uns einreden, daß wir „ohne Bombe" leben; das dürften wir auch nicht in dem vielleicht erreichten Augenblicke der Bombenlosigkeit.

Ich weiß, was ich Ihnen da sage, das klingt wenig tröstlich. Wer, wie wir, seine Kraft der Gewinnung eines Zieles widmet, der tut das in der Hoffnung, daß dieses Ziel eines Tages ein für allemal erreicht sein werde. Wenn ich Ihnen diese Hoffnung, also die Hoffnung auf das „ein für allemal", nehme, so damit Sie illusionslos sehen und sich im klaren darüber bleiben, daß der Kampf, den wir vor ein paar Jahren begonnen haben, und in dem wir uns nun befinden, von nun an *ein niemals mehr endender Kampf* bleiben wird. Jeder gewonnene Tag wird zwar ein gewonnener Tag sein. Aber kein gewonnener Tag wird eine Bürgschaft für die Gewinnung des morgigen Tages darstellen. Ankommen werden wir niemals.

Was vor uns steht, ist also die Endlosigkeit der Unsicherheit. Und unsere nicht endende Aufgabe wird darin bestehen, daß wir dafür sorgen, daß mindestens diese Unsicherheit kein Ende nehme.

Noch einmal: Diesen Gedanken trage ich Ihnen nicht deshalb vor, um Ihnen den Kampfmut zu nehmen; oder etwa deshalb, weil ich unseren Kampf für vergeblich hielte. Wenn das der Fall wäre, dann wäre ich nicht aus Europa zu Ihnen gekommen. Vielmehr betone ich ihn deshalb, weil unser Kampf von vornherein zum Scheitern verurteilt wäre, wenn wir seine Natur falsch einschätzen würden. *Nicht nur unsere Aufgabe ist dieser Kampf, nicht nur die Aufgabe unserer Generation; sondern die aller Menschen von nun an.* Also unser *Schicksal.* Unseren Willen werden wir, sofern man uns unsere Kinder läßt, unseren Kindern vererben müssen; und diese werden ihn, sofern auch ihnen ihre Kinder gelassen werden, auch ihren Kindern weitergeben müssen. Den Kampf zu gewinnen, ist zwar notwendig; aber kein Gewinn wird einen endgültigen Gewinn darstellen. Wer ihn aber verlieren wird, der wird ihn ein für allemal verlieren. Für seine Vorfahren: denn von diesen wird nach ihrer Niederlage kein Zeichen mehr melden; und für seine Nachkommen: denn die wird es nach seiner Niederlage nicht mehr geben.

Liebe Freunde, ich weiß, wie unhöflich es ist, als Gast eines so höflichen und gastfreundlichen Volkes so unverblümt und so schrecklich zu sprechen, wie ich es hier tue. Ich bitte Sie um Entschuldigung. Aber leider gibt es Situationen, in denen höflich zu bleiben unverantwortlich wäre. Daß wir uns heute in einer solchen Situation befinden, ist sowenig meine Schuld wie Ihre. Was uns verbindet, ist der Schmerz darüber, daß wir gezwungen werden, unhöflich zu werden. – Ich danke Ihnen."

Kioto

Nachtfahrt nach Kioto. Zusammen mit zwei anderen Delegierten, dem holländischen und dem peruanischen; und dem ganz jungen, gescheiten und lachlustigen Dolmetscher. Zu sechsen im Abteil. Trotz Ventilators und Querlüftung zum Ersticken. Die Nachtwächter Japans: die Frösche. Von deren aus den Reisfeldern steigendem Quaken pausenlos begleitet. Nicht laut, dennoch durch Vielstimmigkeit lärmend.

Motiv der Reise: ein junger Buddhist (Atsushi Nishimoto, ehemals Priester des Nipponzan Myohoji-Tempels) hat in Hiroshima eine Prozession organisiert, eine Art von Mahn-Prozession. Sein Zielpunkt: das von Hiroshima etwa 1000 km entfernte Tokio, wo er als Vertretung Hiroshimas zu Beginn des internationalen Kongresses einzutreffen hofft. Die Entfernung entspricht etwa der Wien - Kopenhagen. Kern des Zuges: Priester und Leute aus Hiroshima, darunter eine Gruppe Blinder und eine alte Bäuerin. Das Hauptkontingent wechselt von Ort zu Ort, da an jedem Durchgangsplatz Tausende Arbeit und Familie für ein paar Tage im Stich lassen, um sich dem Zuge anzuschließen. Hunderttausende sind bereits mitmarschiert. Da keiner der Teilnehmer seine in den Marsch investierten Strapazen vergessen wird (1000 km durch die Julihitze Japans zu marschieren, ist keine Kleinigkeit), wird es auch keinen geben, der das Ziel des Marsches jemals vergessen wird.

Nach einer Etappe treten sie ab, um, Stafettenläufern ähnlich, ihren

Marschplatz den Marschbereiten des nächsten Dorfes oder der nächsten Stadt einzuräumen. Trotz dieses Stoffwechsels bleibt der Zug, nicht anders als das Schiff des Theseus, nicht anders als jeder Organismus, mit sich selbst identisch. Was da marschiert, ist der Friedenswille selbst, die Entschlossenheit des Volkes, sich selbst daran zu verhindern, indolent zu werden oder vergeßlich.

Natürlich soll der Marsch nicht nur an das Gewesene mahnen, sondern auch an die zum Alltag werdende tägliche Gefahr. Nicht für ein Traumbild marschieren die Leute, sondern für eine aktuelle Sache. Denn hier in Japan ist die Gefahr ja nicht nur nicht geringer als bei uns, sondern sogar größer. Bis vor kurzem befand sich Japan ja in einer „atomaren Falle": Von Westen radioaktiv verseucht durch die sowjetrussischen Experimente; und von Osten durch die amerikanischen tests. Die russische Bedrohung scheint ja im Augenblick durch den Abbruch der sibirischen Experimente auszufallen. Aber *eine* Gefährdung genügt auch. Und die aus dem Osten drohende Gefahr, das heißt die durch Amerika, ist ja aus zwei Gründen größer als die aus dem Westen drohende: Nicht nur, weil das Hauptnahrungsmittel Japans, der Fisch, durch die Radioverseuchung des Pazifik in Mitleidenschaft gezogen wird; sondern weil es im Lande hunderte (angeblich 500) amerikanische Raketenbasen gibt, also Hunderte von Plätzen, die im Kriege zu Sofortzielen, und zwar eben für atomare Angriffe, werden würden. (Wie mag auf japanisch mein Slogan ‚Basen für Raketen sind Untergangsmagneten' heißen? Endgültige Grenze der Übersetzungsmöglichkeiten.)

Unser Reisezweck, mindestens eine Strecke mit den Japanern mitzuziehen, um ihnen deutlich zu machen, daß sie nicht alleinstehen, daß wir ihre Gefährdung als unsere, ihr Ziel als unseres erkennen. (Ihnen mitzuteilen, daß ihr Ziel unser *aller* Ziel ist, wäre leider Lüge.)

Ankunft. Hetzfahrt ins Hotel, und wieder heraus, um die Prozession außerhalb der Stadt zu treffen. Fahrt vorbei an weitläufigen Tempelanlagen.[5]

In der Seitenstraße einer Vorstadt, die die Vorstadt jeder Großstadt sein könnte, ein paar hundert Leute, die gerade dabei sind, sich zu formieren. Vorne die acht oder neun buddhistischen Priester:[6] gelbe Mäntel, Trommeln, Strohsandalen. Unter ihnen natürlich Nishimoto, sehr jung, vielleicht Anfang dreißig (aber hier unterschätzt man das

Alter gewöhnlich), mongolisches Bauernjungengesicht, stämmig, fröhlich, herzlich, intelligent. Neben ihm winzig die alte Bäuerin: um sie zu begrüßen und ihr vom Marsch durch das sonnige Land indianisch gebräuntes, ledern-rissiges Gesicht zu sehen, muß man ihr den riesigen Strohhut aus der Stirn schieben. Was sie mit Lachen quittiert. (Sie wurde später mein ‚Nebenmann', wir marschierten Arm in Arm. Mein Nebenmann zur Rechten: ein gleichfalls kleiner, freundlicher, sehr europäisch aussehender Intellektueller mit Ballonmütze, der sich im Laufe des Marsches als Professor für vergleichendes Recht herausstellt. Vorgegriffen.)

Offensichtlich werden wir bereits erwartet. Begrüßung sehr warm, obwohl erst einmal niemand da ist, der englisch spricht. Aber man redet halt *so* aufeinander ein. ‚So' bedeutet, daß man sich um die Tatsache der Verschiedenheit der Sprachen nicht kümmert. Babel der Herzlichkeit. Die Solidarität ist vorsprachlich, was man einander zu sagen hat, weiß man ohnehin. Man pufft einander gegen die Brust (das haben sie wohl aus amerikanischen Filmen gelernt); einer der Männer stößt (dabei meine arthritische Hand zermalmend) immer wieder die Laute „sweet, sweet, sweet" aus, was ich zuerst als seinen, wenn auch etwas unalltäglichen, englischen Beitrag auffasse; bis es sich herausstellt, daß er als Schiffsheizer einmal nach Schweden gekommen war. Und da Schweden in Europa liegt, und auch *ich* aus Europa komme – nein, der Syllogismus klappt nicht; höchstens als Syllogismus des Herzens, denn auf seine Art glaubt er eben, die Solidarität zwischen sich und mir durch die Berufung auf Schweden zu verstärken. Diese Solidarität ist ganz allgemein, sie ist etwas wie die Rache der Freundlichen an der diabolischen Internationalität der Gefahr. „Du kennst keine Grenzen", scheinen die Freundlichen zu dieser Gefahr zu sprechen, „bitte, wir kennen sie auch nicht."

An der Wiege war es mir nicht gesungen worden, mit diesen Männern in Reih und Glied zu stehen. Blick an mir herunter. Schwer zu glauben, daß *ich* es bin. Der Wirkliche sitzt vermutlich irgendwo in Österreich und stellt irgendeinen esoterischen Text über die atomare Gefahr her. So hatte es ja schließlich angefangen. Da hatte ich – vier Jahre ist das nun her – aus Verzweiflung über die Situation und nichtwissend, was man darüber oder dagegen würde vorbringen können, unter einem Nußbaum in der Steiermark gesessen und meine ersten

Worte über „Apokalypseblindheit" und meine ersten Formulierungen des „Atomstreiks" versucht. Natürlich ohne die Hoffnung, jemals irgendeine Brücke zur Wirklichkeit schlagen zu können.

Und nun ist diese Brücke da. Und nun gibt es da also, aus tausend Quellen gespeist, eine Bewegung; der läppisch-solistische Protest unter dem Nußbaum ist durch eine Weltbewegung abgelöst; die Frau aus Hiroshima hängt mir als Bundesgenossin im Arme. Das ist schon ein Augenblick, der auch Unerschütterlichere aus dem Gleichgewicht bringen könnte. Aber wir marschieren bereits.

Und zwar mit Chorgesang. Zuerst stutzig, weil, obwohl ich in der ersten Reihe marschiere, der Gesang von vorne kommt. Dann natürlich begriffen. Auch hier ist es also nicht anders als anderswo. Auch hier muß der Schein mobilisiert werden, um das Wirkliche in Gang zu setzen. Denn was da vor mir vielstimmig singt, das ist eben ein Ding, dessen Aufgabe es ist, auch uns singen zu machen. Und das Ding erfüllt seine Aufgabe: Denn wir lassen uns von ihm nicht beschämen und singen nun gleichfalls.

Nicht weniger sonderbar, *was* wir singen. Für zwei Stunden (bis ich eines besseren belehrt werde) bin ich davon überzeugt, daß es sich um ein altes russisches Lied handle.[7] Daß buddhistische Priester aus Japan die „russische Melodie" mit ihren Trommeln begleiten, und daß ich Europäer in diesem Mischkultur-Zug mitziehe, das ist schon ein heilsamer Unterrichtskurs in Geschichte. *So* also geschieht Geschichte; *so* disparate Elemente kommen also zusammen, um ein reelles Stück Geschichte auszumachen. Und siehe: ça marche, es geht so, was dabei herauskommt, *ist* eine Marschkolonne. Welche Absurdität, der Geschichte Organismusqualitäten zuzusprechen oder von ihr „organische Einheitlichkeit" zu verlangen.

Erst ziehen wir durch Vorstädte, vorbei an Gasanstalten, Werkstätten, Autofriedhöfen. Die Sonne steigt rasch, aber wir kommen nur langsam vorwärts. Langsamkeit wohl Absicht: Unser Anblick soll eben nicht im Augenblick vorbei sein. Und die Diversität derer, die für dieses *eine* Ziel marschieren, soll eben jedem erkennbar werden. Und nötig ist das. Denn so wahr es ist, daß die Bewegung hier von Massen getragen wird, daß Hunderte uns grüßen; daß Händler oder Käufer aus den Läden treten, um uns anzustaunen; daß sie, wenn sie begreifen, wofür wir marschieren, winken und rufen; daß sie sich (vermutlich davon überzeugt, daß wir Amerikaner seien und trotz unserer

Herkunft aus Amerika gegen Hiroshima protestieren) vor den zwei anderen weißen Delegierten und vor mir verbeugen; daß viele Kinder, namentlich wenn wir ihnen zuwinken, zurückwinken (schließlich sind wir ja etwas Herrliches: denn was kann es für Kinder Herrlicheres geben als einen Zug mit Musik vorn, mit marschierenden Priestern, mit drei Weißen dazwischen, und mit Fahnen und Transparenten?) – so übertrieben wäre es, so unwahr, zu behaupten, daß wir von der Einwohnerschaft Kiotos enthusiastisch bewillkommnet worden wären. Zu 80% ging in den Straßen der normale Betrieb weiter; und manchen waren wir wohl kaum mehr als ein Narrenzug.

Die Sonne stieg. Und bald schien jeder weitere Schritt eine nicht mehr zu bewältigende Zumutung. Schwer hing in meinem Arm die alte Hiroshimanerin, die zwar keine schlaflose Nachtfahrt, aber weit Schlimmeres: ein paar hundert Kilometer Fußmarsch durch die Sonnenglut hinter sich hatte. Von der Stadt sah ich allmählich nichts mehr, nur daß die Straßen, auf denen wir marschierten, weiter schattenlos waren; aber auch das ‚sah' ich nicht eigentlich mehr, denn meine dunkle Brille war waschküchenhaft beschlagen, sie abzuwischen, lohnte nicht mehr, Neugierde und Sehlust waren versiegt; weiterzumarschieren war keine Sache des Enthusiasmus mehr, sondern bereits reine Ehrensache; und um diese Ehrensache zu absolvieren, dazu brauchte man seine ganze Kraft. Schließlich verlangsamte sich der Zug; ich glaubte, wir seien im Begriff, anzukommen, *wo,* ahnte ich freilich nicht – aber ich irrte mich schrecklich: Denn nun begann es erst wirklich: Der Platz, auf dem sich die Priester im Halbkreis niederkauerten, und hinter diesen die anderen Teilnehmer und mit diesen nun doch noch ein paar hundert Leute, die sich dem Zuge angeschlossen hatten, der brannte noch glühender, als die Straßen gebrannt hatten. Und nun kamen Rufe und der Dolmetscher erklärte: „Sie verlangen, wir Weißen sollen sprechen!"

Es gibt eine Intensität, die man nur in der äußersten Erschöpfung aufbringen kann. Die Luft kochte, die Straße kochte, kein Wunder, daß auch meine Worte kochend herauskamen. Die Aufforderung hatte uns so überrascht, daß irgendwelche Gedanken vorzubereiten unmöglich war. Ehe ich begriff, was mir geschah (und warum, begreife ich auch jetzt noch nicht), hatte man mich an ein Auto herangestoßen – ich prallte von ihm ab, seine Haube glühte wie eine Herdplatte; und ehe ich noch wußte, was ich sagen würde, sprach ich bereits. Vage war mir dabei bewußt, daß ich nicht nur gegen meine eigene Erschöpfung anzureden hatte, sondern auch gegen die der anderen; außerdem, daß ich mit dieser Ansprache, der statt europäischer Akademiker auf dem Pflaster hockende Asiaten zuhörten, alle Brücken hinter mir verbrannte; und daß die Leute Worte von mir verlangen durften, die sie mit nach Hause nehmen konnten. Aber das alles erschien im Hintergrunde, während ich bereits redete. Da ich, wie gesagt, nichts vorbereitet hatte, war ich selbst überrascht, als ich mich behaupten hörte, daß es heute eine einzige große Prozession gebe, deren tausend Teile über die Oberfläche der Erde kröchen, einmal an dieser Stelle, einmal an jener. Während der Dolmetscher diese Behauptung übersetzte, fiel mir blitzartig ein, daß dieser Tag mein Geburtstag war, und im Bruchteil dieser Sekunde dachte ich an meine Mutter, die, als sie mich in Breslau zur Welt brachte, gewiß keinen auf dem Markt in Kioto Sprechenden gemeint hatte. Aber dieser Gedanke war ebenso rasch, wie er aufgeblitzt war, schon wieder vorbei, der Dolmetsch, der die Übersetzung meiner Worte beendet hatte, gab mir einen Stoß; und schon hörte ich mich wieder sprechen. Und zwar diesmal, und wiederum zu meiner eigenen Überraschung, von der Prozession der Münchener Schulknaben, die ich vor ein paar Wochen in München mitgemacht hatte; von der Klugheit und Entschiedenheit dieser 13–17jährigen, die bei strömendem Regen, trotz des Widerspruchs der Behörden, durch die Straßen gezogen waren und sowohl ihre Eltern, die den Schrecken des Krieges bereits vergessen hatten, als auch ihre Regierung daran erinnert hatten, wie der Krieg ausgesehen hatte, und wie der nächste aussehen würde. „Ich weigere mich“, zitierte ich einen dieser Jungen, „darum, weil ein alter Mann an der Spitze unserer Regierung unfähig ist, sich das vorzustellen, was er da befürwortet, zum Massenmörder zu werden; und ebenso weigere ich mich, aus diesem Grunde ein Opfer des Massenmordes zu werden.“ – „Ihr seht“, fuhr ich fort, „Bundesgenossen gibt es überall. Unterschiede des Wohnortes, der Rasse, des Alters spielen keine Rolle. Entweder werden wir alle eine gemeinsame Zukunftslosigkeit haben oder eine gemeinsame Zukunft.“ Und schloß, indem ich, ohne deren Erlaubnis eingeholt zu haben, die Grüße dieser Münchener Kinder überbrachte, also die Grüße der Prozession an die Prozession.

Münchener Kinder, verzeiht mir diese Unwahrheit. Da ich glaube, daß Ihr mir, wenn Ihr von mir gewußt hättet, diese Erlaubnis gegeben hättet; und da die Leute aus Hiroshima und Kioto durch Eure Grüße ermutigt worden sind, werdet Ihr mir meine Unwahrheit gewiß nicht nachtragen. War sie auch eine Unwahrheit, so war sie doch eine Unwahrheit im Interesse der Wahrheit.

Kioto

Vor dreieinhalb Jahrzehnten in einem Arbeitszimmer in der Lorettostraße in Freiburg. Verschanzt hinter einer Mauer von seit Jahrhundertbeginn pausenlos geschriebenen Analysen, die er (teils weil er vor Schreiben nicht mehr zum Lesen kam, teils weil ihn seine Augenschwäche am Lesen hinderte) wirklich nicht mehr kannte, saß da an seinem Schreibtisch, menschlich väterlich, wissenschaftlich unerbittlich, der alte Husserl, der mich zu sich bestellt hatte, um mir ins Gewissen zu reden. Denn ihm war die ungeheuerliche Mär zu Ohren gekommen, daß ich, als Gespenst verkleidet, während einer Faschingsnacht auf der Kaiserstraße getanzt hätte; und er empfand die ,,allerernstesten Bedenken gegen derartige Allotria". Ein junger Mann, so meinte er, der derartiges täte, nein, offenbar sogar gern täte, der bezeuge dadurch, daß er die bei ihm gelernten Einsichten nicht verdiene, daß er unreifer sei als seine Intelligenz; und seinem Typ nach sogar noch gefährdeter und noch gefährlicher als Herr Scheler. Ich schwieg. Um dem großen Alten zu erklären, um ihm erklären zu dürfen, daß die Welt nicht nur aus ,,Gegenständen überhaupt" bestehe, und daß Philosophieren und Tanzen einander nicht ausschließen, dafür war ich viel zu jung; und um das zu verstehen, war er viel zu alt, wohl konstitutionell sein Leben lang zu alt gewesen. Aber was um Gottes willen hätte der grand old man heute gesagt, wenn man ihm zugetragen hätte, ich hätte auf dem Marktplatz von Kioto vor auf dem Pflaster sitzenden buddhistischen Priestern und vor Blinden aus Hiroshima ,,philosophiert"? Und was hätte er geantwortet, wenn ich ihm zu erklären versucht hätte, daß dort zu stehen und dort zu lehren heute den Aufgaben des Philosophierenden nicht nur nicht widerspreche, sondern eine der Hauptaufgaben der Philosophie darstelle? Und daß wahr nicht nur das Mitgeteilte sein muß, sondern auch der Augenblick, und sogar der Ort der Mitteilung?

Wahrhaftig, die Kluft zwischen dem Typ des Denkenden gestern und dem heute ist so abenteuerlich breit, daß Jahrhunderte den damaligen Tag vom heutigen zu trennen scheinen. Und nur das Nachleben des alten Mannes – denn die Wälle seiner Manuskripte mußten, um nicht unterzugehen, von Geistlichen ins Ausland gerettet werden – bezeugt, daß auch er schon hineinragte ins Heute, in unsere Tage der Vernichtung.

Lake Biwa

Vom Kioto-Komitee eingeladen, den ganzen Tag auf dem Lake Biwa. Schnittiger, aber vor Hitze glühender Ausflugsdampfer. Wasserfläche bodenseegroß, Bläue tessinhaft. Rechter Hand: Verschwebendes Bergpanorama, das die Landschaft der japanischen Landschaftsmalerei nachahmt. – Von früh bis spät Radio und Fernsehen.

Im Zwischendeck vergnügt lärmende, auf Bambusmatten kauernde Bauern. Trinken trotz der Mittagsglut pausenlos den mitgebrachten Saki. Bleiben aber trotz Hitze, Wein und Trunkenheit sanft, heiter und wie aus dem Ei gepellt. Rätselhaft und beneidenswert. Erfahren von unserem Dolmetsch den Grund unseres Japanaufenthaltes, woraufhin sie uns stürmisch einladen. Einige ziehen uns lachend zu Boden und drängen uns ihre Flaschen auf. Versuche, mir vorzustellen, wie es aussähe, wenn die Rollen vertauscht wären. Aber das Bild: Drei Japaner, die, über den Starnberger See fahrend, von bayerischen Bauern stürmisch bewirtet werden, gelingt mir nicht.

Andere photographieren uns. Merkwürdig. Nicht nur weil, im Unterschied zu vorgestern, Bauern Städter, sondern auch weil Orientalen Europäer knipsen. Aber ihnen ist das selbstverständlich. So selbstverständlich, daß man denken könnte, seit Generationen hätten Photoapparate zur Ausrüstung der Reisbauern gehört. Glücklicherweise bittet mich keiner, eine Aufnahme zu machen. Europa wäre diskreditiert. Als zurückgebliebenes oder als technologisch verbauertes Hinterland. Oder nicht Europa, sondern Australien, denn ‚Austria' halten sie für Australia, und den Angesäuselten diesen subtilen Unterschied klarzumachen, wäre vergeblich.

Halten an steiler Tempelinsel. Mittelmeerische Felsentreppe. Während unseres Aufstiegs dröhnt von unten Puccinis Turandotmusik. Noch oben im Tempel von diesem italianisierten ‚Fernen Osten' verfolgt. Einige pentatonische Tonfolgen klingen wirklich ans Japanische an.

So also geschieht Geschichte: Der Orient übernimmt ein Paket westlicher Importartikel. Dieses Paket enthält auch den europäischen

Pseudo-Orient. Und diesen Pseudo-Orient macht nun der echte Orient zum Gesang über seinen Wassern. Also „*Rücktransport*".

Diesen Begriff festhalten als für die Deutung der gegenwärtigen Welt wichtige geschichtsphilosophische Kategorie. Im Tempel außerdem gehört: Bebop-Musik, die aus der Loge des Tempelpedells tönte. Abends wieder Kioto.

Tokio

Erfuhr heute in freundschaftlichem Gespräch mit Professor O. etwas über den Hintergrund der Befremdung, die meinem Kodex-Antrag gefolgt war. Der Ausdruck ‚Moral Code' werde zur Zeit vom Kultusministerium im reaktionärsten Sinne verwendet: dessen Absicht sei es, den seit 1945 abgeschafften Jugendunterricht wieder einzuführen; und dabei die vor 1945 geltenden kaiserlichen Prinzipien neu zu beleben. Mit dieser Politik werde der Ausdruck heute assoziiert. Natürlich begegne diese Politik bei der fortschrittlicheren Lehrerschaft scharfem Widerstande. Die Befremdung entsprang also wirklich einem ‚Vokabel-Schock'. Aber aus einem Grunde, den ich nicht vermutet hatte.

Sitzung. Erfahre, daß meine Kodex-Idee unterdessen in intern-japanischem Kreise weiter diskutiert worden ist. K., ein mir nicht bekannter Japaner (wohl Wissenschaftler), gibt zu bedenken, die Akzeptierung meines Vorschlags würde der Welt beweisen, daß die Konferenz nicht nur politische, sondern breitere Absichten verfolge. (Ob er das ernsthaft meinte oder als Alibi, bleibt abzuwarten). Dann ich:

Auf den Ausdruck ‚Moral Code' komme es mir nicht an. Der Arbeitstitel ‚The new moral Obligations in the Atomic Age' sei mir genau so recht. Sofort scheinen sich, obwohl an der Sache selbst nichts geändert ist, die Chancen zu bessern. Betone ferner: Der Kodex, den ich im Auge hätte, würde sich von dem, was man gewöhnlich unter einem ‚Moral Code' verstehe, grundsätzlich unterscheiden: Denn nicht von oben nach unten würden die Gebote ‚promulgiert' werden, sondern umgekehrt von unten nach oben. *Nicht unsere* Verschuldungen, *nicht unsere* Verpflichtungen gelte es in den Geboten und Verboten festzulegen, jedenfalls nicht in erster Linie; sondern die Verschuldungen und Verpflichtungen derer, die die atomare Macht in Händen hielten; ohne zu begreifen, *was* sie damit in Händen hielten. Als Fordernde würden *wir* ja auftreten.

„Gesetze ohne Gesetzeskraft!" widerspricht einer. Was ich zugebe; aber nicht als Gegenargument. Vielmehr bestehe die Rolle der Moralität eben darin, diejenige Unmoral, die im Besitz der Gesetzeskraft sei, zu diskreditieren und zu zersetzen. Die Stimme der Moralität sei, wenn die Legalität unmoralisch sei, die Stimme des Widerstandes. (Ein paar Worte über Kants Unterscheidung zwischen ‚Moralität' und ‚Legalität': dann über Antigone. Schließlich, mich auf einen anderen, gleichfalls zur Debatte stehenden Antrag beziehend:) Da es sich um moralische Forderungen handele, die *wir* an die Herrschenden stellten; und da deren Verschuldungen und Verpflichtungen anderer Natur seien als die unseren, sei es auch nicht ratsam, wie geplant, ein gewissermaßen ‚An Alle' gerichtetes Kongreßmanifest zu entwerfen. Vielmehr sollte man zwei verschiedene Manifeste an die zwei verschiedenen Adressaten aufsetzen. Diesem letzten Vorschlag bringt man sofort Interesse entgegen; dagegen bleibt mein Projekt nach wie vor in der Schwebe. Auf Grund meiner früheren Ausführungen scheint man daran zu denken, bei ‚Experten', wohl bei ‚religionists' und Philosophieprofessoren, zu sondieren.

Yaizu

Fahrt über Yokohama, entlang der pazifischen Küste nach Yaizu,[8] dem Geburtsort Aikichi Kuboyamas,[9] um dort die Friedensprozession Nishimotos wiederzutreffen und mit dieser zum Grabe Kuboyamas zu ziehen. Der Name dieses Fischerstädtchens ist mir seit Studententagen vertraut, aus der Lektüre Lafkadio Hearns; denn der hatte in Yaizu seine Sommer zugebracht. Ebenso vertraut ist mir der Name Kuboyama, denn 35 Jahre später, vor vier Jahren, habe ich auf einer Parkbank in Wien ein paar Strophen über Kuboyamas Tod notiert. Aber wie wenig ich damals von ihm gewußt habe: Nur gerade das, was die ersten Zeitungsmeldungen, die ihn als einen „Fischermann" bezeichneten, über ihn gebracht hatten. Also hatte ich ihn als einen Krabbenfischer im kleinen Segelboot vor mir gesehen. Völlig falsch. Von „Dörfler" keine Rede, vielmehr war er ein ausgebildeter Funker, der Ratgeber der Kutter-Mannschaft, ein Mann voll Humor, ein Zeitgenosse; und ein Mann, der im Sterben wußte, welche Bewandtnis es mit seinem Tod hatte. Und nun, vier Jahre später, soll ich seiner alten Mutter, seiner Witwe und seinen Töchtern begegnen.

Ankunft auf blendend sonnigem Bahnhofsplatz, begrüßt von einem ängstlichen und offensichtlich konservativen Bürgermeister; mit kaltem Tee bewirtet im Gebäude der Fischereigewerkschaft. Dann wieder hinaus auf den Bahnhofsplatz. Dort wimmelt's nun: Man watet durch einen See von winzigen, fähnchentragenden Kindern. Von oben sieht man nur das schwarze Spiegeln ihrer Lackhaare. Nach einigen glühend heißen Minuten Trommeln, dann nähert sich das mir schon aus Kioto bekannte Marschlied. Und nun erscheinen sie: Vorne, stämmig und fröhlich, als hätte er nicht die mindeste Mühe hinter sich, nicht anders als in Kioto, Nishimoto; und neben ihm auch wieder die alte Hiroshima-Bäuerin mit dem gegerbten Gesicht. Wir winken einander zu, umarmen einander, reden dummes Zeug, die zwei auf japanisch, ich auf englisch. Keiner versteht keinen, jeder jeden.

In der ersten Reihe der Menge eine kleine, offensichtlich von Polyarthritis, wenn nicht von Spondylarthritis gebeugte Frau. Man führt mich zu ihr. Kuboyamas Mutter. Flinke Männer mit Bandaufnahmeapparaten: „Sagen Sie etwas!" Das Wirkliche soll stattfinden zum Zwecke seiner Reproduktion. Aber hier ist das vielleicht berechtigt. Deutlich, daß die Alte wenig von der Bewandtnis dieses Tages begreift, und nichts von der Rolle, die sie heute spielt. Als man ihr meine Worte übersetzt (daß viele Mütter in vielen Ländern der Welt ihrer gedächten – „alle Mütter aus allen Ländern" zu sagen, wage ich nicht), fragt sie, warum; ja, die Mitteilung scheint sie etwas in Angst zu versetzen. Statt dessen hält sie behutsam meine Hand in der ihren und begutachtet sie mit dem Kennerblick der gelernten Arthritikerin; zeigt dann *ihre* Rechte und gibt mir zu verstehen, daß sie Bescheid wisse. Diese Solidarität ist mir nicht weniger willkommen als die politische. – Die Witwe Kuboyamas dagegen, indianischer Typ, eine sonnengebräunte, energisch und klug aussehende, auf natürliche Weise würdevolle Frau, begreift ihre Rolle durchaus; aber sie bleibt völlig uneitel, der Öffentlichkeit steht sie ausschließlich der Sache wegen zur Verfügung. – Scheu an sie gedrückt, eines ihrer Töchterchen.

Ein paar japanische Reden. Dann die des holländischen Delegierten zur World Conference, de Bock; schließlich meine:

Liebe Frau Kuboyama, Mutter Kuboyamas,
Liebe Frau Kuboyama, Witwe Kuboyamas,
Liebe Töchter Kuboyamas,
Bürger von Yaizu,
Sehr geehrter Herr Bürgermeister!

Nicht um Sie zu belehren, sind wir hierher gekommen. Im Gegenteil: voll Respekt und als Lernende. Was *wir*, aus fernen Ländern kommend, nur gerade ,,wissen" (nur so wissen, wie man Dinge, die man in Zeitungen gelesen hat, eben weiß) – *Sie* wissen das wirklich.

Es sind drei Dinge, die wir durch Ihre Erfahrungen gelernt haben:

Erst einmal: Daß es keine Entfernungen mehr gibt. Der Sohn Ihrer Stadt war der erste, der dieses ,,Ende der Entfernungen" durch sein Sterben bewiesen hat. Durch sein Sterben ist die Botschaft vom ,,Ende der Entfernungen" zu allen fernen Punkten der Welt gewandert und hat diese Länder dadurch zu Nachbarländern gemacht. Die Botschaft haben wir gehört, und wir haben sie verstanden, und wir sind gekommen. Also sind wir *nicht* aus der Ferne gekommen. Vielmehr deshalb, *weil* es Ferne nicht mehr gibt. Also aus Nachbarländern. Und in ein Nachbarland.

Liebe Nachbarn, der fall-out kennt keine Grenzen mehr. Der tödliche Staub, der Sie Ihres Mitbürgers beraubt hat, der umkreist nun unsere Erde. Und der Tod, der *Sie* bedroht, der bedroht auch *uns*. Auch uns in Europa. Auch uns in Afrika. Auch uns in Amerika. Uns, wo immer wir leben.

Nun, Gebiete, zwischen denen es für das Töten keine Grenzen mehr gibt, die bilden (gleich ob Staatsmänner das wahrhaben wollen oder nicht) ein *einziges Land*. Wenn unsere Welt so geworden ist, daß *Sie* zugrunde gehen können, weil man *bei uns* ,,Experimente" durchführt; und daß *wir* zugrunde gehen können, wenn Experimente *bei Euch* durchgeführt würden, dann sind wir wirklich *Nachbarn*. Mindestens als Sterbliche. Mindestens als Tötbare. Und als Nachbarn leben wir auch heute schon in einem einzigen Lande, in dem Lande, das ,,die Erde" heißt.

Aber ich frage Sie: Sollen wir lediglich als Tötende und lediglich als Tötbare zu Bürgern des einen Landes werden?

Ihre und unsere Vorfahren haben unterschieden zwischen ,,Kriegen" im üblichen (leider üblichen) Sinne, und ,,Bürgerkriegen". Durch die Löschung der Grenzen, die die atomare Situation mit sich gebracht hat, ist diese Unterscheidung mitgelöscht. Durch die Explosionen ist diese Unterscheidung mitexplodiert. Heute wäre jeder Krieg, der zwischen zwei Ländern ausbräche, ein Bürgerkrieg. Aber, Mitbürger der Erde, sollten wir nur deshalb zu Mitbürgern eines einzigen Landes geworden sein, um Bürgerkriege zu führen?

Das Zweite, was wir aus Ihren Erfahrungen gelernt haben, ist, daß, was man heute ,,tests" nennt, gar keine ,,tests", keine Experimente, sind. Mißtrauen wir diesem Ausdruck. Er ist irreführend. Ihr Freund befand sich, als er von den Teilchen des tödlichen Staubs erreicht wurde, 130 km von dem Experimentplatz entfernt. Da er trotzdem erreicht wurde, heißt das: Die Entfernung war keine Entfernung mehr. Und deshalb war auch das Experiment kein Experiment mehr. Zum ,,Experimentieren" gehört – glauben Sie das einem Wissenschaftler –, daß die experimentelle Operation ein isolierbarer Vorgang bleibt. Das war in Bikini nicht durchführbar. Und das wird auch in künftigen Operationen nicht durchführbar sein. In den angeblichen Explosionsexperimenten ist also auch der Begriff ,,Experiment" mitexplodiert. Die sogenannten ,,tests" sind vielmehr heutige *Wirklichkeit.* Und da sie das *wirkliche* Leben beschädigen, das der heute, der morgen und der übermorgen Lebenden, ja dieses Leben vielleicht sogar auslöschen, sind die ,,tests" eine Form des *Krieges.* Jawohl: die Experimente bedeuten einen Krieg gegen das Leben. Bei uns in Europa gibt es eine alte Redensart, die lautet: ,,Der Krieg ist eine Fortsetzung der Politik mit anderen Mitteln". Heute gilt die Umkehrung dieses Satzes. *Was heute zu Unrecht ,,Frieden" genannt wird, ist die Fortsetzung oder die Vorbereitung des Krieges mit anderen Mitteln.*

Nein, Nachbarn: die Vorbereitung eines Ereignisses, für das selbst der Ausdruck ,,Krieg" nicht mehr zutrifft. Auch dieses Wort ist nun überholt. Und wer ihn verwendet, tut das, um uns Sand in die Augen zu streuen. Lassen wir uns nicht weismachen, daß, was die Zeitungen den möglichen ,,Krieg von morgen" nennen, noch ein ,,Krieg" sein werde. War, was sich in Hiroshima abgespielt hat, noch ,,Krieg"? Hat es da noch Widerstand gegeben? Hat es da Widerstand noch geben *können?* Es war reines Schlachten. Und der nächste Krieg, wenn es einen geben sollte, wird *der allgemeine Untergang* sein. Das sagt sich leicht. Schließen Sie die Augen, Nachbarn, denn was Sie hier vor sich und was Sie hier um sich sehen: das Leben, die Häuser, die Kinder, die Fahnen – das alles hindert Sie daran, das Wort ,,Untergang" in seiner ganzen Bedeutung aufzufassen. Das Wort bedeutet: Daß die Erde, die nun seit kurzem unser aller gemeinsames Land geworden ist, leblos und von niemandem gewußt, als Planet unter anderen Planeten durch den Raum ziehen wird. – Haben Sie den leblosen Planeten vor sich gesehen? Gut. Dann frage ich Sie, Nachbarn, haben Ihre Eltern und unsere Eltern für ein solches Ende gelebt? Haben Sie *dafür* Mühen auf sich genommen? *Dafür* Freuden und Hoffnungen gehabt? Und leben *wir dafür*? Und die tausend Kinder hier auf dem Platze, haben Sie sie *dafür* gezeugt und *dafür* geboren?

Nach den Ansprachen formierte sich die Prozession von neuem. Der holländische Delegierte und ich, mit der Mutter und der Witwe Kuboyamas an der Spitze. Wie es die gebeugte Alte, die links in meinem Arm, rechts in dem der Witwe hing, fertigbrachte, in Reihe und Glied Schritt zu halten, ist mir unverständlich. Aber obwohl sie nicht begriff, warum, wußte sie nun doch, daß dies der Tag war, an dem sie ihr Letztes zu geben hatte. Und sie sah, daß es ihr Ehrentag war: Denn da wir durch die Gassen und über die Brücken zogen, da bildete die ganze Stadt Spalier: an den Hauswänden standen sie, in den Fenstern lehnten sie, und da niemand die Gelegenheit versäumen wollte, den zwei Frauen Respekt zu zollen, waren auch Halbnackte dabei, Leute, die ihre Hausarbeit unterbrochen hatten, die so, wie sie gingen und standen, aus den Türen getreten waren, und Mütter mit ihren Kindern an ihrer Brust. Und alle verneigten sich stumm. Nicht blutigen Tätern galt ihre Ehrenbezeigung, sondern Opfern.

An einer der vielen Brücken – der Blick über den Fleet war amsterdamhaft – stand eine Fischfrau, offenbar eine Bekannte der Kuboyamas. Und die war, wie alle Fischhändlerinnen in allen Ländern der Welt, eine energische Frau. Ungefragt griff sie sich die alte Mutter Kuboyama, gewiß, um sie nach Haus zu befördern, was die Alte auch widerspruchslos mit sich geschehen ließ. Die Blicke der Erleichterung, die Frau Kuboyama und ich miteinander tauschten, waren verständlicher als alles, was Worte hätten sagen können. Hinter dieser Brücke wurde es so eng, daß man durch die offenen Türen, die unmittelbar in die Wohnräume führten, hineinblicken konnte. Aber gegrüßt wurden wir auf dieser letzten Wegetappe kaum mehr, die Räume waren ausgestorben. Freilich nur deshalb, weil die Bevölkerung nun eben als ganze hinter uns hermarschierte. Daß es jemanden geben konnte, der diesen Tag ausnutzen würde, um sich in den leeren Häusern zu schaffen zu machen, das war wohl undenkbar.

Als wir den großen Platz erreichten, zählten wir, trotz der Kleinheit der Stadt, weit mehr Demonstranten als neulich in der Millionenstadt

Kioto. Man sprach von 15000. Froh konnte mich diese Ziffer aber nicht machen. Die Stadt ist die Heimat Kuboyamas. Wie aber sollen wir diejenigen Städte in Bewegung versetzen, in denen keine Kuboyamas geboren worden sind?

Yaizu

Übernachtung im Gasthaus. Das Wort „Gasthaus" falsch. Die Friedlichkeit, Unaufdringlichkeit und Luxuriosität des Hauses hat eher etwas von einem zärtlichen Sanatorium an sich. Das einstöckige Gebäude um einen Garten herum gebaut, der, obwohl nur zimmergroß, komplett ist, einen alten gestützten Kirschbaum, Gebüsch, einen Teich, Schilf, Lotosblumen, eine Brücke und Steinplatten enthält und von meinem „Bett" aus (zu ebener Erde) die Illusion eines unbegrenzten Stückes Landschaft hervorzaubert. Was wir Europäer nur in der bildenden Kunst, in Malerei und Skulptur, zustande bringen: Verkleinerung der Naturgröße im Schein – das ist hier in natura durchgeführt. Der Wald wird also nicht durch ein Waldbild dargestellt, sondern durch wirkliche Pflanzen, die aber etwas anderes darstellen. Eigentlich gehört diese Gartenkunst in die Klasse „Theater", da ja auch auf der Bühne nicht „Bilder" auftreten, sondern wirkliche Menschen, die nur eben andere Menschen „bedeuten". Ursprungsfrage: Ob nicht vielleicht diese Kunstgattung dadurch entstanden ist, daß die vom Lande in die Residenzen beorderten Feudalen ihr Land „mitzunehmen" versuchten?

Unterdessen waren wir in den Baderaum gebeten. Dort zu dreien kochend heiß gebadet. Frischer Yukatan. Wahrhaftig als (der Übersetzer buchstabiert) „okyaku", also als Übernachtungsgast, wird man feudal verwöhnt. Nun hocken wir (der Übersetzer, der holländische Delegierte und ich) um den großen schwarzlackierten Tisch und warten auf das (wieder vorbuchstabiert) „Oyushaku", das Abendessen. Gegessen: Ein Suite von Speisen, durchaus nicht in Puppengröße, aber kein Gericht aufgehäuft. Besonders delikat der lachsig aussehende, in hauchdünne Scheiben geschnittene rohe Fisch. Alles zusammen ein sehr reichliches Mahl. Jedes Gericht von der vor dem Tisch niederknienden Dienerin serviert; jedes mit Worten der Empfehlung und mit Fragen nach Wünschen begleitet. Die Urbanität der Mädchen unglaublich; sie gehören offensichtlich, selbst hier in der kleinen Stadt, zu den wichtigsten „Kulturträgern" (welch plumpes Wort für diese Mischung von Sanftheit, Heiterkeit, Virtuosität des Unterhaltens und von Selbstsicherheit im metier). Wo Kultivierte kultiviert bedient zu sein wünschen, müssen sie eben für die Kultivierung der Dienenden Sorge tragen. In der Antike war das Usus. Hier auch. Jedenfalls noch.

Noch etwas zur „Philosophie des Essens". Offenbar ist für den Japaner die Welt nicht nur sichtbar, sondern in gleicher Universalität eßbar. Nicht das Eßbare ist die Ausnahme, sondern das Uneßbare. Welche Mischung von Neugierde und Dankbarkeit gegenüber der Fülle dessen, was die Welt bietet. Aber jedes Stück ist durch Magie in ein Kunstwerk verwandelt. Die in schwarzer Lackschale servierte klare Suppe glich einem Gartenteich; das in diesem Teich schwimmende, aus Sojabohnen geschlagene elfenbeinerne Nockerl einer Teichinsel. Und das einsam im dunklen Teichwasser herumschwimmende Blatt war ein Gedicht auf den Herbst. Malerei, Gartenkunst, Lyrik einander sehr nahe.

Um 11 abends bei verschleiertem Mond durch die dunkle dörfliche Stadt, überall Einblick in die Wohnräume, die Arglosigkeit ist grenzenlos. Nächtlicher Strand. Kleine Krebse knirschend unter den Füßen. Links zu ahnen ein Beton- oder Steinwall. Starke sprühende Brandung. Cuxhavengeruch. Gewatet. Hier schwamm Lafkadio Hearn in voratomarer Zeit. Und hielt Yaizu für den Garten Eden. Tempora mutantur.

Yaizu

Der Delegierte L. gehört zu den wenigen, die noch wirklich erschütterbar und aufwühlbar sind. Außerdem (ich sage „außerdem", weil das eine mit dem anderen nur wenig zu tun hat) außerdem macht er Gedichte. – Heute entstand nun die folgende, höchst peinliche Situation:

Nach einem offiziellen Essen wurde L. von einem der japanischen Gastgeber dazu aufgefordert, ein paar Worte zu sprechen, also einen after dinner speech zu machen; woraufhin er sich erhob und in seiner Lokalsprache darum bat, statt dessen Strophen vortragen zu dürfen, eine Dichtung, die ihm das Erlebnis Yaizu eingegeben habe. Ich glaubte, falsch gehört zu haben. Der Gedanke, vor diesen makellos gekleideten und ihre Gastpflicht zeremoniell absolvierenden Japanern etwas zu deklamieren, dazu noch in einer von niemandem hier verstandenen Sprache, das zeugte von einer geradezu abenteuerlichen Atmosphäre-Blindheit. Daß die Herren sich nicht das mindeste anmerken ließen, vielmehr seinen deplazierten Vorschlag als eine ganz und gar unverdiente Ehrung willkommen hießen, machte die Situation fast noch schlimmer. Und L. glaubte ihnen ihre Höflichkeit aufs Wort. Das Unglück war also nicht aufzuhalten. Hastig zog er einen, offenbar schon vorbereiteten, Wisch aus seiner Rocktasche, blickte sich um und gab mir, nachdem er mich am anderen Ende der Tafel entdeckt, ein Zeichen, durch das er mich (da ich der einzige war, der seine Sprache verstand) zu seinem Übersetzer ernannte. Daß mir schlecht wurde vor Peinlichkeit, bemerkte er nicht. Abwehr hatte keinen Zweck. Denn schon nahm das Unglück seinen Lauf: Von düsterer Erregung bebend und stark schwitzend las er bereits – nein, von ‚Lesen' konnte keine Rede sein, vielmehr stöhnte er, flüsterte er, schrie er; und zwar stöhnte er *mich* an, flüsterte er *mich* an, schrie er *mich* an, weil *ich* es war, der erst einmal von seinem Feuer angesteckt und dadurch befähigt werden sollte, die anderen in Brand zu setzen. Ob ich wollte oder nicht, ich hatte mitzuspielen.

Eilig versuchte ich also mitzuschreiben: die einander jagenden Metaphern, die Reimworte, die Ausrufe; und der kalte Schweiß brach mir aus, als ich bedachte, daß ich aus diesen Elementen einen ins Japanische übersetzbaren diskursiven englischen Text herzustellen hatte. Mich zu fragen, ob sein Erguß dichterisch etwas tauge oder nicht, dazu kam ich nicht. Aber welchen Sinn hätte es auch gehabt, unter diesen Umständen zwischen guter und schlechter Dichtung zu unterscheiden? Eine Hölderlinsche Hymne wäre hier um nichts besser gewesen. Auf die Situation kommt es an.

Und dann war er plötzlich fertig. Nach einer Pause der Betretenheit oder der Ergriffenheit applaudierten die Zuhörer, und sogar enthusiastisch. Und dann rückten alle mit ihren Stühlen, um sich *mir* zuzuwenden.

So lächerlich es klingen mag: Wer ein Produkt weiterzureichen hat, der fühlt sich für dessen Qualität nicht weniger verantwortlich, als wenn es sein eigenes wäre. Wie aber hätte ich, ohne die Situation, die schon verfahren genug war, noch schlimmer zu machen, oder ohne L. zu diskreditieren, erklären können, aus welchem Grunde ich es ablehnen mußte, die Verantwortung zu übernehmen? Ich erhob mich also. L. anzublicken vermied ich. Da ich fest dazu entschlossen war, auf Pathos zu verzichten, weder zu flüstern wie er, noch zu stöhnen wie er, noch zu schreien wie er, war es mir klar, daß sich L. (obwohl ich wirklich das Optimum an Solidarität einsetzte) verraten und verkauft vorkommen würde. Aber da half nichts. Irgendwie hatte ich zu beginnen. Soweit sein lyrischer Erguß verständliche Elemente enthielt, übersetzte ich diese also ins Englische, aber natürlich in Prosa – und natürlich in eine armselige, nüchterne, lederne, wenn nicht sogar inkorrekte und sinnlose Prosa. Außer dem japanischen Dolmetscher, dem ich diese meine Version ja zu übergeben hatte, und der seinerseits mein englisches Machwerk in ein japanisches zu verwandeln hatte, sah ich dabei niemanden. Und auch den nur unabsichtlich und nur eine Sekunde lang. Aber auch dieser Sekundenblick genügte schon, um mich davon zu überzeugen, daß auch er bereits in Panik geriet, und daß seine Versuche, sich Notizen zu machen, genau so vergeblich blieben, wie es meine geblieben waren. Vermutlich stand vor seinen Augen ein Schreckbild, das noch furchtbarer war als das meine: nämlich die Blamage vor den Honoratioren, von denen er abhing – aber, wie gesagt, das Unglück war nicht aufzuhalten, Besseres als ich leistete, konnte ich nicht leisten, auch *er* mußte sich eben opfern.

Als ich bei der Schlußzeile ankam, die aus dem dreifachen Ausruf „Muschel! Muschel! Muschel!" bestand, beschloß ich mit dem Mut der Verzweiflung, dieses Finale, dem ich mich nicht gewachsen fühlte, skrupellos zu unterschlagen; und setzte mich abrupt. Auch mich empfing enthusiastischer Beifall, an dem sich sogar L. und der Übersetzer beteiligten, obwohl mich L. dabei mit einem eisigen Blick streifte, der Übersetzer mit dem eines zum Tode Verurteilten. Ich erwiderte keinen von beiden, konzentrierte mich vielmehr auf einen Brösel auf dem Tischtuch und genoß eine kurze Weile lang die Tatsache, daß das Unwahrscheinliche nun hinter mir lag. Wie sich mein bemitleidenswerter Nachfolger aus der Affäre zog, was für einen Text er aus meinem formlosen Teig zusammenbuk, weiß ich natürlich nicht. Das einzige, was mir auffiel, war, daß ich niemals in meinem Leben so leise, so ausdruckslos und so unüberzeugt habe sprechen hören; und daß sein Beitrag bemerkenswert kurz war. Hatte ich schon aus L.'s Zehn-Minuten-Gedicht eine kleine Prosa von fünf Minuten gemacht, so machte der Dritte im Bunde daraus ein Drei-Minuten-Stück. Wahrhaftig, aus dem Glutfluß, der L.'s Munde entflossen war, war nun ein jämmerliches und ganz kurzlebiges Rinnsal geworden.

Aber was folgte, war höchst merkwürdig. Denn kaum hatte sich der Übersetzer hingesetzt – nicht weniger abrupt als ich übrigens – als sich ein wahrhaft überwältigender Applaus erhob – weiß der Himmel was der schüchtern flüsternde Übersetzer L. in den Mund gelegt hatte, unsereiner würde das ja niemals kontrollieren können, vermutlich Dankesworte von chinesischer Höflichkeit. Gleichviel, die Situation war gerettet, L. war überzeugt davon, daß sein Gedicht eben „manches aushalten" konnte, daß Funken von seiner Glut trotz der zweifachen Transmission eben doch noch übergesprungen waren. Und als man ihm (wiederum wurden der japanische Übersetzer und ich eingeschaltet) für die ‚profound impression', die er gemacht hatte, dankte, begann er sogar zu schmunzeln.

So scheußlich diese Situation war, sie war ungeheuer lehrreich, ja unersetzlich. Und eigentlich habe ich L. für sie dankbar zu sein. Warum?

Dichtung ist Dichtung immer nur in der eigenen Sprache. In eine andere kann sie sowenig übersetzt werden wie das „ich" in ein „er", oder wie „mein Schmerz" in „seinen Schmerz". Sie ist das arcanum der Sprachgruppe.

Heute dagegen ist „mein Schmerz" „unser aller Schmerz". Denn wir alle sind „in the same boat". Das heißt: Was es heute zu sagen gilt, das betrifft, weil wir alle – und nicht nur im Sinne eines „meetings", sondern in einem tödlichen Sinne – einander „treffen" und von den anderen „getroffen" werden können, uns alle; nicht nur, wie Dichtung, die wenigen Sprachgenossen. Eine Art von Latein ist erforderlich.

Nun, was den Inhalt der L.schen Elegie betrifft, so war dieser durchaus nicht eng. Tatsächlich appelliert seine Yaizu-Elegie „an alle". Da aber das Idiom, dessen er sich bediente, nur von wenigen verstanden wird, ist die *Diskrepanz zwischen Appellziel und Appellmittel* einfach unerträglich, um nicht zu sagen: lächerlich. Man kann nicht tausend Leuten in einer Sprache, die nur von dreien verstanden wird, zurufen: „Kommt *alle*! Wir sind *eines*!"

In anderen Worten: Dichten stellt heute eine provinzielle Tätigkeit dar; der Dichter ist, mindestens in diesem Augenblick, eine Dorffigur geworden. Die Aufgabe besteht heute darin, nach Corinth zu rufen und nach Rom zu schreiben. Das auf aramäisch oder hebräisch zu tun, wäre sinnlos. Das hat unsereins zu beherzigen. Und diese Einsicht schließt nicht nur das ausgesprochene Dichten aus – das hat nun erst einmal zu schweigen –, sondern außerdem viele andere modi des Sprechens.

Solange wir dazu verurteilt bleiben, in unserer gemeinsam werdenden Welt ohne gemeinsame Sprache auszukommen (und die vermischte Sprachenübersicht ‚Esperanto' kommt als Lösung natürlich nicht in Frage), solange haben wir uns aufs entschiedenste einer provisorischen Methode zuzuwenden: Wir haben nämlich zu lernen, von vornherein und willentlich in unserer eigenen Sprache *übersetzbar zu sprechen, nein geradezu für Übersetzung:* also so, daß unsere Rede den Transmissionsriemen der Übersetzung so wenig wie möglich beschädige. In Spekulationen darüber, bis zu welchem Grade das gelingen kann, sehe ich wenig Sinn; man hat den Versuch zu machen. Gemessen am Ideal der Tiefe der Muttersprache oder der Fülle der Bildungssprache mag das zwar eine Verarmung darstellen. Aber ein armes Wort, das in der Ferne ankommt, ist reicher als ein reiches, das zu Hause versickert und sein Ziel verfehlt. Auch das mittelalterliche Latein war vielleicht vergleichsweise arm. Aber es verbürgte Europa. Und es ist durchaus nicht bewiesen, daß dieses „neue Latein" verwahrloster klingen muß als die heute gesprochene und geschriebene Muttersprache; und blecherner als das Idiom jener, die deren Reinheit beruflich in Schutz nehmen.

Freilich, Disziplin wird es erfordern, diese Zwecksprache gut zu sprechen, nämlich lakonisch. Und da in ihr zu quatschen unmöglich sein wird, wird man sie vermutlich als qualvolle Zumutung empfinden und deshalb in heiligster Empörung als Sakrileg gegen die Muttersprachen zurückweisen. Aber solche Empörung wird uns nicht kopfscheu machen dürfen. Ob diese Sprache dem Geist unserer Sprache widerspricht, das liegt allein bei uns. Umgekehrt ist es durchaus denkbar, daß die erforderte Disziplin eine gute Rückwirkung auf die Muttersprache ausüben könnte. In der Weltliteratur hat es immer wieder Sprachschöpfungen gegeben (nicht nur kurzformatige Maximen oder Fabeln, sondern wirkliche Texte), die stark genug waren, um, in welche Sprache auch immer übersetzt, ihre Kraft und Wahrheit durchzuhalten. Epiktet ist übersetzbar. Von heutigen deutschen Philosophen ist es keiner.

Natürlich habe ich auf dem Marktplatz in Kioto und auf dem Bahnhofsplatz in Yaizu das Postulat noch nicht erfüllt. Daß das Gemeinte für die Übersetzung bereits nackt dagelegen hätte, kann ich nicht behaupten. Dort ist mir die Aufgabe vielmehr erst eigentlich sichtbar geworden. Aber nun, (besonders nach der absurden Situation in Yaizu), nun kenne ich das Pensum; und nun wird es mir auch möglich sein, auszufinden, welche syntaktischen Schnörkel zu fallen haben; und welche Mischfarben ausgelassen werden müssen, damit die Zeichnung deutlich und in andere Sprachen durchpausbar ausfalle.

Demjenigen allerdings, der nur seine eigene Sprache beherrscht, der also von seiner eigenen Sprache beherrscht wird, dem wird es kaum gelingen, das notwendige Ziel: also den linguistisch globalen Status in seiner eigenen Sprache zu erreichen. Denn nur wer ständig die Chance wahrnehmen kann, selbst auszuprobieren, ob, was er zu sagen hat, in einer anderen, von ihm gleichfalls beherrschten Sprache noch Bestand hat, oder ob es sich nicht in reinen Unsinn auflöst, nur der kann diesen heute erforderten Status erreichen.

Bedankt sei L. für seinen hymnischen Erguß. Er hat mir einen Stoß versetzt. –

Am Morgen Neuformierung der Prozession. Marsch durch die Fischhallen. Berge von glasigen und schleimigen mir unbekannten Riesenfischen. Ungleichmäßiges Zucken läßt die Berge als ganze amorph lebendig erscheinen. Heraus aus der Stadt, zur Rechten grau der Strand, dahinter blendend das Meer. Riesige Brücke über dem Fluß. Zum buddhistischen Friedhofhügel am gegenüberliegenden Ufer. Dort Feier für Kuboyama an dessen Grab. Zwischen den zwei Frauen Kuboyamas kniend habe ich ein „Kodo", ein Rauchstäbchen, in den Grabboden zu stecken. Die zwei beten. Trauernd und verstummt das Weltkind in der Mitten.

Rückfahrt. Überfüllter Zug. Stundenlang japanischen Buben, etwa dreijährig, auf dem Schoß. Haben zusammen gemalt, so wie Vater es mit mir getan: Schiffe, die Vögel wurden, die Segelboote wurden, die Gesichter wurden. Aus allem wurde alles, der Zauberer Disney wäre vor Neid erblaßt. *Er* babbelte japanisch, *ich* englisch. Keinen Moment lang war er darüber erstaunt, daß wir zwei verschiedene Sprachen sprachen. Er bemerkte es nicht. Hoch das Vorsprachliche!

Tokio

Hier wird, freilich unbestätigt, kolportiert, Jaspers' umfangreiches, während meines Hierseins veröffentlichtes Buch über die Atomgefahr enthalte eine Opfer-Theorie: Unter Umständen könnte es nach Jaspers moralisch unvermeidlich werden (in anderer Version sogar ‚geboten'), „das Opfer", also das der Menschheit, zu wagen. Ich frage herum, *wer* denn nach Jaspers *wen* opfern würde? Und *wem* das Opfer denn gebracht werden sollte? Aber bisher hat keiner der Kolporteure das Buch selbst gelesen. Es kann einfach nicht stimmen.

Oder doch? Denn das Wort ‚Opfer', das können sich die Leute ja nicht ausgedacht haben. Sollte irgendetwas also doch daran sein?

Wenn er sich noch mit dem nüchterneren Ausdruck ‚Selbstmord der Menschheit' begnügt hätte, also: Unter Umständen könnte es moralisch unvermeidlich werden (oder gar ‚geboten'?), daß die Menschheit Selbstmord begehe – was ja schon sinnlos genug wäre. Denn daß die Millionen, die mit Kind und Kindeskind im Atomkrieg zugrundegehen würden, daß diese Millionen daran dächten, kollektiv Schluß zu machen, davon kann ja keine Rede sein. Nicht *sich* opfern würden sie, sondern ‚geopfert' *werden*. Als unverlogener Ausdruck bleibt dann wirklich nur der Ausdruck ‚Mord'. Also: Unter Umständen könnte es unvermeidlich werden, die Menschheit zu ermorden. – Lächerlich! Daß Jaspers Morden als ‚unter Umständen moralisch unvermeidlich' (oder gar als ‚geboten') hingestellt, und dieses in ein ‚Sich-selbst-opfern' umgemünzt haben sollte, das zu glauben, weigere ich mich, ehe ich es nicht selbst schwarz auf weiß gesehen habe.

Und wie gesagt: Der Dativ fehlt mir: *Wem* sollte das Opfer denn gebracht werden?

Wie furchtbar es sich rächt, wenn unsereiner, also wir längst schon kultlos Gewordenen (und zu diesen gehört Jaspers ja auch) weiter Kult-Kategorien in den Mund nehmen und von deren Pathoskraft Gebrauch machen. Für welch beliebige, für welch abenteuerliche Ziele wir diese Wörter dann einsetzen können! ‚Opfer'! Als wenn dieser Begriff überhaupt irgendeinen Sinn hätte ohne die Unterstellung eines Gottes, *dem* geopfert wird, *der* die Gabe fordert, *der* sie entgegennimmt, für *den* sie lieblich ist.

Unsere Vorfahren im letzten Jahrhundert, die ihren Glauben an ... in eine leere und ‚intransitive' Gläubigkeit verdünnt hatten, die waren gewiß schon reichlich säkularisiert gewesen. Aber wenn sie von diesem

Klimax der Säkularisierung gehört hätten, von diesem kafkaesken ‚Opfer ohne Dativ', von diesem ‚Opfer ins Leere', sie wären vor Schrecken sprachlos gewesen. Wie harmlos, wie folgenlos ihr ‚Glaube ins Leere' daneben gewesen war!

Oder sollte es möglich sein, daß Jaspers den Dativ *nicht* ausgelassen hat? Sollte er etwa die Kühnheit gehabt haben, zu behaupten, es könnte Gott sein, der dieses ‚Opfer' unter Umständen zulassen, gutheißen oder gar verlangen würde? Und *dem* das Opfer gebracht würde? – Undenkbar. Genauso undenkbar. Eines so dunkel wie das andere.

Wenn aber – was uns erspart bleiben möge – wenn sich aber die Kolportage doch bestätigen sollte, wenn Jaspers doch von ‚Opfer' gesprochen haben sollte – ich fürchte, ich fürchte, die Kinder des Konformismus würden es sehr gerne hören, und vor allem natürlich die Kinder des Bundestages. Denn welches schönere Geschenk könnte ihnen in den Schoß fallen als ein so tiefernst und feierlich klingender, existentieller Baß für ihr garstig politisches Lied?

Unsinn. Morgen wird sich alles als dummes Zeug herausstellen. Und Jaspers wird rehabilitiert dastehen.

Nachtgedanken

Wer sich heute auf die Wahrnehmung dessen beschränkt, was der Augenblick gerade an Sichtbarem bietet, der verfehlt die Realität. Denn die Realität ist schwanger mit Phantastischem. Wessen Pantasie heute nicht ausreicht, oder wer heute aus Angst seine Phantasie daran hindert, sich das Phantastische angemessen vorzustellen, der bleibt ein Träumer. *Die angebliche Wahrnehmungswelt ist ein Elfenbeinturm, Empirismus ist Eskapismus.* – Wirkliches Sehen ist heute nur möglich bei geschlossenen Augen; und nur *der* ist heute ‚Realist', der Phantasie genug hat, sich das phantastische Morgen auszumalen.

Tokio, nach einer der zahllosen Sitzungen
des Vorbereitungskomitees

Wachstumsschmerzen der Globalität. Qualvoll der Übersetzungsmechanismus: Zuerst fragt man auf englisch (das heißt meistens: man übersetzt etwas aus seiner Muttersprache ins Englische), die englische Frage wird ins Japanische übersetzt, die japanische Frage auf japanisch beantwortet, die japanische Antwort wieder in eine englische verwandelt – da hätte man also die Antwort. *Wenn* man sie hat! Denn wie oft geschieht es, daß die Hälfte des Gemeinten zwischen den Rädern dieser mühseligen Transmissionsmaschine zerquetscht wird. Während der ersten Sitzungen hatte das noch eine gewisse Faszination für mich: Der Prozeß schien mir symbolisch, das Kleinmodell all jener Prozesse, die als ‚internationaler Verkehr', als ‚Austausch', als ‚Verständigung' in der vielsprachigen Welt seit eh und je vor sich gegangen sind und weiter vor sich gehen. Also als Kleinmodell weltgeschichtlicher Vorgänge. Aber nach einer Woche hatte ich die Symbolik bereits satt. Seit ich versuche, Punkte zu erörtern und durchzusetzen, die im Programm nicht vorgesehen waren, und die innerhalb der Grenzen des vorgesehenen Vokabulars nicht formuliert werden können, seitdem macht mich diese Umständlichkeit rasend. Wochen stehen mir noch bevor. Welch linguistisches Schlaraffenland zu Hause, wo einem die Antworten direkt ins Ohr fliegen.

Was man heute lernen muß, ist: so einfach zu sprechen, daß die Gefahr der Verfälschung minimal wird. In kurzen Sätzen, von denen jeder seine für sich bestehende und von anderen Sätzen nicht abhängende Aussage macht. Syntaktisch Schwieriges oder Reden, deren Sätze in kompliziertem Zusammenhange stehen (etwa in dem ‚und dies um so weniger als'), die werden grundsätzlich mißverstanden, die verwirren den Übersetzer, die befremden den Hörer – kurz: die kommen nicht an. Ein einziger winziger Übersetzungsfehler (z. B. die Mißübersetzung des ‚und dies um so weniger als ...') vernichtet den ganzen, von dieser Floskel abhängenden Satz. Zwar ist ein Übersetzer so gut wie die Übersetzung der kleinsten Wörter und Floskeln; aber ein Redner ist um so besser, je weniger er einen extraguten Dolmetscher benötigt, je weniger er sich Mißdeutungen aussetzt. – R.'s Reden sind deshalb unter den Tisch gefallen, weil er sich diese grundsätzlichen Schwierigkeiten des Übersetzens nicht klargemacht hatte. Mein kluger Dolmetscher erklärte mir sogar: „Wenn Sie einen in sich dichten und flüssigen japanischen Übersetzungstext wünschen, dann liefern Sie mir bitte keinen dichten und flüssigen Originaltext, sondern scheinbar nur in Juxtaposition einander folgende Einzelsätze: die flechte ich dann schon zusammen; dagegen kann ich einen zu dichten Originaltext nicht sofort übersehen, den muß ich dann erst einmal in lauter Einzelsätze zerlegen." Als Vorbild stelle ich mir den Film vor, der in der

Form vieler Einzelbilder ‚gesendet' wird, aber glissando im Auge ankommt und in diesem als Kontinuum verstanden wird.

Völlig parochial sind diejenigen, die keine einzige fremde Sprache beherrschen. Und das nicht nur aus technischen Gründen, nicht nur deshalb, weil sie für jedes ihrer Worte auf Übersetzung angewiesen sind, sondern deshalb, weil sie (auch wenn sie wissen, daß es andere Sprachen gibt) in ihrer eigenen Sprache eben *die* Sprache sehen. „Warum nennen die Franzosen das Brot eigentlich ‚pain'?" fragte der elsässische Bauer, „es ist doch *wirklich* Brot." So fragen würden sie zwar nicht; aber daß ihre Sprechpraxis noch auf diesem bäuerischen Identitätssatz beruht, darüber besteht gar kein Zweifel.

Völlig unbegreiflich ist ihnen aber, daß heute noch ein zusätzlicher Schritt fällig geworden ist. Briand hat einmal die Verhandlungsreden im Völkerbund mit dem Wort verspottet: „On parle Français dans toutes les langues". Dieses Bonmot muß man heute – und darin besteht der zusätzliche Schritt – umdrehen und zur Regel machen; das heißt: Auf internationalen Kongressen hat man seine eigene Muttersprache ‚dans toutes les langues' zu sprechen, also so, daß sich das Gesprochene der Übersetzung in andere Sprachen anbietet, mindestens der Übersetzung in die herrschende Kongreßsprache. Nur dann spricht man ‚rein'; nämlich ‚rein von lokalen Schlacken'. Natürlich widerspricht dieser Reinheitsbegriff dem üblichen, vom Nationalismus des vorigen Jahrhunderts geprägten; aber auch dieser Reinheitsbegriff war ja bereits ein zweiter, auch er ist ja bereits über Leichen gegangen, nämlich über die der reinen Dialekte. Wie provozierend die Forderung, ‚international rein' zu sprechen, auch klingen mag, ich meine sie nicht nur metaphorisch. Wenn ein zwischen einem Indonesier und einem Peruaner sitzender Däne versucht, sich in seiner Muttersprache verständlich zu machen, dann erregt er den unmittelbaren Eindruck, daß er es vor dem Betreten des Kongreßsaales versäumt hat, die an seinen Fußsohlen haftenden lokalen Vorurteile abzuwischen.

Da war einer, der, in einer romanischen Sprache sprechend, seiner Rede mit dem Wortspiel ‚scientia-conscientia' das Finale gab, also damit, daß Wissen nur dann echt sei, wenn es zugleich Gewissen sei. Diesem Wortspiel, das sich ins Deutsche ohne weiteres übertragen läßt, entspricht in anderen Sprachen natürlich nichts. Was in seiner eigenen Sprache als Feuerwerk gemeint gewesen war, blieb im Japanischen offensichtlich ein Blindgänger. Wortspiele, auch die tiefsten, sind Provinzialismen.[10] Wer sie in internationalen Kreisen verwendet, schließt sich, wie global auch Inhalt und Absicht seiner Rede sein mag, aus der Globalität aus. Provinzieller Globalismus.

Tokio. Vorbereitungskomitee

„Zwei Ziele werden hier zusammen genannt: das Ziel, die atomare Drohung zu bannen; und das, die Souveränitäten der bisher nicht oder nur halb souveränen Völker zu fördern. Dem Gedanken, den ich hier zu entwickeln vorhabe, möchte ich die persönliche Bemerkung vorausschicken, daß ich lediglich wegen des ersten Zieles hierher gekommen bin, für das zweite dagegen nicht kompetent bin. Nun zum Hauptpunkt.

Durch die Einschaltung des Wörtchens ‚und' zwischen die zwei Ziele läßt sich das Verhältnis, in dem die beiden zueinander stehen, weder geistig noch politisch bewältigen. Das ‚und' bleibt Beteuerung."

(Verwunderung).

„Ich bin froh, im Laufe zahlreicher früherer Sitzungen so weit aus mir herausgegangen zu sein, daß ich mich dem Verdacht, ‚antiprogressive' Ziele zu verfolgen, nicht aussetzen kann. Worum ich Sie bitte, ist: Ihre Forderung nach Souveränität durch die Pendantforderung nach Reduzierung der Souveränität zu ergänzen. Wenn wir das nicht tun, widersprechen wir uns selbst. Damit ist folgendes gemeint:

Das Prinzip der Souveränität hat einen dialektischen Umschlag erfahren. Denn souveräne Akte sind zu Akten der Einmischung geworden: der Einmischung in die Souveränität anderer, und zwar aller anderen Staaten. ‚Einmischungen' sind zum Beispiel die ‚nuklearen Experimente', die zwar (da sie in oder über Territorien souveräner Staaten, z. B. in Sibirien, stattfinden) im formaljuristischen Sinne der Kompetenz souveräner Staaten zu unterstehen scheinen; in Wahrheit aber, da es technisch unmöglich ist, die Effekte der Aktionen in den Grenzen des eigenen Gebiets zu halten, die Hoheitsrechte der anderen Staaten verletzen. Der formaljuristische Begriff der Souveränität ist eben veraltet, da diejenigen Aktionen, die (und zwar unvermeidlicherweise) andere Staaten mit-treffen, diese auch mit-betreffen. Der Begriff muß sich der veränderten Technik anpassen. Ändert sich (erweitert sich) der Effektradius (namentlich der unvermeidliche Effektradius) der auf souveränen Gebieten durchgeführten Aktionen, dann ändert sich auch (vermindert sich nämlich) die Souveränität der Nachbarn. Im herkömmlichen Souveränitätsbegriff war stillschweigend unterstellt worden, daß, was auf dem souveränen Boden A vor sich gehe, die anderen Staaten B–Z nichts angehe, weil die Effekte dieser Handlungen des Staates A diese anderen Staaten nicht berühre. Vorausgesetzt war also die *Identität von Tatort und Leidensort;* eine Voraussetzung, die schon vor langem, durch die Verwendung weitreichender Artillerie, ungültig zu werden begann; heute aber (da andere auch dann getroffen werden, wenn auf sie nicht gezielt wird, sogar dann, wenn man versucht, sie nicht zu treffen) ihre Gültigkeit vollends eingebüßt hat. Souveränitätsverletzung im heutigen Sinn findet in demjenigen Augenblick statt, in dem ein Staat Aktionen durchführt, die Effekte in anderen Staaten nach sich ziehen. *Nicht der Tatort* hat heute als Kriterium des souveränitätsverletzenden Akts zu gelten, *sondern der Leidensort.* Negativ formuliert: Auf Handlungen, deren Effekte andere Staaten in Mitleidenschaft ziehen, darf kein Staat das souveräne Recht haben.[11]

Damit bin ich bei dem Postulat, auf das ich lossteuerte: *Wenn wir, wie wir es tun, ‚atomare Kontrolle' verlangen, dann haben wir zugleich eine Revision, bzw. eine Beschneidung des Souveräntitätsprinzips, zu verlangen.*"

Tokio, International House

Geriet zufällig in ein ‚Religionsgespräch'. Diskutanten: ein amerikanischer Geschäftsmann und ein japanischer Historiker.

G.: Ehrlich gesagt, deprimiert es mich aufs tiefste, zu sehen, wie viele Japaner, namentlich Akademiker, völlig atheistisch sind.

H.: Sie dürfen nicht vergessen, daß Atheismus für uns nichts so Neues ist; daß auch der Buddhismus ursprünglich atheistisch gewesen war.

G.: Ihre Religion – atheistisch?

H.: Gewiß. Wenn auch nicht in Ihrem Sinne. Da wir ja die Gottesvorstellung, die Sie, selbst wenn Sie sie verneinen ...

G.: *Ich* sie verneinen?

H.: ... die die europäischen Atheisten, selbst wenn sie sie verneinen, noch immer voraussetzen, gar nicht zu verneinen brauchen. Vermutlich war bei uns, deren Hintergrund eben buddhistisch ist, der Schritt zum modernen Atheismus weniger erregend, weniger revolutionär und weniger häretisch als bei Ihnen. Vielleicht war es sogar bloß eine

Verwandlung: Die Verwandlung *einer* Spielart von Atheismus in eine *andere.*

G.: Verwandlung klingt sonderbar. Daß der Marxismus Ihre Traditionen *zerbrochen* habe, das würden Sie also nicht behaupten?

H.: Der Marxismus? Wie kommen Sie denn plötzlich auf den Marxismus?

G.: Was denn sonst? Wodurch sonst soll denn – wie hatten Sie es formuliert? – die eine Variante des Atheismus in die andere verwandelt worden sein?

H.: Durch den Marxismus? Warum denn durch *den?* Da werden Sie schon, fürchte ich, ein bißchen tiefer loten müssen.

G.: Wen halten *Sie* denn für den Schuldigen?

H.: Für schuldig niemanden. Aber wenn wir atheistisch in Ihrem Sinne geworden sind, dann durch *Sie.*

G.: Durch uns?

H.: Durch Ihresgleichen. Nämlich durch diejenigen, die uns Naturwissenschaften und Technik gebracht haben. Denn Naturwissenschaften und Technik *sind* atheistisch.

G.: Machen Sie doch keine Scherze. Ich bin zwischen Brüdern und Vettern aufgewachsen, die Techniker wurden und Naturwissenschaftler. Aber ein atheistisches Wort habe ich aus deren Mund niemals gehört.

H.: Möglich. Ich gebe sogar zu, die meisten würden das abweisen. Manche vielleicht sogar empört.

G.: Aber?

H.: Ein ausdrücklich atheistisches Credo zu formulieren, das haben die eben nicht nötig. Sie *praktizieren* eben ihr Credo. Und das ist viel mehr. Und viel eindrucksvoller.

G.: Sie praktizieren es?

H.: Behandeln Ihre Brüder in den Instituten und Ihre Vettern in den workshops die Prozesse der Welt als Vorgänge, die Gott gehorchen?

G.: (zögernd) Letztlich wohl.

H.: Sehr ermunternd klingt das nicht. Sie meinen natürlich: ‚höchstens letztlich'; und: ‚nur insofern, als sie gerade nicht Naturwissenschaftler und Techniker sind'. An Sonntagen. Aber an Werktagen rechnen sie eben damit, daß die Prozesse der Welt *Gesetzen* gehorchen. Und zwar Gesetzen, die ganz gleich, ob sie gottgemacht sind oder nicht, da sind und gelten. Der frühe Buddha soll gesagt haben:

Ob es Gott oder Götter gebe, das geht uns nichts an. Das könnten Ihre Brüder und Ihre Vettern ohne weiteres unterschreiben. Mindestens an Werktagen. Mindestens solange sie in Instituten oder in workshops arbeiten. Und diese Mentalität haben *Sie* uns eben gebracht.

G.: Aber außerdem haben wir Ihnen eben auch das Christentum gebracht.

H.: Außerdem.

G.: Warum wiederholen Sie das?

H.: Weil es einen falschen Klang hat. – Wenn Sie mir erzählen würden, England habe nicht nur Kattun exportiert, sondern *außerdem* auch Wolle, dann wäre das in Ordnung. Zwei disparate Warengattungen. Aber in unserem Falle handelt es sich ja nicht um zwei disparate Warengattungen, sondern um zwei Weltanschauungen. Um eine naturalistische und eine supranaturalistische. Also um zwei einander widersprechende. Warum erwarten Sie, daß eine von den zweien, die Sie importiert haben, wirkungslos bleibe?

G.: (bleibt stumm)

H.: Und damit lassen Sie mich noch einmal auf den Anfang zurückkommen. Als gerecht kann ich es nicht empfinden, wenn Sie für die, Sie so tief deprimierende, Tatsache, daß soviele Asiaten, die Sie hier treffen, namentlich soviele Akademiker, einer naturalistischen Philosophie anhängen, den Marxismus verantwortlich machen. Der Marxismus war nur ein Enkel des von Ihnen importierten Naturalismus. Allerdings ein besonderer Enkel: ein Enkel, der eine offenere Sprache sprach als sein verschwiegener Ahnherr und seine nicht weniger schmallippigen Brüder: einer, der die sonst unterschlagenen religiösen oder eben irreligiösen Prinzipien der naturwissenschaftlichen oder technischen Praxis offen als Theorie formulierte. Also aus der Schule der Praxis plauderte. Also aus der Schule der Epoche. Aus diesem Grunde ist es gerade dieser Enkel gewesen, der so viele Anhänger gewonnen hat. Aber wenn Sie dem Enkel dasjenige in die Schuhe schieben, wofür der verschwiegene Ahnherr die Verantwortung trägt, dann muß ich als Historiker, übrigens als nicht-marxistischer, aber eben als Liebhaber der geschichtlichen Wahrheit, meinen Protest anmelden. Sprach's, verabschiedete sich und ging.

„Welch ein Jammer", wandte sich der Geschäftsmann nun an mich. „Und dabei ein so gebildeter Mann. Die Naturwissenschaften! Welche Verständnisschwierigkeiten zwischen Kultur und Kultur! Welche

Kluft zwischen Kontinent und Kontinent! Die Technik! Wo der Mann nur stehen mag? Aber aufgeben dürfen wir unsere Hoffnung niemals."

„Niemals", echote ich.

Tokio

Im Laufe der Diskussion findet mein Vorschlag, einen von uns allen zu unterschreibenden ‚Moralkodex im Atomzeitalter' aufzustellen, immer wieder ein eigentümlich unsicheres Echo. Die Reaktion schwankt zwischen den zwei Ausschlagspunkten Argwohn und Bewunderung. Eines so grund- und sinnlos wie das andere. Aber daß einer, der weder von einer ihn delegierenden Organisation damit betraut ist, noch sich auf eine bestehende Bewegung, Partei oder Doktrin beruft, ein Projekt vorlegt, das verblüfft sie. Sie wissen nicht recht, ob sie in mir einen Quacksalber sehen sollen, einen Extraschlauen, der seine Karten nicht aufdecken will, oder nicht vielleicht irgendetwas Besonderes (den ‚Erfinder eines neuen Systems'). Das Nächstliegende, das, worum ich sie bitte: meinen Vorschlag einfach als eine mehr oder minder brauchbare oder nützliche Idee zu betrachten und dessen pros und contras abzuwägen, das ist nur schwer durchzusetzen. Was mir im Wege steht, ist aber nicht etwa Intelligenzmangel, im Gegenteil: Intelligenz- und Bildungsgrad des Vorbereitungskomitees ist ungewöhnlich hoch, viel eher ihre Intelligenz: Sie sind eben einsichtig genug, ihrer eigenen Fähigkeit, Fremde richtig einzuordnen und einzuschätzen, skeptisch gegenüberzustehen. Da mir das von einigen offen und freundschaftlich zugestanden worden ist, und ich ihnen erklärt habe, daß es mir ihnen gegenüber ganz ähnlich gehe, hat die Situation nichts Kränkendes an sich.

Tokio

Wurde gebeten, meine Kodex-Idee zwei Philosophieprofessoren, deren Fachurteil wohl eingeholt werden soll, vorzutragen. Da mir unbekannt war (noch unbekannt ist), wo die beiden ‚stehen', war das ein Vabanque-Spiel. Stellte in den Vordergrund: Die heutige Situation: also die Möglichkeit der Selbstauslöschung der Menschheit, habe in keiner Ethik vorausgesehen werden können. Ergänzungsforderungen und zwar (da wir alle gleichermaßen und in der gleichen Weise betroffen seien) identische Ergänzungsforderungen seien unerläßlich; und las dann zur Illustration ein paar Paragraphen der ‚Atomgebote' aus der FAZ vor.

„Und die Atomherren", meinte darauf einer von ihnen ironisch, „die werden Ihre Postulate natürlich sofort befolgen?"

„Natürlich nicht", antwortete ich. „Aber so einfach geht Geschichte nicht vor sich. Wenn die Maßnahmen, die die Herrschenden durchzusetzen und als moralisch geboten uns aufzuschwatzen versuchen, auf Grund eines weitverbreiteten Moralkodex als unmoralisch gelten, dann sind die Drohenden bereits in ein moralisch verändertes Klima versetzt."

Der andere wollte etwas über das Verhältnis zu den bestehenden Religionen wissen.

Antwort: Gebote und Verbote müssen so formuliert werden, daß sie sich aufs natürlichste in bestehende Moralen einfügen – was aber nicht etwa bedeute, daß das mit Hilfe irgendwelcher sprachlicher Tricks geschehen sollte oder auch nur dürfte. Das sei im übrigen auch überflüssig, da es, abgesehen von in Pseudoreligionen verwandelten politischen Macht-Doktrinen (wie dem Nationalsozialismus) keine einzige Religion gebe, der nicht der Gedanke der Erpressung, des Genocids oder gar der Ausrottung des Menschengeschlechts zuwiderliefe.

Die dritte Frage war ausgesprochen philosophisch, sie war die Gretchenfrage: „Und wie gedenken Sie", lautete sie, „namentlich bei der Verschiedenheit der religiösen Voraussetzungen, die *Verbindlichkeit* Ihrer Gebote zu begründen? In welchem Absolutum wollen Sie die Gültigkeit der Atomgebote verankern?" – Worauf ich: „überhaupt nicht", antwortete. Zur Erklärung verwendete ich das Wort ‚metaphysische Askese', und schloß: „Wenn es brennt, darf man nicht nach der Legitimität der Feuerwehr fragen." – Komischerweise war es diese nicht gerade akademische, geschweige denn tiefsinnige Antwort, die mir ihre erste Sympathie eintrug. Vielleicht klingt sie an irgendeinen volkstümlichen Spruch an oder an eine buddhistische Maxime. Jedenfalls schmunzelten sie und verabschiedeten sich freundlich. – Mir scheint, die Chancen haben sich gebessert.

Tokio

Lunch im ‚International House' mit einem netten amerikanischen College Professor, Economics. – Als ich im Laufe der Unterhaltung den endgültigen Abbruch der ‚tests' verlange, nennt er mich einen *Utopisten.* Worauf sich folgendes Gespräch entspinnt:

Ich: Was verstehen Sie unter einem ,Utopisten'?

Er: Mein Gott, was jeder darunter versteht: einen Mann, der auf eine Wunsch- oder Postulatwelt direkt abzielt.

Ich: Und was heißt ,direkt'?

Er: Ohne sich zu fragen, ob Wege auch nur denkbar sind, die aus dem Gegenwartszustand in seine imaginäre Welt hineinführen könnten; oder auf welchen Wegen sich diese Welt erreichen oder verwirklichen ließe; und der nichts Indirektes dazu tut, also keine Wegschritte unternimmt, um sein Ziel zu erreichen. Und sogar dann noch auf seinem Programm besteht, wenn man ihm die Unmöglichkeit von Wegen vordemonstriert.

Ich: Also einen verbockten Träumer.

Er: Exactly.

Ich: Dessen wollte ich mich nur vergewissern, um die zweite Frage zu stellen. Haben Sie sich abgefunden mit der Apokalypse?

Er: Sehe ich so skeptisch aus?

Ich: Lassen wir Ihre gesunde Hautfarbe. – Rechnen Sie damit, daß unser Globus im Jahre 1970 oder 2000, von niemandem bewohnt und von niemandem gewußt, als toter Stern die Sonne umkreisen wird. Ja oder nein?

Er: (lächelnd) Nein.

Ich: Erstaunlich.

Er: Warum.

Ich: Weil Sie damit zugestehen, daß *Sie* der Utopist sind.

Er: *Ich*?

Ich: Aber natürlich. Denn Sie gehen ja auf ein völlig imaginäres Ziel los. Und zwar – *Ihre* Definition – völlig direkt. Also ohne sich zu fragen, ob Wege auch nur denkbar sind, die aus dem Gegenwartszustand in Ihre imaginäre Welt hineinführen könnten; oder auf welchen Wegen sich diese Welt verwirklichen ließe.

Er: Und was wäre mein utopisches Ziel?

Ich: Das übermorgige Dasein der Menschheit, das, von der heutigen Situation aus gesehen, einfach eine phantastische Unwahrscheinlichkeit darstellt.

Er: (stirnrunzelnd) Sie stellen alles auf den Kopf.

Ich: Nicht ich. Merken Sie denn nicht, wie vorgestrig Sie sind? Wie jämmerlich Sie hinter der Zeit einherhumpeln?

Er: Ich vorgestrig? Das hat noch niemand gefunden. Inwiefern?

Ich: Weil heute nicht mehr derjenige Utopist ist, der sich damit begnügt oder vergnügt, sich ein Nichtseiendes, ein Traumbild, als seiend auszumalen; sondern umgekehrt derjenige, der sich das, was morgen vielleicht oder wahrscheinlich nichtseiend ist, als seiend vorstellt, als noch-seiend; und der dessen Noch-sein ohne jede Rechtfertigung unterstellt. Nicht derjenige, der davon überzeugt ist, daß das Heutige durch etwas Nochnichtdagewesenes abgelöst werden werde; sondern umgekehrt derjenige, der an dessen Noch-Dasein glaubt, ohne (*Ihre* Worte) auch nur zu fragen – Sie wissen schon was.

Er: (verwirrt) Sie sind mir ein sly bird.

Ich: Das ist keine Stellungnahme zu dem, was ich gesagt habe.

Er: Aber ein strange bird sind Sie auf jeden Fall.

Ich: Nicht mein Fall steht hier zur Debatte. Sondern Ihrer. Und der liegt noch weit schlimmer. Denn Sie beschränken sich ja nicht darauf, nicht darüber nachzudenken, *ob* es einen Weg geben könnte, der zu Ihrem Idealzustand, dem Noch-dasein, führen könnte, oder welcher Weg das sein könnte; Sie befürworten ja sogar (wenn man Ihr bloßes Mitmachen ein Befürworten nennen kann), Sie befürworten ja sogar positiv die Fortsetzung der Testexplosionen, der Probeflüge, der Produktion der Kernwaffen, deren ,Verbesserung', deren Lieferung an andere Staaten, und was es dergleichen sonst gibt – kurz: den Weg, der umgekehrt geradewegs in die Selbstzerstörung der Menschheit hineinführt, und der den Weiterbestand der Welt als einen utopos einfach links liegen läßt. Und *trotz alledem,* also obwohl Sie alles gegen dessen Verwirklichung tun, trotzdem *glauben Sie an den Weiterbestand der Welt,* Sie verbockter Träumer. Ihr ganzer Optimismus beruht auf nichts anderem als auf einer Unterlassung: darauf, daß Sie sich die real drohende Irrealität der Welt nicht vorstellen. Warum Sie das nicht tun: Ob Sie zu ,gewohnt ans Sein' sind, um das tun zu können; oder ob Sie zu unselbständig sind oder zu faul oder zu feige – das zu entscheiden, fühle ich mich als Fremder nicht zuständig.

Tokio

Mein Projekt ist angenommen. Eine ,dritte Kommission' über die ,New Moral Obligations of Man in the Atomic Age' wird also den zwei ursprünglich geplanten Kommissionen zugefügt. Ich soll sie wie ein Seminar mit einem Einführungsvortrag eröffnen. – Was bei der positiven Entscheidung den Ausschlag gegeben hat, nicht ganz klar.

Außer meinen Argumenten vermutlich auch eine taktische Überlegung: Die dem Wort ‚Moral' entsprechende japanische Vokabel ist von den Rechtskreisen, die die Wiedereinführung des seit 45 abgeschafften imperial-shintoistischen Moralunterrichtes in den Schulen betreiben, monopolisiert worden. Durch die Übernahme des Themas und die Verwendung des Wortes sollen Thema und Wort wohl de-monopolisiert werden. – Mir soll's recht sein. Hauptsache, was man daraus macht.

Hier lag eine Stadt.
Hatte einen Namen.
Schutt und Asche – amen –
blieb an ihrer Statt.

Die noch gestern hier
Gingen oder kamen,
Liegen heute – amen –
Unter ihr.

Keiner rühr' sie an.
Daß ihr nackter Rahmen
zeige, was Ihr – amen –
Selbst Euch angetan.

„Tafel auf einem Schutthaufen" 1945

Im Zug nach Hiroshima

Die Bombe – ihrer Sprengkraft nach vergleichbar mit einer heutigen ‚taktischen' Atomwaffe – explodierte am 6. August 1945, um 8.30 Uhr 66 m über dem Shima-Krankenhaus in Saiku-machi. – Hitzeentwicklung 50 Millionen Grad.

Einwohnerzahl am Katastrophentag:	250000
	150000 stationierte Soldaten und Fremde
	400000
Tote (einschließlich der Toten bis 1950)	282000[12]
Zeitliche Verteilung:	50% am Katastrophentag
	35% in den folgenden drei Monaten
	15% seit November 1945

Überlebende (einschließlich Verwundete)	158000
Krankheiten der Überlebenden:	Blutkrankheiten (Perniziöse Anämie, Leukämie) Keloide durch Verbrennungen verursachte tumorhafte Hautwucherungen) Lebererkrankungen Katarakte Neurosen

Diese Ziffern soeben „überflogen". Und sie selbst im Kopieren nicht aufgefaßt. Wie furchtbar das Wort „überfliegen". Denn so, ohne aufzufassen, überflog auch das Bombenflugzeug die zurückgelassenen Opfer.

Hiroshima

Nächtliche Bahnfahrt, 38 Grad Hitze, zu sechsen im Liegewagen, mir gegenüber burmesische Novellistin, selbst sie vor Hitze stöhnend. Für Stunden von Froschquaken begleitet, das aus den bewässerten Reisfeldern steigt. Blendend heller Bahnhofsplatz, moderne Los-Angeles-hafte Häuser. Skandalisierend, da nichts Hiroshima beweist. Burbank könnte das sein oder San Fernando. Busfahrt. Unerkennbarkeit des Ortes geht so weit, daß R., obwohl der Bus über zweihunderttausend Verbrannte rollt, zu singen beginnt. Was er nur weiß, macht ihn nicht heiß. – Name des Hotels: ‚New Hiroshima'. Ob von Naiven so getauft oder von Zynikern, unbekannt. Vermutlich falsche Frage. Weil es eben Umstände gibt, in denen naiv zu sein auf Zynismus herausläuft.

In der Mittagshitze, zusammen mit Jungks Freund K., vorbei an dem Mahnmal über die Brücke hinein in die Stadt, die nichts von der Katastrophe verrät, mir jedenfalls nichts. Anderen vielleicht, den Einwohnern gewiß. Denn O., der von hier stammt, aber am Tage der Katastrophe junger Soldat war und irgendwo durchs Chinesische marschierte, erklärt, ‚hier' nicht aufgewachsen zu sein. Eigentlich stünde an dieser Ecke etwas ganz anderes, und dort drüben bei der Brücke ebenfalls etwas anderes. Das alles sei fremd, das alles stimme nicht.

Wie vertraut mir O.'s Fremdheit ist! Denn seine Erfahrung, „nicht dort zu sein, wo er ist", die ist uns, den Bewohnern der wiederaufgebauten Städte, ja so bekannt, daß sie ihre Schrecklichkeit schon fast verloren hat. Ja, verwöhnt sind wir mit Grauen. Denn auch als O., mitten auf der Brücke stockend, ausrief: „Ja, als ich die Stadt wiedersah, als sie noch in Trümmern lag, da *war* sie es noch. Aber jetzt!" – da war mir das vertraut. Denn *der Wiederaufbau ist eben die Zerstörung der Zerstörung, und damit die Kulminierung der Zerstörung*. Die Ähnlichkeit zwischen ihrer und unserer Situation, zwischen ihren und unseren Erfahrungen ist einfach unglaublich. Es gibt einen Generalnenner aller derer, deren Vergangenheit verwüstet worden ist; aller derer, die um ihre Vergangenheit betrogen worden sind. Als ich ihm einen traurigen Augurenblick gab, da flüsterte er (man bedenke: der Japaner zum ehemaligen Emigranten, und das auf englisch): „Betrogene aller Länder, vereinigt euch!" Wahrhaftig die Wege des Globalismus sind sonderbar.

Nein, *ich* kann vom Geschehenen nichts sehen. Die sichtbaren Dinge: die *neuen* Häuser, die unterschlagen das Gewesene genau so, wie die Zeitungen es tun oder die Alltagsgespräche. Alles scheint „zeitneutral", das heißt: alles sieht so aus, als hätte es seit eh und je so gestanden; das Gegenwärtige tarnt sich als „immer schon so gewesen"; und dieses scheinbar Gewesene überwächst das wirklich Gewesene. Geschichte wird nach rückwärts gefälscht; und zwar (denn der Wiederaufbau ist ja schließlich auch Geschichte) von der Geschichte selbst. Geschichte – die Geschichte ihrer Selbstfälschung.

Wenn ich durch die Straßen und Bazare der Stadt schlendere – wie gesagt: sie könnten die Straßen und Bazare jeder anderen japanischen Viertelmillionenstadt sein –, gibt es für mich nur das „es" und die „sie". Andere Ausdrücke finde ich dafür nicht. „Es" ist, was heute vor dreizehn Jahren hier geschehen ist; „sie" sind die zweihunderttausend, die unter mir liegen; das menschgemachte und kaum ausgegrabene Pompeji. Weder vom „es" ist das mindeste sichtbar, noch von den „sie". Um es zu ‚erleben', ist man auf sich selbst angewiesen; auf die Fähigkeit, die Gleichung: „hier ist es, wo ..." pausenlos zu verwirklichen. Jede Minute hat man sich daher zur Ordnung zu rufen. Denn ununterbrochen wird man von dem angeblich Wirklichen daran gehindert, das wirklich Wirkliche in Evidenz zu halten.

Man kann sich fragen, ob es nötig war, hierher zu kommen. Denn von der Wahrnehmung wird das Gefühl, das sich hier gebührt, ja nicht diktiert. Sondern eben vom Wissen – und das hat man ja auch, ohne physisch dazusein. Möglich sogar, daß manche, die hierher kommen, gerade durch den Anblick des heutigen Hiroshima daran gehindert werden, das richtige Wissen, den richtigen Schmerz, die richtige Empörung zu leisten. Weil sie sich, gewöhnt daran, daß die Wahrnehmung die bloße Vorstellung an Schärfe und Einprägsamkeit übertrifft, nunmehr auf die Wahrnehmung verlassen und diese ihnen nurmehr Harmloses übermittelt. *Die moralische Bedingung der Wahrheit ist heute die Vorstellung.* Welche Umkehrung normaler Verhältnisse! Welche Absurdität! Da hatte ich in nicht endenden phänomenologischen Seminaren als Student gelernt, daß sich jede Vorstellung in dem „original gebenden" Akte der Wahrnehmung zu ‚erfüllen' habe. Was hätte Husserl gedacht, wenn er von Tatsachen gehört hätte, die sich (wenn überhaupt) nur durch Vorstellung „als sie selbst geben"? Und von Wahrnehmungen, die erst dann ihren Evidenzpunkt erreichen, wenn sie sich in Vorstellungen erfüllen? Auch ich bin sprachlos, obwohl ich doch schon vor Jahren die ‚Erziehung zur Phantasie' als *die* Aufgabe von heute bezeichnet hatte. Was erforderlich ist, ist also die Disziplin des ‚Ständig-daran-Denkens', das ‚Bei-der-Stange-Bleiben', das sich durch keine Wahrnehmung irritieren oder irreführen läßt. Außer V. und mir ist diese Aufgabe wohl keinem hier bekannt. Immer wieder fallen sie (und oft auch ich) in das Vergessen zurück. In der Hotelhalle spielen sie zum Beispiel Karten. Aber welches Recht habe ich, sie zur Ordnung zu rufen? Und wem wäre damit geholfen? Denn wirklich geholfen worden ist ja niemandem durch die Aufmerksamkeit unseres Denkens; und lebendig gemacht hat aufmerksamer Schmerz ja auch noch niemanden.

Gelingt es einem aber, keinen Augenblick zu vergessen, wo man ist, dann geschieht das Sonderbare, daß einem dieser Boden zu *geweihtem Boden* wird. Warum das so ist, ist schwer zu beantworten. Denn warum sollten Menschen dadurch, daß an ihnen das äußerste Verbrechen begangen worden ist, sakral werden, mindestens der Boden, in dem sie liegen? Aber die Stellen, auf denen Konzentrationsläger gestanden, haben ja eine ähnliche Verwandlung durchgemacht. – Erklärungsversuch, aber ein wohl unzulänglicher: Vielleicht ist die Untat so maßlos, daß sie nur noch mit religiösen, wenn auch negativ-religiösen, Kategorien bewältigt werden kann, also als *luziferisches Ereignis;* und die unschuldig diesem luziferischen Ereignis zum Opfer gefallen sind, die sind nun von der religiösen Qualität der Untat gewissermaßen infiziert. Jedenfalls ist mir nie zuvor die Nachbarschaft des Grauenhaften und des Heiligen so offenbar gewesen wie hier. Aber auf *mein* Erlebnis kommt es nicht an, auf die Allgemeinheit dieses Erlebnisses und auf deren Dauerhaftigkeit. Die herzustellen, ist die Aufgabe.

Als ich, im Gespräch mit einem hiesigen Zeitungsredakteur, einem ausgezeichneten, hochintelligenten und ebenso feinfühligen Menschen, der mich über dies und jenes ausfragte, den Ausdruck ,,alle hier" verwendete, und dabei nicht nur die übliche nach rechts und links weisende Bewegung, sondern anschließend, da die ,,Toten hier eben größere Heere" sind als die Lebenden, die Bewegung nach unten machte, da sagte er, den Kopf senkend, ,,arigató gozaimasu", was, wie man mir sagt, das höflichste ,,danke" bedeutet.

Die Ähnlichkeit mit Los Angeles war nicht nur im ersten Augenblick frappierend, im Gegenteil: von Augenblick zu Augenblick wird sie unerträglicher. Und erreicht ihren Höhepunkt, wenn man das symbolische Zentrum Hiroshimas überquert, also den Platz, an dem es geschehen ist, ,,es". Und auf dem nun das Mahnmal steht.

Dieses ,,Mal", der aus zahllosen Photos bekannte Betonbogen, ist kein ,,Turm", kein ,,Peace Tower", wie die Amerikaner es nennen; eher (wenn man ein von nirgendwo nirgendwohin führendes Etwas so nennen kann) eine Brücke. Aber gleich, wie man es nennt, es ist moralisch unangemessen und als Mahnmal unzulänglich. Ein eingezäuntes Nichts würde sehr viel tiefer beeindrucken und ungleich nachdrücklicher mahnen. Nein, es ist einfach ein sinnloses Ding. Zwar daß es etwas bedeuten soll, das sieht man ihm an; aber doch nur deshalb, weil Funktionslosigkeit stets den Eindruck des Symbolischen macht; und weil, so denkt man, was auf so offensichtliche Weise unverwendbar ist, mindestens ,tief' sein muß. *Was* es bedeutet, bleibt freilich rätselhaft. Gerade dadurch aber wirkt das Ding amerikanisch. Aus folgendem Grunde:

Wie erinnerlich, hat Amerika in den vierziger Jahren den höchsten Wert darauf gelegt (und das sogar in amtlichen, ja vom War Department herausgegebenen Zeitschriften) *gegenstandslose Kunst* zu propagieren; und seinen Stolz darein gesetzt, durch diese Kunstwerke (also durch die Nachahmung einer Manier, die zwanzig Jahre früher in Europa entstanden war und die dort und damals als warnende Voraussage der in Scherben fallenden Welt ihr unbestreitbares Recht gehabt hatte) zu beweisen, daß es kulturell up-to-date war. Daß diese verspätete offizielle Vorliebe für Zerstörung von Gegenstandsformen in der Kunst (bzw. die Propaganda für den Genuß an dieser Zerstörung und die Verhöhnung derer, die diesen Kunstfortschritt nicht mitmachten) mit der effektiven Zerstörung der Welt geschichtlich synchronisiert aufgetreten ist, war kein Zufall. Und ebensowenig ist es ein Zufall, daß die Zerstörung der Welt, für die hier in Hiroshima die Generalprobe abgehalten wurde, ihr Monument in einem „non objective object" gefunden hat.

Ich weiß, der Entwurf für dieses Monument ist auf keinem amerikanischen Reißbrett entstanden, sondern auf einem japanischen. Aber das läuft auf eines hinaus. Daß Besiegte, um ihre innere Bereitschaft für die Kulturwerte ihrer Eroberer zu beweisen, deren Stil übernehmen, das ist geschichtlich ja normal. Als Vorwurf ist diese Feststellung nicht gemeint. Und natürlich wußten die Japaner auch nicht, daß sie, als sie diese „Brücke" bauten, eine Nachahmung nachahmten; um so weniger, als sie dabei auf eine alte heimische Haus- oder Brückenform zurückgriffen; sich also einreden konnten, auf dem Platz des Todes mindestens ihre Kunst überleben zu lassen. Als desillusionierendes Beispiel dafür, wie Kunstgeschichte vor sich geht, ist dieses Objekt unüberbietbar. Als Mahnmal dagegen einfach ein Nichts.

Dies Nichts ist der Mittelpunkt von Hiroshima. Denn die anderen „musts": das fashionable Hotel „New Hiroshima" und das nicht weniger fashionable Atommuseum, die stehen ja gleichfalls hier. Daß diese zwei als einander hübsch ergänzende Zwillingsgebäude errichtet worden sind, wirkt besonders sinnig. Gleichviel: Alles liegt praktisch nebeneinander, damit es der Besucher nicht zu unbequem habe, und damit er an demjenigen Orte, der das Ende der Zeiten ankündigt, um Gottes willen nicht zuviel Zeit verliere. Mit Mahnmal, Hotel und Museum hat er alles beisammen, was er braucht, um dagewesen zu sein. Er kann „make Hiroshima" in einer einzigen Stunde; wovon er die Hälfte auf das Museum berechnen sollte, namentlich – die Wahl dieser Stadt für diese Bildabteilung ist wahrhaftig ingeniös – auf dessen fortschrittfreudige Abteilung, in der die unvergleichlichen Schönheiten der friedlich verwendbaren Atomenergie illustriert werden. Was nach diesem herzerwärmenden shot in the heart vom Tage übrigbleibt, das kann er dann dazu verwenden, um auf der malerischen, an der Inlandsee entlangführenden Straße südwestlich nach Miyajima zu fahren, wo er seinen Wagen stehen lassen kann, um in der Fähre zu der mit Basaren dicht besäten Insel Itsukushima überzusetzen; und um auf dieser schließlich die ins Wasser direkt hineingebaute Shinto-Tempelanlage zu photographieren. Pfahlbau. Drei Sternchen.

Nein, Wanderer, verzichte auf Miyajima, verzichte auf Itsukushima und bleibe hier! Bleibe hier und wandere durch die Straßen und wandere über die Brücken! Und bedenke, wo du wanderst, und über was und über wen! Und bedenke, daß nichts von dem, was du siehst, das Wirkliche ist; sondern daß wirklich allein die Tatsache ist, daß du das Wirkliche nicht mehr siehst, daß du das Wirkliche nicht mehr sehen kannst. Schließe deine Augen und verlaß dich auf deine Phantasie. Denn auf ihre Augen verlassen sich heute nur die Indolenten.

Hiroshima, 6. August

Zeitrechnung: Der 6. August 1945 war der Tag Null. Dieser Tag, an dem bewiesen wurde, daß die Weltgeschichte vielleicht nicht mehr weitergeht, daß wir jedenfalls fähig sind, den Faden der Weltgeschichte durchzuschneiden, der hat ein neues Zeitalter der Weltgeschichte eingeleitet. Ein neues Zeitalter, auch wenn dessen Wesen darin besteht, vielleicht keinen Bestand zu haben. Wir leben im Jahre 13 des Unheils. Ich wurde geboren im Jahre 43 vor. Vater, den ich im Jahre 1938 begrub, ist im Jahre 7 vor gestorben. In einem anderen Zeitalter.

Hiroshima – Jahrestag. Beginn des Jahres 14

Komme soeben von der öffentlichen Gedenkfeier. Im Freien, unter blendend blauem Himmel. Auf dem sonst leeren, nun von Menschen zugedeckten Platze, wo „es“ geschehen war. Und um acht Uhr morgens beginnend, also in demjenigen Augenblick, da „es“ geschehen war.

Vorne auf Bänken Geladene, Vertreter der Provinzen, Städte, Kirchen, des Hofes, wir offiziellen Gäste, unter uns indische Marineoffiziere (wohl von Nagasaki heraufgekommen). Über uns, entsetzlich symbolisch, Flugzeuge. Als der Moment eintrat, völliges Verstummen. Dann Musik. Chopins Marche Funèbre. Welch sonderbare Unsterblichkeit! Aber als Trauermusik für Zweihunderttausend unangemessen. Die Musik scheint einen einzigen Toten, und zwar einen Würdenträger, zu begraben. Kranzüberreichungen, Reden, Chöre. Alles vollzieht sich mit ritusartiger Starre. Die gut ist. Denn sie sichert gegen die Maßlosigkeit dessen, was vielleicht losbrechen könnte. –

Beklemmender aber als all das war dasjenige, was *nicht* geschah. Was nicht geschieht, kann nämlich zu einem Geschehen von so unerträglicher Gewalt werden, daß es alles effektiv Geschehende einfach auslöscht. Und das war hier der Fall. Obwohl sich die Zeremonie nahtlos abwickelte; obwohl die Luft von der Musik und dem Schwirren der Flugzeuge angefüllt war; obwohl die Kranzüberreichungen und die Reden pausenlos einander ablösten; obwohl die Lebenden keinen Fußbreit Boden freiließen, und die Toten keinen Fußbreit des Grundes – dennoch fand das Nichtgeschehen Lücken und Ritzen, um in dieses dichte Geschehen einzudringen, und zwar mit solcher Macht, daß es den ganzen Platz ausfüllte und die ganze Dauer der Feier. Als das Ereignis des Tages zu berichten: *Die Täter gedachten dieses Tages mit keinem Kranze, und die Opfer der Täter mit keinem Worte.*

Dies ist die Rache des Negativen: Was nirgendwo ist, das ist überall; und was in keinem bestimmten Augenblick geschieht, das geschieht in jedem Augenblicke.

Oder sollten sie sich geschämt haben? Und deshalb das mindeste an Beteiligung, das sich an diesem Gedenktage geschickt hätte, unterlassen haben?

Kaum. Denn auf *ihre* Art *hatten* sie sich ja bereits beteiligt. Nämlich mit Hilfe jener Testexplosionen, die sie, als man hier die Feierlichkeit vorbereitete, im Pazifik losgehen ließen; und mit Hilfe der Ankündigung neuer Tests.

Jawohl, auch in *diesem* Rahmen hat die Feier gestanden: Sie war *eine Demonstration des Niewieder innerhalb einer Welt des Immernoch und des Immerwieder.* –

Hiroshima, 6. August. Warme dunkle Nacht

In der halbbeleuchteten (aus dem großen Platze, den Fluß-Ufern und den Brücken bestehenden) Gegend, in der Gegend, in der ‚es' geschehen war, herrscht nun feiertägliches Gewühl. Das Schmerzliche: daß man noch nicht einmal, jedenfalls kaum behaupten kann, es sei das Gewühl der Hinterbliebenen. ‚Hinterbliebene' gibt es ja nur wenige hier. Die hier auf- und abfluten, sind also nur ‚Nachfolger', nur Menschen der nächsten Belegschaft.

Dazwischen sieht man zwar Kinder mit Luftballons, ja sogar fliegende Verkäufer, die, ihr Gebäck anbietend, dem Treiben einen Stich ins Volksfesthafte verleihen; dennoch bleibt alles eigentümlich lärmlos, stummfilmartig. Vor dem Mahnmal, das aus dem Blumenberg, der sich um ihn anhäuft, kaum mehr herausragt, glimmen Tausende von Weihrauchstäbchen, deren süßer Geruch die Luft nun beinahe unatembar macht. Vor dem Blumenberg Betende. V. (der einzige, mit dem diesen Abend zu verbringen in Frage kommt) und ich lassen uns treiben. Ohne zu reden, höchstens hie und da auf etwas hinweisend. Ahnungslos finden wir uns plötzlich am Flußufer. Und schrecken zurück. Denn was uns da empfängt, ist völlig unerwartet: Tausende und Tausende von Lichtern, die langsam den Fluß hinunterziehen.

Wie lange wir dieses Schauspiel betrachtet haben, weiß ich nicht mehr. Flüchtig entsinne ich mich, daß eine Stimme hinter uns auf französisch erklärte: „Für jeden eines", aber daß wir uns noch nicht einmal nach dem Sprecher umwandten. Was die Erklärung des Unbekannten bedeutet, ist ja klar: Für jeden der Zweihunderttausend, die vor dreizehn Jahren an diesem Tage verbrannten oder brennend ertranken – ein Lampion.

Langsam wurde die Szene deutlicher. Auf der anderen Seite des Flusses erkannte man nun Tausende, die, das Ufer säumend, genau so stumm wie wir auf den Fluß hinabblickten. So als wenn, was da, von der Strömung getragen, langsam unter ihren Augen vorbeizog, eine Flotte von toten Seelen wäre und nicht von Lampions. Von anderen Stellen des Ufers brachte der Wind Fetzen von Rezitation herüber, sogar von mehreren Rezitationen gleichzeitig. Totenmessen wahrscheinlich. Ach, nicht *wir* benötigen diese Töne. Immer sind es die falschen, die solche Messen hören. Andere Hörer, solche, die diese Töne dringlicher brauchen, wären hier besser am Ort als wir. Sofort würde ich abtreten.

Ein Glück, daß der Abend so dunkel ist. V. und ich vermeiden es immer noch, einander anzublicken. Jeder ist vollauf beschäftigt, mit diesem Schauspiel fertig zu werden; und damit, seine Gefühle zu verbergen. Aber das Schauspiel zu verlassen, können wir uns nicht entschließen. Es gibt so etwas wie eine berechtigte voluptas oculorum, eine dem Schmerz und der Empörung entstammende Neugier. Immer wieder treiben wir also mit der treibenden Menge mit; und immer wieder machen wir (so als wäre es eine Beleidigung dieser Menschen, in die Normalwelt des Hotels zurückzufliehen) die gleichen Wege, und immer wieder bleiben wir an den gleichen Stellen stehen. Bis wir uns plötzlich doch an einem Punkt befinden, an dem wir zuvor nicht gestanden: auf einer Brücke, die wir zuvor noch nicht passiert hatten. Und auf dieser Brücke gab es gleichfalls etwas, was niedergeschrieben werden muß.

Zuerst hörten wir nur den dünnen Zupfklang eines Instruments. Aber dann sahen wir ihn. Oder richtiger: *es.* Und damit, daß ich auch jetzt noch schwanke, ob ich ‚*ihn*' niederschreiben soll oder ‚*es*', ist die Hauptsache bereits gesagt.

Denn was da Musik machte, war erst einmal unidentifizierbar. Ein Gesicht war nicht zu sehen, da vom Kopf abwärts ein Vorhang hing. Warum er da hing, das konnte einem Hiroshimabesucher nicht zweifelhaft sein.

Also blickte man (denn was einen Menschen am meisten zum Menschen macht, das sind nach seinem Gesicht seine Hände) an ihm herunter. Aber eine Hand gab es da nicht. Was Musik machte, war ein stählernes Etwas. Warum das so war, das konnte einem Hiroshimabesucher gleichfalls nicht zweifelhaft sein.

Also ist, was dort auf der Brücke steht, ein Roboter. Und unheimlich an ihm ist nicht seine Gesichtlosigkeit und seine Handlosigkeit; sondern umgekehrt die Tatsache, daß sich zwischen diesen beiden verödeten und unmenschlich gemachten Regionen: zwischen der Region, die einmal ‚Gesicht' geheißen hatte, und der, die einmal ‚Hand' geheißen hatte, ein wirklicher, lebendiger und pulsierender Leib erstrecken soll. Dies unvorstellbar. Während des Gesanges begann etwas zu surren. Hoch über uns. Die Stimme hinter dem Vorhang riß sofort ab; der verhüllte Kopf verschwand zwischen den Schultern. Und blieb dort so lange, bis das Flugzeug außer Hörweite war. Dann stieg der Kopf wieder auf, und der Gesang setzte von neuem ein. Genau an der

Stelle, an der er abgerissen war. Welche musikalische Pause könnte nach dieser Pause noch beeindrucken? –

Den Einwohnern war er bekannt. Die Art und Weise, wie sie ihn umstanden, zwar wortlos, aber ohne Überraschung, bewies, daß sie ihn als Requisit erwartet hatten. Er gehört bereits als amtliches Monstrum zum Tage.

Später

Soeben erfahren, daß der Mann, obwohl als Stück Hiroshima anerkannt, den ‚echten' Opfern der Katastrophe nicht zugerechnet werde. Vielmehr nur (dieses ‚nur' ist das entsetzlichste, das ich je gehört) im Kriege so zugerichtet worden sei. Wie man zufügt, gibt es sogar böse Zungen, die ihn als Schwindler bezeichnen und ihm einen Namen geben, der so etwas wie ‚Kriegsgewinnler' zu bedeuten scheint. Mir ist das gleichgültig, mich nimmt das nicht gegen ihn ein. Auch wenn er kein ‚echtes Opfer' ist, kein Opfer dieser letzten Spielart des Massenmordes, so steht er doch eben auf der Brücke, die ans Ufer dieser Spielart führt. Die Tatsache, daß es auch *vor* den atomaren Mitteln Waffen gegeben hat, die den Menschen derart zurichten konnten, die entehrt ihn nicht. Die Würde, bereits dazuzugehören, die sollte man ihm nicht mißgönnen. Wenn er kein Zeichen ist, dann ist er doch ein Vorzeichen; wenn kein Endpunkt, so doch ein Wegweiser. Und das genügt.

Hiroshima

Wenn das heute geschehen wäre.

Ja, wenn heute die Stadt verwüstet worden wäre, die benutzte Bombe wäre als eine „*saubere*" klassifiziert worden.

Den meisten von uns scheint es noch nicht zum Bewußtsein gekommen zu sein, daß der Versuch, sogenannte „saubere Bomben" zu bauen, nicht weniger ungeheuerlich ist als die Konstruktion der „Atomwaffen" als solcher. Dabei spiele ich nicht auf die abenteuerliche Heuchelei an, die in dem Ausdruck selbst steckt – denn was jeweils gestern als „schmutzig" gegolten hat, das gilt ja jeweils heute als „sauber"; das heißt: Die Sauberkeit wird nicht am wirklichen, nicht mehr zu steigernden, Vernichtungseffekt gemessen, sondern lediglich an dem Grade der jeweils heute durchführbaren Vernichtung. Ebensowenig meine ich die gleichfalls abenteuerliche Unterstellung, daß sich die Kriegführenden, obwohl ihnen „schmutzige Waffen" zur Verfügung stünden, brav auf die Verwendung „sauberer" beschränken würden – es liegt ja auf der Hand, daß im Augenblicke des Ausbruchs ernsthafter Feindseligkeiten das „*Auktionsprinzip*" in Gang geraten würde – das heißt: daß wenn A die Waffengröße Eins einsetzen würde, B sich als genötigt, nein als berechtigt, nein als verpflichtet betrachten würde, mit der Waffengröße Zwei zu antworten, und daß A seinerseits nicht zaudern würde, mit der Waffengröße Drei zu erwidern; daß also der bescheidene Beginn nichts anderes darstellen würde als ein infinitesimal kurzes Ritual der Selbstgerechtigkeit, das sofort, in einem kaum mehr zu verfolgenden Accelerando, in die atomare Maximalschlacht ausarten würde.

Nein, Heuchelei ist nichts Neues. Erstmalig und revolutionär dagegen ist, daß wir (und das sogar hektisch) den Versuch machen, Waffen herzustellen, deren Gewalt der Gewalt der Waffen, über die wir tatsächlich verfügen, *unterlegen* ist; daß wir also eine „*Verbesserung durch Verschlechterung*" anstreben; daß wir diese deshalb anstreben, weil die schlechteren die besseren wären, weil die „besseren" die absolute Katastrophe bedeuten, also politisch und strategisch sinnlos sein würden; die „schlechteren" dagegen vielleicht doch noch als „Waffen", also als strategische und politische Mittel, eingesetzt werden könnten.

Unseren eigenen Produkten stehen wir heute also – und damit formuliere ich das Revolutionäre unseres nunmehr erreichten technischen Status – nicht anders gegenüber, als wir bis gestern den Naturkräften gegenübergestanden hatten; jenen maßlosen Naturkräften, die wir, um sie zu verwenden, erst hatten domestizieren müssen. Während bis gestern unsere von uns selbst produzierten Geräte und Installationen die Domestizierungsgehäuse der Naturkräfte dargestellt hatten, haben nunmehr die Kräfte unserer eigenen Produkte eine solche Maßlosigkeit erreicht, daß wir genötigt sind, *diese* zu domestizieren.

Nein, der Unterschied zwischen gestern und heute ist noch größer: Während wir bis gestern als Domestikatoren der Natur darauf abzielten, unsere Kultur (im breitesten Sinne der uns unentbehrlichen künstlichen Welt) zu sichern und zu steigern, zielen wir heute als Domestikatoren unserer Produkte darauf ab, den Fortbestand der *Natur* (nämlich unser bloßes Überleben) zu sichern. Stichwort für heute also: *Domestikation der Produkte.*

Unser eigenes Machtpotential hat sich also derart gesteigert, daß es unverwendbar, nämlich größer geworden ist als jedes wünschbare, nein als jedes auch nur denkbare Handlungsziel. Deshalb versuchen wir – und unter ‚wir' verstehe ich nicht etwa nur uns, die Gegner der Atomwaffen, sondern eben auch deren Advokaten – die eigene Macht zurückzupfeifen. Selbst in ihnen, den Advokaten, ist bereits Maschinenstürmerei lebendig.

Ich weiß von keinem Augenblick in der modernen Geschichte, also in der Geschichte der fortschreitenden Produktionstechnik, in dem es ein solches „zurück" gegeben hat. Niemals hat man versucht, Lokomotiven zu bauen, die langsamer fahren sollten als die gerade fahrenden; niemals, Geschütze zu konstruieren, deren Reichweite geringer sein sollte als die der gerade verwendeten. Erst heute, da die „Grenze der Verwendbarkeit" überschritten ist, kippt die Technik um, um zur Technik ihrer eigenen Revozierung zu werden.

Hiroshima

Die Toten sind tot. Die Lebenden aber: die Hiroshima-Einwohner von heute, die Neuen (die natürlich die überwältigende Majorität darstellen), die haben ‚*es*' nicht miterlebt. Und dieser ‚zweiten Belegschaft' von Hiroshima wird es offenbar zuviel, immer wieder ‚davon' zu hören. Das Thema der Katastrophe ist also unpopulär geworden. Daher gehören weder die Opfer, die als Inkarnationen des ‚Themas' und als Mahner wider Willen herumlaufen, noch diejenigen, die dem Thema willentlich keine Ruhe lassen, zu den Lieblingen der Stadt. Da sie unbeliebt sind, sind sie scheu geworden und verschämt. So entsetzlich diese Entwicklung ist, begreiflich ist sie.

K. erzählt mir folgenden Fall:

„Mein Nachbar leidet an Leukämie. Da er wegen immer wiederkehrender Müdigkeiten immer wieder von der Arbeit fortblieb, verlor er seinen Fabrikplatz. Daraufhin entschloß er sich, odd jobs anzunehmen. Arbeitslosen-Arbeiten. Die fielen ihm natürlich noch schwerer als die verlorene Fabrikarbeit. Kein Wunder, daß er dort erst recht nicht durchhielt. Folge: Ihm wurde sein Arbeitslosen-Schein entzogen, er war als arbeitslos nicht mehr anerkannt."

„Und was tat er dann?"

„Heimarbeit. Die nichts einbringt."

„Bekommt er denn gar keine Unterstützung?"

„Doch. Endlich. Aber auch das erst seit dreiundeinhalb Jahren."

„Sie meinen, acht Jahre lang hat es keine staatliche Regelung der Misere der Atomopfer gegeben?"

„Richtig. Wir sind froh, daß wir das endlich haben durchdrücken können."[13]

„Und warum geht er nicht ins Hospital? Würde er dort nicht frei aufgenommen werden?"

„Doch. Aber er weigert sich."

„Weil er nicht wieder herauskäme?"

„Nein. Weil seine Familie: seine Frau und sein Junge, dann verhungern würden."

„Die würden nicht unterstützt werden?"

„Nein."

„Die gelten nicht als Familie von Kriegsopfern?"

„Nein."

„Da ist noch viel zu tun."

„Richtig. Und darum ist es ja in der Verhandlung, aus der Sie eben kommen, so leidenschaftlich zugegangen."[14]

„Und nimmt Ihr Nachbar an diesen Verhandlungen teil? Ist er auch dort drinnen?"

„Nein. Den können wir nicht mehr dazu gewinnen."

„Und warum nicht?"

„Weil er bereits aufgerieben ist. Weil er schon beinahe asozial geworden ist."

„Sie meinen, er sieht keine Menschen mehr?"

„Kaum mehr. ‚Hat ja doch keinen Zweck', meint er.

Außerdem glaubt er – und ganz unrecht geben kann man ihm da nicht –, daß er als mahnende Reliquie unbeliebt sei. Andere Opfer trifft er zwar noch dann und wann. Aber mit Gesunden zu reden hält er für zwecklos. ‚Die verstehen einen ja doch nicht', sagt er. ‚Die wissen ja doch nicht, was es heißt, atomkrank zu sein'."

„Und ist der Mann ein Einzelfall?"

„Sie meinen sein Sichverkriechen? Nein."

„Und seine Weigerung, ins Hospital zu gehen?"

„Ebensowenig. – Daß von zehn Schwerkranken sich mehr als einer dazu entschließt, sich ins Krankenhaus zu legen, scheint mir ganz unwahrscheinlich."

Hiroshima

Die heutige Scham: Die Scham über das, was Menschen Menschen *hatten* antun können; also über das, was sie *auch heute* noch einander antun können; also über das, was *wir* einander antun können; also Scham darüber, *auch* ein Mensch zu sein.

Diese Scham muß geleistet werden. Da diejenigen, die *es* getan haben: die Schuldigen, die Schuldner, den Schambetrag, der nun einmal fällig ist, nicht begleichen, ja diesen noch nicht einmal anerkennen, müssen Stellvertreter einspringen, andere, die an ihrer Statt die gebotene Scham leisten.

Welche Arbeitsteilung: *Die einen tun's, und die anderen erröten.* Und erröten zusätzlich auch noch darüber, daß sie gezwungen werden, einzuspringen.

Hiroshima

Das Skandalöseste an solcher „Kriegstat": Daß sie, da sie niemanden übrigläßt, den Unterschied zwischen Opfern und Trauernden auslöscht. *Den Toten ist die Totenklage mißgönnt.* Die heutige Bevölkerung hier besteht nicht aus „Hinterbliebenen" – deren Anteil ist fast verschwindend –, sondern aus Leuten einer „neuen Belegschaft". Von physischer Kontinuität kann kaum die Rede sein. Sofern es Kontinuität gibt, so nur die rein moralische der „Nachfolgerschaft".

Hiroshima

Außer auf der Hauptfront muß der Kampf gegen die atomare Gefahr immer zugleich auf Nebenfronten ausgefochten werden. Zum Beispiel auf der sprachlichen. Denn solange die die Situation vernebelnden Vokabeln, gleich ob arglos oder böswillig, weiter zirkulieren, so lange kann auch der Kampf auf der Hauptfront nicht gelingen. Schon vor fünf Jahren habe ich davor gewarnt, die ‚Gegenstände', um die es sich handle, als ‚Waffen' zu bezeichnen, und sie monströse Katastrophengeräte genannt, da ihre Effektgröße grundsätzlich jede mögliche Zielgröße übertreffe und ihr Einsatz durch kein denkbares Ziel gerechtfertigt werden könne. Nicht nur die ‚Atomwaffen' müssen abgeschafft werden, sondern auch der *Ausdruck ‚Atomwaffen'*. Dieser Ausdruck ist ‚ideologisch'.

Jawohl, der Ausdruck selbst.

Das klingt merkwürdig. Denn unter ‚Ideologien' verstehen wir ja gewöhnlich nicht Einzelworte, sondern gewisse Aussagen oder Theorien. Können denn Einzelworte ideologisch sein?

Sie können das nicht nur. Denn es gibt, zumindest heute, keinen Ort, in dem sich Ideologien so gerne aufhalten wie in Einzelwörtern. Erklärung dieser Vorliebe: Einzelwörter tun so, als wenn sie noch nichts Bestimmtes aussagten oder präjudizierten. In anderen Worten: Die Lüge feiert gerade dadurch, daß sie, bescheiden als Einzelwort auftretend, behauptet, überhaupt noch keine Behauptung zu sein, ihren Triumph.

Denn nicht Bausteine möglicher Aussagen sind Einzelwörter heute, sondern in verbale Pillenform konzentrierte Aussagen. So verbirgt das Einzelwort ,Atomwaffe' bereits die unausgesprochene Unterstellung, daß dasjenige, wovon die Rede ist, eben eine ,Waffe' sei. Das lügenhafte Prädikat ist bereits lügenhaft ins Subjekt hineingenommen. Nicht sosehr, was man über ,Atomwaffen' aussagt, ist nun Lüge (oder kann nun Lüge sein); sondern was das Wort ,Atomwaffe' selbst aussagt: Eben daß Waffen zur Diskussion stehen.

Die Abwehr *dieses* Ausdrucks ist allerdings nur der Anfang dessen, was auf der sprachlichen Front geleistet werden muß. Denn was verändert werden muß, ist nicht weniger als das gesamte atomare Vokabular.

Das unsauberste Stück der international atomaren Sprache: der Ausdruck *saubere Bombe* scheint bereits auf so allgemeinen Argwohn und Widerstand zu stoßen, daß es wohl über kurz oder lang fallen wird. Freilich bedeutet das nicht, daß es nun der Wahrheit, sondern einer als Wahrheit plakatierten zweiten Lüge Platz machen wird. Denn die Taktik der heutigen Lüge besteht darin, ,haltet den Dieb!' zu rufen. Das heißt: der Lügende liebt es heute, die Lügenhaftigkeit anderer Lügen einzuräumen, um sich durch dieses Zugeständnis als wahrheitsliebend glaubhaft zu machen. Schon heute hat sich ja der Ausdruck *,konventionelle Waffe'* so eingebürgert, daß selbst jene (artilleristisch verwendeten) atomaren Sprenggeräte, deren Zerstörungspotential dem der hier verwendeten Bombe gleichkommt, unbedenklich als ,konventionell' klassifiziert werden. Auch der Ausdruck ,konventionell' muß also bekämpft werden. Bei keiner Gelegenheit sollten wir es versäumen, denjenigen Männern, die durch öffentliche Verwendung dieses Ausdrucks bezeugen, daß ihnen dasjenige, was hier geschehen ist, also die Vernichtung von zweihunderttausend Menschen, ,konventionell' scheint, unsererseits und ebenso öffentlich zu bezeugen, wie unkonventionell es wäre, sich mit Menschen solcher Konvention an einen Tisch zu setzen.

Totalen Krieg aber müssen wir dem Wort *Krieg* erklären. Gute, friedliche Zeiten, als es noch Kriege gab! Denn die Unterstellung, daß, was bei Ausbruch eines atomaren Konflikts anhöbe, irgend etwas mit dem, was bis gestern mit diesem Worte bezeichnet worden war, zu tun habe, ist einfach Lüge. Von ‚Krieg' kann vielmehr allein dann gesprochen werden, wenn die Kriegsaktion ein Kontinuum des weitergehenden Lebens offenläßt; wenn sie einen Feind unterstellt, der sich wehren kann; wenn sie auf einen Nachkriegszustand abzielt, der nicht durch diese Aktion selbst annulliert wird. Diese Mindestbedingungen sind im vorigen Kriege vielleicht gerade noch zur Not erfüllt worden. Heute dagegen könnte von einer Erfüllung dieser Bedingungen keine Rede mehr sein. Daher lautet die Alternative heute nicht mehr: ‚Krieg oder Friede', sondern: ‚Untergang oder Friede'. – Da, wie wir betonen, die heutigen Lügen nicht mehr, jedenfalls nicht nur, in Aussagen bestehen, sondern in (Aussagen in sich schließenden) Vokabeln, haben wir daraus die Konsequenz zu ziehen. Das heißt: Wir haben das Prinzip, dessen sich die Betrüger bedienen, zu übernehmen; also unsere Wahrheiten bereits in die Vokabeln selbst hineinzustopfen. Ohne das Hohngelächter der Mitwelt zu fürchten, sollten wir daher, wo immer das Wort *Krieg* erwartet wird, das Wort *Untergang* einsetzen: also von ‚Untergangsministerien' sprechen, von ‚Untergangsstrategie', von ‚Verteidigungsuntergängen', von ‚gerechten' und ‚ungerechten Untergängen'; und uns selbst als ‚Untergangsdienstverweigerer' bezeichnen.

Hiroshima

Zum Sprachlichen: Finde soeben auf einer der ersten Seiten des Buches von Kissinger den folgenden Satz:

„Atomwaffen sind, wenn wir von den zwei über Hiroshima und Nagasaki explodierten Bomben absehen, bis heute ... nicht verwendet worden."

Auch dies wieder eine Lüge, die sich als Wahrheit drapiert. An sich ist Kissingers Satz natürlich keine Unwahrheit nachzuweisen, durch den Nebensatz hat er sich sein Alibi gesichert. Aber da dieser Nebensatz so tut, als wenn es uns moralisch freistünde, das eine Mal hinzusehen und das andere Mal abzusehen, und diese Unterstellung Lüge ist,

ist auch seine Behauptung Lüge. Man könnte von taktisch eingesetzter Syntax sprechen. Mit deren Hilfe macht er das allein entscheidende Faktum zur belanglosen Ausnahme. Läßt man seinen Nebensatz als nebensächlich aus, dann bleibt die Behauptung „Atomwaffen sind bis heute nicht verwendet worden."

Hiroshima

R., Korrespondent für französische Blätter, ehemaliges maquis-Mitglied, lebt in Japan seit 1947. Das letzte Jahrzehnt Europas hat er versäumt, der von uns viel zu rasch vergessenen Nachkriegsverzweiflung hat er die Treue gehalten; in anderen Worten, er ist ‚stehengeblieben', noch heute verdüstert, aber gerade deshalb ungleich rechtschaffener als alle jene professionellen ‚Überwinder des Nihilismus', die uns die Prosperität beschert hat. Ein kolonialer Ableger der guten alten verzweifelten Zeit Europas. Zeitweh befiel mich.

Da er in einigen hingeworfenen Worten seine Verachtung für Kissinger, aber seine gewaltige Hochachtung für die Größe der Gefahr bezeugt hatte, nahm ich es als selbstverständlich an, daß er einer der Unseren sei. Was er sofort verneinte. Aber ehe ich ihn noch fragen konnte: Warum nicht?, hatte er mir bereits seine Pistole auf die Brust gesetzt, um zu fragen: Warum? Also warum ich mich der Bewegung zur Verfügung gestellt hätte? In der Tat waren die Fragen, die er abfeuerte, so radikale Fragen, wie nur Nihilisten sie auf Lager haben. Hier sind sie:

„Aus welcher Quelle speist sich Ihr ‚fureur moral'?"

„Von welchem absolutum leiten Sie die Verbindlichkeit Ihrer Forderungen ab?"

„Auf Grund wovon halten Sie den Fortbestand der Menschheit für erforderlich?"

„Warum sind Sie überzeugt davon, daß wir sein *sollen*?" Solche Fragen hatte ich schon seit Wochen nicht mehr gehört. Bei den Kongreßvorbereitungen hatte es begreiflicherweise nur das gegeben, was man so ‚Probleme' nennt, und das heißt zumindest nur: taktische und Manipulationsprobleme. Kein Wunder, daß die zwei mit uns am Tisch sitzenden Delegierten sofort argwöhnische Blicke tauschten. Ich aber genoß es, endlich einmal wieder die scharfe Luft der Skepsis zu atmen. „Ihre Fragen", sprach ich, „sind durchaus berechtigt. Soweit ich es kann, will ich sie beantworten."

Aber gerade damit machte ich ihn mißtrauisch. Vermutlich hielt er jede Ankündigung von Antworten auf derart unbeantwortbare Fragen für Schwindel.

,,Lassen Sie mich meine Worte qualifizieren. Als *philosophische* sind Ihre Fragen berechtigt."

,,Womit Sie sagen wollen?"

,,Sofort. – Betrachten wir sie erst einmal philosophisch. Denn da sind wir, glaube ich, *einer* Meinung. Ich nehme an, Sie halten uns für *kosmisch entbehrlich.* Oder negativ: Sie halten die Voraussetzung, daß unser Dasein kosmisch unabkömmlich sei, für metaphysisch naiv, für anthropozentrische Großspurigkeit."

,,Genau das."

,,Ich auch."

Er war verdutzt.

,,Kurz: *Es geht auch ohne uns.* Oder, um Ihr letztes Wort ,Sollen' zu verwenden: Ich glaube genausowenig wie Sie, daß wir da sein *sollen.* Und überleben *sollen.*"

Nun galt das Mißtrauen der zwei Beisitzer nicht nur ihm. Sie streiften mich mit einem sonderbaren Blicke, und ich hatte das Gefühl, sie sahen in mir plötzlich etwas Verdächtiges, nur daß sie natürlich nicht recht wußten, welcher Art, denn Agenten des Nihilismus oder der Ontologie sind ja noch nicht erfunden. – Noch größer aber war R.s Verwunderung. Wahrscheinlich hatte er befürchtet, ich würde ihm mit irgendeinem heideggerischen Humbug kommen: Ihm irgendeinen ins Ontologische übersetzten Anthropozentrismus auftischen, etwa daß wir als ,Hirten des Seins' unentbehrlich seien oder dergleichen.

,,Das sieht zwar so aus", meinte er zögernd, ,,als stünden wir auf dem gleichen Boden, oder als hingen wir über der gleichen Bodenlosigkeit ..."

,,Aber?"

,,Aber dadurch beweisen Sie mir nun vollends Ihre Inkonsequenz. Denn obwohl Sie einräumen, daß es ,auch ohne uns geht', handeln Sie ja wie der vorgestrigste Moralist. Nämlich ganz so, als wenn das Ziel, in dessen Gewinnung Sie Ihre Kraft investieren: also unser Überleben, eben doch *gesollt* wäre."

,,Habe ich das Wort ,Sollen' in den Mund genommen?"

,,Ob das Wort, weiß ich nicht. Aber warum handeln Sie denn so, wie Sie handeln, wenn Sie nicht zu ,sollen' glauben?"

„Schon wieder!" rief ich da. „Ich fürchte, der Moralist sind Sie. Und der Vorgestrige *Sie*. Nicht *ich*."

„Warum?"

„Weil, wo es sich um den möglichen Selbstmord der Menschheit handelt, die Verwendung einer so vorgestrigen Moralvokabel naiv ist."

„Ach."

„Würden Sie nach der Legalität der Existenz von Gesetzen fragen?"

Er verstand nicht.

Ich wiederholte die Frage. „Legalität setzt eben die Existenz von Gesetzen voraus. Und ganz ebenso setzt ‚Sollen' die Existenz der Menschheit voraus. In anderen Worten: ‚Gesollt' kann eine Tat oder ein Zustand ausschließlich innerhalb eines zuvor unterstellten oder bejahten Daseins sein."

„Sie meinen also: Das, was Sie tun, das tun Sie gar nicht aus moralischen Gründen?"

„Richtig."

„Sondern?"

„Aus viel tieferen. Aus den tiefsten sogar. Deren Nennung Doktrinären freilich oberflächlich klingen mag. Auch Doktrinären des Nihilismus."

„Etwas mystisch", fand er.

„Kaum. Zwei Dinge weiß ich jedenfalls auf durchaus unmystische Art. Erstens, daß ich es für falsch halte (oder für unangemessen oder für unpraktisch oder für unmoralisch – die Auswahl der Prädikate überlasse ich Ihnen), sich in demjenigen Moment, in dem man einen Ertrinkenden sieht, den Kopf darüber zu zerbrechen, durch welche Stimme es geboten werde, den Mann ans Ufer zu bringen; und ob die Stimme auch wirklich legitimiert sei."

„Und zweitens?"

„Zweitens weiß ich, daß die Welt eine ingeniöse und unvergleichliche Erfindung ist, eine Einrichtung, die der Erhaltung wert ist. Und daß, in ihr dazusein, Spaß macht. Und daß ich die Menschen, die ebenfalls da sind, gern habe. Und daß mir der Gedanke, daß alles, was sie an Leiden und Freude durchgemacht haben und durchmachen, vergeblich gewesen sein soll, und daß die Erde künftighin als verödeter Ball durch die Einöde des Weltalls kugeln solle, höchst unangenehm ist. Mir sogar die Kehle zuschnürt."

Er blickte mich amüsiert an. „Ist das Ihr Ernst?" fragte er. „*Das* genügt Ihnen? Ihre zugeschnürte Kehle soll eine philosophische Rechtfertigung Ihres Tuns sein?"

,,Ob ,philosophisch', weiß ich nicht. Und ob es eine Rechtfertigung in Ihrem anspruchsvollen Sinne ist, das ist mir auch egal. Aber der Grund meiner Tätigkeit ist das jedenfalls."

,,Und Sie glauben, dieses Kehlenargument beweist, daß die Welt sein *soll*? Daß wir überleben *sollen*?"

Nun wurde es mir wirklich zuviel. ,,Aber das will ich ja gar nicht beweisen!" rief ich. ,,Das beweisen zu wollen, halte ich ja für müßig!"

,,Aber?"

,,Aber", antwortete ich in einem Tone, der die Fortsetzung des Gespräches unmöglich machte, ,,aber ich finde eben auch nicht, daß wir deshalb umkommen sollten, weil sich unser Daseinsollen nicht beweisen läßt."

Er hatte zwar nicht das letzte Wort, aber doch die letzte Geste. Denn er blickte mich nun mit jener Verachtung an, die seit mehr als zweitausend Jahren Rigoristen bereithalten, um Epikuräern ihre Nichtigkeit zu beweisen. Nie zuvor war es mir so deutlich gewesen, daß die Nihilisten die schiefgewickelten Moralisten von heute sind.

Hiroshima

Die Situation des Nihilismus heute:

Es ist, als nähme der Weltgeist dröhnend Rache dafür, daß wir den Gipfelpunkt des Nihilismus nun wirklich erreicht haben. ,,Nur hereinspaziert!" schreit er, ,,nur hereinspaziert, meine Herrschaften! Hier bekommen Sie das Nichts! Und nicht etwa nur das Nichts im Spiritusglas, nicht nur das Nichts als ,Relativismus', als ,Sinnentleerung', als ,Nichtung', das ist alles Humbug, das ist die Mode von gestern, das ist für höhere Töchter, sondern – meine Herrschaften, ein solches Angebot ist noch nicht dagewesen – die Sache selbst, das Nichts selbst, das Nichts für Männer: Nämlich die *Vernichtung*, jawohl, die leibhaftige, die massive, die totale Vernichtung, die nichts übrigläßt, was sie nicht vernichtet hätte. Was? Da bleibt Ihnen die Spucke weg! *Sie* zum Beispiel, jawohl, *Sie* meine ich, den kleinen Dunklen rechts in der letzten Reihe: Können *Sie* mir vielleicht Auskunft darüber geben, warum Seiendes überhaupt *sein* soll und nicht vielmehr nicht? Was kichern Sie denn so? Scheint Ihnen ja einen Heidenspaß zu machen, nicht antworten zu können. Mir auch! Also! Worauf warten wir denn noch? Darum hereinspaziert, meine Herrschaften! Das Nichts, meine Herrschaften! Das Nichts! Das Nichts!"

Ohne uns. Wir bleiben draußen. Wir sagen nein.

Unsere Unkenntnis des Warum und Wozu: Warum die Welt und wir Menschen dasein sollen und nicht vielmehr nicht; warum Leben ‚heilig' sein soll; warum Sollen sein soll; warum wir gegen die Vernichtung ankämpfen sollen – wie total unsere metaphysische Ahnungslosigkeit auch sein mag, und wir beschönigen sie nicht; und selbst wenn wir alle diese Fragen für Unsinn halten: Unser Nichtwissen besagt noch lange nicht, daß wir das dröhnende Angebot willkommen heißen, oder daß wir gar von ihm Gebrauch machen. Ein Freibrief ist Agnostizismus gewiß nicht. Unsere Devise lautet zwar nicht ‚credo quia absurdum', aber doch sehr ähnlich, nämlich: „Wenn wir's nicht wissen, was geht's uns an."

Hiroshima

Heißer Abend nach noch heißerem Tag. Am Nachmittag endlosen Debatten des Provinzialkongresses beigewohnt. Denen zu folgen trotz Kopfhöreranlagen beinahe unmöglich. Nun sitzen wir, etwas aufatmend, auf der Gartenterrasse des „Hotel Hiroshima", also an einer Stelle, die früher für Gartenanlagen keinen Platz gehabt hatte. Wofür Katastrophen so gut sind! – Und warten auf den Besuch der Opfer, die Mitglieder des Selbsthilfeverbandes.

Drei Stunden später

Einer nach dem anderen erscheint. Jeder von ihnen – und sie alle waren kleinste Leute – in höflichster Zurückhaltung.

Den Anfang (der völlig anders war als alles, was nachfolgte) bestritt ein äußerst vital, ja lustig und musikerhaft aussehender dunkler Typ, der mit Gusto, Spannung und höchster Intelligenz erzählte. Was er sagte, war, noch ehe es übersetzt wurde, allein schon durch seine Gestik erregend. (Inzwischen habe ich erfahren, daß er gewissermaßen als das ‚Prachtopfer' von Hiroshima gilt. Man wirft ihm sogar vor, ob mit Recht, weiß ich nicht, aus seinem Zustande eine Rolle gemacht zu haben und gewissermaßen als ‚Hiroshima-Gewinnler' zu leben. Vielleicht stimmt das. Aber selbst dann wäre ihm daraus kein Strick zu drehen. Denn der Mann hat Weltruhm erlangt, wie sonderbar die Art seines Ruhmes auch sein mag: Er ist nämlich jener Mann, der mit den größten Hautflächenschäden, den größten Keloiden, aufwarten kann; und dessen photographierter Rücken in die medizinischen Publikationen der ganzen Welt eingegangen ist. Aber daß er exhibitionistisch aufgetreten sei, kann ich nicht finden; jedenfalls hat er sich viel weniger eitel aufgeführt, als es jeder Medaillen tragende Spießer tut.)

Die meisten, namentlich die Frauen, beschränkten sich auf Flüstern. Eigentlich sprachen sie nicht zu uns, sondern nur zu ihren Übersetzern. Ja, sie blickten sogar, während sie übersetzt wurden, durchweg auf die Tischplatte. Scheu war also ungleich deutlicher vorherrschend als Eitelkeit oder Zeigelust. Und die dem nichtberuflichen Erzähler ungewohnte Aufgabe, nicht nur irgendeine, in der Redesituation gerade aktuelle Einzelheit mitzuteilen, sondern einen zusammenhängenden und dichten Bericht abrollen zu lassen, war (mit der einen Ausnahme) für alle schwierig. Bei drei oder vier von ihnen kam dazu, daß die Erregung, in die sie die Reproduktion des vor dreizehn Jahren Geschehenen brachte, so groß war, daß sie, mindestens vorübergehend, den Faden verloren.

Ich bin überzeugt davon, an diesem Abend keine einzige Lüge gehört zu haben. Da sie alle (vielleicht bis auf die eine Ausnahme) unglückskeusch waren; da keiner von ihnen spontan sprach; da die Dolmetscher keine einzige Suggestions- oder Fangfrage stellten; und da wir Zuhörer durchweg stumm dabeisaßen, war die Wahrheitschance denkbar groß. (Im übrigen: Der Takt der Dolmetscher war einfach bewundernswert: sie fragten mit der Behutsamkeit von Ärzten; und nicht für einen Augenblick trat das ein, was man in der Psychologie „Questionnaire-Atmosphäre" nennt.)

Beispiel einer Erzählung:

„Als ich zu mir kam, war ich schlimm verbrannt. Und auch meine Frau war furchtbar zugerichtet. Wir stiegen durch den Schutt. Dann stolperte meine Frau über etwas. Über einen Mann. Wir erkannten ihn nicht. Und konnten nicht sehen, ob er noch lebte oder ob er schon tot war. Er aber erkannte uns. ‚Laßt mich, Kinder' flüsterte er, ‚flieht!'. Die Stimme war gaumig und fremdartig, aber ich wußte, daß es die Stimme meines Vaters war. Aber als ich ihn ansah, da sagte ich mir: Er ist es doch nicht. ‚Fort!' rief er nun, (nein, ich glaube nicht, daß er gerufen hat, aber es klang wie ein Befehl) ‚fort! Sonst bleibt auch ihr liegen!' Er ist es *doch*, dachte ich da, und rannte und holte eine Scherbe voll Wasser. Als ich ihm aber das Wasser einzuflößen versuchte, und als ich sah, wie er es wieder von sich gab, da sagte ich wieder zu mir: Er ist es *doch nicht*. Und bekam Angst. Und sprach zu meiner Frau: ‚Gehorchen wir!', und zog sie hinter mir her, und so verließen wir ihn, und ließen ihn liegen. Auf dem Wege haben wir noch viele andere liegen gesehen und liegen lassen. Bei jedem habe ich gedacht: Er ist mein Vater."

„Amen", dachte ich.

Jeden dieser kurzen Sätze hatte der Mann mit einer Geste begleitet, die zu besagen schien: Wenn Ihr glaubt, Ihr *könnt* es, dann verurteilt mich. Und nachdem er geschlossen, machte er eine zweite Geste, die in der Luft stehen blieb, und die besagte: Ich danke Ihnen, denn keiner von Ihnen scheint einen Stein auf mich zu werfen. Aber fertig werde ich mit dem, was ich da getan oder unterlassen habe, nicht. Und Sie würden wohl auch nicht damit fertig werden.

„Er und seine Frau wären nämlich gleichfalls zugrunde gegangen", erläuterte der Dolmetsch, „wenn er es versucht hätte, sich seinen Vater aufzupacken."

Aber diese Erläuterung erübrigte sich. Wirklich hat es wohl niemanden unter uns gegeben, der daran gedacht hätte, einen Stein auf diesen Mann zu werfen; und keinen Europäer, Inder, Amerikaner, Australier, Japaner, der es gewagt hätte, das Benehmen des Mannes zu beurteilen oder gar zu verurteilen. Wir alle benahmen uns auf völlig gleiche Weise: Wir alle hielten nun unsere Köpfe gesenkt, nicht nur, weil unser Schmerz zu groß war, als daß wir ihn zu zeigen gewagt hätten, sondern auch, weil unsere Scham zu groß war: *Unsere Scham darüber, Menschen zu sein;* unsere Scham darüber, daß Menschen Mitmenschen in Situationen zu bringen vermögen, in denen menschlich zu handeln diesen nicht mehr möglich ist. Was die Inderin neben mir, wohl mehr zu sich selbst als zu mir, flüsterte: „Do we know how we would have behaved?", das hat wohl jeder von uns gedacht. Und als sich der Erzähler, um seinen Platz dem nächsten einzuräumen, mit einer Verbeugung verabschiedete, da war keiner, der sich nicht vor ihm verbeugt hätte: aus Respekt vor dem Mann, den es ohne Schuld getroffen hatte, solche Schuld zu tragen; und aus Scham darüber, daß dieses Unglück gerade *ihn* getroffen hatte und nicht uns.

Was an Entscheidungen den Menschen in solchen Situationen zugemutet wird, ist schlechthin zuviel. Die beliebte forsche Redensart: „Was man tut, ist schief", nimmt hier, da richtig zu handeln dem Menschen nicht mehr gegönnt ist, schauerlichste Wahrheit an. Wenn sich unser Mann entschlossen hätte, statt seinen Augen seinen Ohren zu trauen; wenn er, statt sich aus der Hölle herauszuschlagen, bei seinem Vater geblieben wäre, oder wenn er gar den Versuch gemacht hätte, diesen, wie einst Aeneas den alten Anchises, auf seinem Rücken fortzuschaffen, er hätte seine Frau geopfert und sich selbst. Was er auch nicht gedurft hätte.

Das moralische Postulat, das sich daraus ergibt, ist sehr eigentümlich. Was in früheren Moralen als selbstverständlich unterstellt werden durfte, nämlich daß moralisch oder unmoralisch zu handeln möglich ist, das kann nunmehr nicht mehr vorausgesetzt werden. Die Wiederherstellung dieser Situation ist daher erst einmal das Haupterfordernis. Das Postulat lautet daher: Unterbinde das Entstehen von solchen Situationen, in denen moralisch zu sein nicht mehr möglich ist, und die sich daher der Kompetenz moralischer Beurteilung entziehen.

Wenn von Unmoral hier gesprochen werden kann, dann ist unmoralisch nicht dieser oder jener Schritt, den die Opfer solcher Situationen tun, sondern das Handeln derer, die (wie indirekt und unwillentlich auch immer) solche Situationen herstellen oder auslösen, und die durch deren Herstellung oder Auslösung Mitmenschen um die Möglichkeit moralischen Handelns betrügen. Und unmoralisch ist, wie menschenfreundlich immer wir *sonst* auch handeln mögen, *unser* Benehmen, sofern es nicht darin besteht, diese Situationen zu unterbinden.

Ich hasse Hassen. Und ich hasse diejenigen, die mich zwingen zu hassen. Wenn ich Hitler gehaßt habe, so auch deshalb, weil er mich gezwungen hat, zu hassen; ja hassen zu können; ja pausenlos hassen zu können.

Aber hier – hier gibt es mir zu wenig davon. Von der Katastrophe sprechen sie durchweg wie von einem Erdbeben, wie von einer Überschwemmung oder von einer explodierenden Sonne. Die Konsequenz, mit der sie den Täter auslassen, mit der sie unterschlagen, daß das Ereignis menschgemacht war; und mit der sie, obwohl Opfer des größten Verbrechens, nicht das mindeste nachtragen – das ist mir zuviel, das geht nicht mit rechten Dingen zu. Daß jeder aus der zufälligen

Gruppe der Opfer, die uns am Abend gegenübergesessen hat, ein Genie der Liebe, der Nachsicht oder der Weisheit sei, das ist schließlich undenkbar. Was geht da vor? Was steckt da dahinter?

1. Hypothese: Die ersten Interessenten, die als Interviewer der Opfer auftraten, waren amerikanische Delegationen, also Sieger, also ,,Täter". Daher mußten die Erzählenden damals einen Berichtmodus finden oder erfinden, den sie für tragbar hielten; von dem sie also annahmen, daß sie ihn nicht nur ihren Zuhörern zumuten konnten, sondern auch, ohne sich selbst ins Fleisch zu schneiden, sich selbst.

Nun scheint es mir denkbar, daß sich diese in den ersten Erzählungen entstandenen Versionen zu Mustern verhärtet haben, auf die dann die Erzähler, ohne sie noch wesentlich abzuwandeln, immer wieder zurückgriffen. Nicht undenkbar sogar, daß sie sich bald nur des einmal Erzählten entsannen. Das Verhältnis von Sich-Erinnern und Berichten ist ja umkehrbar. Das heißt: nicht nur gilt, daß man dasjenige berichtet, woran man sich erinnert; sondern auch, daß man sich schließlich nur noch an dasjenige erinnert, was man einmal (oder gar mehrere Male) durch sein Berichten festgelegt hat.

Wenn diese erste Hypothese zutrifft, dann wäre es den Amerikanern, gleich ob sie das beabsichtigt hatten oder nicht, gelungen, die Erinnerung der sich Erinnernden zu ihren Gunsten zu prägen. Gegen diese Hypothese spricht allerdings die Scheu, mit der die Erinnerungen vorgetragen wurden.

2. Hypothese: Die Opfer haben – so sonderbar das auch klingen mag – die Katastrophe als solche überhaupt nicht ‚erlebt'. Sondern nur das Leben, das der Katastrophe vorauslag, und das Leben oder Sterben, das ihr nachfolgte. Nicht dagegen den Blitz dazwischen. Der war zu ungeheuer; und der war zu plötzlich da und zu plötzlich auch wieder vorbei, als daß sie ihn als ihn selbst überhaupt aufgefaßt hätten. Diese Unauffaßbarkeit hält ja auch jetzt noch an: denn selbst jetzt können sie das Ereignis nicht in Worte fassen oder benennen, noch jetzt umschreiben sie es gewöhnlich durch ein ,,it" (,,Then it happened".) Vielleicht auch ein Euphemismus.

3. Hypothese: Der Blitz wurde nicht als Tat eines Täters erlebt. Und zwar deshalb nicht, weil kein Feind mehr sichtbar war. Was man heute immer wieder betont: Daß der Feind anonym geworden sei, das bleibt als Charakterisierung unzulänglich und ist bereits veraltet. Wahr ist dagegen, daß heute überhaupt kein Feind mehr zu sehen ist; und daß

auch schon im Falle Hiroshima keiner mehr zu sehen war. Daher konnte die Kongruierung des Schlages mit einem Schläger nicht stattfinden; darum wurde eine solche Kongruierung noch nicht einmal versucht. Und deshalb blieben die Opfer haßlos.

Wenn diese dritte Hypothese zutrifft, dann ist sie wohl die für heute, also für die nächste und weitere Zukunft, folgenreichste. Im Zeitalter der Fernstreckenraketen ist es ja wahrscheinlich, daß überhaupt nichts mehr sichtbar sein wird: Nicht nur nicht der Schläger; nicht nur nicht die Waffe; nicht nur nicht der „schlägerlose Schlag“; nein, da das Verderben ja momentan einschlagen und alles erschlagen würde, noch nicht einmal der Effekt des Schlages.

Im Wichtigsten wird die morgige Welt unsichtbar, und dadurch ihr Geschehen *unzurechenbar* sein. (Nicht nur, wie heute allgemein betont wird, unberechenbar). Alles wird mit ‚Alibi‘ geschehen. Das heißt: Derjenige, *dem* angetan wird, wird sich stets ‚anderswo‘ aufhalten, nicht an dem Platz des Täters, nicht an dem Platz der Tat, da diese ja, durch einen Knopfdruck ausgelöst, irgendwoanders stattfindet. Schlagender und Geschlagener werden so weit voneinander entfernt sein, daß der Geschlagene unfähig bleiben wird, sich selbst als Opfer einer Tat zu verstehen. Während früher jeder „Tatort“ zugleich der Ort des Täters und des Opfers, zugleich der Aktions- und der Passions-Ort gewesen war, wird er nunmehr dividiert, wird er nun in zwei Orte zerfällt. Diese Zerfällung ist eine der „Seinsbedingungen“ der Bewußtseinsspaltung des heutigen Menschen. *Nicht nur die Seele des Menschen ist heute „schizoid“, sondern die Ereignisse selbst sind es.*[15]

Mehr oder minder gelten diese Überlegungen bereits für hier, für Hiroshima. Denn unterstellt selbst, das Flugzeug, das die Bombe abwarf, wäre gesehen worden (und vermutlich *ist* es von diesem oder jenem gesehen worden) – diesen winzigen schwirrenden Punkt im Himmel mit der maßlosen Katastrophe, die nachfolgte, zusammenzuerleben, das war eine psychologische Überforderung, das war unmöglich; und ist es auch heute noch.

Wenn ein Mann seine Faust erhebt, um sie auf mich niederfallen zu lassen, dann bilden Geste, Akt und Effekt ein einziges Ganzes, ein so evidentes Ganzes, daß, was ich wahrnehme, von vornherein als ein *Wirkungszusammenhang* erlebt wird. Die den Aktionsphasen entsprechenden Gefühle: Schrecken, Abwehr, Haß u. s. w. bilden gleichfalls ein unmittelbares Ganzes. Diese Zusammenhänge erst eigens zu konstruieren, erübrigt sich.

Um dieses unmittelbare Erleben von Zusammenhängen und um diese Erlebniszusammenhänge ist unsereins nun betrogen. Vorbereitung, Akt und Effekt sind auseinandergerissen, und zwar nicht nur in räumlicher Hinsicht. Was wir wahrnehmen, bleibt stets Fragment: entweder ist es *nur* die Vorbereitung oder *nur* der Effekt. Und das gilt gerade für die wesentlichsten Situationen, also für diejenigen, in denen wir über Sein oder Nichtsein der anderen entscheiden oder in denen es um unser eigenes Sein oder Nichtsein geht. Dieser Wahrnehmungsverstümmelung entspricht die Verstümmelung unserer Emotionen. Was ich nicht weiß, macht mich nicht heiß. Was wir vorbereiten, ohne daß wir den Effekt der Vorbereitung oder das Opfer sehen; oder was uns trifft, ohne daß wir die Vorbereitungsgeste des Täters vorhersehen, das bleibt für unser Gefühl unverarbeitbar. Um solche Unverarbeitbarkeit handelt es sich hier in Hiroshima. Und deshalb können die Opfer nicht hassen.

Mit all dem ist natürlich nicht behauptet, daß die Hiroshima-Opfer nicht wüßten, wer die Katastrophe verursacht hat, wer die Schuldigen sind. Sie wissen es. Aber emotional hat ihr Wissen kein Gewicht, jedenfalls keine Konsequenzen. Als die GI's nach der Kapitulation ins Land kamen und den Kindern Schokolade und bubble gum zusteckten, da blieben sie für die Japaner als die „Täter" unerkennbar. Was freilich nicht nur begreiflich, sondern in gewissem Sinne auch wieder berechtigt war. Denn diese boys mit jenen Männern, die den Abwurf der Bombe angeordnet hatten, gleichzusetzen, das wäre moralisch natürlich auch schief gewesen. Was ich meine, ist etwas anderes: Nämlich die Gefahr, daß auf Grund der Unsichtbarkeit der Schuldigen auch das Faktum der Schuld selbst unsichtbar werde. Sofern von „Gefahr" überhaupt noch gesprochen werden kann. Denn es handelt sich eben bereits um ein fait accompli: Der Haßlosigkeit hier entspricht das absolut reine Gewissen dort, nämlich in Trumans Hause. Die beiden gehören zusammen. Die Unwahrhaftigkeit der Situation ist einfach atemberaubend. In demjenigen Augenblicke, in dem die Welt, und zwar durch uns, apokalyptisch wird, bietet sie den Anblick einer fata morgana dar, den Anblick eines Paradieses, das von arglosen Mördern und haßlosen Opfern bewohnt wird. Nirgends eine Spur von Bosheit, lediglich Trümmer. Aber diese allgemeine Liebe ist eben nichts als ein

Defekt; nichts anderes als die fürchterliche Konsequenz unseres technologischen Zustandes; die Folge der Tatsache, daß wir durch die Zerfällung des „Tatorts“ unfähig geworden sind, diejenigen Gefühle aufzubringen, die der Faktizität unserer Welt angemessen wären.

Auch dem Delegierten S. ist es aufgefallen, ja er ist geradezu fassungslos darüber, daß in den Berichten der Opfer kein einziges Wort gegen die Amerikaner gefallen ist. Aber er deutet diese Tatsache völlig anders. Als Christ. Und als Christ ist er nun aufs tiefste beschämt darüber, daß in einem Lande, in dem die Christen nur eine Minorität darstellen, ein Grad von Rachelosigkeit herrscht, den es im christlichen Europa niemals gegeben habe. Ich halte seine Beschämung für gegenstandslos. Man kann kaum sagen, daß die Bevölkerung Deutschlands gegen die ins Land kommenden Besatzungstruppen rachsüchtig gewesen wäre. Daß aber ihre Mentalität damals christlich gewesen wäre, wird man wohl ebensowenig behaupten dürfen. Auch dort wurden eben Tat und Täter nicht mehr zusammengesehen; auch dort war eben die „Deckung“, die „Identifizierung“, bereits undurchführbar geworden.

Hiroshima

Als der Feuerschein, der heller leuchtete als tausend Sonnen, aufgeblitzt war über den Dächern der Stadt – und siehe: wo die Dächer gewesen, da waren nun keine mehr –, da erhoben sich die Seufzer, die Klagen und die Schreie in die Lüfte und scharten sich zusammen über der Stätte der Verwüstung und brachen auf, um das Ohr des Täters zu finden.

Einem riesigen Vogelschwarme gleich nahmen sie ihren Weg nach Osten: jammernd als Vorhut der Schwarm der Seufzer; ihnen sich anschließend der weinende der Schmerzensrufe; und krächzend als letzter der nicht endende Zug der ungeheuren Schreie. Also zogen sie dahin über die Wasserfläche des Ozeans; und nachdem sie die Küste erreicht, über die Gebirge und die Ebenen Amerikas.

Als die ersten dem Ende ihrer Reise näherkamen; und als sie sahen, wie die Stadt Washington ihnen entgegenwuchs, friedlich ausgebreitet im Morgenlichte und nichts ahnend von dem Feuerschein, der, heller als tausend Sonnen, aufgeblitzt war über einer anderen Stadt, da glitten sie ihr entgegen; und nachdem sie, die Sonne verdunkelnd, die Türme und Kuppeln in weiten Spiralen umkreist hatten, stürzten sie sich im Steilfluge durch das geöffnete Fenster direkt hinein in den Raum und verstopften diesen so vollständig, daß sich der Strom der Nachdrängenden sofort auf dem Fenstersims aufzutürmen begann; ja die Nächsten sogar dort keinen Platz mehr fanden und sich damit begnügen mußten, einer Wolke gleich vor der Hausfront hin und her zu wogen, um abzuwarten, wie ihre Geschwister nun an ihrer Stelle ihr Vorhaben durchführen würden. Denn daß dort innen der Täter lag, der Mann, um dessentwillen sie ihre Reise angetreten hatten, das bezweifelte keiner.

Man sollte meinen, eine weniger ungewöhnliche Störung hätte genügen müssen, um den Schlafenden aufzuwecken. Und das war es, was die Ankömmlinge natürlich gleichfalls erwarteten. In der Tat waren sie, da sie ihn nun umstanden (dicht aneinandergedrängt, viele flügelschlagend auf den Schultern der anderen, und manche sogar auf dem Fußende seines Bettes hockend), erst einmal nichts als Spähende, die keine andere Aufgabe zu kennen schienen als die, den Schlafenden zu beobachten, um auf keinen Fall das erste Zucken um seinen Mundwinkel zu versäumen oder gar den Augenblick, in dem er hochfahren, sich von ihnen umstellt erkennen und begreifen würde, daß er ein verlorener Mann war. So zu handeln hatten sie es sich vorgenommen, und so handelten sie nun auch. Nur daß *er* eben nicht mitspielte. Denn der da lag mit halb-offenem Munde, gleichmäßig atmend und unangefochten, der schien sich gar nicht in *dem* Raume aufzuhalten, in dem *sie* sich aufhielten, sondern auf einem andern Planeten; und mit dem, den sie sich vorgestellt, gar nichts gemein zu haben. Denn es war überhaupt kein Mann, was da vor ihnen lag, sondern ein Knabe: Ein Knabe, der mit lächelndem Milchgesicht und gleichmäßig atmend den Schlaf des Gerechten schlief; und der, wie scharf sie ihn auch anvisierten und wie vorwitzig sie ihm auch auf der Brust herumhüpften, nicht daran dachte, sich seinen unanfechtbaren Schlaf unterbrechen zu lassen. So daß man nur sagen kann: Was geschah, war einfach, daß nichts geschah.

Auf nichts waren sie natürlich weniger vorbereitet als auf solch ein Nichts. Der Mann, den sie auf ihrem Anfluge vor sich gesehen hatten, der hatte die finsteren Züge eines Feindes getragen, das verschlossene Gesicht eines Gewalttätigen, die Maske eines Zerstörungswütigen. Auf diese Maske waren sie gefaßt gewesen, auf sie hatten sie gebrannt; und in das Ohr eines solchen Maskenträgers, und durch dessen Ohr in dessen Seele einzudringen; und, wenn nötig, sogar mit Gewalt, um ihn wissen zu lassen, was er angerichtet – das hatten sie sich als Ziel vorgenommen; und das sich als letzte Genugtuung ausgemalt.

Aber diesen hier – nein, einen wie den hier hatten sie nicht gemeint. Dieser hier trug ja nicht nur keine Maske, sondern noch nicht einmal ein Gesicht. Denn wie hätten sie dieses unausstehlich schwache, dieses wutlose, widerstandslose und grundlos lächelnde Etwas, das da vor ihnen lag, ein „Gesicht" nennen können? Tausende Meilen von hier waren sie aufgestiegen, tausende Meilen hatten sie durchmessen, um den Mann zu erreichen, durch dessen Wort das Licht aufgeblitzt war, das heller geleuchtet hatte als tausend Sonnen, und auf dessen Wink hin zu nichts zerfallen war, was ihre Welt gewesen war. Einen solchen Vernichter in einem *so* Nichtigen zu erkennen, einen so Schuldigen in einem offensichtlich *so* Schuldlosen, das war mehr, als was so Verdüsterte wie sie hätten leisten können. Sehr begreiflich also, daß keinem von ihnen die Lust ankam, und auch keiner von ihnen die Kraft dazu hatte, sein Vorhaben auszuführen und dem Untäter die Ohren vollzuschreien; daß sie vielmehr, nachdem sie diesen stumm, staunend und gelähmt betrachtet, ihre Köpfe schüttelten; daß sie ratlos einander anblickten; daß es sogar einige unter ihnen gab, die (als wünschten sie aus dem Raume, der ihnen nicht geheuer schien, so rasch wie möglich ins Freie zu entkommen) zu drängeln begannen; und einige andere, die (als einer der Draußengebliebenen hineinfragte, was denn das alles zu bedeuten habe, und warum denn überhaupt nichts vor sich gehe) in solidarischer Gereiztheit zurückschrieen, er habe wohl immer noch nicht gemerkt, daß sie den Raum verfehlt hätten oder sogar das Haus oder sogar die Stadt; und er habe gut querulieren; und wenn *er* säße, wo *sie* säßen, dann würde er, darauf könnte er sich verlassen, genau so erkennen wie sie, daß dieser hier, dieser Schlafende, *ihr* Mann nicht sein könnte. Kurz: Ihre Expedition hatte eigentlich ihre Kraft bereits verloren, und vermutlich hätten sie sie bald auch aufgelöst, wenn nicht einer unter ihnen gewesen wäre, der in diesem Augenblicke eingegriffen hätte; der Schrei des *Erblindeten* nämlich, der (nicht begreifend, was die anderen davon abhielt, ihr Vorhaben durchzuführen) aufs ungestümste weiter darauf drängte, an das Ohr des Schuldigen herangelassen zu werden. Kein Wunder, daß die bereits Entmutigten in diesem ärmsten ihrer Brüder ihre letzte Hoffnung sahen; daß sie ‚Laßt ihn!'

flüsterten und: ‚Er ist gefeit gegen seine Hübschheit!', und ihn aufs Bett schoben.

Aber glaubt nur nicht, damit sei die Schwierigkeit nun behoben gewesen. Daß der Blinde es leichter hatte als seine sehenden und deshalb leichter verführbaren Brüder, ist zwar unbestreitbar. Um sein Vorhaben durchzuführen, brauchte er ja wirklich nichts anderes zu tun als seinen Schnabel aufzureißen und in das vor ihm liegende Ohr des Schläfers hineinzukrähen. Daß er das untüchtig getan hätte, daß er es an Zielsicherheit oder an Stimmstärke habe fehlen lassen, kann man ihm auch nicht nachsagen. Im Gegenteil: Sein Probeschrei war so scharf und so gellend, daß er sich selbst mit ihm erschreckte, und so ohrenzerreißend, daß die anderen glaubten, der Blitz, der heller geleuchtet hatte als tausend Sonnen, habe den Raum nun zum zweiten Male durchzuckt. Sogar neuen Mut schöpften sie aus der Entsetzlichkeit seines Schreis: Denn daß es eine Seele geben könnte, die schalldicht genug wäre, um von einem solchen Signal nicht doch erreicht und im Innersten getroffen zu werden, das konnten sie sich nicht vorstellen. ‚*Der* ist unser Bote', flüsterten sie daher, ‚*Der* unser Mundstück' und: ‚*Der* der Retter aus unserer Not.'

Aber zu Unrecht. Denn da sie nun zum zweiten Male dasaßen und auf den Schlafenden hinstarrten, um auf keinen Fall den Augenblick zu versäumen, in dem dieser, entsetzt über die Entsetzlichkeit dieses Schreiens, auffahren und sogar selbst aufschreien würde – wieder blieb alles beim alten; wieder lag der Schlafende, wie er gelegen hatte; und wieder, oder noch immer, war das einzige, was geschah, daß nichts geschah.

Natürlich werdet Ihr sagen: der Schrei des Blinden habe eben doch nicht ausgereicht; und er hätte einem seiner größeren Brüder Platz machen müssen, einem von jenen, die auf dem Fenstersims saßen, oder von denen draußen, die riesenhaft vor der Hausfront auf und ab wogten. Einer von denen hätte es gewiß geschafft.

Aber so einfach ist die Sache eben leider nicht. Selbst wenn der größte von ihnen eingesprungen wäre, um seine noch furchtbarere Stimme zu erheben – nicht nur um nichts erfolgreicher wäre er gewesen, sondern sogar erfolgloser. Denn nicht etwa deshalb war der Blinde gescheitert, weil er zu schwach geschrieen hätte; sondern umgekehrt deshalb, weil er, berstend von der Unerträglichkeit seines Schmerzes und von dem Übermaß seiner Empörung, unfähig gewesen war, anders als zu stark und zu gellend zu schreien. Sein Schrei war eben zu groß gewesen, um sich durchzuzwängen durch die enge Tür des Gehörs und hinein in die Seele des Schlafenden. Denn nicht alle Meldungen haben dort Zugang. Die ein gewisses Maß überschreiten, die bleiben außerhalb und fallen zu Boden und verkommen. Da könnte die Welt einstürzen – der Mann würde das Getöse nicht vernehmen. Denn nicht nur das zu Kleine ist unwahrnehmbar, sondern auch das zu Große.

Aber das wußten sie eben nicht. Und da sie es nicht wußten, geschah es eben, daß sie von neuem nichts ausrichteten; daß sie von neuem in Ratlosigkeit verfielen, von neuem befremdete Blicke austauschten, von neuem ihren Mut sinken ließen, und sich von neuem anschickten, ihre Expedition aufzugeben. Was sie gewiß auch getan hätten, wenn nicht auch diesesmal einer eingegriffen hätte, und auch diesesmal im letzten Augenblicke; und zwar diesesmal der *Verstummte,* der, verzweifelt um sich schlagend, auf seine Weise meldete, daß er nicht bereit war, dem tauben Mann seine Lektion zu ersparen und darauf zu verzichten, diesen darüber zu belehren, was es bedeute, ein Verstummter zu sein. Ob seine Brüder ihn deshalb vortreten ließen, weil sie nicht das Herz hatten, ihm, dem erbärmlichsten von ihnen, einen Wunsch abzuschlagen; oder deshalb, weil sie jedes Unternehmen, selbst dieses widersinnigste, immer noch besser fanden als gar keines, das mag offenbleiben. Jedenfalls drängten sie auch diesesmal auseinander, um den Weg zum Schläfer freizumachen, so daß ihr dritter Versuch einer Fühlungnahme nun beginnen konnte.

Wenn man von einer „Fühlungnahme" sprechen darf. Denn wie man den Akt, der nun begann, benennen soll, ist wirklich eine schwierige Frage. Schließlich war ja die Szene, obwohl sie Anspruch darauf erhob, ein Duett zu sein, noch nicht einmal ein Solo-Akt, sondern ein Nichts, sogar ein doppeltes Nichts, da sie ja gespielt wurde von zwei völlig Inkompetenten: Von einem, der Töne nicht von sich geben, und von einem, der Töne nicht vernehmen konnte.

Aber glaubt nur nicht, daß Ihr diese Konfrontierung des Stummen mit dem Tauben leicht nehmen dürft; oder daß Ihr berechtigt seid, in ihr ein erfundenes Bild zu sehen oder ein einmaliges und deshalb uncharakteristisches Ereignis. Nicht nur irrig wäre das, sondern geradezu verhängnisvoll. Denn so befremdlich das auch klingen mag, keine Konfiguration unseres Daseins ist alltäglicher als diese. Auch Ihr werdet ja nicht bestreiten, daß wir in einer Welt leben, in der die einen mundtot bleiben und die anderen taub; und daß dasjenige, was wir so „Verkehr zwischen Menschen" nennen, zumeist auf einen solchen Verkehr zwischen Stummen und Tauben hinausläuft. Also. Nur seid Ihr eben – und das macht das Entsetzliche erst vollends entsetzlich – zumeist zu blind, um Eure eigene Stummheit und die Taubheit der anderen zu sehen; und damit auch unfähig, in der Szene, die ich Euch berichtet habe, Eure Situation wiederzuerkennen.

Da hockte er also, der Stumme, wild mit seinen Flügeln schlagend, um mit seiner sinnlosen Veranstaltung zu beginnen. Zu behaupten, er habe seinen Zustand nicht gekannt, er habe nicht gewußt, daß seine Verstümmelung endgültig war, das wäre natürlich schief. Aber er *wußte* das eben nur, und was bedeutet das schon? Durch seinen Zorn, durch seine Verzweiflung und durch die Umständlichkeit seines Benehmens bewies er aufs herzzerreißendste, wie kraftlos solches Wissen ist, und wie wenig sein Zustand *seiner* geworden war. Ihr kennt ja jene Kriegsverletzten, die nach dem Verlust ihrer Hände ihrem Wesen nach noch lange Zeit, wenn nicht sogar für immer, ‚Menschen mit Händen' bleiben und die sogar in ihren längst schon vermoderten Gliedmaßen noch immer die entsetzlichsten Schmerzen empfinden. Diesen Bedauernswerten glich er: obwohl seiner Stimme beraubt, blieb er seinem Wesen nach noch immer ein Schreiender: also außerstande, zu erlernen, daß es möglich ist, keine Stimme zu haben; und unfähig, zu glauben, daß wer schreien muß, nicht auch schreien kann. Denn das Schauspiel, das er nun, sich aufs widersinnigste und scheußlichste verrenkend, aufführte, das bewies, daß er die Unglaublichkeit seiner Stummheit eben doch nicht akzeptiert hatte, und daß er trotz alles besseren Wissens im tiefsten davon überzeugt geblieben war, irgendeine Position finden zu können, in der sich das Unglaubliche als ungültig würde erweisen müssen. Euch die zahllosen Verkrampfungen und Verrenkungen, die er seinem Leibe zumutete, im einzelnen zu schildern, das erspare ich Euch. Denn selbst seine Brüder schienen sich zu schämen, seinen stummen Kampf zwischen Hoffnung und Verzweiflung mitzuverfolgen, und warteten mit abgedrehten Köpfen; so daß auch sie schließlich nichts anderes sahen, als das letzte erstarrte Schlußbild dieser erbärmlichen Szene: Also nur, wie der Ärmste in einer Stellung dastand, die selbst die Stimme des gesundesten Schreiers abgeschnürt hätte; am ganzen Leibe bebend, und mit so weit aufgerissenem Schnabel, daß er nichts anderes mehr zeigte als die Röte seines Schlundes und so aussah wie ein riesiger junger Vogel, der seinem Futter entgegenharrt. *Das* also war sein Schrei. Und daß dieser Schrei die Lautlosigkeit, die ohnehin im Raume herrschte, nun noch lautloser machte; und daß der Mann, dem dieser Schrei galt, und der weiter dalag, wie er gelegen hatte: gleichmäßig atmend, unangefochten, unanfechtbar, das Milchgesicht der Niedertracht – daß der nun noch tauber schien als vorher, das werdet Ihr wohl verstehen. Und daß das Unternehmen nun wirklich vorüber war, ebenfalls. Und auch das Schlimmste, was zu lernen wir verpflichtet sind: Daß nämlich *Opfer deshalb nicht mehr zählen, weil sie nichts mehr erzählen können*, auch das wird Euch das Bild des Verstummten wohl endgültig beigebracht haben.

Überflüssig, Euch das Ende zu berichten: Wie der Schreier, erschöpft von der Nichtigkeit seiner Anstrengung, zusammensank; wie die Zeugen, ihn mit sich tragend, zum Fenster zusammendrängten; wie sie sich in den Bäumen des Parks niederließen; und wie sie, nun nicht nur über die Unsäglichkeit ihres Unglücks klagend, sondern auch über dessen Unhörbarkeit, stumm beieinander hockend, den Tag verbrachten.

Denn ungleich wichtiger ist, daß sie am Ende *doch* einen Ausweg fanden. Daß sie nämlich beschlossen, daß jeder von ihnen in eigener Mission ausziehe, um ein Ohr zu suchen, das sich williger öffnen würde als das Ohr dessen, den sie als ersten aufgesucht hatten. Und daß sie sich am Abend dieses unseligen Tages über die Dächer von Washington erhoben, dem Schwarme gleich, der sich einst über die Dächer von Hiroshima erhoben hatte; nun aber nicht, um beieinander zu bleiben, sondern um sich zu zerstreuen. Und daß sie in zweihunderttausend Punkte auseinandersprühten, von denen jeder seinen eigenen Weg nahm.

Wie vielen von diesen Einzelschreien ihre Mission bereits geglückt ist, ist uns zwar unbekannt, aber soviel wissen wir, daß sie immer wieder Gastfreunde gefunden haben, die seit Jahren darauf gewartet hatten, solchen Ankömmlingen einen würdigen Empfang zu bereiten. Und wenn Ihr, die Ihr solche Gastfreunde seid, auch niemals voneinander gehört habt, Ihr seid dennoch nicht allein, Ihr gehört dennoch zusammen. Denn welcher Schrei es auch immer gewesen sein mag, den Ihr aufgenommen habt, auch *er* war ein Teilschrei des einen großen Schreis von Hiroshima; so daß auch Ihr nun Teile seid der einen großen Familie, der Familie derer, die das Gewesene nicht vergessen und das Drohende nicht zulassen werden.

Hiroshima, Hotelsaal

Sitzen zu zehn oder elf um cool drinks. Unter uns zwei Japaner, einer mir gegenüber, einer neben mir. Direkter Blick auf die Ruine. Im Gespräch lasse ich arglos die rhetorische Frage fallen: „Wo aber ist Hiroshima?" Die Frage ein faux pas.

Denn mein Gegenüber, ein schwermütig und gescheit aussehender Mann, fragt sofort zurück, was ich damit meine.

„Hiroshima als den Inbegriff der Vernichtung."

„Das ist Hiroshima für uns auch", sagt er ausdruckslos.

„Für Sie vor allem. – Was ich meine, ist, daß ich diese Vernichtung hier nicht sehe. Daß auch sie vernichtet ist. Daß Hiroshima eine zweite Zerstörung durchgemacht hat."

„Eine zweite?"

„Was hier geschehen ist", erläutere ich, „das hat sich, wie Ihnen ja bekannt ist, auch in Deutschland abgespielt."

Er runzelt seine Brauen. Offenbar fürchtet er, daß ich in Trümmerkonkurrenz treten oder Totenziffern vergleichen will.

„Natürlich in viel kleinerem Maßstab. Aber doch ebenfalls aufs furchtbarste."

Er wartet.

„Auch dort sind die Städte in Schutt gesunken. Und die Zahl der Umgekommenen geht auch dort in die Hunderttausende."

„Aber?"

„Aber die Jugendlichen in Deutschland, selbst die heute Zwanzigjährigen, die wissen nichts mehr davon."

„Und warum nicht?"

„Weil sie als Kinder in Trümmerlandschaften aufgewachsen sind. Und zwar so, als wenn Trümmerlandschaften die natürlichen und gottgegebenen Landschaften des Lebens wären."

Nun nickt er. Sein Argwohn scheint abzuebben.

„Und dann, weil sich diese Landschaften zu lichten begannen. Oder richtiger: Weil die Lücken sich füllten, und zwar mit so atemberaubender Schnelligkeit, daß die Wüsten von einem Tage zum anderen unerkennbarer wurden."

„Sie sprechen von Deutschland?" fragte er.

Ich nickte. – „Die Wüsten wurden also unerkennbar. Also vergaßen die Kinder. Und nicht nur die gestrigen Wüstenlandschaften vergaßen sie. Sondern auch die vorgestrige Zeit, in der die gestrigen Wüstenlandschaften entstanden waren."

„Deutschland scheint mir sehr vertraut."

„Richtig. – Und da diejenigen, die von den Trümmern begraben worden waren, auch schon vergessen waren; und diejenigen, denen wir die damalige Verwüstung verdankten, gleichfalls ..."

„Kurz und gut", schneidet er mich da ab, und er macht eine knappe fortschiebende Handbewegung, „just everything is forgotten." Dann blickt er mich in solidarischer Traurigkeit an.

Eine Zeitlang sitzen wir alle stumm.

„Sehen Sie", fasse ich schließlich meine Erklärung zusammen, „das war es, was ich meinte, als ich fragte: ‚Wo aber ist Hiroshima?'; und als ich Hiroshima ‚zum zweiten Male zerstört' nannte; und als ich sagte: ‚Die Vernichtung ist vernichtet'. – Die Spuren der Auslöschung sind ausgelöscht; also sind auch die Zeiten der Auslöschung ausgelöscht. – Die Zeiten der Auslöschung sind ausgelöscht; also ist auch die Erinnerung an die Ausgelöschten ausgelöscht. – Die Erinnerung an die Ausgelöschten ist ausgelöscht; also ist auch die Erinnerung an die Auslöscher ausgelöscht. – Die Erinnerung an die Auslöscher ist ausgelöscht; also ist auch der Widerstand gegen die Auslöscher von morgen ausgelöscht. – Also stehen die Überlebenden wieder bereit. Und wenn auch nicht gerade zu eigenen Taten, so doch dazu, die neuen Auslöschungen mitzumachen; oder mindestens dazu, sie zuzulassen."

Er holt tief Atem. „Wir sind *eine* Welt", meint er schließlich.

„Namentlich in unseren Schwächen."

„Nicht nur. Sind wir nicht Bundesgenossen? Kämpfen wir nicht gemeinsam gegen das Gemeinsame?"

„Guten Kampf!" sage ich. Zögernd hebe ich mein Glas.

Auch er hebt sein Glas.

„Und wenn ich anfangs unhöflich schien ..."

Er winkt ab. „Und wenn ich Ihnen anfangs mißtraut habe ..."

Ich winke ab.

Stumm greifen nun auch die anderen zu ihren Gläsern. Sie alle sind Bundesgenossen. Aber wirklich anzustoßen wagt keiner. Niemals habe ich eine Solidarität miterlebt, die zugleich so tröstlich und so traurig gewesen wäre.

Am zögerndsten hat der Japaner neben mir sein Glas erhoben. „Zweifel?" frage ich.

„Vielleicht", meint er höflich.

„Und warum?"

Er wendet sich dem anderen Japaner zu, meinem Gegenüber. „Aber daran *haben* wir doch gedacht!"

„Woran?"

„An die Aufrechterhaltung der Verwüstung." Dabei weist er zum Fenster hinaus. Wir alle blicken auf die Ruine.

„Finden Sie wirklich", frage ich, „*diese* Ruine hindert Sie daran, zu vergessen? Und sie mahnt Sie?"

Er nickt mit Bestimmtheit.

„Täglich", behauptet er.

„Mich nicht", widerspricht mein Bundesgenosse. „Mir scheint sogar, wir könnten sie nun reparieren. Oder ihre Entrümpelung ins Auge fassen. Der Zustand des Gebäudes hätte ebensogut durch einen Dachstuhlbrand entstanden sein können."

Mein Nachbar ist sprachlos. Das Wort ‚Dachstuhlbrand' schockiert ihn wie ein Sakrileg.

„Ich begreife Sie sehr wohl", versuche ich zu vermitteln. „Sie wollen sagen: Sie sehen in dem verbogenen Kuppelgerüst ein *Symbol.*"

„Eben."

„Und daß es ein Symbol ist, das wüßten auch die heutigen Kinder noch."

„Genau das."

„Was ist schon ‚wissen'?" meint mein Bundesgenosse.

„Auch ich fürchte", ergänze ich, „daß sie es nur ‚wissen'."

„Was heißt ‚nur'?" fragt er.

„Daß sie nicht mehr *sehen,* was in ihm symbolisiert ist. Oder daß sie es überhaupt niemals hatten sehen *können.*"

Er versteht nicht.

„In Europa", erkläre ich, „haben wir einen lateinischen Ausdruck, der die Symbolisierung bezeichnet. ‚Pars pro toto.' Das bedeutet: Der Teil steht für das Ganze. Der Teil inkarniert das Ganze."

Der Gedanke ist ihm vertraut.

Ich weise wieder auf das rostige Kuppelgerüst. „In diesem Falle aber trifft der lateinische Satz nicht zu. *Dieser* Teil steht *nicht* für das Ganze. Es gibt eben Teile, die demjenigen Ganzen, das sie symbolisieren wollen oder zu symbolisieren vorgeben, nicht gewachsen sind; die diesem nicht zur Sichtbarkeit verhelfen können; oder die dieses Ganze sogar verfälschen oder es geradezu unsichtbar machen."

„Und wie kommt das?"

„Zum Beispiel dadurch, daß der Teil eben *als* Teil, begrenzt und übersehbar ist; während das Ganze, das er verkörpern soll, alle Begrenzung und Übersehbarkeit überschreitet; und gerade durch diese seine Überschreitung das ist, was es ist."

„Was hier zutrifft", ergänzt mein Bundesgenosse.

„Oder dadurch, daß sich der Teil nun in ein völlig neues ‚Ganzes' einfügt und, ob er es will oder nicht, zu *dessen* Teil wird."

„Was hier gleichfalls zutrifft."

„In anderen Worten: Die Maßlosigkeit dessen, was hier geschehen ist, kann durch dieses einzelne ruinierte Gebäude nicht inkarniert werden."

Mein Nachbar sieht aus, als hätte ich ihm ein Stück seines Lebens entwendet. Einen Augenblick lang bleibt er stumm. „Und was hätten wir nun tun sollen?" fragt er schließlich.

Ich zucke mit den Schultern. „Dafür ist es nun zu spät."

„Wofür?"

„Und daß, was hätte geschehen sollen, hier sowenig geschehen ist wie irgendwo und irgendwann in der Vergangenheit, das ist sehr begreiflich. Denn Menschen wollen eben weiterleben. Und zwar dort, wo sie gelebt hatten."

„In anderen Worten", ergänzt mein Bundesgenosse, „die Sache selbst hätten wir zum Symbol machen müssen."

Ich nicke.

„Welche Sache?" Er blickt uns an, als sprächen wir ein Komplizenidiom.

„Hiroshima selbst", antwortet mein Freund. „Das ganze verwüstete Hiroshima selbst. *Das* hätten wir aufbewahren müssen."

Er ist ungläubig. „Das ganze?"

„Ja", bestätige ich. „Das ist's, was ich gemeint hatte."

„Das Ganze – als Stellvertretung des Ganzen?"

„O nein. *Auch* als ‚pars'. Leider auch als ‚pars'. Denn auch das verwüstete Hiroshima war ja nur ein Teil."

„Wovon?"

„Der ganzen atomaren Situation", antworte ich.

„Des ganzen möglichen Unterganges", antwortet mein Bundesgenosse.

Da blickt er von mir zu ihm und von ihm wieder zurück zu mir. Ich glaube, auch er ist nun Bundesgenosse.

Nacht

In gewissem Sinne existiert es aber doch noch, dieses verwüstete Hiroshima. Nämlich in den Herzen vieler, die das neue niemals gesehen haben und es niemals sehen werden. Die aber sollen kein anderes Bild von Hiroshima jemals kennenlernen. Und dieses Bild werden wir als Symbol verewigen und auf Räder stellen und durch die Welt rollen. Damit auch diejenigen, die es auch heute noch nicht wissen, endlich begreifen, daß der Name ‚Hiroshima' keine Stadt bezeichnet, sondern den Zustand ihrer Welt; und daß auch sie in Hiroshima wohnen.

Hiroshima

Vorhin wurde uns angekündigt, daß wir das Atomopfer-Hospital besuchen werden.

Indiskret ist jeder Krankenhausbesuch. Wenn aber ein ganzes Rudel in die Enge der Krankenwelt einbricht; und wenn keiner einen einzigen Kranken kennt; und wenn keiner von diesen Fremden fähig ist, mit den Kranken ein Wort zu wechseln, dann ist das unüberbietbare Höchstmaß an Indiskretion erreicht.

Dieses Höchstmaß werden wir also erreichen.

Vielleicht wird einer von Euch Hilflosen diese Zeilen einmal lesen. Dann soll er wissen, und er soll es seinem Bettnachbarn weitersagen, daß unsere Gruppe, seit sie von diesem Besuch weiß, verstummt ist, einfach aus Scham darüber, Euch so indiskret heimsuchen zu müssen. Aber wir *müssen* es. Wenn diejenigen, die uns hierhergeschickt haben, mithelfen sollen, die Wiederholung dessen, was Euch geschehen ist, zu verhüten, dann müssen wir ihnen das Bild Eurer Leiden überbringen.

Daß wir Eure Bundesgenossen sind, das wagen wir nicht zu behaupten, denn wir kommen mit leeren Händen. Und helfen können wir Euch nicht.

Aber *Ihr* seid unsere Bundesgenossen. Und Ihr könnt uns helfen. Allein durch Euer Dasein, allein durch Euer Bild. Und diese Hilfe müssen wir in Anspruch nehmen.

Hiroshima

Kommen soeben aus dem Hospital, in dem die nach jahrelanger Latenzzeit Erkrankten und nun Sterbenden liegen.

Nicht einer, der geklagt oder der (was ja bei der Schwierigkeit gegenseitiger Verständigung nahegelegen hätte) sein Leiden oder gar seine Todesangst mimisch gezeigt hätte. Nur scheu waren sie und höflich. „Die Ostasiaten haben eben ein anderes Verhältnis zum Tode als unsereins. Sie sind eben Fatalisten." Wie oft ich diesen Satz aus dem Munde von Asienkämpfern gehört hatte! Eine Metzgerwahrheit. Wie einfach, Beschädigungen dadurch zu rechtfertigen, daß man den Beschädigten verächtlich macht, ihm vielleicht sogar die Seele abspricht. Wie bequem, die Tugend, die diese Männer zeigen (und zwar gerade dadurch, daß sie nichts zeigen), als ethnische Kuriosität zu behandeln oder gar als Zeichen von Minderwertigkeit.

Daß die Japaner „Fatalisten" seien oder auch nur „ergeben", ist in dieser Allgemeinheit natürlich einfach Unsinn. Wer fröhliche Japaner getroffen hat – und keine zu treffen ist unmöglich, denn die Bevölkerung gehört zu den fröhlichsten der Erde –, der weiß, daß, was Aristoteles vom Leben im allgemeinen sagt, daß es „etwas Süßes" sei, auf die Japaner mindestens so zutrifft wie auf uns. Nur sind sie eben diszipliniert: und zwar in einem so zivilisierten, in einem so sokratischen Sinne, daß sie nicht nur ihre Angst nicht zeigen, sondern auch nicht ihre Disziplin; die philosophische Tugend des „Gleichmuts" in Gleichgültigkeit im Sinne von Dumpfheit oder Blödheit umzumünzen, ist einfach unfair. Freilich darf man auch das Wort „Disziplin" nicht mißverstehen. Mit „Strammheit" hat sie gleichfalls gar nichts zu tun; sondern allein mit Rücksichtnahme, also mit gutem Benehmen.

Leukämie-Zimmer

Unvergeßlich einer: ein olivgrüner Hagerer mit hohem Schädel, der, von einem Unterarzt gestützt, in seinem Bett aufsaß und aussah wie ein von Greco gemalter, die letzte Ölung erwartender Heiliger. Ob vierzig- oder sechzigjährig, unbeurteilbar. Vom ersten Moment an hielt ich ihn für einen Priester, zuerst einfach auf Grund seiner Grecohaftigkeit, aber auch jetzt glaube ich das noch, obwohl er direkt Religiöses oder Theologisches nicht aussprach. Durchaus denkbar, daß er auf direkt theologische Ausdrücke einfach deshalb verzichtete, weil er sich fremden und weltlichen Besuchern gegenüber wußte; oder auch, daß der Dolmetsch diese Ausdrücke für uns in ein neutraleres Idiom übersetzte. Aber entscheidend kann die Übersetzung den Sinn nicht entstellt haben. Was wir als seine Rede erfuhren, paßte jedenfalls restlos mit seinem Aussehen und seiner Gestik zusammen.

T. hielt zwar das ganze für ingeniöses Theater, der Mann habe uns einen für solche Zwecke vorfabrizierten, auswendig gelernten, gewiß schon x-mal aufgesagten Text vordeklamiert. Wenn T. mit seinem Mißtrauen recht hat, dann ist der Mann ein geradezu genialer Komödiant. Denn nicht nur *was* er sagte, war erschütternd, nicht nur *wie* er sprach, sondern auch wie er *nicht* sprach; das heißt: die Art, wie er Pausen ,,einlegte“. Daß die Verzweiflung, mit der er sich abmühte, seine Erschöpfung abzuwehren, die angestrengte Gestik, mit der er nach seinen Erschöpfungspausen die rechten Ausdrücke heraufzubeschwören versuchte; und die Wildheit, mit der er, um auf jeden Fall seiner nächsten Erschöpfung zuvorzukommen, die Worte aus sich herauswarf – daß das alles einfach eine Rolle gewesen sein soll, das scheint mir undenkbar. Dazu kam, daß auch der Dolmetsch seine sonstige Routine verlor, daß auch er, so als wäre er angesteckt, in Erregung geriet; und schließlich, daß die Worte durchaus nicht auf beliebigen Gebrauch abzielten, durchaus nicht für jedermann formuliert waren, sondern unzweideutig auf uns und unsere spezielle Rolle zugeschnitten waren. Denn sie waren die Worte eines Boten an Boten.

Sein eigenes Unglück ließ er unerwähnt. Das Wörtchen ,,ich“ verwendete er kaum, fast ausschließlich das Wörtchen ,,wir“ – wobei seine Rechte einen Bogen schlug (mindestens andeutete), der nicht etwa nur die Patienten seines Hospitals oder die der Hospitäler in Hiroshima und Nagasaki einschloß, sondern alle, die vielleicht noch erkranken würden, vor allem aber die Toten. Warum er diese niemals beim Namen nannte, sondern, mit sonderbarem Euphemismus, stets nur als ,,die anderen“ bezeichnete, weiß ich nicht. Aus keinem anderen Munde habe ich bis jetzt dieses Ersatzwort gehört.

,,Die Worte eines Boten an Boten“: Während wir Lebenden uns als die Boten der vielleicht zum Tode Verurteilten verstanden, verstand er, der Sterbende, sich als Mundstück der Toten. Hier zwei Bruchstücke aus seiner Ansprache:

,,. . . Die anderen dürfen nicht einfach herumliegen. Ihr Tod ist kein Tod im üblichen Sinne. Sondern eine Warnung. Eine Warnungsaufgabe. Da ‚die anderen‘ die Warnung nicht mehr aussprechen können, wir es dagegen noch können, gerade noch, haben wir es rasch zu tun an ihrer Statt. Bitte bestellen Sie Ihren Mitbürgern, die Sie zu uns geschickt haben, daß es in ihrer Hand liegt, ob es auch ihnen so ergehen wird, wie es ‚den anderen' ergangen ist; und wie es auch uns hier bald ergehen wird ..."

„... Halten Sie uns nicht für anmaßend. Wir sind niemals ehrgeizig gewesen. Wäre die Welt in Ordnung geblieben, dann wäre keiner von uns auf den Gedanken gekommen, sich einzumischen in das Leben anderer Menschen oder gar in das Leben von Gästen. Wir wissen, daß das eine Unhöflichkeit ist. Wenn wir nun trotzdem als Mahner und als Warner auftreten, so weder deshalb, weil wir glauben, daß wir von Natur aus weiser sind als Sie; noch weil wir Höflichkeit mißachten. Sondern einfach deshalb, weil es einige geben muß, die das Notwendige tun; und deshalb, weil das Unglück zufällig gerade uns getroffen hat, und nicht Sie; uns ausersehen hat, und nicht Sie. Hätte es Sie getroffen, dann würden wir auf Sie zu hören haben. Bitte wiederholen Sie auch zu Hause, daß wir uns niemals auf Rang berufen, sondern immer nur auf den Zufall. Misere ist kein Verdienst. Und Zufall ist es auch, daß wir, obwohl getroffen, trotzdem noch da sind. (Er wies auf das Nebenbett.) Dieser Mann hier arbeitete, als ‚es' geschah, in einer Töpferei, die alle seine Kameraden unter sich begrub. Wenn er sich in diesem Augenblicke nicht zufällig auf einem Botengange befunden hätte, dann läge er bei ‚den anderen.' (Der Mann im Nebenbett nickte, soweit man liegend nicken kann.) Und trotzdem. Wenn, was geschehen ist, auch Zufall ist, dieser Zufall *gilt.* Er ist das Wirkliche. Denn nun sind *wir* es eben, die zu sprechen und die sich zu zeigen haben, und die das Recht und die Pflicht haben, zu sprechen. Und sich zu zeigen. (Daraufhin pausierte er für einen Augenblick und betrachtete uns, als spürte er zum ersten Male, daß wir ganz fremde Menschen waren. Dann fuhr er fort:) Schauen Sie uns gut an, denn bald werden auch wir bei ‚den anderen' sein. Und dann wird es keinen mehr geben, der Mundstück sein wird, und keinen, der als Zeuge wird dienen können." (Er warf seinen Kopf in den Nacken, um sich als Zeugen zur Verfügung zu stellen, also um sich von uns betrachten und einprägen zu lassen. Nie zuvor habe ich einen so uneitlen Exhibitionismus gesehen, nie zuvor hatte er so Greco-haft ausgesehen. Nachdem er in dieser Position ein, zwei Minuten verharrt hatte – aber die wirkten wie eine Ewigkeit – verzerrten sich plötzlich seine Züge. Der Arzt wies zur

Erklärung in die Höhe, über dem Hospitaldach brummte ein Flugzeug. Die gleiche Pause, die ich schon einmal miterlebt hatte. Auf der Brücke. – Es dauerte eine ganze Weile, bis die Panik sein Gesicht verlassen hatte. Dann schüttelte er sich, offenbar um seine Züge wieder in Ordnung zu bringen. Aber als er seine letzten Worte sprach, war sein Gesicht doch aschfahl.)

„Meine Welt ist kleiner als die Ihre", schloß er. „Und trotzdem bin ich Ihnen um ein paar Schritte voraus. Nicht nur deshalb, weil ich nur noch ein paar Schritte vor mir habe, Sie dagegen mehr. Sondern auch deshalb, weil ich, abgeschnitten von der Welt, gar nichts anderes mehr bin als die Warnung selber." Und nach einer Pause: „Ich wünsche Ihnen gute Gesundheit!" – Dann versuchte er etwas, was als Verbeugung gemeint war, und der Unterarzt bettete ihn wieder zurück. Wir aber verbeugten uns und verließen stumm das Zimmer.

„Unser am weitesten fortgeschrittener Fall von Leukämie", erklärte der Arzt im Korridor. –

Unser Benehmen: keiner, der der heiklen Aufgabe nicht gewachsen gewesen wäre, keiner, der sich falsch benommen hätte. Einige von uns sprachen die Kranken sofort auf Englisch an; sogar dann, wenn zufällig kein Übersetzer frei war. Und das war nicht etwa sinnlos, im Gegenteil, sogar das Sinnvollste, was wir tun konnten. Denn *daß* wir zu ihnen sprachen, war viel wichtiger als *was* wir sprachen. Das Sprechen brachte unsere Gesten in Ordnung und gab unserem Benehmen Sicherheit; und nicht nur unserem, sondern auch ihrem. Jedenfalls war es deutlich, daß sie sich nicht einfach als Opfer von Gaffern fühlten. Die internationale Verständlichkeit der Mimik und der Sprachmelodie des guten Willens scheint einfach grenzenlos. Welch ein Trost!

Ein zweiter Trost: Das gleiche Benehmen, und zwar das gleiche gute Benehmen, von Menschen, die erst seit kurzem zusammen sind. Kein Unterschied zwischen der Geste des Gewerkschaftlers aus Australien, der Novellistin aus Birma, des Kernwissenschaftlers aus Frankreich. Ohne Verabredung, völlig improvisatorisch, schlugen wir alle den gleichen Ton an. Keiner von uns war larmoyant, keiner indiskret. Vielmehr traten wir durchweg als *Boten* auf, als Überbringer von Grüßen; zu ihnen geschickt von den Völkern der Erde, um ihnen mitzuteilen, daß sie viel weniger allein seien, als sie es vielleicht vermuteten. Einer sagte, daß sie, wenn sie durch die Wände hindurch in die Weite der eng gewordenen Welt blicken könnten, Millionen von Freunden sehen würden; ein anderer, daß er sich schäme, die Zeit, die mit ihrem Unglück begonnen, so gesund überstanden zu haben, während *sie*, gerade sie, die Opfer seien; ein dritter, daß er ihnen, auch wenn sie selbst sich vielleicht verdienstlos vorkämen, doch die Dankbarkeit seines Volkes zu überbringen wünsche, weil man nur durch *ihre* Leiden wüßte, was vielleicht bevorstünde.

Erst nach diesen Worten, die durchweg als Mitteilungen, also weder pathetisch noch weinerlich übergeben wurden, brachten wir unsere Genesungswünsche vor; die sowohl für uns wie für sie am schwierigsten waren: da weder die Wünschenden glaubten, was sie sagten, noch die Dankenden, was sie hörten.

Hiroshima

Mittags vom Bürgermeister zu Tisch geladen. Untadlige Eleganz eines Schweizer Grand Hotels. Und das in Hiroshima. Während sie, die Gastgeber, die Sprecher der verwüsteten Welt, und ihre (hinter unseren Stühlen aufwartenden) Diener in formell europäischem Dreß und in blütenweißer Wäsche auftraten, erschienen wir, die Vertreter der vergleichsweise intakten Erdteile, in unserer von der Reise noch zerknautschten und von der feuchten Hitze unreinlichen Kleidung und sahen aus wie Augustausflügler am Abend. Dem armen S., der, schon in Tokio von Hitzepanik verstört, nicht recht begriffen hatte, eine wie weite Reise ihm bevorstand, und ohne Rock abgefahren war, blieb sogar nichts anderes übrig, als in Hemdsärmeln zu erscheinen. Dazu kam, daß den meisten von uns nach den Überresten und Photos, die wir im Atommuseum gesehen, und nach den Höllenerzählungen, die wir aus dem Munde der Überlebenden gehört hatten, die Lippen einfach noch zugesiegelt blieben.

Obwohl keiner unserer Gastgeber irgend etwas von der Diskrepanz zwischen ihrer Makellosigkeit und unserer inneren und äußeren Unordentlichkeit zu bemerken schien – ihr Nichtsehen wirkte wie eine Verschwörung des guten Willens –, über diese Kluft hinweg ins Gespräch zu kommen, war furchtbar schwierig. Um so schwieriger, als das einzige Mittel, das eine so heikle Situation hätte überbrücken können: nämlich *Witz*, bei der unvermeidlichen Langsamkeit der Übersetzungsmaschine von vornherein ausfallen mußte. Dazu kam, daß die zeremonielle Höflichkeit, die den Japaner auszeichnet und die eben auch zum selbstverständlichen Benehmen unserer Wirte gehörte, einfach mangels ebenbürtiger Partner zum Leerlauf verurteilt blieb. Im Spiel mit Schach-Pfuschern werden ja auch Schachmeister hilflos, nein gerade diese. Und auch das trat hier ein. Kurz: dieses gemeinsame Dinner war eine Qual, die, da wir sie ausgerechnet in Hiroshima zu bestehen hatten, etwas absolut Lächerliches an sich hatte.

Speisewagen zwischen Hiroshima
und Nagasaki

Mir gegenüber saß einer, der fünf Minuten lang den Zucker in seinem Kaffee umrührte. Hätt' ihm den Löffel aus der Hand schlagen können. Deutscher Ingenieur, ehemaliger Berliner, hat irgendwo im Süden Fischvereisungs-Installationen montiert. Nun froh, aus dem Kaff rauszukommen, nach einer Woche zurück nach Düsseldorf. Und was *ich* hier verloren hätte.

„Verloren nichts. Aber gewonnen. Sehr viel sogar."

„Gratuliere."

„Danke. Ja, wichtige Einsichten habe ich gewonnen."

Sein Löffel stockt. Er blickt mich an, verkneift dabei sein Gesicht, als sei ihm etwas ins Auge geflogen.

„Die auch zu Hause wichtig sein werden. Die wichtigsten, die man heute gewinnen kann. Komme nämlich aus Hiroshima."

„Bin ich auch gewesen. Affenhitze."

„Auch. Aber das ist nicht das einzige. Habe dort nämlich die Feier mitgemacht."

„Welche Feier?"

„Des Bombenabwurfs."

„Geschmackssache."

„Und bin in den Krankenhäusern gewesen. Und habe einige der Opfer gesehen. Und ihre Geschichten gehört."

„Ach. – Und?"

Dieses ‚Und' ist das Gemeinste, das ich je gehört habe. So bald wird sich das kaum vergessen lassen.

Er winkt ab. „Damit kommen Sie mir nicht. Das sind wirklich olle Kamellen."

„Inwiefern?"

„Wo wir heute ja viel bessere machen."

(‚Wir'! Welche beneidenswerte Solidarität auf der anderen Seite!)

„Sie meinen, weil man heute zwei Millionen auf einmal umbringen kann, und sogar ohne eigens hinkutschieren zu müssen; und damals nur läppische zweihunderttausend und man mußte noch eigens hinkutschieren – deshalb sind die zweihunderttausend heute nicht mehr erwähnenswert?"

Er zuckt mit den Schultern. „Ist ja alles außerdem hübsch säuberlich entrümpelt. Viel netter sogar als früher, sagt man."

„Und?"

„Wie das Hotel nur hieß?" sinniert er. „Richtig. Modern Hiroshima oder so. Sehen Sie: ‚Modern'. Nein ‚New'. Alles neu macht der Mai. In bester Lage. Direkt vis-à-vis dem Museum, falls Sie was für Gruseln übrighaben."

„Hab ich", antworte ich.

„Scheint mir auch so. Wissen Sie, was für einer Sie sind?"

„Na?"

„Wissen Sie alleine. Ein Panikmacher."

„Was Sie nicht alles merken. Ein professioneller sogar."

Das macht ihn einen Augenblick stutzig. ‚Professionell' klingt sonderbar. „Wollen Sie mich durch den Kakao ziehen?"

„Nicht im mindesten. Schließlich gibt es ja auch Professionelle, die die Mitwelt in Gefahr bringen. Übrigens auch Sie in Gefahr bringen, vergessen Sie das nicht. Und die diese Gefahr professionell verniedlichen oder professionell unterschlagen. Also muß es ja wohl auch ein paar andere geben, die sich dazu entschließen, die Mitwelt professionell vor dieser Gefahr zu warnen."

„Klingt logisch."

„Aber?"

Er zuckt mit den Schultern. „*Auch* ein Beruf. – Sind Sie was Politisches?"

„Nein".

„Oder so ein Kernphysiker?"

„Auch nicht. –"

„Na also. Nichts für ungut. Aber was verstehen Sie denn davon? Warum überlassen Sie dann nicht den ganzen Atomkrempel den zuständigen Herren?"

„Aus einem einfachen Grunde. Weil es keine zuständigen Herren gibt."

„*Ein* Kompetenter sitzt in jeder Branche."

„Das ist ja das Entsetzliche."

„Was?"

„Daß Sie die mögliche Zerstörung der Welt als eine *Branche* ansehen."

Da es im Interesse der Lüge liegt, der Wahrheit einen anderen Namen zu geben, meint er: „Sie sind mir ein ganz Schlauer."

„Kompetenz besteht nicht nur im Bescheidwissen, sondern auch im Entscheidungen-Treffen. Oder nicht?"

„Und?"

„Und Sie finden, daß Kanzler oder Außen- oder Verteidigungsminister, weil sie ein paar Ziffern mehr über die wahrscheinlichen Millionen Toten kennen als wir, ein Recht darauf haben, über das Sein oder Nichtsein aller zu entscheiden? Zum Beispiel Ihrer Kinder? Sie können sich darauf verlassen: Diese Herren verstehen genau so wenig davon wie Sie. Weil sie sich nämlich genau so wenig vorstellen wie Sie. Weil sie nämlich genau so faul sind wie Sie, wenn es gilt, sich die Sache vorzustellen. Faulpelze der Apokalypse seid Ihr alle."

„Fleiß mangelhaft."

„Ungenügend. – Und wer glaubt und wer betont und wer nachplappert, wir sollten uns auf ‚Kompetente' verlassen, der beweist damit außer seiner Faulheit, daß er total inkompetent ist. Nämlich in Sachen Weltuntergang."

Er hatte mir amüsiert zugehört. „Mein Herr", meinte er dann kopfschüttelnd, „das können Sie alles Ihrer Großmama erzählen. *Ich* weiß, worauf's ankommt. Nämlich: Für welche Firma reist der Herr? – Wenn man *das* weiß, dann kann's einem nicht durch's Dach regnen."

„Meine Firma ist Ihnen unbekannt."

„Wird sich herausstellen."

„Schauen Sie", meinte ich etwas behäbig. „Sie sind doch *auch* für die westlichen Werte, nicht?"

„Schön. Natürlich. Aber was soll das?"

„Ich nämlich auch: für den Wert der Freiheit, und den des Gewissens."

„Machen Sie doch keine Zicken. Sie wissen doch sehr genau, wo ich hinaus will. In wessen Auftrag Sie sich hier herumtreiben. Und für wen Sie Ihre schönen Reden halten."

„Genau das habe ich Ihnen eben beantwortet. Ich bin nämlich freier Schriftsteller. Und was ich tue, das tue ich aus freiem Entschluß."

„Schön. Sie wollen nicht. Geht mich ja auch nichts an. Schriftsteller möcht' ich auch sein. Auch ein Beruf."

„Das würd' ich mir an Ihrer Stelle noch überlegen. Ich jedenfalls habe einen Menschenschinder zum Chef. Einen mit Genauigkeitsfimmel."

„Tut mir leid." Er hat nicht verstanden.

„Und außerdem ist es wirklich ein komischer Beruf. *Einmal* leben – und dann dieses eine Leben damit verbringen, der Mitwelt die Gefahr, in der sie schwebt, zu verraten ... ich muß schon sagen ..."

„Verraten ist gut", meint er lachend.

„Sogar das Beste, was man heute tun kann."

„Wissen Sie was?" ruft er da plötzlich, und vor Vergnügen wirft er seine beiden Hände in die Luft. In der Rechten blitzt sein Messer, in der Linken seine Gabel. „*Das* sollten Sie sich auf Ihre Visitenkarte drucken: ‚Professioneller Verräter'."

Leider muß ich mitlachen.

So unglaublich das klingt – aber so gehen solche Unterhaltungen eben vor sich – dieses gemeinsame Lachen hat in seinen Augen sofort alle Differenzen ausgelöscht, und offenbar stellt es für ihn auch den völlig befriedigenden Abschluß unseres Gesprächs dar. Auf deutsch ruft er ‚Zahlen!' („Die verstehen schon", meint er blinzelnd: Der geborene Kolonialmann.) Und dann, so als appelliere er damit an den für alle Menschen gültigen und alle Unterschiede annullierenden Generalnenner: „Ist ja doch alles Quatsch."

„Was?"

Mit seinen zwei bewaffneten Händen weist er nun auf die Reisfelder außerhalb der Zugfenster. „Können *Sie* sich vielleicht vorstellen, daß das alles zu Ende geht?" Das Resultat liefert er gleich mit: „Na also."

Ich schüttle meinen Kopf.

„Klar wie kalter Kaffee."

„Ganz unklar. – Das ist es ja gerade."

„Fängt er schon wieder an." (Er zahlt. „Trinkgeld nehmen sie nicht. Praktisch.") – „Also was haben Sie jetzt noch auszusetzen?"

„Daß Sie glauben: Weil *Sie* sich die Sache nicht ausmalen können, kann auch *die Sache* nicht passieren. Weil *Sie* nicht können, kann auch *sie* nicht."

Er ist bereits aufgestanden.

„Na schön", meint er, „machen Sie nur so weiter. Wissen Sie, was ich zuerst gedacht hatte? Ist ja schnuppe. Aber jetzt weiß ich: Sie sind nur eine komische Nudel". Und geht. –

Als komische Nudel wird man also herumlaufen müssen. Man ist schon als Schlimmeres herumgelaufen. –

Nagasaki

Ankunft in entsetzlicher Atmosphäre, gleißendes Medium: halb Wasser, halb Feuer. Voll damit beschäftigt, nicht umzufallen, Dasein als Leistung. Unmöglich, ganz zu begreifen, *wo* man ist. In Nagasaki also. Neugierde versiegt. Auch meine. – Die meisten lungern einfach in der Hotelhalle herum. – War zwar draußen, aber nur aus pedantischster Pflichttreue. Auch die erlahmte, nachdem ich mich eine halbe Stunde lang durch dieses heiße Aquarium geschleppt. Nun wieder ‚zu Hause', aber fröstelnd, da Klimaanlage angestellt. – Gesehen: Eine an Hügeln heraufkriechende, auf asiatische Art neapolitanische Stadt; nur trotz des höllischen Wetters und des Gewimmels in den Straßen unbegreiflicherweise völlig reinlich.

Unterwegs wieder versucht, mir das hier Geschehene vor Augen zu rufen; an die Stelle des Seienden das Nichtseiende zu schieben. Aber vergebens. Die neuen Häuser, die nun einmal dastehen, bleiben undurchsichtig; den Trümmerzustand, den ich zu sehen verlangte, ließen sie nicht durchscheinen. Wandere also durch die Straßen, als wären sie die Straßen irgendeiner fremden Stadt. Die Erschütterung, die in Hiroshima so überwältigend gewesen war: das Bewußtsein, sich über einem von uns selbst zugeschütteten Pompeji zu bewegen, wiederholt sich nicht. Wie unfrei wir sind als Fühlende! Von Analphabeten des Fühlens diese Gefühlsleistung zu verlangen, wäre einfach sinnlos; und vollends ungerecht, sie von denen zu fordern, die hier zu Hause sind.

Abends

War an einem Kino vorbeigekommen, dessen Außenphoto einen am Boden liegenden, zu Tode verletzten Mann zeigte, dem ein anderer einen Tritt in den Leib versetzte. Ein Dritter stand kreidig im Hintergrund. – Erst jetzt weiß ich, warum ich vor diesem vulgären und tausendmal zuvor gesehenen Bild so lange gestanden habe. Es ist das Abbild dessen, war hier geschehen ist:

Es ist allgemeiner Brauch (teils aus chronologischem Grunde, teils weil die Zahl der Toten hier durch einen geographischen Zufall auf 70000 ‚begrenzt' blieb), Hiroshima als *das* Symbol zu verstehen, es an erster Stelle zu nennen, also ‚Hiroshima und Nagasaki' zu sagen. Dieser Brauch ist unberechtigt. Für den Moralisten sollte Nagasaki an erster Stelle stehen, sollte es also heißen: *‚Nagasaki und Hiroshima'*. Denn bei diesem zweiten Schlage hat es sich (wenn dieser Komparativ überhaupt einen Sinn hat) um etwas noch Böseres gehandelt als beim ersten. Auch diejenigen meiner Freunde aus Tokio, die aus übertriebener Fairneß versuchen, Hiroshima noch strategisch begreiflich zu finden, oder die sich als Christen bemühen, diesen Schlag als ‚verdient' zu rechtfertigen, verstummen, wenn der Name Nagasaki fällt, und bleiben dann versteinert. Aus folgendem Grunde:

Daß Japan nach dem ersten Atomschlage ohnmächtig am Boden lag und zur bedingungslosen Kapitulation bereit gewesen wäre, weiß jeder. Auch in den Vereinigten Staaten bezweifelt das niemand. Und unterstellt selbst, damals hätte es bei den entscheidenden Instanzen der US Zweifel darüber gegeben; die Zweifelnden hatten damals ja die Möglichkeit, statt den Atomschlag sofort zu wiederholen, mit der Wiederholung des Schlages nur zu *drohen.* „Nur". Daß sie das nicht getan haben, scheint unbegreiflich.

Aber das scheint nur so. Denn sie *haben* gedroht. Freilich auf eine unerhört neue Manier.

Die Erklärung dessen, was ich damit meine, ist etwas schwierig, denn das übliche Verhältnis von Drohung und Tat ist hier auf diabolischste Weise umgekehrt.

Im Normalfall ist es sinnvoll und berechtigt, Drohung mit der Tat und die Tat selbst zu unterscheiden.

Zwar ist auch die Drohung mit der Tat bereits eine Tat: So war zum Beispiel Hitlers Ultimatum an Benesch, Prag zu zerbomben, „wenn nicht" ..., also die Drohung mit der (nicht ausgeführten) Tat, bereits selbst eine Tat. Aber die *Drohung als Tat,* also die Erpressung, und die *angedrohte* (nicht durchgeführte) *Tat* bleiben doch zweierlei.

Hier aber, im Falle Nagasaki, hat man dieses Verhältnis umgekehrt – und damit alles unter Politikern oder Berufserpressern Übliche weit hinter sich gelassen. Denn man drohte *nicht mit* einer Tat (nicht mit einem Schlage, der, „wenn nicht", fallen würde), *sondern vermittels* eines wirklich durchgeführten Schlages. Eine Drohung stellte diese wirkliche Tat insofern dar, als sie an jemanden adressiert war, der durch sie erfahren sollte, daß er, „wenn nicht", die Wiederholung dieses Schlages zu gewärtigen habe. Worauf es denen, die den Schlag, also das effektive Blutbad, durchführten, ankam, war gar nicht das Blutbad als solches, sondern eben ausschließlich die Drohnachricht, die sie diesem Blutbad mitgaben.

Ich sagte: Der Schlag sei „an jemanden" adressiert gewesen. Die Unbestimmtheit war beabsichtigt. Wer aber war nun der Adressat?

Bei üblichen Kriegshandlungen ist der Bedrohte und der Attackierte identisch. Man bedroht jemanden mit einer Attacke; man attackiert jemanden, den man zuvor bedroht hatte.

Hier aber – und darin besteht das Neue des Vorgangs – hier fallen die zwei auseinander. Daß die Drohung denen gegolten hätte, die durch sie erschlagen wurden, also den Japanern, davon kann keine Rede sein. Japan bedurfte ja keiner Drohung mehr. – Vielmehr galt sie dem damaligen „Feind von morgen", den man, in Befolgung des Spruchs „Willst du den Bock schrecken, dann schlachte das Zicklein" durch das *Vormachen* der Katastrophe einzuschüchtern hoffte. Da sich der Krieg gegen den „damaligen Feind von morgen", also der sogenannte „kalte Krieg", noch im Zustand der bloßen Möglichkeit befand; da direkte Drohungen gegen diesen Feind noch nicht in Betracht kamen, benötigte man also eine Indirektheit, eine Verkleidung. Und diese Indirektheit fand man – damit wird die Perversität des Falles nun vollends klar – gerade im Direktesten, die Verkleidung gerade in der nacktesten Nacktheit: nämlich in einem wirklichen Schlag, den man nur eben nicht auf denjenigen fallen ließ, den man zu bedrohen beabsichtigte, sondern auf denjenigen, den man, auch wenn de facto der Krieg schon zu Ende war, doch de jure noch als Feind behandeln durfte. Kurz: Man benutzte den letzten Moment des gerade noch bestehenden Kriegszustandes gegen Japan, um in diesem noch rasch eine Aktion, nämlich eine Drohung, unterzubringen, die man nach der Kapitulation nicht mehr würde durchführen können. Man richtete ein wirkliches Blutbad an, um dieses als Drohgeste zu verwenden.[16]

Die 70000, die man umbrachte, wurden also nicht deshalb umgebracht, weil sie noch Feinde, geschweige denn gefährliche Feinde, gewesen wären; sondern allein deshalb, weil man durch deren Massentod ein Exempel statuieren konnte, weil man 70000 Leichen eine Funktion zuerteilen konnte, weil man diese *verwenden* konnte, und zwar als ,,Droh-Material".

Merk dir diese Worte: *Blutbäder als Drohgesten gegen einen Dritten;* und: *Tote als Droh-Material.* Die Ausdrücke sind neu und gräßlich, aber nur deshalb, weil die Sachen neu und gräßlich sind. Und sag dir die Worte vor, damit dir die Sachen nicht wieder entgleiten. Denn sie sind viel zu furchtbar, als daß du sie, auch wenn du sie einmal eingesehen hast, pausenlos in Evidenz halten könntest. Also: *Blutbäder als Drohgesten* und *Tote als Droh-Material.* – Und vergiß nicht: Nicht mehr im letzten heißen Krieg ist dieser Schlag gefallen, sondern unter Benutzung der Chance des noch nicht ganz erkalteten, bereits auf der Schwelle zum ,,kalten", zum *,,Manöver-Krieg".* Die 70000, über deren verbrannten Leichen das Bett steht, in dem ich liege, die sind nicht nur keine toten Soldaten; und nicht nur keine Kriegstote, sondern *Manöver-Tote.* Und auch dieses Wort präg dir ein. Sprich: Manöver-Tote.

Der Fall ist typisch für heute. Denn es gibt nichts, was das Wesen unseres Zeitalters deutlicher charakterisierte als die Tatsache, daß in ihm die Grenze zwischen ,,Probe" und ,,Ernstfall", zwischen ,,Drohung" und ,,Tat", zwischen ,,kaltem" und ,,heißem Krieg" systematisch verwischt wird. Das heute klassische Beispiel dafür sind ja die ,,Testexplosionen", da diese, obwohl angeblich nur ,,Proben", bereits effektiv todbringende Ereignisse, also ,,Ernstfälle", darstellen. Aber neu ist diese Verwischung nicht. Schon 1936 hat es sie gegeben. Denn das Manöver für die deutsche Luftwaffe und die Drohung Hitlers mit dem zweiten Weltkrieg, die haben ja auch schon in Form eines wirklichen Krieges, nämlich als ,,Spanischer Bürgerkrieg" stattgefunden; und auch die Toten von Guernica sind ja bereits ,,Manöver-Tote" gewesen. – Dieses Mal waren es also die Japaner.

Nachtgedanken

Den Ausdrücken ,,Fernsprecher" und ,,Fernschreiber" sollte man den Ausdruck ,,Fernmörder" (bzw. ,,Fernmord") nachbilden. Daß durch die diversen Spielarten des ,,Fernmordes" die Tugend der Ritterlichkeit abgeschafft ist, ist ja offensichtlich; und hier in Nagasaki scheint der Weltgeist diese Abschaffung nun ein für alle Mal besiegelt zu haben. Aber nicht nur die Ritterlichkeit, sondern, so paradox das klingt, auch der Krieg selbst ist durch den Fernmord abgeschafft. Wer

Aktionen wie diejenige, die hier stattgefunden, noch als ‚Krieg' bezeichnet, der ist entweder denkfaul, oder er ist ein bösartiger Betrüger. Freilich bedeutet diese ‚Abschaffung des Krieges' nicht, daß dieser nun dem Frieden, sondern daß er einer Aktionsart Platz macht, die ungleich furchtbarer ist als der Krieg: nämlich der „Vertilgung". Und „Vertilgung" bedeutet heute nicht nur (was ja schon reichen würde) die kriegerische Ausrottung des Gegners. Die hatte es ja auch früher gegeben, in der Antike oft sogar als Kriegsregel. Aber auch die war, verglichen mit dem, was heute geschieht, noch human. Sondern diejenige Aktion, die grundsätzlich auf keinen Widerstand mehr rechnet; die so vor sich geht, daß bereits *vor* dem Akt der Ausrottung die Chance des Widerstandes ausgeschaltet ist. Nicht erst als Bekämpfter, nicht erst durch den Kampf, nicht erst nach seiner Niederlage ist der Feind vertilgt, sondern bereits als Kämpfender, bereits vor Kampf und Niederlage; annulliert ist die Kampfmöglichkeit. In anderen Worten: Als „Vertilgung" wird der Krieg aus einem strategischen in einen rein technischen Vorgang verwandelt, wodurch er *als Krieg gleichfalls annulliert* ist. Der Insektenbekämpfer, der Moskitos ausrottet, ohne mit Widerstand rechnen zu müssen, führt nicht Krieg; vielmehr erledigt er eben eine technische Aufgabe. Dasselbe galt für Hitler, der, als er seine Lagerinsassen in die Liquidierungsinstallationen ‚einschüttete', gegen die Juden, Zigeuner oder Untermenschen nicht „Krieg führte", sondern diese annullierte. Und dieses Prinzip hat nun also seine Fortsetzung gefunden. Auch hier hat man nicht mit Widerstand gerechnet. Nagasaki und die Liquidationsanstalten gehören der gleichen Klasse von Untaten an.

Wenn Aktionen gegen Gruppen, die sich nicht wehren können, keinen „Krieg" mehr darstellen, dann sind diese Gruppen natürlich auch keine „Gegner" oder „Feinde" im bisherigen Sinne mehr. Auch diese Kategorie ist also abgeschafft, auch diesen Begriff haben wir also über Bord zu werfen. Aber nicht nur der *Begriff* „Feind" ist antiquiert, vielmehr alles, was psychologisch mit „Feindschaft" zu tun hat. Daß derjenige, der vermittels eines Knopfdrucks, Tausende von Meilen von seinen Zielobjekten entfernt, diese Objekte vertilgt, weder Haß noch die durch Kampf sich steigernde Kampfwut empfinden kann, also haßlos bleibt, das liegt ja auf der Hand – auf den Knopf drückend kann man nicht mit den Zähnen knirschen. Nichts wäre also naiver, nichts irreführender, nichts würde unseren Bemühungen gründlicher schaden als der Glaube, daß die zwei Fronten, die heute existieren, die Fronten des Hasses und der Haßlosigkeit seien. So einfach liegt es heute nicht. Vielmehr sind *beide* Fronten Fronten der Haßlosigkeit. Der kommende Fernmord-Krieg wird der haßloseste Krieg sein, den es in der Geschichte jemals gegeben hat.

Aber an diese Feststellung dürfen wir, wie herzstärkend sie auch klingen mag, nicht etwa Hoffnungen knüpfen – herzstärkend klingt sie nur für den Oberflächlichen. Das bloße Negativ „Haßlosigkeit" verbürgt noch gar nichts. Im Gegenteil: Diese Haßlosigkeit wird die unmenschlichste Haßlosigkeit sein, die es je gegeben hat; und Haßlosigkeit und Skrupellosigkeit werden auf eines hinauslaufen. Wenn der Vertilgende die zu Vertilgenden grundsätzlich nicht mehr sieht und diese grundsätzlich nicht mehr vorstellen kann, dann schrumpft auch seine letzte Hemmung zu Null zusammen. Je furchtbarer eine Tat, um so leichter wird sie. Zum Knopfdruck, mit dem man irgendwo, „weit hinten in der Türkei", Hunderttausende umbringt, entschließt man sich ungleich rascher als dazu, seinem Nebenmann das Messer zwischen die Rippen zu stoßen. Finden Sie das nicht auch, Mr. Truman? Sie haben gewiß niemals einer Fliege ein Bein ausgerissen. Und daß Sie keinem Nebenmann jemals ein Messer zwischen die Rippen gestoßen haben, und das auch niemals tun werden, dafür verbürge ich mich blindlings. Für den anderen Akt haben Sie dagegen den Mut aufgebracht. Machen Sie sich keine Illusionen. Machen wir uns keine Illusionen.

Die Gründe für die beiderseitige Haßlosigkeit sind also ganz verschieden, sogar einander entgegengesetzt. Während unsere Haßlosigkeit im denkbar Einfachsten, aber Positivsten gründet, nämlich darin, daß wir den Menschen lieben und das Hassen hassen und den Gedanken an das Nichtsein der Menschheit nicht ertragen, ist die Haßlosigkeit der Technologen ein reines „Mangelphänomen", ein reiner Verhinderungseffekt: Da sie, nicht eigentlich mehr handelnd, blindlings dem Gang ihrer Erfindungen und den Anforderungen ihrer Apparate gehorchen und nur noch Knöpfe drücken; und da es unmöglich ist, als Knopfdrücker die Hunderttausende, die man durch solche Handgriffe umbringt, vor sich zu sehen oder vorzustellen, ist jedes mögliche Fühlen in ihnen abgedrosselt; nicht nur ihr Lieben, sondern eben auch ihr Hassen. Ihre Haßlosigkeit, selbst diese, ist ein Zeichen der Dehumanisierung.

Und trotzdem sollten wir die Tatsache, daß das Nichthassen heute der Generalnenner ist, der, ob sie es wissen oder nicht, heute alle Menschen verbindet, nicht als quantité négligeable behandeln. Die ‚Antiquiertheit der Feindschaft' ist das einzige, was heute uns alle, trotz der furchtbaren Schärfe der heutigen ideologischen Gegensätze, verbindet. Sehr wahrscheinlich, daß die (weitgehend künstlich produzierten) Gegensätze heute deshalb so abenteuerlich überschärft werden, weil der Status unserer fern-technischen Aktionen der Verwirklichung von Haß und Feindschaft schon gar keine Chance mehr gibt. Da man sich nicht mehr, wie früher, darauf verlassen kann, daß die eigentliche Kampfhandlung Haß und Feindschaft hervorbringen oder steigern könnte, glaubt man wohl, diese Gefühle *vorher*, durch Presse, Rundfunk etc. erzeugen zu müssen – ein irriger und veralteter Glaube, da der künftige Krieg Hasser ja garnicht mehr nötig haben wird, sondern nur noch verläßliche Knopfdrücker. Gleichviel: Die Antiquiertheit der Feindschaft ist derjenige Punkt, an dem wir heute einzusetzen haben. Das heißt: Diejenigen, die aus falschen Gründen haßlos sind, die haben wir zu positiver Haßlosigkeit zu verführen; zu Haßlosigkeit, die nicht „Knopfdruck" heißt, sondern Liebe.

Nagasaki

Heiße, dunstige Nacht, noch um 11 über 35°. Von Schlafengehen keine Rede. Langes Nachtgespräch in der Hotel-Lounge mit dem Amerikaner R. Über die Scham, die auch er am Abend in Hiroshima empfunden. Zuerst so etwas wie Solidaritätsfreude. Aber nach wenigen Minuten stellt es sich heraus – und das macht uns, die wir durch die letzten Tage ohnehin überreizt sind, nun gegeneinander gereizt –, daß seine und meine Scham vollkommen verschiedener Art sind.

Er schämte sich als „Sündiger", als einer, der es, da auch er Mensch sei, „auch *hätte* tun können", und damit „auch getan *hat*". Diese Selbstbezichtigung im Konjunktiv, dieser Versuch, schlechter dazustehen, als er wirklich ist, ist mir ein Greuel; er scheint mir ein unerlaubtes „Selbsterschütterungsspiel"; eine Heuchelei, die sogar schlimmer ist als die Heuchelei dessen, der versucht, besser darzustehen, als er wirklich ist. – Es ist einfach nicht wahr, daß er „das" hätte tun können, und er *hat* es nicht getan. Aber ihm fehlt der Mut, eigenen Mangel an Schlechtigkeit zuzugeben. Nein, schlimmer: er will *auch* schlecht sein; er mißgönnt sich selbst Unschuld, um sich nicht um die Chance der

Reue zu betrügen. – Und als ich ihm unverblümt erkläre: „Wie es mit Ihnen steht, das ist *Ihr* business. Aber *ich* habe es *nicht* getan, ich *hätte* es *nicht* tun können; und auch Sie hätten es nicht tun können" – da ist er aufs tiefste empört, ja sogar doppelt empört: Nicht nur, weil ihm ein schamloses Nichtsündenbekenntnis haarsträubend klingt, sondern weil er das Gefühl hat, daß ich ihm die Überlegenheit, die er auf Grund seines Sündenbekenntnisses zu besitzen glaubt, streitig zu machen suche. Womit er recht hat.

Schon vor beinahe 40 Jahren in Freiburg, nach der Lektüre der „Confessiones", hatte mich diese „Reue im Konjunktiv" mit Abscheu erfüllt. Und ich erinnere mich an ein damaliges Nachtgespräch mit J., in dem ich ihn wild der ‚voluptas contritionis' anschuldigte: der Gier (Matthias Claudius, Verzeihung!) „auch schuld daran zu sein"; und der Mißgunst, weil er es nicht wahrhaben wollte, daß Andere Schlechtigkeiten besaßen, die er nicht auch besitzen sollte. –

Nein, meine Scham ist anderer Art; und sie hat einen anderen Gegenstand. Denn sie ist Scham über das, was Menschen Menschen antun können; ich schäme mich also, als Mensch einer von ihnen zu sein, auch Mensch zu sein. – Nachdem ich ihm das nüchtern erklärt, bricht R. von neuem in Empörung aus, nein, er ist geradezu atemlos: diesmal über meinen unfaßbaren Mangel an Demut und über die entsetzliche Desolidarisierung, die diese meine Scham beweise. – Als wenn Solidarität in Sünden- oder Schuldgemeinschaft bestehen müßte! Vielmehr gehört Solidarisierung in die *Aktion*: In die Aktion der Verhinderung dessen, was uns von unsereins geschehen ist und uns von unsereins wieder geschehen könnte: in die Aktion, die versucht, beide: Täter und Opfer, zu behüten. *Nicht:* „Auch ich hätte es tun können", spricht die wahre Solidarität; sondern: „Auch Ihr seid Menschen, die es nicht *hätten* tun dürfen oder nicht *hätten* erleiden müssen, und die es eigentlich *sogar nicht hatten tun können.*" –

Das religiöse Streitgespräch war heftig, es hatte wohl etwas von einem Tropenkoller an sich. Erst als wir lange nach Mitternacht in unsere Zimmer stiegen und uns der Japaner am Desk höflich, aber mißtrauisch gute Nacht wünschte, wurde uns wieder klar (was wir während unserer Zänkerei völlig vergessen hatten), wo wir uns befanden; nämlich, statt in Denver oder Wien, in Nagasaki; und daß wir uns hier aus einem und demselben Grunde, aus einer und derselben Sorge befanden. Woraufhin auch wir, noch einmal etwas beschämt, einander gute Nacht wünschten. Aber von Schlafen konnte keine Rede sein. Und Streit, der aus Fenstern der Nachbarhäuser kam, bewies, daß es noch andere gab, die in dieser Bosheit zeugenden Dunstnacht Ruhe nicht finden konnten. –

Nagasaki, Krankenhausbesuch

Die Organisatoren hatten, um der Peinlichkeit der Situation zuvorzukommen, also um es uns zu ersparen, mit leeren Händen die Krankenzimmer zu betreten, Blumen und Fruchtkörbe für uns besorgt. Ihnen dafür zu danken, ließen sie uns, als höfliche Geber, keine Zeit. Erst jetzt kann ich das nachholen. Organisierte Feinfühligkeit ist hundertmal besser als gar keine. Also danke.

In welches Zimmer ich von dem Dolmetsch geführt wurde, und wem ich meinen Strauß überreichte, das war reiner Zufall. Mir waren einfach ‚Sekundärkranke' angekündigt worden, und ihnen wohl einfach ein europäischer Besucher.

Die Sekundärkranken waren zwei altklug aussehende, völlig entkräftete fünfzehn- bis sechzehnjährige Mädchen, die sich, um den europäischen Gast zu ehren, vermutlich unter größtem Kraftaufwand, neben ihren Betten postiert hatten und, sich am Bettrahmen festhaltend, den Eintretenden mit einer Verbeugung begrüßten. Für ihre Haltung wüßte ich kein anderes als das altväterische Wort ‚Sittsamkeit', das hier aber keineswegs lächerlich gemeint ist, im Gegenteil: allein dieses Wort bezeichnet die zur Tugend erhobene Scham. Und nichts anderes als diese Art von Scham schienen die beiden zu verkörpern: Scham darüber, gebrechlich zu sein; Scham darüber, sterben zu müssen; Scham darüber, durch einen Besuch geehrt zu werden; Scham darüber, einem Fremden gegenüberzustehen; Scham darüber, dem Gast nicht antworten zu können.

Dem Sichschämen scheint, nicht anders als dem Lächeln, ansteckende Wirkung zuzukommen. Jedenfalls nötigt der Verschämte denjenigen, vor dem er sich schämt, dazu, sich gleichfalls zu schämen, er setzt dessen Hemmungsmechanismus in Gang, er „entwaffnet" ihn. Wahrscheinlich besteht die „List der Scham", also deren pragmatischer Geheimsinn, in solcher Entwaffnung.

Die zwei Fünfzehnjährigen wußten von diesem Mechanismus natürlich nichts. Sie schämten sich ohne alle Hintergedanken. Aber sie taten es doch mit dem größten Erfolg. Denn sie erreichten es im Augenblick, daß auch ich mich vor ihnen schämte, und nicht weniger, als sie sich vor mir schämten.

Aber da half nichts. Da die zwei Kinder die Situation durchstanden, hatte auch ich sie durchzustehen. Also stellte ich meinen Ton auf ihr Alter ein und wählte, als ich zwei Sträuße überreichte, Worte, die mir für die Schulkinder die rechten schienen.

Obwohl sie keines meiner Worte verstanden, daß sie deren Ton hätten mißverstehen können, das war unmöglich. Warum ihre Gesichter dabei einen erschreckten Ausdruck annahmen, blieb mir unklar, eines faux pas war ich mir nicht bewußt. Gleichviel, trotz ihres Schreckens nahmen sie die Sträuße höflichst entgegen und ließen mir, nachdem sie sich zum zweiten Male verbeugt hatten, durch den Dolmetsch ihren Dank dafür aussprechen, daß ich „wegen des Unglücks eine so weite, mühsame und gefährliche Reise angetreten" hätte. Vermutlich handelte es sich dabei einfach um eine feststehende Floskel, die bei bestimmten Gelegenheiten mit Selbstverständlichkeit verwendet wird. In der englischen Übersetzung aber klangen ihre Worte so, als wenn sie hätten sagen wollen, daß *ich* derjenige wäre, der Opfer brachte, und als wenn mein komfortabler Flug mehr Mühen verursachte und weiter und gefährlicher wäre als ihre so vorzeitige Reise in den Tod. Und auch durch diese Unterstellung beschämten sie mich.

So war ich froh, als der Dolmetsch ein Zeichen gab, daß der Zweck meines Besuches nun erfüllt sei. Ich machte den beiden eine winkende Abschiedsgeste, die sie (aber sonderbar langsam, so als wäre die Bewegung ihnen unbekannt oder unverständlich) nachahmten; und wir standen draußen. Gerade versuchte ich mich wieder zurechtzufinden, als einer der zufällig durch den Korridor eilenden Ärzte, der mich das Zimmer hatte verlassen sehen, auf mich zutrat und beiläufig bemerkte, übrigens seien die zwei Frauen an dem Tage vor dreizehn Jahren fünfzehnjährig gewesen.

Ehe ich noch zurückfragen konnte: „die zwei Frauen?", war der Arzt verschwunden.

Die wirkliche Scham beginnt also nun erst.

Nagasaki

Im Autobus passierten wir Loren, Bagger und Krane, dann die Baustelle, wo, anstelle der vor dreizehn Jahren zerstörten alten Kathedrale, im Gerüst bereits erkennbar, die neue Kathedrale entsteht. Mit poker face erläuterte der neben mir sitzende Dolmetsch: „You brought it, you destroyed it." „Ihr habt es gebracht, Ihr habt es vernichtet." Ob er mit seinem ‚it' nur das eine Gebäude meinte oder etwas Allgemeineres, das ließ er offen. Ohne zu zeigen, daß er etwas offen ließ. Ich drang auch nicht in ihn, denn seine Worte waren mir durch und durch gegangen, und ich versuchte auszufinden, weshalb. Erst jetzt ist mir klar, daß seine Worte aufs absurdeste an die Formel anklangen „Der Herr hat gegeben, der Herr hat genommen, der Name des Herrn sei gelobt." Nur daß dieser Lobpreisung der Formel bei ihm nichts entsprach.

Nagasaki

Wie unzulänglich heutige Denkmäler sind. Das hat keine kunstgeschichtlichen Gründe. Zwei Ängstlichkeiten (und zwar zwei, die miteinander im Streit liegen) scheinen das Gelingen zu verhindern. Beide sind charakteristisch für die zweideutige moralische Haltung, die wir der Zeit des Grauens gegenüber einnehmen.

Einerseits schämen wir uns – vor wem, ist bereits unklar –, als völlig Vergeßliche dazustehen, also auf Errichtung von Denkmälern ganz und gar zu verzichten. Andererseits wehren wir uns aufs energischste dagegen, uns wirklichem Erinnern auszusetzen, also die Mahnung allzu deutlich auszusprechen oder die Mahnmale gar an solchen Plätzen aufzurichten, an denen sie uns täglich ins Auge oder gar ins Gewissen springen könnten. Ich weiß von keinem einzigen in das Zentrum einer deutschen Stadt gesetzten Denkmal, das uns täglich die von Hitler Ermordeten ins Gedächtnis zurückriefe. Die Reiterstandbilder stehen noch. Aber die Mahnmale, die man offenbar deshalb gebaut hat, um sich das gute Gewissen zu verschaffen, *nicht nichts* getan zu haben, die hat man an versteckten Stellen errichtet, die hat man versteckt, nicht anders, als man diejenigen Untaten und diejenigen Opfer versteckt hatte, an die die Mahnmale mahnen sollen.

Was in Deutschland gilt, scheint leider auch hier zu gelten. Die Zeichen, die man aufgerichtet hat, sind einfach nichtig. Und ich fürchte, auch hier beweist diese Nichtigkeit nicht nur Talentmangel.

Soeben habe ich an der Stelle gestanden, an der (oder über der) die Bombe explodiert ist. Wenn man es nicht wüßte, man wüßte nicht das mindeste. Eine Grünanlage. In ihr eine Art von Obelisk, der ebensogut ein Kaisertreffen bezeichnen könnte. Vor diesem eine Erklärungstafel. Und vor dieser ein fliegender Händler, der diese Dürftigkeit in Form glasierter Ansichtspostkarten verkauft. Das ist alles.

Nein. *Doch* nicht alles: Im Rasen noch ein Mauerstück der zerschlagenen Kathedrale, das man hierher geschafft hat.

Gewiß, jedes Denkmal wäre hier gleichermaßen unangemessen. Selbst das des bedeutendsten Bildhauers. Im Vergleich mit der Größe des Unheils und der Untat würde wohl jedes, auch das ernsteste, Kunstwerk unernst wirken. Das Ende der Angemessenheit der Kunst. Vielleicht ist dieser Gedanke denen, die diesen Platz anzulegen hatten, undeutlich bewußt gewesen. Denn auf ein Kunstwerk haben sie verzichtet und die Stelle lediglich markiert. Aber dann ist eben die Markierung zu dürftig ausgefallen. Für Wesen mit unverläßlicher Vorstellungskraft, also für uns Menschen, reicht so etwas nicht aus. Und dabei hätte es eine Möglichkeit gegeben. Eine, die ein für alle Male ausgereicht hätte. Aber davor hatte man eben auch hier Angst.

Man hätte nämlich auch hier, genau so wie in Hiroshima, das Kernstück des Unheils einfach unangetastet liegen lassen müssen. Man hätte es durch eine Einfriedung zu einem tabuierten Gebiet, zu einem „temenon" machen müssen. Zu spät. Nachgeholt werden kann so etwas nicht. Trümmer eigens zum Zwecke ihrer Schaustellung herzustellen, wäre nur manieristisch.

Mitternacht

Akademisch waren meine Denkmal-Überlegungen hier nicht. Denn man *hat* hier ein Denkmal errichtet. Zwar nicht an dieser Stelle. Aber doch an einem so repräsentativen und sichtbaren Platz, daß nun dieser zum eigentlichen „Atomplatz" Nagasakis geworden ist.

Aber dieses Denkmal ist ein Greuel.

Niemand kann behaupten, daß diese „Memorial Statue" auch nur das mindeste mit dem Unheil zu tun habe oder (obwohl sie vorgibt, den Friedensgott darzustellen) mit dem Wunsch nach Frieden. Was man da auf dem Hügel über der Stadt und die Stadt beherrschend aufgestellt hat, ist ein kolossaler, auf schwerem Granitsockel aufmontierter Kerl, dessen brutaler Thorax, dessen klobiger Nacken, dessen keulenhafte Arme und Beine einem Schwergewichtler abgesehen sind; während sein (proportional viel zu klein geratener) Kopf einem schlau und verschlafen lächelnden Kretin gehört. Hätte es in der Absicht des Bildhauers gelegen, ein Götzenbild der blindesten, vernunftlosesten und genüßlerischsten Gewalttätigkeit zu errichten, besser als durch dieses Bildwerk hätte er seine Absicht nicht verwirklichen können. Dazu kommt, daß die angeblich an die asiatische Positionssymbolik anknüpfende Stellung seines Körpers ein Hakenkreuz beschreibt – ob mit oder ohne Absicht, weiß ich nicht. Gleichviel, die Geste seiner gen Himmel gereckten Rechten und seiner angeblich segnenden Linken sind von einer kaum überbietbaren Unerbittlichkeit. Hätte man mich, ohne mich zuvor über die Bewandtnis der Skulptur zu belehren, gefragt, was sie bedeute, ohne auch nur einen Augenblick zu zögern, hätte ich geantwortet: Einen kolossalen *Baal,* dessen Rechte das zur Opferung bereitstehende Schlachtvieh in Schach halte; während die Linke gen Himmel weise, um auszudrücken, daß der Opferbefehl, der da von oben komme, Widerspruch nicht dulde. Geschichtlich: Der Stil scheint nationalsozialistischen Monumentalskulpturen abgeguckt. Wäre das Stück als Symbol der japanischen olympischen Spiele entstanden, man würde sagen: „typisch". Die Warnung ist ein extrem charakteristisches Stück dessen, wovor angeblich gewarnt werden soll.

Vor diesem Muskelprotz sollen nun also die zwei Veranstaltungen stattfinden: die heute abend und die morgen früh.

Nacht

Die Abendveranstaltung: Der „Kerl" war als angeblicher Schutzpatron Nagasakis, ja des Weltfriedens, angestrahlt. „The Lord in the Limelight". Er hob sich grell und kreidig vom südlichen Abendhimmel ab. Daß der Eindruck atemberaubend war, ist leider unbestreitbar. Leider: denn es ist einfach schändlich, wie großartig etwas Abgeschmacktes, ja Abscheuliches durch zu gute Illuminierung werden kann; um wieviel großartiger als sachlich beleuchtete Meisterwerke. Prinzip und Leistung des ‚limelights' offenbar identisch mit Prinzip und Leistung der publicity: beiden bleibt es völlig gleichgültig, wie mittelmäßig, vulgär oder schuftig der Gegenstand, den sie aus dem Dunkel herausholen. In beiden Fällen wird nicht das Große angestrahlt, sondern umgekehrt das Angestrahlte, eben *durch* die Anstrahlung, groß gemacht.

Aber niemand kümmerte sich darum, niemand schien von dem Kerl überhaupt Notiz zu nehmen. Denn die da, am Vorabend des Gedenktages, die Anhöhe bestiegen hatten, das waren durchweg Menschen, die man nicht nur nicht künstlich zu beeindrucken brauchte, die man wohl künstlich auch garnicht hätte beeindrucken können: nämlich die Opfer und die Hinterbliebenen, die von sich aus und sehr genau wußten, was geschehen war, worum es ging und was sie zu verlangen hatten. Deren Zahl hier (da die Hügel der Stadt Feuer und Radioaktivität eingedämmt hatten) wohl größer als in Hiroshima. Jedenfalls waren, die da über der Stadt saßen (während von unten, aus der Hafengegend, Feuerwerk in den abendlichen Himmel aufstieg) Zeugen, Hinterbliebene und Ankläger. Die Versammlung war eine wirkliche Gedenkversammlung, die Veranstaltung eine wirkliche Protestveranstaltung.

Zur Eröffnung – ein ermutigendes Anzeichen dafür, daß die Gruppe ihre Esoterik nun etwas zu durchbrechen beginnt – die, übrigens durchaus würdigen, Begrüßungen durch Würdenträger. Aber die Hauptredner waren die Männer und Frauen des Opferverbandes, und das Hauptthema war und blieb eben die Forderung: Anerkennt uns als Kriegsopfer, helft uns wie Kriegsopfern, jedenfalls *dieses eine* Mal: denn ein „nächstes Mal" darf es ja nicht geben. Daß diese Forderungen noch im Jahre 13 des Atomzeitalters wiederholt werden müssen, bleibt, obwohl wir ja in Hiroshima genug davon gehört haben, weiter bestürzend. Offenbar ist die Sturheit, mit der die Sozialpolitiker die alten Klassifikationen jener Zeit, in der es Atomopfer noch nicht gegeben hatte, weiter aufrechterhalten, um nichts geringer als die Sturheit, mit der Militärs ihre Klassifikationen (z. B. der atomaren ‚monstra' als ‚Waffen') aufrechterhalten. Wenn es (was freilich unwahrscheinlich ist) bei dieser Nichtanerkennung bliebe, dann würde im Kriegsfalle die widersinnige Situation entstehen, daß es am sichersten wäre, Soldat zu sein. Bedroht wären zwar im Atomkriege Militär und Zivilbevölkerung in gleichem Maße; aber die Zivilisten würden darüber hinaus das Risiko laufen, im Falle ihrer Verwundung nicht als unterstützungsberechtigt eingestuft zu werden oder im Sterbefalle ihre Angehörigen ohne Ansprüche zurücklassen zu müssen. Unter einem „Zivilisten" hätte man dann also – dies ein Vorschlag für das „Wörterbuch für morgen" – einen „unversicherten moriturus" zu verstehen; unter einem Soldaten einen „versicherten".

Auffällig der Unterschied zwischen den Ansprachen der Männer und der Frauen. Offenbar sind die Männer durch Schulung in Reserviertheit und Selbstbeherrschung rhetorisch viel mehr behindert als die Frauen; jedenfalls gab es keinen, der seine innere Beteiligung offen gezeigt hätte. Die Frauen dagegen schienen durch keinerlei Konvention behindert: Sie berichteten offen von ihren persönlichen Erlebnissen, sie trugen ihr Herz auf der Zunge; und einer passierte es, daß sie sich, als sie Einzelheiten des vor dreizehn Jahren Geschehenen wieder aufleben ließ, in eine solche Erregung hineinsteigerte, daß sie um ihre Fassung wiederzugewinnen, aussetzen mußte.

Niemals habe ich eine so vollkommene Stille gehört wie die Stille, die die Versammlung während dieser Pause beobachtete. Mit einem Male war unser Gipfel ein verstummter Platz, und vernehmbar war plötzlich nur das Ferne, nämlich das ferne Knattern des Feuerwerks, das über den Dächern abgebrannt wurde. Und niemals habe ich so etwas von solidarischer Scham erlebt. Denn es gab wohl niemanden unter uns, der die Frau, die, allen Blicken ausgesetzt, ihr Schluchzen zu bekämpfen versuchte, angeblickt hätte; man kann beinahe sagen: niemand hat sie gesehen. Denn alle senkten, um der sich Schämenden die Scham zu erleichtern (und zwar dadurch zu erleichtern, daß auch sie sich schämten), ihre Augen; um sie erst dann wieder zu heben, als die Stimme der Frau von neuem zu hören, nein, als sie wieder sicher geworden war. Menschlicheres kann man sich wohl kaum vorstellen.

Und noch eine andere von ihnen war unvergeßlich; eine von Schmerz und düsterer Empörung lodernde, die nicht nur ihre gesamte Familie verloren hatte, sondern nun seit kurzer Zeit selbst, und zwar hoffnungslos, atomkrank ist; und die nun die letzte ihr vergönnte Frist der „Sache" gibt. Der Läufer von Marathon, der nach Ablieferung seiner Botschaft zusammensinkt.

Ihre Ansprache war der Höhepunkt der Veranstaltung. Denn obwohl, wie ich glaube – und auf den Übersetzer konnte man sich wohl ziemlich verlassen – der Unterschied zwischen dem, was sie sagte, und dem, was vorher gesagt worden war, nicht grundsätzlicher Art war, veränderten sich doch die bis dahin stillen Zuhörer total: sie gerieten in Erregung, sie riefen dazwischen, sie schürten die Flammen. Und auch mir erschien diese Frau, wohl einfach deshalb, weil ich wußte, daß sie gerade *noch* zu uns sprechen konnte, aber bei der Feier im nächsten Jahre vermutlich nicht mehr würde sprechen können, als *die* Sprecherin des Abends.

Nagasaki, 9. August

Jahrestag der Katastrophe. Komme gerade von der Morgenfeier, die auf einer Anhöhe oberhalb der Stadt stattfand.

Hatte nicht geahnt, wie intim mein Nichtglauben noch dem Glauben zugehört, den er verlassen hat; bis zu welchem Grade er ein polemisch abhängiger Ableger geblieben ist. Wahrscheinlich ist mein Nichtglaube dem monotheistischen Glauben viel ähnlicher als denjenigen Spielarten des Nichtglaubens, in denen andere Religionen ihr Ende gefunden haben. Kein Nein, das nicht das Erbstück eines Ja bliebe.

Kurz: Ich war empört, ich war skandalisiert. Denn die Feier war eine Baalfeier.

Gegen die Japaner besagt diese Feststellung natürlich nichts. Lediglich etwas über uns: nämlich über den protestantischen Theologen V. und mich, die wir, zusammen mit den anderen Delegierten, an dieser Feier teilnahmen. V. und ich saßen nebeneinander. V. erbleichte trotz der Hitze; und er begann derart zu beben, daß ich fürchtete, er würde sich zu irgendeinem Sakrileg gegen das Sakrileg hinreißen lassen. Wenn das nicht geschah, so wohl auch deshalb, weil er gleichzeitig über alle Maßen verwundert darüber war, daß mein Zorn nicht geringer war als der seine. Die Blamage meines Unglaubens rettete die Situation.

Wie gesagt: Es war ein Götzendienst; der erste, an dem ich teilgenommen habe; der letzte, hoffe ich, an dem ich teilnehmen werde. Götzendienst: Denn die heutige Feier fand nicht nur wie die gestrige zu Füßen des steinernen Gottes statt, sondern zu dessen und ausschließlich zu dessen Ehre. Nicht *für* den Gott stand der Stein, dieser *war* vielmehr der Gott. Und dieser vergottete Stein war es, der angesprochen wurde; dem die Verbeugungen galten und für den die Spenden bereitlagen. Wir dagegen, wir Menschen, durften den Ritus nur von hinten, mit Blick auf die Rücken der Zelebrierenden, betrachten; neben dem Koloß blieben wir Nichtse; und zuweilen hatte ich sogar das Gefühl, wir seien auf Opferung wartendes Schlachtvieh – was natürlich vollendeter Unsinn war, denn offeriert wurden lediglich Blumen.

Und doch, vernünftiger wäre es gewesen, man hätte uns vorher einen Wink über die Natur dieser Veranstaltung gegeben, so daß wir uns taktvoll hätten heraushalten können. Irgendwie mitzumachen war aber, wenn wir die Heiligtümer der Gastgeber nicht beleidigen wollten, nicht mehr zu vermeiden; so hatten auch wir dem Steine unsere Buketts darzubringen. Zwar war es tröstlich, daß die gemeinsame europäische Herkunft wie eine Konspiration wirkte: daß es also niemanden unter uns gab, der, die Japaner nachahmend, dem Steine Ehrenbezeugungen erwiesen hätte; und daß der Stein sich unsere Nichtachtung verschlafen gefallen ließ. Aber die Beleidigung, die unsere Unterlassung für die Priester und die Gläubigen darstellte, die hätte man eben vermeiden können. Und nun war es zu spät.

Von Anbeginn versuchte ich mir die Frage zu beantworten, welche Haltung und welche Rolle man von uns europäischen Gästen eigentlich erwartete: Ob man uns als bloße Zuschauer dazugeladen hatte oder irgendwie doch als Kultteilnehmer. Aber diese Frage ist vermutlich unbeantwortbar, wahrscheinlich hatten sich unsere Gastgeber diese Frage gar nicht vorgelegt, vielleicht hätten sie sie auch gar nicht verstanden. Denn sogar in welcher Attitüde die Japaner selbst teilnahmen, blieb mir undeutlich. Wenn ich nicht sehr irre, blieben auch sie, mindestens die Mehrzahl von ihnen, unverbindliche Theaterbesucher – sofern sich die Unterscheidung zwischen ‚Verbindlichkeit' und ‚Unverbindlichkeit' hier überhaupt anwenden läßt; denn vielleicht hat auch diese Unterscheidung keinen Sinn außer in unserer speziellen europäischen Deismus- und Säkularisationssituation.

Gleichviel: Niemals ist mir die Wurzel meiner Existenz mit solcher Deutlichkeit sichtbar geworden wie während dieser drei Stunden, in denen die murmelnden Geistlichen dem Stein gaben, was keinem Stein zukommt. Aber jetzt kenne ich meine Wurzel: Sie heißt: ‚Du sollst dir kein Bildnis machen'. Ihr entstammen alle meine Leidenschaften. Wenn ich ‚philosophiere', so besteht meine Tätigkeit in nichts anderem als in der Befolgung dieses Gebotes, in der Bekämpfung menschgemachter absoluta, also in *Ikonoklasmus*; und wenn mir die Nähe zum Marxismus nachgesagt wird, so mit Recht: weil dieser, wie lärmend er auch vom praktizierenden Materialismus als ‚materialistisch' geschmäht wird, und ob er die Idole auch ‚Ideologien' nennt, als Kampf gegen Idole mindestens begonnen hat und die letzte große geschichtliche Verwirklichung des Ikonoklasmus gewesen ist.

Die Bewandtnis der Feier blieb mir um so unklarer, als sie keiner bestimmten positiven Religion zuzugehören schien. Das klingt befremdlich, weil es ja schließlich (sollte man meinen) nichts gibt, was die ‚Positivität' einer Religion unzweideutiger festlegen könnte, als ein bestimmtes Götterbild; und ein solches Bild ja nicht nur da war, sondern die Feier sogar beherrschte. Trotzdem – deuten kann ich das nicht, sondern nur mitteilen – trotzdem war die Veranstaltung ein *gemeinschaftliches Ritual,* denn sie wurde in „teamwork" zelebriert von Geistlichen dreier verschiedener Kirchen: von zwei buddhistischen Priestern, einem shintoistischen, und sonderbarerweise von einem der High Church.[17]

Die Frage, wie eng diese Geistlichen zusammengehörten, ist schwer zu beantworten. Mitteilbar dagegen ist das Bild, das sie boten: Daß sie nämlich (durch zwei von Tempelbeamten gehaltene Schirme gegen die Sonnenglut geschützt) wie vier Großinquisitoren nebeneinandersaßen, oder wie vier Mumien, also absolut reglos. In der Tat hatte man das Gefühl, daß sie mit nichts anderem beschäftigt waren als damit, das Prestige und die Würde der Religion, die sie vertraten, aufrechtzuerhalten; also einen ‚Wettlauf der Lähmung' zu gewinnen. Sie gewannen ihn alle. Lebendig wirkte allein das Federwerk auf ihren Köpfen, das dann und wann, von einer leichten Seebrise bewegt, über ihnen raschelte; dadurch freilich den Eindruck der Versteinerung oder der Verholzung ihrer Gesichter und Leiber noch erschreckender machte. Die Identität von Unbeweglichkeit und Würde war mir zwar auch früher schon bekannt gewesen. Aber von diesem ‚Vorstadium der Skulptur', in dem Würdenträger, obwohl noch lebendig, sich selbst ‚statuarisieren'; und in dem sie die Statuen, die ihnen später vielleicht gesetzt werden, gewissermaßen bei Lebzeiten vorwegnehmen, davon hatte ich nichts gewußt.

Der Ausdruck ‚gemeinsames Ritual' ist nicht übertrieben. Wenn Geistliche verschiedener Religionen an einer einzigen Veranstaltung so teilnehmen, daß sie sich in ihrer Funktion nach einem gemeinsam ausgearbeiteten Minutenplan ablösen, dann resultiert eben ein *neues Ritual,* dann ist damit eine gemeinsame *Mischreligion* gestiftet. Für Europäer ist auch das etwas Unnachvollziehbares. Die Entwicklung, die, als die Gefahr einer Selbstzerfleischung Europas akut wurde, vor drei Jahrhunderten bei uns einsetzte: die teils zur gegenseitigen Tolerierung oder Respektierung der positiv bleibenden Religionen führte; teils deistisch neutralisierte Bildungsreligionen mit sich brachte; teils das Aufkommen zugespitzter (oft selbst wieder religionsähnlicher)

Atheismen nach sich zog – diese Entwicklung stellte offenbar nur eine unter anderen Entwicklungsmöglichkeiten dar. Schon was als praktizierter Religionsfriede in den Vereinigten Staaten üblich ist: die gegenseitige Gastfreundschaft der Kirchen bei Beibehaltung und bei gegenseitiger Anerkennung der Unterschiede ihrer Positivität (Beispiel: der in eine baptistische Kirche zur Predigt eingeladene Rabbiner oder Episcopalian) ist für den Europäer befremdlich. Aber was sich hier abgespielt hat, das läßt, da es sich um eine effektive kultische Kooperation verschiedener Religionen handelt, auch diese Form aktiven Religionsfriedens weit hinter sich.

Meine japanischen Freunde, mit denen ich so viele andere Probleme ohne grundsätzliche Schwierigkeiten durchsprechen kann, würden mein Staunen wohl kaum verstehen. ‚Positivität' der Religion bedeutet für sie offenbar etwas ganz anderes als für uns. Als ich mich neulich darüber wunderte, daß ein Paar, das sich shintoistisch hatte trauen lassen, regelmäßig buddhistische Tempel besuche, waren sie über meine Verwunderung verwundert. In der Tat gelten ja auch die Shinto-Gottheiten als Manifestationen der im Buddhismus etablierten Grundkräfte; was beweist, daß die zwei Religionen nicht nur in gegenseitiger Duldung leben, sondern in der Eintracht einer gemeinsamen Theologie.

Mit den Delegierten aus Europa oder Amerika über dieses Problem zu sprechen, ist freilich auch nicht leichter. Der erste, mit dem ich es versuchte, ein Katholik, war verblüfft über mein Nichteinverständnis: „Gerade *Sie*", meinte er, „müßten doch begeistert davon sein". – Als ich zurückfragte, warum gerade *ich:* „Was bedeutet denn Ihr Bemühen, einen für alle verbindlichen moralischen Kodex des Atomzeitalters aufzustellen, anderes als das, was hier praktiziert wird? Ist es denn nicht auch Ihr Wunsch, buddhistische Priester, christliche Theologen, Professoren, Ungläubige und was noch auf einen einzigen Nenner zu bringen?" – „Das schon", gab ich zu. – „Sehen Sie! Begrüßen sollten Sie also, was hier vor sich geht; nicht bemäkeln". – Ob er selbst positiv dazu stand oder negativ, ließ er nicht durchblicken; deutlich war dagegen, daß er einen grundsätzlichen Unterschied zwischen diesem Zeremonialgulasch und meinem Ziel nicht sehen konnte.

Mit den Linken war es auch nicht leichter. Im Gegenteil: Gerade sie sind aufs tiefste beeindruckt durch diesen Religionsfrieden; gerade sie finden, wir müßten uns an dieser Eintracht ein Beispiel nehmen und von ihr lernen.

Selbst ein Reformierter aus Holland, der offenbar an die gegenseitige Fremdheit des katholischen und des protestantischen Volksteils gewöhnt ist, ist enthusiastisch. Zu begreifen, daß im Augenblick solchen Friedens die Religionen ihren Wahrheitsanspruch aufgeben und damit sich selbst verspielen, ist er außerstande. Meine Situation ihm gegenüber einfach absurd: Bis gestern hatte ich ihm als gefährlicher Atheist gegolten. Da ich nun von Theokrasie und Religionsgulasch abrücke, glaubt er, aus irgendwelchen geheimnisvollen taktischen Gründen träte ich plötzlich als Apologet der positiven Religion auf. Was mich in seinen Augen nun natürlich vollends verdächtig macht.

Der einzige, der meine Position versteht, ist der protestantische Theologe V. ,,Eine Schande für uns", meinte er (oder so ähnlich), ,,daß Sie, der Nichtgläubige, besser empört sind als die Unseren". Und auch mir ist etwas unheimlich zu sehen, daß es Situationen gibt, die ihn, den wirklich Gläubigen, und mich, den wirklich Ungläubigen, zu Komplizen machen.

Nagasaki

Wurden als Gruppe vom Direktor eines Krankenhauses empfangen. Fragte ihn nach der Rolle von *Neurosen.* – Seine Antwort: Die gebe es zwar, aber nicht so sehr unter den Kranken als unter den Gesunden und Nochgesunden, von denen sich manche (wie viele, sei natürlich nicht feststellbar) jeden Abend mit der Angst schlafen legten, am nächsten Morgen atomkrank aufzuwachen; die in jeder harmlosen Müdigkeit die ersten ominösen Symptome zu erkennen glaubten. Die Tatsache, daß gestern noch scheinbar ganz gesunde Nachbarn plötzlich erkrankten, also die unheimliche Latenzzeit, die die Gesundheit nachträglich als Scheingesundheit erweise, habe einen außerordentlich starken Eindruck gemacht; und richte, obwohl die Zahl der neu Erkrankenden neben der der in den Katastrophen Umgekommenen natürlich niedrig sei, mehr Schaden an, als es die drei Schock-Ereignisse: Hiroshima, Nagasaki und ‚Lucky Dragon' getan hätten.

Die Frage, die ich nun niederschreibe, offen zu stellen, hatte ich Hemmungen. Aber ob nicht der seelische Schaden, den die Angst anrichtet, auch ein ‚produktiver Schaden' ist? Ob nicht diese Angst als Korrektiv des Vergessens von Wert ist? Ob sie nicht verhindert, daß die Katastrophen Hiroshima und Nagasaki ins Gewesene absinken und zu bloß geschichtlichen Ereignissen werden? Was außer dieser Angst könnte denn fähig sein, das Bewußtsein der Gegenwärtigkeit der Bedrohung so frisch zu erhalten?

Nagasaki

Dies schreibe ich im ich weiß nicht wievielten Stockwerk des Hochhauses von Nagasaki: Tief unter mir rauchen Werkstätten, Fabriken, Häuser; hinten schiebt sich die Bucht in die Stadt; und, drei Viertel des Bildes einrahmend, erheben sich die Hügel, die so absolut kalifornisch aussehen, daß ich mir immer wieder zurufen muß: Du bist nicht in Los Angeles! – Hier sitze ich also mit einem Coca Cola, vor mir stehen Imitationen von Drugstore-sandwiches; und wäre ich Amerikaner, wahrhaftig, ich müßte das Gefühl haben: Reisen ist überflüssig. Wo ich hinkomme, ist Amerika.

In einer der unteren Etagen würde ich mich freilich, wenn ich Amerikaner wäre, nicht allzugerne aufhalten. Denn dort ist die ‚Sammlung' untergebracht, das heißt: die Kollektion derjenigen Stücke, die aus der Katastrophe übriggeblieben sind. Und obwohl diese Sammlung, was die Art der Aufstellung und die Zahl der Objekte betrifft, erheblich anspruchsloser ist als das repräsentative Atom-Museum in Hiroshima, kann sie doch, um im Museumsidiom zu reden, mit „Stücken ersten Ranges" aufwarten. In der Tat sind diese Stücke so ungeheuerlich, daß wir (mindestens diejenigen von uns, deren Seelen nach Hiroshima überhaupt noch erreichbar und verwundbar geblieben waren) uns in die Saalecken verdrückten, um (wie Kurzsichtigste damit beschäftigt, irgendein Trümmerphoto aus der Nähe zu studieren) unsere Fassung wiederzugewinnen und um uns so lange wie möglich der Beobachtung zu entziehen.

Es ist eine surrealistische Ausstellung. Warum surrealistisch?

Was surrealistische Bilder so schockierend macht: daß in ihnen nicht nur verschiedenartige Dinge zusammengerührt werden, sondern daß Dinge verschiedener Seinsweisen zum Zusammenwachsen gezwungen, ja Seinsweisen ausgetauscht werden – hier kann man lernen, daß diese Künste des Surrealismus dem Zeitalter absolut angemessen waren. Davon, daß der Surrealismus seine Hybriditäten oft mit Gusto am Grauen darbietet, will ich hier nicht sprechen, das gehört selbst zum Grauenhaften unseres Zeitalters. Sonst aber muß man ihm zubilligen: Nicht erfunden hatte er diese Hybriditäten, sondern gefunden. Auf seine Weise war er durchaus realistisch; realistisch gerade deshalb, *weil* er die Welt entsetzlich schilderte – womit ich nicht nur meine, daß er *uns* entsetzte, sondern daß er eine ,entsetzte' Welt darstellte: Daß er nämlich alles Lebendige und Menschliche absetzte: das humanum von den Stellen, auf die es gehört, fortsetzte; auf Stellen, auf die es nicht gehörte, versetzte: und es durch rein Dingliches ersetzte.

Und all das ist nun hier, obwohl wir uns wahrhaftig in keiner modernen Kunstgalerie aufhalten, zu sehen. Denn da ist zum Beispiel ein – ja, wie soll ich es nennen? – ein Gegenstand, der beim ersten ahnungslosen Hinblicken unkenntlich bleibt; aber nach der Lektüre der erläuternden Unterschrift langsam eine Verwandlung durchmacht, bis er plötzlich identifizierbar wird – tritt fort! Nein, auch wenn es kein ,,Gegenstand" ist, sondern ein Monstrum – tritt *nicht* fort, du *hast* es zu sehen, und du *hast* es beim Namen zu nennen. Denn was dir da vor Augen liegt, nur zehn Zentimeter vor dir, nur durch eine Scheibe von dir getrennt, so nah wie dein eigener Leib, das ist eine mit dem Glas einer Bierflasche zusammengeschmolzene Hand. Wo die Flasche aufhört, Flasche zu sein, und wo die Hand beginnt, Hand zu sein, das ist nicht auszumachen – aber den Bruchteil einer Sekunde vorher war da einer gewesen, der durstig die Flasche an seinen Mund hatte führen wollen, den ersten Zug hatte er vielleicht schon getan, mindestens zu Ende hätte man den Mann trinken lassen sollen – aber dann fiel die Schneide dieses jüngsten Gerichts dazwischen; und genau so wenig, wie es diese Schneide interessierte, ob die Handlung zu Ende war oder nicht, genau so wenig interessierte es sie, wo eine Hand aufhört, Hand zu sein, oder eine Flasche anfängt, Flasche zu sein – den Schnitt legte sie, wie es ihr beliebte – was ist schon der Unterschied zwischen Hand und Flasche, was geht sie schon die Verschiedenheit der Seinsweisen an – wo ihr ja doch ,,alles eins" ist, wo beides ja auf gleiche Weise schmelzbar ist, wo beides ja ,,nichts als" zerstörbares Material ist – wahrhaftig, wenn es eine sinnvolle Definition des Nihilismus gibt, nicht, daß er alles als ,,nichtig", sondern daß er alles als auf gleiche Weise vernichtbar ansieht, macht Nihilismus aus.

Dies also geschah im Blitz dieses Augenblickes. Und was der Blitz dieses Augenblickes hervorbrachte, das blieb stehen, das gerann zum Gegenstande, das wurde ewig – sprich: zum Glück ewig. Denn es wurde dadurch zum Zeugnis und, hoffen wir, zum ewigen Zeugnis.

Genug davon! Nein, nicht genug! Denn Entrinnen ist dir nicht gegönnt, man schiebt dich von Schaukasten zu Schaukasten.

Was du zuerst siehst, das scheint zwar erkennbar. Aber was du erkennst, das ist nur die Hälfte, nein, das ist nichts. (Ich spüre, die Beschreibung wird nun gemein, aber: schreib weiter! Und wer das einmal lesen sollte: lies weiter! Denn nur das Gemeine erreicht das Grauenhafte) – was du also vor dir siehst, das ist, es klingt wie eine patentierte Erfindung, ein *Stahlhelm mit doppeltem Boden;* und das heißt: Von der Hohlwand dieses Stückes, das als Schutz gemeint war, als Schutz eines „Ebenbildes", von der Hohlwand dieses Stückes nicht mehr ablösbar, liegt, gut hineinpassend wie eine Suppenschale in eine andere, eine Schädeldecke. Und irgendwo, längst vergessen, irgendwo verbrannte, was sonst an dem Mann gewesen sein mochte. Offenbar gehörte eben für diesen Blitz die Schädeldecke mehr zum Helm als zum Menschen; und so teilte er eben auf seine surrealistische Manier, und so verbuk er eben die Teile auf seine surrealistische Manier.

Genug davon! Nein, auch jetzt noch nicht genug! Denn man schiebt dich weiter, Beschwerden werden nicht entgegengenommen. Wo Siebzigtausend auf einmal zusammenbrachen unter dem Blitz dieses Augenblicks, da ist es schon das größte Entgegenkommen, wenn du nur von Schaukasten zu Schaukasten gestoßen und für einige Minuten nicht losgelassen wirst.

Zuerst scheint es nur ein Nichts. Eine Reliquie kann es jedenfalls nicht sein. Denn es ist ja nur ein Photo. Nur ein Bild. Nur das Bild einer Mauer. Was soll ich damit?

Blick sorgfältiger hin. Vielleicht hast du es nicht sorgfältig genug angeschaut. Was siehst du auf der Mauer?

Richtig. Da gibt es etwas. Eine Silhouette, oder einen Schatten. Den Schatten eines Mannes. Was ist daran so erstaunlich?

Entdeckst du andere Schatten auf dem Bilde?

Nein.

Und siehst du einen Mann, der den Schatten werfen könnte?

Auch nicht.

Also?

Was heißt „also"? Das gibt es doch nicht. Einen Peter-Schlemihl-Schatten. Einen Schatten ohne Mann. Einen Schatten, der sich selbständig macht. Einen verewigten Schatten.

Doch, genau das gibt es. Und deshalb stehst du hier. Lies die Erklärung.

Vor sich gegangen war das so:

Da hatte am Vormittag des 9. einer nichtsahnend an dieser Mauer gelehnt. Und dann hatte der Blitz eingeschlagen. Und im Augenblick war die Mauer eine glühende Fläche, und der Mann Asche gewesen.

Nicht dagegen verglüht war diejenige Mauerfläche, die der Mann im letzten Bruchteil seiner letzten Sekunde zugedeckt hatte. Dieses Stück war durch die Blitzlichtaufnahme festgehalten. Als Negativ. Dieses Stück hatte er gerettet. In diesem Negativ hatte er sich gerettet. Denn es ist die einzige Spur, die von seinen Erdentagen geblieben ist. Und die einzige, die von seinen Erdentagen bleiben wird.

Was also wird bleiben von uns?

Das also wird bleiben vom letzten Menschen: Seine Kontur auf dem Gegenstande, den sein Leib im Augenblicke des Blitzes zufällig schützen wird. Das wird das letzte Bild vom letzten Menschen sein. Wenn man es ein Bild nennen darf. Denn Zeugen, die es finden würden oder die es erkennen könnten, die wird es ja nicht geben. Sondern nur andere Schattenbilder auf anderen Mauern. Aber die werden blind sein und einander nicht erkennen.

Und damit war der Ausstellungsbesuch zu Ende.

Unten aber, in diesem selben Gebäude, nur ein paar Meter von hier entfernt, nur ein paar Welten von hier entfernt – unten sind „Kulturräume" eingerichtet, und sogar einen erfrischenden und innenarchitektonisch erfreulichen Springbrunnen gibt es dort. Und auch wir sind eingeladen, am Abend an einer Vorführung von Volkstänzen und am Absingen von Volksliedern teilzunehmen.

Ich fürchte, ich fürchte: Die nur wenige Meter über uns ausgestellten Objekte, von denen ich nicht begreife, daß sie ihren Kästen noch nicht zu schwer geworden sind und daß sie sich noch nicht durchgeglüht haben durch die Fußböden – ich fürchte, daß sich diese Objekte, die aufgehoben wurden, um das Vergessen zu verhüten, langsam infizieren werden an dem Restaurant oben und an dem Springbrunnen unten; und daß sich die Sammlung allmählich in das verwandeln wird, was Museen gewöhnlich sind: In eine Abladestelle für das, was man nicht unterzubringen weiß, aber fortzuwerfen sich geniert. Dann wird die Verwüstung Nagasakis verwüstet und der Platz frei sein für neue Verwüstung.

Nagasaki

Hinauf in die Berge – gastfreundliche Idee unserer Wirte, denn wir Delegierten brauchen dringendst Luft und Schlaf. Nach Unzen. („Ja, nach Unzen müßten Sie", hatten mir die Wiener Ärzte vor acht Jahren schmunzelnd gesagt, „da würden Sie Ihre Arthritis schon loswerden! Aber wer kommt da schon hin!" – Ich. Nur acht Jahre zu spät.) Vom serpentinenhaft steigenden Bus aus Blick nach unten: Fischerdörfer, in die Buchten hineingeschmiegt; Netze, endlos lang, am Strand trocknend, von hier oben wie Schleierfetzen; das Meer; in ihm, wie Brösel, zahllose Inseln. Je höher wir steigen, desto atembarer die Luft. Schwarzwaldgeruch. Plötzlich stinkt's: Schwefel, Grund neben der Chaussee brodelt. Nachtspaziergang durch den Ort: könnte eleganter Schweizer Kurort sein. Zu große Hotels, zu teure Lokale, Andenkenläden mit rübezahlartigem Zeug. Kühle Nacht, wirklich geschlafen. Buchfinken am Morgenfenster unverschämt, als seien *sie*, die japanischen, die eigentlichen Buchfinken. Morgenspaziergang: Sohlen werden heiß; Pfützen, die Blasen treiben; Felsen, zwischen denen es teekesselhaft pfeift. Natur scheint höhnend zu mahnen, daß auch sie noch nicht ausgespielt hat und uns als Katastrophenkonkurrenten noch nicht zu fürchten braucht. Dann nach vierzehnstündigem Intermezzo in der Höhe zurück in die Glut von Nagasaki.

In der Bahn zurück nach Tokio

„Schätzungen" lese ich, „der möglichen oder wahrscheinlichen Verluste bei Atomangriffen auf die 50 bedeutendsten Städte der U. S. A.: Außer 10 bis 20 Millionen Toten 20 bis 25 Millionen Verwundete."

Der Schreiber scheint dagegen. Weshalb?

„Eine derartige Ziffer", antwortet er, „würde die Frage, wie man die Verwundeten besorgen könnte, zu einem beinahe unlösbaren Problem machen."

Ist der Mann wirklich dagegen?

Nichts weniger als das.

Denn *als was* sind (von den Toten zu schweigen) die Verwundeten in die Rechnung eingesetzt?

Lediglich *als ein Leistungsquantum, dem das Sanitätspersonal*[18] *nicht gewachsen wäre.* In anderen Worten: das Problem der Menschenvernichtung und -beschädigung ist auf ein bloßes Verhältnis von Arbeiterzahl und Arbeitsquantum reduziert. Töten verboten wegen möglicher Überarbeitung der Totengräber. Es wäre durchaus rechtmäßig, zu folgern, daß unser Mann zu dem „beinahe unlösbaren Problem" positiver stünde, wenn es im Massenstil arbeitende Caritas-Fabriken gäbe, die sich um 20 bis 25 Millionen am laufenden Bande kümmern könnten.

Tokio

Ein Stoß von Tabellen, die den Atomkrieg betreffen, ist mir ins Haus geflogen. Die absendende Stelle ist mir zwar unbekannt, aber da ich im „International House" wohnte, ist sie nicht schwer zu erraten. Bagatellisierungs-Futter.

Freilich ungeheuer lehrreiches: Denn es enthüllt den Stand der heutigen Lüge und verrät den Stil der heutigen Heuchelei.

Das Material enthält nämlich keine, mindestens keine in die Augen springenden, Unwahrheiten. Da alles durch die Unwahrhaftigkeit der Darbietung gefälscht werden kann, erübrigen sich direkte Unterschlagungen oder Fälschungen.

Die tabellarisch aufgestellten Tatsachen sehen aus

1. „unvermeidlich",

2. „nicht so schlimm". (So bietet z. B. eine Tabelle über Hiroshima-Tote kein anderes Bild als jede andere Allerweltstabelle, etwa eine über Eierexport aus Idaho.)

„Unvermeidbar, aber nicht so schlimm" – dies der psychologische Doppeleffekt, der erzielt werden soll. Der Tabellenmacher weiß, was er will. Oder richtiger: was man von ihm erwartet.

Tabellen fortgelegt. Regel: *Wird eine an sich wahre Aussage über Gegenstand A so präsentiert, wie es sich für Gegenstand B schickt* (also z. B. durch Tabellen), *dann wird A als B verstanden* und klassifiziert; dadurch gefälscht. Irregeführt durch diese Fälschung: nicht nur der Verstand, sondern auch das Gefühl; denn Tabellen nimmt man höchstens zur Kenntnis, man fürchtet sie nicht. Und nicht nur der Leser, sondern auch der Produzent der Aussage: früher oder später muß sich, wer tabellarisch über die Apokalypse schreibt, seinem Gegenstande gegenüber blind machen.

Die Verwandlung von Ereignissen in tabellarische Daten heute um nichts weniger verhängnisvoll als die Verwandlung unserer Lebenswelt in eine Warenwelt. Da die gedruckte Tabelle, die (wie z. B. hier) „die zu erwartende Verlustquote von X% der Bevölkerung des Landes A und die Y% Verringerung dieser Quote bei nur Z% Einsatz großer Bomben" darstellt, ordentlich aussieht, scheint die dargestellte Sache selbst gleichfalls in Ordnung. Die *Sauberkeit von Berichten färbt auf die Gegenstände der Berichte ab.* Das adrette und verläßliche Gesicht der statistischen Aufstellung macht die rauchenden Trümmer hygienisch und desinfiziert die radioverseuchten Kadaver.

Um was für eine Manipulationsart handelt es sich bei einer solchen „Desinfizierung"? Um eine Art von „Verfremdung"?

Offenbar nicht. Denn beabsichtigt ist ja gerade das Gegenteil von „Verfremdung": nämlich daß die Befremdlichkeit und Ungeheuerlichkeit dessen, was geschehen ist oder geschehen könnte, *verkleinert* werde.

Also um eine Art von „Verbiederung"?[19]

Offenbar auch nicht. Denn der Ton der wissenschaftlichen Sprache zielt ja nicht auf Verniedlichung, sondern umgekehrt auf „Vernüchterung".

Was aber bleibt außerhalb der Alternative „Verfremdung – Verbiederung" übrig? Gibt es denn etwas außerhalb ihrer?

Es gibt etwas.

Nichts wäre nämlich naiver als zu glauben, unsere heutige Lebenswelt zerfiele in die zwei säuberlich voneinander geschiedenen Sparten „Vertrautes" und „Fremdes"; und die Betrugsoperationen bestünden lediglich darin, daß sie Vertrautes verfremdeten und Fremdes vertraut machten. Vielmehr ist die Sachlage viel komplizierter, nein geradezu dialektisch: denn heute gibt es Vertrautes, das uns deshalb vertraut scheint, weil es fremd ist; und (was uns hier nicht angeht) Fremdes, das uns deshalb fremd scheint, *weil* es vertraut ist. Nichts ist uns heute z. B. selbstverständlicher als die Tatsache, daß wir von tausend uns unverständlichen Geräten, Berufen, Formeln umgeben sind; nichts beruhigt uns so vollständig wie das in fremdem Experten-Idiom Präsentierte. So flößen uns z. B. die auf Pillenschachteln aufgedruckten chemischen Formeln gerade deshalb Vertrauen ein, weil sie zu dem uns unverständlichen (aber eben Vertrauen erweckenden) Gebiet „Wissenschaft" gehören. *Das Fremde ist also ein Teil der vertrauten Welt*: wir manipulieren und verwenden es ohne Mißtrauen. Und ohne die Existenz der Tatsache, daß es in unserer Welt so vieles Unverständliche gibt, würde uns unsere Welt bereits äußerst merkwürdig und unvertraut, wenn nicht sogar unverständlich anmuten.

Dieser Tatsache bedient sich nun die heutige Verbiederung.

Um z.B. zu verhindern, daß die ungeheure Befremdlichkeit einer Gefahr, die Panik oder Opposition erzeugen könnte, uns wirklich befremde; oder um durchzusetzen, daß diese Gefahr uns scheinvertraut vorkomme, formuliert man sie in demjenigen „fremden" Idiom, das uns vertraut ist, also im Idiom der Wissenschaft. In anderen Worten: Während sich die undialektische „Verbiederung" darauf beschränkt, die Tatsache der verfremdeten Welt abzudecken, und zwar dadurch, daß sie uns eine Flut von ganz Fremdem, aber so kostümiert, als wäre es Vertrautes, ins Haus schleust (Illustrierte Zeitungen, Fernsehen etc.), bietet uns die ‚dialektische Verbiederung' Fremdartiges absichtlich und ausdrücklich *als* Fremdes an – was sie sich deshalb leisten kann, weil der Vorgang der Verfremdung und die Existenz von Verfremdetem bereits selbstverständliche Elemente unserer Alltagswelt geworden sind; und sie bedient sich absichtlich und ausdrücklich der „fremden", nämlich der „vernüchterten" Sprache, weil auch diese bereits zum vertrauten und Vertrauen erweckenden Bestand unseres Lebens gehört.

Wie gesagt, diese Prozedur wird vor allem dann durchgeführt, wenn es sich, wie bei der atomaren Situation, um Sachen handelt, die uns einerseits nicht allzusehr befremden sollen, mit denen wir uns aber andererseits auch nicht allzu tief vertraut machen sollen. Dann macht man die Sache, und zwar vermittels Verfremdung, für uns scheinvertraut. Wird die atomare Gefahr in jenes biedere und harmlose Verfremdungsidiom übersetzt, das uns von belanglosen wissenschaftlichen Mitteilungen oder von alltäglichen Pillenrezepten her vertraut ist, und dem gegenüber wir gewohnt sind, zu sagen: „Nachprüfen können wir die Formel zwar nicht, aber gottlob brauchen wir das auch gar nicht", dann ist erzielt, was erzielt werden soll: Dann sind wir der Chance beraubt, die in dieser Ungeheuerlichkeit befremdende Bedrohung wirklich aufzufassen; der Freiheit, sie uns *als befremdlich* vertraut zu machen; der Fähigkeit, sie uns als „nostra res" zuzueignen; und trotzdem fühlen wir uns wohl dabei, da uns ja der Tonfall der Fremdheit, den man verwendet, völlig alltäglich und völlig vertraut klingt.

Natürlich ist diese Spielart von „Verbiederung", die in Vorspiegelung von vertrauter Fremdheit besteht, ungleich heuchlerischer als die undialektische Grundform der „Verbiederung". Wäre der Mechanismus nicht so niederträchtig, sein Raffinement würde Bewunderung verdienen.

Tokio

Fand, von Nagasaki zurückkehrend, den Brief eines alten Studienfreundes aus Deutschland vor. Dies der Briefschluß: „Wie sensationell deine Adresse auch klingen mag, mich deprimiert sie. Denn mir beweist sie, daß du ein ‚Partikularist' geworden bist, daß du dich in ein einziges Sonderproblem verrannt, daß du dich eingeleisig gemacht hast; und nun dein Leben mit deiner *atomaren idée fixe* verbringst, also versäumst. Seit langem habe ich aus der Ferne deine Scheuklappen-Entwicklung mitbeobachtet. Und meinen Mund gehalten. Aber einmal muß ich es doch aussprechen, wie tief es mich enttäuscht hat, als ich von dir statt des erwarteten zweiten philosophischen Bandes einen Artikel über Atomangst empfing; und sogar einen zweiten Aufsatz über dasselbe Thema anstelle deiner angekündigten Erzählungen. Spezialist zu sein, ist blamabel genug. Aber ein Spezialist der Angst zu sein, das ist einfach komisch. – Den philosophischen Komplizen-Wahlspruch unserer Studienzeit ‚Das Ganze ist das Wahre' hast du jedenfalls im Stich gelassen. Soll ich dich nun wirklich abschreiben?"

Worauf ich erst einmal mit einer Variante über Brechts Galilei antwortete: „Glücklich die Zeiten, die keine Männer mit idées fixes benötigen." Um dann fortzufahren: „Und wie glücklich auch ich wäre, Zeitgenosse einer solchen Zeit sein zu dürfen. Schließlich habe ich ja vor dem Jahre Null auch schon gelebt, sicherlich kein leeres Leben; und auf fixe Ideen oder gar auf diejenige, die du als meine spezielle idée fixe ansiehst, habe ich nun ganz gewiß nicht zu warten brauchen. Du wirst dich ja erinnern, daß, als wir einander kennenlernten, nicht ich der Spezialist war; und daß es nicht Monomanie war, was du mir damals ankreidetest, sondern umgekehrt meine damalige ‚*Pantomanie*'; also mein mich durch alle Provinzen des Erlebens jagender Wandertrieb; meine Weigerung, irgendeine Aktivität ‚ungerecht' auszuschließen oder irgendeines der Geschenke, die uns die Welt beschert, unangerührt zu lassen – kurz: meine Verwerfung jeder Festlegung auf welches Partikulare immer. Sehr viel Verständnis für diesen verdrießlichen Zustand, der aus Gerechtigkeitsfanatismus und Versäumnispanik zu gleichen Teilen gemischt war, hattest du damals nicht gerade, denn du sahest in ihm einfach eine schlaue Kostümierung von Unentschiedenheit und Willensschwäche. Aber selbst heute bin ich noch überzeugt davon, daß dieser Zustand, auch wenn ihm ein unverkennbarer Zug von Unerwachsenheit nicht abzusprechen sein mag, der wahre morbus metaphysicus gewesen ist und damit die Voraussetzung des Philosophierens.

Hältst du es denn im Ernst für möglich, daß ein konstitutiv Metaphysiksüchtiger über Nacht aus dem einen Extrem ins andere fallen, daß er sich plötzlich in einen leidenschaftlichen Metaphysikabstinenzler verwandeln oder daß er den Verpuppungszustand eines Spezialisten annehmen könne? Glaubst du denn wirklich, ‚das Ganze' errege mich nicht mehr? Das Bunte führe mich nicht mehr in Versuchung? Nein, so einfach ist das nicht. Tausend mal lieber als, wie ich es tue, jeden Morgen den Faden wieder aufzunehmen und den nicht weiterzudenkenden Gedanken an das ‚Ende aller Dinge' penelopehaft von Neuem zu denken und jeden Tag das immer Gleiche zu predigen – tausend Male lieber würde ich auch heute und auch hier noch meinem alten Wandertrieb nachgeben und in der Fülle des Fremden untertauchen; z. B. herausfinden, was es mit der rätselhaften Perspektive der hiesigen Landschaftsmalerei auf sich hat oder mit dem irritierenden Intervallsystem der japanischen Musik. An Dingen und Ideen, die mich brennender interessieren als das, was ich statt dessen mit der von dir bedauerten, also gerügten, Ausschließlichkeit betreibe, ist auch heute und hier wahrhaftig kein Mangel. Ich würde dir sogar zugeben (davon sprichst du noch nicht einmal), daß das ‚Thema' dieser meiner eingeleisigen Tätigkeit etwas Unergiebiges und Blödes an sich hat; daß, verglichen mit ganz gleich welchem geistigen oder künstlerischen Gegenstande, die Frage nach dem bloßen ‚*Ob*' (*ob* es weitergehen werde mit der Welt) *leer* bleibt; daß ihr jeder Tiefgang fehlt, jede geschichtliche Saturierung; daß sie Kultur nicht im mindesten erfordert – kurz: die Ödigkeit des Gedankens an das mögliche Nichts, die *Langeweile der Apokalypse,* ist unbestreitbar. Dieses Zugeständnis der ‚Leere' und der ‚Langeweile' schenke ich dir sogar, damit du immerhin ein Minimumargument für deine Behauptung hast, ich versäumte mein Leben. – Und nun zu dieser Behauptung als solcher:

Ich selbst glaube zwar nicht, daß ich mein Leben versäume (offen gesagt wüßte ich sogar nicht einmal, wie ich das anstellen sollte). Aber angenommen selbst, du hättest recht damit – wäre denn dieses Versäumnis wirklich so schlimm? Ich unterstelle, du gibst zu, daß durch die gegenwärtige Entwicklung dasjenige Ereignis eintreten kann, durch das alles (nicht nur jede Zukunft, sondern mit ihr auch alles Vergangene) vergeblich gewesen, also versäumt sein würde. Alles. Warum mich unter solchen Umständen dasjenige, was gerade *ich* versäumen könnte, mehr aufregen sollte, als andere Versäumnisse, ist mir unerfindlich. Auch wenn ich, deinem Rat folgend, durch Vermeidung von Einseitigkeit versuchen würde, mein Leben nicht zu versäumen – im apokalyptischen Falle wäre ja mein angeblich nicht versäumtes Leben nichts anderes als ein Tropfen im Meere des Ganzen, also mitversäumt mit allem anderen.

Und nun zu deiner Unterscheidung zwischen dem ‚Ganzen' und dem ‚Partikularen'. Wie schwarz-weiß, wie unphilosophisch! Wenn ein Unternehmen, wie dasjenige, an dem ich mich beteilige, darauf abzielt, den Bestand des Vielen oder des Ganzen, der gefährdet ist, zu bewahren – ja kann man es dann aus dem pedantischen Grunde, weil auch dieses Unternehmen ‚nur eins' ist, als ‚partikular' klassifizieren und damit abtun? Dein Verdacht, ich hätte unseren alten Wahlspruch ‚Das Ganze ist das Wahre' im Stich gelassen, ist wirklich einfach gegenstandslos. Nicht nur aus persönlichen Gründen, nicht nur deshalb, weil ich jahrzehntelang alle Kräfte, die die mich umtreibende Weltgeschichte mir übrigließ, in die Beschäftigung mit dem ‚Ganzen', also in Philosophie, investiert habe; nicht nur deshalb, weil ich für die ‚Versuchungen des Ganzen' auch heute noch anfällig bin, und wohl kaum weniger als früher; sondern aus einem Grunde, der mit mir als Person überhaupt nichts zu tun hat, nämlich deshalb, weil *der Wahlspruch uns im Stich gelassen,* weil er seine Gültigkeit verloren hat. Womit ich folgendes meine:

Da das Ganze an einem Faden hängt, da es in Gefahr schwebt, zu fallen und sein Ganz-sein zu verlieren, besteht die heutige Aufgabe darin, es an demjenigen Punkt in Griff zu bekommen, von dem aus seine Erhaltung gesichert, von dem aus sein Ruin verhindert werden könnte; nicht mehr, wie in guten alten Zeiten vor dem Jahre Null, darin, das Ganze als den wahren Inhalt zu umgreifen. *Nicht das Ganze ist heute die Wahrheit, sondern die Bewahrung des Ganzen.* Ob die

Frage, wie diese Bewahrung möglich ist, die ja der ,praktischen Vernunft' zugehört, etwas mit Wahrheit im üblichen Sinne zu tun hat, das ist eine cura posterior; ebenso die, ob ,,der Rettende das zu Errettende erkennt". Aber wenn du die Rettungsfrage so abtust, als beträfe sie nur irgendeinen partikularen Punkt auf dem Bilde des Ganzen; nicht den Nagel, an dem dieses Bild aufgehängt ist, dann beweist das einfach deine Blindheit. –

Und zum Schluß etwas zu deinen zwei Wörtern ,Zwangsidee' und ,eingeleisig'. Wenn auch diese Vorwürfe mich nicht treffen, so weil ich finde, was entscheidet, ist die Frage: ,Wer zwingt wen?' und: ,Wer hat das Geleise gelegt?'

Nimm an, ich sei wirklich eingeleisig geworden. Aber dann bin ich eben so eingeleisig wie das Geleise, auf dem der Wagen unseres Schicksals seiner möglichen Katastrophe entgegenrollt; auf dem man den Wagen unseres Schicksals seiner möglichen Katastrophe entgegenschickt. Dieses Geleise ist es, was meine Eingeleisigkeit erzwungen hat. Daß manche von denen, die in diesem Wagen sitzen, Passagiere wie du, mit mehr oder mit Diverserem beschäftigt sein mögen als ich es im Augenblick bin, das leugne ich gar nicht. Aber was taugt schon diese ,Vielgeleisigkeit', wenn Ihr in demjenigen Wagen sitzt, der eingeleisig der Katastrophe entgegensaust? – Wer dagegen euch Vielgeleisige retten will, wer den Wagenrädern in die Speiche fallen will, der muß auf diesem einen Geleise, auf dem der Wagen rollt, hinter dem Wagen einherrennen. Ohne rechts oder links zu blicken. Und das ist es, was ich zu tun versuche."

Tokio

Da kommen sie also an, die Söhne und Töchter der gestrigen Kolonialvölker. Der Anschauungsunterricht in *Dialektik heute* beginnt.

Erster dialektischer Schritt: Da sie bis gestern von uns beherrscht waren, beherrschen sie – und zwar jeder von ihnen – außer ihrer eigenen Sprache auch eine der unseren. Daher sind sie vielseitiger informiert als wir; globaler als wir; in einem kompletteren Sinne ,,Zeitgenossen" als wir. Wer von uns spräche schon Hindi, Arabisch oder Siamesisch? Sie dagegen sprechen außer ihrer eigenen Sprache Englisch oder Französisch oder Russisch (einer sogar etwas Deutsch). Was wissen wir schon ihrem Dasein? Sie von unserem dagegen sehr viel. An was von ihnen nehmen wir schon teil? Sie dagegen an unserer ganzen Welt, mindestens an unserer ganzen Gegenwart.

Das kommt davon. Ich meine: vom Kolonialismus. Regel: Da der Kolonist durch die Tatsache seiner Herrschaft die Kolonialvölker dazu veranlaßt, seine, die Kolonistensprache zu lernen, verwandelt er sie in Menschen, die zwei Welten zugleich angehören, also einen breiteren Horizont haben, also ,,gebildeter" sind als er selber. Diese Dialektik ,Kolonist – Kolonialvolk' ist die außenpolitische Version des Hegelschen Dialektikmodells ,Herr und Knecht'.

Neben diesen ,Exoten' fühle ich mich als Provinzler. Und diejenigen von uns (leider gar nicht so wenige), die noch nicht einmal eine zweite europäische Sprache beherrschen, und die sich (ob sie es wollen oder nicht, ob sie es wissen oder nicht), einfach durch die Tatsache ihrer Einsprachigkeit, so aufführen, als wenn der Weltgeist sich ausgerechnet in ihrem Lokalidiom eingenistet oder offenbart hätte, die wirken, selbst wenn sie aus New York, Paris oder Berlin stammen, wie Dorftrottel. Nicht derjenige ist heute provinziell, der von keinem ,Mittelpunkt' herkommt (einen Mittelpunkt besitzt die heutige Welt nicht mehr); sondern derjenige, der (da er anderswo nichts verstehen und sich nicht verständlich machen kann) nur an seinem Herkunftsplatz zu Hause sein *kann.*

Zweiter dialektischer Schritt: Obwohl jedes Volk seine Kolonialzeit in Einsamkeit hatte durchstehen müssen; obwohl keines, solange es kolonial abhängig gewesen war, mit den anderen in Kontakt gestanden hatte, blicken sie nun nachträglich auf ihre koloniale Vergangenheit wie auf ein gemeinsames Schicksal zurück. *Allianz nach rückwärts.* Und diese Gemeinsamkeit ist nun sogar zur Grundlage ihrer heutigen gegenseitigen Verständigung geworden. Der Indochinese begrüßt den Araber auf französisch; untereinander verständigen sie sich in den Sprachen ihrer gestrigen Herren. Und nicht nur von ihrem Sprechen gilt das, sondern auch von ihrem Benehmen: die ihnen gemeinsamen Benehmens- und Höflichkeitsformen sind weitgehend unsere. Der Abschied von Europa findet auf europäisch statt.

Dritter dialektischer Schritt: Aber dieser Abschied von Europa besteht gerade in Europäisierung. Denn ihre politischen Hoffnungen und ihre industriellen Zielsetzungen haben sie ja vom Europa ihrer Herren geerbt. (Unter ,,Europa" verstehe ich dabei das Prinzip, das auch Amerika und Sowjetrußland mit einbegreift. Auch diese beiden Mächte sind ja, obwohl Europa entmachtend, unsere Erben. Gefährdet oder entmachtet wird Europa im Unterschiede zu früher offenbar nicht mehr durch außereuropäische Prinzipien, sondern – und diese Tatsache könnte man wohl sogar als Epochedefinition verwenden – immer nur durch die Europäisierung der Nichteuropäer.) Wenn sie über ,,Selbstbestimmung der Völker" oder über ,,Souveränität" verhandeln, oder wenn sie die Elektrifizierung ihrer Länder vergleichen, dann klingt uns das ja nicht gerade unvertraut.

Da kommen sie also. Noch gestern waren sie zu Hause gewesen in Algier, in der Mongolei, in Indochina; noch in der letzten Nacht hatten sie über dem Indischen Ozean oder über dem Westpazifik geschwebt – und heute sind sie nun in Tokio beisammen. Auch das wiederum dialektisch, und zwar in einem ganz ähnlichen Sinne wie eben. Denn wenn sie so im Fluge zueinander kommen können, so natürlich nur auf Grund der Entwicklung von Naturwissenschaft und Technik, also wiederum nur auf Grund der Existenz von Europa. Aber Danken hat es in der Geschichte niemals gegeben, nur Verdanken; dankbar sind auch sie nicht, und in gewissem Sinne sogar mit Recht nicht. Denn daß unsere europäischen Vorfahren ihre Entdeckungen und Erfindungen aus Weihnachtsmanngründen gemacht und sie aus diesen Gründen über die Welt verstreut hätten, das können wir ja nicht behaupten. Aber selbst *wenn* das der Fall gewesen wäre, ein moralischer Defekt ist ihre ,,Undankbarkeit" nicht, da sie über das, was sie aus ,,unseren" Händen empfangen haben, noch nicht einmal erstaunt sind. Ihren Luftsprung über Kontinente und Meere mit der BEA, der Air France oder der SAS, die Technisiertheit der Welt, die Abschaffung der Entfernungen – all das scheinen sie nicht mehr für erwähnenswert zu halten. Während ich, der Europäer, auch heute, nach so vielen Wochen, noch immer atemlos unter dem Eindruck des Polarfluges stehe, haben sie mit einer Unbefangenheit, die mich noch einmal atemlos macht, die ihnen von Europa zur Verfügung gestellte Technik als das Selbstverständlichste von der Welt akzeptiert, und sie machen von ihr Gebrauch, als wäre dieser ihr abrupter Neubeginn die natürlichste Fortsetzung ihrer eigenen Überlieferung. Prüfend blicke ich ihnen in ihre Gesichter. Irgendwie, denke ich, muß sich doch der Einbruch in ihre Geschichte (oder Geschichtslosigkeit) als Riß abzeichnen; irgendeine physiognomische Unstimmigkeit muß doch beweisen, daß sie ,,gebrochene Menschen" sind. Nichts dergleichen. Wahrscheinlich ist meine Erwartung einfach ein Kind der Spekulation, nämlich der spekulativen Geschichtsphilosophie der deutschen Romantik, an der eben auch ich noch teilnehme; ein Kind des von keiner Empirie befleckten Axioms, daß „echte Geschichte" ein „organisches Kontinuum" darstelle, daß Geschichte unter keinen Umständen „facit saltus". Humbug. Wenn wir nur solche kontinuierliche Geschichte als „echte" anerkennen, als was sollen wir denn dann dasjenige bezeichnen, was sich hier abspielt?

Nein, von einem „physiognomischen Bruch" kann keine Rede sein. Im Gegenteil, die da um mich herumstehen, die benehmen sich so unbefangen und so zielsicher, die diskutieren so temperamentvoll und so ernst, die lachen so viel und so gut und so gern, daß man nur sagen kann (das Wort ist abscheulich, aber welches andere wäre hier besser am Platze?), *heiler* könnten Menschen wohl kaum aussehen. Zum großen Teile sind sie sogar ausgesprochen schön – einige, weil sie *noch* an der Kraft und der eleganten Rassigkeit des Animalischen teilnehmen; andere, weil sie, gewiß in erster Generation, *schon* die Schönheit der geistigen Leidenschaft widerspiegeln; und andere schließlich, namentlich Delegierte der alten Kulturvölker, weil sie eine Tradition der Weisheit hinter sich haben, die die Gesichter freundlich gemacht hat. Wir Eurasier wirken daneben verwaschen oder verkorkst. Einen Ehrenplatz in dieser globalen Galerie nehmen wir jedenfalls nicht ein.

Von vornherein sind sie Freunde. Vorhin setzte ich das Wort „*Exote*" in Anführungsstriche. Das tat ich deshalb, weil es hier überhaupt nicht vorkommt, daß ein Exote einen anderen Exoten als „Exoten" betrachtet oder gar behandelt. Vermutlich haben sie diesen Begriff niemals gekannt. Er ist wohl ausschließlich europäischen Ursprungs: Solange die Welt noch nicht *eine* gewesen war, solange es noch „Welten außerhalb der Welt", also außerhalb Europas gegeben hatte; und in diesen Welten auch Völker, die von uns nicht berührt worden und uns unzugänglich geblieben waren, Völker, die höchstens von Abenteurern, Räubern, Kolonisatoren oder Forschern flüchtig erreicht werden konnten – so lange hatte dieser beinahe zoologische Begriff noch etwas beinhaltet. Da dieser Zustand nun aber vorbei ist, da das Ferne nun erreicht ist, ist es *als* Fernes verloren. Daher wird das Vokabular, das sieh auf das Ferne bezogen hatte, gleichfalls ungültig. Auch *wir* sollten den Begriff „Exote" nunmehr fallen lassen.

Für die Menschen, die hier plaudernd beisammenstehen, hat es

„Exoten" jedenfalls niemals gegeben. Ehe sie einander im Fluge erreichen konnten, hatten sie voneinander kaum mehr als ihre Namen gewußt: Welchem Sudanesen hätte die Existenz Burmas etwas bedeutet, welchem Burmesen die Existenz der Sudanesen? Aus der totalen gegenseitigen Nichtexistenz sind sie in die totale gegenseitige Nachbarschaft hineingesprungen. Diese Tatsache ist ein entscheidender Faktor ihrer gegenseitigen Arglosigkeit. Da sie einander nicht hatten erreichen können, hatten sie einander auch nicht bekämpfen können. Wenn sie zusammenkommen, so also nicht, wie das bei uns Brauch, *nach* dem Blutvergießen, nicht in der Hoffnung oder mit der Absicht, einen Zwist zu schlichten; sondern mit der Absicht, Zwiste zu vermeiden. Ihre Friedlichkeit ist daher von völlig anderer Art als die Friedlichkeit von Frieden Schließenden. Sie scheinen eine *Familie,* sie *sind* eine Familie.

Und *eine* Familie. Von den „naturgegebenen Barrieren", die angeblich jede „individuelle Volkssubstanz" von der anderen trennen, ist nichts zu spüren. Als Verhinderungen der Fühlungnahme treten die Restbestände nationaler Eigentümlichkeiten jedenfalls nicht auf. Da sie alle, woher sie auch kommen mögen, einerseits das gleiche Ziel der Souveränität verfolgen; andererseits, noch ehe sie ihr Ziel ganz erreicht haben, bereits miteinander Kontakt aufnehmen, neutralisieren sie bereits, ob sie es wollen oder nicht, ob sie sich dessen bewußt sind oder nicht, ihren Nationalismus; mindestens verhindern sie es, daß dieser äußerste Schärfe annimmt.

Vielleicht ist die Situation, deren Zeuge ich hier bin, erstmalig. Denn daß Souveränitäten in gemeinsamem Einvernehmen vorbereitet worden sind, das ist früher wohl niemals geschehen. Aber daß das geschieht, ist natürlich gut und tröstlich, denn was wir im heutigen atomaren Moment benötigen, ist ja gerade nicht die unbeschränkte und selbstherrliche, sondern die durch gegenseitige Kontrolle verbürgte, also die *relative Souveränität.*

Da außerdem, wie wichtig vielen auch die Frage der Souveränität sein mag, die gemeinsame Bedrohung durch die Atomgefahr im Vordergrunde bleibt; und da das Hauptprogramm unzweideutig in der gemeinsamen Formulierung der Gegenmaßnahmen gegen diese gemeinsame Gefahr besteht, ist die Versammlung faktisch genau so international wie die Atomgefahr selbst. Und wenn das Wort „national" aus dem Munde derer fällt, die eine Minute vorher die Gemeinsamkeit der Aktion betont hatten, dann glaubt man falsch zu hören; und ich vermute sogar, daß auch manche der Sprecher selbst das unbehagliche Gefühl haben, daß sie falsch sprechen.

Daß die verschiedenen Religionen als Wände zwischen ihnen stünden, davon kann keine Rede sein. Von den Dreien, die dort lächelnd miteinander plaudern, ist der eine ein japanischer Naturwissenschaftler, der so wenig religiös ist wie irgendeiner seiner französischen oder russischen Kollegen; der andere ein Mohammedaner aus Java; und der dritte ein Hindu aus Delhi. Wer von ihnen seine Religion noch praktiziert, ist mir unbekannt. Technik, Naturwissenschaft, Nationalismus haben auch dort, wo marxistische Einflüsse nicht entschieden haben, das ihre getan.

Uns Europäer behandeln sie als ihresgleichen. Nicht ein einziges Mal habe ich ein ressentimentgeladenes oder rachsüchtiges Wort gegen die Delegierten jener Völker gehört, die in der Kolonialgeschichte eine führende oder notorische Rolle gespielt haben. Wir sind aufgenommen als ebenbürtig; das heißt als gleich.

Wenn man abends zusammensitzt, singen sie ihre Volkslieder.[20] Und sie bitten uns, die unseren anzustimmen. Wenn wir unmusikalisch sind oder Hemmungen haben, uns zu produzieren, dann springt zuweilen ein Asiate ein, ein Japaner oder ein Inder, der zu unserer Überraschung europäische Lieder kennt. Gestern habe ich, auf einer Feier für einen der Delegierten, ‚O Tannenbaum‘ singen gehört. Man bedenke: An einem Augustabend in Tokio, und der Sänger kam aus Bombay. Als ich ihn fragte, woher er das Lied kenne, antwortete er: aus der Schule. Vermutlich hatte es sein Lehrer auf einem von den Briten eingerichteten Gymnasium gelernt.

Lange Jahre habe ich mich (einfach dadurch, daß ich von Land zu Land hatte wandern müssen), als ‚no land's man‘ gefühlt. Zum ersten Male fühle ich mich zu Hause: nämlich als ‚Kind unserer Erde‘.

Tokio. Kongreß

Wie peinlich, wenn jene Europäer, deren Herkunftsländer von hier aus gesehen ein einziges, und noch nicht einmal ein sehr großes Land bilden, unfähig sind, sich miteinander zu verständigen. Und wie würdelos der Kindergartenmechanismus, der für sie in Bewegung gesetzt werden muß. Denn wenn Herr X aus X-land seinem Nachbarn, Herrn Y aus Y-land, mitteilen will, daß auch er gegen Raketenbasen sei, dann muß er einen Japaner in Anspruch nehmen, einen Experten der X-Sprache, der seine X-Worte ins Japanische übersetzt, damit sein Kollege, der japanische Experte der Y-Sprache, diese japanischen Worte für Herrn Y in die Y-Sprache verdolmetsche. Und so geht das hin und so geht das her.

Zwar verraten die Japaner mit keinem Lächeln, daß sie sich der Komik dieser Prozedur bewußt sind, aber der Eindruck: ,,ohne Japaner keine Beziehung zwischen uns europäischen Nachbarn" und ,,Ostasien der Umschlagplatz Europas" ist doch unabweisbar.

Man stelle sich einmal die Umkehrung dieser Situation vor: Japaner und Koreaner, die, auf einem Kongreß in München zusammentreffend, nur mit Hilfe von zwei deutschen Interpreten imstande sind, miteinander zu verkehren.

Tokio

Eröffnungssitzung. Ungeheure Sport- oder Kongreßhalle. Erst einmal rein repräsentativ. Aber einer, der neben dem chairman saß, hat das Programm, das auf Minuten auskalkuliert und mit Botschaften von überall und mit Begrüßungsansprachen von Delegierten aller Länder vollgepfropft war, aufs unorthodoxeste durchbrochen. Das kam so:

In guter Regie war Nishimoto[21] mit einigen der Seinen in den Saal eingezogen und hatte, nachdem er seine Leute vorgestellt, einen aus Hiroshima mitgebrachten geschmolzenen Ziegel auf dem chairman-Tisch niedergelegt.

Da hielt es der Mann neben dem chairman nicht mehr aus. Offenbar war ihm der Gedanke, daß dieser Gegenstand unkommentiert einfach neben den aus aller Welt mitgebrachten Allerweltsgeschenken liegenbleiben sollte, unerträglich. Jedenfalls schlug er auf den Tisch, stand auf, bat um das Wort, hatte es, ehe es ihm noch gegeben war, ersuchte um Stille, hob, allen sichtbar, den Gegenstand in die Höhe und erklärte mit lauter Stimme: ,,Das ist der sakrale Gegenstand des Atomzeitalters."

Die Überrumpelung war vollkommen.

,,In diesem Gegenstand", fuhr er nach dieser ersten Erklärung fort, ,,wohnt das Ereignis, um dessentwillen wir hier zusammengekommen sind; das Ereignis, das in keinem Ziegel der Zukunft mehr wohnen darf. Betrachten Sie ihn. Er ist kein Ziegel mehr. Sondern eine glasierte Masse. Aber einmal *war* er ein Ziegel, einer unter vielen, das Stück eines Hauses."

„Dieses uns unbekannten Hauses wollen wir nun gedenken. Und zugleich derer, die in diesem Hause zu Hause gewesen waren. Ich weiß, das ist nicht einfach, wir kennen diese Menschen nicht; wir wissen nicht, an wen wir denken sollen, welche Richtung wir unseren Gedanken geben sollen. Unser Gedenken wird also vielleicht seinen Weg verfehlen und statt bei denen, die wir zu erreichen wünschen, bei deren Nachbarn ankommen. Aber selbst wenn das geschehen sollte – das würde keine Rolle spielen, auch *sie* wären die Richtigen: Denn dieses Stück, das für alle Ziegel steht, die heute keine Ziegel mehr sind, steht auch für alle Häuser, die heute keine Häuser mehr sind; und für alle Menschen, die heute keine Menschen mehr sind. Und deren gibt es Hunderttausende. Verfehlen können wir unser Ziel also nicht."

Nachdem er so gesprochen und um eine Schweigeminute gebeten hatte, gab er das Wort dem chairman zurück und entschuldigte sich bei ihm für die Unterbrechung. Woraufhin die Prozedur wiederaufgenommen wurde.

Tokio

Gestern und heute hat nun also die ‚Moralkommission' getagt. Da in Vorbesprechungen und in der gestrigen Eröffnungssitzung weitgehende Übereinstimmung festgestellt worden war, manche der Teilnehmer sogar unabhängig voneinander nahezu gleichlautende Gebotsformeln vorgeschlagen hatten, war ich erst einmal zuversichtlich. Das, was ich mir unter dem Text vorgestellt hatte, ist aber nicht zustande gekommen. Sondern nur ein Appelltext.

Außer mir scheint freilich niemand enttäuscht zu sein. Die anderen haben eben keinen festumrissenen Plan mitgebracht. Deren Urteil:

Es sei bereits ein Erfolg, daß das angekündigte Thema trotz der gleichzeitigen Sitzungen der anderen Kommissionen einen so beträchtlichen Teil der Delegierten (etwa 70) auf sich habe vereinigen können; daß die (aus Japanern, Indonesiern, Indern, Arabern, Europäern usw. bestehende) Diskussionsgruppe nicht weniger global gewesen sei als die Gefahr selbst; daß Gewerkschaftler neben Philosophieprofessoren, Naturwissenschaftler neben Theologen, Ärzte neben Politikern, Geistliche der einen Religion neben denen der anderen gesessen hätten, daß also auch professionell und weltanschaulich die Gruppe breiter nicht hätte sein können; daß die Beteiligung leidenschaftlich gewesen sei; und schließlich, daß über alle Differenzen hinweg in der moralischen Verurteilung der Tests, der weiteren Produktion und Lagerung der Atomwaffen und der auf atomarer Erpressung beruhenden Politik absolute Einigkeit geherrscht habe.

Der letzte Punkt scheint mir allerdings selbstverständlich, genau so selbstverständlich, wie daß auf einem Ärztekongreß einmütiges Interesse für Medizin herrscht. Mit ihm ist kein Staat zu machen.

Wahr dagegen ist, daß sich die Verhandlungen leidenschaftlich abgespielt haben, und daß der hohe Wellengang bereits eingesetzt hatte, noch ehe die Meinungsverschiedenheiten ausgebrochen waren; daß die Wahl des Themas also richtig gewesen ist. – Und wahr wohl auch, daß es nie zuvor ein auf ähnliche Weise globales philosophisches Kolloquium gegeben hat. In der ersten Stunde nach meiner Einleitung, als alles noch glatt zu laufen schien, war ich sogar übermütig genug gewesen, mich auf die große Tradition der fiktiven Religionsgespräche von Cusanus bis zu Lessings ‚Nathan' zu beziehen und zu fragen, ob nicht heute, da die Verständigung wirklich eine Sache von Leben und Tod geworden sei, vielleicht der Augenblick eingetreten sei, in dem sich das damals Fingierte und Utopische nun verwirkliche.

Aber bald sah ich, daß ich da zu hoch gegriffen hatte. Da eben nur die Zusammensetzung des Gremiums stimmte und dessen guter Wille, der zwar für einen gemeinsamen Appelltext reichte, nicht aber für einen praktizierbaren Kodex, war, was hier vor sich ging, eines der zahlreichen Experimente, das damals Fiktive in Wirklichkeit umzusetzen. Um den Wert einer Veranstaltung statt in deren Resultat in deren ‚Symbolfunktion' zu sehen, dazu bin ich nicht bescheiden genug.

Dem vollen Gelingen im Wege stand folgendes:

1. Die Kürze der Zeit. Sich in zwei Sitzungen auf einen von allen anerkannten Text zu einigen, das wäre nur dann möglich gewesen, wenn man einen nahezu fertigen Text auf den Tisch des Hauses gelegt hätte; was aber bedeutet hätte, daß man die Diskussion auf Schnörkel hätte beschränken müssen, und daß der mit solchen Mitteln erzielte Erfolg moralisch ein Pyrrhussieg gewesen wäre. – Dazu kommt, daß die Mehrzahl der Teilnehmer gerade erst eingetroffen war; daß, da die Sonderkommission erst kurz vor Kongreßeröffnung beschlossen worden war, vorherige schriftliche Verständigung nicht mehr möglich gewesen war.

2. Aber es gab auch tiefere Gründe für das zu bescheidene Ergebnis der Verhandlungen: echte Meinungsverschiedenheiten, ja eine Kolli-

sion, die etwas von wirklichem Kampf, sogar von einem religiösen, an sich hatte, und die viel Zeit und Energien verbrauchte. Aus der Perspektive der anderen mag diese Kollision vielleicht nur ein Zwischenfall gewesen sein; für mich stand sie im Vordergrunde.

Zwei christliche Theologen hatten beantragt, der geplanten gemeinsamen Erklärung eine Präambel voranzustellen, in der ausgesprochen werden sollte, daß sich jeder von uns bewußt sei, an der Entwicklung, die zur atomaren Bedrohung der Menschheit geführt habe, mitschuldig zu sein; in deren Worten: „Wir können unsere Überzeugung nicht verbergen, daß alle Menschen, und auch wir selbst, Schuld daran tragen, daß der Mensch den Menschen fürchtet, daß der Mensch den Menschen haßt, daß der Mensch den Menschen tötet."

Ich widersprach.

Es war meine Hoffnung gewesen, zu einer religiös neutralen Erklärung zu kommen, also zu einem Text, der keine Stücke einer bestimmten positiven Religion enthielte und deshalb von den Vertretern jeder Religion würde akzeptiert werden können. In der vorgeschlagenen Schulderklärung sah ich einen deutlichen Hinweis auf das ‚peccatum originale', mindestens auf Bosheit als konstitutionellen Charakter des Menschen, und ich fürchtete, an diesem Stücke könnte die Zusammenarbeit mit Vertretern der anderen Religionen oder gar mit religiös Indifferenten oder Nichtgläubigen scheitern.

Aber das war nicht der einzige Grund meiner Weigerung.

Das Entscheidende an unserer heutigen moralischen bzw. unmoralischen Situation (erklärte ich) bestünde ja gerade darin, daß das Schlechte nicht auf Grund schlechter Absicht oder gar auf Grund konstitutioneller Verderbtheit unserer Natur getan würde, sondern dadurch, daß die Kettenglieder zwischen Absicht, Tat und Effekt gerissen wären, daß die heutigen Täter nicht wüßten, was sie täten; es jedenfalls nicht vorstellten. Diese durch die Entwicklung der Technik und der Arbeitsteilung verursachte Diskrepanz wäre zwar ein ‚malum', unterschiede sich aber von ‚Schuld' im klassischen Sinne. Selbst der Hiroshima-Pilot wäre ja mißbraucht *worden*, wäre ja gewissermaßen ein *‚unschuldig Schuldiger'*,[22] selbst die Schuld der Schuldigen hätte ihre Eindeutigkeit also verloren. – Warum aber *wir*, die wir weder für die Entwicklung der Technik Verantwortung trügen, noch uns hätten mißbrauchen lassen, die wir umgekehrt dem Mißbrauch des Menschen Widerstand entgegensetzten – warum wir unter diesen Umständen ‚schuldig' sein und gar öffentlich Schuld bekennen sollten, das wäre mir unerfindlich.

Ferner wäre heute nichts irreführender als das Prinzip ‚Morality begins at home'. Die Taten, um die es sich hier handle: atomare Experimente oder Drohungen mit atomarem Einsatz, von wirklichen Einsätzen zu schweigen, die kämen als ‚home acts', als private Handlungen, nicht vor. Gerade darin bestünde ja die Problematik der heutigen Moral.

Die Prinzipien, die es aufzustellen gälte, beträfen also fast ausschließlich die Mächtigen der Erde, diejenigen, die die (ihnen unübersehbare) Macht in Händen hielten. Diesen gälte es, die Augen zu öffnen: nur für diese wären die von uns geplanten Gebote und Verbote bestimmt und verbindlich. Wir müßten es lernen, wir müßten den Mut haben, zu lernen, mit gutem Gewissen aufzutreten, als Mahnende, die sich selbst nicht an die Brust schlagen. Es wäre ja auch nicht Usus, daß Ärzte, die anderen den Star stächen, zuvor sich selbst als Blinde bezeichneten oder gleichzeitig an sich selbst Augenoperationen vornähmen.

Schließlich bezog ich mich auf die Antragsteller selbst. Ich empfände es als beleidigend, schloß ich, Männer, die den Faschismus unter Gefahren bekämpft und von früh an unermüdlich gegen die Atomdrohung angekämpft hätten, als ‚Schuldige' zu betrachten. Es wäre nicht einzusehen, warum saubere Hände sich schämen müßten, saubere Hände zu sein.

„Was Sie uns selbst wohl überlassen müssen!" rief einer der Antragsteller. Inwiefern er schuldig war, das erklärte er natürlich nicht: vielmehr setzte er die Schuld als etwas absolut Selbstverständliches voraus, nein, er verteidigte sie wie einen Anspruch. Auf meine ersten Argumente ging er nicht ein; was ihn erregte, war ausschließlich, daß ich ihm ein ihm zustehendes ‚bonum' mißgönnte. Das Entsetzen, mit dem er mich anblickte, bewies, daß er in mir die fleischgewordene Selbstgerechtigkeit sah; der Anblick des guten Gewissens erfüllte ihn mit Grauen. Kurz: die Situation war beinahe identisch mit der während des Religionsgespräches in der Hotellobby in Nagasaki. Nur daß sie hier leider vor Zeugen stattfand.

Ob und wieweit meine Worte überzeugt hatten, konnte ich nicht beurteilen; erst einmal hatte ich sogar das fatale Gefühl, völlig ins Leere gesprochen zu haben. Dies namentlich, nachdem ein nichtchristlicher Geistlicher aufgetreten war, der, wenn ich ihn recht verstanden habe, für den Antrag sprach. Sein Argument war das klassische Rückwärts-Argument der religiösen Logik: Da, religiös gesehen, die Katastrophen (Hiroshima und Nagasaki) nur als *Strafen* Sinn und Rechtfertigung haben konnten, und da Strafe Schuld beweist, war an der Schuld nicht zu zweifeln. Vorübergehend wurde das Plädoyer für das Schuldbekenntnis sogar so heftig, daß das eigentliche Projekt im Hintergrunde zu verschwinden drohte. Da gab es zum Beispiel eine christliche Japanerin (ich kenne sie seit Wochen aus dem ‚Vorbereitungskomitee', sie ist die Güte und Selbstaufopferung selbst, und sie war auch die erste gewesen, die sich trotz der Bedenken der anderen von Beginn an für die Durchführung meines Plans eingesetzt hatte), die aufsprang, und das Bild einer Revivalistin bietend, sich unter Tränen in Selbstbezichtigungen erging, in Selbstbezichtigungen, die nicht nur deshalb unfaßlich blieben, weil ihnen offensichtlich überhaupt nichts Konkretes zugrunde lag, sondern auch deshalb, weil die Ärmste immer wieder englisch zu sprechen versuchte, damit uns auf keinen Fall auch nur ein Brösel ihrer Verderbtheit verborgen bliebe. Wie gerne ich ihr zugerufen hätte, nun sei es genug. Aber in diesen ebenso herzzerreißenden wie schamlosen Ausbruch einzugreifen, war unmöglich, es gibt Extasen, die sich von außen nicht durchbrechen lassen. Soviel wurde mir aus der Szene klar: daß zu den heute bekannten Arbeitsteilungen auch die von Schuld und Reue gehört; daß also die einen es tun, und die anderen es bereuen.

Nachzukonstruieren, wie sich die Situation beruhigte und normalisierte, ist mir kaum mehr möglich. Ebensowenig, wie es schließlich gelang, eine Kompromißlösung durchzusetzen, nämlich die beantragte Schuldformel dem Text der Kommission zwar nicht einzuverleiben, sie aber im Konferenztext aufzuzeichnen. Für die Aufgabe, mindestens einen Appelltext herzustellen, blieb wenig Zeit. Dieser Appell[23] besagt: „Unbeschadet ihrer religiösen, weltanschaulichen oder politischen Differenzen erklären die Mitglieder des 4. Weltkongresses, daß die Produktion, Erprobung, Benutzung der Massenvernichtungsmittel, die unter Umständen das Menschengeschlecht, ja das irdische Leben überhaupt auslöschen, durch kein Argument und keine Zielsetzung welcher Art auch immer gerechtfertigt werden können. Da gewisse Regierungen diesem Prinzip nicht nachkommen, hat jedermann die Pflicht, teils durch Information teils durch Druck auf die Regierungen zur Beendigung dieses Zustandes das seine beizutragen. Wir formulieren diesen Appell im Bewußtsein, daß wir eine einzige Menschheitsfamilie bilden; und im Gefühl der Ehrfurcht vor dem Leben des Menschen und vor dem Leben überhaupt."

Tokio. Nacht vom 23. zum 24. August.
Abflug und Flug nach Bangkok.

Der Scheinwerfer: Eine den Regen in feinsten Staub zermahlende Lichtmühle. – Unter prasselndem Riesenschirm zur Air India-Maschine. – Sitzplatz direkt beim rechten Auspuffrohr: Orangenes Nüsternfeuer eines chinesischen Nachtdrachens. – Zwei Schleifen hinauf ins Dunkel, Tokio verschwunden.

Trotzdem hinuntergeblickt, so als wäre die Durchdringung des Undurchdringlichen nur Sache des Willens. Vergeblich. – Bewegung nicht zu spüren, höchstens ein zart elektrisierendes Tremolo. Angeblich geht es südwärts.

Ein paar Reihen vor mir ein schaukelndes Körbchen, aus dem Krähen kommt. Ein Neugeborenes.

Die anderen schlafen. Wo sie sich nur aufhalten mögen, die Schläfer und die Schläferinnen? In welchem archaischen Engerling-Dasein? Daß man solche Schlaftiefe mit hinaufnehmen kann. Daß man, in solcher Höhe schwebend, in solche Tiefe stürzen kann. Und ohne abzustürzen. Die Inderin, zum Beispiel, die eben noch, als sie hereinrauschte, eine unnahbare Königin gewesen war: Wo ist sie jetzt? Und *wer* ist sie jetzt? Oder *was*? Was da in der Ecke liegt, ist jedenfalls keine Königin mehr. Eher eine verblühte Orientalin. Oder eine Ermordete, der der Mund offen stehengeblieben ist. Nein, jetzt nur noch ein Bündel. Und daß so etwas sichtbar ist. Fremden sollte man nichts vorschlafen. In der besten aller Welten wäre das besser eingerichtet: Nicht nur blind würde uns das Schlafen machen, sondern auch unsichtbar. Off limits.

Stunde später

In meiner Sitzreihe, jenseits des Laufganges, ein Herr. Bleich, kultiviert, wohl Amerikaner oder Nordeuropäer. Hat Schwierigkeiten, seine Storchbeine unterzubringen. Wie er das Plaid über seine Knie breitet: magistral-aristokratische Geste für den alltäglichsten Griff. Hohe, sogar edle Stirn, aber fast inexistentes Kinn; Lippen theatralisch abweisend, aber weichlich; Blickgeste herrscherhaft, aber mattes Auge. Diplomat? Reeder? Wissenschaftler? Beginnt zu schreiben. Will wohl auch niemandem etwas vorschlafen. Beobachtet mich wie ich ihn: Von der Seite. Blickt dann hinaus. Ich breche das Eis.

„Sie hoffen schon auf Dämmerung?"

Er zuckt zusammen, blickt mich übermüdet an. „Vermutlich."

„Noch lange nicht. Wir fliegen ja nicht nur südwärts, sondern auch westwärts. Hinter der Nacht her."

Er rechnet nach und nickt. „Keine alltägliche Erfahrung." – Oxford Englisch.

„Leider die tägliche. Wenn wir sie nur endlich einmal am Zipfel fassen könnten, diese Nacht."

Er stutzt. „Darf ich fragen, von welcher Nacht Sie sprechen?"

„Von der unseres Zeitalters. Schließlich geht ja die Reise in Richtung Binnenmeer. Also auch in Richtung Hiroshima."

„Das hatte ich mir nicht klar gemacht."

Gottlob besser als der Fischvereisungsmann, denke ich. Dann blickt er, wohl noch zaudernd, noch einmal hinunter, ist dann aber entschlossen. Er greift in seine Rocktasche, leider auch dieses Mal mit magistraler Geste, und überreicht mir seine Karte. Dänischer Psychiater. Ich revanchiere mich, trage aber nichts anderes bei mir als die japanische Karte, die mich in meiner Kongreßfunktion vorstellt. Auf der einen Seite auf englisch, auf der anderen japanisch. Die blickt er an, schüttelt seinen Kopf; zuckt aber zusammen, als er den englischen Text liest, und ist nach nochmaliger Prüfung geradezu bestürzt. Schließlich runzelt er die Stirn, so als mache er sich Vorwürfe, wahrscheinlich darüber, daß er sich *so* hatte irren und sich auf *so* etwas hatte einlassen können, und legt die Karte, da er sie nicht zu sich stecken will, neben sich aufs Polster.

„Sollte ich Ihren Unwillen erregt haben?"

„So können Sie das ausdrücken. Ich bin nicht gewöhnt, mit ... Persönlichkeiten Ihrer ... Kategorie ... in Kommunikation zu treten."

„Darf ich Sie fragen, welcher Kategorie Sie mich zurechnen?"

„Das erübrigt sich. Über Ihren Kongreß habe ich gelesen. Nur Notizen zwar, aber genug, um zu wissen: Sie stehen im ... anderen Lager."

Das alte Lied.

„Was ich damit meine, ist deutlich genug?"

„Selbstverständlich. Nur daß Sie sich total irren."

„Die fällige Antwort. Die Antwort, die zu erwarten war."

„Möglich. Aber daß Sie sie erwartet haben, das beweist nichts."

„Auch dies die fällige Antwort."

So also verlaufen heutzutage Gespräche. Selbst im Nachthimmel über Japan. Unter solchen Vorzeichen die Unterhaltung fortzusetzen, kaum aussichtsvoll. Von neuem also Schweigen. Rechts unten Lichter. Dünn gestreut, aber in weitem Umkreis. Wohl Kioto.

Halbe Stunde später

Er hat, nachdem er sich vergewissert, daß ich nicht schlafe, das Schweigen gebrochen. Bedauert wohl, zu schroff gewesen zu sein. „Wie gesagt", nimmt er den Faden wieder auf, „es ist nicht eigentlich meine Gewohnheit, über diese Kluft hinweg Gespräche zu führen. Das widerstrebt eigentlich meinen Grundsätzen."

„Aber?"

„Schwebt man nicht hier oben gewissermaßen im Ungültigen? Im Konsequenzlosen? Auf Ferien vom Grundsätzlichen?"

Das bezweifle ich.

„Gleichviel. Und außerdem gehören Sie und ich ja wohl zur selben Bildungsschicht. Jedenfalls ist mir der Gedanke, daß es nicht möglich sein sollte, einen mindesten Generalnenner zu finden, unfaßlich und schmerzlich."

„Mir auch."

„Das freut mich aufrichtig. Und darum kann ich es eben absolut nicht fassen, daß Sie wirklich blind sind, daß Sie blind sein können, gegenüber dem furchtbaren Dilemma, in das wir heutzutage hineingeraten sind."

„Was veranlaßt Sie zu dieser Annahme?"

„Ihre Karte."

„Meine Karte beweist das Gegenteil."

„Durchaus begreiflich, daß Sie das sagen müssen. Sogar von Ihrer bona fides bin ich überzeugt."

„Womit Sie sagen wollen: Nur von meiner bona fides."

Das läßt er offen. „Ich habe Ihnen erklärt", fährt er statt dessen fort, „daß ich bereit bin – hier oben – wie hatte ich gesagt?"

„Ferien vom Grundsätzlichen . . ."

„Ganz recht. Danke. Also Ferien vom Grundsätzlichen zu machen.

Wollen Sie mir dabei nicht Gesellschaft leisten? Wollen Sie nicht gleichfalls versuchen, sich etwas aufzulockern? Was uns trennt, ist doch wahrhaftig zu groß für Katze-und-Maus-Taktiken. Und dabei ist das, was auf dem Spiel steht, eigentlich ja evident. Denn die Wahrheit von heute lautet ja, lautet ja leider: Das banalste und ordinärste und skandalöseste Entweder-Oder hat fürchterlich recht behalten."

„Das ist allerdings auch meine Ansicht. Nie zuvor hat es ein derartiges Entweder-Oder gegeben. Friede oder Untergang. To be or not to be."

„Selbstverständlich auch das. Diese Gefahr unterschlage ich nicht. Und ich verniedliche sie auch nicht. Ich verpöne Verniedlichungen."

„Das freut mich aufrichtig."

„Aber im Augenblick denke ich an eine andere Alternative. Wir leben ja zwischen *zwei* Höllen. Geben Sie zu, daß der Mensch nicht nur dadurch ruiniert werden kann, daß er umgebracht wird?"

„Welche Frage! Die Methoden der Ruinierung sind Legion."

„Das bringt uns einander näher. Um einen entscheidenden Schritt sogar. Ich möchte das so ausdrücken, daß, was ruiniert werden kann, nicht nur unsere *Existenz* ist. Daß es vielmehr Mächte des Bösen gibt, die auf anderes aus sind. Auf die Menschlichkeit des Menschen. Auf dessen *Wesen*. Und von einer solchen Macht, oder richtiger: von derjenigen, in der sich das Böse inkarniert hat, spreche ich: Von dem unersättlichen und vielleicht uneindämmbaren Koloß, von dem Behemoth, der kein anderes Ziel kennt als das, das Wesen des Menschen, also unsere Freiheit, einzuwalzen."

„Entschuldigen Sie schon", unterbreche ich ihn, „aber Ihre etwas mythologisierende Sprache ist mir nicht ganz geläufig. Zielen Sie auf die Technik ab?"

Er blickt mich mißtrauisch an. „Auch das Problem der Technik verniedliche ich nicht. Aber das steht auf einem anderen Blatte. Sie wissen sehr genau, daß ich im Augenblick vom *Totalitarismus* spreche. Vom Totalitarismus, der uns unsere Existenz im banal physischen Sinne zwar belassen mag, das vermutlich sogar tun muß – jawohl, *muß:* denn seine diabolische Freude besteht ja gerade in der Manipulierung des entmenschten Menschen, und dafür benötigt er uns ja – der aber keine Ruhe findet, ehe er sich nicht die Genugtuung beschafft hat, ehe es ihm nicht geglückt ist, den Menschen in ein total unfreies Apparatstück des totalen Apparates zu verwandeln; und ehe er nicht *alle*

Menschen in solche Apparatstücke verwandelt hat. Reste sind für jedes System Skandale. Das gilt auch von diesem System. Von diesem noch mehr als von jedem anderen. Ihnen brauche ich ja nicht zu erzählen, daß dieser Koloß lieber heute als morgen uns alle, was sage ich, *alles*: das ganze Gebiet der freien Welt einschließlich Madrid und Lissabon, verschlucken möchte. Wer davor die Augen schließt, wer sich darauf beschränkt, unsere Situation auf die Formel ‚to be or not to be' zu bringen, der verzichtet auf intellektuelle Reinlichkeit. Denn zugleich sind wir eben mit der Alternative ‚*Totalitarismus oder Freiheit*' konfrontiert. Und wirklich kritisch ist unsere Lage ausschließlich dadurch geworden, daß wir von diesen zwei gleichermaßen immensen und gleichermaßen diabolischen Alternativen gleichzeitig flankiert werden."

Nun erst läßt er mir Zeit, ein paar Worte dazwischenzuschieben.

„Wirklich gleichermaßen immens?" frage ich. „Wirklich gleichermaßen diabolisch?"

Er ist nicht ungeübt. Er versteht es, meinen Zweifel sofort zu seinen Gunsten zu verwenden. „Gut, daß Sie das fragen", antwortete er nämlich. „Eine gewisse Korrektur wäre hier in der Tat angezeigt. Sie ist sogar erforderlich. Denn immens sind zwar beide Bedrohungen. Aber diabolisch im strikten Sinne ist eigentlich nur die zweite, die totalitäre."

„Und warum nur diese?"

„Weil sie eine Erpressung darstellt. Weil sie uns davon abhält, moralisch zu sein."

„Und was meinen Sie damit?"

„Daß, wenn es die zweite Bedrohung nicht gäbe, die totalitäre, unsere Attitüde der ersten, der atomaren Bedrohung gegenüber unzweideutig sein könnte. Denn dann dürften wir diese freimütig bekämpfen. Nein, das müßten wir dann sogar. Sie hören, ich sage: ‚müßten'. Ganz unverblümt."

(Unverblümt im Konjunktiv, denke ich.)

„Ich bitte Sie darum, davon noch einmal Notiz zu nehmen. Damit Sie mich nicht falsch einordnen. Die Gefahr, daß Sie in mir einen Herostraten sehen, die besteht ja wohl kaum. Aber nicht weniger absurd wäre es, wenn Sie mich jenen Machthungrigen und Beschränkten zurechnen würden, die zu keiner Waffe nein sagen können. Nichts wäre in der Tat bedauerlicher, als wenn Sie statt meiner ein phantomartiges und verplumptes Bild von mir bekämpfen würden. Die Voraussetzung der Wahrheit ist, wenn ich mich selbst einmal zitieren darf, moralischer Natur. Betrachten Sie mich deshalb also bitte als einen Mann von Vernunft; als einen Mann, der einen schweren und einsamen Gang gegangen ist, und der, um seiner Stellungnahme in dieser furchtbarsten aller Zeiten gewiß zu werden, nachts mit seinem Engel gerungen hat; der nun aber, da er den Gang und den Kampf mit dem Engel hinter sich hat, weiß, was er sagt. Dieser Mann erklärt Ihnen also: Außerhalb der Existenz der zweiten Gefahr gibt es kein Argument, das er als Rechtfertigung der atomaren Drohung oder gar des atomaren Krieges anerkennt, oder das er sich als Rechtfertigung von irgendjemandem aufschwatzen lassen würde. Keines. Gültig ist ihm allein dieses einzige. Aber dieses einzige hat sich als gültig auch *erwiesen*. Denn wir *wären* ja bereits – auch Sie können das nicht bestreiten – wir *wären* ja bereits eingewalzt, wir *wären* ja bereits entwürdigt, wir *wären* unserer Freiheit ja bereits beraubt, wenn uns nicht (ich weiß, das klingt zynisch, und es schmerzt mich, zynisch zu sein, aber diesen Schmerz zu überwinden, das gehört eben zu den schmerzlichen Pflichten von heute) – ich sage: wir *wären* das alles ja bereits, wenn uns nicht das Schicksal das ebenbürtige Mittel in die Hand gelegt hätte; das Mittel, dessen Massivität und dessen Abschreckungskraft der des uns bedrohenden Totalitarismus gleichkommt."

(Nur das Wörtchen ‚gnädig' fehlt, denke ich. ‚Das gnädige Schicksal.')

„Dies also", fährt er fort, „ist unsere Lage. Unsere, ich leugne es nicht, entsetzliche Lage. Obwohl ihr andererseits eine gewisse apokalyptische Großartigkeit nicht abgesprochen werden kann. Wir sind auf die Probe gestellt wie noch nie. Wie noch niemals in der Geschichte menschlicher Bewährungen. Vielleicht darf uns die Größe, oder sagen wir furchtlos: die Erhabenheit dieser Probe sogar mit einem gewissen düsteren Stolz erfüllen. Das Leben ist der Güter höchstes nicht . . ."

(Auch das der anderen nicht? denke ich. Auch das der künftigen nicht?)

„. . . Wenn wir also, um unser Wesen dem Behemoth nicht zu überlassen, die unerschütterliche Bereitschaft aufbringen, der totalen Bedrohung mit totalen Mitteln und mit totalem Einsatz entgegenzutreten, also mit dem Opfer unser selbst . . ."

(Opfer für wen? denke ich, Opfer vor wem?)

„. . . dann bestehen wir diese Probe. Wenn wir dagegen – und das ist das nicht gerade noble Ziel, das Sie, mein Herr, zu verfolgen scheinen, das jedenfalls Ihr famoser Kongreß verfolgt hat – wenn wir dagegen diese Bereitschaft unterwandern, oder wenn wir es im entscheidenden Augenblicke an dieser Bereitschaft fehlen lassen, dann *haben* wir bereits versagt, dann *haben* wir bereits bewiesen, daß uns unser bloß physisches Weitervegetieren wichtiger ist als unser Wesen. In anderen Worten: Der Möglichkeit des totalen Opfers, der müssen wir ins Auge blicken. Beinahe hätte ich gesagt: Zu unserem Heile. Die Situation ist ungeheuer. Aber ungeheuerer wäre die Würdelosigkeit."

Fertig. Nur das Wörtchen ‚dixi' fehlt. Oder das ‚Amen'. Umständlich wischt er seine Stirn, offenbar ist er nicht nur befriedigt von seiner Rede, sondern auch überwältigt.

Fühle mich hundeelend. So elend, wie einen nur die Nachbarschaft der Unwahrhaftigkeit machen kann. Wenn man nur das Fenster öffnen könnte. Ein Glück, daß er nicht auf sofortige Antwort drängt. Fürchtet wohl, die würde dem tragischen Effekt seiner Worte Abbruch tun.

Hatte vergessen, wo wir sind. Versuche, mir's klar zu machen. Und hinauszublicken. Horizont zwar erkennbar, sonst aber nichts. Noch nicht einmal, ob, was da unter uns liegt, Erde ist oder Wasser. Was ich hier atme, ist jedenfalls weder Erd- noch Seeluft, sondern die dumpfe Luft der Selbstgefälligkeit, des Konformismus und des Pathos. Der Selbstgefälligkeit, die sich als Opferbereitschaft verbrämt. Des Konformismus, der sich als schwer errungene eigene Überzeugung ausgibt. Des Pathos, das sich als intellektuelle Reinlichkeit aufspielt. Und in dieser Luft bin ich eingeschlossen.

Ein paar Reihen vor mir wieder das Krähen. Das japanische Kindchen, das dreizehn Jahre nach dem Tage Null geborene. Wahrscheinlich durch uns aufgewacht. Durch unser pathetisches Geschwätz oder unser plötzliches Verstummen. Die Worte ‚Heil' und ‚Würdelosigkeit' tönen mir noch im Ohr. Wie hohl sie klingen neben dieser Stimme. Und wie trübe. Ob es so alt werden darf wie wir, dies durchs Weltall fliegende Kindchen? Oder ob man ihm das mißgönnen wird?

Auch *er* hört das Wimmern. Scharfe lehrerhafte Kopfdrehung, so als ertappte er einen Schwätzer bei der Andachtsübung. Magister mundi. Und dann ungläubiges Kopfschütteln.

Die Gesten hat er für mich gemeint. Um zu unterstellen, daß auch ich durch das Kind gestört sei. Um ein Einverständnis aus mir herauszulocken. „Wie stehts?" fragt er nun. „Haben Sie denn gar nichts dazu zu bemerken?"

„Manches".

„Lassen Sie sich nur Zeit", meint er. Er erlaubt, was ohnehin geschieht.

Aber soll ich überhaupt antworten? Lohnt das? Kann er denn überhaupt zuhören – wollen? Ist er denn nicht hoffnungslos festgelegt? Muß er denn nicht längst schon festgelegt *gewesen* sein? Längst bevor er sich selbst festlegte? Abgesehen von Wortwahl und Sprachniveau, worin besteht denn der Unterschied zwischen dem, was er mir da eben vordeklamiert hat, und dem offiziellen Text, der einem täglich ins Haus fliegt?

Andererseits – wie selbstsicher er dasitzt! Mit welcher gelangweilten Superiorität. So als läge der Triumph, den er erwartet, bereits hinter ihm. Kann die Lüge wirklich so selbstsicher sein? – Sollte der Mann nicht doch ehrlich sein? Auf seine Weise mindestens, also so, daß er zu mindesten *meint*, was er sagt? Sollte er nicht vielleicht wirklich glauben, im Dunkel mit dem Engel gerungen und in der Einsamkeit seine eigene Entscheidung gefällt zu haben? Welche diabolische Möglichkeit, welch erschütternd-komische Möglichkeit, daß einer stöhnend und ‚seine Hüfte verrenkend' in der Nacht seinen Jakobskampf kämpft, um dann schließlich, mit derjenigen Antwort gesegnet, die er mühelos im gestrigen Abendblatt hätte auflesen können, vom Kampfplatz heimzukehren! Aber vielleicht gibt es das. Vielleicht besteht in solcher Eulenspiegelei die heutige ‚List der Vernunft'. Vermutlich sogar. Vermutlich macht es ihr einen Heidenspaß, denjenigen Individuen, die sie der Freiheit, eigene Antworten auszusprechen, beraubt, doch mindestens eine Minimalfreiheit zu gönnen: Nämlich die Illusion der Suche nach Antwort. Die Illusion des Kampfes um die Antwort. Die Illusion, sie errängen, was ihnen geliefert wird, selber. Zuzutrauen wäre ihr das schon. –

Blicke hinunter. Zur Farbigkeit ist sie zwar noch nicht erwacht, die Welt. Und von hier oben, in dieser halben Stunde habe ich, was sich da dämmerig unter mir formt, zwar noch niemals gesehen. Aber fremd ist mir diese ‚kalifornische Hügellandschaft' nicht. Ob wir direkt über der Präfektur von Hiroshima schweben, oder diese schon hinter uns haben oder erst vor uns, darauf kommt es nicht an. Denn nun weiß ich, womit ich anfangen werde. Worauf ich ihn stoßen werde. Auf das da unten.

„Sie sind vorhin", beginne ich also, „aufs unzweideutigste von jeder Verharmlosung abgerückt. ‚Ich verpöne das', hatten Sie gesagt."

„Richtig. Das tue ich." Und nach einer Pause: „Und?"

„Kein *und.* Sondern ein *aber.* Ich rechne Sie nämlich trotzdem unter die Verharmloser."

Verblüffung. „Und wie kann es zu diesem Mißverständnis kommen?"

„Auf Grund von welchem Mißverständnis Sie sich für einen Feind der Verharmlosung halten, das wird sich bald zeigen. Ein Verharmloser aber sind Sie deshalb, weil Sie sich aufs *Futurum* beschränken. Und auf den *Konjunktiv.*"

„Auf was bitte?"

Ich weise auf den Boden des Flugzeugs. „Weil Sie das da unten nicht erwähnt haben. Das, was unter uns liegt. Nicht ein einziges Mal."

„Sie meinen, was da unter uns liegt ...?"

„Ja. Das meine ich. Das ist die Gegend von Hiroshima. Ungefähr jedenfalls. Und die Strecke, auf der wir fliegen, ist ungefähr diejenige, auf der einmal ein gewisses anderes Flugzeug angeflogen kam."

Einen Augenblick lang ist er stumm. Dann versucht er hinunterzublicken. „Man sieht noch kaum etwas."

„Natürlich nicht. Auch bei Tageslicht würden Sie nichts sehen. Leider nicht. Besser wär's, Sie sähen statt dessen *das* Nichts."

„*Das* Nichts?"

„Dasjenige Nichts, das damals hergestellt wurde. Und das sofort wieder hergestellt werden könnte. Jetzt. Leider sind wir ja darauf angewiesen, es uns *vorzustellen.*"

Sein unsicherer Blick zeigt, wie unbehaglich es ihm wird. Daß er durchaus nicht mehr weiß, wie er mich klassifizieren soll.

„Leider ist es vernichtet worden."

„Was?"

„Dieses Nichts."

„Dieses Nichts?"

„Dieses Nichts. Wenn Sie dort gewesen wären, ich meine: dort unten in Hiroshima, dann hätten Sie nämlich gesehen, daß alles wieder aufgebaut worden ist. Und zwar mit so empörender Vollständigkeit, daß nichts mehr die Vernichtung bezeugt. Die Welt sieht wieder komplett aus. Trotz der Zweihunderttausend. Leider sieht sie immer komplett aus."

All das ist programmwidrig. „Und was meinen Sie damit wieder?"

„Daß der Wiederaufbau Untreue ist gegen die Toten. Von sich aus klagen die ja nicht. Ich meine die Toten. Die klagen ja niemals. Und die beim Appell nicht antreten, die fallen ja niemals auf. Als Fehlende, meine ich. Nicht daß die Toten unsichtbar sind, ist der Skandal. Sondern daß ihr Fehlen fehlt. Daß ihr Fehlen unsichtbar ist."

Er verstummt noch einmal. Sein Konzept ist ihm nun total verdorben. Nichts, was er sich über mich zurechtgelegt hatte, scheint durch meine Worte bestätigt. „Sagen Sie einmal", fragt er schließlich, aber doch äußerst zögernd, „entschuldigen Sie die Indiskretion, aber sollten Sie vielleicht ein ehemaliger Theologe sein?" Und nach einer weiteren Pause: „So etwas soll ja vorkommen."

„Was?"

„Daß ehemalige Theologen ..."

„Was?"

„Nun, in ihrer späteren Entwicklung, gewissermaßen ins Politische umkippend ..."

Ich verstehe. „Nein. Doppelt vorbeigeraten. Vergangenheit falsch. Gegenwart falsch. Nur in Philosophie habe ich mich ein wenig versucht. In Moralphilosophie. Nicht ernsthaft natürlich. Nicht so professionell wie Sie. Die Sachen selbst waren mir stets wichtiger."

„Die Sachen?"

„Nun ja, eben zum Beispiel die Sache da unten. Und die Tatsachen. Zum Beispiel die Tatsache, daß Sie, seit wir über – wie heißt das so schön? – also über das ‚nukleare Problem' sprechen, das da unten nicht erwähnt haben."

Er schweigt.

„Sehen Sie. Und das ist der Grund, aus dem ich Sie einen ‚Verharmloser' nenne. Weil Sie sich darauf beschränkt haben, so zu argumentieren, als handelte es sich lediglich um etwas, was sein könnte. Konjunktiv." Von neuem weise ich nach unten. „Aber dies da, das ist im Indikativ geschehen. Im unbestreitbaren Indikativ."

„Den bestreite ich nicht."

„Wie könnten Sie auch. Aber Sie erwähnen ihn auch nicht."

„Dessen bin ich mir nicht bewußt. Aber falls Sie damit recht haben sollten – wer sollte das jetzt noch entscheiden? – dann ist das aus dem plausibelsten Grunde von der Welt geschehen. Nämlich einfach deshalb, weil die Tatsache zu bekannt ist. Weil sie in jedem Gespräch unterstellt werden kann."

„Klingt etwas komisch."

„Was?"

„Hiroshima zu ‚unterstellen'."

„Seien Sie doch kein Wortklauber. Sie verstehen mich doch sehr genau." Und nach einer Pause: „Und im übrigen besteht die Gefahr ja wirklich nicht in dem, was geschehen *ist.*"

„Ach!"

„Und was mißfällt Ihnen an dieser Bemerkung wieder?"

„Daß sie den Klimax der Verharmlosung darstellt."

„Langsam wird das absurd."

„Ich jedenfalls wüßte nichts, was das wahre Ausmaß der Gefahr so deutlich, so entsetzlich deutlich machen könnte, wie die Tatsache, *daß* die Verwendung der Atomwaffen einmal hat *wirklich* werden können. Ganz zu schweigen von den Umständen, unter denen diese Anwendung Wirklichkeit wurde."

„Von welchen Umständen?"

„Von dem geschichtlichen Augenblick, in dem man den Mann, der hier flog, wo nun wir fliegen, hierher beordert hat und die Waffe hat einsetzen lassen. Oder würden Sie so weit gehen, zu behaupten, daß sich die Vereinigten Staaten oder die freie Welt zu Beginn des August 45, also in den Tagen vor den Abwürfen, in der akuten Gefahr befunden hätten, vom japanischen Totalitarismus eingewalzt zu werden?"

Er zuckt mit den Schultern.

„Also. Womit Sie zugeben, daß die damalige Situation keinen Unterfall jener Zwangssituation dargestellt hat, die Sie vorhin als die einzige Rechtfertigung für die Atomdrohung oder für den Einsatz proklamiert haben. Und ich finde eben, dieses ‚Daß' und dieses ‚Wann', die zeigen uns, daß und wann wir die Verwendung erneut erwarten können. Erwarten müssen."

Er schüttelt seinen Kopf. „Das ist nicht fair, mein Herr! Wie Sie zugeben müssen, geben Sie Ihrem Argument retro-aktive Gültigkeit. Und retro-aktive Argumente sind niemals fair. Schließlich ist es ja auch Ihnen bekannt, daß die Diskussion über Atom-Moral, die nunmehr in Gang ist, damals noch nicht eingesetzt hatte."

„Selbst das bestreite ich. Denn dieses Gespräch hat schon vor Hiroshima begonnen. Um genau zu sein: Mit dem Interventions-Versuch

Szilards. Und abgerissen ist dieses Gespräch eigentlich nie. Aber selbst *wenn* Sie damit recht hätten – ist denn ein Montagsmord deshalb kein Mord, weil man ‚Mord' erst am Dienstag definiert?"

Er blickt mich verständnislos an.

„Sie nennen die Anwendung eines Kriteriums auf etwas gestern Geschehenes unfair. *Ich* nenne die Nichtanwendung inkonsequent. In anderen Worten: Heute *gibt* es ja dieses Atommoral-Gespräch. Heute *hat* man ja Maßstäbe und Kriterien. Und auch *Sie* haben mir Ihr Kriterium ja eben vorgetragen."

„Und?"

„Diese heutigen Kriterien sind reine Attrappen."

„Ich muß schon bitten!"

„Reine Attrappen. Denn die Position, die man heute, ich betone: heute, also trotz der Kriterien, den ersten Einsätzen gegenüber bezieht, die zeigt aufs entsetzlichste, auf was wir uns auch heute gefaßt machen müssen."

„Und auf welche Position den ersten Einsätzen gegenüber spielen Sie da an?"

„Daß Sie danach noch fragen! Wo Sie doch diese Position selber verkörpern! Auf die *totale Positionslosigkeit* natürlich. Ich jedenfalls kenne kein Zeugnis dafür, daß die Beurteilung des damals Geschehenen durch die Argumente des heutigen Atommoral-Gesprächs irgendwie berührt worden wäre. Von Revidieren zu schweigen. Die ‚Hiroshima-Mission' galt, als sie bekanntgegeben wurde, als unkritisierbar, also als tabu. Und tabu ist sie auch heute noch. Das wirklich Geschehene an den heutigen Kriterien zu messen, das kommt auch heute noch nicht in Frage. Oder kennen Sie eine Ausnahme? Könnten Sie mir unter den offiziellen Persönlichkeiten, unter jenen Staatsmännern, die, Ihnen ähnlich, täglich betonen, daß sie, abgesehen von der ‚Bedrohung der freien Welt durch den Totalitarismus', keine Rechtfertigung für die atomare Rüstung oder für den Einsatz von Atomwaffen anerkennen – könnten Sie mir unter Männern wie Dulles oder Adenauer auch nur einen einzigen nennen, der zugegeben oder ausdrücklich erklärt hätte, daß bei den zwei tatsächlichen Einsätzen, also in den Fällen Hiroshima und Nagasaki, diese einzige Rechtfertigungsbedingung für Atomeinsätze *nicht* erfüllt gewesen war? Oder gar einen, der daraufhin diese zwei Einsätze angeprangert hätte und von ihnen abgerückt wäre?"

Er schweigt.

„Aber schließlich sind *Sie* für diese Männer ja nicht verantwortlich."

„Eben."

„Deshalb will ich mich auch darauf beschränken, zu fragen: Haben *Sie* das getan? Haben *Sie* auf Grund dieser Einsicht die Hiroshima-Mission angeprangert? Sind *Sie* daraufhin von ihr abgerückt?"

„Darauf sind Sie also losgesteuert?"

„Darauf."

„Gar nicht ungeschickt."

„Das ist keine Antwort."

„Und Sie glauben, ich lasse das Gespräch auf ein solches Nebengeleise abschieben?"

„Nebengeleise? Wollen Sie denn schon wieder verniedlichen?"

„Sie hängen sich schon wieder an Worte."

„Gut. Lassen wir das. Ich habe nämlich gar nichts dagegen, unser Gespräch auf *Ihre* Geleise umzurangieren, auf Ihre ‚Hauptgeleise'. Und meine Einwände auf diesen laufen zu lassen. Ob die Fahrt dadurch vergnüglicher wird. ..."

„... das überlassen Sie mir."

„Gut. Auf welches Geleise soll ich also umrangieren? Auf das Geleise ‚Totalitarismus'? Oder auf das ‚ebenbürtiges Mittel'? Oder auf das ‚Opfer'?"

„Das steht Ihnen frei. Die Begriffe gehören zusammen."

„Gut. Dann auf das Geleise ‚Totalitarismus'. Beginnen werde ich aber mit einer sehr persönlichen Bemerkung."

Neugierig blickt er auf.

„Damit nämlich, daß ich selbst ein Opfer des Totalitarismus gewesen bin, mehr als ein Jahrzehnt lang. Daß dieses Schicksal mich endgültig geprägt hat. Bis heute. Daß ich aus dem totalitären Deutschland nicht nur als Jude habe fliehen müssen, daß ich mich nicht nur als Jude durch die Welt habe treiben lassen müssen (das auch), sondern auch deshalb, weil ich noch vor Ausbruch der Entwürdigung und des Terrors, also vor mehr als einem Vierteljahrhundert (leider trotzdem zu spät), in einer Art von Swiftiade den Mechanismus des Totalitarismus auseinandergelegt, also zu warnen versucht hatte. Daß mein Leben mehr als ein Jahrzehnt lang in nichts anderem bestanden hat als in Registrierung, Deutung, Schmerz, Verzweiflung und Haß – in nichts anderem also als in täglicher Auseinandersetzung mit dem totalitären System. Daß mir auch dessen schließlicher Zusammenbruch keine Beruhigung hat geben können, daß ich vielmehr ein für alle Male weiß, daß, was *einmal* hatte eintreten können, *immer wieder* eintreten könnte. Daß ich niemandem tiefer mißtraue als denjenigen, die auszurufen pflegen: ‚Aber es ist ja vorbei!' Kurz und gut – und dies ist das argumentum ad hominem, auf das ich mit meiner Vorbemerkung abgezielt habe – daß ich Sie auf das dringlichste darum ersuchen muß, mich mit Belehrung über Totalitarismus zu verschonen."

„Einen Augenblick!"

„Bedauere. Nun spreche *ich*. Und zwar, vergessen Sie das nicht, auf Ihre Bitte hin. Sogar auf Ihre ungeduldige Bitte hin. Und mit den Einwänden, um die Sie mich gebeten haben, habe ich noch nicht einmal begonnen."

„Also schön. Später. Um welchen Einwand handelt es sich also?"

„*Einwände*", sage ich. „Embarras de richesse."

„Also um welche Einwände?"

„Meinen Sie nicht auch, daß es am praktischsten sein wird, mit demjenigen Einwand zu beginnen, der sich auf Ihr proton pseudos bezieht, also auf die falsche Voraussetzung, die allen Ihren Beteuerungen zugrunde liegt?"

„Meinen Sie mit ‚pseudos' ‚Falschheit' oder ‚Lüge'?"

„Das steht Ihnen frei. – Also damit, daß die Frage ‚Rather red than dead?, mit der man einen berühmten Wissenschaftler leider hat fangen können, nichts anderes ist als eine ordinäre Fallen-Frage? Eine Frage, die ungeprüft Unwahres als Wahrheit unterstellt?"

„Ungeheuerlich!"

„Richtig. Daß nämlich die Alternative ‚Atomdrohung *oder* Totalitarismus' auf eine ungeheuerliche Lüge herausläuft, weil die Atomdrohung selbst totalitär ist? Nämlich die außenpolitische Version des Totalitarismus? Daß sie in einem pausenlosen ‚wenn nicht, dann ...' besteht, in einer Dauer-Erpressung mit möglicher Vernichtung? Daß sie die Menschheit zu einem ‚totalitären Leben' verurteilt, nämlich zu einem Leben, das man, nicht anders als das von Konzentrationshäftlingen, nur als ‚Noch-nicht-umgebracht-worden-sein' definieren kann? Daß sie den Globus als ganzen in ein einziges unentrinnbares und ausfluchtloses Konzentrationslager verwandelt hat? Soll ich mit diesem Einwand anfangen?"

„Einen Moment!" Er zieht sein Notizbuch und beginnt wütend Eintragungen zu machen.

Nach einer Weile: „Noch etwas?"

„Noch manches. – Oder ziehen Sie es vielleicht vor, diesen Einwand in Ihrem eigenen Vokabular zu notieren? Also: Daß die Atomdrohung den Menschen daran hindere, sein menschliches ‚Wesen' zu verwirklichen? Und zwar auf eine noch schlimmere Weise als die Hitlersche oder Stalinsche Drohung? Da es in diesem Falle die *Menschheit als ganze* ist, die auf dem Spiel steht? Die Menschheit als ganze, die ihrer ‚Wesens'-Chance beraubt wird? Und daß die Menschheit in diesem Falle sogar *doppelt bedroht* wird: in ihrem Wesen *und* in ihrer Existenz? Soll ich damit beginnen?"

Kopfschüttelnd macht er sich Notizen.

„Oder vielleicht mit dem Einwand, daß es absurd ist, die Freiheit dadurch retten zu wollen, daß man die eine Spielart des Totalitarismus gegen die andere mobilisiert?"

„Oder mit dem Einwand, daß niemand dasjenige, was Sie einfach unterstellen, mit Bestimmtheit wissen kann, nämlich daß das Wesen des Menschen durch totalitäre Regimes *endgültig* ausgelöscht werden könne? Daß also auch niemand, selbst wenn er die endgültige Auslöschung für wahrscheinlich hält, das Recht hat, den Selbstmord der Menschheit zu befürworten?"

„Oder?"

„Oder damit, daß es Bequemlichkeit beweist und schematischstes Schwarz-weiß-Denken, wenn man die Alternativ-Formel ‚freie Welt – unfreie Welt' nachredet? Daß vielmehr Menschen der freien Welt, zum Beispiel Amerikas, und zwar durch Technik, Massenmedia und -produkte, gleichfalls schon entscheidend geprägt und entprägt, also wesenlos und unfrei gemacht worden sind? Daß es auf eines hinausläuft, ob dieser ‚Wesensmord' durch *Partei-Apparate* bewerkstelligt wird oder durch *Apparate im üblichen technischen Sinne?* Daß das Wesen der durch die Apparate Ruinierten – ich habe vierzehn Jahre lang unter diesen bearbeiteten Menschen gelebt – um nichts intakter ist als das der durch Parteiterror und -schablone geprägten und entprägten Menschen? Damit vielleicht?"

Er gibt einen sonderbaren Ton von sich, der wohl verächtliches Lachen bedeuten soll.

„Oder wollen Sie statt dessen vielleicht zuerst hören, daß intellektuell Rechtschaffene nur unter äußerster Kraftanstrengung in der Lage wären, irgendeine Gefahr, gleich welche, gleich welcher Größe, mit der absoluten Gefahr, also mit der Gefahr der endgültigen und unwiderruflichen Auslöschung des Menschengeschlechts in einem Atem zu nennen? Nur unter äußerster Kraftanstrengung?"

„Wenn Sie damit sagen wollen ..."

„Genau das was ich sage: Daß nämlich der Totalitarismus, trotz seiner Schrecklichkeit, die kleinere Gefahr ist, daß er den Bestand und die Zukunft der Menschheit *nicht* gefährdet. Daß er vielmehr ein Stück *Geschichte* ist, das sich, nicht anders als jedes andere in der Geschichte auftretende System, ändern kann, ändern wird, sich bereits geändert hat, und das sogar wesentlich."

„Aha."

„Oder soll ich Ihnen zuerst von jenen Doktrinären des Infernalismus erzählen, die aus Systemgründen verlangen, daß das von ihnen verabsolutierte Böse sich gleichbleibe, und die die Möglichkeit einer empirischen Veränderung, auch nur den Gedanken einer möglichen empirischen Veränderung, voll Empörung zurückweisen, weil durch solche Veränderung ihre Verabsolutierung diskreditiert werden oder ihr Systemrahmen aus dem Leim geraten könnte? – Soll ich damit vielleicht beginnen?"

Der kurze Blick, den er mir gibt, ist nun ein Blick unzweideutigen Hasses.

„Oder damit – Sie sehen: auch meine Punkte gehören zusammen –, daß, wer die totalitäre Gefahr als der atomaren ebenbürtig darstellt, damit, ob er es will oder nicht, ob er es weiß oder nicht, die atomare Gefahr bagatellisiert?"

„Oder damit, daß es auf Verleumdung hinausläuft, denjenigen, die diese Ebenbürtigkeit bestreiten und die Stolz genug besitzen, sich nicht durch Meinungsdruck zum Meinungswechsel verführen zu lassen, zu unterstellen, sie seien heimliche Fürsprecher des Totalitarismus?"

„Oder damit, daß nur schief Denkende imstande sind, vorauszusetzen, daß es Ziele gebe, daß es überhaupt Ziele geben *könnte*, die der gleichen Größenordnung angehören wie das ‚totale Mittel'? Daß diese Unterstellung dem Begriff ‚Ziel' widerspricht, weil die Verwendung des Mittels die Möglichkeiten weiterer Zielsetzungen überhaupt auslöschen würde?"

„Oder damit, daß es egozentrisch ist, ‚geschichtlich egozentrisch', aus Würdegründen, die (wenn überhaupt) höchstens die Würde der

Gegenwart, höchstens die unserer eigenen Generation betreffen, die Zukunft als ganze, die der Kinder und Kindeskinder, zu riskieren? Daß (mindestens was den Effekt betrifft) zwischen jenem ‚après moi le déluge', dessen Zeugen wir vor dreizehn Jahren gewesen sind, und Ihrem ‚après moi le déluge' überhaupt kein Unterschied besteht?"

„Wollen Sie das noch einmal wiederholen", verlangt er stimmlos.

„Das ist wohl kaum nötig."

Da schlägt er sein Buch zu und tut nun so, als wenn er nicht mehr zuhörte.

Aber davon nehme ich nicht Notiz. „Oder damit", fahre ich fort, „daß es eine Zumutung ist, die Möglichkeit der Vernichtung aller, aller anderen, alle Zukünftigen, ein ‚*Opfer*' zu nennen?"

„Oder damit, daß es dunkel bleibt, *wer* das Opfer, von dem Sie sprechen, wird bringen müssen? Und dunkel, *wer* diesen Selbstmord der Menschheit zu riskieren wünsche? Und dunkel, ob *wir* damit gemeint sind? Und wen Sie mit ‚wir' bezeichnen? Ob die Menschheit, die Millionen der heute Lebenden? Oder wen sonst?"

„Oder damit, daß die freie Menschheit, wenn sie sich (wovon natürlich niemals die Rede sein kann) en bloque zum Selbstmord aus Würdegründen bereiterklären würde, keine ‚freie Menschheit' mehr wäre? Daß sie vielmehr diese ihre kompakte Bereitschaft zum Tode nur dadurch erreichen könnte, daß sie zuvor bereits ‚totalisiert' wäre? Daß also das ‚Opfer für das Wesen' nur mit Hilfe der bereits ad hoc geopferten und wesenlos gemachten Menschheit durchgeführt werden könnte?"

„Oder damit, daß es unbegreiflich ist, *wem* das Opfer gebracht werden sollte? Und daß es in meinen Ohren absurd klingt (und in Ihren blasphemisch klingen müßte), wenn eine Gabe, die niemandem dargebracht wird (also keinem Gotte, der sie wünscht), ein ‚Opfer' genannt wird? Daß, was da stattfinden würde, ein bloßes Fortwerfen wäre, eine bloße Verwerfung und Vernichtung, also auf etwas hinausliefe, was, wenn es auch noch so nobel und existentiell verbrämt würde, doch keinen anderen Namen verdienen würde als den Namen ‚Herostratismus'?"

Er hatte sich bereits schlafend gestellt. Aber dieses letzte Wort beweist, daß er noch zuhört und höchst lebendig ist. Er schrickt zusammen, so als hätte ich mit einer schweren Waffe auf ihn eingeschlagen. Dann lehnt er sich zurück, mühsam atmend; und sein wiederholtes

Kopfschütteln scheint zu besagen: „Mein Gott, warum habe ich mich auf *den* eingelassen!" Und schließlich ist er still. Und spielt wieder den Schlafenden.

Fertig.

Blick durchs Fenster. Der Morgen ist da, hab sein Kommen versäumt. Um uns ein sanftes, von rosa Fetzen durchzogenes Blau. Kosmisches Idyll.

Von unserer Bewegung nichts zu bemerken. Wir scheinen an einem Haken im Zenit aufgehängt. Direkt unter uns, eingefaßt in einen dunkelsmaragdenen Ring, eine saftiggrüne, mit Moos oder Schilf oder Gebüsch (wer kann das von hier oben entscheiden?) bedeckte Insel. Atme auf. Der Alpdruck der Nacht hinter mir. Die Welt.

Die anderen liegen noch wie Bündel. *Er* der einzige, der gleichfalls hinausblickt. Er klebt sogar am Fenster, muß sich zu diesem Zweck verrenken. Vielleicht um so total wie nur möglich von mir abgewendet zu bleiben. Aber vielleicht ergreift das Wiedersehen mit der Welt auch ihn, vielleicht nicht weniger als mich. Vielleicht ist das die Sekunde, in der ein etwas versöhnlicheres Wort möglich wäre. Aber ist die Herrlichkeit der Welt eine gemeinsame moralische Basis? Kann man Himmel und Erde, oder Himmel und Wasser, dazu mißbrauchen, um eine Solidarität herzustellen, die sich dort unten sofort als bestandlos und hinfällig erweisen würde? Es geht nicht.

Später

Auftritt: Stewardess, herrlich schöner neuer Mischtypus, eine Kreuzung von Mondpriesterin und amerikanischem Tennisgirl; und wünscht uns in allen erdenklichen Sprachen einen guten Morgen. Bringt das Frühstück. Nein, falsch beschrieben. Denn die Geste ihres Tablett-Tragens – und diese Tanzgeste reicht von der Fußsohle bis zu ihren Fingerspitzen – ist so feierlich schön, ist so sehr der Inbegriff ritueller Präsentierung, daß man auf ihrem Tablett Opfergaben für eine Gottheit vermutet, und nicht den orange juice, den toast, den Kaffee, die soft boiled eggs, die sie nun auf meinem Hängetischchen abstellt. Ihre fünf Worte: „Watch out, Sir, piping hot" klingen so süß und tröstlich, als seien sie die Zusicherung aller irdischen und himmlischen Fürsorge. Unseren Söhnen und Enkeln (sofern es Söhne und Enkel geben wird), den interplanetarischen Handlungsreisenden von morgen (sofern es ein Morgen geben wird), denen werden diese Priesterinnen ihr Frühstück vermutlich in der Siriusrakete servieren. Und dieser Bericht wird dann als rührend-altväterische Kutschenchronik eingestampft sein.

Er. Er behandelt mich als nichtexistent. Ob er versucht, auch die Nacht als nichtexistent zu behandeln? Soll ihm nicht gelingen. Werde sofort versuchen, das ‚Gespräch', also seine und meine Monologe, zu rekonstruieren und niederzuschreiben.

Auch die anderen regen sich nun, die Bündel geraten in Bewegung. Die Inderin flicht ihren armdicken blauschwarzen Zopf, den größten Teil ihres Rückwegs zur Königlichkeit hat sie bereits hinter sich. Ein japanischer Bub, eine halbe Banane wie eine Zigarre im Munde, hüpft zwischen den Sitzreihen. What's your name? Schämt sich, fort.

Wieder die Frühstückspriesterin. Nun bringt sie auch ihm die Opferplatte. Auch er ist nicht blind, auch ihm fällt ihre atemberaubende Schönheit auf. Mit einer magistralen Geste zum Fenster – so als hätte er, was draußen liegt: das Blau und das Rosa und das Schiefergrau und das Smaragdgrün seinerzeit selbst geschaffen: „Wie am ersten Tage."

„Certainly, Sir", bestätigt sie.

„Noch!" rufe ich.

Er zuckt zusammen.

„Gerade noch!"

Er zuckt zum zweiten Male. Aber ehe er sich noch fassen kann, kommt, ihn zum dritten Male erschreckend, dröhend und vom Lautsprecher entstellt, die Stimme des Piloten:

„Wir befinden uns nunmehr bereits südlich von Taiwan. Den Kriegsschauplatz haben wir in weitem Bogen umflogen. Nächste Landung Hongkong."

Die Feindseligkeiten zwischen Quemoy und dem Festlande haben begonnen. Es ist der Morgen des 24. August 1958.

Hinter Hongkong

Sein Platz ist leer. Er ist ausgestiegen. Er fehlt mir.

Wohl deshalb, weil ich noch nicht alles losgeworden bin, was ich für ihn, was ich gegen ihn auf dem Herzen habe.

„Wie ist es möglich", möchte ich ihn fragen, „daß Sie ‚philosophieren', also der doxa mißtrauen; daß Sie auch wirklich davon überzeugt sind, Ihre eigene selbständige Position einzunehmen und der Verharmlosung Widerstand zu leisten, daß Sie sogar stolz darauf sind, und daß Sie trotzdem in einem solchen Grade mit der offiziellen Politik, ja mit den vulgärsten Redensarten im Einklang stehen? Wie erklären Sie das? Fühlen Sie sich wohl dabei?“

Aber er antwortet nicht. Hat ja auch damals nicht geantwortet.

Ahnt der Mann denn wirklich nicht, eine wie zweideutige Rolle er spielt? Wofür er benützt wird? Wessen Helfershelfer er ist? Wessen Angestellter?

Vermutlich nicht. Vermutlich ist er wirklich ‚sauber‘. Wirklich nicht das, was man früher unter ‚korrupt‘ verstanden hat.

Aber was bedeutet das heute?

Nichts.

Und zwar deshalb nichts, weil es sich heute erübrigt, Menschen durch ausdrückliche Korruptionsmaßnahmen zu korrumpieren.

Und das erübrigt sich deshalb, weil der *Vorgang der Korruption heute selbst korrumpiert ist.* Was heißt das?

Daß die Korruption aufgehört hat, ein Einzelvorgang zu sein. Vielmehr ist sie zur winzigen Teilwelle in dem ungeheuren Wellengang der Massenbeeinflussung geworden; und diese Massenbeeinflussung, die pausenlos, anonym, subliminal auf- und abwogend, Aufträge ans Ufer wirft und weder den Namen des Senders noch den des Adressaten, weder den Wunsch des Auftraggebers noch die Pflicht des Beauftragten ausdrücklich zu nennen braucht, macht die Existenz von Lakaien oder von Schuften überflüssig. (Diese Figuren sind tatsächlich überholte Theatercharaktere geworden). – Da *die Meinungsbildung in der Massengesellschaft als ganze Korruption* ist, hat die in idyllischer Heimarbeit hergestellte Einzelkorruption ihre Funktion verloren; die rechtschaffene und unzweideutige Bestechung oder Bedrohung, das bewußte Kaufen und Sichverkaufen von Menschen ist zur antiquierten Produktionsart geworden. Indirekt und ahnungslos erfährt heute jeder den ihm zugedachten Auftrag, Sonderverständigung im Sonderfall erübrigt sich; mehr als zugedacht, also expressis verbis zugesprochen, braucht die Bestellung nicht zu werden; indirekt und ahnungslos erfüllt der Hoflieferant der Massengesellschaft seinen Auftrag, den er *als* Auftrag so wenig erkennt, so wenig erkennen soll, daß er bei bestem Gewissen in dem Wahn leben kann, sich die Maß-Stücke, die man bei ihm in Arbeit gibt und die er termingerecht abliefert, qualvoll aus seinem blutenden Herzen zu reißen, in ihnen sein Allereigenstes und

Allerheiligstes zu geben, kurz: seine intellektuelle Unabhängigkeit und Integrität zu bewahren. Deshalb kann heute der Geistige diejenige Stelle einnehmen, die früher der Lakai eingenommen hatte. Und was vom Auftragempfänger, vom Korrumpierten, gilt, das gilt entsprechend auch vom Auftraggeber, vom Korrumpierenden: Denn oft geschieht es (wenn nicht sogar zumeist), daß auch er nichts davon ahnt, daß und wem er Aufträge erteilt oder erteilt hat; immer zieht auch er es vor, wenn seine Angestellten ihre Arbeit nicht in dem Gefühl durchführen, beauftragt zu sein; sondern in jenem Gefühl, das bei meinem Dänen so kräftig entwickelt ist: in dem der *Mission.*

Dies das Mysterium des ‚sanften Terrors', dies der Triumph der konformistischen Welt, in die sich die freie Welt verwandelt hat: Da sie als Ganzes unfrei und unwahrhaftig ist, kann sie sich den Luxus leisten, auf manifest Unfreie und manifest Verlogene zu verzichten. Selbst wenn sie sich ausschließlich aus ‚Lauteren' zusammensetzen würde, der Unlauterkeit des Systems würde das keinen Abbruch tun. Die Summe von Lauteren ist noch nicht notwendigerweise lauter. Im Gegenteil: das System wünscht, daß jedes seiner Teilstücke ihm als Alibi diene, daß heißt: daß sich jedes subjektiv frei fühle, daß jedes vor Lauterkeit glänze. Und einer dieser subjektiv Freien und glanzvoll Lauteren ist mein Däne.

Blick hinunter. Noch immer Wasser. Meer ist Meer. Daß es das Südchinesische ist, unerkennbar. Könnte auch die Ostsee sein.

Immer wieder hat er betont, daß er die Verharmlosung der Atomgefahr ‚verpöne'. Wahrscheinlich tut er das wirklich, sogar bona fide. Aber das beweist nichts. Denn es gibt indirekte Methoden der Verharmlosung. Und den ‚Gebildeten unter den Verharmlosern', die er repräsentiert, werden die indirekten Methoden anvertraut. Seine Aufgabe besteht darin, die Atomgefahr dadurch zu verharmlosen, daß er *die Gefährlichkeit der Verharmloser verharmlost.* Wie tut er das?

Er beginnt mit einem feierlich-düsteren, apokalyptisch für Tuben und Pauken instrumentierten Vorspiel. Dieses klingt wie „Ich mache mir nichts vor, auch Ihr dürft Euch nichts vormachen. Die Gefahr ist ungeheuer, von niemandem darf sie bagatellisiert werden". Mit dieser Einschüchterungs- und Warnungs-Ouvertüre gewinnt er das Publikum, das nun in ihm das Mundstück der Lauterkeit und der Verantwortlichkeit begrüßt, und sich ihm vertrauensvoll öffnet.

Nachdem er so seine Hörer ausgiebig bearbeitet, hebt sich auf seinen Wink, ohne daß sich seine Warnungsmusik unterbräche, der Vorhang; von der noch dunklen Bühne tönt, noch immer begleitet von den Tuben des Weltendes, vierstimmig harmonischer Chorgesang, langsam erkennt man das Atomlied „Freiheit und Opfer", allmählich erhellt sich auch die Szene, auch die Chorsänger werden nun erkennbar, und siehe: Einer der Sänger, deren Mehrzahl Geschäftsleute und Militärs zu sein scheinen, ist kein anderer als *er: er,* der Warnende, *er,* der Ouvertürenkomponist.

Die Verwunderung bei den Zuhörern ist grenzenlos. Aber noch sind ja die apokalyptischen Klänge nicht verklungen. Und da es sie überfordern würde, das Vertrauen, das sie eben erst gefaßt, sofort wieder aufzukündigen, geraten sie in die entsetzlichste Desorientierung. Les amis de mes amis sont mes amis. Statt, wie es in Ordnung wäre, wegen der Herren, mit denen er im Chor singt, ihr Vertrauen ihm gegenüber zu widerrufen, bringen sie umgekehrt seinetwegen auch den Herren des Chores Vertrauen entgegen. Da diese mit *ihm* singen, müssen auch sie gewissenhafte, verantwortungsbewußte, vertrauenswürdige, jedenfalls ungefährliche Männer sein; letztlich auch sie Gegner der Atomrüstung und der Atomdrohung. Kurz: Die Frontlinien sind verwischt; wer für und wer gegen ist, ist unerkennbar; jeder scheint dagegen; Feind scheint keiner; die ganze Sache ist gar nicht so schlimm; wir können beruhigt nach Hause gehen.

Dies die Wirkung meines Dänen. Mindestens wäre dies seine Wirkung, wenn er kein esoterischer Gelehrter wäre, sondern eine öffentliche Figur. Aber ist es denkbar, daß man die Gelegenheit verpaßt, ihn zu einer öffentlichen zu machen?

Nachtflug Bangkok-Calcutta

Wieder im Flugzeug. Wieder zu Hause.

Denn das da unten, dieser Blasen werfende und kochende Teertopf Bangkok, das war nun wirklich die Fremde, das war nun wirklich der ‚Ferne Osten'. Wenn du da unten auf deiner Solo-Eskapade hängengeblieben wärst, wenn du dich verloren hättest in den Labyrinthen der Tempelstädte oder der Wasserstraßen, wenn die Cholera dich geschnappt hätte – totgesucht hätten sie sich nach dir, die Welt hätten sie durchkämmen können, denn wer hätte dich in Bangkok vermutet? Aber nun bist du wieder zu Hause, streck deine Beine aus, nun hast du wieder festen Boden unter den Füßen, nun sitzt du wieder auf dem alten Platz, auf *deinem* Platz, also dort, wo du von Tokio an gesessen hattest. Und ist es auch ein anderer Sessel in einem anderen Flugzeug – was besagt heute schon ‚anderes'? Ist es auch nicht derselbe Sessel, so ist es doch der gleiche, ist es auch nicht dasselbe Flugzeug, so doch ein Schwesterflugzeug, und es juckt mir in den Fingern, zwischen diese Polster zu fahren, um den Kugelschreiber herauszufischen, der mir vor Hongkong zwischen die Polster des vorigen Flugzeuges gerutscht war. Und wenn ich ihn fände, ich wäre nicht überrascht. Wer sich in A auskennt, der weiß auch, wo er in B den Lichtschalter findet, die Lüftungsschraube oder die Seife; dem kann nichts passieren, der ist wieder ‚da'. Unter dir mag Sumpf liegen oder die Cholera wüten, aber hier oben, gleich hinter dir, summt friedlich, ein Symbol der stabilen Welt, die verchromte elektrische Küche, gesehen hast du sie zwar nicht, aber hinfinden würdest du blindlings. Was dich im Hinflug so oft irritiert hatte: daß du nicht recht erkennen konntest, ob was unter dem dickglasigen und opaken Medium der Luft lag, wirklich die Erd-Oberfläche war mit Bergen und Tälern, oder nicht vielmehr der Meeresgrund mit Untiefen und Riffen – recht hattest du gehabt, so *ist* es: Die Erd-Oberfläche *ist* zum Meeresboden geworden, wir schwimmen über ihr wie die Schiffer über den Korallengründen. Was gilt und was wirklich ist, das ist hier oben: Der Sessel, die Seife, der Espresso, der dir in die Nase steigt und der keinem Wiener Schwarzen etwas nachgibt. Relax und sei dankbar. Du kannst deinen Taucherhelm öffnen, du bist wieder da.

Später

Ehe ich es vergesse – denn das Unwahrscheinliche ist unerinnerbar – also wie war das?

Noch vor vier Stunden – aber davon trennen mich bereits Jahre – war ich versehentlich in der Tempelstadt Watprakee eingesperrt gewesen. Und war, vom Warmwasserregen durchnäßt, allein zwischen glöckchenbehängten Pagoden, enormen Phallustürmen und fidschiinsulanerhaften Götzenbildern herumgeirrt. Bis ich schließlich an eine gottlob nur angelehnte Pforte geraten war. Und war erst einmal glücklich gewesen und hatte geglaubt, entronnen zu sein, und den Weg, den ich gekommen, auch wieder zurück zu finden. Und war losgezogen. Aber nicht heraus war ich gekommen, sondern hinein, nun erst wirklich hinein, nämlich in das Labyrinth der feuchten und plötzlich schattenhaften Stadt. Und nach einer Stunde – nun hätte ich wohl ‚zu Hause' im Hotel sein müssen – hatte ich mir keine Illusion mehr machen können: durch den Fettdampf dieser Fischbratküchen war ich auf dem Hinweg nicht gekommen, den hätte sich meine Nase gemerkt, weiß der Himmel, an welcher falschen Ecke ich die Tempelstadt verlassen hatte. Weiße nirgendwo, hab in Bangkok, glaube ich, überhaupt keine gesehen. Verdrießlich. Fragte mit höflichster Verbeugung einen kahlköpfigen Gelbmantel, also einen buddhistischen Priester, nach dem Weg, jeder Dritte dort unten ein Priester. Aber der ging wie ein Taubstummer weiter, wie mir schien: geradewegs durch mich hindurch – *so* als Luft war ich noch niemals behandelt worden. Die gleiche Erfahrung mit dem zweiten, mit dem dritten. Woraufhin ich es aufgab, die Hilfe Buddhas in Anspruch zu nehmen, und nicht gerade guter Dinge, beschloß, noch einmal auf eigene Faust zu versuchen. Hielt mich zur Seite eines faulriechenden, froschquakenden Kanals, weil dieser mich an einen Fleet erinnerte, den ich vom Dachfenster des Hotels aus gesehen. Welch lächerlicher Zufall es war, daß dieser Kanal mich wirklich zurückführte, weiß ich jetzt erst, und erschrecke nachträglich noch einmal: Denn nun sehe ich auf dem Stadtplan, wie viele ähnliche Kanäle es dort hinten, dort unten, in Bangkok gibt.

Und heute morgen – aber das ist schon Jahrzehnte her – war ich durch die Gebirgsmassive der Waratun-Pyramide geklettert, durch das kolossalste Menschgemachte, das Hybrideste, was ich je gesehen, denn es war kein Gebäude *in* der Landschaft, sondern, mit allen seinen Nebenpagoden und -Ablegern selbst eine Landschaft; sonderbarerweise an der Hand geführt, nein gezerrt, von einem stinkenden und verdreckten, aber engelhaft lächelnden vier- oder fünfjährigen Mädchen, das sich zwischen diesen menschgemachten Felsspitzen und Schluchten mit der gleichen Selbstverständlichkeit auskannte, mit der ich mich als Junge zwischen den Felsen des Riesengebirges ausgekannt hatte. Was sie von mir wollte, für wen sie mich hielt, weiß sie wahrscheinlich so wenig wie ich. Als ich mit der Fähre vor der Pyramide gelandet war, war sie mir sofort lachend entgegengelaufen, und von diesem Moment an hat sie meine Hand nicht mehr losgelassen. Geld hat sie nicht gewollt, hab versucht, mich loszukaufen. Größeres Vertrauen ist mir noch nie entgegengebracht worden. Armes Kind! Wie sich das einmal rächen wird!

Und noch gestern – aber ich habe das Gefühl, das war in einem anderen Leben – hatte ich mich durch paläontologischste Zeiten getrieben, nämlich auf den hundert Wasserarmen des Schae Phya-Flusses, in den Vorstadtstraßen Bangkoks, zwischen den nicht endenden Kolonien der im Wasser stehenden Pfahlbauten, in die man hineinsah wie in Theaterzimmer, denn von der Wasserfront aus waren sie wandlos, und in denen sie kochten und aßen und flochten und dösten, genau so wie vor fünftausend Jahren. Hatte die ganze Zeit über das Gefühl: *die* wird es nicht treffen, *die* werden die Katastrophe überleben, denn *die* haben ja den heutigen, den atomaren, Zeitpunkt noch nicht erreicht. Was natürlich Unsinn ist, denn genau so wie die Katastrophe auch unsere Vergangenheit zugrunde richten wird, wird sie diejenigen mit zugrunde richten, die noch in der Vergangenheit leben. –

An einer Stelle, einer Kanalkreuzung, war Wochenmarkt mit Melonen, schotenartigem Gemüse und von Fliegenschwärmen schwarzen Fleischstücken. Sie verkauften und kauften von Boot zu Boot, ich schloß die Augen, die Illusion war vollkommen: die Rufe hinüber und herüber klangen venezianisch. –

Später

Muß geschlafen haben. Über Burma. Sind jetzt angeblich über dem Golf von Bengalen. Nehm' nicht Notiz davon, meine Portion Globalität hab' ich hinter mir. Bin froh, daß ich angekommen bin, und daß alles beim alten ist.

Nachtflug Karachi-Kairo

Nichts zu sehen. Unter uns angeblich Saudi-Arabien. Wüste. – Meine Nachbarn: Netter australischer Pfarrer, halb Dickenshaft, halb Midwestern, mit zehnjährigem Sohn und achtjähriger Tochter. Beide Kinder sanfte Giganten: brav, aber einen Kopf größer als ich, Baumfällergesichter, Baumfällerhände, Schuhgröße Violinkasten. – Das geographische Interesse der Familie ausschließlich biblisch bestimmt. Bei dem Worte ‚Wüste' fällt dem Mann erst einmal Hagar ein. Also erzählt er seinen Kindern die (freilich bis zur Unkenntlichkeit hygienisch gereinigte) Geschichte von der fristlos Entlassenen, wobei man das Gefühl hat, die Arme stapfe in diesem Augenblick, mit Sand in den Schuhen, dort unten durch die nächtliche Wüste einer Tankstelle namens Shur entgegen, um dort Gott anzurufen und sich bei diesem über ihre ungesetzliche Kündigung zu beschweren. Die sanfte Gigantin glüht vor Empörung, der Kündigungsgrund bleibt ihr unbegreiflich; während der Gigant überhaupt nicht hinhört, vielmehr pausenlos an seinem Photoapparat herumfingert: denn er hat die fixe Idee, daß unsere Route am Morgen über den Ararat führe, und er fürchtet, bei der Schnelligkeit unseres Fluges könnte er den Augenblick für die Momentaufnahme der Arche Noah versäumen. Als ich ihm auf der Flugkarte nachweise, daß wir uns hunderte von Meilen südlich des Ararat befinden, und ihm versichere, daß Archenreste selbst dann unsichtbar bleiben würden, wenn wir den Gipfel des Ararat scharf überfliegen würden, hat er Schwierigkeiten, seine Tränen zurückzuhalten. Um den Riesen zu trösten, biete ich ihm ein paar hübsche Originalpyramiden an, die er kurz vor der Landung in Kairo ‚schießen' könnte, aber vergeblich: Das Buch Exodus interessiert ihn nicht, jedenfalls nicht so wie das Buch Genesis. – Als Hagar den wilden Ismael (dessen Ururenkel nun tief unter uns in der Wüste schlafen), und Sara den Isaak (dessen Ururenkel ich bin) geboren hatten, beide Frauen also zu ihrem Recht gekommen waren, werde ich aufgefordert, meinerseits eine Geschichte zu erzählen. Die fixe Idee des Jungen benutzend, berichte ich ein paar, freilich nicht gerade offizielle, Einzelheiten aus dem Leben Noah. Als Titel wähle ich: *„Die falschen Antworten"*.

Als sich Noah einen Monat nach der Ankündigung der Flut und vier Monate vor deren Ausbruch in der Einsamkeit erging; schweren Herzens, weil es keinen Baum gab, von dem er nicht wußte, daß seine Tage gezählt waren – da hörte er hinter einem Wäldchen den lebendigen Ton einer Axt; und da er dem Ton nachging, siehe: da stand vor ihm ein bärtiger Mann, der mit Lust in einen Baum hineinhieb. Schweigend betrachtete Noah den Arbeitenden. „Sag einmal", fragte er schließlich, „was tust du denn da eigentlich?" – „Ich fälle einen Baum", antwortete der Mann achselzuckend. – „Das sehe ich", meinte Noah. „Aber wofür?" – „Für ein Haus." – Da glaubte Noah falsch verstanden zu haben. „Ja, hast du denn nicht von der Flut gehört?" erkundigte er sich. – „Ach, hör mir auf mit deiner Flut!" brummte der Bärtige. – „Mit *meiner*?" fragte Noah erstaunt. – „Ja, glaubst du vielleicht, sie ist *meine*?" gab der Mann zurück. „Was kann *ich* schon tun gegen sie?" Sprach's und hieb von neuem in den Baum. Da wandte sich Noah traurig ab und ging seines Wegs.

Als sich Noah einen Monat später auf dem gleichen Wege in der Einsamkeit erging; blutenden Herzens diesmal, weil die Bäume mit ihrem Rauschen verrieten, wie wenig sie wußten von ihrem Untergange – da hörte er hinter dem Wäldchen den lebendigen Ton einer Säge; und da er dem Ton nachging, siehe: da stand duftend vor ihm ein Bretterstapel, der ausgereicht hätte für eine ganze Arche. – ,,Noch immer für das Haus?" erkundigte er sich. – ,,Wofür denn sonst?" brummte der Bärtige weitersägend. – ,,Und die Flut?" fragte Noah. – ,,Die Flut! Die Flut!" wiederholte der Mann verächtlich, ,,hab ich dir nicht gesagt, daß ich für sowas keine Zeit habe?" – ,,Leider", bestätigte Noah. – ,,Was heißt ,leider'?" meinte der Mann da ungeduldig, ,,soll ich meine Arbeit vielleicht halbfertig liegen lassen? Ich hab an die Zukunft zu denken!" – Da glaubte Noah falsch gehört zu haben. ,,Mann", sprach er schließlich, ,,wenn du keine Zeit für die Flut hast, dann wirst du bald überhaupt keine Zeit mehr haben; und ,halbfertig' wird man nicht nur deine Arbeit liegen lassen, sondern auch dich und deiner Kinder Zukunft." Sprach's und ging traurig seines Weges. –

Als sich Noah zum dritten Male in der Einsamkeit erging; und dieses Mal verzweifelt: denn es hatte ihn gedrängt, die Bäume zu trösten, und es war ihm nicht erspart geblieben, zu erfahren, daß selbst Trostworte kein Gehör finden – da vernahm er hinter dem Wäldchen den lebendigen Ton eines Hammers; und da er dem Tone nachging, siehe: da erhob sich ein halbfertiges Haus vor ihm, und der Bärtige stand auf der Leiter und klopfte bereits an den Fensterrahmen. – ,,Muß ich dich zum dritten Male mahnen?" fragte Noah. – Der Mann warf ihm einen wütenden Blick zu, denn er hatte seinen Mund voller Nägel. ,,Wenn du deine Flut meinst", zischte er schließlich, ,,dann verschon mich." – ,,Aber sie *kommt*!" sprach Noah. – ,,Seit Monaten liegst du mir nun in den Ohren damit! Immer mit derselben alten Flut! Wenn du nichts Neueres auf Lager hast!" – Da glaubte Noah falsch verstanden zu haben. ,,Neueres?" fragte er. – ,,Freilich", bestätigte der Bärtige. – ,,Das Neueste", meinte Noah nun, ,,scheint sich noch nicht bis zu dir herumgesprochen zu haben." – ,,Na also!" rief da der Mann und unterbrach sogar sein Hämmern, ,,raus damit! Was gibt's?" – ,,Daß wer heute nach ,Neuerem' fragt", antwortete Noah, ,,von gestern ist." – Der Mann runzelte seine Brauen. ,,Weil", erläuterte Noah, ,,die Zeit, in der man Neueres erwarten oder Neueres sich vornehmen durfte, vorüber ist." – Da nahm der Bärtige sein Hämmern wieder auf. ,,Das wäre ja das Neueste!" höhnte er. – ,,Gewiß", bestätigte Noah, ,,das ist es. Denn das Neueste ist, daß, was gestern das Neueste war, auch heute das Neueste ist; und daß es heute wie gestern darin besteht, daß wir nicht wissen, ob es überhaupt noch Neues geben wird. Es sei denn, wir tun das Unsere." Sprach's und ging traurig seines Weges. –

Als sich Noah einen Monat später wiederum in der Einsamkeit erging; und dieses Mal sogar mit Gott hadernd, weil die Unschuldigen nicht minder verurteilt waren als die Schuldigen – da hörte er ein ausgelassenes Kreischen. Und da er dem Lärm nachging, siehe: da stand vor ihm das fertige Haus, und aus dem Schornstein stieg friedlich der erste Rauch. Vor dem Hause aber lärmte eine Menge, und es schien, daß dort ein Fest begangen wurde. Denn der Bärtige tanzte da im Kreise seiner Söhne und seiner Söhne Frauen und Kinder; und waren ihrer gewiß nicht weniger als fünfzig. Noah glaubte, falsch zu sehen. ,,Halt!" schrie er schließlich. ,,Halt! Habt Ihr denn die Flut vergessen?" Kaum hatte er gerufen, als der Alte im Tanzen stockte und sich losriß und den Arm hochwarf und mit dem Zeigefinger auf Noah hinwies. ,,Da ist er ja", grölte er, und nicht nur betrunken klang seine Stimme, sondern aufs bedrohlichste leutselig, ,,da hätten wir ihn ja, unseren Flutmann! Wollt ihr ihn nicht auch einmal hören? Soll ich ihn nicht was fragen?" – ,,Frag ihn!" riefen sie da alle, und sie machten Luftsprünge so als wäre Noahs Auftreten ein Schauspiel, das der Alte ihnen zuliebe arrangiert hätte. ,,Frag nur", sagte Noah. – ,,Immer mit der Ruhe!" mahnte da der Bärtige. Und nachdem er die Seinen zwinkernd zum Schweigen gebracht: ,,Also, lieber Noah, du meinst doch nicht wirklich, daß, wenn sie käme, deine berühmte Flut . . ." – ,,Sie *kommt*", verbesserte Noah. – ,,Aber gewiß doch, aber natürlich kommt sie! Also: daß, wenn sie kommt, deine berühmte Flut . . ." – ,,Sie ist *nicht meine*", verbesserte Noah. – ,,Eben!" schrie da der Alte, von neuem mit dem Zeigefinger auf ihn weisend, ,,sie ist nicht die deine! Aber warum soll sie dann *meine* sein? Warum soll sie dann *uns* treffen?" – ,,Sondern", sagte Noah. Und dieses ,,sondern" war es, was der Alte hatte provozieren und vorführen wollen. ,,Habt ihr das gehört?" schrie er, außer sich vor Vergnügen, ,,habt ihr das gehört? *Uns* soll sie treffen! Ausgerechnet *uns*! Da seht ihr, wie der Mann ist! Als wenn eine solche Flut Einzelne träfe. *Die trifft doch nur die ganze Welt.*"

Warum ihm dieser sinnlose Satz so komisch vorkam; und nicht nur ihm, sondern seiner ganzen Familie (denn sie alle brachen nun von neuem in Kreischen aus, und sie klatschten einander sogar auf die Hintern), das blieb Noah vollkommen unbegreiflich. Aber um über den Sinn des Wörtchens „nur" Auskunft zu erbitten und um zurückzufragen: „Und *wer* ist denn diese ganze Welt?", dazu blieb ihm keine Zeit mehr. Denn da er im Begriff stand, seinen Mund aufzumachen, da schlug ihm ein Stein ins Gesicht, und das Blut rann ihm über die Lippen. Da wendete er sich traurig, um seines Wegs zu gehen.

Als Noah einen Monat später am Archenfenster stand; und sein Gesicht war naß von den Güssen, die vom Himmel niederfielen – da glaubte er, Hilferufe zu vernehmen und das Blöken geängstigter Tiere; und als er seinen Blick schweifen ließ über das Wasser, siehe: da entdeckte er zur Linken einen Knäuel, der hinausragte über den Meeresspiegel; und konnte die Köpfe von Männern und Frauen und Kindern ausmachen; und konnte erkennen, daß die Menschen ihm zuwinkten. „Haltet aus!" rief er, zurückwinkend, „ich komme! Ich komme ja schon!" Und befahl unverzüglich, das Steuer umzuwerfen, um die Ertrinkenden zu erretten. Aber obwohl alle an Bord arbeiteten wie im Fieber und auch er selbst mit Hand anlegte – nein, denjenigen zu retten, der gesprochen hatte:

„Ja, glaubst du vielleicht, es ist meine Flut?" und „Was kann *ich* schon tun gegen die Flut" und

„Ich habe keine Zeit für die Flut" und

„Weißt du denn nichts Neueres als die Flut?" und

„Glaubst du denn, die Flut trifft *uns*?" und

„Die trifft doch nur die ganze Welt"

– nein, um *den* zu retten, dazu reichte weder sein guter Wille noch sein Erbarmen, denn dem Sturm konnte auch er nicht gebieten. Und rasch trieben sie fort von den Winkenden.

Als diese aber verschwunden waren, da schloß Noah sein Archefenster, trat zurück in den Bauch seines Schiffes; und während er hinschaukelte über Wäldern und Bergen und vielleicht sogar über seinem eigenen Dorfe, saß er zusammengekauert im dunkelsten Winkel seiner Arche und weinte. Aber nicht über die Flut. Auch nicht über die Bosheit der Menschen. Sondern über deren Dummheit.

So erzählte ich und schwieg. Der Pfarrer schwieg gleichfalls. Sein Sohn, der aus Wut über die verlorene Arche seinen Apparat in zwanzig

Teile zerlegt hatte, ebenfalls. Stumm schwebten wir über der Wüste Saudi-Arabiens. Bis ich sah, daß die sanfte Gigantin etwas wissen wollte, aber zu scheu war, als erste den Mund aufzumachen. „Hast du eine Frage?"

„Ja. Steht das in Ihrer Bibel? In meiner nicht."

„In meiner auch nicht."

„Also haben Sie sich die Geschichte einfach ausgedacht?"

„Auch nicht."

„Sondern?"

„Ich habe nur das beschrieben, was täglich passiert."

Der Pastor schmunzelte mich an.

„Täglich?" fragte die Gigantin.

„Täglich."

„Und wo passiert das täglich?"

„Überall."

Die Riesin schüttelte den Kopf. „Verstehst du das, Daddy?"

„Aber natürlich", antwortete der Vater. „Hast du denn nicht gemerkt, daß der Herr eine Geschichte vom Jüngsten Gericht erzählt hat?"

„Ach so!"

„Ich hatte das auch nicht gewußt", meinte ich.

Das wollte der Pastor nicht glauben. „Aber sie paßt doch so gut darauf."

„Leider paßt sie. Aber ich habe an etwas anderes dabei gedacht. Ich komme nämlich aus Hiroshima."

Schweigen. Der Pastor sieht mich erstaunt an, die beiden Kinder sind, obwohl sie aus noch größerer Ferne kommen, voll von Bewunderung. So als käme ich vom Monde.

„Und warum sagen Sie dann, daß Ihre Geschichte überall geschieht?"

In diesem Moment kommt die Stimme aus dem cockpit: „Die Lichter rechts sind die Hafenanlagen von Port Said. Wir überfliegen den Suez-Kanal."

„Weil Hiroshima überall liegt", antwortete ich.

Rom anfliegend

Müssen nun bald da sein. Zwischen dem britischen Pflaster in Calcutta und dem augusteischen, das da vorne irgendwo liegen muß, den

Fuß nicht auf den Boden gesetzt. Was dazwischenliegt: Länder und Meere, von mir nicht berührt. Nicht dort gewesen. Sollten unseren Landkarten wieder weiße Flecken einmalen. Nicht um Unentdecktes zu markieren – Unentdecktes gibt es nicht mehr –, sondern das durch Entdeckung wieder Verlorene. Die eroberte Welt wird zur übersprungenen. Die übersprungene zur unbekannten.

Anschnallsignal.

Auch *hier* nun also. Wie unordentlich dieser Lebenslauf. Und wie unordentlich diese Ankunft. Statt zu Fuß kommend, fliegend; statt aus dem Norden, aus dem Süden; statt von zu Hause, aus Bengalen; statt aus der Enge, aus der Weite; statt als Junger als Alter. Die früher die Gegend da unten durchzogen und die erste Kontur der Stadt am Horizont erkannt hatten, die hatten gewiß einen Augenblick gestockt, um zu flüstern: *urbs.* Und ankommen hatte für sie bedeutet: in Rom ankommen. Wie sinnlos, in Bangkok angekommen zu sein und in San Francisco, in Tokio und in New York, in Hongkong und in Calcutta – aber nicht in Rom. Und nun erst in Rom. Und nun zum ersten Male in Rom. Unten schon eine Kuppel, noch winzig, aber höher als alles andere. Muß San Pietro sein.

Nachmittags. Colosseo

Unfähig zu begreifen, daß ich *hier* bin. Daß *ich* es bin, der hier ist. Durch die Überspringung des Raumes auch mich selbst übersprungen. (Dieser Fettfleck auf dem Papier noch von der Fischbrühe in Bangkok.) Der hier auf der Steinbank sitzt und sich die Ohren zuhält, weil er die Arena-Menge johlen hört, der ist ein anderer. – Ich noch drüben.

Nach sechs Stunden Straßenwanderung
abends im Albergo Piazza Dante

Hättest du nicht vorhin, oben in der Luft, beginnen sollen: „Endlich hier"? Nach so vielen Jahren Fernweh? Nach so vielen Jahren Romsehnsucht? – Sechzehn mußt du gewesen sein, als die Krankheit ausbrach. Und wie viele Rompläne du später ausgeheckt hast. Jedes Jahr einen. Nur geworden war aus keinem etwas. Inflation, Arbeit, Hitler, Flucht. Und nun ist es also doch geworden. Nun doch. Und sogar ohne alle Pläne. Nun *bist* du also hier. Nun *hast* du es also gesehen. Faß sie an, die Hauswand, sie ist wirklich, sie ist wirklich Rom. Trink ihn, den Rosso, er ist wirklich, er ist wirklich Rom. Darfst du nicht feiern? Hast du nicht Grund zum Triumph? Nein. Kein ‚endlich'. Kein ‚also'. Versäumt bleibt versäumt. Irgendwo muß sie liegengeblieben sein, die Romkrankheit. Hab' nichts gemerkt davon. Flucht, Arbeit, Krieg, Arbeit, Hiroshima. Irgendwo am Wegrand der Jahrzehnte muß sie liegen. Also auch kein Triumph. Oder ist die Erfüllung einer verlorenen Sehnsucht Triumph? Betrug ist sie, nichts als Betrug. Erst Hunger ohne Speise, und nun Speise ohne Hunger. Trink aus, geh heim, leg dich schlafen.

Hotel

„Fernweh nach Rom"? Und „in der Ferne" soll ich hier sein? Wie fern dieses Gefühl. Und wie fern dieser Begriff. Habe eben mit Wien gesprochen, um guten Morgen zu wünschen, und gesagt: „Ich bin schon nah, nicht mehr fern; schon da, nicht mehr fort." Und am anderen Ende des Drahts hat man so gelacht, als wenn ich aus Wiener Neustadt angerufen hätte, oder als wenn ich schon wirklich zu Hause wäre.

„Fern". Was wäre heute schon fern? Was außer jener Zeit, die jenseits des Jahres Null liegt? Ja, die ist wirklich fern, die ist wirklich unerreichbar. Aber selbst wenn diese Küste erreichbar wäre – würde ich denn Rom nötig haben, um sie zu erreichen? Bin ja selbst ein Überbleibsel, komme ja selbst aus der Vorzeit. Denn gleich ob man aus der augusteischen Zeit stammt oder aus dem Jahre 1902 – wer vor dem Jahre Null zur Welt gekommen ist, der gehört zur Vorzeit. Dies die einzige Ferne, die es heute noch gibt.

Gartentisch Via Appia

Zu spät. Sinnlos, die Steine anzurühren. Sinnlos, dir zuzuflüstern: du bist wirklich da! Und sinnlos, zu erwarten, daß dein Herz klopfe, wenn du auf den Palatin steigst, am Tiber stehst, dem Grabmal der Caecilia Metella entgegenwanderst. Ich tu's zwar. Aber nur dem Sechzehnjährigen zuliebe. Nur, damit der seinen Willen hat. Aber ich? Nur begleiten kann ich ihn.

Colosseo

Verflucht ‚asiatisch' sieht das aus, despotisch und barbarisch. Immer nur die Zeugnisse der Macht, die überleben. Darwinismus der Dinge.

Wie genug ich davon habe, vom Kolossalen. Als ich (wann war es nur? Gestern? Vor einer Woche?) durch die Steingebirge des Wat Aroon stieg, die menschgemachten, und durch die menschgemachten Schluchten, und an den menschgemachten Felsabhängen entlang und auf die menschgemachten Turmgipfel; und von dort oben aus, statt auf die urbs, auf die siebenhundert menschgemachten Tempelberge von Bangkok blickte; und statt auf den Tiber, auf den breit und gelb und wie ein Meerarm daliegenden Menam-Strom – da hatte ich für mein Leben genug vom Kolossalen. Das hier ist zwar kleiner, aber auch nur kolossal. Nicht dazu gemacht, mich zu re-europäisieren. Wo bleibt Horaz? Wo Tibull?

Forum

Wie selbstbewußt sie hier herumliegen, die Trümmer von vorgestern. So als wäre das damals Wirkliche nur diesen seinen späteren Scherben zuliebe dagewesen. Und so, als hättet Ihr Damaligen nur deshalb euer Leben absolviert, um uns Heutigen diese schönen Ruinen genußfertig vor der Schwelle unseres Heute abzuliefern.

Nein, wer von drüben kommt: aus den gestern zertrümmerten Städten, die Trümmer schon nicht mehr zeigen, weil man auch die Trümmer zertrümmert hat, der bleibt kalt bei eurem Anblick. Und eure angebliche Schönheit kann den nicht verführen.

Blick auf den Palatin

Diese Ruinen ‚schön'? Warum? Weil sie Ruinen des Schönen sind? Sind sie das wirklich? Heißen nicht auch die Trümmer des Mediokren schön? Sogar die des Häßlichen?

Oder gelten sie nicht einfach deshalb als schön, *weil* sie Ruinen sind? Nämlich Inkarnationen der Vergänglichkeit, also Elegien?

Und das Ganze hier? Der Palatin? Schön? Warum? Mach die Augen auf, laß dir nichts vormachen. Warum sollte es schön sein, daß sich, wie Pilze in verwesende Baumstämme, die Jahrhunderte in den Verfall der gewesenen Jahrhunderte einnisten? Daß sich die Lenkstangen der einen Epoche in die Räder der anderen verhaken? Daß der Mörtel der einen Herrschaft die Quaderritzen der vorhergehenden verstopft? Daß Kirchen im Schutt von Tempelresten sitzen? Und daß nun alle mit- und ineinander verfallen? Warum sollte Geschichte schön sein? Und warum gar Vergänglichkeit? Ein Urwald ist das, ein chronologisches Chaos, ein Autofriedhof der Zeiten.

Ich weiß, ich weiß. Den Hintergrund der Ruinen-Apotheose kenne ich, den Enthusiasmus über die Epiphanie der Antike, selbst über deren zerschlagene Stücke, habe ich nicht vergessen. Und der Sechzehnjährige, der meine Hand nicht locker läßt und der mich von Bruchstück zu Bruchstück schleppt und von Kapitell zu Kapitell, der ist sogar noch ein später Enkel dieser Enthusiasten, und es ist ihm sogar noch selbstverständlich, die Torsen mit den Augen Mantegnas zu betrachten, und manche der Veduten sogar mit den Augen Lorrains.

Aber meine Augen, die machen da eben nicht mehr mit. Die können nicht mehr. Die wollen nicht mehr. Nicht weil sie zu alt wären oder zu schwach, sondern weil sie zu Starkes gesehen haben. In der Zeit wirklicher Ruinen Ruinen schön zu finden, das geht über ihre Kraft. Und über ihre Zeit. Und über ihren Geschmack. Und schon übermorgen – ich bin überzeugt davon – wird es nur noch wenige geben, die Zerschlagenes deshalb schön finden werden, weil es zerschlagen ist. Und die wenigen, die das noch tun werden, die werden die Faulsten ihrer Epoche sein und die Gedankenlosesten.

Forum-Eingang

Dort eine Schlange von Besuchern. Widerlegen sie nicht diese Voraussage? Hat es je so viele Menschen gegeben wie heute, die die Scherbenhaufen zu ihrem Ferienziel gemacht haben?

Nie. Und doch kein Widerspruch. Je tiefer die Sonne, um so länger die Schatten. Diese Schlange ist nur der lange Schatten, den die Besucher des neunzehnten Jahrhunderts werfen.

Caracalla-Thermen

Da sind sie wieder, die Kinder von heute, die ihre gestrigen Trümmerstädte bereits vergessen haben; und die ihre Trümmerstädte von morgen, weil zum Sehen ihnen keine Zeit mehr vergönnt sein wird, niemals sehen werden; und die nun, um zu Hause beweisen zu können, daß sie ihre Pflicht getan und ihre Ferien zwischen den Resten des Gewesenen verbracht haben, nichts Besseres zu tun wissen, als diese Reste in Bildern festzuhalten und sich selbst zwischen diesen Resten. Morituri inter mortuos, Nylon zwischen Marmor. „Aren't they a beauty!" höre ich eine, die kurbelnd die Badeanlage durchwandert; und eine andere: „Komm, Liebling, von hier unten muß du das Dings da knipsen. Da sollnsemal raten, was das ist. Staunen wernse."

Wer, Miß, wird die Badezimmerreste Ihres Hauses einmal eine ‚beauty' nennen? Und wer, Liebling, die Pfeilerstümpfe deiner Stadt aus so überraschendem Winkel knipsen?

Nun werden sie laut und lustig, weil durch die Mauerlücken und zwischen den geborstenen Pfeilern plötzlich jener Himmel durchblickt, für den sie gezahlt haben: der typisch italienische Himmel. Ich folge den Augen ihrer Apparate, und wahrhaftig: beinahe dunkel ist diese Bläue; auf ihren Photos wird sie wohl völlig schwarz herauskommen.

Hoch oben aber, im Zenit dieses Dunkels, und eingerahmt von Pfeiler und Pfeiler, blitzt winzig ein Punkt. Sie sehen ihn nicht. Oder er ist ihnen zu gewohnt. Denn es ist der Vogel von heute.

Wenn du genau hinhörst, dann kannst du ihn schwirren hören. Nicht anders als jenen Vogel, der, über eine Brücke dahinziehend, einen Augenblick lang den Gesang eines gewissen Mannes zum Verstummen gebracht hatte.

Und dieses Mannes auf der Brücke gedenke ich. Auch hier. Auch heute. Denn auch für hier steht er auf der Brücke der Zukunft. Und auch für heute.

Anmerkungen

1. Eine der nachfolgenden Tagebucheintragungen befaßt sich damit ausschließlich. Denn in einer der vorbereitenden Kommissionssitzungen habe ich mich über dieses Problem ausgelassen.
2. Es gibt Schimpflichkeiten, heißt es bei Kant (Metaphysik der Sitten § 39), die selbst „dem Zuschauer Schamröte abjagen, zu einer Gattung zu gehören, mit der man so verfahren darf."
3. Unter diesem Dachtitel werden hier, nach amerikanischem Vorbild, Kirchenmänner jeder Denomination zusammengefaßt.
4. Erstmalig veröffentlicht in der FAZ, 14. 7. 1957. Den vollständigen Text siehe in diesem Buch S. 218–226. Eine andere Version („Thesen zum Atomzeitalter") diktierte der Autor 1959 den Studenten der FU Berlin (abgedruckt in „Die atomare Drohung", München 1981, S. 93–105).
5. Sehen auf den ersten Blick wie ins Riesenhafte gesteigerte und zu prächtige Bauernhäuser aus. Sonderbar nur das Prinzip der verdoppelten oder verdreifachten Dächer – ein Bauprinzip, dem praktischer Nutzen nicht anzusehen ist, das also wohl ein spekulatives oder religiöses Hierarchieprinzip abbildet. Dazu kommt, daß die Dächer (übrigens bei allen japanischen Häusern) an den unteren Dachecken noch einmal kurz in die Höhe schwingen, so als seien sie an kurz aufragenden Dachpfosten befestigt und dadurch nach oben gehoben. Eigentlich ist der Material- (also Holz-) Eindruck völlig verfälscht. Aus der Entfernung die Ähnlichkeit mit einem Zeltdach unabweisbar. Ob nicht das Zeltdach das ursprüngliche Modell dieser Dächer war, so wie der Baumstamm das ursprüngliche Modell der Säule?
6. Einer von diesen, Kobajashi, hat unterdessen, am 3. Juni 1959, vor der Residenz des Ministerpräsidenten Kishi Harakiri begangen. Er hinterließ eine Botschaft des Inhalts, daß man offenbar nur sterbend auf die Toten des letzten und des nächsten Krieges aufmerksam machen könne.
7. Zwar „stammt" der Marsch von einem Japaner. Aber er ist im normalsten Sinne achttaktig gebaut, in eindeutigem Moll, und bewegt sich nur in den bravsten europäischen Modulationen. – Ihn russisch zu finden, war wohl nicht unberechtigt. Denn es ist durchaus möglich, daß der Liedstil aus Rußland via China zu den Linksparteien Japans gewandert ist. Vermutlich ist Japan europäischen Einflüssen nicht nur via Amerika, sondern auch via Rußland-China (also aus dem „Westen" her) ausgesetzt.
8. Heimathafen des Fischkutters *Fikuryumaru* („Lucky Dragon"), der, obwohl 130 km von der Bikini entfernt, mit radioverseuchtem Korallenstaub bedeckt wurde.
9. Der Funker an Bord des Kutters, aus Yaizu gebürtig. Das erste Fernopfer des Atomzeitalters. Gestorben im August 1954.
10. Wer weiß, ob nicht sogar ‚Tiefe' als solche eine provinzielle Kategorie ist.

Womit nichts gegen ‚Tiefe' gesagt sein soll, sondern nur gemeint ist, daß sie diejenige Dimension ist, in die der Verwurzelte seine Wurzeln schickt. Aber es ist nicht einzusehen, warum Weite des Horizonts weniger sein sollte als die Tiefe des Grundes, der Vogel weniger als der Baum, Columbus weniger als Novalis.

11. Die auf Technik beruhende Verletzung der Souveränität entspricht dem technischen Einbruch in die Privatsphäre, den (fern von ihren Opfern aufgestellte) Abhörapparate (die ‚bugs') mit sich gebracht haben.
12. Die Ziffern variieren. Aber auch wenn wir die niedrigste Variante, 170000 Tote, als wahr unterstellen, bleibt sich im Prinzip alles gleich.
13. Gesetz betreffend die ärztliche Behandlung von A Bomb-Opfern, April 1955.
14. Kongreß des Zweigs „Hiroshima Präfektur" des „Japan-Council".
15. Das alles gilt auch vom Täter: Auch der verweilt ja stets an einem „Alibi"; und das sogar in einem prononzierten Sinne, da in seinem Falle „Alibi" außer seinem räumlichen Sinn nun den anderen bekannten moralischen (bzw. unmoralischen) annimmt. Gleichviel, da er sich an einem Tatort aufhält, der nicht zugleich der Leidensort ist, bleibt er unfähig, *sich selbst* seine eigene Tat zuzurechnen; unfähig, seine Tat als seine *Tat* und als *seine* Tat, seinen Schlag als seinen *Schlag* und als *seinen* Schlag zu erkennen. Er ist also der Zwillingsbruder seines Opfers: Auch er unfähig gemacht, noch moralisch zu handeln.
16. Dazu siehe auch *Norman Cousins*, „Saturday Review of Literature", August 6, 1955. – Und *Blackett*, „Angst, Krieg und die Atombombe". Commander Blackett bezeichnet Hiroshima geradezu als die Eröffnung des Krieges gegen die Sowjetunion.
17. Viel eher hätte man einen Katholiken erwartet: Denn wenn es eine christliche Kirche gibt, die in Nagasaki eine wirklich bedeutende Rolle spielt, so ist es die katholische. Diese war bereits früh mit den Portugiesen ins südliche Land gekommen; die katholische Gemeinde von Nagasaki hat eine heroische Katakombengeschichte hinter sich; die Kathedrale von Nagasaki war, bis zum Tage der Verwüstung, die größte katholische Kirche des Fernen Ostens. Aber vermutlich ist für die katholische Kirche die pluralistische Katholizität, die in dieser Feier praktiziert wurde, untragbar.
18. Wieso dieses Personal als lebendig, gesund oder arbeitsfähig unterstellt wird, will ich hier gar nicht fragen.
19. Unter „Verbiederung" verstehe ich die heute allgemein mobilisierte Gegenaktion gegen die Verfremdung: Den Versuch, das Faktum der Verfremdung dadurch abzublenden, daß man das Fremdeste als vertraut oder als anheimelnd präsentiert. Beispiel: Der Name ‚Aktion Opa' für einen Wasserstoffbombentest. – (Ausführlicheres siehe in des Verfassers Buch „Die Antiquiertheit des Menschen", Bd. I, S. 116–154).
20. Das gegenseitige Vorsingen von Volksliedern muß direkter oder indirekter Sowjeteinfluß sein. Einfluß der Sitten, die die Rehabilitation der Nationen mit sich brachte. Die gleiche Bereitschaft zu singen wie sie haben eigentlich nur die Australier (bei denen vermutlich die europäische Mehrstimmigkeit

degeneriert ist), während Mitteleuropäer, gewohnt an Polyphonie, mindestens an Klavierbegleitung, nur ungern vor 50 Erwachsenen aller Länder ‚am Brunnen vor dem Tore' anstimmen. Daß Volkslieder im Kulturleben Europas eine total andere Rolle spielen als in Ländern, die gerade erst dabei sind, ihre Lieder wunderhornhaft zu sammeln, ist ihnen schwer begreiflich zu machen. Kaum vorstellbar, daß Jaspers oder Ulbricht, um zwei wahrhaftig verschiedenen sozialen Regionen Zugehörige zu nennen, dieses Lied vor versammelter Mannschaft anstimmen würden. Die entsprechenden Männer Japans oder Indiens kennen nicht die geringsten Hemmungen.

21. Siehe Seite 26.
22. Dazu siehe S. 207–360.
23. Vollständiger Text siehe *No more Hiroshima,* Special Issue 1958, S. 7.

Off limits für das Gewissen

Der Briefwechsel zwischen dem
Hiroshima-Piloten Claude Eatherly
und Günther Anders
1959–1961

Die Täter als Opfer

Dieser Briefwechsel wurde ursprünglich englisch geführt; Günther Anders übersetzte Claude Eatherlys Briefe und seinen eigenen Text.

Preface by Earl Russell, O.M.

The case of Claude Eatherly is not only one of appalling and prolonged injustice to an individual, but is also symbolic of the suicidal madness of our time. No unbiased person, after reading Eatherly's letters, can honestly doubt his sanity, and I find it very difficult to believe that the doctors who pronounced him insane were persuaded of the accuracy of their own testimony. He has been punished solely because he repented of his comparatively innocent participation in a wanton act of mass murder. The steps that he took to awaken men's consciences to our present insanity were, perhaps, not always the wisest that could have been taken, but they were actuated by motives which deserve the admiration of all who are capable of feelings of humanity. The world was prepared to honour him for his part in the massacre, but, when he repented, it turned against him, seeing in his act of repentance its own condemnation. I most earnestly hope that as a result of publicity the Authorities may be persuaded to adopt more just views of his case and to do what lies in their power to redress the wrongs that he had suffered. *Bertrand Russell*

Vorwort von Earl Russell, O.M.

Der Fall Eatherly stellt nicht nur eine erschreckende und kein Ende nehmende Ungerechtigkeit gegenüber einem Individuum dar, sondern er ist auch charakteristisch für den selbstmörderischen Wahnsinn unserer Epoche. Kein vorurteilsfreier Mensch vermag nach der Lektüre von Eatherlys Briefen seine geistige Gesundheit anzuzweifeln, und ich kann es nur sehr schwer glauben, daß die Ärzte, die ihn als irrsinnig bezeichneten, von der Richtigkeit ihrer eigenen Diagnose überzeugt waren. Er ist ausschließlich deshalb bestraft worden, weil er seine vergleichsweise schuldlose Teilnahme an der gewissenlosen Massenmord-Aktion bereut hat. Die Methoden, die er wählte, um das Gewissen der Mitwelt aufzurütteln und um dieser über den heutigen Wahnsinn die Augen zu öffnen, sind wohl nicht immer die vernünftigsten gewesen, aber deren Motivierungen verdienen die Bewunderung von allen, die menschlich zu fühlen vermögen. Seine Mitwelt war bereit, ihn für seinen Anteil am Massaker zu ehren; als er Reue zeigte, bezog sie freilich Stellung gegen ihn, weil sie in der Tatsache seiner Reue die Verurteilung der Tat erkannte. Ich hoffe aufs aufrichtigste, daß die Behörden durch die Publizierung des Falles dazu überredet werden können, diesen gerechter zu beurteilen, und daß sie alles tun werden, was in ihrer Macht steht, um das Unrecht, das er erlitten hat, wieder gut zu machen.

Bertrand Russell

Einleitung von Robert Jungk

I

Millionen Worte sind seit 1945 von westlichen Fachleuten über die „Effekte der Kernwaffen" geschrieben worden. Dennoch klafft in dieser umfangreichen Literatur eine ganz wesentliche Lücke. Wohl haben die Sachverständigen Tausende von Trümmern, Zehntausende von Überlebenden der großen Katastrophe genauestens untersucht, aber sie schlossen etwas sehr Wichtiges von ihren so gründlichen Studien aus: sich selbst.

Damit sind sie aber an einer entscheidenden Tatsache vorbeigegangen: die Atombomben treffen auch den, der sie anwendet, ja sogar schon denjenigen, der ihre mögliche Anwendung ernsthaft plant.

Diese „Rückwirkung" der Massenvernichtungsmittel ist allerdings nicht körperlicher, sondern geistiger und seelischer Natur. Denn die über jedes im Krieg erprobte Maß hinausgehende zerstörende Gewalt der atomaren „Waffen" erlegt denen, die sie benützt haben oder benützen wollen, Belastungen auf, die sie weder bewußt noch unterbewußt verarbeiten können.

Der „Fall Eatherly" hat uns zuerst die Augen für diese Rückwirkung der neuen „Waffen" geöffnet. Da ist einer, der das Entsetzliche, an dessen Auslösung er mitbeteiligt war, nicht fortschiebt, nicht verdrängt, sondern als tiefe Schuld erlebt, einer, der aufschreit, da fast alle anderen verstockt oder resigniert schweigen.

Seine Verwirrung, seine Empörung, seine Leiden werden vermutlich künftigen Generationen „normaler" erscheinen, als die Verhaltensweise seiner Landsleute im engeren, seiner Zeitgenossen im weiteren Sinne.

Wir alle müßten den gleichen Schmerz verspüren und bekennen, müßten mit allen Kräften des Gewissens und der Vernunft gegen den Einbruch des Unmenschlichen und Antimenschlichen kämpfen.

Doch wir bleiben stumm, wir bleiben gefaßt, wir geben uns als „hartgesotten".

Das aber ist nur Scheinruhe. In Wahrheit sind auch wir anderen dieser Belastungsprobe der neuen „Waffen" nicht gewachsen. Unter ihrem Gewicht brechen die Grundlagen unserer moralischen und politischen Existenz zusammen. Der Widerspruch zwischen dem, was wir verteidigen wollen und den Mitteln, die für diese Verteidigung vorhergesehen sind, wird größer und größer. Das führt zu unüberwindlichen inneren Spannungen, zu einer kollektiven seelischen Erkrankung, die heute schon bei immer mehr Menschen in ein akutes Stadium tritt.

Die Vereinigten Staaten, die jene Ungeheuer zuerst auf die Weltbühne brachten und selbst nach den warnenden Zeichen aus Japan weiterentwickelten, waren die ersten, die von der geistigen Rückwirkung der Bomben betroffen wurden. Wie einfach ist der „Fall Eatherly" im Grunde, wenn man ihn mit dem viel ernsteren, weil uneingestandenen „Fall Amerika" vergleicht. Nicht die Leiden dieses Piloten aus Texas sind eigentlich der tragische Gegenstand dieses Dramas, sondern die verhängnisvolle Verstrickung seines Landes und seiner Bürger. Um die „Freiheit von der Furcht" zu erkämpfen, brachte es die Atomfurcht über die Welt; um die Freiheit und das Glück des einzelnen zu gewährleisten, glaubt es mit dem Tod der Millionen und aber Millionen gegendrohen zu müssen.

Doch darüber hinaus gibt es nun den „Fall Sowjetunion", den „Fall Großbritannien", den „Fall Frankreich", den „Fall Deutschland" – wird es morgen vermutlich den „Fall Schweden", den „Fall Schweiz", den „Fall Israel" und den „Fall China" geben: nicht ein einziges Land, das sich entschließt, zur Wahrung seiner Werte und seiner Rechte die alle Werte und alles Recht zerstörenden „neuen Waffen" einzusetzen, kann die geistige Belastungsprobe, die bereits ein solches Vorhaben bedeutet, ohne tiefe Schäden bestehen.

Denn auch ohne je zu explodieren, wirken schon die nur in Bereitschaft gehaltenen Atomwaffen auf die möglichen Täter zurück. Sie höhlen die Demokratie aus, indem sie die wichtigsten Entscheidungen einigen Wenigen überlassen, sie bewirken eine allgemeine Brutalisierung der Waffenträger, die stets zum Letzten fähig und entschlossen sein müssen. Sie zerstören den inneren Glauben der atomgerüsteten Länder an ihre eigene Menschlichkeit und Sittlichkeit.

2

Wer das Photo des jungen Claude Robert Eatherly betrachtet, des Kriegsfreiwilligen, der sich zur amerikanischen Luftwaffe meldete, sieht in das Gesicht des typischen amerikanischen „clean cut boy". Es steht noch nicht viel darin geschrieben, aber dieses Wenige scheint alle Lesebuchtugenden wiederzugeben: Gradheit, Mut, Sauberkeit und Unschuld.

Tausende und Tausende solcher Milchbärte sind damals zu den Waffen geeilt, um für „decency and democracy" gegen die Barbarei des Nationalsozialismus zu kämpfen. Der Student Eatherly durfte, als er von der Lehrerbildungsanstalt in Texas in die Kaserne hinüberwechselte, noch daran glauben, daß Freiheit und Menschlichkeit sich mit Waffengewalt verteidigen ließen.

Um so mehr Gewicht besitzt seine heutige Stellungnahme gegen jeden, auch gegen einen gerecht erscheinenden Krieg. Denn zwischen den Entschluß des Kriegsfreiwilligen und die Kriegsabsage des Friedensinternierten schiebt sich das Erlebnis der atomaren Vernichtung, an deren Auslösung Eatherly teilgenommen hatte, ohne zu wissen, welche Rolle ihm eigentlich zugeteilt worden war.

Es wird erzählt, daß Major Eatherly nach dem erschütternden Erlebnis Hiroshima tagelang mit niemandem mehr gesprochen habe. Man nahm das jedoch auf dem Inselstützpunkt Tinian, wo der Flieger mit seiner inzwischen zu zweifelhaftem Weltruhm gelangten Bombergruppe auf die Demobilisierung wartete, nicht besonders ernst. „Battle fatigue" – „Schlachtenmüdigkeit" hieß dieser Zustand. Von ihm wurde mancher befallen, und Eatherly selbst hatte schon einmal im Jahre 1943, nach 13 Monate langem, ununterbrochenem Patrouillendienst im südlichen Stillen Ozean an solcher nervlichen Erschlaffung gelitten.

Damals hatte er sich schon nach vierzehntägiger Behandlung in einer New Yorker Klinik erholt, und auch diesmal schien er ziemlich bald wieder zu der Geisteslage zurückzukehren, die man unter den Veteranen des Pazifiks als „normales Benehmen" in Ruhezeiten betrachtete: stundenlangem Pokern, unterbrochen von Flüchen, Witzen und Reminiszenzen.

In jenen Tagen ging die Nachricht durch die Welt, daß einer der am Angriff auf Hiroshima beteiligten Piloten ins Kloster gegangen sei, um im Gebet Vergebung für seine Schuld zu suchen. Das war eine Legende. In Wahrheit hatte Major L., dessen Name in diesem Zusammenhang genannt wurde, einen Posten als Direktor einer Schokoladenfabrik angenommen. Das Gerücht erwies sich hier „wahrer als die Wirklichkeit". Es erfand einen Akt der Reue, der sich eigentlich hätte ereignen müssen.

Unter allen Teilnehmern an den beiden Atombombardements war Eatherly in diesen Nachkriegsmonaten der einzige, der der Versuchung widerstand, sich als Held feiern zu lassen. Und seine Mitbürger in dem Städtchen Van Alstyne hatten Verständnis dafür. Die Zurückhaltung des Fliegers wurde ihm nicht als Verrücktheit, nicht einmal als Sonderlichkeit ausgelegt.

Denn damals waren der „gute Amerikaner" und seine Mitbürger sich noch nicht fremdgeworden. Noch galt die Erschütterung über das Grauen von Hiroshima nicht als Zeichen der Schwäche, die Verurteilung der Atombomben nicht als suspekt. Es fehlte in dieser Periode weder an Schuldbeteuerungen noch an Selbstanklagen. Fast allgemein verlangte die öffentliche Meinung die sofortige Ächtung der nuklearen Kriegsinstrumente, ja es wurde von den verschiedensten politischen Tendenzen die Forderung vertreten, die USA sollten freiwillig auf ihr vermutlich ohnehin nur kurzfristig aufrecht zu erhaltendes Atom-Monopol verzichten und mit einer großen Geste alle anderen Verbündeten der Vereinten Nationen in die Geheimnisse der umstürzenden neuen Erfindung einweihen.

Aber die zunächst isolierte und wenig zahlreiche Gruppe derjenigen, die für den amerikanischen Alleinbesitz der neuen übermächtigen Waffen eintraten, setzte sich allmählich durch, unterstützt durch die ihnen nur zu willkommene sowjetische Ablehnung der halbherzigen amerikanischen Pläne zur Atomkontrolle. Der „Kalte Krieg" begann, der nukleare Rüstungswettlauf setzte ein. Hatte gestern die sechsstellige Zahl der Atomtoten in Japan die Menschen erschüttert, so gewöhnten sie sich jetzt an zehn- bis hundertfach höhere Ziffern. Eine neue Maßeinheit tauchte auf: „Megadeath", die Bezeichnung für je eine Million Atomtote. Und mit ihr wurde nun gerechnet, sie setzte man wie selbstverständlich in die Kalküle der Abschreckungspolitik ein.

Würde eine Einzelperson derartiges ausbrüten, man müßte sie für wahnsinnig erklären und als öffentliche Gefahr einsperren.

Nicht so ein Generalstab, nicht so eine Regierung. Den Exekutivorganen der Gesellschaft ist es erlaubt, Wahnsinnspläne zu spinnen, ja sogar unter dem Beifall eines Teils der öffentlichen Meinung konkret vorzubereiten.

Würde ein bis vor kurzem noch verhältnismäßig friedfertiger und gutmütiger Mensch plötzlich in jeder Geste seines Nachbarn Mordabsichten vermuten, würde er beginnen, sich zu verschanzen, abzusperren, sein ganzes Gehaben mit einem Schleier von Geheimnistuerei umgeben, man müßte diagnostizieren, er leide an Verfolgungswahn und ihn psychiatrisch behandeln lassen.

Nicht so eine Großmacht. Bei ihr wird all das sogar noch als „politisch vernünftig" und „realistisch" angesehen.

Die „Rückwirkung" der Atombombe auf ihre Besitzer hatte eingesetzt. Die Tatsache, daß die Mächtigen göttergleich über apokalyptische Kräfte verfügten, machte sie nicht weise und bescheiden, sondern übermütig und hart.

3

Morgen – sofern wir ein solches „Morgen" überhaupt noch erleben – werden die Atomrüster und ihre Mathematik des Massenmordes vor dem Tribunal der Geschichte genauso verurteilt werden wie Hitler und seine heute von aller Welt als irrsinnig angesehenen Lehren. Aber ein solches Urteil kommt immer zu spät. Es kann die Opfer nicht mehr zum Leben erwecken.

Bevor Stadt und Land durch einen Fehlschlag der Politik des gegenseitigen Drohens verwüstet, bevor die Erde, soweit sie nicht zum Friedhof wurde, in ein einziges großes Siechenhaus verwandelt worden ist, muß es aller Welt klarwerden, daß die geistige Rückwirkung der Atombomben ihre Besitzer im wörtlichsten Sinne des Wortes verrückt gemacht hat, eine Verrücktheit, die um so gefährlicher ist, als ihre Vertreter vernünftig zu sprechen scheinen, sich als normale, gesittete, verantwortungsvolle Persönlichkeiten geben.

Was können wir, die Bürger, die Leidtragenden von morgen, tun, um zu verhindern, daß der Wahnsinn einer nuklearen Katastrophe von diesen „kühlen Rechnern" über uns gebracht wird?

Major Eatherly hat auf diese wichtigste Frage, die an die Überlebenden des Zweiten Weltkriegs gestellt ist, zu antworten versucht.

Es waren zunächst falsche, es waren vor allem unwirksame Antworten, die er gab.

Als erstes hat er den Ausweg der Emigration probiert. Bald nach der Abmusterung im Jahre 1947 verließ er, über die politische Entwicklung erschrocken, seine Heimat.

Dann ist er nach Hause zurückgekehrt und hat – wie alle um ihn herum – versucht, zu vergessen, Geld zu verdienen, sich seinem Privatleben zu widmen. Er wird Angestellter eines Petroleumkonzerns in Houston, geht tagsüber ins Büro, besucht die Abendschule, um Jus zu studieren und bringt es bis zum Verkaufsdirektor.

Seit 1943 war Eatherly verheiratet mit einer jungen Schauspielerin, Concetta Margetti, die er während seiner Ausbildungszeit in Kalifornien kennengelernt hatte. In den ersten sieben Jahren ihrer Ehe hatten sich die beiden stets nur ein paar Tage, höchstens ein paar Wochen lang sehen können. Nun führten sie endlich ein etwas normaleres Leben mit Haus, Garten, Kindern, bescheidener sozialer Aufstiegschance und allem anderen Zubehör des „stillen Glücks im eigenen Winkel".

So ist es am Tage. Aber in den Nächten quälen den ehemaligen Kampfflieger Ängste und Gesichte. Noch sind sie erträglich, noch können ein paar Drinks die Depressionen verscheuchen, ein paar Pillen die Schlaflosigkeit.

Doch bald genügen so einfache Beruhigungsmittel nicht mehr. Eatherly meint in seinen Träumen, die verzerrten Gesichter der im Höllenfeuer von Hiroshima Verbrennenden zu sehen.

Um diese Zeit fängt er an, Geldscheine in Kuverts zu stopfen und nach Hiroshima zu schicken, Briefe nach Japan zu senden, in denen er sich abwechselnd bezichtigt und entschuldigt. Auch diese „Medizin" hilft nicht. So versucht sich Eatherly 1950 – dem Jahr, in dem Präsident Truman bekanntgab, Amerika werde nun eine noch viel stärkere Atomwaffe, eine Wasserstoffbombe, bauen – in einem Hotelzimmer in New Orleans mit Schlafmitteln das Leben zu nehmen.

Er wird lebend gefunden, nach zwei Tagen Spital-Aufenthalt entlassen und begibt sich freiwillig über sechs Wochen lang in das für die Pflege seelisch erkrankter Soldaten bestimmte Militärkrankenhaus von Waco. Man entläßt ihn, ohne daß in seinem Befinden irgendeine Veränderung eingetreten wäre.

So versucht er nun eine eigene Therapie und wechselt von seinem Bürojob zu körperlicher Arbeit in den Ölfeldern über. Die physische Anstrengung bewirkt, daß er eine Zeitlang etwas ruhiger schläft. Doch dann beginnt wieder das Grübeln über das was geschah, das was geschehen wird, geschehen muß, falls man es nicht verhindern kann.

Da reift in ihm ein ungewöhnlicher Plan. Er wird der neuen militärfreundlichen Tendenz Amerikas, das gerade einen General des Zweiten Weltkriegs zum Präsidenten gewählt hat, Widerstand leisten, indem er das nationale Leitbild, den tugendhaften Kriegshelden, vom neuerbauten Piedestal stößt, kompromittiert, demaskiert. Und das Objekt dieses Aktes der Entlarvung wird er selbst sein: der ,,Held von Hiroshima" Major Claude Robert Eatherly.

4

Anfang 1953 wird dem Schnellrichter von New Orleans neben vielen anderen ,,kleinen Übeltätern" ein Mann vorgeführt, der einen Scheck über eine minimale Summe gefälscht hat. Personalienaufnahme, zwei bis drei Fragen, Urteil: neun Monate. Nächster Fall ...

Eatherly ist kaum zum Sprechen gekommen. Er hätte vielleicht sagen können, daß er dieses Geld einer Stiftung geschickt habe, die für die Waisenkinder von Hiroshima sorge, er hätte auf seinen militärischen Rang, seine Kriegstaten hinweisen können. Nichts davon. Die Justizmaschine arbeitet zu schnell, der ,,Fall" ist viel zu unbedeutend, um Aufmerksamkeit zu erregen.

Entlassung mit Straferlaß wegen guten Betragens. Nächster Versuch in Dallas. Raubüberfall. Aber der seltsame Räuber hat dabei gar nichts mitgenommen. Der Fall wird niedergeschlagen, als der Anwalt erklärt, sein Klient sei unzurechnungsfähig und werde sich ins Krankenhaus zur Behandlung begeben. Wieder vier Monate in Waco. Man erkennt an, daß Major Eatherly psychischer Kriegsinvalide sei, und entläßt ihn mit einer kleinen Rente von 132 Dollar pro Monat, die später sogar verdoppelt wird.

Weder stempeln sie ihn zum Verbrecher, wie er gehofft hatte, noch gönnen sie ihm die ,,Gnade der Strafe", durch die er hoffen könnte, Erlösung von seiner großen Schuld zu finden. Aber heilen kann man ihn auch nicht. Nach sechs Monaten als Vertreter für Nähmaschinen ein neuer Selbstmordversuch. Eatherlys Frau findet ihn mit aufgeschnittenen Pulsadern. Sie will sich scheiden lassen, wenn ihr Gatte sich nicht abermals in psychiatrische Behandlung begibt. So klopft er selbst wieder an die Pforten der Klinik von Waco. Der Chefarzt, Dr. McElroy, beschreibt seinen damaligen Zustand in knappen, kalten Worten folgendermaßen: ,,Deutlich erkennbare Veränderung der Persönlichkeit. Patient völlig von der Wirklichkeit zurückgezogen. Angstzustände, zunehmende seelische Spannungen, Gefühlsreaktionen abgestumpft, Wahnvorstellungen." Seine Gewissensqual wird als pathologisch abgetan, seine Sensibilität, die ihn von den viel unbekümmerter dahinlebenden Mitmenschen unterscheidet, als „Gefühllosigkeit" interpretiert, diese Wahnideen wird man ihm schon mit Insulinschocks austreiben.

Vier- bis fünfmal wöchentlich machte Eatherly diese Kur durch, um endlich zu vergessen. Und nach einem halben Jahr schien es so, als habe man seine bösen Erinnerungen wirklich verscheucht. Der Expilot zog zu der Familie seiner Frau in der Ölstadt Beaumont, mußte dort aber bald feststellen, daß seine Ehe nach so vielen Belastungen endgültig in die Brüche gegangen war. Concetta Margetti beantragte zuerst die gesetzliche Trennung, später die Scheidung. Sie erreichte, daß es ihrem Mann untersagt wurde, seine Kinder zu besuchen und verzichtete ausdrücklich auf Unterstützungszahlungen von seiner Seite. Eatherly respektierte den ersten Wunsch, zahlte aber weiter freiwillig einen Erziehungsbeitrag für seine Kinder.

Und weiter verläuft so dieses, durch die Rückwirkung der Bombe erschütterte Leben fünf Jahre lang von 1954 bis 1959 in monotoner Hektik zwischen Gerichtssaal und Klinik, zwischen den hilflosen Rebellenakten eines Amateurgangsters, der Kassierer überfällt, ohne ihr Geld zu nehmen, Türen von Postämtern aufstemmt, ohne in die Kasse zu greifen, und den Heilbemühungen eines Patienten, der weder durch Psychotherapie noch durch „tranquillizers" zu heilen ist, weil er, der moralisch Gesündere, sich der kranken Gesellschaft, in die man ihn immer wieder entläßt, nicht anpassen kann, weil ihm damals, nach den Ereignissen von 1945 für immer jene seelische Hornhaut verlorengegangen ist, die es „normalen" Zeitgenossen erlaubt, sich zwischen Auschwitz, Hiroshima und drohenden neuen Kriegsverbrechen einigermaßen behaglich einzurichten.

5

Immerhin hat Major Eatherly etwas erreicht, das er sich vornahm. Es ist ihm schließlich doch gelungen, die Öffentlichkeit auf seinen „Fall" aufmerksam zu machen. Allerdings reagierte sie zunächst auf die Nachrichten über den „verrückten Piloten von Hiroshima" ganz anders, als Eatherly gehofft hatte. Er wollte die Mitmenschen aufrühren, aber er rührte sie nur. Weit davon entfernt, die im Kriege entstandene, inzwischen zur festen Institution gewordene Militärkaste zu diskreditieren, brachte diese Affäre ihr „Publicity". Denn zeigten nicht die nun erst bekannt werdenden Bemühungen der Luftwaffe (die wiederholt für Eatherly bei den Gerichten interveniert hatte, um ihn vor einer Gefängnisstrafe zu bewahren und stattdessen in eine Heilanstalt überweisen zu lassen), wie „menschlich" die Militärs eigentlich waren?

Sehr viel Neugier und etwas Mitleid – das war so ziemlich alles, was die mehrmals wiederkehrenden Nachrichten über Eatherlys Schicksal hervorriefen.

Doch dann geschah es, daß im Frühjahr 1959 der in Wien lebende Philosoph Günther Anders in einem amerikanischen „news Magazine" eine Nachricht über Eatherly zu Gesicht bekam. Ein großer Moralist, ein hervorragend philosophisch geschulter und origineller Geist griff den „Fall Eatherly" auf, denn er hatte die zentrale, zeitgeschichtlich hervorragende Bedeutung dieser von allen anderen nur als interessante „Story" am Rande des Weltgeschehens behandelten „Affäre" erkannt.

Der Briefwechsel, der aus der geistigen Begegnung zwischen dem „Intellektuellen" und dem „Täter" entstand, gibt eine Antwort auf die Frage: „Was tun?" Er kann nicht die volle, nicht die erschöpfende Antwort sein, aber er macht einen wichtigen Schritt hin zur Gesundung einer kranken Gesellschaft, indem er den Zustand des in den Stand der Vernunft erhobenen Atomwahnsinns so scharfsinnig und neuartig *durchdenkt,* wie es bisher kaum je geschah.

Doch das für diesen Leser ergreifende Ereignis der Korrespondenz ist die aus ihr wahrnehmbare heilende Wirkung auf Claude Robert Eatherly. Wo Drogen und Nervenärzte versagten, hat ein hellsichtiger Geist, ein anteilnehmender liebender Freund dem Gequälten innere Ruhe, Sicherheit, Lebenssinn und Hoffnung geschenkt.

6

Nicht helfen konnte der Philosoph seinem fernen Schüler und Schützling, als Eatherly nun darauf brannte, mit den Erkenntnissen, die er über sich selbst und seine Aufgabe gewonnen hatte, ein neues Leben in Freiheit zu beginnen. Obwohl die Behörden stets behauptet hatten, Eatherly befände sich nicht als Internierter, sondern als Freiwilliger im Militärhospital von Waco, verweigerten sie ihm doch immer wieder die begehrte Entlassung, bis der Flieger dann auf eigene Faust die Freiheit wählte.

Gerade jetzt, da er nicht mehr nur ein gefühlvoller, etwas wirrer Rebell war, sondern ein Mann, der zu denken begonnen hatte und sein weiteres Leben in den Dienst der Aufklärung über die Gefahren der Atomrüstung stellen wollte, fingen sie ihn wie einen ausgebrochenen Sträfling wieder ein und verurteilten ihn in einem Verfahren, an dem nicht ein einziger unabhängiger Experte, sondern nur von militärischen Behörden angestellte Psychiater teilnahmen, zu schärfster Zwangseinschließung in der Heilanstalt Waco.

Was aber das bedeutet, geht aus einem Bericht des Reporters Ray Bell von der Lokalzeitung „Waco News Tribune" hervor.

„Das Spital für ehemalige Kriegsteilnehmer in Waco besteht aus einer großen Zahl von zweistöckigen Gebäuden aus rotem Ziegelstein. Eatherly ist kürzlich nach dem ‚Ward 10' geschafft worden. Das ist die Abteilung für Tobsüchtige; die meisten Patienten dort kennen nicht einmal mehr ihre eigenen Namen. Eatherly sagt: ‚Die einzigen Menschen, mit denen ich überhaupt sprechen kann, sind die Wärter.'

Er steht früh auf, aber man gibt ihm nichts zu tun. Ärzte sieht er nur, wenn sie ihren täglichen Rundgang machen. Seine ganze Behandlung besteht in der Verabreichung von zwei Therazintabletten. In dem Saal, wo er eingesperrt ist, befinden sich ungefähr dreißig Geisteskranke. Die dort herrschende Stimmung macht ihn unglücklich, weil sie ihn hindert zu tun, was er am liebsten möchte. Im Augenblick darf er nicht einmal in die Kirche gehen, obwohl sie sich innerhalb der Krankenhausanlagen befindet ..."

Wie benahm sich nun dieser zusammen mit den „violent cases", mit den Tobsüchtigen, zusammengesperrte Mann, als im Januar 1961 vor Geschworenen über seine Zwangsinternierung befunden wurde. Darüber schrieb der gleiche, im Auftrage einer großen französischen Zeitung zur Berichterstattung über diese Verhandlung entsandte amerikanische Journalist.

„Eatherly hielt sich ausgezeichnet ... er lachte manchmal, wenn sein Verteidiger ein gutes Argument brachte (so zum Beispiel, als einer der aussagenden Ärzte behauptete, Eatherly hätte eine getippte Liste von Fragen vorbereitet, und Eatherly ihm zuflüsterte, daß er gar nicht tippen könne). Auf Fragen antwortete er ohne Schwierigkeit und geradeaus ... meist in militärischer Art mit: ‚Yes, Sir', ‚No, Sir'. Ärgerlich

Claude R. Eatherly

Günther Anders

wurde er nur, als Don Hall, der Anwalt für den Antragsteller (Anm.: Sein Bruder John stellte auf Veranlassung der Air Force den Antrag auf Internierung), ihn auszufragen begann, woher er Geld habe. Hall setzte ihm wirklich schwer zu – und Eatherly sagte: ‚Sie kommen zu Ihrem Geld auf Ihre Weise, ich auf meine.' Aber auch im Ärger verlor er nicht die Nerven. Selbst dann erschien er noch ruhig, kühl und gesammelt, mindestens so wie irgendein normaler Mensch. Natürlich war er enttäuscht über die Entscheidung der Geschworenen. Aber es sah wirklich nicht so aus, als habe er aufgegeben. Sagte einfach: ‚Well, so wird das eben gemacht'."

In dem Begleitbrief, der dem acht Seiten langen Bericht des Lokalredakteurs beilag, heißt es dann noch über den in die Abteilung für schwerste Fälle Eingewiesenen: „Tatsächlich war er sehr wahrscheinlich die intelligenteste Person im ganzen Gerichtssaal."

7

Die Zeitung, deren Redaktion der ehrliche Reporter Ray Bell angehört, hat allerdings über die gleiche Verhandlung aus der Feder eines anderen Mitarbeiters einen Bericht gebracht, der den Beobachtungen und Schlüssen des Kollegen Bell völlig entgegengesetzt war, dafür aber genau der vom Großteil der amerikanischen Presse fast allgemein übernommenen Lesart entsprach. Wer diese Darstellung las, mußte zu der Ansicht kommen, der Pilot Eatherly sei ein Schwachkopf, dessen Internierung daher als durchaus gerechtfertigt erscheinen müsse.

Denn wir leben in einer Zeit, da Güte als Naivität, Anständigkeit als Dummheit, Mitleid als Schwäche, Nächstenliebe als Narrheit angesehen werden. Nur noch offiziell haben die Tugenden Geltung, in der Praxis des täglichen Lebens nimmt man sie nicht mehr ernst. Die Gefoppten, die Betrogenen, die Enttäuschten begehren heute nicht mehr auf, weil sie es für sinnlos halten, sie sind höchstens entschlossen, sich wenigstens nichts vormachen zu lassen. Spricht ihnen jemand von Moral, so wird er als Wichtigtuer, als Heuchler, bestenfalls als antiquiert abgetan. Denn die Skeptiker und Zyniker, die sich selbst „Realisten" nennen, glauben endlich begriffen zu haben, was eigentlich gespielt wird und spielen wissentlich mit. Auch wenn dieses Spiel in Wahrheit gegen sie geht. Auch wenn sie selbst der Einsatz sind.

Um so größer ist die Verantwortung der Wenigen, die sogar die

Lächerlichkeit nicht scheuen, jenen krummen Spiegel, der aus jedem Ritter der Wahrheit augenblicklich einen Don Quichotte machen kann.

Die geistige Hilfeleistung, die Günther Anders dem unbekannten Freund in Amerika gab, scheint mir ein Beispiel dafür zu sein, daß die geistig und moralisch verantwortungsbewußten Menschen weder resignieren noch kapitulieren müssen, vielmehr heute dringender denn je die Aufgabe, ja die Pflicht erfüllen sollen, Sprecher der Opfer zu sein.

Indem sie das tun, ,,zersetzen" sie die Gesellschaft nicht etwa, sondern helfen ihr, sich selbst als Opfer verhängnisvoller Irrtümer zu erkennen.

Der ,,Fall Eatherly" ist nur der Neubeginn des sich ewig wiederholenden Prozesses, in dem ein heiliger Tor die gerade herrschende Schicht und ihre zerfallende Moral durch sein Anderssein herausfordert und bloßstellt.

Das geschieht meist gerade, bevor neue Gesetze auf neue Tafeln gemeißelt werden.

Robert Jungk

Es war ein großer Gedanke, willig auch die Strafe für ein unvermeidliches Verbrechen zu tragen, um so durch den Verlust seiner Freiheit selbst eben diese Freiheit zu beweisen.

Schelling, Briefe über Dogmatismus und Kritizismus, 1795

Brief 1. Herrn Claude R. Eatherly
formerly Major U.S. Air Force
Veterans Administration Hospital Waco, Texas

Lieber Herr Eatherly, 3. Juni 1959

Den Schreiber dieser Zeilen kennen Sie nicht. Sie dagegen sind uns, meinen Freunden und mir, bekannt. Wie Sie mit Ihrem Unglück fertig oder nicht fertig werden, das verfolgen wir, gleich ob wir in New York sitzen, in Wien oder Tokio, klopfenden Herzens. Nicht, weil wir neugierig wären; oder weil Ihr ‚Fall' uns medizinisch oder psychologisch interessierte. Wir sind weder Mediziner noch Psychologen. Sondern deshalb, weil wir damit beschäftigt sind, voll Angst und brennender Sorge damit beschäftigt sind, uns über diejenigen Moralprobleme klar zu werden, die uns allen heute den Weg verstellen. Die Technisiertheit des Daseins: die Tatsache, daß wir ahnungslos und indirekt, gewissermaßen als Maschinenschrauben, in Handlungen eingefügt werden können, deren Effekte wir nicht übersehen und die wir, wenn wir die Effekte übersähen, nicht bejahen könnten – die hat unser aller sittliche Situation verändert. Die Technik hat es mit sich gebracht, daß wir auf eine Weise *schuldlos schuldig* werden können, die es früher, in der technisch noch nicht so vorgeschrittenen Zeit unserer Väter, noch nicht gegeben hatte.

Sie verstehen, was *Sie* damit zu tun haben: Schließlich gehören Sie ja zu den ersten, die sich in diese neuartige Schuld, in die sich heute oder morgen jeder von uns verstricken könnte, wirklich verstrickt haben. Ihnen ist es so gegangen, wie es uns allen morgen gehen könnte. Aus diesem Grunde also spielen Sie für uns die große Rolle eines Kronbeispiels, ja die eines *Vorläufers.*

Vermutlich ist das Ihnen gar nicht recht. Sie wollen Ihre Ruhe haben, your life is your business. Wir versichern Ihnen, daß wir Indiskretion genau so wenig lieben wie Sie es tun, und wir bitten Sie um Verzeihung. Aber in diesem Falle ist, aus dem Grund, den ich eben genannt habe, Indiskretion leider unvermeidlich, ja sogar geboten: Ihr Leben ist auch unser business geworden. Da der Zufall (oder wie immer wir die unbestreitbare Tatsache nennen) es gewollt hat, Sie, den Privatmann Claude Eatherly, in ein Symbol der Zukunft zu verwandeln, haben Sie kein Recht mehr darauf, sich gegen unsere Indiskretion zu verwahren. Daß gerade Sie, und nicht irgendein anderer unter den Milliarden von Zeitgenossen, zu dieser Symbolfunktion verurteilt worden sind, das ist Ihre Schuld nicht, und es ist gewiß entsetzlich. Aber es ist nun einmal so.

Und dennoch: Glauben Sie nicht, daß Sie der einzige derart Verurteilte sind. Denn wir alle haben ja in dieser Epoche zu leben, in der wir in solche Schuld hineingeraten könnten; und so wenig wie Sie sich Ihre unselige Funktion, so wenig haben wir uns diese unselige Epoche selbst ausgesucht. In diesem Sinne sind wir also, wie Sie als Amerikaner sagen würden, ‚in the same boat', in einem und demselben Boot, ja wir sind Kinder einer einzigen Familie. Und diese Gemeinsamkeit bestimmt unsere Beziehung zu Ihnen. Wenn wir uns mit Ihrem Leiden beschäftigen, so tun wir das als Geschwister, also so, als wären Sie ein Bruder, dem das Unglück zugestoßen ist, dasjenige wirklich zu tun, was jeder von uns morgen zu tun gezwungen werden könnte; als Geschwister, die hoffen, dieses Unglück vermeiden zu können, so wie Sie heute schrecklich vergeblich hoffen, Sie hätten es damals vermeiden können. Aber damals war das eben nicht möglich gewesen: Die Befehlsmaschinerie hatte lückenlos funktioniert, und sie waren damals noch jung und einsichtslos gewesen. Sie *haben* es also getan. Aber da Sie es getan haben, können wir durch Sie erfahren, und eben nur durch Sie, wie es uns ergehen würde, wenn wir an Ihrer Stelle gestanden hätten, wenn wir an Ihrer Stelle stehen würden. Sie sehen: Sie sind ungeheuer wichtig für uns, geradezu unentbehrlich. Gewissermaßen unser *Lehrer.* Natürlich werden Sie diesen Titel abwehren. ‚Nichts weniger als das', werden Sie antworten, ‚denn ich werde mit meinem Zustande ja gerade *nicht* fertig.'

Sie werden erstaunt sein, aber gerade dieses ‚nicht' ist es, was für uns den Ausschlag gibt. Ja, was für uns sogar tröstlich ist. Ich weiß, diese Behauptung klingt erst einmal sinnlos. Darum ein paar Worte der Erklärung:

Ich sage nicht: ‚tröstlich für Sie'. Nichts liegt mir ferner als zu versuchen, *Sie* zu trösten. Der Tröstende spricht ja stets: ‚Es ist ja nicht so schlimm', versucht also, das Geschehene: Leiden oder Verschuldung, zu verkleinern oder mit Worten aus der Welt zu schaffen. Genau das ist es ja auch, was zum Beispiel Ihre Ärzte versuchen. Warum diese Männer das tun, ist ja nicht schwer zu erraten. Schließlich sind sie Angestellte eines Militärhospitals, denen die moralische Verurteilung einer allgemein anerkannten, ja gepriesenen militärischen Aktion nicht gut bekommen würde, nein, denen die Möglichkeit einer solchen Verdammung gar nicht einfallen *darf;* die also die Untadeligkeit der Tat, die Sie mit Recht als Schuld empfinden, unter allen Umständen verteidigen müssen. Daher behaupten ja Ihre Ärzte: ‚Hiroshima in itself is not enough to explain your behaviour' – was in unverkünstelter Sprache nichts anderes bedeutet als: ‚So schlimm war Hiroshima ja gar nicht'; daher beschränken sie sich ja darauf, *anstelle der Tat selbst* (oder des Weltzustandes, in dem solche Tat möglich ist), Ihre *Reaktion auf die Tat* zu kritisieren; daher sind sie ja genötigt, Ihr Leiden und Ihre Erwartung von Strafe eine ‚Krankheit' (classical guilt complex) zu nennen; und deshalb müssen sie ja Ihre Tat als ein *‚self-imagined wrong'*, als eine von Ihnen ausgedachte Untat behandeln. Ist es ein Wunder, daß Männer, die durch ihren Konformismus und durch ihre moralische Unselbständigkeit dazu gezwungen sind, die Untadeligkeit ihrer Tat zu retten, und die deshalb Ihre Gewissensnot als pathologisch bezeichnen müssen, daß mit so lügenhaften Voraussetzungen arbeitende Männer nicht gerade sensationelle Heilerfolge erzielen können? Ich kann mir vorstellen – wenn ich mich irre, korrigieren Sie mich bitte –, wie ungläubig, wie mißtrauisch, wie abweisend Sie diesen Männern gegenüberstehen müssen, weil sie eben lediglich Ihre *Reaktion* ernst nehmen, Ihre *Aktion* dagegen nicht. Hiroshima – self-imagined. Wahrhaftig! *Sie* wissen es besser. Nicht ohne Grund betäuben die Schreie der Verletzten Ihre Tage, und nicht ohne Grund drängen sich die Schatten der Toten in Ihre Träume. Sie wissen, daß, was geschehen ist, geschehen ist und nicht imagined. Sie lassen sich von diesen Männern keine Schwachheiten einreden. Und auch wir lassen uns von ihnen nichts vormachen. Mit solchen ‚Tröstungen' wollen also auch wir nichts zu tun haben.

Nein, ich sage: ‚*für uns*'. Für uns ist die Tatsache, daß Sie mit dem Geschehenen ‚nicht fertig werden', tröstlich. Das ist sie für uns deshalb, weil sie beweist, daß Sie den Versuch machen, dem (damals nicht vorgestellten) Effekt Ihrer Tat nun nachträglich doch noch nachzukommen; weil dieser Versuch, auch wenn er scheitert, ein Zeugnis dafür ist, daß Sie Ihr Gewissen haben wachhalten können, obwohl Sie einmal als Maschinenstück in einen technischen Apparat eingeschaltet gewesen und in diesem erfolgreich verwendet worden waren. Und da *Sie* dazu imstande waren, haben Sie damit bewiesen, daß *man* dazu imstande ist, daß *unsereiner* dazu gleichfalls imstande sein muß. Und das zu wissen – und dieses Wissen verdanken wir eben Ihnen –, das ist für uns tröstlich.

‚Auch wenn Ihr Versuch scheitert', sagte ich. Er *muß* nämlich scheitern. Aus folgendem Grunde:

Schon wenn man einem einzigen Menschen Unrecht angetan hat – ich rede noch gar nicht von Töten –, ist es, obwohl die Tat übersehbar bleibt, keine leichte Aufgabe, damit ‚fertig zu werden'. Aber hier handelt es sich ja um etwas anderes. Sie haben ja das Unglück, zweihunderttausend Tote hinter sich gelassen zu haben. Und wie sollte man einen Schmerz aufbringen können, der 200000 Menschenleben umfaßt? Wie sollte man 200000 bereuen können? Das können nicht nur Sie nicht, das können nicht nur wir nicht, das kann niemand. Wie verzweifelt wir es auch versuchen, Schmerz und Reue bleiben unzulänglich. Die Vergeblichkeit Ihrer Bemühung, die ist also nicht Ihre Schuld, Eatherly. Sie ist die Folge dessen, was ich vorhin als das entscheidend Neue unserer Situation bezeichnet hatte: Daß wir nämlich mehr *herstellen* können, als was wir *vorstellen* können; daß die Effekte, die wir mit Hilfe unserer von uns selbst hergestellten Geräte anrichten, so groß sind, daß wir für deren Auffassung nicht mehr eingerichtet sind. Größer also als das, war wir innerlich meistern, womit wir fertig werden können. Machen Sie sich keine Vorwürfe dafür, daß Ihnen Ihre Reue nicht gelingt. Das fehlte noch gerade. Die Reue kann nicht gelingen. Aber das *Scheitern* Ihrer Mühe, das müssen Sie freilich täglich erfahren und durchmachen; denn außer dieser Erfahrung des Scheiterns gibt es nichts, was die Reue ersetzen könnte, was uns davon abhalten könnte, uns noch einmal auf so ungeheuerliche Taten einzulassen. Daß Sie, da Ihre Mühen nicht gelingen können, panisch und unkoordiniert reagieren, ist also durchaus begreiflich. Beinahe darf man sagen: Es ist ein Zeichen Ihrer moralischen Gesundheit. Denn Ihre Reaktion beweist die Lebendigkeit Ihres Gewissens.

Die übliche Methode, mit dem zu Großen fertig zu werden, besteht in einem bloßen Unterschlagungsmanöver: darin, daß man genau so weiterlebt wie vorher; daß man das Geschehene von der Tischplatte des Lebens wischt, daß man die zu große Schuld als gar keine Schuld behandelt. Also darin, daß man, um damit fertig zu werden, keinen Versuch macht, damit fertig zu werden. Wie es zum Beispiel Ihr Kamerad und Landsmann Joe Stiborik tut, der ehemalige Radarmann auf der Enola Gay, den man Ihnen, weil er robust und guter Dinge weiterlebt, und weil er in bester Stimmung erklärt hat, daß es ‚damals eben nur eine etwas größere Bombe gewesen' sei, als gutes Beispiel vorzuhalten liebt. Noch besser wird diese Methode sogar durch jenen Präsidenten illustriert, der Ihnen sein ‚go ahead'-Zeichen gegeben hat, so wie Sie Ihr ‚go ahead'-Zeichen dem Bombenpiloten gegeben haben; der sich also eigentlich in der gleichen Situation wie Sie, wenn nicht sogar in einer noch böseren, befindet. Aber was *Sie* getan haben, das hat *er* eben versäumt. Denn er hat ja vor einigen Jahren – ich weiß nicht, ob Ihnen das damals zu Ohren gekommen ist –, alle Moral aufs naivste verkehrend, in einem für die Öffentlichkeit bestimmten Interview verkündet, er spüre nicht die geringsten ‚pangs of conscience', womit seine Unschuld ja wohl bewiesen sei; und als er jüngst an seinem 75. Geburtstag ein Fazit seines Lebens zog, da hat er ja als das einzige, seiner Reue würdige Unrecht die Tatsache genannt, daß er erst als Dreißiger geheiratet habe. Es scheint mir unwahrscheinlich, daß Sie dieses ‚clean sheet' beneiden. Völlig gewiß aber bin ich, daß Sie keinem gewöhnlichen Verbrecher die Erklärung, daß er unter keinen Gewissensbissen leide, als Beweis seiner Unschuld abnehmen würden. Ist nicht ein Mann, der so vor sich selbst Reißaus nimmt, eine lächerliche Figur? *Sie* haben das jedenfalls nicht getan, Eatherly. Sie sind keine lächerliche Figur. Sie tun, auch wenn Sie dabei scheitern, das Menschenmögliche. Sie versuchen, *als der* weiterzuleben, der es getan hat. Und das ist es, was uns tröstet. Auch wenn Sie sich, eben *weil* Sie mit Ihrer Tat identisch geblieben sind, durch diese Ihre Tat verändert haben.

Sie verstehen, daß ich damit auf Ihre Einbrüche, Fälschungen und ich weiß nicht welche anderen kriminellen Taten, die Sie begangen haben, anspiele. Und darauf, daß Sie als demoralisiert gelten. Glauben Sie nicht, daß ich Anarchist sei und für Einbrüche oder Fälschungen eintrete oder sie auf die leichte Schulter nehme. Aber in Ihrem Falle sind diese Vergehen etwas anderes als gewöhnlich. Eben Verzweiflungsschritte. Denn so schuldig zu sein wie Sie es sind, und trotzdem von der Öffentlichkeit als schuldlos klassifiziert, ja auf Grund der Schuld sogar als smiling hero gepriesen zu werden, das muß für einen anständigen Menschen ein unerträglicher Zustand sein; ein Zustand, für dessen Beendigung man eben auch etwas Unanständiges unternimmt. Da das Ungeheure, das auf Ihnen lag und liegt, in der Welt, der Sie angehören, nicht verstanden wurde, nicht verstanden werden durfte, nicht verständlich gemacht werden konnte, mußten Sie eben versuchen, in der dort verständlichen Sprache, in der kleinen Sprache of petty oder big larceny, in den terms der Gesellschaft selbst zu sprechen und zu handeln. Also haben Sie versucht, Ihre Schuld durch Akte zu beweisen, die als Vergehen dort immerhin anerkannt werden. Aber auch das ist Ihnen nicht gelungen. *Weiter bleiben Sie dazu verurteilt, als krank zu gelten, statt als schuldig.* Und deshalb, weil man Ihnen gewissermaßen die *Schuld nicht gönnt,* bleiben Sie weiter ein unglücklicher Mensch.

Und nun zum Schluß eine Anregung.

Im vorigen Jahr habe ich Hiroshima besucht; und dort habe ich mit denjenigen gesprochen, die nach Ihrem Besuch von Hiroshima übriggeblieben sind. Sie können gewiß sein: Unter diesen Menschen gibt es keinen einzigen, der daran dächte, die Schraube innerhalb einer militärischen Maschine – und das waren Sie ja, als Sie als Sechsundzwanzigjähriger Ihre ‚Mission' durchführten –, zu verfolgen; keinen einzigen, der Sie haßt.

Aber nun haben Sie ja bewiesen, daß Sie, obwohl Sie einmal als solche Schraube verwendet worden waren, im Unterschiede zu den anderen ein Mensch geblieben oder wieder ein Mensch geworden sind. Und nun mein Vorschlag, den Sie sich vielleicht überlegen.

Am kommenden 6. August feiert die Bevölkerung von Hiroshima, wie jedes Jahr, den Tag, an dem ‚es' geschehen ist. Diesen Menschen könnten Sie eine Botschaft schicken, die zur Feier zurechtkommen müßte. Wenn Sie diesen Menschen als Mensch mitteilen würden: „Ich wußte damals nicht, was ich tat; nun aber weiß ich es. Und ich weiß, daß derartiges nicht wieder geschehen darf; und daß kein Mensch keinem anderen zumuten darf, derartiges zu tun." Und: „Euer Kampf gegen die Wiederholung solcher Aktion ist auch mein Kampf; und euer ‚No more Hiroshima' ist auch mein ‚No more Hiroshima'", so oder so ähnlich – Sie können überzeugt davon sein, daß Sie mit solcher Botschaft den Überlebenden von Hiroshima eine ungeheuere Freude bereiten würden; und daß Sie von diesen Menschen als Freund betrachtet werden würden, als einer von ihnen. Und sogar, daß das mit Recht geschähe, da auch Sie, Eatherly, ein Hiroshima-Opfer sind. Und vielleicht wäre das auch für Sie, wenn auch keine Tröstung, so doch eine Freude.

In dem Gefühl, das ich jedem dieser Opfer gegenüber empfinde, grüße ich Sie. Günther Anders

Brief 2. An Günther Anders

Lieber Herr, 12. Juni 1959

Besten Dank für Ihren Brief, den ich am Freitag vergangener Woche erhalten habe.

Nachdem ich Ihren Brief mehrere Male gelesen hatte, beschloß ich, Ihnen zu schreiben, vielleicht sogar in einen Briefwechsel mit Ihnen zu treten, um diejenigen Dinge zu diskutieren, die wir beide, wie ich glaube, verstehen. Ich bekomme viele Briefe, aber die meisten kann ich einfach nicht beantworten. Bei Ihrem Brief dagegen fühlte ich mich genötigt, zu antworten und Sie wissen zu lassen, wie ich den Dingen der heutigen Welt gegenüberstehe.

Während meines ganzen erwachsenen Lebens bin ich immer aufs lebhafteste an dem Problem, wie man handeln und sich verhalten soll (human conduct), interessiert gewesen.

Obgleich ich, wie ich hoffe, in keiner Hinsicht, weder in religiöser noch in politischer, ein Fanatiker bin, bin ich doch seit einiger Zeit davon überzeugt, daß die Krise, in die wir alle verwickelt sind, eine gründliche Neuprüfung unseres ganzen Schemas der Werte und unserer Treueverpflichtungen (loyalties) erfordert. In der Vergangenheit hat es zuweilen Zeitalter gegeben, in denen Menschen durchkommen konnten (coast along), ohne sich selbst zu viele Gewissensfragen über ihre Denkgewohnheiten und Handlungssitten zu stellen. Heute aber ist es nun deutlich genug, daß unser Zeitalter diesen Zeitaltern nicht zugehört. Im Gegenteil, ich glaube, daß wir uns rapide einer Situation nähern, in der wir gezwungen sein werden, neu zu prüfen, wie es mit unserer Bereitschaft steht, die Verantwortung für unsere Gedanken und unsere Taten sozialen Einrichtungen (wie politischen Parteien, Gewerkschaften, der Kirche oder dem Staat) auszuliefern (to surrender). Keine dieser Institutionen ist ausreichend in der Lage, unfehlbaren moralischen Rat zu geben, und deshalb ist es notwendig, deren Anspruch, solchen Rat zu erteilen, anzufechten (to challenge). Die Erfahrung, die ich persönlich gemacht habe, muß, wenn ihre wahre Bedeutung, nicht nur für mich selbst, sondern für jedermann, überall aufgefaßt werden soll, unter diesem Gesichtspunkt studiert werden. Wenn Sie das Gefühl haben, daß dieser Gedanke wichtig ist und mehr oder minder im Einklang mit Ihrem eigenen Denken steht, dann möchte ich gerne vorschlagen, daß wir zusammen versuchen, diesen Zusammenhang aufzuklären, und zwar durch einen Briefwechsel, der unter Umständen lange dauern müßte.

Ich habe das Gefühl, daß Sie mich so verstehen wie niemand sonst, außer vielleicht mein Arzt und Freund.

Meine antisozialen Handlungen waren katastrophal für mein privates Leben, aber ich glaube, wenn ich mich anstrenge, dann wird es mir gelingen, meine wahren Motive, Überzeugungen und meine Philosophie ans Licht zu bringen.

Günther, es macht mir Freude, Ihnen zu schreiben. Vielleicht können wir durch unseren Briefwechsel eine auf Vertrauen und Verständnis gründende Freundschaft schließen. Haben Sie keine Hemmungen, über die Situations- und Handlungsprobleme, mit denen wir konfrontiert sind, zu schreiben. Und ich werde dann meinen Gesichtspunkt darlegen.

Mit nochmaligem Dank für Ihren Brief verbleibe ich Ihr

Claude R. Eatherly[1]

1 Eatherlys Sprache ist alles andere als die eines Schriftstellers, oft ist sie sogar primitiv.

a) Natürlich hat das erst einmal *Generationsgründe:* Wie alle seiner Altersklasse nimmt er an der zeitsparenden Vokabelökonomie teil; und wie diese ist er mit dem Rundfunk aufgewachsen, also in einer ‚unilateralen Sprachsituation': in einer Situation, in der die Sprache primär nicht mehr als gesprochene Sprache auftritt, sondern als eine gelieferte und gehörte. –

b) *Spezielle Gründe:* Die Sprechsprache taucht zumeist nur situationsgebunden, aber auch situationsgetragen, auf: z. B. als Frage oder als Antwort; dasjenige, worauf sich der Sprechende bezieht: der Zusammenhang, ist vorsprachlich durch die (den miteinander Sprechenden sichtbare) Lage evident; die kleinen Bezugswörter (obwohl, nun, zwar, freilich etc.) erübrigen sich weitgehend. Dem Schreibenden ist dieser vorsprachlich tragende Grund nicht vorgegeben; er hat diesen im Medium der Sprache selbst herzustellen. – Da Eatherly, ohne sich über die Sondergesetze des Schreibens klar zu werden, also ohne ein Schriftsteller zu sein, zum Schreiben kam, schreibt er so, wie man gewöhnlich spricht: Weitgehend läßt er also die kleinen Bezugswörter aus. In der Tat ist diese ‚*syntaktische Armut*' und die bloße *Juxtaposition* von Sätzen für seine Sprache charakteristischer als deren Vokabelarmut. –

c) Dazu kommt, daß ihm als jahrelang Internierten das Sprechen selbst wohl ungewohnt geworden ist. Im gewissen Sinne kann man also noch nicht einmal sagen, daß er schreibe wie er spreche, da ihn seine Internierung eben des Sprechens entwöhnt hat. –

d) Die Sprache versagt häufig durch die entsetzliche *Diskrepanz* zwischen der (oft sogar idiomatischen und dialektischen) *Alltagssprache*, die sein Erbteil war, und der *Immensität* des letztlich apokalyptischen *Themas*. An ähnlichen Diskrepanzen sind sogar berufliche Schriftsteller, die über dieses Thema zu schreiben versuchten, gescheitert. Zuweilen wird Eatherly dadurch geradezu zum ‚stammelnden Boten'; zuweilen tritt durch die Kluft zwischen verfügbarer Sprache und dem zu bewältigenden Gegenstand ein unbeabsichtigt surrealistischer Effekt ein (siehe S. 93, Anm. 3). –

e) Ob auch Medikationen für die Unangemessenheit der Sprache verantwortlich gemacht werden dürfen, das kann ich nicht beurteilen, denn ‚Tranquillizers' erwähnt Eatherly nur ein einziges Mal (siehe Brief 38). Dieser Brief und der diesem vorangehende (36) sind sprachlich tatsächlich aus den Fugen geraten, grammatisch und syntaktisch aufgeweicht, und sie enthalten unverständliche Passagen. Erklärung dieses Sprachverfalls: Siehe die Anmerkungen zu diesen Briefen 36 und 38. – Ein Vergleich des jeweiligen Sprachniveaus mit der jeweiligen Situation scheint übrigens Koordination zu zeigen, d. h.: Immer wenn seine Freiheitshoffnungen wieder enttäuscht werden, leidet auch seine Sprache darunter. Und umgekehrt: Es ist höchst auffällig, daß die zwei Briefe, die E. nach seiner Flucht, also aus der Freiheit, geschrieben hat, sprachlich nahezu in Ordnung sind und von gewissen früheren erstaunlich abstechen. Das an dieser Stelle Gesagte hätte sich erübrigt, wenn seine aus der Internierung geschriebenen Briefe das Niveau seiner Freiheitsbriefe erreicht hätten. Die Erholung durch die zwei Monate Freiheit war so gründlich, daß sie trotz der Wiederinternierung erst einmal durchhielt: Der einzige nach diesem Tage der schwersten Enttäuschung geschriebene Brief 56 verrät auch sprachlich Gleichgewicht und Selbstkontrolle. Der Verdacht, daß jene Krankheit, mit der seine Internierung begründet wird, durch seine Internierung selbst hergestellt werde, ist nur schwer abzuweisen. –

Zur *Übersetzung:* Die syntaktische Armut im Deutschen nachzuahmen, wäre zwar vielleicht möglich gewesen, aber die Imitation hätte einen läppischen Eindruck gemacht; die Übernahme des idiomatisch Dialekthaften hätte Eatherly sogar in einen Berliner oder in einen Wiener verwandelt. In gewissem Sinne ist die Übersetzung also eine ‚Veränderung'; aber diese besteht ausschließlich in der Beseitigung der Juxtapositionen, in der Einfügung der kleinen Beziehungsworte (und analoge: in der Auflockerung der abschnittslos geschriebenen Brieftexte in Abschnitte). Meine Arbeit entsprach etwa der eines Herausgebers von Kompositionen, denen im Original alle dynamischen Bezeichnungen fehlen. Inhaltlich ist dadurch nicht nur nichts verändert, umgekehrt hat sich gerade durch die Veränderung der Inhalt als durchweg zusammenhängend erwiesen. Es hat so gut wie keine Stelle gegeben, in der nicht ein ‚zwar' oder ein ‚allerdings' den von Eatherly gemeinten Zusammenhang völlig aufgeklärt hätte. – Trotzdem halte ich es für notwendig, auf diese Artikulierung des Textes hinzuweisen, weil diese das Portrait Eatherlys als eines Briefschreibers etwas modifiziert hat.

Brief 3. An Günther Anders

Lieber Herr, 23. Juni 1959

Ich war froh, wieder von Ihnen zu hören. Und ich wäre glücklich, wenn ich von Ihnen eine Kopie der ‚Gebote des Atomzeitalters' erhalten könnte.[1]

Wär ich doch ein so guter Schreiber wie Sie. Aber wenn es Schriftsteller wie Sie gibt, dann wird *einer* eindrucksvoll genug sein, um eine Botschaft zu geben, die der Welt die Richtung auf Versöhnung und Frieden verleihen wird. Vielleicht sind Sie dieser Mann. Wenn ich Ihnen irgendwie dabei helfen kann, rechnen Sie auf mich. Sie haben meine Erlaubnis, meinen Brief für Veröffentlichung zu verwenden.

Mir steht nur kurze Zeit zum Briefschreiben zur Verfügung. Aber wenn Sie irgendeine Frage haben, werde ich Ihnen wirklich eine wahrhaftige Antwort geben. Ich dürste (I starve) nach Antworten auf die Gedanken, in die ich verwickelt bin, in die Gedanken, die die Verhinderung weiterer atomarer Aufrüstung und die ständige Kriegsvorbereitung betreffen. Ich habe vor diversen Organisationen gesprochen, um für meine Überzeugungen Unterstützung zu gewinnen. Aber Ansprachen sind so kurzlebig. Bücher aber sind Monumente. Darum machen Sie Ihre so gut wie möglich. Bringen Sie den Menschen die Botschaft, nach der sich alle friedliebenden Menschen sehnen. In der Hoffnung auf Ihren nächsten Brief. Ich verbleibe ergebenst,

Claude R. Eatherly

1 Bezieht sich auf einen verlorengegangenen kurzen Brief, in dem ich Eatherly offenbar vor diesem kurzen Kodex (FAZ, 13. Juli 1957) berichtet und

ihn um die Ermächtigung gebeten hatte, seinen ersten Brief (Nr. 2) zu verwenden.

Brief 4. An Claude Eatherly

Lieber Claude Eatherly, 2. 7. 59

Erst einmal, bitte nennen Sie mich nicht ‚Sir'. Zwar war die Art, wie wir einander kennenlernten, höchst unüblich, aber vom ersten Augenblick an sprachen wir zueinander in der vollen Überzeugung, daß wir einander trauen konnten, und daß wir einander verstehen würden: und das ist wirklich der Fall.

Ich war sehr froh darüber, daß Sie mit der Veröffentlichung Ihrer Antwort auf meinen Brief einverstanden waren. Übrigens habe ich sie schon einigen Leuten gezeigt, vor allem Atomphysikern, die wissen, was sie sagen, wenn sie von der möglichen Vernichtung der Menschheit sprechen – und sie alle waren tief beeindruckt durch die Tatsache, daß der eine Mann, der unselig genug war, der erste ‚schuldlos Schuldige' des Atomzeitalters zu werden, nun zu denen gehört, die das Schlimmste zu verhüten suchen. In einem Ihrer Sätze heißt es, Sie hätten wiederholt über unser Problem in der Öffentlichkeit gesprochen. Auch ich habe das getan. Vor Menschen verschiedenster Art: Vor Universitätsleuten, vor Schülern, sogar vor buddhistischen Priestern in Kioto – kurz: vor jedermann, denn unser Problem betrifft jedermann, und die Bedrohung macht keinen Unterschied zwischen jung oder alt, Militär oder Zivilist, Dunkelhäutigen oder Weißhäutigen, zwischen Christen, Juden oder Mohammedanern. Gern würde ich hören, vor wem Sie gesprochen haben.

Ich lege für Sie den ‚Moralkodex im Atomzeitalter' bei[1]. Meine Frau hat ihn ins Englische übersetzt (oder richtiger: ins Amerikanische, denn sie ist in Kalifornien geboren). Dieses Mal muß der ‚Kodex' einen längeren Brief ersetzen, denn gerade gestern habe ich mein Buch über meine Reise nach Japan abgeschlossen – so blieb mir keine Zeit zum Briefeschreiben; und jetzt bin ich im Begriff zu packen, denn in ein paar Tagen müssen wir umziehen. Ich hoffe aber, zwei Wochen Ferien machen zu können, und ich habe die feste Absicht, diese für einen richtigen Brief zu verwenden. – Aufrichtig, Ihr Freund

Günther Anders

1 Siehe Anmerkung zu Brief 3.

Gebote des Atomzeitalters

(Frankfurter Allgemeine Zeitung vom 13. 7. 1957)

Dein erster Gedanke nach dem Erwachen heiße ,,Atom". Denn du sollst deinen Tag nicht mit der Illusion beginnen, was dich umgebe, sei eine stabile Welt. Was dich umgibt, ist vielmehr etwas, was morgen schon ein Gewesenes sein kann, ein Nur-Gewesenes; und wir, du und ich und unsere Mitmenschen, sind vergänglicher als alle, die bis gestern als vergänglich gegolten hatten. Denn unsere Vergänglichkeit bedeutet nicht nur, daß wir sterblich wären; auch nicht nur, daß wir tötbar wären, jeder von uns. Das war auch früher Brauch. Sondern, daß wir im ganzen tötbar sind, als ,,Menschheit". Und ,,Menschheit" bedeutet nicht nur die heutige Menschheit, nicht nur diejenige, die sich über die Provinzen unserer Erde verteilt; sondern auch diejenige, die sich über die Provinzen der Zeit verteilt: Ist nämlich die heutige Menschheit tötbar, so erlischt mit ihr auch die gewesene; und die künftige gleichfalls. Das Tor, vor dem wir stehen, trägt daher die Inschrift ,,Nichts wird gewesen sein"; und von innen die Worte: ,,Die Zeit war ein Zwischenfall." Aber zum Zwischenfall wird sie werden nicht zwischen zwei Ewigkeiten, wie unsere Ahnen es erhofft hatten, sondern zwischen zwei Nichtsen: zwischen dem Nichts dessen, was, von niemandem erinnert, so gewesen sein wird, als wäre es nie gewesen; und dem Nichts dessen, was nie sein wird. Und da es niemanden geben wird, die zwei Nichtse zu unterscheiden, werden sie zusammenwachsen zu einem einzigen Nichts. Dies also ist die völlig neue, die apokalyptische Art von Vergänglichkeit, unsere Vergänglichkeit, neben der alles, was bis heute ,,Vergänglichkeit" geheißen hatte, zur Bagatelle geworden ist. – Damit dir dies nicht entgehe, heiße der erste Gedanke nach deinem Erwachen: ,,Atom".

Die Möglichkeit der Apokalypse

Dein zweiter Gedanke nach deinem Erwachen laute: ,,Die Möglichkeit der Apokalypse ist unser Werk. Aber wir wissen nicht, was wir tun." Wir wissen es wirklich nicht, und auch diejenigen wissen es nicht, die über die Apokalypse entscheiden; denn auch sie sind ,,wir", auch sie sind grundsätzlich Inkompetente. Daß auch sie inkompetent sind, ist freilich nicht ihre Schuld. Vielmehr die Folge einer Tatsache, die keinem von ihnen und keinem von uns angerechnet werden kann: nämlich Folge der täglich wachsenden Kluft zwischen zwei unserer

Vermögen: zwischen dem, was wir herstellen können, und dem, was wir vorstellen können.

Im Laufe des technischen Zeitalters hat sich nämlich das klassische Verhältnis zwischen Phantasie und Tun umgekehrt: Hatte es unseren Vorfahren als selbstverständlich gegolten, daß die Phantasie „überschwenglich" sei; das heißt: das Wirkliche überschwinge und überbiete; so ist heute die Leistung unserer Phantasie (und die unseres Fühlens und Verantwortens) der unseres Tuns unterlegen; so gilt heute, daß sie unfähig ist, dem Effekt dessen, was wir produzieren, gewachsen zu bleiben. Nicht nur unsere Vernunft hat ihre (Kantischen) „Grenzen", nicht nur sie ist finit, sondern auch unser Vorstellen; und erst recht unser Fühlen. Bereuen können wir zur Not einen einzigen Ermordeten: mehr leistet das Gefühl nicht; vorstellen können wir vielleicht zehn: mehr leistet die Vorstellung nicht; aber hunderttausend Menschen umzubringen, verursacht heute keinerlei Umstände. Und nicht nur aus technischen Gründen keine; und nicht nur, weil sich das Tun in bloßes „Mit-Tun" verwandelt hat und in ein bloßes „Auslösen", das den Effekt unsichtbar bleiben läßt; sondern gerade aus einem moralischen Grunde: eben weil der Massenmord bereits unendlich weit außerhalb der Sphäre jener Taten liegt, die wir vorstellen und zu denen wir gefühlsmäßig Stellung nehmen können und deren Ausführung durch Vorstellung und Gefühle gehemmt werden könnte. – Darum sollen deine nächsten Einsichten lauten: *„Je maßloser die Taten, desto geringer die Hemmungen."* Und: *„Wir Menschen sind kleiner als wir selbst."* – Dieser letzte Satz formuliert unsere heutige Schizophrenie, das heißt: die Tatsache, daß unsere diversen Vermögen unabhängig voneinander arbeiten, wie isolierte und unkoordinierte Wesen, die die Tuchfühlung miteinander verloren haben.

Aber diese Sätze sollst du nicht deshalb aussprechen, um etwas Endgültiges, etwas endgültig Defaitistisches über uns auszusprechen; sondern umgekehrt, um vor der Finitheit zu erschrecken; um in ihr einen Skandal zu sehen; um die „fest gestellten" und erstarrten Grenzen aufzuweichen; um sie in Schranken zu verwandeln; um die Schizophrenie rückgängig zu machen. Natürlich kannst du auch, solange dir weiterzuleben vergönnt ist, deine Hände in den Schoß legen, auf Hoffnung verzichten und dich mit deiner Schizophrenie abfinden. Aber wenn du das nicht willst, dann hast du den Versuch zu wagen, so groß zu werden wie du selbst und dich selbst einzuholen. Und das bedeutet: Dann hast du – darin besteht dein Pensum – die Kluft zwischen deinem Vermögen, dem Herstellen und dem Vorstellen, zu überbrücken; das Gefälle zwischen den beiden zu applanieren; oder, anders ausgedrückt: dann hast du den beschränkten „Fassungsraum" deines Vorstellens (und den noch eingeengteren deines Fühlens) gewaltsam zu erweitern, bis Vorstellung und Gefühl fähig werden, das Ungeheure, was du zu produzieren imstande gewesen, zu fassen und aufzufassen; bis du fähig bist, das Aufgefaßte zu akzeptieren oder zu verwerfen. Kurz: Deine Aufgabe besteht darin, deine moralische Phantasie zu erweitern.

Sei nicht zu feige, Angst zu haben

Deine nächste Aufgabe lautet: „Erweitere dein Zeitgefühl." Denn entscheidend für unsere heutige Situation ist nicht nur – was die Spatzen und die Lautsprecher bereits von den Dächern pfeifen –, daß das räumliche Stellensystem unserer Erde zusammengeschrumpft ist, daß alle Örter, die noch gestern weit voneinander entfernt gelegen hatten, heute zu Nachbarörtern geworden sind; sondern auch, daß die Stellen im System unserer Zeit zusammengerückt sind; daß die Zukünfte, die gestern noch als unerreichbar fern gegolten hatten, nun zu Nachbargegenden unserer Gegenwart geworden sind; daß wir sie zu Nachbargegenden gemacht haben. Das gilt sowohl für die östliche Welt wie für die westliche. Für die östliche, weil dort Zukunft in einem früher niemals geahnten Ausmaß geplant wird; geplante Zukunft aber keine „kommende" Zukunft mehr ist, vielmehr ein Produkt „in the making"; das, da es „vorgesehen" ist, bereits als ein Stück desjenigen Raumes gesehen wird, in dem man sich bereits aufhält. In anderen Worten: Da man das, was man tut, ihm zuliebe tut, wirft es bereits einen Schatten auf die Gegenwart, gehört es, pragmatisch gesprochen, zur Gegenwart dazu. – Und das gilt zweitens – dies ist der Fall, der uns angeht – für die Menschen der heutigen westlichen Welt, da diese, obwohl sie es nicht plant, die entferntesten Zukünfte bereits affiziert; also z. B. über die Gesundheit oder Degeneration, vielleicht über das Sein oder das Nichtsein ihrer Enkel befindet. Ob sie, oder richtiger: ob wir das beabsichtigen oder nicht, bleibt gleichgültig, denn was moralisch gilt, ist allein das Faktum. Und da dieses Faktum der nichtgeplanten „Wirkung in die Ferne" uns bekannt ist, begehen wir, wenn wir trotz dieses unseres Wissens fortfahren, so zu handeln, als wäre das Faktum uns unbekannt, „fahrlässige Grenzverletzung".

Dein nächster Gedanke nach deinem Aufwachen laute: *„Sei nicht zu feige, Angst zu haben!* Zwinge dich, denjenigen Ertrag an Angst aufzubringen, der der Größe der apokalyptischen Gefahr entspricht!" – Auch die Angst, gerade sie, gehört zu den Gefühlen, die zu verwirklichen wir unfähig sind oder unwillig; und die Behauptung, wir hätten ohnehin Angst, viel zuviel davon, ja wir lebten sogar im „Zeitalter der Angst", ist eine bloße Redensart, die, sofern sie nicht in betrügerischer

Absicht verbreitet wird, mindestens ideal geeignet ist, den Ausbruch einer der Größe der Bedrohung wirklich angemessenen Angst zu unterbinden und uns damit indolent zu machen. – Wahr ist vielmehr das Gegenteil: daß wir nämlich im „Zeitalter der Unfähigkeit zur Angst" leben und darum passiv der Entwicklung zusehen. Wofür es, abgesehen von der „Beschränktheit unseres Fühlens", eine ganze Reihe von Gründen gibt, die hier aufzuzählen nicht möglich ist[1]. Ein Grund aber, der durch Ereignisse der jüngsten Vergangenheit ganz besondere Aktualität und eine ganz besondere Würde erworben hat, sollte hier doch angeführt werden: nämlich unser *Ressort-Fimmel;* also unsere, durch die Arbeitsteilung verursachte Überzeugung, daß jedes Problem einem bestimmten Kompetenzfelde zugehöre, in das wir nicht eindringen dürfen. So gehört z. B. das Atomproblem angeblich in das Kompetenzfeld der Politiker und der Militärs. Natürlich wird das „Nicht-Dürfen (Nicht-Eindringen-Dürfen)" sofort und automatisch zum „Nicht-nötig-Haben", zum „Nicht-Brauchen". Das heißt: Die Probleme, um die ich mich nicht sorgen darf, um die brauche ich mich auch nicht zu sorgen. Und die Angst bleibt mir erspart, weil sie in einem anderen Kompetenzfeld „erledigt" wird. Darum sprich nach deinem Aufwachen: „Nostra res agitur." Das bedeutet ein Doppeltes: 1. daß es uns deshalb betrifft, weil es uns treffen kann; und 2. daß der monopolistische Kompetenzanspruch einzelner deshalb ungerechtfertigt ist, weil wir alle als Menschen gleichermaßen inkompetent sind. Zu glauben, wo es sich um das mögliche Weltende handelt, könnte es größere oder kleinere Zuständigkeit geben, und jene Männer, die auf Grund zufälliger Arbeits-, Verantwortungs- und Pflichtteilung Politiker oder Militärs geworden sind und als solche mit der Herstellung oder „Verwertung" des Gegenstandes mehr oder direkter zu tun haben als unsereins, seien deshalb kompetenter als wir, ist einfach Torheit. Die uns das einreden wollen (gleich ob es die angeblich Kompetenteren selbst sind oder Dritte), beweisen damit lediglich ihre – moralische Inkompetenz. Vollends unerträglich aber wird unsere moralische Situation dann, wenn jene angeblich Kompetenteren (die Probleme anders als taktisch zu sehen außerstande sind) uns weismachen wollen, uns komme noch nicht einmal das Recht auf Angst, geschweige denn auf Gewissen zu; und zwar deshalb nicht, weil Gewissen Verantwortung impliziere, Verantwortung aber nur *ihre* Sache sei, eben Sache der Ressortzuständigen; letztlich maße man sich also durch Angst, gar durch Gewissensangst, ein fremdes Ressort an. Einen „Klerus der Apokalypse" darfst du jedenfalls nicht anerkennen; keine Gruppe, die sich das Kompetenzmonopol für den Untergang, der unser aller Untergang wäre, anmaßt. Wenn wir den Rankeschen Ausdruck „gleich nah zu Gott" variieren dürfen: „Jeder steht gleich nah zum möglichen Ende." Und so hat auch jeder das gleiche Recht und die gleiche Pflicht, seine Stimme warnend zu erheben. Auch du. –

Wider das taktische Diskutieren

Nicht nur nicht vorstellen, nicht nur nicht fühlen, nicht nur nicht verantworten können wir das „Ding"; sondern noch nicht einmal denken. Denn in welcher Kategorie immer wir es auch denken würden, wir würden es falsch denken, weil es, einer Klasse von Gegenständen zugeordnet, zu „einem unter anderen" gemacht und dadurch bagatellisiert wäre. Auch wenn es in vielen Exemplaren existieren mag, ist es einzig in seiner Art, keiner Gattung zugehörig; also ein Monstrum. Und da wir nur, was es nicht ist, umschreiben können, haben wir die Kautelen der „negativen Theologie" zu den unsrigen zu machen. – Unseligerweise ist es gerade diese („monströse") Nirgendzugehörigkeit, die es mit sich bringt, daß wir den Gegenstand vernachlässigen oder einfach vergessen. *Was man nicht klassifizieren kann, das sieht man als nicht existierend an.* – Sofern man von dem Gegenstand aber doch spricht (übrigens im Alltag von Mensch zu Mensch immer noch nicht), dann klassifiziert man ihn gewöhnlich, weil das so am bequemsten und am beruhigendsten ist, als eine „Waffe", allgemeiner als ein „Mittel". Ein Mittel aber ist es deshalb nicht, weil es zum Wesen des Mittels gehört, im erreichten Zweck einzugehen und zunichte zu werden wie der Weg im Ziel. Das aber ist bei diesem Ding nicht der Fall. Vielmehr ist sein unvermeidbarer (wenn nicht sogar sein beabsichtigter) Effekt größer als jedes denkbare Ziel; denn dieses geht notwendigerweise im Effekt unter. Es geht mit unter in der Welt, in der es noch „Mittel und Zwecke" gab. Daß ein Ding, das von sich aus das Mittel-Zweck-Schema zerstört, selbst kein Mittel sein kann, das ist ja wohl evident. Darum laute deine nächste Maxime: „Daß die Bombe ein Mittel sei, werde ich mir nicht einreden lassen." – Da sie kein Mittel ist wie Millionen Mittel, die unsere Welt ausmachen, darfst du es auch nicht dulden, daß sie hergestellt werde, als handele es sich um einen Eisschrank, eine Zahnpasta oder selbst eine Pistole, bei deren Herstellung man uns nicht fragt. – Sowenig du jenen glauben sollst, die es ein „Mittel" nennen, sollst du den schlaueren Verführern glauben, die dir einzureden versuchen, das Ding diene ausschließlich der Abschrekkung, werde also lediglich zu dem Zwecke hergestellt, um *nicht* verwendet zu werden. Gegenstände, deren Verwendung sich in ihrer Nichtverwendung erschöpft, hat es noch niemals gegeben; höchstens Gegenstände, die zuweilen, nämlich dann nicht verwendet wurden, wenn die Drohung mit ihrer (oft zuvor verwirklichten) Verwendung bereits ausreichte. Im übrigen dürfen wir natürlich niemals vergessen, daß das Ding bereits effektiv (und mit kaum zulänglicher Begründung) verwendet worden ist: in Hiroshima und Nagasaki. – Schließlich, en marge, sollst du es nicht durchgehen lassen, daß der Gegenstand, dessen Effekt unvorstellbar ist, durch biedere und bagatellisierende Bezeichnungen falsch klassifiziert werde. Die Benennung einer gewissen H-Bomben-Explosion als „Aktion Opa", als „Aktion Großväterchen", war nicht nur abenteuerlich abgeschmackt, sondern bewußter Betrug.

Ferner sollst du dagegen auftreten, daß das Ding, dessen bloßes Vorhandensein bereits eine Art der Verwendung ist, unter rein *„taktischen Gesichtspunkten"* diskutiert werde. Solche Diskussion ist absolut unangemessen, weil der Gedanke, die Atomwaffen könnten taktisch so oder so eingesetzt werden, den Begriff einer politischen Lage voraussetzt, die gewissermaßen unabhängig von der Tatsache der Atomwaffen existiert. Das aber ist ganz unrealistisch, weil sich die politische Lage – der Ausdruck „atomares Zeitalter" ist durchaus gerechtfertigt – durch die Tatsache der Atomwaffen definiert. Nicht die Atomwaffen kommen in der politischen Lage „auch" vor; umgekehrt spielen sich die Einzelgeschehnisse innerhalb der atomaren Situation ab; und die meisten politischen Handlungen sind faktische Schritte innerhalb der atomaren Situation. Die Versuche, die Möglichkeit des Weltunterganges als Stein unter anderen Steinen im Schachspiel der Politik zu verwenden, sind, gleich ob sie schlau sind oder nicht, Zeichen von Verblendung. Die Zeit der Schlauheiten ist vorbei. Darum sei es dein Prinzip: Sabotiere alle Erörterungen, in denen deine Zeitgenossen versuchen, die Tatsache der atomaren Bedrohung aus einem ausschließlich taktischen Gesichtswinkel zu diskutieren; und darum mache es zu deinem Prinzip, die Diskussion auf die Hauptsache zu lenken: auf die Selbstbedrohung der Menschheit durch die selbstgemachte Apokalypse; und tue das auch dann, wenn du dadurch Gefahr läufst, als „politisch unrealistisch" verlacht zu werden. In Wirklichkeit sind es die Nichts-als-Taktiker, die unrealistisch sind, da sie Atomwaffen nur als Mittel sehen, und da sie nicht begreifen, daß die Zwecke, die sie vermittels ihrer Taktik zu erreichen suchen oder zu erreichen vorgeben, durch Verwendung, nein, sogar schon durch die mögliche Verwendung dieser Mittel, alle Bedeutung einbüßen.

Die Entscheidung ist schon gefallen

Von der Behauptung, wir befänden uns (und vielleicht sogar immer) nur im Laboratoriumsstadium, im Stadium des Experimentierens, laß dich nicht verführen. Sie ist reine Redensart. Nicht nur deshalb, weil wir (was erstaunlich viele vergessen) Atombomben bereits geworfen, das Zeitalter des Ernstes also vor mehr als zehn Jahren bereits angetreten haben; sondern weil wir – und das ist im Prinzip sogar noch wichtiger – von „Experimenten" in diesem Falle gar nicht reden können. Dein letzter Leitsatz laute: „*Wie gut die Experimente auch gelingen mögen, das Experimentieren mißlingt.*" Und zwar mißlingt es deshalb, weil von Experimenten allein dort die Rede sein kann, wo das Experimentalgeschehen den insulierten Raum des Laboratoriums nicht verläßt oder sprengt; und diese Bedingung hier nicht erfüllt ist. Umgekehrt gehört es ja zum Wesen der Sache und zum gewünschten Effekt der Mehrzahl der heutigen Explosionsexperimente, den Brisanzkoeffizienten und den Streuungsradius der Waffe so groß wie möglich zu machen; also, so widerspruchsvoll das auch klingen mag, auszuprobieren, wie weit man jede experimentelle Grenze *überschreiten* kann. Was durch die (angeblichen) Experimente angerichtet wird, gehört daher nicht mehr in die Klasse experimenteller Resultate, sondern in den Raum der Wirklichkeit, in den der Geschichte – in diesen gehören z. B. die verseuchten japanischen Fischer –, sogar in den Raum künftiger Geschichte, da eben die Zukunft, z. B. die Gesundheit künftiger Generationen, bereits affiziert ist; „die Zukunft" also, wie Jungks philosophischer Titel es formuliert, „bereits begonnen" hat. Völlig irreführend ist also die beliebte Beteuerung, über die Verwendung des Dinges sei noch nicht entschieden. – Wahr ist vielmehr, daß die Entscheidung durch die sogenannten „Versuche" bereits gefallen ist. Mithin gehört es zu deinen Pflichten, den Schein, daß wir noch in der „atomaren Vorzeit" leben, zu diskreditieren; und beim Namen zu nennen, was *ist.*

Wir werden von Geräten behandelt

Alle diese Postulate und Verbote lassen sich aber in einem einzigen Gebot kondensieren; in dem: „*Habe nur solche Dinge, deren Maximen deine eigenen Maximen und damit die einer allgemeinen Gesetzgebung werden könnten.*"

Dieses Postulat mag befremden; der Ausdruck „Maximen der Dinge" klingt provozierend. Aber doch eben nur deshalb, weil das Faktum, das mit dem Ausdruck bezeichnet wird, selbst befremdlich und provokant ist. Was wir meinen, ist allein, daß wir, in der Gerätewelt lebend, nun von Geräten behandelt werden; und zwar immer auf diese oder jene gerätebestimmte Weise. Da wir aber andererseits Verwender dieser Geräte sind, da wir unsere Mitwelt mit Hilfe dieser Geräte behandeln, behandeln wir sie statt nach eigenen Prinzipien mit Hilfe der Behandlungsmodi der Apparate, also gewissermaßen nach deren

Maximen. Was das Postulat verlangt, ist, daß wir uns diese, da sie ja, pragmatisch gesehen, unsere Maximen sind, so klar machen, als wären sie unsere; daß unser Gewissen statt in Prüfung unserer Innerlichkeit (die zum konsequenzenlosen Luxus geworden ist) nun in Prüfung der „geheimen Regungen“ und der „Prinzipien“ unserer Apparate bestehe. Ein im herkömmlichen Sinne seine Seele prüfender Atom-Minister würde wahrscheinlich nichts sonderlich Böses finden; durch Prüfung des „Innenlebens“ seiner Geräte dagegen „Herostratismus“, und zwar Herostratismus in kosmischem Ausmaß: denn herostratisch ist die Weise, in der die Atomwaffen die Menschheit behandeln.

Erst wenn uns diese neue moralische Aktion: der „*Blick in den Busen der Apparate*“ (molussisch) geläufig geworden ist, werden wir mit mehr Recht darauf hoffen dürfen, daß wir, die wir die Entscheidung über unser Sein oder Nichtsein in der Hand halten, auch unser Sein in der Hand behalten werden.

Wir können nicht nicht-können

Dein nächstes Prinzip laute: Glaube nicht, daß die Gefahr, wenn wir den ersten Schritt: den Abbruch der sogenannten „Experimente“, gemacht haben, vorüber sein werde, und daß wir dann dazu berechtigt sein werden, auf unseren Lorbeeren auszuruhen. Das Ende der „Experimente“ besagt weder das Ende weiterer Bombenproduktion noch die Zerstörung von denjenigen Bomben und denjenigen Bombentypen, die bereits ausprobiert worden sind und die für die Eventualität bereitliegen. Es gibt verschiedene mögliche Gründe für Teststops: Ein Staat kann sich z. B. deshalb dazu entschließen, weil sich weiteres Experimentieren als überflüssig herausstellt; d. h.: weil entweder die Produktion der ausprobierten Typen oder der bereits hergestellte und gelagerte Vorrat für jeden denkbaren Fall ausreicht – kurz: weil es sinnlos und unwirtschaftlich wäre, die Menschheit „*toter als tot*“ zu machen.

Glaube ebensowenig, daß wir ein Recht auf Sorglosigkeit hätten, wenn es uns gelungen wäre, unseren zweiten Schritt durchzuführen: Nämlich die weitere Produktion von A- und H-Bomben zu stoppen; oder daß wir nach unserem dritten Schritt: Nach der Zerstörung aller gelagerten Bestände die Hände in den Schoß legen dürften. Selbst in einer restlos „reinen“ Welt (also in einer, in der es keine A- oder H-Bombe gäbe, in der wir also keine Bomben zu „haben“ scheinen) würden wir sie doch noch immer haben, weil wir wissen würden, wie wir sie herstellen können. In unserer Epoche mechanischer Reproduktion gibt es keine Nicht-Existenz irgendeines möglichen Produktes, weil das, was zählt, nicht die wirklichen physischen Objekte sind, sondern deren Typen, bzw. deren blueprints. Selbst nach Eliminierung aller physischen Objekte, die mit der Produktion der A- oder H-Bomben zusammenhängen, könnte die Menschheit noch immer den blueprints zum Opfer fallen. „Dann müßte man eben", könnte man schließen, „die blueprints zerstören." Aber auch das ist unmöglich, denn die blueprints sind unzerstörbar wie Platos Ideen; in gewissem Sinne sind sie geradezu deren diabolische Verwirklichung. Kurz: Selbst dann, wenn es uns gelänge, die verhängnisvollen Geräte und deren blueprints physisch zu zerstören und damit unsere Generation zu retten – mehr als eine Frist oder als einen Aufschub würde auch das kaum bedeuten. Die Produktion könnte jeden Tag wieder aufgenommen werden, der Schrecken bleibt, und darum muß auch deine Angst bleiben. Von nun an wird die Menschheit für alle Ewigkeit unter dem dunklen Schatten des Monsters leben. Die apokalyptische Gefahr läßt sich nicht ein für alle Male, nicht durch *einen* Akt abschaffen, sondern nur durch täglich wiederholte Akte. Das bedeutet: Wir haben zu verstehen – und diese Einsicht zeigt uns vollends, wie verhängnisvoll unsere Situation ist –, daß unser Kampf gegen den physischen Bestand der Geräte und deren Konstruktion, deren Tests, deren Lagerung schlechthin unzulänglich bleibt. Denn das Ziel, das wir zu erreichen haben, kann nicht darin bestehen, das „Ding" *nicht* zu haben; sondern allein darin, das „Ding" niemals zu verwenden, obwohl wir nichts dagegen tun können, daß wir es haben; es niemals zu verwenden, obwohl es niemals einen Tag geben wird, an dem wir es nicht verwenden *könnten*.

Dies also ist deine Aufgabe: Der Menschheit beizubringen, daß keine physische Maßnahme, keine Zerstörung physischer Objekte jemals eine restlose Garantie darstellen wird, daß wir vielmehr fest dazu entschlossen sein müssen, den Schritt niemals zu machen, obwohl er immer möglich sein wird. – Wenn es uns: dir, dir, und mir, nicht gelingt, die Menschheit mit dieser Einsicht anzufüllen, dann sind wir verloren.

1 S. d. Verf. „Die Antiquiertheit des Menschen", Bd. I, S. 264ff.

Brief 5. An Günther Anders

Lieber Freund, ohne Datum

Von dem Augenblick an, in dem Ihre Sendung mit dem ‚Moralkodex im Atomzeitalter' ankam, hat mich dessen Inhalt und Wahrheit ununterbrochen beschäftigt. Ihre Wahrhaftigkeit, Ihr Ernst und wie

Sie formulieren hat mich mit Glauben erfüllt; ich vertraue auf Ihre Bemühungen, diese unsere Welt sicher und friedlich zu machen. Wenn es doch möglich wäre, daß Sie und ich und die Tausende von Pazifisten auf der ganzen Welt, die Mitarbeiter *einer* Gruppe (der Forscher) gewinnen könnten, und wenn wir diese doch dazu bringen könnten, ihre erste Liebe (Forschung) aufs Spiel zu setzen (risk), ihrem Gewissen nachzugeben und sich mit uns zu verbünden, und ihre Arbeit an Atomwaffen so lange aufzuschieben, bis eine Internationale von Juristen eine Weltregierung etabliert hätte, eine Regierung, in der es keine politischen Interessenorganisationen[1] und keine übermächtigen militärischen Machtmittel gäbe. Nur die Forscher sind in der Lage, diese Gruppe ohnmächtig zu machen, und zwar durch Verweigerung ihrer Mitarbeit. Ohne die Kräfte der Forschung werden die politischen und militärischen Kräfte verkümmern und absterben.

Ich habe vor vielen pazifistischen Gruppen in den meisten der Staaten der USA gesprochen und die Wichtigkeit des Abbruchs der Atomrüstung, der Atomtests und der Atomarsenale betont. Gelegentlich gab es Fernsehsendungen mit führenden Kirchenmännern und mir. In unseren Schulen und Universitäten bin ich unerwünscht.

Erst im vorigen Monat hat General Twining, der Stabschef unserer Luftwaffe, versucht, mich ins Walter Reed Hospital in Washington überführen zu lassen. Seine Begründung war, mir bessere Behandlung zuteil werden zu lassen. Mein Arzt verweigerte diese Überführung. Er wußte ebensogut wie ich, daß General Twining nichts anderes im Sinn hatte, als weitere publicity über mich und mein Problem zu verhindern. Denn ich und mein Problem stellen nicht gerade eine sehr gute publicity für die Armee dar. Sie wären sehr glücklich, wenn sie mich dazu bringen könnten, meinen Mund zu halten (to shut me up). Gottseidank vertraut mir mein Arzt, und er erlaubt mir, zu arbeiten und meine Überzeugungen hier im Hospital niederzuschreiben.

Gerne würde ich Ihnen ein paar Fragen stellen. Können wir den Physikern vertrauen? Ich meine: Würden diese ihre weitere Arbeit vertagen, um dadurch die militärischen und politischen Machtorganisationen lahmzulegen? Wären sie bereit, auf ihre ‚erste Liebe' zu verzichten, alle finanziellen Forschungshilfen, alle Laboratorien- und Regierungshilfen aufzugeben, und zusammen einen vertrauenswürdigen Verwalter und Wächter ihrer Erfindung (brainchild) zu fordern? Wenn sie dazu imstande wären, dann wären wir sicher.

Ich warte gierig auf Ihre Briefe, und Ihrer Frau danke ich für die Übersetzung.

Ich hoffe, das Hospital im September zu verlassen. Ich könnte das in der nächsten Woche tun, da meine Aufenthaltsfrist (90 Tage) dann vorüber ist, aber mein Arzt bat mich darum, länger zu bleiben. Ich befolge stets seine Bitten, ich bin nun seit zehn Jahren in seiner Behandlung (under him).

Hoffentlich machen Sie Ihre geplanten Ferien, ich werde es als Ehre empfinden, von Ihnen einen Brief zu erhalten, den Sie in dieser kostbaren Zeit schreiben. Darf ich um ein autographiertes Exemplar Ihres Japanberichtes bitten? Goodbye for now. Ihr Freund

Claude R. Eatherly

1 Im Original nur ,organisations'.

Brief 6. An Claude Eatherly

Lieber Claude Eatherly, 22. 7. 59

Ihr Brief trieb sich zehn Tage herum, ehe er mich hier hoch in den Alpen erreichte. Nein, es kann gar keine Rede davon sein, daß ich meine Ferien durch Briefe an Sie ruiniere. Im Gegenteil, das Bewußtsein, in der Fremde einen Freund zu haben, der mit solchem Ernst auf seine Art dasselbe Ziel zu erkämpfen versucht, das ich auf meine Art zu erreichen mich bemühe, das ist tröstlich; und mich mit Ihnen zu unterhalten, ist keine Arbeit, da ich ja weiß, daß zwischen Ihnen und mir keine Hindernisse fortgeräumt zu werden brauchen.

Sie fragen mich, ob die Physiker die moralische Kraft aufbringen werden, auf ihre ,erste Liebe' zu verzichten. Schwer, diese Frage zu beantworten. Gewiß gibt es einige, die das vielleicht tun werden – die Zahl jener Physiker, deren Gewissen Pauling hat erwecken können, ist sehr ermutigend – aber immer werden wir doch auf andere gefaßt sein müssen, die unfähig oder unwillig sein werden, sich das Ausmaß der Effekte ihrer Tätigkeit wirklich klar zu machen. Natürlich ist es absolut notwendig, so viele Wissenschaftler wie möglich zu erreichen. Ich bin z. B. in Kontakt mit einigen der ,Göttinger' – das sind die achtzehn deutschen Physiker, die den Mut hatten, die Öffentlichkeit über die Implikationen der Atomrüstung zu belehren, und die es riskieren, sich bei Adenauer unbeliebt zu machen. Allerdings reicht es nicht, sich darauf zu beschränken, diese Berufsgruppe zu beeinflussen. Wissenschaftler sind auch nur ‚Leute', und zumeist moralisch nicht überdurchschnittliche: Leute, die von der öffentlichen Meinung umgeben, getragen, ermutigt oder eingeschüchtert werden. Deshalb ist es genau so dringlich, wenn nicht sogar noch dringlicher, die gesamte Atmosphäre zu verwandeln, die Mentalität aller, die öffentliche Meinung, in der und mit der die Atomwissenschaftler nun einmal leben. Diese neue Attitüde, die wir, Sie sowohl wie ich, zu erzeugen versuchen, hat so breit und so allgemein zu werden, daß schließlich Physiker, die fortfahren, weiter an der militärischen Ausbeutung atomarer Projekte zu arbeiten, sich schließlich von einer feindlichen Welt umgeben fühlen müssen, von einer Welt, von der sie als Feinde, Verächter und mögliche Zerstörer betrachtet werden.

Die Breite der Front ist eine der wichtigsten Aufgaben. Sie werden zugeben, daß in den meisten Fällen, in denen Menschen das zu tun unterlassen, was sie rein physisch tun könnten (z. B. ihre enervierenden Nachbarn zu töten), der Grund für ihr sittliches, mindestens ihr nichtkriminelles, Verhalten nicht in ihrer Leidenschaft für das Glück oder für die Unantastbarkeit der Menschheit gründet, sondern in ihrer Angst davor, ein allgemein akzeptiertes Tabu zu verletzen oder von der Gemeinschaft in Acht und Bann getan zu werden. Da wir mit wirklichen Menschen zu rechnen haben und nicht mit Idealfiguren, ist es unsere Aufgabe, eine Situation herzustellen, in der selbst Menschen *ohne* moralisches Feuer und *ohne* Vorstellungskraft so handeln, als täten sie es aus sittlichen Gründen oder aus Liebe zur Menschheit und zu allem Lebendigen.

Die Breite der Front: Das hat mit *Ihnen* zu tun. Sie sind (ich habe das feste Vertrauen darauf, daß Sie das nicht als Zynismus mißverstehen werden) in der glücklichen Lage, unserer Front eine Breite zu verleihen, die diese ohne Sie niemals annehmen könnte. Ich zweifle nicht daran, daß Sie einer von uns sind: Durch Sie reicht unsere ‚Front' vom ‚Täter' bis zum Opfer; darüber hinaus haben Sie sogar den Schritt getan, offen und furchtlos Ihre Position kundzugeben. Deshalb habe ich das Gefühl, daß die Anregung, mit der ich meinen ersten Brief abschloß (den Opfern von Hiroshima eine Botschaft zuzusenden), in Ihre Hoffnungen und Aktionen aufs beste hineinpaßt. Natürlich ist es für mich, der ich so weit von Ihnen entfernt bin, unmöglich, Ihre

Situation genau abzuwägen. Vielleicht gibt es unüberwindliche technische Schwierigkeiten, die Sie daran hindern, die Anregung durchzuführen; und Ihre Bemerkung über diejenigen, die versuchen, Ihnen den Mund zu versiegeln und Sie in einen mit unleidlichem Luxus behandelten Gefangenen zu verwandeln, die bestätigen meine Verdächte. Ich bin froh zu wissen, daß Sie sich auf einen so vernünftigen und verständnisvollen Arzt verlassen können – er muß Ihr wahrer Freund sein –, auf einen Mann, der Energie und Mut genug aufbringt, um diesen Autoritäten Widerstand zu leisten und um Ihre Freiheit zu bewachen und zu verbürgen. Bitte bestellen Sie ihm, wie sehr ich ihn respektiere. Nun, ich glaube, daß das, was ich für Sie versuche, dem, was er für Sie versucht, ähnlich ist. Wenn es Hindernisse gibt, die Ihnen die Machthaber in den Weg legen – glauben Sie mir: Allmächtig sind die Mächtigen nicht, immer gibt es mögliche Umwege; und unglücklicherweise leben wir heute in einer Epoche, in der Umwege moralisch erforderlich sind. Auf unseren Fall angewandt bedeutet das: Sollten Sie verhindert sein, persönlich das Telegramm an die Opfer abzuschicken (Bürgermeister von Hiroshima) – was natürlich am eindruckvollsten wäre –, dann bleibt noch immer als zweitbester Weg, daß ich es in Ihrem Namen tue. Natürlich wissen Sie, daß ich niemals etwas hinter Ihrem Rücken unternehmen würde. Deshalb erbitte ich auch dafür Ihre Vollmacht.

Ich glaube, der richtigste und kürzeste Text für ein solches Telegramm würde lauten: ‚*Ihr* No more Hiroshima ist *mein* No more Hiroshima – Claude Eatherly, einer der Hiroshimapiloten.‘ – Falls Sie dieses Telegramm nicht persönlich nach Japan schicken könnten, aber den Wunsch haben sollten, daß ich es in Ihrem Namen schicke, senden Sie mir bitte ein Telegramm mit dem Worte ‚OK‘. Ihr Freund

Günther Anders

Brief 7. An Günther Anders

Lieber Herr Anders, 12. August 1959

‚Unsere‘ Botschaft an die Menschen in Hiroshima hat begonnen, Früchte zu tragen. Ich lege zwei Briefe bei, die Ihnen ungefähr zeigen werden, wie diese Leute denken. Bitte schicken Sie sie gelegentlich zurück.

Heute teilte mir mein Arzt mit, er glaube, ich könnte im nächsten Monat entlassen werden. Briefe an mich werden nachgesandt werden an Box 187, Van Alstyne, Texas. Dann werde ich viel zu tun haben. Die Bob Hope Productions haben mich darum gebeten, einen Vertrag für einen Film über mein Leben zu unterzeichnen. Das werde ich tun, vorausgesetzt, daß sie mir garantieren, meine Überzeugungen zu vermitteln, und meine Stellungnahme den Problemen gegenüber, die so eng mit den allgemeinsten Weltproblemen zusammenhängen, und die uns beide so tief bewegen, nicht zu verfälschen. Nun brauche ich Ihre Hilfe, um in Kürze ein Programm oder ein Thema zu skizzieren, auf Grund dessen die Produzenten unsere Ziele und unsere Glaubenssätze vermitteln könnten. Sie beabsichtigen, mich dann mit dem Film auf eine Welttour zu schicken. Lieb wäre es mir, wenn ich Sie da mitnehmen könnte. Ich habe das Gefühl, daß wir da wirklich viel zustandebringen könnten. Ich werde Sie benachrichtigen, ehe ich einen Vertrag unterzeichne.

Dies ist ein kurzer Brief, aber ich möchte doch, daß Sie mich in der Film- und Buchangelegenheit beraten.

Bald, hoffe ich, werde ich in der Lage sein, nach Europa zu kommen. Vielleicht nächstes Jahr. Mit Begierde warte ich auf Ihre Briefe.

Ihr Freund Claude Eatherly

Brief 8. Girls of Hiroshima,
c/o Arden Yamanaka, 522 A oyama Kita Machi, Minatoku
an Major *Claude Eatherly*
V. A. Hospital Waco, Texas

Lieber Herr, 24. Juli 1959

Wir, die unterzeichnenden Girls of Hiroshima, senden Ihnen unsere herzlichen Grüße.

Wir alle sind Mädchen, die zwar das Glück hatten, dem Tod zu entrinnen, aber wir alle wurden doch in unseren Gesichtern, Gliedmaßen und am Körper durch die Atombombe verletzt, die im letzten Kriege über Hiroshima abgeworfen wurde. Unsere Gesichter und Gliedmaßen tragen Narben und andere Verwundungsmale, und es ist unser Wunsch, daß das Furchtbare, das man ‚Krieg‘ nennt, niemals wieder eintreten werde, weder bei uns noch bei irgend jemandem, der in dieser Welt lebt. Nun haben wir neulich erfahren, daß Sie nach dem Ereignis in Hiroshima von Schuldgefühlen gepeinigt werden und daß Sie aus diesem Grunde zur Behandlung Ihres Geistes- und Gemütszustandes in ein Hospital überwiesen worden sind.

Diesen Brief schreiben wir Ihnen, um Ihnen unser tiefes Mitleid mit Ihnen zu übermitteln und um Ihnen die Gewißheit zu geben, daß wir Ihnen gegenüber in gar keinem Sinne Feindschaft empfinden. Man hatte Ihnen vielleicht befohlen, das zu tun, was Sie taten; oder vielleicht dachten Sie, den Krieg zu beenden und dadurch Menschen zu helfen. Aber Sie wissen, daß Kriege auf dieser Erde nicht durch Bomben beendet werden. Wir sind mit großer Freundlichkeit (kindness) von Quäkern in Amerika behandelt worden. Wir haben gelernt, uns Ihnen gegenüber als Kameraden zu fühlen, und wir glauben, daß Sie ebenso ein Kriegsopfer sind wie wir.

Wir haben den Wunsch, daß Sie bald vollkommen gesunden und daß Sie den Entschluß fassen werden, sich denjenigen anzuschließen, die sich dem guten Werke widmen, das Barbarische, das man ‚Krieg' nennt, im Geiste der Brüderlichkeit abzuschaffen. Mit warmen Grüßen, aufrichtig Ihre

Hideko Sumimura	Mitsuko Kodama	Suzue Hiyama
Sayoko Komatsu	Chizuko Suzuki	Shigeko Hara
Chieko Komura	Atsuko Tada	Yukiko Okita
Tadako Emori	Misako Kannabe	Yoshie Kihara
Motoko Yamashita	Hiroko Tasaka	Sachiko Kawamata
Keiko Kawasaki	Shigeko Miimoto	Michiyo Zomen
Miyoko Matsubara	Michiko Yamaoka	Toyoko Yamanaka
Tazuko Shibatu	Arden T. T. Yamanaka	Yoshie Enokawa
Masako Wada	Yasuko Sima	Hisaomi Watanabe
Emiko Takemoto	Hatsue Inoue	Ruriko Funatsu

Brief 9. An Claude Eatherly

Lieber Claude Eatherly, 18. 8. 59

Ich war schon in Sorge um Sie, da auf meinen Brief, den ich Ihnen aus der Schweiz geschickt hatte, keine Antwort kam. Es schien mir möglich, daß Sie meine Zeilen nicht erhalten hatten, oder daß Krankheit oder Leute, denen unsere Korrespondenz nicht recht ist, Sie am

Antworten gehindert haben. Nun, da ich weiß, daß meine Sorgen unbegründet waren, daß alles mit Ihnen in Ordnung ist, daß Sie bald ein freier Mensch sein werden mit einer großen Aufgabe vor sich, nun atme ich auf. Ehe ich über diese Ihre Aufgabe spreche, möchte ich Ihnen aber sagen, daß Sie mich durch Ihren Ausdruck ‚unsere' Botschaft wirklich glücklich gemacht haben. Sie *haben* sie also abgeschickt. Zu schade, daß Sie mir die Formulierung Ihrer Botschaft nicht mitgeteilt haben. Aber das ist ja auch gleich, die Tatsache der Absendung ist viel wichtiger als meine Kenntnis der Einzelheiten.

Sie werden sich vielleicht an einen Satz aus meinem ersten Brief erinnern: Daß ich keinen einzigen Menschen in Japan getroffen hätte, der Ihnen gegenüber Haß oder auch nur die geringste Antipathie gefühlt hätte. Ich kann mir keine Bestätigung vorstellen, die unzweideutiger und schöner wäre als dieser Brief der Girls from Hiroshima. Können wir nicht glücklich darüber sein, daß nun eine einzige Frontlinie des Friedens hergestellt worden ist, eine Frontlinie, in der *die Opfer die ‚Täter' gleichfalls als Opfer anerkennen*? Nun müssen freilich alle ‚Opfer' zu Tätern werden – womit ich meine, daß alle alles in ihrer Kraft tun müssen, um Situationen zu verhindern, in denen Menschen wiederum Opfer werden könnten.

Und nun zu Ihrem Projekt, oder richtiger zu den Möglichkeiten, die vor Ihnen liegen.

Glauben Sie mir, Claude, ich fühle mich geehrt durch das Vertrauen, das Sie in mich setzen, vor allem durch Ihren Ausspruch: ‚Nun brauche ich Ihre Hilfe, um in Kürze ein Programm oder ein Thema zu skizzieren, auf Grund dessen sich unsere Ziele und unsere Glaubenssätze vermitteln lassen.' Ich mache da eine Erfahrung, die Ihrer wahrscheinlich ähnelt: Daß sich für die Stiftung einer Freundschaft und für das Gefühl gegenseitiger Verantwortung wirkliche gegenseitige Bekanntschaft als überflüssig herausstellt, daß das Wissen um die Integrität und den guten Willen des anderen ausreicht.

Und nun lassen Sie mich etwas konkreter werden. Ehrlich gesagt, bei dem Gedanken an das Bob Hope-Angebot, das Sie erhalten haben, ist es mir nicht ganz wohl zu Mute. Ich habe jahrelang in der Gegend von Hollywood gelebt, und ich kenne die Prinzipien, richtiger: die totale Prinzipienlosigkeit der Filmproduzenten. Ist ein Mann (gleich ob Autor, ob Schauspieler oder was auch immer) erst einmal von einer Filmgesellschaft geschluckt (und ist er erst einmal für sein Geschlucktwordensein gut bezahlt), dann wird er von dem Produzenten als Eigentum beansprucht, als ein Stück, mit dem nach Belieben umgegangen werden kann. Und selbst *wenn* Sie ausreichende Erfahrung hätten und gewitzt genug wären, um die Bedingungen zu formulieren, unter denen Sie bereit wären, ‚Produktionseigentum' zu werden (also wenn Sie es als Bedingung durchsetzen könnten, daß Ihr Leben, Ihr Gefühl, Ihre moralische Position nicht gefälscht würden, und daß das Endprodukt ein unzweideutiges Zeugnis *Ihrer* Überzeugungen darstellen müßte) – sie, die Produzenten, finden stets einen unvorhergesehenen Weg, um diese Bedingungen vage auszulegen oder sogar zu brechen. Sie, als einzelnes Individuum, könnten kaum einen Kampf aufnehmen, denn Ihr Kontrahent wäre nicht gleichfalls *ein* Individuum, sondern eine ungeheuere kommerzielle Unternehmung, gegen die juristisches Vorgehen wenig Aussicht auf Erfolg böte. Und nehmen wir selbst an, diese Chancen wären nicht gleich null – hat die Verfälschung erst einmal stattgefunden, dann wäre der Schaden durch die Zirkulation des Films bereits angerichtet, und selbst dann wäre er angerichtet, wenn man Sie wegen Kontraktbruches entschädigen würde.

Und das ist noch nicht einmal der Hauptpunkt. Sie sind nun einmal eine *wirkliche* Figur in der *wirklichen* geschichtlichen Situation von heute; und was Sie wünschen, ist, von *wirklichen* Menschen, die *wirkliche* Entscheidungen treffen, ernst genommen zu werden. Nicht von movie fans, die sich durch Fiktives amüsieren lassen wollen. Wir dürfen die Gefahr nicht unterschätzen, daß Sie, der wirkliche Mensch, in einen hübsch lächelnden Schauspieler verwandelt werden könnten, also in eine harmlose Figur, die nicht dem Ernst der Wirklichkeit zugehört, sondern der Welt des bloßen Scheins. Sie wissen genau so gut wie ich, daß es Machtgruppen gibt, die an einer solchen Verwandlung interessiert wären, und denen nichts willkommener wäre, als wenn sie Sie unter Ihrem glamour begraben könnten. Ihre Heroisierung im Film könnte einen Effekt hervorbringen, der dem, was Sie als Ihre Pflicht und Mission begriffen haben, direkt widerspräche. Die Gefahr wäre noch größer, wenn Sie sich als ‚photogenic' oder gar als hervorragender Schauspieler entpuppen würden. Wenn Sie die verhängnisvollste Rolle, die Sie in Ihrem Leben gespielt haben, die in dieser Epoche überhaupt gespielt worden ist, nun als ‚*Rolle*' übernähmen, dann würden Sie Ihr Leben in dieser Epoche seines tödlichen Ernstes berauben. Aus diesen Überlegungen ergibt sich als Warnung:

1. Unter keinen Umständen sollten Sie sich dazu bereit erklären, sich selbst zu spielen, sich als Schauspieler Ihres eigenen Lebens verwenden zu lassen.

2. Widerstehen Sie bitte allen Versuchungen des Filmgeschäfts, bis Sie die absolute Gewißheit haben, daß der Produzent und der Regisseur unsere Sache bejahen; und daß diese Männer nicht gierig darauf sind, Ihren Ruhm, den Sie als ‚Held des Atomzeitalters' genießen, für ihre dubiosen Zwecke auszubeuten. Es gibt ein paar saubere, vertrauenswürdige und anständige Männer in der Filmindustrie, einige kenne ich persönlich. Sie oder wir sollten versuchen, an sie heranzutreten.

3. Das Problem des ‚Skripts'. – Wie gesagt, ich habe in der Nähe von Hollywood gelebt (nicht als Filmmensch, aber einige habe ich gekannt). Seit vier Jahrzehnten ist nun die Herstellung von Filmmanuskripten eine sehr spezialisierte Routine-Arbeit von Produktionsangestellten; und selbst berühmte Schriftsteller, die nach Hollywood eingeladen werden, um Filmstories zu schreiben, machen immer wieder neu die Erfahrung, daß ihnen ihre Entwürfe oder sogar ihre fertigen Manuskripte aus der Hand gerissen, in die Produktionsmühle hineingefüttert und so transformiert werden, bis die Endprodukte den ursprünglichen Manuskripten überhaupt nicht mehr ähneln. Das müssen Sie sich vor Augen halten, wenn Leute vom Film Sie auffordern, Ihre Lebensgeschichte niederzuschreiben: Ihren Text würden diese Männer lediglich als Vorwand für die Produktion benutzen, sie würden aus ihm dasjenige machen, was *sie* zu machen wünschen; andererseits würden sie Ihr Skript als ein Alibi verwenden, also ihr Produkt als ‚*das* authentische autobiographische Dokument' propagieren. Ich kann mir ausmalen, wie Sie der Premiere des ‚*Lebens des Claude Eatherly, von ihm selbst erzählt*' beiwohnen, und ich sehe bereits Ihren fassungslosen Ausdruck, weil, was sich da vor Ihnen abspielt, mit Ihrem Leben oder mit Ihrem Manuskript nicht das mindeste zu tun hat.

4. Wenn sie aber trotz meiner Warnungen doch das Gefühl haben sollten, daß die Chancen, die mit einer solchen Unternehmung verbunden wären, zu groß sind, um einfach abgewiesen zu werden, dann würde ich Ihnen raten, etwa folgendermaßen vorzugehen:

Da Sie wahrscheinlich an Schreiben im beruflichen Sinne nicht gewöhnt sind, wäre es erforderlich, diese Arbeit zusammen mit jemandem durchzuführen, der einerseits wirklich ein beruflicher Schriftsteller ist, und andererseits Ihr Vertrauen genießt. Unter keinen Umständen lassen Sie sich dazu beschwatzen, sich mit einem ‚ghost writer', der zum Produktionsstab gehört, zusammenzusetzen, mindestens auf keinen Fall im ersten Stadium. Denn die erste Aufgabe hat darin zu bestehen, einen Text herzustellen, in dem Ihr Lebensbericht und die Formulierung Ihrer Ängste und Hoffnungen niedergelegt werden, ohne daß diejenigen, die von Ihrem Material Gebrauch machen wollen, sich irgendwie einmischen können. Sie werden dieses erste Skript benötigen, um einen Maßstab zu haben, mit dem das endgültige Szenario gemessen werden kann, und der, im Falle von Fälschungen, unzweideutig beweisen wird, was Sie gesagt und was Sie zu vermitteln gewünscht hatten. Dies ist die Arbeit, auf die Sie sich nun ausschließlich konzentrieren sollten. Ich glaube, es gar nicht stark genug betonen zu können: Veröffentlichen Sie zuerst diesen Ihren Lebensbericht in Buchform, ehe Sie es zulassen, daß dieser in den Trichter der Produktionsmühle hineingestopft wird. Zuerst müssen *Sie* die Wahrheit darstellen. –

Ihr Brief scheint anzudeuten, daß Sie es vorziehen würden, diese Arbeit zusammen mit mir zu unternehmen. Ich sage nicht nein, aber es wäre nötig, gründlich zu überlegen, wie man solche Zusammenarbeit arrangieren könnte. Nach Amerika zu kommen, ist für mich einfach nicht möglich. Aber da Sie ja sowieso daran denken, einmal nach Europa zu kommen, käme England vielleicht eher in Frage. Dies schiene mir aus zwei Gründen vorteilhaft.

1. Sie wären in einem englisch sprechenden Land, also nicht so verloren, wie Sie es z. B. hier in Österreich wären; und

2. für mich wären die Reisekosten unvergleichlich niedriger.

Dort könnten wir in täglicher Zusammenarbeit versuchen, einen Text herzustellen, mindestens einen ersten Entwurf, den ich dann zu Hause bearbeiten könnte, um ihm eine gewisse literarische Qualität zu geben. Selbstverständlich hätte das unter Ihrer ständigen Kontrolle zu geschehen: Sie würden meine Fassung studieren und kritisieren müssen, Notwendiges dazufügen, Stücke als fertig bestätigen oder als unfertig verwerfen. Dieser zweite Teil der Arbeit könnte wahrscheinlich brieflich vor sich gehen, aber er würde natürlich mehrere Monate in Anspruch nehmen, wenn nicht sogar ein halbes Jahr. Aber bei solchem Vorgehen bestünde die Gewißheit, daß das schließliche Ergebnis nicht oberflächlich sein würde, und daß der Ernst des Dokumentes dem Ernst der Sache, die auf dem Spiel steht, entsprechen würde.

Falls Sie diese improvisierte Anregung in Betracht ziehen, dann sollten Sie wohl daran denken, früher als geplant nach Europa zu kommen. Was immer aus diesen Arbeitsmöglichkeiten werden mag, auf jeden Fall wäre ich froh, meinen neuen Freund nicht nur schriftlich zu treffen, sondern in the flesh.

Ich weiß bereits von Photos, wie Sie aussehen; die zwei Bilder, die ich beilege, geben Ihnen ein Bild von mir. Die kleine Momentaufnahme stammt aus Hongkong und zeigt mich, wie ich mit einem winzigen, aber offensichtlich bereits sehr skeptischen Chinesenjungen die Weltsituation diskutiere.

In ein paar Tagen schicke ich Ihnen den Brief der Mädchen von Hiroshima zurück.

Und nun lassen Sie mich bitte Einzelheiten über Ihre Botschaft nach Hiroshima wissen; und erzählen Sie mir über die Entwicklung der Filmangelegenheit, über Ihren Buchplan und darüber, was Sie nach Ihrer Freilassung vorhaben. Mit allen meinen Wünschen Ihr Freund

Günther Anders

Brief 10. An Günther Anders

Mein lieber Freund, 22. August 1959

Es kommt Ihnen vielleicht sonderbar vor, daß ich in solche Ferne greifen muß, um jemanden zu finden, dem ich vertrauen und der mich anleiten kann (trust and guidance), aber ich hoffe, Sie verstehen meine Lage: Es gibt so viele Menschen und so viele Gruppen, die mich für diesen oder für jenen Zweck zu benutzen wünschen. Und vielleicht klingt es Ihnen verrückt, aber ich habe das Gefühl, daß viele Menschen und Gruppen nur meines Namens wegen mit mir in Kontakt treten – und darf ich all denen trauen?[1] Bei Ihnen habe ich das Gefühl, daß Sie keinerlei versteckte Absichten haben, außer eben der, mir dabei zu helfen, das Ziel, für das wir geboren sind: Menschenliebe und gegenseitiges Verständnis unter Menschen, zu erreichen. Wenn ich von Ihrem Rat abhänge, so weil ich fühle, daß ich Ihnen vertrauen darf, und weil ich die Liebe kenne, die Sie allen Menschen entgegenbringen. Dieses Vertrauen habe ich auf Grund des Photos, das Sie ausgewählt und mir zugeschickt haben.

Ich möchte Ihnen sagen, daß ich niemals etwas dafür tun werde, um ein Filmstar zu werden[2]. Mein einziger Wunsch ist, einen Beitrag zum Frieden zu leisten, für das Ende der Atomrüstung zu arbeiten und die Rechte aller Menschen, gleich welcher Rasse, welcher Hautfarbe oder welchem Glauben diese zugehören, zu sichern.

Günther, ich kann mich nicht an alle Briefe erinnern, die ich nach Japan geschickt habe, aber ... ich erzählte ihnen, daß ich der Major war, der das ‚go ahead'-Zeichen für die Zerstörung von Hiroshima gegeben hat, daß ich unfähig war, diesen Akt zu vergessen, und daß dieser, weil er eine Schuld darstellt, mir schwere Pein verursacht hat. Ich bat sie darum, mir zu verzeihen. Ich fuhr fort, daß Menschen einander nicht bekämpfen sollten. „Warum sollten wir kämpfen? Krieg ist wild und unmenschlich. Krieg sollte nicht unser Geschäft sein, die wir die Krönung der Schöpfung sind (head of all creatures). Mir scheint, daß diejenigen, die unter der Asche von Hiroshima schlafen, weinend nach Frieden schreien. Ich hoffe, daß Menschen Hand in Hand zusammen eine bessere Welt aufbauen können."

Und ich gab ihnen ‚unsere' Botschaft. Etwas, was ich so nie hätte in Worte fassen können. Alles in allem, ‚wir' müssen Eindruck gemacht haben (It must have made an impression for us).

Ich glaube nicht, Ihnen schon erzählt zu haben, daß viele Schriftsteller hierher gekommen sind, um mich zu sehen, und daß ich alle abgewiesen habe. Das hat sie freilich nicht davon abgehalten, trotzdem über mich zu schreiben und vieles, was unwahr ist. Ich habe mich geweigert, vor dem Verlassen des Hospitals mit den Anwälten der Bob Hope Productions zu sprechen. Außerdem wußte ich, daß eine Vertragsunterschrift ohnehin ungültig sein würde. Und schließlich war mir klar, daß ich Beratung und Zeit benötigte, um darüber zu entscheiden, zu welcher Verständigung mit der Film-Industrie ich künftig kommen sollte. Bitte, glauben Sie mir, Günther, ich suche nicht nach Ruhm; *wenn* ich aber Ruhm habe, wünsche ich ihn für eine gute Sache zu verwenden, für ‚unsere Sache'.

Al Hirschberg, der Verfasser vieler guter Bücher hierzulande, möchte meine Geschichte schreiben. Ich habe den Vertrag nicht unterzeichnet, weil ich mit ihm nicht gesprochen habe. Er hat das Geschäft eingefädelt über meinen Bruder, der meine geschäftlichen Dinge verwaltet. – *Das* verspreche ich Ihnen: Ich werde kein Schauspieler werden. Wenn Sie irgend jemanden in der Film-Industrie kennen, der vertrauenswürdig ist, dann haben Sie meine Erlaubnis, für mich oder als mein Agent zu handeln. Dann werden wir zusammen das Buch herstellen, und das werden sie annehmen. Man hat mir erzählt, daß Bob Hope sehr verläßlich sei. Wenn Sie wünschen, schreiben Sie ihm, ich weiß, er ist interessiert.

Es ist mir unbekannt, wieviel Geld mir von meinem Bruder zugestanden werden wird. Wie gesagt, er verwaltet nun mein ganzes Eigentum und mein Einkommen. Ich muß sagen, er nimmt sehr viel Rücksicht auf mich und auf meine Wünsche. Wie immer ist er um meine Gesundheit sehr besorgt. Ob oder wann ich nach England kommen kann, kann ich noch nicht sagen, außer ich entscheide und Sie entscheiden, daß wir das Buch zusammen schreiben. Bitte denken Sie nicht, daß ich auf Grund unserer Freundschaft verlange, daß Sie es schreiben. Ich habe einfach das Gefühl, daß Sie über mich und meine Überzeugungen besser Bescheid wissen als andere, und daß Sie mir vertrauen. Außerdem werde ich gewiß Al Hirschberg weiter in Betracht ziehen wegen seines Kontaktes mit meinem Bruder.

Bis zum ersten September ist mein Arzt auf Ferien. Dann werde ich ihn darum bitten, mich zu entlassen. Nach der Entlassung werde ich auf meine Ranch gehen und versuchen, mit meinen Freunden in Kontakt zu treten. Ich weiß wirklich nicht, ob ich als Freund noch akzeptiert werden werde. Ich werde der Welt und den Leuten, die ich kenne, entgegentreten; ob und wie *sie* mich akzeptieren, das ist ihre Sache.

Dank für Ihre Bilder. Ich werde sie einrahmen lassen, sobald ich aus dem Hospital heraus bin. Schade, daß die einzigen Bilder von mir, die Sie kennen, aus der Zeit stammen, in der ich so gesund war ...

Und zum Schluß noch einmal: Ich werde nicht einfach ein Schauspieler werden. Ich werde weder Ihr Vertrauen verraten noch die Dinge, an die ich glaube. Mit besten Wünschen immer Ihr Freund

Claude Eatherly

1 Im Englischen kondensierter: ‚I feel that I cannot trust so many people and groups only for my name'.

2 Dazu siehe Brief 34.

Brief 11. An Claude Eatherly

Lieber Claude, 30. 8. 59

Nein, ich finde es nicht sonderbar, daß wir einander so nahe sind trotz der weiten Entfernung, die uns zu trennen scheint. Wenn Armeen trotz der Tausenden von Meilen, die zwischen ihnen liegen, einander erreichen können, dann haben Freunde zu zeigen, daß sie von räumlichen Entfernungen genau so wenig abhängen wie Feinde. Also fahren wir fort, unsere Ferngeschosse der Freundschaft einander zuzuschießen, um denen, die erfinderisch sind, nur um zu zerstören, zu beweisen, daß wir genau so fähig sind, den Raum zu vernichten wie sie.

Dein Brief hat mich durchaus beruhigt[1]. Nun weiß ich, daß Du durch das Filmangebot, das wahrscheinlich fast jeden anderen verlockt hätte, nicht gefährdet bist; und daß der Ruhm, zu dem Du nun einmal verurteilt bist, Dich nicht verderben wird; daß Du ihn vielmehr ausschließlich dazu verwenden wirst, um der Botschaft, die Du vermitteln willst, größeres Gewicht zu verleihen. Und diese Haltung bewundere ich. –

Nun zu Deinen Punkten. Wir stimmen also darin überein, daß es notwendig ist, erst einmal eine Biographie von Dir zu schreiben und zu veröffentlichen. Erst wenn diese Arbeit abgeschlossen ist, könnte der Gedanke an einen Film in Betracht gezogen werden. Ich möchte sogar etwas weiter gehen: Dieses Skript müßte nicht nur die unerläßliche Vorbedingung eines Films sein, vielmehr müßte ein Paragraph des Filmvertrages festlegen, daß Dein Text und nichts als Dein Text Inhalt des Films werden darf; und daß Du berechtigt bist, Einzelszenen (oder sogar den Film als ganzen) zu verwerfen, falls es sich herausstellen sollte, daß sie Verzerrungen darstellen oder daß sie dazu dienen könnten, Zielen Vorschub zu leisten, die sich von Deinen unterscheiden.

Ich kenne Al Hirschberg nicht. Versuche auf jeden Fall, ihn persönlich kennenzulernen, aber ohne Dich zu binden. Ich werde versuchen, seine letzten Bücher zu bekommen, um herauszufinden, ob das moralische und künstlerische Niveau seiner Schriften ihn befähigt und ihm die Berechtigung gibt, der Autor eines Films zu werden, von dem so viel abhängt. Natürlich wäre es eine große Erleichterung für Dich, wenn Du den Text in den USA schreiben könntest.

Wenn ich freilich das Gefühl haben sollte, daß sich Hirschberg für diese Arbeit nicht eigne, dann würde ich Dir über meinen Eindruck berichten und vorschlagen, daß Du entweder nach einem anderen Mitarbeiter Ausschau hältst, oder daß wir den schwierigeren Weg in Betracht ziehen: unsere Zusammenarbeit in England.

Inzwischen habe ich meine ersten Fühler ausgestreckt. Ich habe meinem deutschen Verleger (der gerade mein Hiroshima-Buch herausgebracht hat) geschrieben, es sei nicht völlig unmöglich, daß wir zwei zusammen Deine Lebensgeschichte schreiben würden; daß wir zu diesem Zwecke ein paar Monate in England nötig haben würden; und daß in einem solchen Fall unser Englandaufenthalt finanziell von denjenigen Verlagshäusern (in Amerika, England, Deutschland, Japan etc.) getragen werden müßte, die an der Veröffentlichung dieser Biographie interessiert wären. Natürlich habe ich unterstrichen, daß es sich noch um eine bloße Möglichkeit handele, und ich wählte meine Worte behutsam, um die Unverbindlichkeit der Anfrage so deutlich wie möglich zu machen. Ich habe einfach darum gebeten, einmal darüber nachzudenken und, da das Ei noch nicht gelegt sei, meinen Brief ganz diskret zu behandeln. Das war mein erster Schritt. –

Mein zweiter: Ich habe mich an die Sekretärin eines Filmregisseurs in Hollywood gewandt, der zu den sowohl moralisch wie künstlerisch verläßlichsten Filmleuten gehört; ich habe ihr von unserem Briefwechsel erzählt, von dem Plan eines biographischen Filmskripts und von dem Angebot, das Du erhalten hast. Der Regisseur hält sich im Augenblick, wenn ich recht unterrichtet bin, irgendwo in Asien auf; da ich seine Adresse nicht kenne, kann ich ihn nicht direkt erreichen. Ich weiß allerdings von einem sehr guten Freund, daß sich dieser Mann seit langem mit dem Gedanken trägt, einen Film über etwas mit der Atomsituation Zusammenhängendes zu drehen; daß er bis jetzt freilich gezögert hat, weil er eine mit dem atomaren Problem zusammengerührte konventionelle Filmstory als würdelos und untauglich empfand – und das ist ja auch mein Gefühl. Ich weiß, daß dieser Mann mein Japanbuch bereits kennt und eine gewisse Hochachtung vor mir hat. Wenn es mir gelingen sollte, ihn dazu zu bringen, mit uns gemeinsame Sache zu machen, und wenn er in der Lage wäre, das für dieses Unternehmen nötige Geld aufzubringen, dann könnten wir ganz gewiß sein, daß das Ergebnis *der* Film über die atomare Situation werden würde. Haben wir Geduld. Und unterschreiben wir keinen Vertrag, ehe wir nicht diesen Mann erreicht haben und seine Reaktion kennen.

Übrigens halte ich es für durchaus möglich, daß wir, wenn wir versuchen würden, finanzielle Hilfe für den Film in Japan zu erbitten, Erfolg haben könnten. Du bist berühmt dort, und ich nicht ganz unbekannt.

Übrigens ist da ein Satz in Deinem letzten Brief, den ich nicht verstehe. Ich hätte Deine Erlaubnis, schreibst Du, für Dich als Agent aufzutreten. In dieser Form kann ich das nicht annehmen. 1. Weil ich weder die geschäftliche noch die juristische Kenntnis besitze, die für die Tätigkeit eines wirklichen Agenten unerläßlich ist, von Routine oder Skrupellosigkeit oder den für solche Arbeit notwendigen Verbindungen zu schweigen. Und 2. weil selbst ein professioneller Agent, der in einem anderen Erdteil lebt, nicht in der Lage wäre, seine Kunden zu vertreten. Also bleiben wir in Verbindung, ohne die Agent-Kunde-Beziehung in Betracht zu ziehen.

Und nun Dein Leben. Du weißt, daß ich nun mit allen meinen Gedanken und Wünschen bei Dir bin, weil ja nun *nach* Deiner Entlassung eine neue Phase Deines Lebens beginnen wird. Ich fürchte, leicht wird dieses Neubeginnen nicht werden. Einmal besteht da die Möglichkeit, daß Du von einigen oder gar von vielen derer, die für Dich die Inkarnation Deiner Jugend und Deiner Heimat darstellen, abgewiesen werden wirst; daß sich diese Männer in der Zeit, die seit Deiner Jugend verstrichen ist, nicht weiterentwickelt haben und deshalb unfähig sind, Deine Erfahrungen und die Folgerungen, die Du aus diesen gezogen hast, zu ziehen; andererseits ist es sehr wahrscheinlich, daß Schwärme von moskitohaften Kreaturen aufsteigen und versuchen werden, Dich auszusaugen, Deinen Ruhm auszunutzen und Dich als Bundesgenossen für ihre mehr oder minder ernsthaften Ziele oder für ihre halb ausgebrüteten Quatsch-Ideen zu gewinnen. Es wird nicht immer ganz einfach sein, das echte Gold vom unechten zu unterscheiden und Dein Leben so zu organisieren, daß diese Leute Dir nicht zu viel Energie abzapfen. Ich an Deiner Stelle würde mir, ganz gleich wie sich die Zukunft entwickelt, von Anfang an vornehmen, mich für mindestens zwei Stunden täglich ganz zu isolieren, um das Manuskript des Lebenslaufes in Gang zu bringen; denn ohne eine solche vorbereitende Arbeit wären wohl weder Hirschberg noch ich fähig, die Zusammenarbeit zu übernehmen.

Wenn Du Dich zum ersten Male an den Tisch setzt, um mit Schreiben zu beginnen, dann wird es Dir vielleicht wie jedem anderen

Schriftsteller gehen: Du wirst vielleicht verzweifeln, weil Du nicht weißt, wie Du beginnen sollst. Das ist völlig normal, glaub mir das, und darüber kann man ohne Verzweiflung hinwegkommen. Du mußt nämlich wissen, daß es durchaus nicht nötig ist, mit dem Beginn Deines Lebens zu beginnen. Beginn stattdessen ruhig mit irgendeiner Szene, die Dir gerade einfällt, oder von der Du das Gefühl hast, daß Du über sie wirklich etwas zu sagen hast. Hast Du erst einmal einen ersten Paragraphen zu Papier gebracht, dann wird dieser erste Paragraph Dein Helfer sein. Denn er wird nach der Schilderung einer vorausliegenden Szene rufen, oder er wird reibungslos zum nächsten Paragraphen hinführen. Es gibt in keiner Bibliothek der Welt auch nur ein einziges Buch, das in derjenigen Reihenfolge geschrieben worden wäre, in der es sich uns als Text darbietet. – Andererseits ist – das will ich nicht bestreiten – das Geschäft des Schreibens natürlich mit einer gewissen Qual verbunden. Da der Schriftsteller sein eigener Boss ist, da er niemals Weisungen erhält, genießt er auch niemals die bequeme Abhängigkeit der Arbeiter, Angestellten oder Soldaten, die einfach Weisungen ausführen und niemals mit der Aufgabe konfrontiert sind, die leere Zeit, die Tag für Tag jeden Morgen vor ihnen liegt, selbst auszufüllen und zu organisieren.

Wie beschwerlich das alles auch zu sein scheint – nun hast Du eine positive Aufgabe von Dir. Und diese positive Aufgabe wird es verhindern, daß Du von neuem auf diejenigen Verzweiflungsakte verfällst, die einmal Dein Leben beinahe ruiniert haben. Und wenn Du an der Arbeit sitzst, wirst Du das Bewußtsein haben, daß Du nicht allein am Tisch sitzt, daß es überall in der Welt Menschen gibt, die für dasselbe Ziel zu arbeiten versuchen.

Und nun also ein gutes Neubeginnen! Günther

P.S. Da ich nicht weiß, ob Du noch drinnen oder ob Du schon draußen bist, sende ich diesen Brief an beide Adressen.

1 Es ist relativ zufällig, daß der Übergang vom ‚Sie' zum ‚Du' gerade an dieser Stelle gemacht wird; im Englischen entspricht ihm nichts. Aber der Ton der Briefe von hier an (eigentlich schon der einiger früherer Briefe) widerspricht der Anrede ‚Sie' so schroff, daß der Übersetzer glaubte, im Interesse der Natürlichkeit des deutschen Textes diesen Wechsel durchführen zu müssen.

Brief 12.[1] *An Günther Anders*

ohne Datum

Ich möchte Dir für die guten Worte danken, die Du mir geschrieben hast, weil ich auf Filmruhm nicht gierig bin. Wenn so eine Filmsache zustande kommt, dann muß sie so ablaufen, wie Du es beschrieben hast. Man hat nur ein einziges Leben, und wenn die Erfahrungen meines Lebens für das Wohl der Menschheit benutzt werden können, dann ist das die Art, wie mein Leben benutzt werden wird: Nicht für Geld oder Ruhm, sondern weil ich jedermann Verantwortung schulde. Wenn ich es so führe, wird mein Leben eine Genugtuung sein, und ich werde mich von meiner Schuld befreit fühlen. Das Geld, das ich erhalten würde, würde mich, wenn dessen Empfang an andere Zielsetzungen gebunden wäre, nur an die dreißig Silberlinge erinnern, die Judas Ischariot für seinen Verrat empfangen hat. (Andererseits freilich hatte ich immer das Gefühl, der wirklich Schuldige am Justizmord [judicial murder] an Christus war der Hohepriester Kaiphas, der Repräsentant der Frommen, Respektablen, im konventionellen Sinne Guten aller Zeitalter, auch unseres Zeitalters.) Obwohl diesen Leuten nicht im gleichen Sinne wie Judas Vorwürfe gemacht werden können, sind doch auch sie schuldig, in einem subtileren und tieferen Sinne als er. Dies ist es, was es so schwer macht, der Gesellschaft beizubringen, die Tatsache meiner Schuld, die ich längst eingesehen habe, anzuerkennen. Die Wahrheit ist, daß die Gesellschaft die Tatsache meiner Schuld einfach *nicht* annehmen *kann*, ohne damit gleichzeitig ihre eigene viel tiefere Schuld anzuerkennen. Aber natürlich ist es höchst wünschenswert, daß die Gesellschaft dies erkenne – und aus diesem Grund ist *meine* und *unsere* story von so fundamentaler Wichtigkeit. Nun akzeptiere ich es als Tatsache: Es ist unwahrscheinlich, daß ich diese Anerkennung dadurch erzwinge, daß ich mich mit den Gesetzen überwerfe (getting into scrapes with the law), wie ich es getan hatte, als ich mich entschloß, das ‚Heldenbild' zu zertrümmern, das die Gesellschaft sich von mir gemacht hatte, um weiter in Indolenz leben zu können (to perpetuate its own complaceny). –

... ich hatte nicht die Absicht, Dich als meinen Agenten zu verwenden; was ich wünschte, war allein, Dich wissen zu lassen, daß Du mein Vertrauen in den Angelegenheiten besitzst, die zu unserer gemeinsamen Sache gehören, und daß Du dementsprechend handeln darfst. –

BRIEF 12 2

the High priest, Caiaphas – the representative of the pious and the respectable – the 'conventional good people' of all ages including our own. These people, while they are not blameworthy in the same sense as Judas, are yet guilty in a more subtle, but also more profound sense than he. This is the reason why I have been having such difficulty in getting society to recognise the fact of my guilt, which I have long since realised. The truth is that society simply <u>cannot</u> accept the fact of my guilt without at the same time recognising its own far deeper guilt. But it is, of course, highly desirable that society should recognise this, which is why <u>my</u> and <u>our</u> story is of such vital importance. Now I accept the fact that I am unlikely to bring about that recognition by getting into scrapes with the law that I have been doing [redacted] in my determination to shatter the 'hero-image' of me by

×

... Mein Arzt erzählte mir, daß ich in den nächsten Tagen das Hospital würde verlassen können. Er sagte mir außerdem, daß er bereit sei, uns bei der Erklärung der medizinischen Einzelheiten der Geschichte zu helfen, falls wir uns entschließen sollten, diese zu schreiben. Ich werden keinen Kontrakt unterzeichnen, bevor wir Deine möglichen Verbindungen ausgeforscht haben.

Hoffentlich geht es Dir in jeder Hinsicht gut. ... Claude Eatherly

1 In den Briefen, die nun folgen, scheinen die Daten zuweilen durcheinander geraten zu sein.

Brief 13. An Claude Eatherly

Lieber Claude, 8. 9. 59

Vielen Dank für Deinen Brief. Nun bin ich so fest von Deiner Unverführbarkeit überzeugt, daß nichts mehr diesen meinen Glauben erschüttern kann.

Das ist kein richtiger Brief heute, einen richtigen zu schreiben, muß ich im Augenblick verschieben, denn ich bin momentan sehr beschäftigt. Diese Zeilen sollen nur den japanischen Brief begleiten, den Du zurückwünschtest. – Auf die Briefe, die ich den Verlagshäusern und den Filmleuten geschrieben hatte, habe ich noch keine Antwort erhalten. Wir werden uns etwas gedulden müssen.

Du weißt, ich bin nun in allen meinen Gedanken und Wünschen bei Dir. Diese neue Freiheitsperiode in Deinem Leben wird nun ein völlig neues Leben werden. Du hast eine Aufgabe, und was für eine!

Bitte versuche nun, damit anzufangen, Teile Deines Lebens niederzuschreiben. Und werde nicht mutlos, wenn Du nicht auf den ersten Anhieb damit Glück hast. Schwimmen lernt man nur durch Schwimmen und Schreiben nur durch Schreiben. Günther

Brief 14. An Günther Anders

11. 8. 59

Ich schreibe Dir, damit Du weißt, daß Du weiter hier ins Hospital zu schreiben hast. Mein Antrag auf Entlassung oder auf versuchsweise Entlassung[1] ist abgewiesen worden. Mein Arzt versuchte, eine Entlassung (leave) für mich durchzusetzen, aber das ist in Washington abgelehnt worden – daraus kannst Du nun sehen, unter wie strenger Kontrolle ich stehen werde. Ich versichere Dir, sie werden es niemals zustande bringen, mich davon abzuhalten, das zu schreiben, woran ich glaube, auch wenn sie mich wie einen Häftling festhalten. Mein Arzt sagte mir, wir würden es in einem Monat oder in zweien noch einmal versuchen. Die Öffentlichkeit, erklärte er, sei zu sehr an meinem Fall interessiert und die Publizität, die er erregt habe, sei zu groß, als daß ich jetzt entlassen werden könnte. Ich kann allerdings einen Entlassungsantrag *gegen* den ärztlichen Ratschlag unterzeichnen, aber das würde meinen Arzt unter Druck (von seiten der Bonzen) setzen, und ich würde niemals irgend etwas tun, was ihn irgendwie verletzen könnte. – Ich erhalte noch immer viele Briefe aus Japan. Sie schicken mir auch viele Zeitungen ein, so daß ich fast glaube, jede Zeitung in Japan hat meine story gebracht. Ich bin überzeugt davon, daß sie mich wegen solcher Geschichten hier in Waco halten. Auch mein Arzt sagte, das sei einer der Gründe.

Ich versuche, möglichst alle Briefe derer, die an mich schreiben, zu beantworten. Mir scheint, daß dieser Weg des persönlichen Briefwechsels das beste Mittel ist, durch das die Menschen in allen Ländern der Welt sich miteinander verständigen können. Mensch ist Mensch (All mankind is alike). Ich glaube nicht, daß es Scheidelinien zwischen den Völkern gibt, der einzige Weg, der zum Frieden führen kann, ist Brüderlichkeit und Verstehen, nicht der Weg des Krieges. Viele dieser Briefe kommen von jungen Japanern, die mir erzählen, daß sie alles versucht hätten, um die Förderung (promotion) der furchtbaren Waffen von heute zu stoppen, und daß ihnen meine Schriften wie eine Zusicherung von Hilfe vorkommen, und daß sie sich durch diese ermutigt fühlen. Das macht mich sehr glücklich.

Wenn Dir irgend etwas einfällt, was ich, während ich noch im Hospital bin, tun kann, um unserer Sache zu helfen, bitte laß es mich wissen.

Ich habe nun vor, etwas über mein Leben niederzuschreiben, Notizen, die für mein Buch nützlich sein werden. Diese Briefe, die ich von anderen bekomme, hebe ich mir auf; ich glaube, sie können später verwendet werden.

Glaube nicht, ich sei entmutigt, weil ich das Hospital jetzt noch nicht verlassen kann. Ich bin enttäuscht, das gebe ich zu, aber ich will versuchen, alles zu tun, was ich kann, um Nutzen aus meiner Internierung (confinment) zu ziehen.

Hoffentlich findet der Brief Dich und Deine Familie wohlauf.

Dein Freund Claude Eatherly

1 Englisch: ‚trial visit'. Gemeint ist wohl versuchsweise Entlassung, während derer er seine Familie besucht hätte.

Brief 15. An Claude Eatherly

Lieber Claude, 20. 9. 59

Wenn ich doch die Möglichkeit hätte, Dich heute zu sehen. Ich bin krank vor Enttäuschung und empört und angewidert, wenn ich denke, *warum* Deine Internierung weitergeht. Aber wenn ich käme, käme ich nicht nur deshalb. Sondern auch deshalb, Claude, um Dir zu sagen, wieviel Respekt ich vor Deiner stoischen Haltung habe und vor der beiläufigen Art, in der Du über diesen neuen Rückschlag schreibst, oder richtiger: diesen nur erwähnst. Ich weiß, nichts liegt Dir ferner als die pompöse Rolle eines Märtyrers. Aber der echte Märtyrer, der wünscht niemals, einer zu sein, er ist einfach dazu verurteilt, einer zu werden; er kann nichts dagegen tun, gegen seinen eigenen Willen einer zu werden. Märtyrer sind immer *gemacht* worden, und gemacht werden sie auch heute noch: Gemacht nämlich von denjenigen, die aus Blindheit und Phantasielosigkeit versuchen, die Stimme der Wahrheit zu ersticken. Glaub mir, Claude, ich fühle mich klein vor Dir, wenn ich denke, in welcher Haltung Du das Schicksal, zu einem Märtyrer *gemacht* zu werden, auf Dich nimmst. Du zeigst, daß Du dieser Rolle, die Du nicht gewünscht hast, gewachsen bist. Und das bist Du einfach dadurch, daß Du mich, ohne zu klagen, darum bittest, weiter an Deine alte Adresse zu schreiben, obwohl doch die weitere Gültigkeit dieser Adresse den Zusammenbruch großer Hoffnungen bedeutet. Vor ein paar Jahren habe ich einmal eine statistische Übersicht darüber aufgestellt, an welchen Todesursachen Philosophen und Figuren des religiösen Lebens gestorben sind. Vielleicht interessiert es Dich, vielleicht kann es Dich sogar ein bißchen trösten, etwas über die Schicksale dieser Männer zu erfahren. Es stellte sich nämlich heraus, daß über siebzig Prozent dieser Männer, vom Altertum bis zum achtzehnten Jahrhundert, Jahre in Gefängnissen oder im Exil verbracht haben oder auf der Flucht oder eines gewaltsamen Todes gestorben sind. Du siehst, der Preis, den unsere Kameraden, die in der Vergangenheit gelebt hatten, dafür zu zahlen hatten, daß sie nicht nachgaben, und dafür, daß sie das aussprachen, was sie für wahr hielten, der ist kaum je geringer gewesen als er es heute ist; und wenn wir heute gleichfalls das Risiko auf uns nehmen und für das, was wir glauben, einstehen, dann finden wir uns in höchst respektabler Gesellschaft, zu der Sokrates gehört und sogar noch Größere[1]. –

Und nun, Claude, zu Deiner Frage, was Du während Deiner Internierung für unsere Sache tun kannst.

Wenn Du ein Mediziner wärst, der den Krebs bekämpfte, dann hättest Du zwei verschiedene Aufgaben. Einmal hättest Du dem Ruf ans Krankenbett zu folgen, und die Verschiebung Deines Krankenbesuches wäre unverantwortlich; nehmen wir nun einmal an, Du hättest außerdem neue theoretische Ideen über die Ursachen oder über die Behandlung des Krebses: Dann würdest Du diese Ideen so niederzulegen verpflichtet sein, daß sie auch für morgen von Bedeutung sind und auch für übermorgen – würdest Du unter diesen Umständen zu Kranken gerufen, dann könnte das sogar Deine wichtigere Aufgabe verhindern. Nun, dies läßt sich auf Dich anwenden. Es gibt zwei ganz verschiedene Arten von Arbeit, die Du tun kannst, und ideal wäre es natürlich, wenn Du die zwei verbinden könntest. Im Augenblick bist Du davon abgehalten, Krankenbesuche zu machen. Aber an der Erfüllung der anderen Aufgaben bist Du nicht gehindert.

Wir sind wohl darin einig, daß Deine Geschichte geschrieben werden *muß*. Dies ist Deine heutige Aufgabe; eine Aufgabe, die, obwohl heutig, nicht für heute ist, sondern für morgen. Ich bin froh darüber, daß Du Dich bereits daran gemacht hast, ein paar Dinge aus Deinem Leben zu notieren. Bitte fahr fort damit.

Wenn Du beim Arbeiten auf Schwierigkeiten stoßen solltest, dann wird es Dir helfen, große autobiographische Dokumente der Vergangenheit zu lesen, um zu lernen, wie es anderen gelungen ist, ihr eigenes Leben wiederzuentdecken, zu rekonstruieren und aufzubewahren. Sein Leben in der Erinnerung wiederherzustellen, das ist ein schwieriger Job. Und da wir im Leben selbst daran gewöhnt sind, in die Zukunft hinein, nicht in die Vergangenheit hinein zu leben, kann die notwendige Attitüde nicht über Nacht erworben werden. Anfangen solltest Du mit der Lektüre der ‚Konfessionen' von Augustin.

Du weißt ja, daß ich Dir, wenn Du mir dieses oder jenes Stück zusenden willst, gerne meine Eindrücke mitteilen werde, und vielleicht kann ich Dir dann auch konkretere Ratschläge über die mögliche Fortführung der Textstücke geben. Aber vielleicht gelingt es Dir auch, und das hoffe ich, ohne jede Hilfe und ohne jeden ghost writer in Schwung zu kommen. Es gibt in Deinen Briefen Abschnitte, die beweisen, daß Du, obwohl Du gewiß nicht ans Schreiben gewöhnt und im Schreiben geübt bist, die Fähigkeit hast, Deinen Glauben und Deine Hoffnungen mit Überzeugungskraft in Worte zu fassen. Diese Art Deines Schreibens sollte nicht verfälscht werden, weder sollte Deine Sprache durch Routine lau gemacht noch durch hübsche Stilisierungen eines Berufsschreibers auffrisiert werden. Natürlich bedeutet dieser Ratschlag nicht im mindesten, daß ich meine Bereitschaft, mit Dir zusammen zu arbeiten, zurückziehe. Aber erst solltest Du es allein versuchen, denn schließlich handelt es sich um *Dein* Leben, um *Deinen* Schmerz, um *Deine* Hoffnung, um *Deinen* Mut; diese sollen den Inhalt des Buches ausmachen. – Das ist es, was ich Dir gesagt hätte, wenn ich die Chance gehabt hätte, zu Dir zu kommen.

Leider habe ich noch immer keine Antwort von den Filmleuten, an die ich mich zu wenden versucht habe. Du weißt, ich würde Dich umgehend informieren.

Übrigens sah ich die Besprechung eines Bob Hope-Films, der einfach reiner Unsinn sein muß. Ich fürchte, den Mann können wir nicht in Betracht ziehen. – Die Bücher von Hirschfeld habe ich noch nicht bekommen können, aber soweit ich erfahren habe, hat er ausschließlich über show business geschrieben. – Mein Hiroshimabuch ist nun erschienen. Ich werde meinen Verleger darum bitten, Dir sofort ein Exemplar zu schicken. Natürlich ist es Deutsch geschrieben. Ich weiß, Du kannst es nicht lesen, nimm es bitte als ein Symbol.

Und rechne auf meine Freundschaft, verzweifle nicht und vergiß niemals: Du hast mehr Freunde in der Welt als Du weißt.

Dein Freund Günther

1 Ich sage ‚wir', weil ich auch zu den Verfolgten gehört habe, zu denen, die von den Verächtern der Menschlichkeit und der Wahrheit verfolgt wurden: Denn Hitlers Leute betrachteten mich als ein Stück Dreck, einmal weil ich Jude bin, aber besonders deshalb, weil ich in den Jahren, die der brutalen Diktatur vorausgingen, davor gewarnt hatte; in ähnlicher Weise, in der ich nun vor der Atomgefahr warne und vor denen, die diese Gefahr vorbereiten oder sie zulassen oder sie verniedlichen.

Brief 16. An Günther Anders

Lieber Günther, 12. Oktober 1959

Entschuldige, daß ich erst heute Deinen letzten Brief beantworte, und ich möchte Dir auch gleich für das Buch von Plato danken.

Ich war wieder für zwei Wochen eingelocht[1], nachdem ich mich etwas zu energisch darüber beschwert hatte, wie das Hospital geführt wird, und darüber, daß ich weiterbleiben muß. Wenn ich eingelocht bin, ist es nicht so einfach, Briefe hinauszubefördern. Mach Dir also keine Gedanken, wenn sich meine Antworten zuweilen verzögern. Schließlich erhielt ich die ‚Konfessionen' Augustins durch die Hilfe eines Priesters, der zuweilen hierherkommt. Beide Bücher haben mir wirklich Freude gemacht. Über Sokrates hatte ich schon viel gelesen. Nun denke ich schon an die Zeit nach dem Hospitalaufenthalt, in der ich dann so zu schreiben versuchen werde, wie Du mich bittest, es zu tun. Der Stundenplan des Hospitals braucht so gut wie alle meine Zeit auf. Ich habe einige Zeilen über meine frühsten Erinnerungen niedergeschrieben und werde, sofern ich hier Zeit dafür habe, mit Schreiben fortfahren.

Ich bekomme noch immer Berge von Briefen aus Japan. Die meisten der Schreiber ermutigen mich, nach Japan zu kommen und die jungen Japaner in ihrem Kampf gegen atomare Waffen zu führen. Außerdem erhielt ich einen Brief von einem österreichischen Priester in Kenya, Afrika, in dem er mir erzählt, er habe einen Artikel von Dir gelesen, vielleicht war es Dein Japanbuch.

Ich warte noch immer auf Dein Buch, vielleicht werde ich jemanden finden, der es mir übersetzen kann. Ich bin weiß Gott weit zurück mit meinen Antworten an alle die Leute, die mir schreiben. Ich versuche immer, denjenigen Leuten, die an den Problemen von heute interessiert sind, zu antworten und sie dazu zu ermutigen, mit denjenigen, die Ausbruch von Atomkriegen zu verhüten suchen, in briefliche Verbindung zu treten. Schön wäre es, wenn Dein Buch auf Englisch und Japanisch herauskommen könnte.

Die Air Force hat wieder einen Brief an das Hospital geschrieben. Sie fragt nach meinem Zustand, und ob sie irgend etwas für mich tun könnte. Das macht mir etwas Sorge, ich fürchte, sie könnte versuchen, mich, wenn ich dieses Hospital verlasse, in *ihr* Hospital herüberzuholen – das ist vielleicht der Grund dafür, daß mein Arzt mich jetzt nicht entlassen will. Er hat vor, einen ‚Versuchsurlaub' für mich zu arrangieren, so daß ich auch, wenn ich das Hospital verlasse, unter seiner Kontrolle bliebe.

Oft denke ich, ob es nicht vielleicht irgend etwas hier in den U.S. gibt, was Du brauchen könntest, und was Du in Europa nicht bekommen kannst. Wenn es so was gibt, laß mich das bitte wissen, und ich schicke es Dir dann nach der Entlassung. Gewiß werde ich vor Weihnachten draußen sein.

In der Hoffnung, daß alles bei Dir in Ordnung ist. Dein Freund

Claude E.

1 ‚locked up'. Gemeint ist seine Relegierung in Ward 10, der für Gewalttätige reserviert ist.

Brief 17. An Claude Eatherly

Lieber Claude, 18. 10. 59

Dein Brief hat mir großen Schmerz bereitet. Ich verstehe nur allzugut, daß ein Mensch, der darauf brennt, ein unabhängiges Leben zu führen, einmal seine Geduld verliert und sogar außer sich gerät. Dein Ausbruch beweist sogar, daß Deine Vitalität nicht zerquetscht worden ist, und daß Deine Hoffnungen und Ideale trotz der bleiernen Langeweile Deines täglichen Lebens nicht abgestorben sind. Ausbrüche sind nicht Zeichen von Abnormität, nur die Anormalen benehmen sich nicht anormal in anormalen Situationen.

Worte sind natürlich nicht genug. Ich wünschte, ich könnte mehr für Dich tun, und ich zerbreche mir den Kopf, wie und was ich tun könnte. Glaubst Du nicht auch, daß es ratsam wäre, wenn diejenigen Deiner Freunde, denen Du vertraust, miteinander Verbindung aufnehmen würden, um die Möglichkeiten durchzusprechen? Ich weiß, daß Du einem Deiner Ärzte volles Vertrauen entgegenbringst, und daß Du auch mir vertraust. Vielleicht wäre es eine gute Idee, Deinem Arzt etwas über mich zu erzählen (sofern Du das nicht schon getan hast) und ihn darum zu bitten, mir zu schreiben, so daß wir als Bundesgenossen die möglichen Schritte diskutieren könnten. Natürlich liegt die Entscheidung darüber, ob wir das tun sollen oder nicht, in Deinen Händen, Claude, denn ich liebe es nicht, etwas hinter dem Rücken eines anderen zu tun, und in Deinem Falle wäre Heimlichkeit besonders verletzend. Nach so vielen Jahren, in denen Du über Dein Leben nicht frei entscheiden konntest, ist nichts wichtiger für Dich, als Dein Recht auf eigene Entscheidungen wiederzugewinnen. Deshalb überlege bitte: Ob Du Deinem Arzt etwas über unseren Briefwechsel erzählen willst, und wieviel; und ob Du es für ratsam hältst, daß er und ich miteinander in Kontakt treten. Ich jedenfalls habe das Gefühl, daß er Dich ebenso sehr frei wünscht, wie ich das tue. Natürlich bin ich mir der Tatsache bewußt, daß er als Mediziner die zum Beruf gehörende Diskretionsmoral aufrechtzuerhalten hat, wenn er über seine Patienten spricht. Aber es gibt doch genügend Probleme außerhalb dieser Diskretionszone, z. B. diejenigen, die Deine mögliche Arbeit nach Deiner Entlassung betreffen.

Übrigens hat ein Punkt in Deinem letzten Brief etwas mit diesem Problem zu tun. Du schreibst, Du werdest von Japanern immer wieder gedrängt, nach Japan zu kommen und die Antiatom-Bewegung dort zu ‚führen'. Das ist einfach Unsinn. Es wird schwer genug für Dich sein, mit Erfolg Dein eigenes Leben außerhalb einer Institution wieder aufzubauen. Das kann Dir nur in einer Welt gelingen, deren Sprache Deine ist. Und selbst trotz der gemeinsamen Sprache wirst Du oft das Gefühl haben, von Deinen Mitmenschen nicht verstanden zu werden und diese nicht zu verstehen. Ich bin völlig sicher, daß Du in Japan mit Wärme, ja mit Enthusiasmus willkommen geheißen werden würdest; aber Du könntest nicht einen einzigen Schritt alleine tun, und Du wärest gezwungen, für jedes winzigste und alltäglichste Erfordernis Dich auf andere Menschen zu verlassen. In anderen Worten: Die Situation würde Dich *noch* unselbständiger machen als Du es jetzt bist, geradezu infantil. Dazu kommt, daß selbstverständlich niemand eine Bewegung in einem Lande führen kann, deren Zivilisation ihm nicht vertraut ist. Selbst wenn Du und die Japaner, die Dich einladen, die allerreinsten Absichten haben – und ich weiß, das ist der Fall –, Du würdest zu nichts anderem werden als zu einer Schachfigur und zu einem Ausstellungsobjekt. Nein, Claude, erst hast Du auf Deinen eigenen Füßen zu stehen, und die haben auf dem Grunde Deines eigenen Landes zu stehen.

Dein letzter Brief enthielt eine gewisse schillernde Stelle: Einerseits sprachst Du davon, daß Du hoffst, Weihnachten frei zu sein; andererseits schienst Du die Möglichkeit einer Überführung in ein anderes

Hospital zu fürchten. Höchstwahrscheinlich weißt Du selbst noch nicht Bescheid, und Du hoffst trotz Deiner Furcht und fürchtest trotz Deiner Hoffnung und beides gleichzeitig. Bitte schreib mir so unzweideutig wie möglich, wie Du Deinen gegenwärtigen Status siehst und beurteilst, so daß ich eine Grundlage für meine Überlegungen und für die Abwägung möglicher Hilfe habe.

Ich war stolz, als ich las, daß Du nun mit der Niederschrift von einigen autobiographischen Einzelheiten begonnen hast. Ich hoffe, Du kannst damit fortfahren (oder bist Du dazu gezwungen, andere Arbeit zu leisten?). Wenn ja, dann wüßte ich gerne, welche Art von Arbeit. – Mir scheint, diese Niederschrift ist Deine dringlichste Aufgabe. Und als dringlich betrachte ich sie nicht nur deshalb, weil Du Deinem Lebensbericht für solche Fälle wie die, die wir früher besprochen hatten, bereit haben solltest; sondern auch deshalb, weil ich davon überzeugt bin, daß Selbstdarstellung einen Akt der Selbstheilung darstellt. Das Buch Augustins wird Dir gewiß illustrieren, was ich meine.

Neulich erhielt ich einen Brief aus Japan, in dem ich gebeten wurde, Details über Dich und Dein Leben für einen japanischen Schriftsteller zusammenzustellen, der einen Roman über Hiroshima schreibt. Ich lehnte ab. Der einzige, der darüber zu entscheiden hat, was und wieviel über Eatherly veröffentlicht wird, ist Eatherly selbst. Ich zitiere aus dem Brief: ‚Mr. K., ein bekannter japanischer Schriftsteller, der im Unterschied zu der Mehrzahl der hiesigen Schriftsteller einen weiten Blick für die internationale Situation hat, steht im Begriff, einen Hiroshima-Roman zu schreiben. Er würde gern alle Details über Mr. Eatherly kennenlernen; Ihr Briefwechsel mit ihm, der von Asahi und Yomiuri[1] veröffentlicht worden ist, hat ernsthafte Beachtung gefunden. Bitte schreiben Sie an Herrn K. alles, was Sie über Mr. E. wissen, und legen Sie Mr. E. nahe, Herrn K. über seine Erfahrungen zu schreiben.‘ – Wenn Du Lust hast, ein paar Daten über Dich zu diesem Zweck zusammenzustellen, dann tue es bitte und schicke sie mir zu. Ich sende sie dann weiter.

Deine Frage, ob ich irgend etwas nötig habe, hat mich sehr bewegt. Ja, ich habe etwas nötig, sogar dringend nötig: Nämlich Tage, die 48 Stunden enthielten und mich instand setzen würden, all das zuwege zu bringen, was ich für notwendig halte. Wenn Du mir tausend freie Stunden gut verpackt, beim Empfang zu bezahlen, zuschicken würdest, wäre ich Dir sehr dankbar. Andere Dinge habe ich entweder, oder ich brauche sie nicht. Nicht den Mut verlieren, Dein Freund

Günther

1 Zwei große japanische Tageszeitungen veröffentlichten die ersten beiden Briefe.

Brief 18. Von Günther Anders an Claude Eatherlys Bruder

Mr. Eatherly
Grayston, Texas

Sehr geehrter Herr Eatherly, 16. 11. 59

Ich weiß nicht, ob mein Name Ihnen bekannt ist. Vielleicht hat Claude erwähnt, daß wir seit Monaten einen kontinuierlichen Briefwechsel geführt haben. Im Juni hatte ich ihm einen langen Brief über die moralischen Probleme seines Lebens geschrieben, und dieser Brief hat ihn mit so viel Vertrauen mir gegenüber erfüllt, daß er mir seitdem über die Frage seines Lebens berichtet hat; und ich habe meinerseits versucht, ihn zu beraten und ihm, wenn ich das Gefühl hatte, daß meine Worte von Nutzen sein konnten, zu helfen.

Nun hat Claude in seinem letzten Brief voll Sorge die Bemerkung gemacht, daß er unter Umständen in das Walter Reed Hospital überwiesen werden könnte, statt, wie er gehofft hatte, entlassen zu werden. Ich fühle mich nicht zuständig, zu beurteilen, ob seine Befürchtungen eine Basis in Tatsachen haben oder nicht. Als juristischer Laie hatte ich mir vorgestellt, daß Claude, da er ja aus dem Dienst entlassen sei, nicht mehr militärischen Dienststellen unterstehe, und daß er daher von diesen nicht einfach in ein anderes Krankenhaus überführt werden könne.

Nun bin ich etwas ängstlich über Claudes Schicksal, denn während er mir immer in Abständen von zwei oder drei Wochen geschrieben hatte, habe ich nun von ihm seit mehr als einem Monat kein Zeichen mehr erhalten. Deshalb wende ich mich an Sie, und bitte Sie um Auskunft über ihn, denn ich weiß von Claude, daß Sie alle ihn betreffenden Angelegenheiten verwalten, und daß er glücklich darüber ist, jemanden zu haben, dem er rückhaltlos vertrauen kann[1]. Bitte seien Sie so freundlich, mich wissen zu lassen, wie es Claude geht, ob er sich noch in Waco aufhält, wie Sie die Chance für seine Entlassung und für seine Fähigkeit, sich wieder an das Alltagsleben zu gewöhnen, beurteilen.

Ich habe den höchsten Respekt für den Ernst, mit dem er pausenlos und skrupelhaft die Last, die er durch sein ganzes Leben zu schleppen hat, zu meistern versucht. Gerade weil ich ihn so respektiere, wäre es mir unerträglich, zu denken, daß vielleicht seine Korrespondenz mit mir, oder die Tatsache, daß Zeitungen und Zeitschriften der ganzen Welt meinen ersten Brief an ihn und (natürlich mit seiner Vollmacht) seinen ersten Brief an mich publiziert haben, seine Situation noch schwieriger gemacht haben könnte, als sie vorher gewesen war. Es ist diese Befürchtung, die mich dazu bestimmt hat, mich an Sie zu wenden, und Sie um Rat zu bitten. Denken Sie bitte nicht, ich möchte irgend etwas hinter Claudes Rücken über ihn ausfinden. In meinem nächsten Brief an ihn werde ich ihm mitteilen, daß und was ich Ihnen geschrieben habe. Ihr sehr ergebener Günther Anders

P. S. Falls Sie eine dieser Veröffentlichungen sehen wollen, schicke ich Ihnen gern eine ein.[2]

1 Siehe Brief 10.
2 Der Brief blieb unbeantwortet.

Brief 19. An Claude Eatherly

Lieber Claude, 21. 11. 59

Das wird ein ganz kurzer Brief. Und ich schreibe ihn nur, damit Du auf keinen Fall denkst, ich hätte irgend etwas Dich Betreffendes heimlich getan. Nachdem ich Deinen letzten Brief erhalten hatte, in dem Du mir über die Möglichkeit Deiner Transferierung in das Walter Reed Hospital schriebst, habe ich Professor Linus Pauling (den bekannten Naturwissenschaftler, der 9000 Unterschriften gegen die Fortsetzung der Atomrüstung zusammengebracht hat) darum gebeten, sich nach dem gesetzlichen Status einer Person, die wie Du aus dem Militärdienst entlassen ist, zu erkundigen, und herauszufinden, ob in einem solchen Falle eine Armee-Dienststelle noch dazu berechtigt sei, über eine solche Person Entscheidungen zu treffen. Ich schrieb diesen Brief, um die juristischen Details, die ich als Nichtamerikaner nicht kenne, kennenzulernen; und um ausreichendes Material zu haben, auf das ich meine Ratschläge gründen könnte, falls Du wieder um Rat fragen solltest.

Leider erreichte mein Brief Professor Pauling in einem Augenblick, in dem er gerade nach Australien reisen wollte. Im Trubel seiner Abreise übergab er den Brief der American Civil Liberties Union[1]; und erst einmal war ich froh über diesen Schritt, denn ich erwartete, daß diese Organisation mir die notwendige Aufklärung zukommen lassen würde. Statt dessen haben sie Dir leider mit Fragen zugesetzt, und Dich um Antworten gebeten, um die auch ich Dich hätte direkt bitten können. Offenbar haben sie diese Angelegenheit ohne allzuviel Verständnis für die speziellen Erfordernisse des Falles behandelt.

Ich würde es sehr bedauern, Claude, wenn Du nun denken würdest, ich hätte etwas hinter Deinem Rücken getan. Wahr ist vielmehr, daß etwas hinter meinem Rücken getan worden ist. Aber ich bin fest überzeugt davon, daß Du mir keinen Augenblick mißtrauen wirst. Schließlich kennen wir uns jetzt ja seit Monaten, und unser ganzer Briefwechsel würde ja sinnlos werden, wenn Du mich plötzlich für unverläßlich halten würdest.

Um Dich vollständig auf dem laufenden zu halten: Da ich nach so vielen Wochen, in denen keine Post von Dir kam, besorgt war (und das noch immer bin), entschloß ich mich, an Deinen Bruder zu schreiben, und ihn sowohl nach Deinem Ergehen zu fragen wie nach Deinem gesetzlichen Status. Ich bin nicht so sicher, daß dieser Brief ihn erreichen wird, denn ich hatte nur eine unvollständige Adresse, die ich in einem Hiroshimabuch als Wohnort Deiner Familie gefunden hatte.

So, nun bist Du wieder auf dem laufenden. Bitte setz Dich hin und schreib mir, denn ich möchte wissen, welche Entschlüsse Du nun für Deine Zukunft gefaßt hast. Dein Freund Günther

1 Keine Gewerkschaft, sondern eine Organisation zum Schutze der verfassungsmäßig verbürgten bürgerlichen Freiheiten.

Brief 20. An Günther Anders

Lieber Günther, ohne Datum

Bitte entschuldige, daß ich auf Deinen Brief nicht geantwortet habe, aber ich hoffte und betete von Tag zu Tag, daß ich entlassen werden würde, und ich wollte Dir so gerne nach meiner Entlassung über mein neues Leben schreiben. Vor drei Wochen hatte mir mein Arzt angekündigt, ich könnte nach Hause gehen, wenn mein Bruder käme, um mich abzuholen und um eine „responsibility form“[1] zu unterzeichnen.

Ich sprach mit ihm telephonisch, und zuerst sagte er zu, herzukommen, um mich abzuholen. Ich wartete zwei Wochen lang. Dann rief ich von neuem an. Und diesmal sagte er mir, er glaube nicht, daß ich entlassungsreif (ready) sei: in anderen Worten: Er weigert sich, die Verantwortung für mich zu übernehmen. Er teilt eben nicht meine Ansichten, und er hat auch früher schon versucht, meine Arbeit und mein Schreiben für Friedensorganisationen zu behindern. Meine Beliebtheit bei gewissen Gruppen geht ihm gegen den Strich (he resents), und er hat das Hospital davon abgehalten, mir gewisse Privilegien und Besucher-Erlaubnisse zuzugestehen. Ich wollte Dir früher nichts davon erzählen. Es ist sehr schwer, meinen Bruder dafür zu tadeln. Auch ich habe das meiste davon erst kürzlich herausgefunden.

Aber so viel steht fest: In der letzten Woche hat mir mein Arzt gesagt, daß er mir dabei helfen würde, vor Weihnachten herauszukommen.

Besten Dank Dir und Mrs. Pauling dafür, daß Ihr meinen Fall der Civil Liberties Union vorgetragen habt. Gestern habe ich Mr. Watts' Brief beantwortet und ihm die erbetenen Auskünfte erteilt.

Es tut mir leid, daß ich Dir über meinen Status nichts Endgültiges sagen kann, aber bitte verstehe, daß das Hospital mir auf keine meine Entlassung betreffende Frage eine unzweideutige Antwort gibt, daß sie mir mit weiterer Internierung drohen werden, wenn ich eine ‚Entlassung gegen den Rat der Ärzte‘ beantrage, und daß sie immer wieder von der Möglichkeit sprechen, daß die Air Force mich ins Walter Reed Hospital überführen würde. An Herrn K. in Japan werde ich nichts schicken. Gewiß kann er aus anderen Veröffentlichungen genug darüber erfahren.

Heute ist Thanksgiving Day[2], und ich muß sagen: Ich bin besonders dankbar dafür, so viele Freunde zu haben, und Dir möchte ich sagen, daß ich Dich als meinen besten betrachte. – Bitte danke Mrs. Pauling für ihre Hilfe. Ich schreibe bald wieder.

Beste Grüße
Claude R. Eatherly

1 Eine Erklärung, daß er die Verantwortung für das Wohlergehen und für untadeliges Verhalten übernehme.

2 Ursprünglich Erntedankfest der Pilgerväter. Nun unspezifischer Feiertag.

Brief 21. An Claude Eatherly

Lieber Claude, 2. 12. 59

Endlich! Glaub mir, ich war schon sehr ungeduldig, sogar sehr besorgt, denn ich dachte schon, Dir sei etwas passiert. Ich bin froh zu wissen, daß Du wenigstens gesundheitlich in Ordnung bist.

Nun glaube ich, Deine Situation besser zu verstehen. Ich bin überzeugt davon, daß Dein Bruder nicht im mindesten bösartig, sondern eben nur ein durchschnittlicher netter Kerl ist. Wahrscheinlich hat er Angst davor, etwas mit einem Mann zu tun zu haben, der dem Ruf seines Gewissens folgt, statt den Weisungen, die von den Massenmedien erteilt werden. Nicht durchschnittlich zu sein, ist von den Durchschnittlichen, selbst von den anständigen unter diesen, stets als Verrat angesehen worden. Die ganze Religions- und Philosophiegeschichte ist angefüllt mit Vorwürfen, die von mehr oder minder netten durchschnittlichen Leuten gegen diejenigen erhoben wurden, die versuchten, saubere Hände zu behalten oder anderer Leute Hände zu säubern. Du wirst Dich ja an all das erinnern, was ich Dir einmal über Märtyrer geschrieben habe. Wir müssen schon versuchen, diese durchschnittlichen Leute zu begreifen, obwohl deren Durchschnittlichkeit gerade darin besteht, daß sie uns nicht begreifen können.

Natürlich darf das unter keinen Umständen bedeuten, daß wir ihnen oder ihren Machinationen nachgeben sollten. Im Gegenteil: Wir haben alles zu tun, um die Hindernisse, die sie uns zwischen die Füße werfen, zu überwinden – und das nicht nur zu unserem, sondern auch zu ihrem eigenen Besten.

Wenn ich Dich recht verstehe, ist Dein Bruder Dein Vormund, dem Du anvertraut bist; und sein Urteil, Du seiest noch nicht entlassungsreif, und Du könntest noch nicht auf Deinen eigenen Füßen stehen, ist der Grund dafür, daß das Hospital Dich nicht entläßt. Natürlich sind mir die speziellen Gesetze, die derartige Situationen betreffen, unbekannt. Aber ich frage mich: Wie ist es möglich, daß das Wort Deines Bruders, der ja schließlich weder Psychologe noch Psychiater, kurz: absolut unsachverständig ist, für die Leitung des Hospitals den Ausschlag geben kann?

So wie ich es jetzt sehe, bist Du, um es ohne Blatt vor dem Mund auszudrücken, Deines Bruders Gefangener, und Dein Bruder benutzt das Hospital als sein Instrument. Wenn das wirklich der Fall sein sollte, und wenn es keine andere Person und keine andere Gruppe gibt, die daran interessiert ist, Dich von der Welt fernzuhalten, dann, so scheint es mir, könnte die Situation geändert werden. Anders wäre die Situation dagegen, wenn Du noch der Befehlsgewalt und der Rechtsprechung der Air Force unterstündest. Leider hast Du mir bis heute niemals eine ganz deutliche Antwort auf meine Frage gegeben, ob Du endgültig aus dem Dienst entlassen seist, also ob Du ein Zivilist bist. Bitte antworte auf diese Frage umgehend, weil ich einfach nicht in der Lage bin, für Dich irgend etwas zu versuchen, ohne über diese Fundamentalfrage Bescheid zu wissen. Und noch eine Bitte – ein technischer Ratschlag für Dein ganzes Leben –, sei so gut, meinen Brief neben Dich zu legen, wenn Du ihn beantwortest, um nicht versehentlich wichtige Punkte zu vergessen. Was ich wissen möchte, ist:

1. Ist Dein Vormund dazu berechtigt, die Entscheidung des Hospitals zu beeinflussen? Frage Deinen Arzt.

2. Bist Du aus der Air Force entlassen? Wenn ja, wann?

3. Wer hat Dich in das Hospital eingewiesen? Wurdest Du nach einem Prozeß eingewiesen? Nach dem Prozeß eines Zivil- oder Militärgerichts? Oder von Deinem Bruder?

4. Wann und weshalb hat man Dir die Fähigkeit, Deine eigenen Angelegenheiten zu verwalten, abgesprochen, und wann wurdest Du der Vormundschaft Deines Bruders unterstellt?

Am besten wäre es, wenn Du versuchen würdest, eine Chronologie all der Handlungen und Ereignisse zusammenzustellen, die zu Deiner gegenwärtigen Situation geführt haben. Bitte tue das rasch, um mir die Möglichkeit zu geben, etwas für Dich zu tun.

Zufällig stieß ich gestern in einer Buchhandlung auf ein Buch über Albert Schweitzer. Ich sende es Dir. Hoffentlich kommt es zu Weihnachten zurecht. Hören wir mit der Dankerei auf und beginnen wir mit dem Handeln. Dein Freund

Günther

Brief 22. An Günther Anders

Lieber Günther, 13. Januar 1960

Ich bin sicher, meinen letzten Brief hast Du nicht bekommen. Also werde ich Deine Fragen noch einmal beantworten. Bevor ich beginne: Alle meine Briefe werden vom Doktor gelesen und nur dann weiterbefördert, wenn er es für richtig hält. Darum werde ich diesmal den Brief hinausschmuggeln. Kurz nach dem letzten Brief, den ich Dir schrieb, wurde ich in den ‚maximum security ward'[1] verlegt. Zu meinem Glück habe ich nun einen neuen Arzt, der Verständnis hat für meine Notlage (sympathises with my predicament). Heute morgen sagte er mir, daß ihm unbekannt sei, warum ich unter so strenger Bewachung stehe, aber ich habe den Verdacht, er weiß warum. Ich versuchte auszubrechen, wurde aber sehr rasch wieder aufgegriffen. Zu viele Leute kennen mich, und die Polizei war angewiesen worden, mich festzunehmen und zurückzubringen. Ich werde anständig und respektvoll behandelt, aber das genügt mir nicht.

Nun die Antworten auf Deine Fragen:

1. Ich habe keinen Vormund (guardian), aber mein nächster Verwandter (mein Bruder) kann nun einmal (is given to) die Entscheidung darüber, ob ich im Hospital festgehalten werde oder nicht, beeinflussen. In unserem letzten Gespräch drohte er mir damit, mich auf unbestimmte Zeit internieren zu lassen, wenn ich versuchen würde, herauszukommen.

2. Ich bin aus der Air Force entlassen worden. Entlassungsdatum 1947.

3. In das Hospital wurde ich durch ein Zivilgericht eingewiesen.

Ich war in einen Laden gegangen, hatte eine Pistole gezogen und den Mann an der Kasse aufgefordert, alles Geld in einen Sack zu schütten. Dann hatte ich, ohne das Geld mitzunehmen, den Laden wieder verlassen. Ich wurde unverzüglich festgenommen, weil man wußte, daß ich genau dasselbe schon früher getan hatte. Ich wurde von zwei Ärzten untersucht, sie untersuchten mich auf Geisteskrankheit (held a lunacy hearing) und wiesen mich hier ein. Du weißt ja, daß ich gelegentlich kriminelle Delikte begangen habe und stets ins Hospital eingewiesen worden bin. Das begann kurz nachdem ich aus der Air Force ausgeschieden war. Da ich Artikel gegen Atomrüstung schrieb, haben das Hospital und die Air Force Besucher nicht zu mir gelassen, und darum bin ich gewiß, daß sie mich daran hindern wollen, daß ich weiterhin andere zu Gegnern der Atomrüstung mache (further antagonizing the public against).

Das Hospital, in dem ich mich befinde, ist ein Hospital für ehemalige Armeeangehörige, woraus Du ersehen kannst, daß die Air Force Einfluß hat.

Es ist mir äußerst schwer, Dir in einem Brief meine Notlage zu erklären, ohne mir dabei schließlich wie ein Verrückter vorzukommen (without taking an attitude of the paranoid), aber ich berichte Dir nur von Dingen, die wirklich so passieren. Mir scheint, ich bin nun geistig in gutem Zustand, und ich glaube nicht, daß ich noch einmal etwas Gesetzwidriges tun werde. Aber was ich wünsche, ist eben, herauszukommen, damit ich sagen kann, was ich sagen will.

In bin sicher, daß kein Gericht gegen das Zeugnis der Ärzte hier entscheiden würde, wenn diese sagen würden, ich sei noch krank. Ein Anwalt ist, wenn der Geisteszustand zur Debatte steht, machtlos gegen das Zeugnis eines Arztes.

Ich könnte mir denken, daß ein Brief von Dir und Dr. Pauling an meinen Arzt (Dr. Frank) Einfluß haben könnte. Ich will Dich nicht drängen, ihm zu schreiben, tue es nur dann, wenn Du glaubst, daß Du als ein Weltbürger ihm irgendwie klarmachen kannst, wie Du mein Verhalten siehst, und wie Du die Möglichkeit einschätzt, daß ich in der Zukunft meines Gewissens Herr werde und Haltung habe.

Ich muß nun schließen, weil mein Briefschmuggler schon auf mich wartet. Dein Buch, das Du mir geschickt hast, habe ich schon gelesen. Thanks a million. Ich werde versuchen, bald einen anderen Brief hinauszubefördern. Dein Freund

Claude

1 Internierung unter strengsten Sicherungsbedingungen; eigentlich nur für gewalttätige Fälle.

Brief 23. Von Günther Anders an Claude Eatherlys Arzt Dr. Frank

Sehr geehrter Herr Dr. Frank, 22. 1. 60

Ich weiß nicht, ob mein Name Ihnen bekannt ist. Ich halte es freilich für möglich, sogar für wahrscheinlich, daß Claude Eatherly mich gelegentlich erwähnt hat, und daß er Ihnen über die Tatsache, daß wir seit ziemlich langem miteinander korrespondieren, berichtet hat. Vielleicht interessiert es Sie, zu erfahren, wie dieser Briefwechsel in Gang kam: Mir war zufällig eine Glosse über Eatherly in einer amerikanischen Zeitschrift in die Hände gefallen – daraufhin schrieb ich ihm einen Brief, in dem ich versuchte, die völlig neue moralische Situation, die die technologische Entwicklung mit sich gebracht hat, deutlich zu machen. Krieg, so schrieb ich, hat einen gespenstisch indirekten Charakter angenommen, da Feinde einander nicht mehr sehen, und da die Größe der Effekte unserer Taten ein für allemal unser seelisches Vermögen, z. B. unsere Vorstellungskraft, übersteigen. Was man effektiv *tun* kann, so fuhr ich fort, ist mehr, als was man sich *ausmalen* kann, wir können mehr produzieren als geistig reproduzieren. Ferner sprach ich von der eigentümlich invertierten Beziehung, die zwischen Hemmung und Tatgröße bestehe, und zwar deshalb bestehe, weil der Hemmungsmechanismus gerade dann lahmgelegt sei, wenn die Effekte dessen, was wir tun, unzweideutig unsere Vorstellungskraft überstiegen – kurz: Ich erklärte ihm, daß man heute *schuldlos schuldig* werden könne. Meine Argumente entnahm ich fast durchweg meinem Buche ‚Die Antiquiertheit des Menschen', aber natürlich formulierte ich sie in einem weniger akademischen Idiom. Fernerhin erklärte ich Eatherly, daß er mit seinen asozialen oder sogar kriminellen Handlungen wahrscheinlich verzweifelt versucht habe, sich selbst und seinen Mitmenschen, die ihn allzu leicht als einen Unschuldigen, ja als einen glanzvollen Helden klassifiziert hatten, seine Schuld zu beweisen; daß er seinen Schuldbeweis dadurch zu liefern versuchte, daß er Ersatzakte nachlieferte, und zwar solche, die gewöhnlich als strafwürdig angesehen werden. – Soviel über den Beginn der Korrespondenz. Eatherlys Reaktion war nicht nur überraschend, sie hat mich auch tief bewegt. Er schrieb mir einen Brief, der mir durch seine sonderbare Verbindung von simpler Sprache einerseits und Einsicht und Gewissenhaftigkeit andererseits bewies, daß er nicht nur ein Mensch von unbestreitbarem Wert ist, sondern effektiv als ein Opfer des neuen Stadiums unserer Technik angesehen werden muß. Claude war offensichtlich (und m. E. ehrt ihn das) unfähig, mit seiner Tat fertig zu werden, und zwar eben deshalb, weil dessen Größe aller Vorstellungsbemühungen spottet. Sein Brief bewies ferner, daß er mir sofort uneingeschränktes Vertrauen entgegenbrachte, er bat mich gleich um eine Fortsetzung des Briefwechsels. Im Verlaufe dieses Briefwechsels tauchten immer von neuem Zeugnisse seiner großen Reinheit auf. Um Ihnen nur ein einziges Beispiel zu geben: Vor einigen Monaten versuchte eine sehr bekannte Persönlichkeit aus der Filmbranche, durch seinen Bruder mit ihm in Kontakt zu treten, um ihn für einen netten Film zu gewinnen. Ich warnte ihn umgehend mit dem Argument, daß nichts schädlicher für ihn sein würde als die „Glamorisierung" seines Falles; daß ihn eine solche ein für allemal dazu verurteilen könnte, als Doppelpersönlichkeit zu leben, daß man ihn nämlich mit dem Pseudo-Claude des Films identifizieren würde, und daß sich sein Fall dadurch noch mehr komplizieren könnte. – Claude war groß genug, sofort auf die Glamour-Versuchung zu verzichten: er versprach mir, sich auf einen Geschäftsabschluß allein dann einzulassen, wenn ihm die Wahrhaftigkeit eines solchen Filmes zuvor verbürgt werden würde. – Dies als Illustration für den moralischen Standard dieses Mannes, der sonst vielleicht (das gebe ich ohne zu zögern zu) etwas knabenhaft geblieben sein mag, was freilich kaum ein Wunder ist, da er ja kaum je die Chance gehabt hat, das Leben eines erwachsenen Mannes zu führen. –

Ich halte es durchaus für möglich – aber das ist nur eine Hypothese – daß das Bild, das ich mir von ihm mache, unvollständig oder vielleicht sogar schief ist. Es ist ja denkbar, daß er mir in seinen besten Augenblicken geschrieben hat. Wenn das der Fall sein sollte, dann wäre ich Ihnen für eine Information zu Dank verpflichtet, da ich dann ja meinen Briefstil danach einzurichten hätte. Offen gestanden habe ich Furcht, daß die Fortsetzung seiner Internierung schließlich einen seelisch abnormalen Zustand produzieren könnte, einen Zustand, der ursprünglich vielleicht nicht bestanden hatte, mindestens nicht in solchem Ausmaße. In anderen Worten: Glauben Sie, daß es notwendig sein wird, Eatherly weiter ‚indefinitely' interniert zu halten? Oder ziehen Sie die Möglichkeit einer Entlassung in Betracht? Wenn ich *Sie* frage, so weil ich von Eatherly weiß, daß die Verantwortung und die Entscheidung ausschließlich bei Ihnen und Ihren Kollegen liegt; und da Eatherly, der ja nun seit 13 Jahren nicht mehr Angehöriger der Air Force ist, ausschließlich vom Urteil der medizinischen Sachverständigen abhängt.

Ich mache mir keine Illusionen darüber, daß die Rückkehr in ein normales Leben für Claude außerordentlich schwierig werden wird. Und wie das am besten arrangiert werden könnte, das würde wohl mühselige Überlegungen erfordern. Andererseits fürchte ich, daß diese Schwierigkeit proportional mit der Verlängerung seiner Internierung wachsen könnte; und es wäre tragisch, wenn dieser Mann, einfach deshalb, weil er zufällig in seiner Jugend an einer ‚Mission', deren Ausmaß er sich nicht vorstellen konnte, teilgenommen hat, nun dafür mit lebenslänglichem Ausschluß vom wirklichen Leben bestraft werden sollte.

Bitte entschuldigen Sie die Offenheit, mit der ich Sie anspreche, aber ich habe das Gefühl, daß die Sorge um diesen Mann ein gewisses Verbindungsglied zwischen uns darstellt, und daß Claudes Freunde gemeinsam versuchen sollten, den besten Weg zu finden, der aus seiner unseligen Lage herausführen könnte. Ihr sehr ergebener

Günther Anders[1]

1 Auch dieser Brief blieb ohne Antwort.

Brief 24. An Claude Eatherly

Lieber Claude, 22. 1. 60

Es wird Dich vielleicht interessieren zu hören, daß ich heute morgen einen ziemlich langen Brief an Deinen Arzt geschrieben habe ...[1]

Natürlich kenne ich Deinen Arzt nicht, aber da ich keinen Anlaß habe, das Gegenteil zu vermuten, sprach ich zu ihm so, wie man zu anständigen Menschen eben spricht, also ohne much ado.

Vielleicht hätte ich Dich um die Erlaubnis für diesen Schritt bitten sollen, aber ich habe das Gefühl, nein ich weiß sogar, daß Du nichts dagegen gehabt hättest[2].

Aber ich informiere Dich auf jeden Fall, damit Du nicht zu sehr überrascht bist, wenn Dein Arzt meinen Brief an ihn Dir gegenüber erwähnen sollte. Dein Freund Günther

1 Folgt Inhaltsangabe von Brief 23.

2 Da Eatherly den Brief (Nr. 22), in dem er mich dazu autorisiert hatte, an seinen Arzt zu schreiben, aus dem Hospital herausgeschmuggelt hatte, behandelte ich hier diese Autorisierung als nicht gegeben.

Brief 25. An Claude Eatherly

Lieber Claude, 20. 3. 60

Leider haben alle meine Briefe mit dem gleichen Satz anzufangen: Ich bin in Sorge, weil ich so lange nichts von Dir gehört habe.

Dein letzter Brief kam kurz nach Neujahr an, ich beantwortete ihn umgehend; außerdem schrieb ich einen längeren Brief an Dr. Frank, der die Ernsthaftigkeit nicht mißverstanden haben kann, der aber den Empfang nicht bestätigt hat. Meine Hände sind gefesselt, und ich kann kaum irgendeinen Hilfeversuch unternehmen, wenn ich nicht über Deine Situation genau informiert bin.

Der Hauptgrund dieses Briefes: Ich möchte Dir mitteilen, daß eine große illustrierte Zeitschrift in Deutschland gerade das erste Stück einer dramatisierten Lebensgeschichte von Dir, reich illustriert, herausgebracht hat. Ich ahne nicht, wo sie alle ihre Informationen her haben (bis jetzt sind sie nicht ungenau), aber der ganze Ton ist unangenehm sensationell, und die Sache ist unzweideutig aufgemacht wie ein Detektivroman, kurz: nicht gerade würdig. Ich weiß, daß nicht Du es gewesen sein kannst, der die Daten zu diesem Zwecke der Zeitschrift übergeben hat, denn wir haben ja über die Gefahr des Sensationalismus korrespondiert und über Deinen festen Entschluß, keine Biographie, die nicht von Dir selbst geschrieben wäre, zu autorisieren. Bis jetzt bleibt es vollkommen unklar, worauf die Artikel-Serie abzielt; aber ich habe meine Zweifel ... Falls Du den Wunsch hast, die Veröffentlichung, als von Dir nicht autorisiert, zu stoppen, hier sind die Daten ... Ich werden mich erkundigen, was Du tun kannst, falls Du wünschen solltest, die Fortsetzung dieses Machwerks zu stoppen. Dein Freund

Günther

Brief 26. An Günther Anders

Lieber Günther, 25. 3. 60

Dank für Deine Information über die Magazin-Story. Du weißt ja, daß ich eine solche Story nicht autorisieren würde, und mir liegt viel daran, daß sie gestoppt wird. Wenn Du irgendwelche rechtlichen Mittel dafür kennst, ergreife sie bitte. Vielleicht wirst Du einen Rechtsberater brauchen: wenn sich das als nötig herausstellen sollte, dann werde ich die finanziellen Dinge für Dich arrangieren. Kann man nicht ein Gericht veranlassen, die Weiterveröffentlichung zu unterbinden? Ich überlasse es Dir, die entsprechenden Wege zu wählen. Aber nur wenn Du Zeit hast. Ich weiß, Du bist sehr beschäftigt, bitte kümmere Dich um die Sache nur dann, wenn sie Dir nur wenig Zeit raubt.

Es tut mir leid, daß ich die Korrespondenz mit Dir vernachlässigt habe, aber ich wartete, um Dir die gute Nachricht von meiner Entlassung mitteilen zu können. Denn ich habe Hoffnung, in der nahen Zukunft entlassen zu werden. Und bitte laß mich wissen, was Du in der Angelegenheit dieser Zeitschrift tun kannst, welche Rechtslage in Deutschland durch unautorisierte Veröffentlichung entsteht, und ob ein Prozeß ratsam ist. Kurz, ich wüßte gern Deine Meinung über die ganze Angelegenheit. Und noch einmal Dank für Hilfe und Rat. Ich bleibe Dein Freund Claude Eatherly

P. S. Gerade neulich ist auch hier ein unautorisierter Artikel erschienen.

Brief 27. An Claude Eatherly

Lieber Claude, 6. 4. 60

Vielen Dank für Deinen Brief vom 25. 3. Nach einer so langen Zeit des Schweigens war ich natürlich sehr froh, mindestens ein Zeichen von Dir zu erhalten, ein Zeichen, das mir beweist, daß die Länge der Zeit, in der Du auf eine bessere Zeit warten mußt, Dich nicht unterkriegt. Leider erhielt ich Deinen Brief mit großer Verspätung, denn zwei Wochen lang reiste ich herum, ohne von Post erreicht werden zu können. Auf jeden Fall werde ich sofort an die Illustrierte telegraphieren, denn sie bringt in Deiner dramatisierten Biographie Aussprüche und Gespräche, die nicht wahr sein *können.* Ich weiß nicht, wie viele Fortsetzungen noch bevorstehen, vielleicht nur eine oder zwei. Trotzdem sende ich das folgende Telegramm: ‚Eatherly bittet dringend und autorisiert mich, die unautorisierte Geschichte über ihn zu stoppen, notfalls gerichtlich'.

Übrigens sind die Absichten und der Ton der drei Stücke, die bisher erschienen sind, durchaus nicht gegen Dich gerichtet. Tatsächlich scheinen die Absichten gut zu sein, aber die sensationelle Darbietung und die indiskreten Mitteilungen über Deinen Gemütszustand müssen gebremst werden. Dein Freund Günther

Brief 28. Von Claude Eatherly an American Civil Liberties Union

Sehr geehrter Herr Watts, 22. 4. 60

Am 26. November vorigen Jahres erhielt ich einen Brief von Ihnen, der durch Mrs. Linus Pauling und Günther Anders veranlaßt worden war; beide hätten ihrer Besorgnis über meine fortgesetzte Internierung im Veterans Hospital Ausdruck gegeben. In meinem Antwortschreiben hatte ich Sie darum gebeten, vorerst keine Schritte zu unternehmen, weil mein Doktor mir versprochen hatte, mich in naher Zukunft zu entlassen. Ich bin ein freiwilliger Patient, was mir das Recht gibt, um Befreiung anzusuchen. Ich beantragte meine Befreiung und das Hospital verständigte meinen Bruder davon, daß ich am 21. April entlassen werden würde[1]. Mein Bruder beantragte seinerseits sofort Weiterinternierung[2]. Er kam hierher und bat mich darum, im Hospital freiwillig und ohne Gerichtsverhandlung zu bleiben. Als seinen Grund für meine weitere Internierung gab er an, er stehe unter politischem Druck, und zwar auf Grund meiner Zeitschriftenaufsätze gegen atomare Rüstung. Ich weiß nicht, ob Mrs. Pauling oder Günther Anders Ihnen meine vollständige Geschichte mitgeteilt haben oder nicht. Ich war der Pilot, der im Zweiten Weltkrieg die „Hiroshima A Bomb Mission" geführt hat, und seit dieser Zeit habe ich Gewissensqualen durchgemacht. Ich habe mir kriminelle Delikte zuschulden kommen lassen, da ich im Zustande der Verwirrung Strafe für mich selbst suchte. Nach jedem dieser Akte bin ich in ein psychiatrisches Hospital eingewiesen worden. Ich bin in dem Hospital nun seit dreizehn Monaten[3], und seit vier Monaten hat man auf jede Art von Behandlung verzichtet. Das ungeheure Echo in der Öffentlichkeit, das mein Fall verursacht hat, und der von der Air Force auf das Hospital ausgeübte Druck machen meine Entlassung nahezu unmöglich, es sei denn, ich gehe vor Gericht. Die Modalität, unter der ich von meinem Bruder dem Hospital übergeben wurde (the commitment my brother filed on me) ermöglicht es mir, einen Prozeß mit Geschworenen zu beanspruchen. Mein Bruder hat meine Gelder gesperrt, sie liegen in einem gemeinsamen Bankkonto, was es mir unmöglich macht, mir einen Anwalt zu nehmen.

Ich würde gern Ihre juristische Hilfe in Anspruch nehmen. Wenn Sie das Gefühl haben, daß Sie mir nicht helfen können, dann wäre ich Ihnen für möglichst baldige Benachrichtigung dankbar. Ich kenne noch nicht das genaue Datum meines Prozesses, aber ich werde um einen Geschworenenprozeß bitten und werde Sie über dessen Datum informieren, sofern Sie es für möglich halten, mir zu helfen. In der Hoffnung, von Ihnen zu hören. Ihr ergebener Claude Eatherly

1 Eatherly unternahm also seinen ersten Schritt einen Tag nach dem nicht eingehaltenen Termin.

2 ‚Immediately filed a commitment against me'.

3 Hier ist ausschließlich die letzte Internierung in Waco gemeint.

Brief 29. An Claude Eatherly

Lieber Claude, 2. 5. 60

Ich verschob mein Briefschreiben, weil ich gehofft hatte, Dir schon eine endgültige Auskunft über meine Versuche, die Artikel-Serie zu stoppen, geben zu können. Ich unternahm drei Schritte:

1. Wie ich Dir schon schrieb, bat ich in einem Telegramm an die Zeitschrift in Deinem Namen um den Abbruch der Serie. Bis jetzt keine Antwort.

2. Bat ich ein Rechtsanwaltsbüro in Hamburg, wo die Zeitschrift herauskommt, sich mit der Redaktion in Verbindung zu setzen und zu versuchen, die Fortsetzung der Serie zu verhindern, da Du diese nicht autorisiert hättest, und da sie fast ausschließlich von Dir handle und private, um nicht zu sagen intime Einzelheiten aus Deinem Leben bringe. Die Antwort des Anwaltsbüros: a) Unmöglich einzuschreiten ohne eine notarisierte Vollmacht von Dir. b) Sie fürchten, selbst dann nichts ausrichten zu können, da solche Artikel über Personen, die im Licht der Öffentlichkeit stehen, sogar deren romanhafte Dramatisierung, durch die Gesetze über die Freiheit der Presse geschützt sind. Mein Einwand, daß das nicht Freiheit der Presse darstelle, sondern Freiheitsberaubung, da dem Individuum das Recht auf seine private Sphäre genommen werde, scheint keinen Eindruck gemacht zu haben.

3. In einem Brief an die Zeitschrift wiederholte ich meine Bitte um Publizierungsstop. Gestern erhielt ich eine äußerst trockene Antwort, die mir beweist, daß juristische Schritte, selbst wenn diese unternommen werden könnten, so viel Zeit in Anspruch nehmen würden, daß die Serie längst ihr Ende *vor* der gerichtlichen Entscheidung erreicht haben würde. – Auf jeden Fall schrieb ich ihnen einen weiteren Brief, in dem ich die Tatsache ihrer unbevollmächtigten Publizierung formulierte, um im Besitz eines Schriftstücks zu sein, auf das ich eine Klage basieren könnte, falls irgend etwas unternommen werden sollte.

Ich glaube aber nicht, daß es lohnt, Kraft oder Geld in diese Sache zu investieren. Aus folgendem Grunde nicht: Die Tendenz der Artikel-Serie (bis jetzt 7, aber noch nicht abgeschlossen) ist beinahe begrüßenswert. Für den Leser dieser Artikel ist es absolut unmöglich, der Atomrüstung gegenüber gleichgültig zu bleiben oder diese gar zu unterstützen. Da die Zeitschrift außerordentlich weit verbreitet ist, kann die Wirkung auf die Millionen der Leser uns nur recht sein. Ich glaube nun, daß wir die Abgeschmacktheit und die Indiskretionen der Artikelreihe als den Preis für die ausgezeichnete Wirkung, die sie hervorbringen wird, ansehen sollten.

Aber mir scheint, Claude, diese Sache sollte für uns eine Lehre sein. Es ist dringlicher als je, daß Du nun versuchst, Deine Lebensgeschichte selbst niederzuschreiben, um die zu gierigen Leute, die Dein Leben als eine Fundgrube für Sensationen auszubeuten versuchen, davon abzuhalten, ein unwahres Bild von Deinem Leben zu geben. Es wäre tief enttäuschend, wenn das lesende Publikum zu der Zeit, in der Deine Autobiographie herauskäme, bereits mit dem ‚Fall Eatherly' übersättigt wäre und ‚olle Kamellen' und: ‚Das kennen wir alles schon' sagen würde. Darum mahne ich heute von neuem: Bitte schieb Deine Versuche, Deine Geschichte niederzuschreiben, nicht weiter auf. Wenn Deine Hemmungen zu groß sein sollten – was nur natürlich wäre, denn nicht jeder, der schreiben gelernt hat, ist dadurch auch schon ein Schriftsteller – dann versuche es doch einmal in der Form von Briefen, die Du, statt sie in den Briefkasten zu werfen, in Deiner Schublade ansammelst. Natürlich müßtest Du, ehe Du Dich daran machst, entscheiden, welche wirkliche oder imaginäre Person Du Dir als Empfänger vorstellst (z. B. ob es ein Mann ist, der Deinen Prinzipien feindlich gegenübersteht, oder einer, der mit diesen sympathisiert; ob jemand, den Du kennst, oder jemand, der Dir unbekannt ist; ob ein Amerikaner oder ein Japaner). Die Attitüde, in der Du schreibst, wird von Deiner Wahl abhängen. Ich bin fest davon überzeugt, daß es sehr nützlich wäre, wenn Du Dich dazu zwingen könntest, jeden Tag eine oder zwei Stunden zu schreiben. Bist Du erst einmal richtig im Schwung, dann wird es Dich glücklich machen, einen Job zu haben, in dem Du und Dein Gewissen die einzigen Herren sind, denen Du zu gehorchen hast.

Bitte erzähle mir Näheres über Dein gegenwärtiges Ergehen, und was Du Dir von der Zukunft erhoffst. Ich warte gierig auf den Tag, an dem wir zwei als gleichermaßen freie Menschen einander schreiben werden.

Vergiß nicht: Glocken klingen nur dann, wenn sie geschlagen werden. Dein Freund Günther

Brief 30. An Claude Eatherly

Lieber Claude, 2. 5. 60

Heute denke ich sehr intensiv an Dich, denn eben erhielt ich einen Brief von Mr. Watts, dem ich entnehme, daß Du vorgestern ein „hearing" hattest: und ich brenne darauf, das Ergebnis zu erfahren. Ich fürchte allerdings, daß diesmal die Chancen für die Vorbereitung des Verhörs nicht ausreichend gewesen sind. Bitte verlier nicht Deinen Mut, wenn das Resultat negativ gewesen sein sollte; Du weißt ja, daß Du in drei Monaten wieder eine Chance haben wirst, und während dieser Frist werden alle, die damit zu tun haben, alles dafür tun, um ein positives Ergebnis durchzusetzen. Wie gern wäre ich drüben, um denjenigen Männern, die Dein Schicksal in ihren Händen halten, die Außergewöhnlichkeit Deines Falles zu erläutern: ich würde versuchen, die Tiefe ihres Gewissens zu erreichen und sie darum bitten, ihre Entscheidung nicht durch mehr oder weniger direkte Einschüchterung[1] bestimmen zu lassen. Aber das ist nun einmal physisch und geldlich unmöglich; und wahrscheinlich gäbe es auch juristisch keine Möglichkeit, die Leute zu beeinflussen. Daher habe ich mir indirektere Wege auszudenken, die ich aber nicht betreten möchte, ohne daß Du davon etwas weißt, und ohne daß Du mir Dein Einverständnis damit mitteilst. Darum frage ich Dich: Soll ich mich mit Mr. Harold Henry, der die American Civil Liberties Union in Waco vertritt, in Verbindung setzen? Wenn ja, laß mich das sofort wissen. – Außerdem überlege ich mir, auf welchem Wege ich vielleicht einen amerikanischen Psychiater von Weltruf und von völliger Unabhängigkeit finden könnte, einen Mann, der statt der lokalen Psychiater (oder mindestens neben diesen) sein sachverständiges Urteil über Deinen Zustand formulieren könnte. Und gleichzeitig schreibe ich auch wieder an Mr. Watts und an Mrs. Pauling. – Du siehst, Du brauchst Dich nicht allein oder im Stich gelassen zu fühlen. Und in neunzig Tagen kann manches zustande gebracht werden. Wie immer, Dein Freund Günther

1 Siehe Brief 58.

Brief 31. An Günther Anders

Lieber Günther, 27. 5. 60

Gut von Dir zu hören; und es macht mich glücklich, daß ich für Dich immer noch nicht ein hoffnungsloser Fall bin. Ich verspreche Dir, ich gebe nicht auf. Ja, es kam zur Verhandlung, aber sowohl Dr. Frank wie Dr. Constantine sagten aus, daß ich noch krank sei und mehr Behandlung benötigte[1]. Es war eine Verhandlung ohne Geschworene, und vom ersten Augenblick an war es evident, daß meine Entlassungschance sehr klein war. Der Richter schien durch meine Worte beeindruckt und sagte den Ärzten, er wolle mich, falls ich nach drei Monaten nicht entlassen sei, wieder vor Gericht sehen.

Mir scheint, was Du tun könntest oder solltest, ist, einen Brief an Judge Haley, County Court of Law, Mc Lellan County, Waco, Texas, zu schreiben, in dem Du meine Situation darlegst und erklärst, daß meine Entlassung aus dem Krankenhaus meinem seelischen Zustand nur nützen kann, und daß meine Bemühungen einen gewissen Effekt haben und dazu beitragen könnten, daß die Mitwelt die Gefahr der Atomrüstung begreife. – Wenn Du Mrs. Pauling dazu überreden kannst, gleichfalls dem Richter zu schreiben, dann halte ich es für gewiß, daß der Richter mich entlassen wird. – Übrigens habe ich viele Briefe aus fremden Ländern bekommen, die sich auf Deine Schriften beziehen und deren Schreiber mich ermutigen, alles in meiner Kraft Stehende zu tun, was ich für friedliche Koexistenz leisten kann.

Ich bin ganz Deiner Ansicht: Wenn die Magazin-Story einen für unsere Sache günstigen Effekt hat, dann ist das Belohnung genug. Das Opfer von Stolz und Würde ist nichts, wenn Friede und Brüderlichkeit der Lohn sind. (Pride and dignity is nothing to sacrifice if peace and brotherhood is the reward.)

Ich werde mein Lebtag dankbar sein für unsere Verbindung. Du wirst niemals wissen, wie sehr ich jemanden wie Dich benötigt hatte, um mich in meiner Arbeit für meine Überzeugungen lebendig zu erhalten. Für die meisten ist meine Methode der Rebellion gegen den Krieg die Methode eines Verrückten. Aber auf keine andere Weise hätte ich ja den Menschen klarmachen können, daß ein Atomkrieg eben nicht nur physische Destruktion mit sich bringt, sondern den Menschen auch demoralisiert[2]. Es ist mir völlig gleichgültig, was die Menschen von meinem moralischen Charakter denken, wenn ich sie nur stutzig mache und sie dazu bringe, zu begreifen, daß sie diese Sache sich selbst und ihren Kindern nicht noch einmal antun dürfen.

Bitte betrachte mich nicht als völlig uneigennützig. Meine Belohnung wird reich sein: Ich werde das große Gefühl der Genugtuung haben, daß ich vielleicht etwas zu tun hatte mit der letzten Entscheidung, die die Völker aller Länder werden treffen müssen, wenn sie auf dieser Erde weiter leben wollen. Dein Freund Claude

1 Dies im Widerspruch mit Brief 28.

2 Dieser Satz, über den man leicht hinwegliest, scheint mir zu bedeuten: Ich machte mich selbst schlecht, weil ich mich verpflichtet fühlte, den Menschen zu zeigen, daß der atomare Krieg den Menschen schlecht macht. *Eatherly brachte gewissermaßen aus moralischen Gründen seine Moral zum Opfer.*

Brief 32. An Claude Eatherly

Lieber Claude, 11. 6. 60

Wie es mich ermutigt, zu wissen, daß Du nicht entmutigt bist. Da wir beide falschen Stolz nicht kennen, können wir uns ruhig gegenseitig versichern, daß wir benötigt werden, und deshalb nicht aufgeben dürfen. Wir arbeiten für dieselbe Sache – darum brauchst Du nicht überrascht zu sein, daß ich *Deine* Sache nicht aufgebe; ich schnitte damit nur in mein eigenes Fleisch.

Vor drei Wochen bat ich einen berühmten Neurologen in den USA, Dr. G., einen Freund von mir, der höchstwahrscheinlich mit unserer Sache sympathisiert, einen Psychiater ausfindig zu machen, der freiwillig in Deinem Falle helfen würde. Schreib auch Du ihm (folgt Adresse ...). Da er ein sehr alter Mann ist, beginn den Brief bitte mit einer Entschuldigung für die Störung. –

Ferner: Nach Empfang Deines Briefes sandte ich Deine Bitte sofort an Mrs. Pauling weiter. Da sie Dich ja gar nicht kennt, wird ihr Brief vermutlich kurz ausfallen. Aber nützlich wird er auf jeden Fall sein, denn schließlich kommt er ja von einem Bürger Amerikas. Was mich, den Ausländer betrifft: ich werde ausführlich schreiben und Briefstellen von Dir beifügen, um Deinen Ernst und Deine ‚Normalität' zu dokumentieren – was heißt ‚Normalität'? Denn Du weißt ja, daß ich diejenigen, die auf eine so ungeheuerliche Erfahrung, wie Du sie machen mußtest, nicht abnorm reagieren, für ‚abnorm' halte.

Natürlich kenne ich den Richter nicht, aber ich werde es darauf ankommen lassen und so zu ihm sprechen, als wenn ich sicher wäre, daß er das tiefste Verständnis für Deinen Fall besäße und ein Mann von höchstem Verantwortungsbewußtsein wäre. Vielleicht ist er das wirklich. Nach dem Eindruck, den Du von ihm hattest, halte ich das sogar für wahrscheinlich.

Glaub mir, Claude, früher oder später werden wir Erfolg haben, ich bin überzeugt davon. Und Du solltest Dich auf diesen Erfolg vorbereiten. Das heißt: Du solltest nun nachdenken darüber, wie Du Dein Leben *nach* Deiner Entlassung organisierst, um aus dem Erfolg wirklich einen Erfolg zu machen.

Diesen Brief schreibe ich an einem Tag, der eindringlicher als andere beweist, wie notwendig unsere Bemühungen sind[1]. Was wir zu bekämpfen haben, ist nicht allein Bosheit, sondern auch Dummheit – Dummheit im Sinne von Phantasielosigkeit. Darin besteht unsere Aufgabe: die Vorstellungskraft der anderen zu erziehen. Dein Freund

Günther

1 Bezieht sich auf die Protestbewegung gegen die Erneuerung des Sicherheitspaktes zwischen Japan und den USA und auf die mit dieser verbundenen Unruhen.

Brief 33. Von Günther Anders an Judge W. Haley

Sehr geehrter Judge Haley, 15. 6. 60

Es wird Sie vermutlich überraschen, einen Brief von einem Wiener Schriftsteller zu erhalten, der Ihnen aller Wahrscheinlichkeit nach unbekannt ist. Darum möchte ich mein Schreiben mit der Erklärung beginnen: Ich wende mich an Sie auf die Anregung von Claude Eatherly hin, der nun seit einem Jahr diejenigen Probleme, die ihn am meisten peinigen, mit mir bespricht. Claude hat sich das vielleicht nicht klargemacht, aber ich bin mir natürlich der Tatsache bewußt, daß ein an einen Richter geschriebener Brief leicht mißverstanden werden könnte, und zwar als ein Versuch, sich in Entscheidungen einzumischen, in die sich, juristisch gesehen, kein Zeuge einmischen dürfte; geschweige denn jemand, der noch nicht einmal Augenzeuge ist, sondern gewissermaßen nur Herzenszeuge. Andererseits ist Eatherly der Ansicht, daß ich die komplizierte psychologische und moralische Situation, in der er sich befindet, besser aufklären könne als mancher Augenzeuge; und es scheint mir, es wäre unfair ihm gegenüber, ihm diesen Wunsch abzuschlagen[1].

Viele Stellen dieses Briefwechsels beweisen nun nicht nur, wie unglücklich Eatherly ist, sondern bezeugen auch, daß es sich hier um einen Menschen handelt, der mit seltenem Ernst und ungewöhnlichem Mut versucht, der Erfahrung, die er gemacht hat, Herr zu werden. Ich weiß, es ist trivial, darauf hinzuweisen, daß diese seine Erfahrung (das Verschwinden einer Stadt als Effekt einer eigenen Tat) die emotionale und moralische Auffassungskraft jedes Menschen übersteigt; und es ist nur allzu begreiflich, daß die anderen boys, die dieselbe Erfahrung gemacht hatten, die ‚Erfahrung' nur durch Eskapismus ‚meistern' konnten, nur dadurch, daß sie versuchten, diese *nicht* zu meistern; nur dadurch, daß sie dem öffentlichen Lob, das ihnen für ihre ‚Mission' gespendet wurde, größeres Vertrauen entgegenbrachten als ihren eigenen Augen, als ihrem eigenen Schock, als ihrem eigenen Gewissen.

Claude dagegen besaß die moralische Selbständigkeit, solchen Eskapismus voll Verachtung von sich zu weisen. Immer wieder hat er versucht, seine Erfahrung in Worte zu fassen, teils um sich selbst daran zu verhindern, zu vergessen; teils um die im Dunst der Öffentlichkeit kaum sichtbare Wahrheit und die immense Gefahr, die der atomaren Situation innewohnt, seinen Mitmenschen deutlich zu machen. Es versteht sich von selbst, daß seine Formulierungen nicht die stilistische Geschicklichkeit von Berufsschriftstellern oder von Gelehrten besitzen. Aber wo sollte schließlich auch Claude, mit der Vorbildung, die er hatte, und den Erfahrungen, die er gemacht, stilistische Subtilitäten oder die Präzision theoretischer Prosa gelernt haben? Da ich es für denkbar halte (und psychologisch wäre das nur normal), daß es tiefe Schichten in ihm gibt, die in seinen Briefen zwar durchsichtig werden, in einem Verhör dagegen undurchsichtig bleiben könnten, erlaube ich mir, Ihnen einige von denjenigen Briefstellen, die mich am tiefsten beeindruckt haben, beizulegen. – Und nun werde ich versuchen, Claude, so wie ich ihn sehe, zu porträtieren. Ich bin überzeugt davon, daß er das Opfer einer total neuen moralischen Situation ist. Nie zuvor hat eine so enorme Kluft zwischen den möglichen Effekten menschlicher Handlungen und der geringen Kapazität unseres Vorstellungsvermögens bestanden wie heute. Von dem Augenblick an, in dem Claude das entsetzliche Ergebnis der Hiroshima-Mission gesehen hatte, bestand sein ganzes Leben in dem vergeblichen Versuch, das zu begreifen, was er seine ‚Schuld' nennt, und diese Schuld anderen begreiflich zu machen. Alle seine zum Teil sinnlosen und kriminellen Akte ergeben sich aus der Vergeblichkeit seiner Bemühungen: Er griff auf Taten zurück, die als kriminell mindestens *anerkannt* sind, um seinen Mitmenschen zu beweisen, daß er nicht so unschuldig ist, wie sie glauben. *Während Menschen gewöhnlich auf Grund ihrer Taten schuldig sind, beging er die Taten, um seine Schuld zu beweisen.*

Ich bin mir nicht ganz im klaren über die genaue Chronologie seiner Verhöre, Internierungen und seiner psychiatrischen Behandlungen. Völlig klar ist es mir dagegen, daß ein Leben, das zum großen Teil aus Kriegshandlungen, Internierungen und aus im Keim erstickten Versuchen, Schuld zu beweisen, besteht, wenig Chancen hat, ein völlig erwachsenes Leben zu werden; und noch unzweifelhafter ist es mir, daß Claude, wenn seine Internierung weiter anhält, dadurch unfähig gemacht werden wird, jemals wieder an normalem Leben teilzunehmen, allein Entscheidungen zu treffen, Verantwortung für sein eigenes Tun und Lassen und für seine Überzeugungen zu tragen – kurz: Normal zu werden. Es ist sehr gut möglich, daß Sie mit Claudes ‚Philosophie' nicht übereinstimmen: Vermutlich nehmen Sie nicht an, wie er es tut, daß die Fortsetzung der Atomrüstung eine Art von ‚eschatologische Erpressung' darstelle, eine Erpressung, durch die die ganze Menschheit ihre Würde verliert, wenn nicht vielleicht sogar ihre Existenz. Aber glücklicherweise lebt Eatherly ja in einem Lande, das seinen Bürgern die Freiheit, ihre Überzeugungen auszudrücken, nicht nur nicht beschneidet, sondern diese Freiheit sogar ganz ausdrücklich verbürgt.

Natürlich ist es für mich nicht möglich, mich für Claude, wenn er erst einmal sein Leben wieder in seine eigene Hand genommen hat, zu verbürgen. Umgekehrt wage ich aber zu behaupten, daß sein Leben zerstört werden wird, falls ihm diese Chance versagt werden sollte. Wiederholt haben Claude und ich darüber korrespondiert, daß es seine Aufgabe sei, seine Autobiographie zu schreiben; und diese wird, wenn die Niederschrift gelingt, ein Dokument jener wahrhaftig angsteinflößenden Schwierigkeiten werden, in die der heutige Mensch als Meistersklave und Sklavenmeister der technischen Welt hineingeraten kann. Es ist meine Überzeugung, daß es sich bei Eatherlys Zustand nicht um einen isolierten, isolierbaren oder allein dastehenden Fall handle. Vielmehr betrachte ich diesen Zustand als ein Präzedenzbeispiel, das uns prophetisch zeigt, wie Menschen des technischen Zeitalters reagieren werden, wenn sie weiter in Aktionen hineingeraten, die auf das zweideutigste ihre, und doch nicht ihre sein werden – kurz: in Aktionen, durch die sie schuldlos schuldig werden. Die gerichtliche Entscheidung über den Fall Eatherly wird, so scheint es mir, nicht die Entscheidung über einen einzelnen Kauz sein, sondern die über ‚*den Menschen im Zeitalter der Technik*', also selbst exemplarischer Natur.

Ich würde es tief bedauern, wenn dieser Brief auf Sie den Eindruck machen würde, als ob ich das Ergebnis der Verhandlung auf ungehörige Weise zu beeinflussen versuchte. Aber nach den wenigen Worten, die Eatherly mir über die Art, wie Sie ihn behandelt haben, geschrieben hat, glaube ich darauf vertrauen zu dürfen, daß meine Worte im gleichen Geiste aufgenommen werden werden, in dem sie gemeint sind. Ich wäre Ihnen für eine Bestätigung dieses Schreibens außerordentlich dankbar[2]. Ihr ergebener Günther Anders

1 Folgt die dem Leser bereits bekannte Schilderung der Geschichte der Beziehung und des Briefwechsels.

2 Ist niemals eingetroffen.

Brief 34. An Günther Anders

Lieber Günther, ohne Datum

Wie immer bedauere ich meine übliche Briefverzögerung, aber ich kann Dir schwören, ich hatte außerordentlich viel zu tun, und ich hoffe, meine Tätigkeit hatte ihren Effekt; oder wird einen haben.

Ich denke, Günther, Du kennst mich gut genug, um zu wissen, daß ich die Vermischung von Politik mit unserer Sache für verhängnisvoll halte. Sicherlich hast Du von den letzten japanischen Unruhen gelesen und davon, daß die Einladung unseres Präsidenten zurückgezogen worden ist. Das geschah unmittelbar, nachdem ein Teil unseres State Department und einige Senatoren Japan besucht hatten, um den Besuch des Präsidenten vorzubereiten. Die Demonstrationen bewiesen, daß die Anwesenheit des Präsidenten mindestens von einer Minderheit nicht gewünscht wurde. Aber auch das reichte für die U.S., um die Sicherheit ihres Präsidenten nicht zu gefährden. – Nun erhielt ich einen Brief von U.S.-Senator Ralph Yarborough, dem ein Schreiben des Reverend N., eines Mitgliedes des japanischen Parlaments, beilag. In diesen sehr herzlich gehaltenen Briefen baten sie mich darum, Herrn Reverend N. meine Ansichten über diese japanische Angelegenheit mitzuteilen; denn meine Ansichten hätten, so erklärten sie mir, großen Einfluß auf die junge Generation in Japan, die hinter diesen Demonstrationen gestanden zu haben scheint[1]. Ich schrieb dem japanischen Abgeordneten und drückte das aus, was Deine und meine Ansicht ist. Ich versuchte ihn mit den Worten zu beeindrucken, daß nur Liebe, Vertrauen und Brüderlichkeit all diesen sinnlosen ‚Stammeskriegen' ein Ende bereiten könnten. Ferner bemühte ich mich, ihm klarzumachen, daß die demoralisierende Wirkung der Atomrüstung nicht geringer sei als die physische Verwüstung; und ich illustrierte das mit meinem eigenen Falle. – Natürlich antwortete ich auch Senator Yarborough und teilte ihm mit, daß ich dem Mitglied des Parlaments geschrieben hätte. Was ich nach Japan geschrieben hatte, das teilte ich ihm freilich nicht mit, da ich ja wußte, daß er sowieso eine Kopie erhalten würde.

In der letzten Zeit war ich in Verbindung mit David Mc Clure, der die Geschichte ‚To Hell and Back' für Audie Murphy geschrieben hat. Audie Murphy ist der am höchsten ausgezeichnete Soldat der U. S. und jetzt Filmschauspieler. Offenbar möchte Audie mich sehr gern in einem Film porträtieren. Ich antwortete ihm, das werde und das könnte allein dann geschehen, wenn meine Überzeugungen dargestellt würden.

Was nun meine Entlassung betrifft, so glaube ich nicht, daß sie mich wieder zum Hospitalaufenthalt verurteilen werden; das ist mindestens der Eindruck, den ich auf Grund der Worte meines Arztes habe.

An Dr. G. habe ich übrigens nicht geschrieben, weil ich keinen alten Mann in eine so peinliche Situation versetzen möchte. Dieses Mal werden die Ärzte nicht sagen, daß ich geisteskrank sei, sondern daß die Möglichkeit bestehe, ich könnte Selbstmord begehen. – Dir und Mrs. Pauling möchte ich noch einmal für die Briefe danken, die Ihr dem Richter geschrieben habt und die sicher wirksam sein werden. Ich weiß, das Hospital würde mich gern loswerden, aber sie möchten nicht zur Verantwortung gezogen werden, wenn mir etwas zustoßen würde.

Wenn ich draußen bin, wird es nur eine einzige Sache für mich geben: Allen meinen Einfluß, meine Popularität, sogar sensationell aufgemachte Reklame, gleich ob würdig oder unwürdig, und gleich, ob ich dabei meinen Stolz aufs Spiel setze (regardless of its lack of dignity and the loss of pride to me), zu verwenden, um mich an alle in der Welt zu wenden, also an die Massen der Menschheit; nicht an die Politiker, die Militärs und dergleichen; denn *die* sind nur Roboter, die nur tun, was ihnen gesagt wird, und die so reagieren, wie es ihnen diktiert wird.

Übrigens, Casanova (Kompliment), ich lege Dir einen kleinen Zeitungsausschnitt bei, der Dich vielleicht interessieren wird[2].

Unterdessen bin ich von Briefen von Frauen aus Europa überflutet worden, von Anträgen und dergleichen. Gibt es denn gar keine Männer in Europa? Das muß eine Reaktion auf die Zeitschriften-Artikel sein.

Günther, Du wirst niemals wissen, wie viel Deine Briefe mir geben und wie sie mich in Gang bringen, und wie sehr ich durch sie weiß, daß die Zeit, die ich hier in Waco verbringe, nicht vergeudet ist. Die Erfahrungen dieser Zeit werden wir später sehr wirksam verwenden können. Ich weiß, daß unsere Anstrengungen nicht vergeblich sind, denn wenn sie das wären, dann würde kein U.S.-Senator und kein japanischer Abgeordneter einen psychiatrierten Patienten um Hilfe angehen.

Mit den besten Wünschen Dein Freund Claude

1 Wie zynisch, und welch eine Schande, daß der von der Welt Ausgeschlossene und zu diesem Zwecke als geisteskrank Bezeichnete im opportunen Augenblick als geistig kompetent genug angesehen wird, um die Welt (nur freilich in einem seinen Überzeugungen entgegengesetzten Sinne) zu beeinflussen.

2 Dieser Zeitungsausschnitt enthielt Klatsch über die Filmschauspielerin Maria Schell und das Gerücht, daß diese sich in den Kameramann Günther Anders verliebt habe.

Brief 35. An Claude Eatherly

Lieber Claude, 17. 7. 60

Bedauere außerordentlich, daß ich ein Idol zerstören muß. Nein, leider hatte ich niemals die Chance, mich in leiblicher Gegenwart von Maria Schell zu befinden. Ich habe sie nur einmal in einem Film gesehen. Statt mir zu gratulieren, hättest Du dem anderen Anders (der lebenslänglich dazu verurteilt ist, sogar auch meinen Vornamen zu tragen, und der – jedenfalls würde mich das nicht überraschen – einmal seinen Filmjob verlieren wird, weil Leute ihn verdächtigen werden, philosophische Bücher verfaßt zu haben) einen Beileidsbrief schreiben sollen. Die für ihn bestimmten Schecks habe ich leider niemals bekommen, schaden würden die mir nichts.

Aber Dein Jux hat eine ernste Seite: Es macht mich sehr glücklich, zu sehen, daß Du Deinen Humor nicht verloren hast, oder daß er langsam zurückkehrt. Leute wie Du und ich, die nun einmal für ein ernstes Vorhaben leben, würden unausstehlich werden, nicht nur für andere, sondern auch für sich selbst, wenn sie das Lachen verlernten. Unser Nichtlachen würde keinem Menschen helfen, unser Lachen schadet niemandem; und nach einem guten Lachen hat man noch einmal soviel Kraft für seine wirklichen Aufgaben. –

Natürlich habe ich viel über die Ereignisse in Japan gehört[1]. Ich erhielt sogar ausführliche Schilderungen von Freunden von drüben. Mein Urteil darüber möchte ich aber so lange zurückhalten, bis ich einen amerikanischen Freund von mir gesehen habe, der sich zufällig in der kritischen Zeit in Tokio aufhielt, und der bald in Europa eintreffen muß.

Mir scheint, es ist ein sehr gutes Zeichen, und Du kannst stolz darauf sein, daß Du von Senator Yarborough darum gebeten wurdest, an Reverend N. zu schreiben[2]. Das beweist, daß es Dir trotz Deiner Isolierung gelungen ist, ein Loch durch die Wand in die Außenwelt zu schlagen und Menschen zu beeinflussen. Es würde mich interessieren, zu erfahren, ob irgend etwas von dem, was Du geschrieben hast, in Japan herausgekommen ist, oder ob unser erster Briefwechsel (der ja, wie Du weißt, in führenden japanischen Blättern erschienen ist) dahinter steht. Jedenfalls kannst Du nun sehen, daß Du Dich nicht in der traurigen Situation befindest, in der sich die meisten Gutwilligen heutzutage befinden, denn für Deinen Einfluß stehen die Kanäle bereit, und Du hast die Chance, Dich vernehmbar zu machen, wenn Du glaubst, etwas zu sagen zu haben.

Und nun zu Deiner Bemerkung über die Möglichkeit eines Films. Bitte glaub nicht, daß es mir Spaß macht, den Spielverderber zu spielen. Aber der Gedanke, daß Audie Murphy Dich porträtieren könnte, geht mir gegen den Strich. Es ist doch absolut klar, daß hier das Film-Business auf eine Sensation spekuliert, weil ‚*ein* Held den *anderen* Helden spielt'. Ich habe Audie Murphy nie in einem Film gesehen; vielleicht *ist* er ein Schauspieler; glaubhafter scheint es mir freilich, daß er ein Mann ist, der genau *den* Schritt gemacht hat, über den wir vor kurzem korrespondiert haben. Das Hauptargument aber lautet – es ist gut, daß Du diesen Punkt in Deinen Verhandlungen mit Mc Clure und Audie Murphy selbst schon gemacht hast –, daß Du unter keinen Umständen verfälscht werden darfst. Nach wie vor bin ich der Ansicht, daß diese Bedingung allein dann erfüllt werden kann, wenn die von Dir geschriebene Biographie fertig vorliegt; oder wenn Du diese mit jemandem vorbereitest, der nicht aus Geschäftsgründen mit Dir in Verbindung tritt, sondern deshalb, weil er Deinen Überzeugungen zustimmt. Dieses Problem wird freilich erst nach Deiner Entlassung akut und lösbar werden; deshalb würde ich, wenn ich Du wäre, vor diesem Tage nichts unterzeichnen.

Ich habe das Gefühl, daß Du nun viel zuversichtlicher in die Zukunft blickst und die Möglichkeit Deiner Entlassung viel optimistischer einschätzt als während der letzten Monate. Wenn Du Erfolg haben solltest, lasse es mich bitte augenblicklich wissen, ich möchte mit meinem Glückwunsch nicht zu spät kommen. Hast Du schon Pläne gemacht für die Zeit nach dem entscheidenden Tag? Auch die laß mich bitte wissen.

Und nun meinen Dank dafür, daß Du dem alten Mann gegenüber so rücksichtsvoll bist. Ich werde ihm Deine Entscheidung mitteilen und ihm erklären, daß Du ihm wegen seines hohen Alters keine Umstände verursachen wolltest. Du hättest ihn gern gehabt, denn er ist einer der menschlichsten Menschen, die ich je getroffen habe, und doch eben so vital und energisch wie er menschlich ist. Immer Dein Freund Günther

1 Es handelt sich um die Unruhen bei der Ankunft des Pressesekretärs von Eisenhower, Hagerty, der bei seiner Ankunft in Tokio durch die Menge derer, die gegen die Erneuerung des Sicherheitspaktes zwischen den USA und Japan protestierten, gefährdet wurde.

2 Siehe Brief 37.

Brief 36. An Günther Anders

Lieber Freund Günther, 26. Juli 1960

Dank für Deine rasche Antwort auf meinen letzten Brief. Ich bin völlig einverstanden mit dem, was Du von dem Filmangebot des Schriftstellers Mc Clure und des Filmschauspielers Audie Murphy denkst. Ich habe gerade herausgefunden, daß Murphy vor kurzem aus

Europa zurückgekehrt ist, wo er einen Dokumentarfilm über ferngelenkte Raketen gedreht hat, und zwar um die ganze Stärke dieser Waffen zur Schau zu stellen. – Günther, wir haben hier in den U. S. einen Verband, der sich ‚Sane Nuclear Society' nennt, und der in Hollywood von Steve Allen und Robert Allen; zwei der beliebtesten Fernseh- und Filmpersönlichkeiten, geleitet wird. Ich bin nicht mit ihnen in Kontakt, aber wenn ein Buch fertiggestellt sein wird, dann werden *sie* die Leute sein, an die wir uns wenden können, um einen Film zu machen. Ich ziehe Robert Ryan (Audie Murphy) vor, weil er besonders beliebt und, soweit ich ausfinden kann, ein ernster Mann und ein Mensch von Überzeugungen ist. Ich glaube, wenn wir diese Leute bekommen können, dann werden wir in der Lage sein, den Einfluß dieser ernsten und großen Schauspieler zu unserem Vorteil zu benutzen. Es gibt noch eine ganze Reihe anderer Schauspieler in Hollywood, die zur SANE Society gehören.

Im Augenblick habe ich zwei jobs vor mir, die ich rasch erledigen muß. Erst einmal sollst Du von der Antwort des japanischen Parlamentsmitglieds hören, oder besser: Die schicke ich Dir gleich ein. Und zwar als Unterlage, aus der Du vielleicht einen Artikel machen könntest. Den könntest Du dem Abgeordneten dann zuschicken und ihn bei dieser Gelegenheit nach seinen Überzeugungen fragen und Dich bei ihm erkundigen, wie er zu meiner Philosophie steht und zu meinen Gedanken, wie man die Angst der Massen dieser Welt stoppen kann. Vergiß nicht, mit politischen Angelegenheiten und Organisationen darf ich nicht in Verbindung gebracht werden, ich darf ausschließlich mit meinen eigenen Gedanken über Atomprobleme identifiziert werden, und meine ganze Position basiert auf den drei Worten: Liebe, Vertrauen und Brüderlichkeit. Diese Worte allein werden die Kraft haben, die Furcht aller Völker dieser Welt zu zerstören, und sie sind das einzige, was die Kriegsdrohung zunichte machen wird. Ich glaube, wenn Du es zustande bringst, diesen Mann und die anderen Parlamentsmitglieder, die den Brief an mich unterzeichnet haben, zu veranlassen, die Erklärung abzugeben, daß wir dieses ganze ungeheuere Problem auf eine moralische Basis stellen, dann wird es keinen Grund zur Angst mehr geben, und die ununterbrochene Zurschaustellung der bedrohlichen Macht (durch Machtdemonstrationen in Filmen, im Radio oder in ungeheueren Paraden) wird dann ihre Wirkung verlieren. Du, Günther, kannst dann einen großen Aufsatz[1] schreiben, der seinen

Effekt in Europa haben wird. Versuch, diese Artikel in allen europäischen Ländern, in Frankreich, in Italien, Norwegen, Schweden durch Deine Freunde und Verleger unterzubringen[2]. Wir müssen beginnen, viel aktiver zu werden, die Situation wird prekär. Ich weiß, unser Artikel hat seinen Weg nach Polen gefunden: Mein Arzt erhielt nämlich einen Brief von dort, dem dieser Artikel beilag; und den konnte er lesen, denn er ist ein Ukrainer, der im Jahre 27 geflüchtet war[3]. (Auch) ich werde diesen Parlamentsabgeordneten schreiben, und zwar rein moralisch, ohne alles Politische. Wir können es uns nicht leisten, mit dieser politischen oder mit jener kirchlichen Gruppe identifiziert zu werden. Unser Ziel ist, die Atomrüstung zu stoppen und eine Weltregierung zu etablieren[4], die fähig wäre, den Frieden aufrechtzuerhalten – und zwar eine Regierung, die die kleinen schwachen Staaten ebenso in sich begriffe wie die großen starken; und das Geld, das heute für Weltrüstung ausgegeben wird, für Erziehung, Gesundheit und das Wohlergehen der armen Völker zu verwenden.

Günther, bitte sende mir den Japanbrief zurück, wenn Du ihn benutzt oder abphotographiert hast. Ich will versuchen, Kohlepapier zu bekommen, um Dir einen Durchschlag meines Briefes an die japanischen Diet schicken zu können. Günther, wir müssen unsere Bemühungen verstärken, manchmal denke ich, wir sind in der kritischen Phase zu langsam geworden.

Günther, ich würde gern mit Dir sprechen, um eine Angelegenheit von großer Wichtigkeit aufzuklären, die mich und meine Handlungen in den letzten 14 Jahren betrifft; ich kann es mir nicht leisten, dasjenige, was ich Dir eines Tages erzählen werde, zu Papier zu bringen. Aber ich habe das Gefühl, daß Du zwischen den Zeilen lesen kannst, und daß Du weißt, welcher Art meine Aktionen gewesen sind. Aber das ist eine Sache, die warten kann ...

Heute ist es wichtig, daß mein Name sehr viel bekannter geworden ist als der jener Männer, die die Bombe wirklich abgeworfen haben. *Mein ‚fertig los'-Zeichen muß das Instrument werden, das meine Schuld zeigt. Was den Massen der Welt (sc. klargemacht werden muß, ist) daß der demoralisierende Effekt der Bombe ebenso total ist wie ihr physischer Effekt ...*[5]. Mir scheint, es wird einen langen und mutigen Kampf erfordern, für uns und unsere Freunde, unseren Überzeugungen zum Siege zu verhelfen. Ich denke daran, ein bißchen länger im Hospital zu bleiben, bis ich einen Artikel beendet habe, den ich in

‚Coronet' (einer der größten und respektabelsten Zeitschriften der U.S.) veröffentlichen möchte. Diese Zeitschrift brachte nämlich eine Geschichte über die Mannschaft des Bombenflugzeugs Enola Gay, die offensichtlich zu dem Zwecke geschrieben und veröffentlicht war, um die Wirkung meiner Aufsätze zu zerstören. Jeder der zur Mannschaft gehörigen Männer erklärte, keine Schuld zu fühlen und fest hinter Colonel (jetzt General) Tibbets, dem Kommandeur der Mannschaft im Augenblick des Abwurfs, gestanden zu haben; und jeder, daß er bereit wäre, dasselbe wieder zu tun. Es war eine sehr widerspruchsvolle Geschichte, ich werde sie Dir zuschicken. Ich werde meinen Freund Al Hirschberg darum bitten, die Sache zu schreiben wie von mir erzählt (as told by me), damit ich nicht durch die Zensur der Air Force, die dem Hospital diktiert, was mit mir zu geschehen hat, daran gehindert werde. Ich habe einen Freund (meinen Arzt), der mir auf seine Weise hilft, aber das, was er für mich tun kann, hat seine Grenzen. Er ist unser Freund und hat mir nun zehn Jahre lang geholfen. Und hat die ganze Zeit alles gewußt.

Günther, würdest Du mir die Erlaubnis geben, Deine ‚Gebote des Atomzeitalters' in einem Artikel als Teil meiner Philosophie zu verwenden? Im Interesse der Wirkung wäre es unklug, sie als Deine Arbeit zu bezeichnen, weil, wenn ich das tun würde, die Leute denken würden, daß alles von mir Geschriebene von anderen geschrieben worden sei, und sie dann den Glauben an meinen Ernst und an meine Bemühungen verlieren würden. Um zu gewinnen, muß jeder von uns den anderen, und jeder des anderen Arbeit benutzen. Das Honorar werde ich mit Dir teilen. Bitte antworte mir so rasch wie möglich, denn ich möchte meinen Artikel möglichst bald veröffentlichen, damit er den Eindruck des anderen Artikels auslösche. Ich habe Al Hirschberg bereits geschrieben, der hatte sich schon seit langem eine Geschichte von mir gewünscht.

Ich erhalte sehr viel Post aus Deutschland, manche Briefe sind albern und liebeskrank, aber andere von Leuten, die offensichtlich der Atomrüstung gegenüber nicht indolent geblieben sind. – Zum Schluß möchte ich mein Bedauern darüber ausdrücken, daß Du nicht derselbe Günther Anders bist, der von einem so schönen Mädchen geliebt worden ist, aber ich bin Dir dankbar, weil Du Liebe aufbringst für das große Ziel, für das wir beide hart arbeiten müssen, um den Sieg zu erringen.

Günther, Dein Buch über Japan habe ich nie bekommen. Bitte signiere ein Exemplar für mich und sende es mir zu. Ich hoffe, daß ich in baldiger Zukunft ein Buch mit Dir zusammen signieren kann.

Sorg Dich nicht um mich, mir geht es gut, und mir wird es weiter gut gehen. Ich weiß, ich kann immer auf Dich rechnen (you will never forsake me). Dein Freund Claude

P. S. Kannst Du mein Geschmier lesen? Ich nicht.

1 Auf Englisch: ‚story'. Jeder Text heißt bei Eatherly so.

2 E. überschätzt natürlich die öffentliche Macht des freien Schriftstellers und er überschätzt geradezu abenteuerlich meinen Einfluß. Da er dann und wann Zusendungen erhalten hat, in denen mein Name auftauchte, und da andererseits andere europäische Namen im Zusammenhang mit seinem Fall niemals aufschienen, macht er sich ein total falsches Bild von mir.

3 Vermutlich handelt es sich um die Briefe, die als Brief 1 und 2 diese Sammlung eröffnen.

4 Ob Eatherly diesen totalen Politikverzicht wirklich meint (was ich nicht für unmöglich halte) oder ob er ihn nur aus politischen Gründen so stark unterstreicht, das muß offen bleiben. Wenn er sich in dieser Hinsicht mit mir völlig einig glaubt, so ist das ein Mißverständnis. Ebenso stark sind meine Bedenken gegenüber der Idee der Weltregierung, die ich deshalb nicht reservelos bejahen kann, weil bei der Tendenz zur Machtzentralisierung, die der heutigen Politik (von der heutigen Technik zu schweigen) innewohnt, jede Weltregierung automatisch in eine globale, und das hieße nun: unentrinnbare Diktatur umschlagen könnte. Nicht in der Abschaffung der Souveränität der Staaten besteht die heutige politische Aufgabe, sondern in deren Dosierung.

5 Was nun folgt, ist eine überraschende Deutung seiner halbkriminellen Handlungen, die, wenn sie zutrifft, die These der Geisteskrankheit Eatherlys ein für allemal annullieren würde. Über diese Mitteilung (die ich selbst für eine ex-post-Deutung seiner Vergangenheit halte) kann ich mich freilich nicht auslassen, denn Eatherly hat mich in dieser Textstelle aufs eindringlichste darum gebeten, von ihr keinen Gebrauch zu machen.

Brief 37. An Claude Eatherly

Lieber Claude, 31. 7. 60

Eben ist Dein langer Freundschaftsbrief angekommen, und es drängt mich, Dir sofort zu antworten, obwohl ich nicht glaube, daß ich im Augenblick wirkliche Lösungen für alle Deine Probleme improvisieren kann. Dein Brief verrät aber, daß Du erregt zu sein scheinst[1], vermutlich warst Du es durch den infamen Artikel in ‚Coronet'; wenn ich Dir sofort schreibe, so vor allem deshalb, um Dich darum zu bitten, Deine Gefühle zu sparen und sie nicht dadurch aufzubrauchen, daß Du Dich über einzelne Schlechtigkeiten, mit denen wir ja jeden Tag rechnen müssen, empörst; vielmehr sollst Du sie für Deine Hauptaufgabe in Reserve halten. Benutze diese einzelnen Schlechtigkeiten als Mahnung, sie beweisen nur, wie pausenlos wir in unserem Geleise weiter fortfahren müssen. Übertrieben formuliert: Wir sollten dankbar für sie sein, weil sie uns daran hindern, nachlässig zu werden.

Und nun zu den Punkten Deines Briefes. Wieder habe ich skeptisch zu schreiben: Ich zweifle daran, daß diejenigen japanischen Abgeordneten, die sich auf dem Umweg über einen amerikanischen Senator an Dich gewandt haben, Freunde unserer Sache sind. Ich argwöhne vielmehr, daß es deren Absicht ist, die Autorität, die Du bei der jungen Generation in Japan genießt, auszunutzen; daß sie versuchen, Dich als einen Advokaten eines schlauen Kompromisses zu präsentieren – und Kompromisse können immer in christliche Kompromisse verkleidet werden[2]. Leider kenne ich nun nicht die Antwort, die Du ihnen zugesandt hast. Vielleicht bist Du da in eine Falle gerannt. Ich habe sofort bei einem japanischen Freund von mir, einem Professor, angefragt, um etwas über die japanischen Unterzeichner des Briefes an Dich zu erfahren, und um auszufinden, ob sie das, was sie sagen, wirklich meinen, oder ob sie Kishi-Leute sind. Es scheint völlig vergessen zu sein, daß Kishi schließlich ein aktives Mitglied der japanischen Regierung während des aggressiven Expansionskrieges in der Pearl Harbor-Periode gewesen war, und daß er die Exploitierung jener Gebiete, die Japan damals besetzt hatte, organisatorisch geleitet hatte. Und schließlich war es ja nicht grundlos, wenn die Vereinigten Staaten ihn unmittelbar nach Kriegsschluß für drei Jahre einsperrten. Kein amerikanischer Bürger mit Ehrgefühl dürfte mit diesem Mann oder mit denen, die seine Helfer gewesen waren, in Kontakt treten. – Natürlich hoffe ich noch immer, daß diejenigen, die an Dich herangetreten sind, nicht zu diesem Klan gehören. Wir müssen auf die Antwort meines Freundes in Tokio warten.

Du hast mich darum gebeten, an diese Leute zu schreiben und, wenn ich Dich recht verstehe, diesen Brief als einen offenen Brief zu verwenden, also als einen Text, der überall veröffentlicht werden sollte. Ohne zu wissen, wer sie sind, kann ich das nicht tun. Der Tonansatz, den man wählt, hängt davon ab, wen man anspricht. – Hoffentlich kommt meine Bitte nicht zu spät, sende auch Du Deinen Brief noch nicht ab, ehe wir nicht wissen, um wen es sich bei diesen Menschen handelt. Das Schreiben der Abgeordneten schicke ich Dir zurück, ich habe es kopiert.

Was Du da von der Sendung schreibst, die Dein Arzt aus Polen bekommen hat, das ist wirklich phantastisch. Die Polen müssen unsere Briefe aus einer deutschen Zeitschrift übersetzt haben. Ist das nicht eine wunderliche Welt, in der man in Wien aus einem Brief, der aus Texas kommt, erfährt, daß man in Polen veröffentlicht worden ist?

Und nun zu Deiner Bitte, Claude, Formulierungen aus meinen ‚Geboten des Atomzeitalters' in Deinem ‚Coronet'-Artikel zu verwenden. Dies Problem scheint mir etwas schwieriger, als Du es siehst. Der Stil meiner Formulierungen ist erkennbar. Ich fürchte, daß, wenn Du diese einfach übernimmst, leicht gesagt werden könnte: Die sind nicht von Eatherly. Darum scheint es mir ratsamer, meine Gebote so radikal umzuprägen, daß man die Quelle nicht erkennt; oder mich auf normale Weise zu zitieren. Es hängt vom Stil Deines ‚Coronet'-Artikels ab, welche dieser beiden Möglichkeiten Du als die richtigere wählst. – Übrigens habe ich im Februar 59 den Studenten der Universität von Westberlin eine Reihe von Thesen über die Atomsituation diktiert. Eben schreiben sie mir, daß sie diese in ihrer Zeitschrift veröffentlichen wollen. Leider habe ich noch keine englische Version hergestellt. – Deinen Vorschlag, das Honorar für den ‚Coronet'-Artikel 50 : 50 zu teilen, vergiß lieber. Richtiger, Du sendest den Betrag an das Hiroshima Hospital, Abteilung Atomopfer.

Es wundert mich nicht, daß die Post, die Du aus Europa bekommst, albern ist. Obwohl man die Serie als solche anerkennen kann, ist doch das Niveau der Zeitschrift sehr niedrig, und die Leute, die sie zu lesen pflegen, sind nicht gerade Leute nach unserem Geschmack.

Sonderbarerweise hast Du mir nichts darüber mitgeteilt, wie Du nun Deine Chancen, herauszukommen, beurteilst. Bitte schreib mir darüber. Hast Du übrigens irgend etwas über die Briefe gehört, die ich dem Richter und Dr. Frank geschickt hatte?

Ist es Dir klar, daß wir uns nun seit über einem Jahr kennen? In Deinem ersten Brief hattest Du vorausgesehen, daß es eine lange Korrespondenz werden würde. Nun hoffe ich, es wird eine lebenslängliche bleiben. Dein Freund Günther

1 Der handschriftliche Duktus des letzten Briefes hatte unzweideutig Erregung und Verwirrung gezeigt.

2 Eatherly ganz reinen Wein einzuschenken (Siehe Anmerkung 1 zu Brief 34) schien mir deshalb unangebracht, weil ich von keinem meiner Briefe annehmen durfte, daß er nur von ihm gelesen werden würde.

Brief 38[1]. An Günther Anders

Lieber Günther 3. August 1960

Gerade kam Dein Brief und Deine wie immer gute Beratung, die ich immer als die von einem vertrauenswürdigen Freunde akzeptiere. Was nun den Brief, den ich an den Reverend N. geschrieben habe, betrifft (sc. da hast Du unrecht). Das wird Dir klar werden aus einem Brief, den ich von den Leuten der XY Society bekam, das ist die gleiche Gruppe, der wir im letzten Jahr geschrieben hatten, und die so wunderbar darauf reagiert hat. Der Satz über Reverend N. in diesem Brief wird Dir klarmachen, daß es sich um einen ernsthaften Mann handelt, um einen Mann, der auf unserer Seite steht. Den Brief, den ich nun geschrieben habe, und der nun gerade getippt wird. werde ich nicht absenden, ehe ich nicht von Dir gehört habe. Sobald die Kopie fertig ist, sende ich sie Dir zu. Ich war sehr achtsam, in meinem Text alles zu vermeiden, was den Anschein erregen könnte, daß ich mit irgendeiner Gruppe, Partei oder Kirche in Verbindung stehe.

Außerdem hatte ich mich, noch ehe Dein Brief eintraf, dazu entschlossen, die geplante ‚story' für ‚Coronet' nicht zu schreiben, sondern lieber zu warten, bis ich draußen bin und mein Buch geschrieben habe. Übrigens habe ich herausgefunden, daß es mir nach meiner Entlassung mindestens eine Zeitlang, aber vielleicht jahrelang, unmöglich sein wird, die U. S. zu verlassen. Aber ich werde schon den rechten Mann finden, der mir bei meiner Autobiographie hilft. Wenn Du es doch sein könntest, aber ich wünsche, daß Du die Einleitung oder den Epilog schreibst (oder heißt es Prolog, entschuldige meine Ignoranz – aber man hat mir in der letzten Zeit mehr Tranquillizers gegeben, denn der Doktor sagte, ich sei im Augenblick ‚hypermaniac', so wie es ja in dem Report aus meiner Militärzeit festgestellt war). Er (unleserliche Wörter) sieht die Verbesserung meines Zustandes, aber er wünscht (wieder unleserliche Wörter), daß ich nicht wieder in den manischen

Zustand zurückverfalle, der meinen Zusammenbruch und meinen Schuldkomplex ausgelöst hat[2].

Ich werde versuchen, Dir zu erklären, warum ich darauf Hoffnung habe, im September herauszukommen, nämlich weil ich ein langes Telephongespräch mit meinem Bruder hatte, in dem ich ihm ein paar von den Dingen erklärt habe, die ich Dir einmal in einem meiner Briefe erklärt habe[3]; und ich hoffe, er wird sein Einverständnis mit meiner Entlassung unterzeichnen, statt (mir zuzumuten), mich wieder einer Verhandlung zu stellen und von neuem eingewiesen zu werden.

Ich hoffe, es war keine Falle, die da von Japanern oder Amerikanern für mich gestellt worden war – aber ich habe nichts gesagt (sc. in seinem Brief nach Japan), was irgend etwas mit Politik zu tun hatte. Was ich schrieb, war einfach, daß durch Gewalt nichts gelöst werden kann.

Ich habe der XY Society, für die ich zuweilen Artikel geschrieben habe, erlaubt, ein Fernsehprogramm über mich zu senden, also gegen Atomrüstung und Krieg und für den Frieden. Ich werde Dir den Brief zuschicken, den ich durch eine Bekannte von mir, die Pazifistin ist und der XY Society angehört, erhalten habe ... Sie ist mein guter und verläßlicher Freund hier, so wie Du mein Freund in Österreich bist. Sie hat neulich ihr erstes Buch, und zwar über Gebete, herausgebracht.

Was die Verwendung Deiner ‚Gebote' betrifft – da bin ich ganz Deiner Ansicht, ich wäre niemals fähig, die Höhe und die Tiefe des Ausdrucks zu erreichen, die Du erreichst. Ich werde es irgendwie so machen, wie Du es vorschlägst, also, wenn ich kann, Deine Worte so verändern, daß sie in meinen Stil hineinpassen.

Bitte erwäge, entweder die Einleitung oder das Schlußwort zu meinem Buch zu schreiben. Ich glaube, ich habe Dir schon gesagt, was ich mit dem Honorar tun würde, wenn ich welches bekommen sollte: Das meiste würde nach Japan gehen, manches nach Deutschland und in andere Länder, und einen Fond würde ich irgendwo deponieren, wo er von keiner Einkommensteuer berührt werden kann, und wo man mit ihm keine Bombe erzeugen kann.

Zurück zu meinem Buch, mit dem ich am ersten Oktober beginnen werde. Ich werde Dich um Rat und Hilfe bitten, namentlich, wie ich meine Hemmungen bei der Schilderung meiner angeblich heroischen Taten (supposedly heroic acts) während des Krieges überwinden kann. Wie kann ich das zustande bringen, denn jeder junge Mensch, der das liest, wird ja wünschen, eine militärische Karriere einzuschlagen und wird versuchen, ein Held zu werden. Wie kann ich diesen Mythos zerstören? Günther, ich ließ Dir durch Freunde von draußen eine Kopie von ‚Coronet' schicken, mit der Geschichte von General Tibbets und der Mannschaft des Bombenflugzeugs. So daß Du mit eigenen Augen sehen kannst, daß dieser Aufsatz gegen meine Artikel geschrieben war (to retaliate against my articles).

Vielleicht weißt Du nicht, daß die U. S. Kishi wegen des Vertrages, den er unterzeichnet hat, unterstützen. Keine Angst, ich habe in meinem ersten kurzen Brief nichts gesagt, um ihn oder seinesgleichen zu verteidigen. In dem Artikel von uns beiden, hatte ich gedacht, sollte stehen, daß kleine Länder keine Atomrüstung wünschen, weil sie dadurch in Angst vor den übrigen Ländern leben würden; und dafür (wollte ich) die Unterstützung der japanischen Diet gewinnen. Ich habe den letzten Brief nicht abgeschickt, und werde das auch nicht tun, ehe wir nicht einen handfesten Beweis für den guten Willen dieser Leute haben. Ich weiß, die XY Society ist eine gute und respektable pazifistische Gruppe, die die Unterstützung von Männern wie Bertrand Russell und Pauling genießt.

Wenn ich einen Fehler gemacht haben sollte, werde ich meine früheren Formulierungen in einem Artikel an das japanische Volk verändern.

Ich würde gern Deine Thesen über die Atombombe lesen, wenn Du sie übersetzen lassen kannst.

Ich habe nichts gehört, und sie (Arzt und Richter) erzählen mir von keiner Post, die sie von irgend jemandem erhalten. Ich glaube nicht, daß mein Bruder von neuem meine Internierung beantragen wird, und ich hasse den Gedanken, eine Verhandlung zu riskieren, weil sie (die Ärzte) sagen werden, ich sei ein Selbstmordkandidat, und weil das meine Bemühungen zunichte machen würde.

Das Jahr, in dem wir uns kennen, scheint kurz, unsere Freundschaft wird nie ein Ende nehmen. Ich hoffe, ich habe keine Deiner Fragen unbeantwortet gelassen, ich habe Dir alles über meine Situation mitgeteilt, was ich weiß. Ich bin ein bißchen unter Drogen heute, entschuldige bitte das Durcheinander. Dein Freund Claude

1 Dieser Brief ist nicht nur zu großen Teilen unleserlich, sondern auch syntaktisch regellos und an manchen Stellen für mich unverständlich. Würde man dieses Stück isoliert Psychiatern vorweisen, so würden diese gewiß, und mit

Recht, eine Störung diagnostizieren. Indessen muß dieses Stück, das wie ein erratischer Stein in normalem Gelände liegt, eben als Ausnahme-Dokument verstanden werden. Der Brief ist, wie Eatherly selbst an zwei Stellen mitteilt – denn er selbst spürt deutlich die Inkohärenz und die Verwaschenheit –, unter der Wirkung von Drogen geschrieben worden. An keiner anderen Stelle erwähnt Eatherly Behandlung mit ‚Tranquillizers'. Auf die Frage, warum man ihn gerade in dieser Zeit mit Drogen stumpf zu machen versuchte, gibt es eine sehr plausible Antwort: die erste August-Woche ist die ‚Hiroshima-Woche'; vermutlich erwartete man in diesen Tagen eine Steigerung seiner Erregung. – Es ist unheimlich, daß das einzige Dokument der Störung und Zerstörung verursacht worden ist durch die Mittel, die man gegen die angebliche Geistesstörung verwendete. Am erschreckendsten aber ist dieser Brief nicht als Symptom des Zustandes des ‚Patienten', sondern als Zeichen des Zustandes der Behandelnden, denen es selbstverständlich ist, *Pillen gegen Apokalypse-Schreck* einzugeben.

2 Eatherly ist durch das medizinische Vokabular, das er nun seit Jahren gehört hat, so beeinflußt, daß er, statt einfach, wie er es offensichtlich meint, von ‚Schuld' zu sprechen, von ‚Schuldkomplex' spricht, also einen Terminus verwendet, der, gerade im Gegensatz zu seiner eigenen Überzeugung, das Schuldgefühl seiner Legitimation beraubt. Die Psychoanalyse spricht ja von ‚Schuldkomplex' ausnahmslos nur dann, wenn es sich um Schuldgefühle handelt, die ungerechtfertigt sind. Eatherly dagegen besteht ja gerade darauf, daß er wirklich Schuld trägt. (Siehe Brief 62)

3 Hier bezieht er sich offensichtlich auf jene Deutung seiner ‚abnormen' oder ‚kriminellen' Handlungen, die er mir, mit der Bitte um Diskretion, in Brief 36 gegeben hat, und auf die er sich auch später noch beruft. (Siehe Anmerkung 5, S. 285)

Brief 39. Von XY Society Tokio an Claude Eatherly

Lieber Major Eatherly, ohne Datum

Nun da der Hiroshima-Tag nahe ist, senden wir Ihnen diesen Brief, um Ihnen zu sagen, daß wir heute, 15 Jahre nach diesem tragischen Vorfall (incident) von Hiroshima, voll Sorge an Sie denken.

Vor einem Jahr ließen wir Ihnen einen Brief durch unsere gemeinsame Freundin, Mrs. . . ., zugehen. Der Brief ist niemals von Ihnen bestätigt worden, aber wir hoffen, daß er Ihnen zu Gesicht gekommen ist. Nach diesem unserem Brief war ein anderer „letter of sympathy and goodwill" an Sie abgegangen, ein Brief, unterzeichnet von „30 Girls aus Hiroshima", und es war der Geist der Verzeihung, der diese Mädchen veranlaßt hatte, diesen Brief an Sie zu schreiben. Genau so wie wir hatten die Girls, die Opfer des Bombenabwurfs gewesen waren, ihrer Überzeugung Ausdruck verliehen, daß *Sie* ebenso ein Opfer der barbarischen Einrichtung, die Krieg heißt, sind, wie diese unschuldigen, nun bis zu ihrem Lebensende versehrten Mädchen.

Wir wissen von einem Brief, den Sie jüngst an unseren Freund, den Reverend N. (ein Mitglied des Parlaments und zugleich ein führendes Mitglied unserer Society) geschrieben haben. Dieser Brief hat eine weite Leserschaft gefunden, und wir waren froh, ihm entnehmen zu können, daß Sie sich nicht nur allmählich körperlich erholen, sondern nun auch beginnen, eindeutig für Frieden und gegen den Krieg Position zu beziehen. Wir hoffen, daß diese unsere Annahme nicht einfach ein Kind unseres Wunsches ist. Wir beten weiter für Ihre vollständige Wiederherstellung und für Ihren Eintritt in ein neues Leben.

Es ist unsere Hoffnung, daß dieser Brief Sie am Hiroshima-Tag erreiche. Dies ist ein Tag, der der Sache der Versöhnung der Nationen geweiht ist, ein Tag des Gedenkens, und er soll von nun an dazu dienen, die Menschheit von gegenseitiger Verdächtigung, von Feindschaft und Krieg zu befreien, und sie dazu veranlassen, stattdessen in gegenseitigem Vertrauen und in brüderlicher Liebe zusammen zu leben.

Mit den wärmsten persönlichen Grüßen

(zwei japanische Unterschriften)

Brief 40. An Claude Eatherly

Lieber Claude, 10. 8. 60

Ich habe Deinen langen und warmherzigen Brief bekommen. Leider kann ich ihn im Augenblick nicht beantworten, da ich im Begriff bin, nach Berlin zu fliegen, um bei einer Hiroshima-Gedenkfeier zu sprechen. Nach meiner Rückkehr wirst Du einen richtigen Brief von mir bekommen. Aber ich bin froh, aus dem japanischen Brief zu sehen, daß ich unrecht gehabt hatte, daß meine Verdächte sich nicht bestätigen. Dieser Mr. . . . ist bestimmt in Ordnung. Wie immer, Dein Freund

Günther

Brief 41. An Günther Anders

Lieber Günther, 17. August 1960

Nur ein paar Worte, um Dir zu sagen, daß Dein Brief mit der Einlage angekommen ist, ich sende Dir nun einen Teil des Skripts, das ich an das japanische Parlament geschickt hatte, nachdem ich nun wußte, daß die Leute O. K. sind.

Der ‚Tokio Shimbun' möchte den Text[1] für eine großaufgemachte story verwenden; ich antwortete ihnen, das sei in Ordnung, wenn das Parlament damit einverstanden wäre. Außerdem bat mich das Blatt auch darum, ein paar Fragen zu beantworten. Natürlich habe ich mich philosophisch ausgedrückt, um in keine Falle zu rennen[2].

Ich habe nicht erfahren, ob sie mich nun bald entlassen werden oder nicht; wenn nicht, dann werde ich ein A. M. A. (against medical advice)[3] unterzeichnen, dann müssen sie, wenn sie mich weiter dabehalten wollen, von neuem die Einweisung beantragen. (Auf Englisch verwirrt: ‚They have to recommit me if I am held'.) Ich hoffe, mein Bruder wird mich nicht wieder einweisen. Dein Freund Claude

1 Bei Eatherly: ‚Essay'. Immer wieder verwendet E. in seinen Briefen ihm fremde Literaturworte; wohl auch deshalb, um in dem Briefwechsel mit einem Schriftsteller (vermutlich dem ersten, dem er in seinem Leben begegnet ist) nicht ganz ungebildet zu erscheinen.

2 Wie recht E. mit dieser Diskreditierung der Philosophie als Alibi-Beschäftigung hat, ist ihm gewiß nicht bewußt.

3 Antrag auf Entlassung gegen den Rat der Ärzte.

Brief 42. Von Claude Eatherly an Reverend N.[1]

Geehrter Herr, 8. August 1960

Lassen Sie mich damit beginnen, Ihnen und den anderen Parlamentsmitgliedern, die den Brief vom 25. Juli unterzeichnet haben, meinen Dank auszudrücken. Meine Dankbarkeit für die Sorge, die Sie um mich haben und für die Gebete, die Sie für mich sprechen, ist grenzenlos. Ich empfinde es als eine Ehre, daß Sie in diesen Tagen der Furcht und der Unruhe mehr über meinen philosophischen Standpunkt zu wissen wünschen.

Ich werde ausschließlich für mich selbst sprechen, obwohl eine große Zahl von Amerikanern so wie ich glauben, daß diese Zeit des Kampfes zwischen allen Nationen, groß und klein, ihr Ende nehmen müsse[1]. Ich habe viele Artikel geschrieben zur Veröffentlichung, um Mut zur Hoffnung zu machen, und um die Bemühungen, die nötig sind, wenn wir diese Erde retten wollen, (zu fördern).

Zuerst möchte ich Ihre Frage beantworten, worin meine Rolle bei der Bebombung von Hiroshima bestanden habe.

Ich kommandierte das Führungsflugzeug, das ‚Straight Flush'. Es war meine Aufgabe (job), den Zielort Hiroshima zu erreichen, den Ort, der bei der Wahl der Bombenziele an erster Stelle stand, das Wetter dort zu rekognoszieren und festzustellen, ob wir irgendeinen Widerstand von der feindlichen Luftwaffe oder Bodenbeschuß zu erwarten haben würden. Ich flog über dem Zielgebiet etwa 45 Minuten lang, um die Wolkengruppen zu studieren, die das Ziel teilweise unsichtbar machten; Ziel war eine Brücke zwischen dem militärischen Hauptquartier und der Stadt Hiroshima selbst. Etwa 15 japanische Flugzeuge flogen in einer Höhe von 15 000 feet (etwa 5000 m), aber sie machten keinen Versuch, meine Höhe von 29000 feet (etwa 10000 m) zu erreichen. Diese Flugzeuge verschwanden bald. Was das Wetter an diesem Tage des 6. August betrifft: über der Stadt Hiroshima gab es in der Höhe zwischen 12000 und 15000 feet verstreute Kumulus-Wolken. Diese Wolken schienen in der Richtung der Stadt Hiroshima in einer Geschwindigkeit von 10 zu 15 Meilen stündlich zu ziehen. Die Zeit dieser meiner Beobachtung war ungefähr ½ 8 Uhr morgens. Der Zielpunkt war deutlich sichtbar. Dieser bestand, wie gesagt, in einer Brücke, deren Zerstörung das japanische Hauptquartier aufs schlimmste beeinträchtigen mußte. Das Wetter schien mir ideal: da nur das Ziel sichtbar war, aber nicht die Stadt, würde diese gerettet werden, und der Abwurf der Bombe auf das Hauptquartier würde das Militär dazu bringen, die Zerstörungskraft der Bombe zu begreifen und die Armee davon überzeugen, daß sie nun einen Friedensvertrag zu unterzeichnen und den furchtbaren Krieg zu beenden hätte. Ich sandte meine kodifizierte Botschaft, die das endgültige ‚Fertig-Los' darstellte, dem Bombenflugzeug zu, ich wies es also an, das Hauptziel zu bebomben.

Aber meine Hoffnung verwirklichte sich nicht. Die Wolken über Hiroshima verflüchtigten sich, der Bombenschütze verfehlte den Zielpunkt um etwa 3000 feet (1 Kilometer) und zerstörte die Stadt Hiroshima. Ich glaube nicht, daß es sich dabei um einen beabsichtigten

Fehler gehandelt hat, sondern eben um ein Versehen, das verhinderte, daß die Bombe genau saß (straight and true)[3]. Bitte denken Sie daran, es war eine neue, noch unausprobierte Bombe. Aber die Sache war nun einmal geschehen, und nun ist es unser ‚job'[4], alles nur Denkbare dafür zu tun, damit es nie wieder ein anderes ‚Hiroshima' gebe.

Nun, nachdem ich Ihnen über meine Rolle bei der Mission gesprochen habe, möchte ich Ihnen erzählen, daß ich an diesem Tage des 6. August 1945 den Entschluß gefaßt habe, mein Leben der Aufgabe zu weihen, die Kriegsursachen zu zerstören und für die Ächtung aller Atomwaffen zu kämpfen[5]. Dies gelobte ich in einem Gebet auf dem Flug zur Heimatbasis – und was in der Zukunft auch geschehen mag, ich weiß, daß ich drei Dinge gelernt habe, die für immer Überzeugungen meines Herzens und meines Geistes bleiben werden.

Zu leben, selbst das härteste Leben zu leben, ist der schönste Schatz und das wundervollste Wunder in der Welt.

Seine Pflicht zu erfüllen, ist das zweite wunderbare Ding. Und dieser Pflicht: Nämlich allen Menschen aller Rassen, gleich ob rot, weiß, schwarz oder gelb, ein Leben voll Glück, ohne Furcht, ohne Armut, ohne Ignoranz und ohne Knechtschaft zu verbürgen – der Erfüllung dieser Pflicht weihte ich mich auf dem Rückflug von Hiroshima nach Tinian. Das war mein zweites Credo.

Mein drittes Credo ist, daß Grausamkeit, Haß, Gewalttätigkeit oder Ungerechtigkeit niemals ein Millenium wird heraufbringen können, weder im geistigen noch im moralischen noch im materiellen Sinne. Der einzige Weg zum Millenium ist die verströmende schöpferische Liebe, das Vertrauen und die Brüderlichkeit, die nicht nur gepredigt, sondern pausenlos praktiziert wird. –

Ungefähr 15 Jahre sind seit diesem Gelöbnis verflossen, und die Schuld, die mit einem solchen Verbrechen verbunden ist, hat in meinem Geist und in meinem Gemüt viel Verwirrung angerichtet. Beinahe acht von diesen Jahren habe ich in Hospitälern, und eine kurze Zeit in Gefängnissen verbracht. Mir schien, ich war in Gefängnissen stets glücklicher, weil ich dadurch, daß ich bestraft wurde, die Schuld los wurde ...

Diese tragischen Jahre verminderten nicht meine Begierde, für immer Gewaltätigkeiten und atomare Bewaffnung auszulöschen (to stamp out). Vielmehr steigerten sie nur meine Begierde danach, alles zu tun, was in meinen Kräften steht, und zwar dadurch, daß ich mich einerseits über die wissenschaftlichen Fortschritte auf dem laufenden hielt und andererseits über die Abnahme (oder die langsamere Entwicklung) der Moral der Massen unserer Erde.

Lassen Sie mich diese eine Stelle aus der Bibel zitieren: ‚Selig sind die Sanftmütigen: denn sie werden das Erdreich besitzen. Selig sind die Barmherzigen: denn sie werden Barmherzigkeit erlangen. Selig sind die Friedfertigen: denn sie werden Gottes Kinder heißen.'

Leider kann ich Ihnen unter meinen gegenwärtigen Bedingungen kein Bild meiner Familie schicken. Aber ich habe ein Bild von mir, das mir von einem mir Unbekannten in Deutschland, der einen meiner Artikel gelesen hatte, zugeschickt worden ist. Das will ich Ihnen senden.

Möge Ihnen alles gelingen als Lohn für Ihre gute christliche Gesinnung. In Brüderlichkeit Claude R. Eatherly

1 Dies der in Brief 41 erwähnte ‚Essay'. Beträchtlich gekürzt.

2 E. verwendet hier vornehme ‚million dollar words', die den Inhalt nur verunklären. Auf Englisch: ‚A great mass of the American people hold my viewpoints on the philosophy which can end these days of strife ...' – ‚Philosophy' bedeutet bei ihm natürlich niemals Philosophie im klassischen Sinne, sondern, wie üblich in Amerika, jede pragmatische Maxime.

3 Wenn das wahr ist, dann bedeutet das, daß jenes Element, das von uns immer wieder als eines der verhängnisvollsten in der atomaren Situation dargestellt wird: Nämlich *die technische Unverläßlichkeit des Maschinisten und der Maschine, bereits im ersten Moment des Atomzeitalters seine verhängnisvolle Rolle gespielt hat.*

4 Dieses Wort an dieser Stelle ist ungeheuer charakteristisch. Das Wort ‚*job*' (= ‚Geschäft') hat alle Vokabeln, die früher Aktionen der verschiedensten Art bezeichnet hatten, verdrängt. Und zwar deshalb, weil eine Beschäftigung, die ‚nur job' ist, moralisch neutral bleibt, also etwas, was keine Gewissensprüfung erfordert, sondern nur Gewissenhaftigkeit. Nichts beweist die Unentrinnbarkeit dieser Vokabel auf so erschreckende Weise wie die Tatsache, daß selbst Eatherly, der die ‚moralische Neutralität' ja nicht anerkennt, diesen Ausdruck aufs unbefangenste mitverwendet und sogar den Kampf gegen diesen ‚job' als ‚job' bezeichnet. – Außer dieser Arbeitsvokabel ‚job' verwendete man noch eine religiöse, mindestens ans Religiöse anklingende: Die Vokabel ‚*Mission*', die aber, obwohl andere Assoziationen heraufbeschwörend, eine ähnliche Funktion ausfüllt wie der Ausdruck ‚job'. Denn auch ‚Missionen' stehen ja von vornherein jenseits der Frage ‚erlaubt-unerlaubt' – nein, mehr als das, sie *können* gar nicht unmoralisch sein. Das heißt: Auch dieser Ausdruck macht die Mobilisierung des eigenen Gewissens und die Übernahme von Verantwortung überflüssig.

5 Dieser Satz könnte dahin mißverstanden werden, daß Eatherly vor dem

Abwurf der Bombe etwas von dem Ausmaß des Effekts der ‚Atomwaffe' gewußt hätte. Dazu ist zu sagen:
a) Diese Schilderung ist genau 15 Jahre nach dem Ereignis entstanden, und vermutlich war Eatherly, der seit 15 Jahren täglich den Effekt vor Augen gehabt hatte, nun nicht mehr in der Lage, die Tatsache, daß er einmal den Effekt seiner Tat nicht gekannt hatte, seelisch nachzukonstruieren.
b) In einem gewissen abstrakten Sinne mag E. zwar etwas gewußt haben – aber was ist solch ein ‚Wissen' schon? Nachdem er während seines ganzen Spezialtrainings für diesen Flug nichts von der Atomwaffe erfahren hatte, hatte man ihm und den Mitgliedern der Mannschaft etwas von dem Probeabwurf in New Mexico erzählt; möglich, daß man ihnen auch Filmbilder gezeigt hatte. Aber selbst diese Bilder waren ja nichtssagend, weil sie ja nichts Vernichtetes zeigten, sondern lediglich den berühmten ‚Pilz'. – Was man den Fliegern, ehe man sie auf ihre ‚Mission' schickte, einprägte, war ausschließlich eine Stolz- und Eitelkeitsvokabel. Denn bereits praenumerando nannte man sie die ‚Victory boys', und als solche zogen sie nun über den Pazifik, um ihren fürchterlich unpazifischen ‚job' zu erledigen.

Brief 43. An Günther Anders

Lieber Günther, 18. August 1960

Entschuldige bitte, wenn jetzt meine Briefe so häufig werden und so viel von Deiner Zeit in Anspruch nehmen, aber jetzt, glaube ich, ist die Zeit gekommen, in der ich meinen Schritt unternehmen sollte, um aus dem Hospital herauszukommen; und ich glaube, Du kannst mir dabei helfen, und zwar durch einen Brief an meine Schwester, Mrs. Clyde L. Cobb, und innen zugleich adressiert an J. E. Eatherly jr. Die Adresse lautet ... Bitte sie darum, meine Entlassung zu beantragen (to sign me out). Ich habe ihnen gerade in den letzten Tagen von meinem Plan und von meinem Gelöbnis der letzten 15 Jahre erzählt – aber ich fürchte, sie können es sich nicht vorstellen, daß ich alles, was mit Namen, Karriere und Geld verbunden ist, für eine *Sache* aufgebe. Ich hoffe, Du kannst ihnen von der weltweiten Bewegung erzählen, und daß alle von uns dafür arbeiten müssen, um die Welt zu retten. Erzähle ihnen von unserer Freundschaft, und daß wir für einen ‚way of life' arbeiten, der Freiheit für alle bedeutet. Ich bin gewiß, Du kannst sie so tief beeindrucken, daß sie nicht einfach denken, ich sei verrückt. Du mußt ihnen klarmachen, daß mein Schuldgefühl echt ist, aber daß ich nicht wahnsinnig bin ...[1].

Meine Post aus Japan hat sich, da mein Brief an das Parlament dort durch die Presse gegangen ist, in den letzten Tagen ungeheuer angehäuft.

Günther, ich habe mir erlaubt, an den Senator Yarborough zu schreiben und ihn darum zu bitten, seinen Einfluß dahin geltend zu machen, daß man den ‚contempt charge', der gegen Dr. Linus Pauling erhoben worden ist, fallen lasse[2]. Ich werde Dir einen Durchschlag zuschicken. Der Brief war schlecht getippt, aber ich hatte zu nehmen, was ich bekam, denn hier im Hospital kann ich keine Schreibmaschine benutzen. Schließlich ist er mir ja verpflichtet, und das habe ich ihm zu verstehen gegeben[3]. Der Schritt wird gewiß seine Folgen haben, die ich wohl zu spüren kriegen werde (will probably slap me in the face), aber ich habe nicht vergessen, daß er und Mrs. Pauling versucht haben, mir zu helfen. Schreib mir, wenn Du kannst. Ist die Artikelreihe in dem europäischen Magazin nun zu Ende? Heb sie auf für mich. Schreib bald. Viel Glück, Dein Freund Claude

1 Brief unvollständig. Auslassungen waren, wie im Brief 36, nötig, da Eatherly ausdrücklich um Diskretion bat.

2 Der Vorwurf, den Gerichtshof zu beleidigen, z. B. durch Aussageverweigerung.

3 Siehe Brief 34ff.

Brief 44. Von Claude Eatherly an Senator Yarborough
(Abgekürzt, weil früher bereits Gesagtes sich wiederholt.)

Sehr geehrter Herr, 10. August 1960

Vor einigen Wochen erhielt ich von Ihnen einen Brief, in dem Sie mir mitteilten, Sie hätten den Honorable Reverend N., ein Mitglied des japanischen Reichstags, getroffen; dieser habe Ihnen die besten Wünsche für mich aufgetragen und den Wunsch geäußert, von mir zu hören. Ich schrieb dem Reverend N. einen Brief, und dankte ihm für das Interesse, das er mir und meiner Krankheit, die ich mir durch meine schuldhafte Rolle bei der Bebombung von Hiroshima zugezogen hatte, entgegenbringt.

Ich habe oft gegen Atombewaffnung geschrieben und für den Abbruch der Atomteste in allen Ländern, die nunmehr atomare Waffen herstellen können.

Mein Schreiben an den Abgeordneten scheint Eindruck gemacht zu haben, denn er bat mich darum, mich ausführlicher über den Weltfrieden zu äußern; und sein Brief war von vielen Abgeordneten des Hauses unterzeichnet. Der Brief, den ich geschrieben hatte, hatte nichts Politisches enthalten, lediglich meine Ansichten über die Liebe, das Vertrauen und die Brüderlichkeit, die zwischen allen Nationen herrschen sollten ...

Senator Yarborough, Sie sagten in Ihrem Briefe, ich könnte mich, falls ich einmal irgendwelche Hilfe brauchte, an Sie wenden.

Dr. Linus Pauling ist der Vorwurf des ‚contempt of court' gemacht worden, im Zusammenhang mit Aussagen von einem Congressional Committee. Ich wäre froh, wenn es Sie drängen würde (I pray that you can feel it in your heart), diesem Mann zu helfen und diesen Vorwurf rückgängig zu machen. Er ist ein großer Mann, ein Mann von großer Humanität; und schließlich steckt ja auch in der Verwendung der Atom- und Wasserstoffbomben eine Gefahr, die vollkommen neuartig ist, und nicht nur ihrem Grad nach größer als alle Gefahren, die es in früheren Kriegen gegeben hatte. Wir wissen ja nicht, welche Effekte die Freisetzung großer Fluten von Radioaktivität nach sich ziehen wird; und es gibt ja Männer, unter ihnen Einstein, die glauben, daß das Endergebnis die Ausrottung der Menschheit sein würde.

Ich sah drei der ersten vier Atombomben[1] explodieren, und ich kenne die Effekte dieser Bomben; und auf Grund des großen wissenschaftlichen Fortschritts seit damals weiß ich ebenso, wie es Dr. Pauling weiß, daß das Ergebnis das Ende dieser unserer von der Menschheit bewohnten Erde sein würde. Aus diesem Grunde ist Krieg heute eine größere Bedrohung als Krieg früher gewesen war.

Die Verhinderung des Krieges ist unerläßlich geworden, sofern zivilisiertes Leben überdauern oder vielleicht sogar jede weitere Form von Leben weiterexistieren soll.

Diese Sache ist so absolut geboten (so imperative), daß wir nicht vor neuen Formen politischer Gedankenbildung zurückschrecken dürfen, und nicht davor, neue Probleme, die man früher (zwar nicht ungestraft, aber doch ohne die äußerste Katastrophe heraufzubeschwören) vernachlässigen konnte, zu begreifen.

Ich habe nicht vor, meine Überzeugungen hier weiter zur Diskussion zu stellen, aber ich flehe Sie an, retten Sie diesen großen Mann vor weiterer Beunruhigung, denn dieser Mann hat etwas getan, womit er das Denken des großen amerikanischen Volkes zu beeindrucken versuchte, er hat versucht, sie alle begreifen zu machen, daß wir, was in unserer Kraft steht, tun müssen, um unsere Existenz zu retten.

Entschuldigen Sie bitte die Länge dieses Briefes, aber ich hielt es für notwendig, das niederzuschreiben, was ich geschrieben habe, um Ihnen bei Ihrem Entschluß zu helfen, dem großen Mann Dr. Linus Pauling zu helfen.

Ich danke Ihnen für Ihr Interesse und für die Zeit, die Sie mir geben.

Hochachtungsvoll Claude R. Eatherly

1 Inklusive Bikini.

Brief 45. An Claude Eatherly

Lieber Claude, 31. August 1960

Entschuldige bitte, daß ich Dir so lange nicht geschrieben habe, aber meine Frau war krank. Als das Schlimmste vorüber war, hatte ich sie als Luftpost zu ihren Eltern zu schicken, denn dort kann man besser für sie sorgen als hier. Denn auch ich war krank und bin es noch – es ist wirklich ein Skandal, wie sehr man von seinem Kadaver abhängt. Aber jetzt kann ich nun wieder am Schreibtisch sitzen, und das erste Blatt in der Schreibmaschine ist für Dich.

Natürlich schreibe ich an Deine Familie; einen Durchschlag lege ich bei, damit Du weißt, was sie von mir erhalten haben. Hoffentlich habe ich den richtigen Ton getroffen. Natürlich ist es nicht so leicht, an Leute zu schreiben, die man überhaupt nicht kennt. Aber auch Du bist ja für mich einmal ein total Unbekannter gewesen, und das Verstehen klappte perfekt.

Wenn wir es nur fertig kriegten, Dich rauszubekommen. Ich weiß nicht, was ich tun würde, wenn ich hörte, Du bist draußen. Es wird einmal eine Zeit kommen, in der wir das zusammen feiern werden.

Diesen Morgen erhielt ich übrigens einen Brief von japanischen Freunden, die mich drängen, Dir zu bestellen, Du solltest sehr behutsam sein mit den Japanern, mit denen Du in Verbindung stündest. Sie kennen den Namen, und sie haben kein allzu großes Vertrauen. Ich fürchte, Claude, die Leute versuchen, Deinen Namen für Ziele zu benutzen, die nicht Deine sind. Guten Menschen fällt es sehr schwer, Mißtrauen zu erlernen. Aber das *haben* wir zu erlernen. – In Deinem

Brief ist übrigens ein sondererbarer Satz enthalten, den ich nicht verstehen kann. Du schreibst, Du würdest einen Artikel in einer Tokio-Zeitung autorisieren, wenn die Diet dem zustimmte. Warum sollte sie zustimmen? Warum ist der japanische Reichstag Richter über Wahrheit und Unwahrheit? Wahrheit hängt nicht von der Zustimmung irgendeiner Gruppe ab. „Drei mal drei ist neun" gilt, selbst wenn alle Parlamente der Welt sagen würden: drei mal drei ist zehn. Und wie könnte die Diet Deinem Artikel zustimmen? Denn es wird nie ein Parlament geben, das für oder gegen die Veröffentlichung irgendeines Zeitungsartikels stimmen wird. Warum verläßt Du Dich nicht einfach auf das großartige amerikanische Prinzip ‚freedom of expression'? Im Augenblick, in dem Du ihnen erzählst, daß Du Deine Veröffentlichung von ihrer Zustimmung abhängig machst, in dem verspielst Du schon Deine amerikanische Freiheit, die dem Individuum verbürgt, das sagen zu dürfen, was es für richtig hält. Du hast das Recht darauf, dieses Recht zu genießen, gleich ob Du Deinen Text einer amerikanischen oder einer ausländischen Zeitung oder Zeitschrift übergibst.

Dein Brief an N. ist natürlich ein schönes Zeugnis. Aber Deinen Brief an den Senator Yarborough ziehe ich vor, den Brief, in dem Du ihn darum bittest, unserem Freunde Pauling zu helfen. In diesem Briefe beweist Du, daß Du den Weg vom Ideal zur Wirklichkeit gefunden hast. Denn das ist nun heute unsere Pflicht: Brücken zu bauen zwischen unseren Hoffnungen und der wirklichen Welt. Es ist unvermeidlich, daß wir uns ‚einmischen' in diese schmutzige Welt, sogar in ‚Diplomatie'. *Natürlich macht man seine Hände dabei schmutzig, denn wer Schmutziges wäscht, bekommt schmutzige Finger. Dieser Schmutz ist aber ehrenwerter Schmutz.* Wenn wir uns nicht ‚einmischen' oder gar versuchen zu beweisen, daß wir uns nicht einmischen, dann lassen wir einfach alles so, wie es ist. – Aber ich weiß, daß auch Du das weißt, denn sonst hättest Du ja nicht an den Senator Yarborough geschrieben.

Tag und Nacht sitze ich schreibend und ausstreichend und neuschreibend an meinem Buch über die Atomsituation. Inzwischen wirst Du ja mein Hiroshimabuch erhalten haben. Zu schade, daß ich es nicht für Dich übersetzen kann. Aber ich hoffe, daß eine englische Version in nicht zu ferner Zukunft erscheinen wird.

Wenn ich zwanzig Daumen hätte, ich würde alle zwanzig für Dich drücken. Dein Freund

Günther

Brief 46. Von Günther Anders an Eatherlys Geschwister

Sehr geehrte Mrs. Cobb und sehr geehrter Mr. Eatherly 1. 9. 1960

Es wird Sie überraschen, einen Brief aus Wien zu erhalten, und dazu von jemandem, der Ihnen völlig unbekannt ist. Entschuldigen Sie bitte diese Aufdringlichkeit.

Aber ich schreibe diesen Brief auf Claudes Wunsch: Ihr Bruder hat mich darum gebeten, Ihnen in einigen wenigen Worten zu erzählen, was ich von ihm halte. Seine Bitte beweist, wie tief er mir vertraut, und es wäre unfair, wenn ich seine Bitte nicht erfüllen würde.

Ich weiß nicht, ob Claude Ihnen jemals erzählt hat, daß wir, obwohl wir nie einander gesehen haben, in regelmäßigem Briefwechsel über Probleme stehen, die uns beiden höchst dringlich sind: Nämlich über die Bedeutung und die Folgen des Atomzeitalters. Begreiflicherweise ist dieses Problem für Millionen von Menschen *das* Problem geworden: Das gilt für Wissenschaftler, Geistliche, Politiker, Erzieher, Mediziner der ganzen Welt. Dies Thema ist nicht etwa nur eines unter anderen, vielmehr ist es das entsetzlichste Problem, das jemals existiert hat, denn es bezeichnet die mögliche Selbstzerstörung der Menschheit durch jene Waffen (sofern der Ausdruck ‚Waffen' hier noch erlaubt ist), die durch die Entwicklung der Kernphysik möglich geworden sind. Auch Sie wissen vielleicht, daß nun in allen Gegenden der Welt Kongresse abgehalten werden, denn diese neue Situation muß ja der Menschheit als ganzer klargemacht werden, dies um so mehr, als die meisten noch indolent oder blind sind, oder sogar den Wunsch haben, die Wirklichkeit der Gefahr nicht zu sehen. Die Menschen, die zu dieser ‚Antiatom-Bewegung' gehören, sind die Besten aller Länder, denn es sind diejenigen, die sich für das Überleben der Menschheit verantwortlich fühlen; sie sind nichts weniger als Käuze, im Gegenteil: Nie in meinem Leben habe ich so wenig Käuze gesehen wie auf den antiatomaren Kongressen in London oder in Tokio.

Mir scheint, es ist nicht schwer zu verstehen, daß Claude, der nun einmal zu jenen gehört, die als erste die unvorstellbare Wirklichkeit des Atomzeitalters mit eigenen Augen gesehen haben, das Gefühl hat, daß er zu dieser Gruppe der Verantwortlichen dazu gehört. Übrigens hielt ich mich 15 Jahre nach seinem berühmten Flug nach Hiroshima dort auf und hatte die Gelegenheit, mit Opfern, die von Claude wußten, zu sprechen: Sie erzählten mir, wie tiefes Mitleid mit ihm sie empfanden. Denn sie wußten und sie begriffen, daß die Schatten der zahllosen Toten seine Tage und seine Nächte verdüsterten.

Sie werden natürlich zugeben, daß man an Gewissensbissen leidet, wenn man einem einzelnen Mitmenschen Schaden angetan hat, und selbst dann, wenn man das unabsichtlich getan hat. Wie unerträglich muß das Bewußtsein sein, an einer Aktion (natürlich unabsichtlich) teilgenommen zu haben, die den Tod von Zweihunderttausend verursachte. Das ‚es mußte sein' kann die Seele eines wirklich Verantwortungsbewußten nicht beruhigen. Die Reue bleibt lebendig, die Wunde bleibt offen – bis sich (und das hat eben bei Claude stattgefunden) die Reue in den festen Entschluß verwandelt: ‚Dies darf nie wieder geschehen'. Gewiß werden Sie verstehen, daß die schwierigen Jahre zwischen 1945 und 1960, die Jahre, in denen Claude sogar kriminell zu sein schien, die Wirkung jener Erfahrung waren, die keiner von uns ohne tiefe seelische Verstörung hätte verarbeiten können. Wir, die wir das Glück haben, uns nicht von den Schatten von Tausenden von Toten verfolgt zu fühlen, sollten versuchen, ihm, der diese ‚Hiroshima-Erfahrung' hatte machen müssen, beizustehen. Und mir scheint, wir sollten begreifen, daß sein Schmerz und sein (völlig unpolitischer) Entschluß, sich der Sache des Friedens zu weihen, ein Zeugnis seines Ernstes ist. Umgekehrt, wenn Claude trotz seiner Erfahrung so weiter gelebt hätte wie vorher, dann hätte er moralische Oberflächlichkeit bewiesen. Seine ‚Krankheit' ist das Zeugnis seiner moralischen Sensitivität. Es wäre nicht richtig, Vergnügtheit oder Gleichgültigkeit von einem Mann zu erwarten, der durch eine solche Misere hatte gehen müssen – wenn etwas abnorm ist, so nicht er, sondern die Erfahrung, die er gemacht hat; und *es wäre abnorm, auf eine solche Erfahrung völlig normal zu reagieren.*

Für ungezählte Menschen in vielen Ländern ist Claude nun zum Sinnbild der Verantwortlichkeit geworden. Vor einigen Monaten war ich von Studenten der Freien Universität Berlin eingeladen worden, vor ihnen zu sprechen: Als ich den Namen Eatherly erwähnte, war ich überrascht, zu sehen, daß jeder seinen Namen kannte, und nicht nur seinen Namen, denn jeder respektierte ihn, weil er sich eine Schuld aufgeladen hat, obwohl er sozusagen „schuldlos schuldig" ist. Aber die Studenten begriffen, daß sie eines Tages vielleicht von deutschen Generalen die Weisung erhalten würden, eine der ‚Hiroshima-Mission' ähnliche Mission durchzuführen – und Claudes Bild zeigte ihnen, daß, wie sie es ausdrückten, *der Zerstörer dadurch, daß er seine Mitmenschen zerstört, mitzerstört ist.* Und sie waren ihm dankbar, weil sie durch sein Leiden diese Einsicht gewonnen hatten.

Natürlich scheint Claudes Fall, wenn man ihn mit Alltagsaugen betrachtet, etwas merkwürdig, ein Fall, der sich nicht mit den Maßstäben unseres gewohnten Lebens messen läßt. Darum möchte ich noch einmal unterstreichen, was ich eben gesagt hatte: Es war die Erfahrung, die er machen mußte, die alles Normale überstieg, und es wäre moralisch abnorm, wenn er keine Folgerungen aus dieser Erfahrung ziehen würde. Er weiß, daß, wenn diese Methode der Kriegsführung weiter angewandt wird, kein Leben, gleich ob normales oder anormales, weiter bestehen kann. Natürlich ‚weiß' das jedermann, aber *er* weiß es in einem tiefern Sinne, und wir sollten ihn doch wohl nicht für die Intensität seines Wissens bestrafen.

Bitte schenken Sie also dem Ernst von Claudes Schmerz und Claudes Hoffnungen Ihren Glauben. Und bitte versuchen Sie, ihm bei seiner Rückkehr in die Welt der Mitmenschen behilflich zu sein. Je länger er ein Mensch ohne wirkliche Fühlung und wirklichen Verkehr mit wirklichen Menschen bleibt, um so mühseliger wird es für ihn werden, sich zurückzugewöhnen. Sollte er sein Leben lang das Opfer einer Erfahrung bleiben, die nicht seine Schuld war? Würde das fair sein?

Es ist nicht leicht, in einer fremden Sprache den Ernst zu vermitteln, den man vermitteln möchte. Vielleicht werden Sie meine Stimme, die dringliche Stimme eines Fremden, als aufdringlich empfinden, als die Stimme eines, der sich einzumischen versucht. Bitte tun Sie das nicht. Wir leben in einem Zeitalter, das uns befähigt, Menschen, die in einem anderen Erdteil leben, umzubringen. Deshalb sollten wir auch versuchen, uns einander über solche Entfernungen hin mit der Stimme der Liebe zu erreichen[1]. Ihr sehr ergebener Günther Anders

1 Auch dieser Brief blieb unbeantwortet.

Brief 47. An Günther Anders

31. August 1960

Günther, Du und ich, wir sind in der Welt bekannter als Du weißt. Das müssen wir ausnutzen, um unseren moralischen Einfluß auszuüben.

Lieber Günther,

Ich weiß, Du mußt beschäftigt sein und kommst nicht zum Schreiben, aber da ich ein bißchen Zeit habe, werde ich Dir das Wenige, was ich über meine Situation weiß, mitteilen. Ich übersandte Dir einen Durchschlag meines Briefes in Sachen Pauling an Senator Yarborough, hoffentlich hast Du ihn bekommen. Ich bin nicht sicher, daß der Senator diesen Brief erhalten hat, denn solche Briefe stehen unter strikter Zensur, und meine ganz besonders. Vielleicht behandelt er meinen Brief als nicht-geschrieben, weil er sich in die Angelegenheit nicht einzumischen wünscht, oder irgendeine agency hat den Brief aufgehalten. Ich weiß, daß sie mehrere meiner Schreiben an Dich gestoppt haben, denn zuweilen habe ich auf Fragen an Dich keine Antwort von Dir erhalten. Ich hatte den Brief (sc. an Yarborough) hinten herum zur Post bringen lassen, aber schließlich gibt es ja auch noch andere Möglichkeiten, um Post zu überprüfen. Ich habe daher vor, dem Senator einen zweiten Brief zu schreiben und ihn zu fragen, ob er den ersten erhalten habe. Dafür werde ich wieder einen anderen Weg einschlagen. Sie behindern mich reichlich, aber ich habe zu viele Freunde, als daß sie mich ganz stoppen könnten. Nun habe ich vor, seine Gegenleistung für meine Leistung in der Japankrise zu verlangen. Ich glaube, sie werden gegen Dr. Pauling nur einen Tadel aussprechen (reprimand), aber ich will es nicht riskieren, daß sie ihn vielleicht einsperren. Wenn er sitzen müßte – wenn es doch möglich wäre, daß ich die Haftzeit für ihn abbüßte, da er doch alt und für unsere Aufgaben so nötig ist ... Ich respektiere seine Kraft und seinen Mut. Wie leicht man Fallen stellen kann, um solche Leute loszuwerden (ein und ein halb Zeilen unleserlich) ... einfach weil er sich weigert, die Namen der 10000 Wissenschaftler, die seine Petition unterzeichnet haben, anzugeben[1]. Ich werde meinen Freunden in Tokio schreiben, und das, was wir im Krieg ein ‚Kreuzfeuer' nennen, arrangieren, und den japanischen Reichstag veranlassen, dem Präsidenten, dem Senator Johnson und dem Staatssekretär Herter zu schreiben, die Anklage (gegen Dr. Pauling) fallenzulassen. Ich fürchte, er kriegt sonst eine Gefängnis- und eine schwere Geldstrafe. Die Leute in Japan haben Vertrauen zu mir und werden nicht sagen, wer dahinter steht. Ich werde an jeder Leine ziehen. Mrs. Pauling hat versucht, mir zu helfen, und ich vergesse nicht so leicht. Ich weiß, Du vergißt auch nicht, und Paulings müssen ja Deine Freunde sein, also werde ich Dr. Pauling helfen.

Günther, mein Erfolg in Japan war groß, und was Du geschrieben hast und was ich geschrieben habe[2], ist sehr wirkungsvoll gewesen; aus der Post, die ich bekomme, kann ich ersehen, daß meine Popularität und die Wißbegierde der Leute gewachsen ist, und zum großen Teil ist das Dein Verdienst gewesen. Hoffentlich bist Du genauso vorsichtig wie ich, Dich nicht mit irgendeinem bestimmten Lande identifizieren zu lassen (not to be tied with), sondern nur als Mensch aufzutreten, der für eine Sache arbeitet. Nur so können wir Erfolg haben. Bitte laß Dich von keiner Organisation aufgabeln (don't get hooked up).

Was mein Herauskommen anbetrifft, so werden mein anderer Bruder und meine Schwester herkommen und versuchen, mich herauszukriegen, aber mein Arzt sagt, das würde erst nach den Wahlen sein. Ich weiß nicht, warum ich eine so starke Wirkung in Washington haben sollte, aber sie wissen sicherlich sehr genau, wo ich bin, und verstehen es ausgezeichnet, mich hier festzuhalten (doing a good job of keeping me). Seit einigen Wochen hatte mein Arzt dieses Thema überhaupt nicht mehr erwähnt.

Ich erhalte viel Post aus Japan seit meinem letzten Artikel, und die jungen Leute sind sehr enthusiastisch über meine Philosophie.

Eben habe ich gerade Post bekommen, und mein Artikel war in Brasilien erschienen, ein Missionar schrieb mir, daß er ihn gelesen habe. Er muß von Leuten der japanischen Kolonie in Südamerika übersetzt worden sein. Vielleicht sollten wir uns auf eine ‚story'[1] für die Südamerikaner konzentrieren.

Günther, ich hatte einen langen Brief von Al Hirschberg, dem Schriftsteller, ich habe mich nach ihm erkundigt, und er ist nicht der Mann, für den Du ihn hältst. Das einzige Buch, das er zu einem Film gemacht hat, war ‚Fear Strikes out', eine wahre Geschichte über einen Baseball player, einen unserer Baseballhelden, der geisteskrank wurde. Das war ein gutes Buch, und ich habe mich entschlossen, ihn zu benutzen, weil (sc. andere Lösungen) zu kostspielig wären, und weil er hier sehr beliebt ist. Im November kommt er, um mich zu sehen, und ungefähr Anfang des Jahres wird er mit der Arbeit anfangen. Ich hoffe, ich kann Dich dazu bekommen, etwas in dem Buch zu schreiben, das würde mir viel bedeuten, vielleicht das Vorwort, in dem Du erklärst, was für ein Mensch ich bin ... Wer weiß, ob Dich alle meine Post erreicht, der Brief aus Brasilien, den ich heute erhielt, der war geöffnet und zersuriert. Wenn ich doch was, was Du schreibst, in mehr

Ländern unterbringen könnte. Dein Schreiben hat mehr Kraft als meines. Deines jagt Leute auf aus ihrer Indolenz. Ich fürchte, meines ist mehr ein Flehen und beschränkt sich auf christliche Formeln. Deines und meines zusammen könnte vielleicht alle Menschen erreichen.

Ich hatte ein paar Briefe von einer Ärztin in Eschweiler (sie hat hilflose und kranke Kinder), in denen sie mich darum bat, ihr dadurch zu helfen, daß ich über Leute schriebe, die kranke und hilflose Kinder verwahrlosen lassen. Ich würde ihr gerne helfen, aber kann ich es mir leisten, die Sache, die meine Sache ist, so breit zu machen (but can I afford to over extend my cause)? Das darf erst kommen, wenn wir den Weg dafür freigemacht haben. So scheint es mir. Dann wird es möglich sein, allen Armen, Analphabeten, allen, die kein Dach über dem Kopf haben und allen Hilflosen dadurch zu helfen, daß wir dafür das Geld verwenden, das für den Krieg verwendet wird. Sie hat Dein Buch gelesen. Schwer, solchen Leuten nein zu sagen.

Bitte denk nach über die Sache mit dem Missionar ... Ich weiß, Du mußt Geld verdienen, aber wir müssen auch welches opfern. Ich behalte sehr wenig Geld, da ich als Pflegevater neunzehn Kindern in fremden Länder helfe, und das Geld fehlt mir nicht. Jedes dieser Kinder kostet mich $ 10 im Monat. Schreib mir wenn Du kannst, and God bless you, Günther, Dein Freund Claude

1 Natürlich meint Eatherly, daß Pauling sich weigerte, diejenigen zu nennen, die ihm bei der Zusammenstellung der Liste geholfen hatten.

2 Damit meint Eatherly meinen ersten Brief an ihn und seinen an mich; diese Briefe waren auch in Japan erschienen.

3 Siehe Anmerkung 1 zu Brief 36.

Brief 48. An Günther Anders

Lieber Günther, 6. September 1960

Erst einmal möchte ich Dir sagen, wie leid es mir tut, daß Deine Frau krank war. Bitte bestell ihr, daß ich mit ihr hoffe, daß es ihr bald wieder gut gehen wird. Ist sie in den U. S., in Kalifornien? Wenn ja, schreib mir bitte ihre Adresse, damit ich ihr eine Karte schicken kann. Ich hatte nicht gewußt, daß auch Du krank warst, hoffentlich bist Du jetzt wieder völlig in Ordnung.

Ich danke Dir dafür, daß Du an meinen Bruder und meine Schwester geschrieben hast ... Der Brief war sehr gut, ich weiß, er wird meine Schwester rühren und höchstwahrscheinlich einen starken Einfluß auf meinen Bruder James ausüben. Außerdem habe ich nun wieder einen A.M.A.-Antrag (Antrag auf Entlassung gegen das Einverständnis der Ärzte) beim Hospital eingereicht, da ich ja wieder als ‚freiwilliger Patient' gelte[1]. Um mich weiter hier zu halten, müßte das Hospital oder ein Mitglied meiner Familie wieder einen neuen Internierungsantrag stellen. Ich kann es nicht glauben, daß sie das tun werden. Aber heutzutage ist ja in den U. S. alles möglich. Offenbar wünschen sie mich bis nach den Wahlen im November hier zu behalten. Welchen Einfluß ich auf die haben sollte, und warum sie es für so wichtig halten, mich weiter zu internieren, das übersteigt meinen Verstand.

Wenn es überhaupt etwas gibt, was die Sache zum Klappen bringt, dann, würde ich sagen, ist es Dein Brief, sofern er sie vor dem 12. September erreicht, also in der Woche, bevor sie hierher kommen sollen.

Günther, ich hatte mich nicht sehr gut in meinem Briefe ausgedrückt, ich meine in Bezug auf die Publizierung meiner Artikel; da waren ein paar Worte, die Du nicht verstanden hast. Ich adressierte den Artikel an die Abgeordneten und gab dem Reverend N. die Erlaubnis, ihn zu veröffentlichen. Außerdem teilte ich der Zeitung ‚Tokio Shimbun' mit, daß sie davon Gebrauch machen könnte für einen groß aufgemachten Artikel, wenn sie dazu Lust hätte. Ich sandte dem Blatt eine Kopie des Textes. Wenn Du eine Kopie des anderen Artikels haben willst, dann sende ich sie Dir ein, und dann wirst Du sehen, daß er nur Gutes bewirken kann, gleich von wem er gedruckt wird. Mißtraust Du diesen Japanern, weil sie finanziellen Gewinn herausschlagen wollen oder vielleicht aus anderen Gründen, vielleicht weil sie Propaganda mit mir treiben wollen? Wenn Du mir sagen kannst, wer sie sind, werde ich versuchen, vorsichtig zu sein. Und meinst Du dabei den ‚Tokio Shimbun'?

Ich habe einen Geistlichen in Kalifornien darum gebeten, eine Petition für Dr. Pauling in Kalifornien zu arrangieren und diese dem Komitee[2] zuzuschicken. Er ist schon an der Arbeit, in der letzten Woche erhielt ich einen Brief von ihm, er tut alles, was er kann. Ich habe wirklich Angst für Dr. Pauling. Wenn Menschen durch das Militär so pausenlos in Aufregung gehalten werden, dann werden sie dadurch unfähig zu anderer Arbeit. Ich vertraue fest darauf, daß Dr. Pauling dieser Aufregung gewachsen ist.

Günther, werde mir nicht krank, bleib gesund und glücklich, wir haben vieles zu tun. Wenn Du aus den zwei Texten von mir etwas herstellen kannst, tue es. Dein Freund Claude

1 Siehe Brief 63, Ende.

2 Er meint das ‚Senate Internal Security Committee', vor das Dr. Pauling zitiert worden war.

Brief 49. An Günther Anders

Lieber Günther, 20. September 1960

Heute erhielt ich Dein Buch, und das werde ich nun als wertvollen Schatz unter anderen gut aufbewahren. Wenn ich es doch lesen könnte, aber vielleicht kann ich bald die englische Version haben[1].

Ich habe so viele schlimme Neuigkeiten zu erzählen, in diesen Tagen bin ich geradezu betäubt von der Konsequenz, mit der alle schlechten Nachrichten, die sich auf meine Entlassung beziehen, zusammenkommen. Meine Schwester und meine zwei Brüder sind also gekommen, und die zwei Brüder haben sich von dem Arzt bestimmen lassen, sich doch nicht für meine Entlassung einzusetzen[2], umgekehrt beantragten sie ein ‚indefinite commitment' (Internierung auf unbestimmte Zeit). Natürlich werde ich daraufhin meine Sache vors Gericht bringen, und diesmal werde ich mich selbst verteidigen, denn ich habe herausgefunden, daß ich im Staat Texas meines Rechtes, als mein eigener Anwalt aufzutreten, nicht entkleidet bin (I have not been disbarred)[3], sondern nur im Staate Louisiana. Auf jeden Fall werde ich meinen Fall durchfechten, und werde die Verhandlung mit meinen Reden so beherrschen (control), daß das Kreuzverhör geringfügig und wertlos wird. Da meine Familie gegen mich ist, habe ich, wie Du siehst, einfach niemanden. Wenn das nichts fruchten sollte, dann lege ich Berufung beim District Court ein, dann wird vor Geschworenen verhandelt werden müssen, und die werden mich gewiß nicht einweisen können. Das kostet zwar Zeit, aber aufgeben, Günther, werde ich nicht. Ich benutze jede Taktik, die man aus den Gesetzbüchern lernen kann, und ich kenne mein Jus, das meine ich nicht, um mich selbst zu rühmen (in egotism). Ich meine nur, ich bin mit den juristischen Prozeduren vertraut, denn ich hatte mich darin spezialisiert und habe viele Soldaten verteidigt[4]. Niemals habe ich einen Fall verloren. Ich habe sogar einen Negersoldaten ... herausgehauen, obwohl ich wußte, daß er schuldig war; aber dem Ankläger fehlte eben Erfahrung[5].

Günther, ich wünschte, wir könnten bald nach meiner Entlassung zusammenkommen und darüber sprechen, wie wir der Welt am besten helfen könnten, um die Gleichheit der Menschen durchzusetzen, und um aus der Atomrüstung herauszukommen[6]. Günther, sprichst Du Japanisch?

Ich plane, nach Japan zu gehen, sobald ich meine Lebensbeschreibung beendet habe, und sobald der Film von der Sane Nuclear Society gemacht ist. (Übrigens) möchte ich, daß Robert Ryan, wenn ich ihn kriegen kann, mich spielt, weil er ein wichtiges Mitglied der Hollywood-Gruppe (SANE) ist. Ich bin sicher, wir können das Geld aufbringen, so daß wir das Skript so, wie wir es wünschen, herstellen können. Audie Murphy bot mir $ 250000 für die Filmrechte. Ich winkte ab und zitierte eines Deiner ‚Gebote des Atomzeitalters', und sagte ihm, er sei genau so ein Schwindelheld wie ich (and told him he was as phony a hero as I was). Seitdem habe ich nichts mehr von ihm gehört. Er hatte damals gerade einen Dokumentarfilm in Europa über Atomwaffen gedreht, und zwar für die Regierung. Keine Angst, Günther, ich verkaufe uns nicht (I won't sell us out).

Günther, erzähle mir, wie es mit Deiner Gesundheit steht. Brauchst Du Geld? Wir sind Freunde, und glaube bitte nicht, ich versuche Deine Freundschaft zu kaufen. Ich möchte einfach helfen, wenn Du mich brauchst. Ich muß nun schließen. Hoffentlich geht es Deiner Frau viel besser. Grüß sie schön von mir. Dein Freund Claude

1 Nichts beweist Eatherlys Selbstkontrolle schöner, als daß er im Moment seiner tiefsten Enttäuschung statt mit einer Klage mit einem Dankeswort beginnt.

2 Dies im Widerspruch zu der Ankündigung, die er erhalten hatte. Siehe Brief 20.

3 Eigentlich bedeutet ‚to disbar': einen Anwalt seines Rechts, als solcher weiter zu fungieren, entkleiden. – Daß E. Jus studiert hat, steht fest. Da mir unbekannt ist, ob er als Anwalt zugelassen war, bleibt mir der technische Sinn des Ausdrucks undeutlich.

4 Bezieht sich wohl auf Rechtsprechung außerhalb Amerikas während des Krieges (?).

5 Hier zeigt sich die ungewöhnliche Vorurteilsfreiheit Eatherlys. Denn, daß ein boy aus dem tiefsten Süden einen Neger verteidigt und heraushaut, ist wohl exzeptionell.

6 Auf englisch: ‚beat the nuclear armament rap'. – Der ganz idiomatische Ausdruck ‚to beat a rap' bedeutet eigentlich: durch Schlauheit und Geschick einer prekären Situation, zumeist einer Strafe, entschlüpfen. – Nirgends ist die Diskrepanz zwischen Eatherlys ‚philosophy' und dem ihm zur Verfügung stehenden Vokabular deutlicher als an dieser Stelle.

Brief 50. An Claude Eatherly

Lieber Claude, 23. 10. 60

Diesmal müßte ich Dir eigentlich ein ganzes Buch schreiben, denn ich schulde Dir Antworten auf mindestens drei Briefe, und erst jetzt, da die Sorgenzeit vorüber und meine Frau gesund heimgekehrt ist, finde ich die Zeit und die innere Ruhe, um alle Deine Probleme durchzudenken. Aber zuerst möchte ich Dir sagen, daß ich den höchsten Respekt vor der Geduld habe, mit der Du die Verschiebung Deiner Entlassung und die offenbar totale Verständnislosigkeit Deiner Familie trägst. Ich bewundere diese Deine Geduld um so mehr, als es sich ja bei Dir nicht um die Geduld des Indolenten handelt: Außer Deiner Geduld besitzt Du ja die unermüdliche Ungeduld, das Notwendige zu tun und die Situation, in der Du von Deiner besten Wirksamkeit ausgeschlossen bist, zu überwinden.

Deine Briefe enthalten einen Punkt, der mich ungeheuer überrascht hat, denn ich hatte nichts von ihm gewußt: Ich meine, daß Du Jus studiert hast, und daß Du den Status eines Rechtsanwalts hast. Vielleicht mißverstehe ich da etwas; aber wenn Du betonst, daß Du in Texas nicht ‚disbarred' seiest, kann ich das nicht anders auffassen, als daß Du als Anwalt bereits anerkannt warst, und nur in Louisiana Deines Rechts, diese Funktion auszuüben, entkleidet worden bist. Ich glaube nicht, daß der Civil Liberties Union diese Tatsache bekannt ist. Mir scheint, Du solltest diese Leute umgehend davon in Kenntnis setzen.

Übrigens scheint der Mann in New York, der daran interessiert ist, Deinen Fall zu einem glücklichen Abschluß zu bringen, Roland Watts, ein ernster und menschlicher Mensch zu sein und volles Verständnis für die Einzigartigkeit Deines Falles aufzubringen. Das weiß ich deshalb, weil meine Frau ihn in Deiner Angelegenheit vor etwa zehn Tagen gesehen hat; sie hatte durchaus den Eindruck, daß er nicht nur ein Routine-Anwalt ist, sondern mit Leidenschaft versucht, diejenigen Dinge, die er für recht hält, durchzusetzen. Er vertraut dem Anwalt, den Du ja vor zwei oder drei Wochen gesehen hast, und er selbst plant, nach Texas zu gehen, freilich erst im Frühling. Von hier aus kann ich nicht beurteilen, ob die Bemühungen der American Civil Liberties Union mit denen der zwei Anwälte, die Du darum gebeten hast, Deinen Fall in die Hand zu nehmen, vereinigt worden sind, und wenn, in welcher Weise. Wenn meine Frau Mr. Watts nicht mißverstanden hat, hat dieser behauptet (und das scheint mir ein sehr wichtiger Punkt), daß es für eine Familie gar nicht möglich sei, eine Entscheidung über ‚Internierung auf unbestimmte Zeit' zu treffen. Da Du ja gesetzeskundig bist, solltest Du versuchen, herauszufinden, ob Deine Familie vielleicht dazu überredet worden ist, eine Sache zu unterschreiben, die gar nicht legal ist und deshalb ungültig wäre. Wenn das der Fall sein sollte, dann wäre das ein sehr schöner Punkt zu Deinen Gunsten. Ich kann mir einfach nicht vorstellen, daß sich Watts, der ja schließlich zum Anwaltsstab einer großen Organisation gehört, in einem so wichtigen Punkte irren könnte.

Und nun ein anderer, noch wichtigerer Punkt: Mr. Watts ließ mich durch meine Frau darum bitten, Dir vorzuschlagen, eine ‚befristete Entlassung' (temporary release – eine Art von Bewährungszeit) zu beantragen – gleich ob für einen Tag, eine Woche oder einen Monat. Denn das würde Dir die Gelegenheit verschaffen, jenen, von denen Dein Schicksal abhängt, den Beweis zu liefern, daß Du Dich ‚normal' benehmen kannst, und daß Du keinen Anlaß zum Mißtrauen gibst. Ich bin zwar nicht blind gegenüber den Schwierigkeiten, die mit diesem Vorschlag verbunden sind, aber ich glaube doch, das ist eine ausgezeichnete Idee. Unterstellt, ich stünde an Deiner Stelle und mir würde eine solche befristete Entlassung zugestanden, dann würde ich mich folgendermaßen benehmen: Ich würde so handeln, als wenn ich selbst dort, wo kein mikroskopischer Genius fähig wäre, Augen zu entdekken, von Augen beobachtet würde; hätte ich das dafür nötige Geld, dann würde ich mich in einen netten Badeort mit einer guten öffentlichen Bibliothek zurückziehen und dort ein absolut regelmäßiges und respektables Leben führen. Ein paar Stunden würde ich schreiben, ein paar Stunden schwimmen oder mit einem anderen Sport verbringen, ein paar Stunden in der Bibliothek lesen – kurz: ich würde ein Leben der strengsten Selbstkontrolle führen und vorübergehend, im Interesse unserer Sache, nicht nur nichts unternehmen, was mit der Sache verbunden ist, sondern sogar auf alle Diskussionen verzichten, die in diese Richtung führen könnten. Unter keinen Umständen würde ich mich an einen Platz setzen, wo Familienmitglieder oder Freunde solche Diskussionen oder den Ausbruch von Streitereien unvermeidlich machen würden. Alkohol würde ich nicht anrühren und, unter uns, keine Frauenbekanntschaften machen – ich würde also meine ungesehenen Beobachter zu Tode langweilen. Ich weiß, Claude, daß das nach den Jahren, die hinter Dir liegen, eine etwas reichliche Zumutung ist. Aber ich glaube doch, daß sich das lohnen würde. Dein ganzes Leben und Deine Freiheit, Dich Deinen Aufgaben zu widmen, kann von dem guten Durchspielen dieser Rolle abhängen. Ehe Du einen solchen Antrag auf befristete Entlassung stellst, müßtest Du Dich natürlich selbst sehr skrupelhaft prüfen, ob Du glaubst, solchen Bedingungen gewachsen zu sein. Selbst wenn diejenigen, denen es willkommen wäre, daß Du dabei ausrutschst, davon überzeugt wären, daß Dein Benehmen nur eine Rolle ist, würden sie doch zugestehen müssen, daß Du Dich selbst in der Hand hast, und daß Du der Versuchung, plötzlich Exkursionen zu unternehmen, die sie für abnorm oder kriminell halten, widerstehen kannst.

Ich bin zwar alles andere als ein geborener Polizist – aber wie gern wäre ich persönlich dabei, um Dir diese Zeit zu erleichtern, Du weißt, das ist nicht möglich. Aber zum Ersatz könnten wir ja, so oft Du Lust dazu hast, einander Briefe schreiben.

Natürlich solltest Du solche ‚Ferien von Waco' dazu benutzen, um an der von Dir geplanten Selbstbiographie zu arbeiten. Vielleicht bist Du durch die niemals unterbrochenen Schwierigkeiten davon abgehalten worden, bis jetzt richtig in diese Arbeit hineinzukommen. Im Zusammenhang mit Deinem Plan möchte ich eine Anregung wiederholen, die ich wohl schon einmal ausgesprochen hatte: Wenn ich Deine Briefe mit Deinen anderen Texten vergleiche, ist der Unterschied überraschend: Deine Briefe sind viel lebendiger, Deine Formulierungen prägnanter, Deine Worte gehen mehr zu Herzen und sie sind humoristischer – kurz: sie sind in jeder Hinsicht Deinen ‚Artikeln' überlegen. Du wirst als Mensch erkennbarer, wenn Du *zu jemandem* sprichst, als wenn Du ohne einen bestimmten Adressaten schreibst.

Deshalb solltest Du es, mindestens zuerst, ins Auge fassen, Dein Leben in Briefform zu schildern, z. B. so, als ob Du mir oder einem japanischen Opfer schriebest. Dann werden Deine Schreibschwierigkeiten verschwinden, denn schließlich bist Du ans Briefschreiben gewöhnt, nicht dagegen an das Verfassen von Büchern.

Ein weiterer Punkt: Du sprichst von der Möglichkeit eines von SANE zu machenden Films. Ich kann mich irren, aber ich fürchte, die SANE-Leute sind ziemlich bedächtig geworden. So sieht es z. B. so aus, als wenn sie Pauling kaum geholfen hätten (übrigens bezweifle ich, daß Pauling sofort eingesperrt werden könnte, es existieren noch diverse Berufungsmöglichkeiten). Da ich Steve Allen nicht kenne, kann ich Dir weder zu- noch abraten. Meine Frau hat ihn in einem TV-Quiz-Programm gesehen und kann ihn sich nur schwer im Zusammenhang mit einem Film über Dein Leben und Deine Probleme vorstellen. Andererseits hat er offensichtlich persönlichen Mut bewiesen und sich, als andere Leute in Hollywood ihren Schwanz einzogen, exponiert. – Al Hirschberg kenne ich nicht. Wenn Du die Gelegenheit hast, ihn zu sehen, tue das unter allen Umständen. Aber das bedeutet nicht, daß Du nun schon das erste Wort des ersten Kapitels mit ihm zusammen schreiben solltest. Noch immer bin ich davon überzeugt, daß Du die erste rohe Niederschrift ganz alleine versuchen solltest, weil sonst vom ersten Wort an der Stil des Mannes, der Schreibroutine hat, über Deinen Stil triumphieren würde. Schließlich soll es ja *Dein* Buch sein. Etwas anderes ist es, wenn Du diesen ersten rohen Text erst einmal hast; dann kannst Du natürlich einen verläßlichen und im Handwerk geübten Mann wie Al Hirschberg darum bitten, den Text mit Dir durchzugehen. – Aber vielleicht hat dieses Problem seine Dringlichkeit verloren, denn Du schriebst ja über die Möglichkeit einer Zusammenarbeit mit H. in einer Zeit, in der Du es noch erwartetest, direkt nach den Wahlen entlassen zu werden. (Übrigens ist auch mir der Zusammenhang zwischen Deinem Fall und dem Ergebnis der Wahlen undurchsichtig.) – Ein weiterer Punkt: Du erwähnst viele Fälle von Leuten, die Dich um Hilfe rufen. Ich bin überzeugt davon, daß jeder dieser Fälle ernsthaft ist. Aber eine Energie, die sich in tausend winzige Fragmente aufsplittert, hat weniger Wirkung als eine, die ihre Kraft für ein einziges Ziel ansammelt. Ein Arzt, der aus Gutmütigkeit die Autos aller seiner Nachbarn repariert, könnte übermüdet sein, wenn der Ruf zu ihm dringt, eine Notoperation durchzuführen.

Nun, nach diesem meterlangen Brief wirst Du jedenfalls wissen, daß Du nicht vergessen bist[1]. Wenn die Pause zwischen Briefen von mir einmal wieder so lang werden sollte wie die letzte Pause, dann solltest Du immer wissen, daß das nichts gegen Dich bedeutet. Ich ertrinke einfach in vielen anderen Aufgaben (von denen die meisten mehr oder minder direkt mit unserer Sache zusammenhängen) und bin außerstande, sie alle durchzuführen. Aber vergessen bist Du nie, und oft stelle ich mir den Augenblick vor, in dem wir einander wirklich kennenlernen. Dann können wir der Welt zeigen, daß Alter, Herkunftsland, Milieu, Erfahrungen, Religion – wie verschieden diese auch sein mögen – so lange keine entscheidende Rolle spielen, als zwei Menschen für die gleiche Sache brennen. Dein alter Freund Günther

P. S. Ich vergaß, Dir zu erzählen, daß ich Pauling von Deinen Bemühungen, ihm zu helfen, geschrieben habe. Da er ebenso herzlich wie mutig ist, bin ich gewiß, daß er tief davon bewegt sein wird.

1 Diesen Brief, mit den Ratschlägen für die Verwendung seiner Zeit außerhalb von Waco hat Eatherly nicht mehr erhalten. Denn er war bereits vier Tage vor der Niederschrift entflohen. – Die Tatsache, daß E. zwei Monate lang, ohne irgendwo im mindesten aufzufallen, seine Freiheit verbringen konnte, beweist nicht nur, daß meine Ratschläge überflüssig waren, sondern daß er eine Selbstkontrolle besitzt, die bei ‚Geisteskranken' wohl ‚abnormal' ist.

Brief 51. An Günther Anders

Oktober 1960 undatiert
in Wien angekommen am 1. November

Lieber Günther[1],

Entschuldige, daß ich Dir nicht früher geschrieben habe, aber ich hatte versucht, gesetzmäßig mit der Hilfe von Anwälten herauszukommen. Das schlug fehl, weil die Air Force eine Internierung auf unbestimmte Zeit beantragte (because the Air Force filed a commitment against me, indefinitely) und dann das Hospital anwies, das Gericht zu benachrichtigen, mich nicht vorzuladen, um mich daran zu verhindern, die Sache vor Gericht zu bringen (and then had the hospital to notify the court not to serve a summons on me so I could not take it to court). Am letzten Mittwoch sprach ich mit meinem Arzt, und der sagte mir, ich sei in der unseligen Situation, sehr bekannt, nein, berühmt zu sein, und ich müßte damit aufhören, gegen Atomwaffen zu schreiben und meinen Einfluß im Ausland durch U. S.-Zeitschriften auszuüben. Er fuhr fort, er könnte nichts dazu tun, um mir zu helfen, er und der Hospitalstab hätten die Befehle der Air Force und des State Departments zu akzeptieren (that he and the hospital staff had to take orders from the Air Force and the State Department). Ich fragte ihn, ob sie die Absicht hätten, mich hier zu halten, und er antwortete: ja.

Daraufhin traf ich Arrangements durch Freunde, um Hilfe von draußen zu bekommen. Ich floh aus dem Hospital. Jetzt sitze ich fest in einer sehr hübschen Wohnung ... die ich nicht verlassen kann, weil die Regierung nun jedermann hinter mir herhetzt ...

Günther, ich hoffe, Du findest es nicht töricht, daß ich versucht habe, dieser Wand, die sich vor mich schob, zu entrinnen ... Ich war sehr in Sorge um Dich und um die Gesundheit Deiner Frau. Ich hoffe, Du kannst mir bald mitteilen, wie es Euch geht[2]. Ängstige Dich nicht um mich, denn meine Freunde sorgen für mich aufs beste. Wahrhaftig, bis jetzt hatte ich nicht gewußt, daß ich so viele hatte. Ich werde das schon durchstehen, Günther, mach Dir also keine Sorge. So viele Menschen sind tätig, um mich zu beschützen.

Den Vorwurf wegen Verachtung (sc. des Gerichts) gegen Dr. Pauling haben sie fallengelassen, aber sie lassen die Bedrohung über ihm schweben, damit er nicht noch einmal etwas versucht. Günther, dieses Land ähnelt nur zu sehr vielen anderen Ländern. Gegen das Militär anzugehen, ist beinahe aussichtslos. (Günther, this country is much like many other countries. It is nearly impossible to go against the military.)

Senator Yarborough hat mir übrigens geschrieben und mir zugesichert, daß er alles, was in seinen Kräften stünde, für mich und Dr. Pauling tun würde. Er ist ein sehr ernster Mann, und der Frieden liegt ihm ebenso am Herzen wie unsereins.

Ich hoffe, Dir und Deiner Frau geht es wieder gut. Dein Freund

Claude

1 Dieser Brief ist, sofern es nicht (was ich für ganz unwahrscheinlich halte) andere schriftliche Beweisstücke gibt, *der* Beweis dafür, daß das Datum von Eatherlys Flucht in der durch die Weltpresse gehenden Nachricht gefälscht war. Diese Nachricht besagte, Eatherly sei aus dem Hospital am 22. November entflohen. Aus welchem Grunde man Eatherlys Verschwinden nicht sofort

publizierte, ist mir nicht durchsichtig. Ebensowenig, warum man ein beliebiges Datum erfand, da man ja die Wahrscheinlichkeit einer Richtigstellung der Falschmeldung durch benachrichtigte Freunde voraussehen mußte. – Das Original des Briefes enthält Namen von Männern, ohne deren Hilfe Eatherly die Flucht nicht gelungen wäre. Ob die Tatsache, daß keiner der Ärzte zu diesen Männern gehörte, für die Ärzte entlastend oder belastend ist, das mag der Leser selbst beurteilen.

2 In dieser Situation nach der gelungenen Flucht wäre gewiß nichts ‚normaler' gewesen, als egozentrisch über die gewonnene Freiheit zu jubeln. Nicht so Eatherly. In drei Abschnitten denkt er an andere: In einem voll Dankbarkeit an seine Helfer; in einem voll Sorge an den Adressaten seines Briefes; in einem an Dr. Pauling. – Wahrhaftig, das ist nicht normal. Und diese Abnormalität Eatherlys, die sollte man wirklich in den Vordergrund schieben.

Brief 52. An Claude Eatherly

2. 11. 60

(Ohne Anrede, denn der Brief ging an eine Geheimadresse.)

Was für eine phantastische Überraschung, und wie schlimm, daß das nötig wurde, aber es *war* nötig. Und nun um Gottes willen befolge ein paar Regeln, um das Schlimmste zu verhüten und um den endgültigen Erfolg Deines Schrittes zu sichern.

1. Schreibe niemandem, außer wenn es wirklich unerläßlich ist.
2. Laß Deine Briefe jedesmal von einem anderen Platz aus abgehen.
3. Schreibe niemals einen Absender auf Deine Briefe.
4. Laß Briefe und Umschläge von Deinen Freunden schreiben.
5. Glaube nicht, daß sich die Situation nach einer Weile beruhigen wird: denn es ist nicht unmöglich, daß man Deine Adresse kennt und Deine Festnahme aufschiebt, um erst einmal Deine Beziehungen kennenzulernen.
6. Glaube nicht, daß Du endgültig in den USA bleiben kannst; aber überstürz Deine Vorbereitungen nicht, der Schritt wird genaueste und verläßlichste Arrangements erfordern.
7. Halte mich auf dem laufenden.
8. Lern die Regeln auswendig.
9. Wirf sie fort[1].

Sei nicht überrascht, wenn Dein Fall nun die breiteste Publizität annimmt. Ich stehe dahinter, nun bist Du mein full time job geworden.

Selbstverständlich bin ich dort, wo ich immer bin. Die amerikanische Marke auf dem Umschlag beweist nichts.

Noch einmal: Bitte keine unvorsichtigen und keine launenhaften Schritte. Es würde vielleicht lebenslängliches Elend für Dich bedeuten, wenn die Sache mißlingt. Ich rechne auf Dich, rechne Du auf mich. Immer und für alle Zeit Dein Freund

1 Im Original 10 Regeln. Eine von diesen hier ausgelassen, weil deren Veröffentlichung jemandem schaden könnte.

Brief 53. An Claude Eatherly
(Irreführender Brief an die Hospitaladresse, um das Hospital glauben zu machen, daß ich von Eatherlys Flucht nichts wußte.)

Lieber Claude, 2. 11. 60

Ungefähr vor zehn Tagen habe ich Dir einen langen Brief geschrieben, nach einer Briefpause, auf Grund derer Du vielleicht beleidigt warst. Da ich keine Antwort von Dir bekommen habe, möchte ich noch einmal wiederholen, daß ich alle meine Pflichten vernachlässigen mußte, weil meine Frau krank war, und weil es notwendig war, in diesem Zusammenhang von Tag zu Tag Maßnahmen zu treffen. Nun ist aber inzwischen, wie ich schon schrieb, alles wieder in Ordnung, und nun sitze ich wieder an meinem Schreibtisch und bin bereit, unseren guten alten Briefwechsel wieder aufzunehmen. Dein Freund

Günther

Brief 54. Aus der Freiheit an Günther Anders

Lieber Günther, 15. November 1960

Dank für Deinen Brief, entschuldige, daß ich Dich so lange auf eine Antwort habe warten lassen. Ich hatte einfach keine Gelegenheit, einen Brief befördern zu lassen ... Ich habe ein paar Freunde hier, denen ich trauen kann, und die mir helfen ... Wie Du weißt, Günther, oder wahrscheinlich argwöhnst, ist eine agency hier sehr besorgt um mich, ebenso die Air Force, und sie sind scharf darauf, mich aufgabeln und (im Hospital) deponieren zu lassen (in having me picked up and sacked away).

Ich habe mit allen Mitteln, die mir zur Verfügung stehen, versucht, die Ärzte und die Leute hier davon zu überzeugen, daß ich nur *einen* ernsthaften Wunsch habe: nämlich Frieden und Gleichheit der Menschheit, an die wir beide ja glauben; und dafür alles zu tun, was ich kann. Vermutlich weißt Du, daß es nicht gerade sehr populär ist hierzulande, so zu sprechen oder zu schreiben, und sie finden, daß ich die Verfolgung ihrer Ziele behindere. Es macht mich traurig, zu sehen, daß mein Land einen solchen Standpunkt einnimmt, aber ich verspreche Dir, ich werde niemals aufhören, meinen Namen und meinen Einfluß dafür zu benutzen, um gegen das entsetzliche letzte Ziel, das das Militär in diesem Lande verfolgt, aufzutreten. Natürlich weißt Du von alledem durch die Aktion, die sie gegen Dr. Pauling in Gang gesetzt haben.

... Ich werde hier abwarten. Keine Sorge meinetwegen, denn ich habe etwas Geld hier und Freunde, die mir helfen würden, wenn das nötig werden sollte. Ich verspreche Dir, bei allen Dingen, die ich tun werde, äußerst vorsichtig zu sein.

Wenn es doch eine Möglichkeit gäbe, zusammenzukommen und das, was wir für die Sache tun können, zusammen zu erledigen. Wenn Du irgendwelche Vorschläge hast, laß sie mich bitte wissen ...

Sollte ich meine Adresse ändern, dann würde ich Dich benachrichtigen.

Was immer Du für unser Werk nützlich hältst, zögere nicht, es zu tun, und verwende mich, wenn nötig.

Ich habe eine Möglichkeit, diesen Brief von einem anderen Orte aus abschicken zu lassen. Dank dafür, daß Du mir weiter hilfst.

Dein Freund Claude

Brief 55[1]. An Claude Eatherly

Lieber Freund, 28. 11. 60

Was für eine Erleichterung, von einer Reise zurückzukommen und einen Brief von Dir vorzufinden. Ich war so in Sorge, irgend etwas könnte Dich am Schreiben hindern, daß ich beinahe aufgegeben hatte, auf gute Nachrichten von Dir zu hoffen. Es ist sehr vernünftig von Dir, Dich eine Zeitlang nicht vom Fleck zu rühren, aber eines Tages wird es doch, scheint es mir, erforderlich werden, Ferien im Süden zu machen, der bei Deinem Gesundheitszustand für Dich gesünder wäre. Natürlich muß eine solche Reise mit Überlegung vorbereitet werden. Besser, sie etwas später mit einem gut ausgearbeiteten Reiseplan zu unternehmen, als sie zu überstürzen. Natürlich würde ich Dich schrecklich gern sehen, aber wo? Ich wüßte nicht, wie ich eine so lange Reise finanzieren könnte. Seit vielen Jahren hatte ich den Wunsch gehabt, einmal Mexiko zu sehen, denn dieses Land ist so ungeheuer interessant, daß ich vorschlagen würde, daß auch Du es einmal besuchst. Vielleicht kannst Du dazu diese Ferien benutzen, die Du und ich ja für nötig halten. Was mich betrifft, ich würde ... als Treffpunkt vorziehen ... und für die Reise dorthin könnte ich das Geld vielleicht aufbringen. Das Datum müßtest Du entscheiden, das hängt ganz von Deinem Gesundheitszustand ab, den ich ja von hier aus nicht beurteilen kann ...

Bitte halte mich gut auf dem laufenden, denn ich bin ständig, natürlich ohne Deine Schuld, in Angst, daß Dir etwas zustoßen könnte, oder schon etwas zugestoßen ist. Ich könnte mir keine größere Freude vorstellen als die, von Dir ein Telegramm oder einen Brief aus irgendeinem Kurort zu bekommen, wo diejenigen, die Dich nervös machen, nicht mehr um Dich sind.

Lieber Freund, es hat mich sehr gerührt, daß Du sogar in dieser Lage an die Gesundheit meiner Frau gedacht hast. Im Augenblick diktiere ich ihr gerade diesen Brief. Ich beute sie als Schreibmaschinenkraft aus, obwohl sie eigentlich ans Klavier gehört. Sie hat sich wunderbar erholt, ich kann mich jetzt ruhig ganz ausschließlich um Dich sorgen.

In meinem letzten Brief hatte ich Dir angekündigt, daß ich wichtige Zeitungen und Zeitschriften in einigen Ländern über Deinen Zustand informieren würde. Das habe ich unterdessen getan, aber bis jetzt ist, glaube ich, noch nichts davon erschienen. All meine Gedanken sind bei Dir.

Immer Dein Freund

1 Die Indirektheit der Sprache dieses Briefes ist natürlich beabsichtigt. Es kam darauf an, daß sich aus dem Text die Person des Adressaten nicht ergab. Natürlich war der Brief auch nicht an Eatherly selbst adressiert, sondern an eine dritte Person.

Telegramm[1] an Claude Eatherly

ohne Datum

DU BIST NICHT VERGESSEN WIR FEIERN DIE FEIERTAGE IM GEISTE ZUSAMMEN MIT DIR GÜNTHER

1 Abgeschickt, nachdem ich aus der Zeitung erfahren hatte, daß Eatherly wieder eingefangen worden war.

Brief 56. An Günther Anders

21. Dezember 1960
Bldg. 10[1]
Waco, Texas

Lieber Günther,

Vor ungefähr zwanzig Tagen wurde ich plötzlich im Fernsehen, im Radio, in Zeitungen und in Magazinen ins Licht der Öffentlichkeit gestellt: ich werde vermißt. Durch wen das veranlaßt worden war, weiß ich nicht, vielleicht durch die Regierung. Sofort setzte ich mich in Bewegung, um, wie Du vorschlugst, das Land zu verlassen. Ich nahm Kontakt mit dem Anwalt ... in Mexiko auf, um herauszukommen. Ich traf ihn in ... jenseits der Grenze und flog zurück nach Dallas, um für die Reise Geld zu organisieren. Auf dem Wege zu meinem Vater, den ich wegen des Transfers sehen wollte, stoppte mich ein Polizist, der behauptete, ich sei durch ein Stopzeichen gefahren. Ich saß noch nicht einmal am Steuer[2], da mich L. am Flughafen abgeholt hatte. Von dort aus hatte man meine Spur verfolgt, vielleicht war der Wagen von meinem Bruder identifiziert worden, da er wahrscheinlich wußte, daß L. nach Dallas gekommen war, um mich abzuholen. Gleichviel, der ‚cop' erkannte mich sofort und arretierte mich auf Grund dieses Vorwands (phony charge), L. wurde dagegen, sogar ohne jede Strafe, freigelassen. Das Hospital hatte in den veröffentlichten reports[3] gesagt, daß ich entlassen worden und nicht gewünscht sei. In Wahrheit beantragte es aber meine Internierung am 20. Oktober, also einen Tag, nachdem ich entflohen war.

Ich weiß, nun wird es noch schwieriger sein, als ich dachte, herauszukommen; aber Du kannst weiter sicher bleiben, daß ich alles tun werde, um meine Entlassung durchzusetzen, so daß wir weiter arbeiten können. Sei nicht meinetwegen entmutigt, ich werde gewiß nicht aufgeben. Solche Zwischenfälle machen mich nur entschlossener. Und ein für alle Male sollst Du wissen (feel assured), daß, wenn Du irgend etwas Geschriebenes nötig hast oder mich in irgendeinem Sinne des Wortes verwenden kannst, tue es (can use me in any sense of the word, do so).

Ich habe eine Möglichkeit herausgefunden, diesen Brief herauszubefördern ...

Laß mich wissen, ob Du irgend etwas von mir brauchst ...[4]

Dein Freund Claude

Fröhliche Feiertage. Erhielt Dein Telegramm. Danke.

1 Bldg. 10 ist das für gefährliche Geisteskranke reservierte Gebäude.

2 Die Falschmeldung, Eatherly habe ein Rotlicht durchfahren, ging übrigens in der offiziellen Meldung von seiner Verhaftung durch die Weltpresse.

3 Die ‚Washington Post and Times-Herald' berichtete am 5. 12. 60: ‚Veteran Administration-Beamte sagten, sie hätten nicht die Vollmacht, Eatherly festzunehmen oder ins Hospital zurückzunehmen.'

4 Mit dieser Anfrage, ob ich etwas von ihm brauche, endete Eatherlys Korrespondenz mit mir. – Diesen Brief hatte er nicht nur herausgeschmuggelt, sondern auch in einen vielseitigen Scheinbrief versteckt, dessen Text völlig harmlos war und Abschriften von Teilen offizieller amerikanischer Reden enthielt. – Darauf antwortete ich in einem kurzen Antwortbrief, der aus Anspielungen auf den Namen seines Freundes bestand, durch dessen Hilfe sein Brief an mich gelangt war. Da es nicht möglich ist, diesen Namen zu veröffentlichen, erübrigt es sich auch, das Schreiben mit den Anspielungen auf diesen Namen vorzulegen. Durch diesen Dritten weiß ich, daß mein Brief gut angekommen ist, aber Eatherly scheint ihn, da er zu gründlich getarnt war, nicht verstanden zu haben. Weitere Versuche, über diese dritte Person Verbindung mit Eatherly aufrechtzuerhalten, wie z. B. durch Brief 58, scheinen erfolglos geblieben zu sein.

Brief 57[1] Von Günther Anders an Präsident John F. Kennedy

Präsident John F. Kennedy
White House
Washington D. C.

13. 1. 61

Sehr geehrter Herr Präsident,

Diesen Brief, den ich gleichzeitig der internationalen Presse übergebe, schreibe ich aus folgendem Grunde: Unter der Last der Aufgaben, die Sie während der letzten Monate zu erledigen hatten, mag es Ihnen vielleicht entgangen sein, daß Sie bei Regierungsantritt einen moralischen Skandal als Erbstück würden mit übernehmen müssen, einen Skandal, der droht, in die Geschichte als die Dreyfus-Affaire des 20. Jahrhunderts einzugehen – nein, vielleicht sogar als eine noch verhängnisvollere Affaire, denn bei der Geschwindigkeit der heutigen Kommunikationen und bei der Dichte des heutigen Kommunikationsnetzes können ja diejenigen, die einen moralischen Skandal verursachen oder auch nur zulassen, ihr Ansehen und ihre Vertrauenswürdigkeit noch rascher und noch restloser einbüßen, als Frankreich sein Ansehen und seine Vertrauenswürdigkeit durch den Dreyfuß-Fall eingebüßt hatte. Ich spreche von der Affaire des Hiroshima-Piloten Claude Eatherly, der, wie Ihnen natürlich bekannt ist, bei den beiden atomaren ‚Missions' das ‚fertig los'-Signal zu geben hatte.

Sie werden vielleicht fragen, was mir, der ich weit von Waco, dem Wohnplatz Eatherlys, und weit von Hiroshima, dem Orte seines Verhängnisses, als philosophischer Schriftsteller in Wien lebe, das Recht verleihe, über diesen Fall zu urteilen. Die Antwort: Seit einundeinhalb Jahren stehe ich mit Eatherly in Korrespondenz, und ich besitze von ihm einen Stoß von Briefen, die nicht nur ein vollständiges, sondern auch ein respekteinflößendes Portrait dieses Mannes ergeben. – Sie werden vielleicht weiterfragen, woher ich Eatherly kenne. Antwort: Persönlich überhaupt nicht. Aber da ich seit 1945 versuche, den philosophischen Moralproblemen, die das Atomzeitalter uns aufgibt, theoretisch gerecht zu werden – meine Publikationen darüber sind nicht ganz unbekannt –, verfolge ich natürlich die Schicksale und Äußerungen derer, die als mehr oder minder unschuldige Gründerfiguren das Portal, das in dieses neue Zeitalter hineinführt, flankieren – kurz: Eines Tages fiel mir eine Nachricht über Eatherly aus ‚Newsweek' in die Hände, die mir so informativ und so ergreifend klang, daß ich ihm einen Brief schrieb: Dieser Brief und Eatherlys Antwort sind durch die Welt gegangen; und aus diesem Beginn hat sich dann die erwähnte regelmäßige Korrespondenz entwickelt.

Der akute Anlaß dieses Briefes ist die heute am 13. Januar aus Waco, Texas, kommende Nachricht, daß Eatherly durch eine gerichtsmedizinische Expertise für geisteskrank erklärt worden sei.

Um so unverblümt wie möglich zu sprechen: Ich behaupte, dieses Gutachten widerspricht den Tatsachen. Und ich bezweifle keinen Augenblick lang, daß auch Ihnen, Herr Präsident, nach flüchtiger Durchsicht der diesem Schreiben als Appendix beigegebenen Exzerpte aus Eatherly-Briefen die Entscheidung der Gerichtsmediziner befremdlich vorkommen muß. Als ‚abnorm' kann man diesen Mann nur dann klassifizieren, wenn man – was im Zeitalter des Konformismus freilich naheliegt – ‚normal behaviour' als identisch mit ‚average behaviour' definiert, nicht als der Norm entsprechendes behaviour – dann allerdings haben wir die Unerbittlichkeit und die pausenlose Wachsamkeit des Gewissens, die wir bei Eatherly vorfinden, als etwas Abnormes hinzustellen. Aber dann müßten wir auch (um Männer einer ganz anderen geistigen Dimension zu nennen) Augustinus oder Kierkegaard in die psychiatrische Abteilung unserer Bibliothek einordnen, statt in die moraltheologische oder moralphilosophische.

Nun könnte man vielleicht einwenden, Eatherly habe durch höchst sonderbare Aktionen (seine wiederholten Schein-Überfälle und dgl.) seine Abnormität im medizinischen Sinne bewiesen. Die Handlungen als solche können natürlich nicht bestritten werden, aber wenn gedeutet, nehmen sie einen anderen Sinn an, nämlich *Sinn.*

Jeder vernünftige Mediziner weiß: Es ist abnorm, während oder nach einer abnormen Situation normal zu handeln. Es ist abnorm, wenn sich jemand nach einem ungeheuren Schock weiter so benimmt, als hätte nichts stattgefunden. Als noch abnormer im medizinischen Sinne müßte es gelten, wenn das Benehmen eines Mannes ‚normal' bleibt, obwohl der Anlaß des Schocks alle Maße und alle Kapazität dessen, was ein Mensch vorstellen, verarbeiten und bereuen kann, überstiegen hat – und um einen solchen Fall hat es sich hier ja gehandelt, da Eatherly Hunderttausende von Verbrannten und eine noch eben wimmelnde Stadt als Asche hinter sich gelassen hat. *Wenn er ‚abnorm' reagiert hat, hat er angemessen reagiert.* Für Fälle unangemessen geringer Reaktion hat die akademische Psychologie ja sogar einen terminus technicus bereit, dieser lautet ‚Seelenblindheit' – und eine klassische Illustration einer solchen Seelenblindheit stellten z. B. die berühmten unrühmlichen Worte Ihres Vorvorgängers Truman dar, der an seinem fünfundsiebzigsten Geburtstag befragt, ob er vielleicht über irgendein Ereignis seines Lebens nur schwer hinwegkomme, antwortete: Ja, er bereue, nicht früher geheiratet zu haben. Hiroshima kam ihm nicht in den Sinn: Es war offenbar zu groß, um in seinen kleinen Sinn hineinzukommen. Oder, wie Lessing sagt: ‚Wer über gewisse Dinge den Verstand nicht verliert, der hat keinen zu verlieren.'

Ferner: ‚Kriminelle Handlungen', wie die befremdlichen Aktionen Eatherlys, als isolierte Erscheinungen zu sehen und zu werten, statt sie als Reaktionen zu verstehen, ist unwissenschaftlich und des Ärztestandes unwürdig. Das ist nicht besser, als wenn wir uns angesichts eines zu Tode geprügelten Menschen darauf beschränken würden, die ungewöhnliche Lautstärke seines Geschreis, und zwar als Symptom seiner Abnormität, zu registrieren, die Abnormität der Umstände dagegen auslassen würden. Leider spricht vieles dafür, daß die Ärzte Eatherlys Reaktionen in diesem Sinne isoliert haben, daß sie diese Reaktionen von jenen Aktionen, auf die sie nur antworteten, abgerahmt hätten: Denn sie haben ja (siehe ‚Newsweek' vom 25. 5. 59) von einem ‚Schuldkomplex' gesprochen – womit sie jedem psychologisch auch nur Viertelgebildeten weiszumachen versuchten, daß es sich um ein unberechtigtes, sinnloses, nur als Krankheit zu bezeichnendes Schuldgefühl gehandelt habe. Ja, in beschämender Vulgarisierung eines psychoanalytischen Schulausdrucks hat man es sogar gewagt, in seinem Fall von einem ‚Ödipuskomplex' zu sprechen – so, als stünde hinter seinem Benehmen ein Inzestwunsch; und nicht das niemals zu vergessende Bild von Hunderttausenden von Toten. Ich darf Ihnen wohl en marge verraten, daß derartige sowohl alberne wie unwürdige Anleihen am wissenschaftlichen Vokabular, die man deshalb macht, um Halbwahrheiten mit dem Prestige der Wissenschaftlichkeit zu schmücken, ebenfalls seit Jahren die Reputation der USA in geistigen Kreisen der ganzen Welt unterminieren.

Wenn Eatherly Schein-Vergehen begangen hat, so aus einem außerordentlich plausiblen Grunde. Während er verzweifelt damit beschäftigt war, die Effekte der Handlung, in deren Mechanismus er als einer von tausend narrensicheren Maschinenteilen hineinmontiert gewesen war, zu verarbeiten; während er durch die Vergeblichkeit dieser seiner Bemühungen zu der Einsicht kam, daß, was hier geschehen war, die Verantwortungskraft jedes Menschen überstieg; während er den Schluß daraus zog, daß jedermann versuchen müßte, sich das maßlose Ausmaß des Geschehenen und die entsetzliche apparathafte Glätte, mit der das Maßlose hatte geschehen können, vorzustellen – eben damit Wiederholungen nicht mehr möglich würden; während langsam in ihm der Entschluß reifte, sein Leben diesem Werk der Rettung zu widmen – während sich all dies in seinem Inneren abspielte, wurde er als nationale Figur gefeiert, und es gab kein Magazin, in dem das patriotische ‚must': das geleckte Portrait des hübschen Boys aus Texas, gefehlt hätte. Dieser Ruhmesglanz war ihm einfach unerträglich. Und aus dieser unerträglichen Inkongruenz zwischen Schuld und Glamour sind seine sogenannten kriminellen Akte unschwer abzuleiten. Da seine Teilnahme an der Hiroshima-Mission als Verbrechen nicht anerkannt wurde, mußte er andere Methoden ersinnen und versuchen, um der ihm zustehenden Strafe teilhaftig zu werden. Es gibt auch ein ‚*Recht auf Strafe*' – Hegel hat diesen Ausdruck geprägt – und wenn ein Symptom existiert, das charakteristisch ist für den nichtverbrecherischen Menschen, dann ist es gerade dessen Insistieren auf diesem seinem Recht. Genau das hat Eatherly getan: Durch seine scheinkriminellen Aktionen hat er versucht, diejenige Strafe, die ihm mißgönnt wurde, doch zu erzwingen.

Natürlich ist es kein Zufall, daß die Strafe ihm verweigert wurde, und daß seine immer wieder versuchte Reue (die, weil keine Reue eine solche Tat bewältigen kann, stets vergeblich bleiben mußte) öffentlich als ungerechtfertigt dargestellt wurde. Denn jede als berechtigt anerkannte Reue ist ja zugleich Beweis für ein geschehenes Verbrechen. In anderen Worten: Sein Bereuen wäre eine Anklage gewesen, eine Anklage gegen die Hiroshima-Mission und gegen diejenigen, die die wirklichen Täter gewesen waren, und die in ihrer unauslotbaren Phantasielosigkeit sogar die Verantwortung für diese Tat übernehmen zu können geglaubt hatten. Oder, um es in den Worten des Geisteskranken zu wiederholen: ‚Die Wahrheit ist, daß die Gesellschaft die Tatsache meiner Schuld einfach nicht akzeptieren kann, ohne gleichzeitig ihre eigene viel tiefere Schuld anzuerkennen.' (The truth is that society simply cannot accept the fact of my guilt without at the same time recognizing its own far deeper guilt. Undatierter Brief an mich, geschrieben vermutlich zwischen dem 10. und 15. August 59.) Liest man diesen Satz, dann kann man nur ausrufen: ‚*Glücklich die Zeit, in der Irrsinnige so reden, unselig die Zeit, in der nur Irrsinnige so reden.*'

Vielleicht wird mancher bei der Lektüre dieses Briefes den Kopf schütteln und entgegnen: ‚Aber warum *er*? Warum sollte *er* denn bereuen, er, der ja nur das ‚fertig los'-Signal gegeben hat, *er*, der ja erst *nach* seiner Tat etwas von der Entdeckung der Kernspaltung erfahren hat, *er*, der ja nur Befehlen gehorcht hat und nur verwendet worden ist?'

Nun, Herr Präsident, diesen Einwand würde ich von niemandem

akzeptieren können. Ich will hier nicht auf die, milde ausgedrückt, Zweideutigkeit eingehen, deren man sich schuldig macht, wenn man einem Mitmenschen eine Handlung zumutet, es diesem Menschen aber nicht erlaubt, etwas von dem Effekt dieser ihm zugemuteten Handlung zu wissen. Ich beschränke mich hier darauf, von dem ‚Nichtwissen' als Entschuldigung für ein Verbrechen zu sprechen. Ich bin Jude, ich habe meine Freunde in Hitlers Vergasungslagern verloren. Mit dieser Entschuldigung: ‚Ich habe ja nur Befehlen gehorcht', haben sich alle Liquidationsbeamten reinzuwaschen versucht, diese Worte gleichen auf zu makabre Weise jenen Worten Eichmanns, die heute durch die Weltpresse gehen, dem Worte: ‚In Wahrheit war ich ja nichts als ein kleines Schräubchen in der Maschinerie, die die Weisungen und Befehle des Reiches durchführte. Weder bin ich ein Mörder noch ein Massenmörder' (‚Life', January 9, 1961).

Nein, *Eatherly ist eben nicht der Zwilling von Eichmann, sondern dessen großer und für uns tröstlicher Antipode.* Nicht der Mann, der die Maschinerie als Vorwand für Gewissenlosigkeit ausgibt, sondern umgekehrt der Mann, der die Maschinerie als die furchtbare Bedrohung des Gewissens durchschaut. Und damit trifft er wirklich ins Schwarze des moralischen Kardinalproblems von heute, damit gibt er uns wirklich die heute entscheidende Warnung: Denn wenn wir auf den Apparat hinweisen, in den wir ja nur als nichts wissende Schrauben eingefügt seien, und wenn wir den Satz: ‚Wir haben ja nur mitgemacht' als unter allen Umständen rechtmäßig akzeptieren, dann schaffen wir damit die Freiheit der moralischen Entscheidung und die Freiheit des Gewissens ab, dann machen wir damit das Wort ‚frei' in dem Ausdruck ‚freie Welt' zur leersten und scheinheiligsten Beteuerung. Ich fürchte sogar, das haben wir bereits getan. – Die Großartigkeit von Eatherlys Benehmen besteht gerade darin, daß er das Argument mutig auf den Kopf stellt, daß er die moralische Perversion, die bereits vorherrscht, durch nochmalige Winkeldrehung wieder rückgängig macht. Kurz: Er verkündet: Auch was ich nur mitgetan habe, ist von mir getan; meine Verantwortung betrifft durchaus nicht nur meine individuellen Taten, sondern alle meine ‚Mittaten'; die Frage unseres Gewissens lautet nicht nur: ‚Was sollen wir tun?', sondern auch: ‚*Wo und wie weit dürfen wir oder dürfen wir nicht mittun?*' Nein, für diese Mittaten fühlt er sich sogar noch verantwortlicher als für seine Privattaten, da deren Effekte, verglichen mit den katastrophalen Effekten unserer Mittaten, geradezu nichtig geworden sind. Im Privatleben tadellos zu sein, ist kaum ein Kunststück, da ersetzt Sitte weitgehend das Gewissen. Wirkliche Selbständigkeit und wirkliche Zivilcourage erfordert gerade die Attitüde gegenüber dem sanften Terror des Mittuns; und wo diese Attitüde, wie es bei Eatherlys Einstellung gegenüber der Akkumulation der atomaren Rüstung in Ihrem Lande der Fall ist, in Verweigerung besteht, ist der Teufelskreis des bloßen Mittuns durchbrochen, da wird das Tun wirklich zur individuellen Tat im klassischen Sinne. Immer wieder hat man Eatherly einen Helden genannt. Aber das ist er nicht etwa deshalb, weil er nach seinem notorischen Fluge no more Hiroshima übrigließ, sondern weil er nach seiner notorischen Behandlung ‚No more Hiroshima' auszurufen wagt.

Gewöhnlich entkleidet der Apparat jeden – und selbst die organisatorischen Leiter und die Eigentümer des Apparats – der Verantwortung so vollständig, daß es zum Schluß niemanden mehr gibt, der Verantwortung trägt, und *weit und breit nichts anderes mehr übrig bleibt als das elend verkohlte Gelände der Opfer und das strahlend gute Gewissen der Dummen.* Wenn Eatherly die nur mitgetane Tat als die seine auf sich nimmt, dann tut er genau das Gegenteil: Denn dann versucht er, im Zeitalter des Apparats das Gewissen lebendig zu erhalten: und da Gewissen stets Kritik darstellt, also stets unkonformistisch ist, wird ihm das nicht erlaubt.

Nein, es wird ihm nicht erlaubt. Die Erkundigungen, die ich in Waco habe einziehen können, die haben, wie mir scheint unbezweifelbar, ergeben, daß die Air Force auf den Ärzte-Stab des dortigen Veterans Administration Hospital Druck ausgeübt hat; daß sie nämlich die Ärzte angewiesen hat, Eatherly auf unbestimmte Dauer (indefinitely) interniert zu halten. Leider bin ich in amerikanischem Recht nicht versiert. Daher ist es mir weder durchsichtig, auf Grund welcher Gesetze die Air Force über einen (seit 1947 aus dem Dienst entlassenen) Zivilisten befinden darf, noch auf Grund welcher juristischen Bestimmungen sie das Recht hat, auf dem Umwege über Ärzte court hearings zu vertagen; noch auf Grund welcher Regelungen ein Bürger, der offiziell als ‚freiwilliger Patient' bezeichnet wird, gegen seinen Willen gehalten, ja nach seinem freiwilligen Verlassen des Internierungsplatzes von neuem arretiert und interniert werden kann. Wie gesagt, alle diese gewiß restlos korrekten Maßnahmen übersteigen meine laienhafte Kenntnis des Federal Law und des Staatsrechtes von Texas; und ich fürchte, es wäre eine Zumutung, Sie mit dem ganzen Ausmaße meiner juristischen Ignoranz weiter zu langweilen.

Es ist Ihnen wohl aus dem Tone dieser meiner Zeilen evident, Herr Präsident, daß mir nichts ferner liegt, als um Gnade für Eatherly zu bitten. Nicht nur der Akt der Begnadigung, sondern sogar schon die Bitte um Begnadigung würden ja implizite Zugeständnisse des Unrechts des zu Begnadigenden darstellen. Nun kann aber die Tatsache, daß Eatherly ein Gewissen hat, und daß er den Mut aufbringt, sich als schuldig an einem von anderen verschuldeten Verbrechen zu fühlen, nicht als Unrecht bezeichnet werden. Was ihm gebührt, ist vielmehr Respekt und Dankbarkeit. Und es ist nicht nur bedauerlich, es müßte auch, so scheint mir, für stolze Amerikaner aufs tiefste beschämend sein, daß er zu Hause als Last oder Schande gilt; daß dagegen dort, wo Haß gegen ihn begreiflich wäre, nämlich in Hiroshima und Nagasaki selbst, seiner voller Respekt, sogar voller Liebe gedacht wird. Das weiß ich sowohl aus den Mündern der Opfer – denn mit einigen von diesen habe ich mich über das Schicksal der Hiroshima-Flieger unterhalten, und bei diesen galt er als eines der Hiroshima-Opfer – sondern auch aus den Liebesbeweisen, die Eatherly von dort erhalten und die er mir mitgeteilt hat. ‚Dieser Brief', so schrieb z. B. eine Gruppe von dreißig atomkranken Mädchen aus Hiroshima am 24. 7. 59, ‚geht an Sie ab, um Ihnen unser tiefes Mitgefühl zu übermitteln und um Ihnen die Gewißheit zu geben, daß wir Ihnen persönlich gegenüber keine Feindschaft fühlen. Sie sind ein Opfer wie wir Opfer sind.' Diese Worte können wohl jeden ‚born equal' einen Augenblick lang verstummen machen, denn sie gehören zu jenen wenigen, auf Grund derer wir stolz darauf sein können, unter Menschen auch Mensch sein zu dürfen.

Nein, Herr Präsident, um Gnade für Eatherly bitte ich nicht, sondern um zwei Schritte, die lediglich eine Rektifizierung der ‚Dreyfus-Situation' darstellen würden.

1. Sollten Sie es nicht in Betracht ziehen, Eatherly durch eine Kommission von Psychiatern noch einmal auf seinen geistigen Zustand hin untersuchen zu lassen und sein weiteres Schicksal von dem Urteil dieser Kommission abhängig zu machen? Diese Kommission müßte wohl ähnlich zusammengesetzt sein wie gewisse Spezialkommissionen der Vereinten Nationen: sie müßte also international sein und sich aus anerkannten Wissenschaftlern diverser Länder rekrutieren; etwa aus einem Schweden, einem Inder, einem Polen und einem Japaner. Wenn

Sie dieser Bitte stattgeben würden, würde das gewiß dem Rufe der moralischen Untadeligkeit der Vereinigten Staaten beträchtlich nutzen. Außerdem könnte ein solcher Schritt, im Beginn Ihrer Regierung getan, als ein Hinweis auf Ihre Regierungsprinzipien gedeutet werden und auf der ganzen Erde das größte Vertrauen auf die weiteren Schritte Ihrer Regierungszeit auslösen.

2. Ich könnte mir vorstellen – denn Sie werden ja allgemein als ein moderner, informeller und vorurteilsfreier Mann geschildert –, daß Sie sich einmal mit Eatherly zusammensetzen. Nicht als primus inter pares, sondern wie ein Bruder mit seinem Bruder: Denn die entsetzliche Last der Verantwortung, die nunmehr auf Ihnen liegt, und die ja, durch die atomare Entwicklung, zur beinahe omnipotenten Verantwortung über das ‚to be or not to be' der Menschheit geworden ist – diese Last, die Ihnen nun bevorsteht, ist ja jener Bürde, die Eatherly seit Jahren trägt, und die er gewissenhaft genug war, fünfzehn Jahre hindurch keinen Augenblick zu vergessen, gar nicht so unähnlich. Und selbst wenn der Mann Eatherly, der Ihnen da gegenübersäße (was nicht der Fall ist) ein bloßer Niemand wäre – die Tatsache, daß er dazu verflucht war, ahnungslos und unfreiwillig solche Tat zu tun und die Last dieser Tat mit sich herumzuschleppen, würde ihn zu einer tragischen Figur machen, zu einem Symbol von heute, zu einem Manne, der Ihnen, und nicht nur als ‚born equal', ebenbürtig wäre[2].

Ihr ergebener Günther Anders

1 Dieser Text weicht geringfügig von dem unterdessen in mehreren deutschsprachigen Zeitschriften veröffentlichten ab. Und zwar deshalb, weil ich in meiner, an den Präsidenten Kennedy gesandten englischen Version einige Partien des ursprünglich Deutsch geschriebenen Textes etwas schärfer formuliert hatte; und diese Veränderungen nunmehr in den deutschen Text übernommen habe.

2 Hier folgen im Originalbrief Exzerpte aus den hier veröffentlichten Briefen von Eatherly.

Brief 58[1]. An Claude Eatherly

Zerstör den Brief, wenn Du ihn gelesen hast.

Lieber Claude, 10. 2. 61

Ich hätte Dir früher geschrieben, wenn ich gewiß gewesen wäre, daß mein Brief Dich erreichen würde; ich hatte auch darauf gehofft, Nachricht von Dir zu bekommen – aber nun nach wochenlangem Warten habe ich mich dazu entschlossen, zu schreiben, auch wenn ich ins Nichts hineinschreiben sollte.

Vielleicht freut es Dich zu erfahren, daß es mir unterdessen gelungen ist, Einzelheiten über die Verhandlung zu hören, und zwar von jemandem (Du kennst ihn nicht), der Zeuge der Verhandlung gewesen ist. Dieser Briefschreiber kam zur Verhandlung fast ohne jede Kenntnis Deiner Person und ohne alle Vorurteile. Er gehört auch nicht unserer ‚Bewegung' an. Seine Worte haben mich mit Stolz für Dich erfüllt (sofern man das Recht hat, auf einen anderen stolz zu sein), denn er teilt mir mit, daß Du außergewöhnlich geistesgegenwärtig gewesen seist (sogar der Gescheiteste von allen Anwesenden, einschließlich der Ärzte und der Richter); daß Du Deinen Humor und Deine Witzigkeit nicht verloren habest, und schließlich, daß Du diejenigen, die sich berechtigt gefühlt hätten, Deinen Zustand zu beurteilen, durch volle Kontrolle Deiner selbst enttäuscht habest, ja sogar dadurch, daß Du schmunzelnd Deine Enttäuschung verborgen habest. Als ich über Dein Schmunzeln las, mußte auch ich schmunzeln, aber das habe ich voll Respekt getan. – Außerdem enthielt der Brief eine interessante Bemerkung über die Geschworenen: Diese hätten sich in ihrer Haut nicht wohl gefühlt (und das auch zugegeben), weil sie nicht in der Lage gewesen wären, Dich mit jenem Geisteskranken, dem sie, wie sie von den Ärzten hörten, gegenüberstanden, zu identifizieren; und sie hätten ihre Entscheidung mit den Worten erklärt, oder besser: entschuldigt und gerechtfertigt: ‚Schließlich sind ja *nicht wir* die Sachverständigen, die Ärzte müssen ja Bescheid wissen, und wie können *wir* es uns herausnehmen, ihrem sachverständigen Urteil zu widersprechen?' Das stellt natürlich eine Verzerrung des eigentlich demokratischen Sinnes einer Verhandlung mit Geschworenen dar, denn wenn man den Respekt vor Experten mobilisiert, um Geschworene einzuschüchtern, oder um sie des Willens zu berauben, ihren eigenen Augen zu trauen und ihre eigenen Eindrücke zu formulieren, dann ist diese Einrichtung in eine Farce verwandelt. (Übrigens hätten auch die Krankenschwestern zu Deinen Gunsten gesprochen: Über ihre Eindrücke befragt, hätten sie ausnahmslos geantwortet, niemals ein abnormes Benehmen bei Dir beobachtet zu haben.) Meine Folgerung: Du hast Dich abnorm benommen, Claude: Nämlich abnorm gut und mit abnormer Selbstbeherrschung.

Eine Bemerkung in diesem Bericht hat mich erschreckt. Dort heißt es nämlich, Du seist nicht wieder in Deinen alten Raum eingewiesen worden, sondern in die für die unzweideutig Verrückten und die gewalttätigen Patienten reservierte Abteilung des Hospitals; und bliebest nun, diesem Teil des Instituts zugehörig, von den normalsten, aber unerläßlichen Kontakten mit normalen Menschen ausgeschlossen. Es ist schwer, nicht zu argwöhnen, daß diejenigen, die Dich in dieser Spezialabteilung abgelegt haben, darauf hoffen, Dich zur Strafe dafür, daß Du kein Verrückter bist, zu einem Verrückten werden zu lassen; daß sie ihre Lüge also *wahrzumachen* wünschen, um nachher triumphieren zu können: ‚Nun, hatten wir das nicht die ganze Zeit über gesagt?'

Ich bin freilich überzeugt davon, daß Du Dich in Deiner Zelle (oder in Deinem Zimmer, oder wo immer Du Dich nun aufhältst) so benehmen wirst wie Daniel[2], und daß diejenigen, die ‚den Stein vor die Tür am Graben legten' sowenig Schlaf finden werden während der Nacht wie der König Darius, und daß sie am Morgen kommen werden, um Dich unberührt vorzufinden, und daß sie Dich befreien werden, und daß ‚kein Leid' an Dir gefunden werden wird. – Das letzte Kapitel der Geschichte müßte freilich verändert werden, denn diejenigen, die Dich verfolgten, sollten nicht in der Löwengrube landen, vielmehr sollte ihnen klargemacht werden, aus welchen Motiven Du gehandelt hast, und wie es zu Deinem Schicksal gekommen ist, und daß Du, was Du getan hast, letztlich auch zu *ihrem* Besten getan hast.

Vielleicht hast Du davon gehört, daß ich in den Wochen meines Schweigens versucht habe, Dir auf einem indirekten Wege zu helfen; daß ich einen ‚offenen Brief an Präsident Kennedy' über Deinen Fall geschrieben habe ... *(folgt Inhaltsangabe von Brief 57)* ... Kopien dieses Briefes sind Zeitungen, führenden Persönlichkeiten und Zeitschriften der ganzen Welt zugegangen; seine Veröffentlichung hat bereits eingesetzt, und ich glaube hoffen zu dürfen, daß er durch diese globale Zirkulation schließlich auch Kennedy erreichen wird, obwohl der Originalbrief, den ich an das White House direkt geschickt habe, höchstwahrscheinlich im Papierkorb des Sekretärs eines Sekretärs gelandet ist. Psychiater in einigen Ländern sind bereits dabei, meine Anregung hinter den Kulissen zu besprechen, und einer meiner Freunde, einer der anerkanntesten Reporter der Welt, hilft mir (oder richtiger: hilft Dir) durch Veröffentlichung eines langen Artikels über Dich in großen Blättern des Auslandes. Du siehst also, Claude, was immer Dir auch zustoßen mag, niemals wirst Du der ‚forgotten man' sein, und obwohl Deine Enttäuschung bitter sein muß, wird doch die Wahrscheinlichkeit, daß die Behörden ihren Mut, Dich unbestimmte Zeit vor der Welt zu verbergen, aufrechterhalten, von Tag zu Tag geringer werden.

Ich habe Dich außerdem von einem anderen Schritt in Kenntnis zu setzen. Nach Lektüre meines ersten Briefes an Dich und des Deinen an mich hat sich ein großes und hochgeachtetes Verlagshaus an mich gewendet, sie würden gerne unseren Briefwechsel ihrem Programm einverleiben. Anfangs habe ich gezögert; ich fürchtete, ich könnte Dir schaden. Jetzt aber, nachdem Du als ‚geisteskrank' klassifiziert worden bist, scheint es mir einfach ein Gebot, Dich durch Dokumente vorzustellen, die Deine geistige Gesundheit, Deine Integrität, Deinen Mut, Deinen Altruismus und Deinen Versuch, Deiner ungewöhnlichen Situation gewachsen zu bleiben, bezeugen. Unsere Korrespondenz habe ich nun von A bis Z kopieren lassen, in einigen Tagen hoffe ich die Zeit zu finden, sie einmal ganz durchzulesen, um einen Eindruck vom ganzen zu gewinnen. Natürlich werden diejenigen Passagen, die Du mich absolut diskret zu behandeln gebeten hast, ausgelassen. Mehrere Male hast Du mich dazu bevollmächtigt, Deine Texte zu verwenden, wo und wann immer ich ihre Verwendung für unsere Sache nützlich halte. Da Du damals die Möglichkeit, die nun aufgetaucht ist, nicht hattest voraussehen können, wiederhole ich hiermit meine Bitte um Bevollmächtigung. Unter keinen Umständen möchte ich einen Schritt unternehmen, dem Du nachträglich nicht zustimmen würdest[3]. Bis jetzt habe ich den Verleger noch nicht gesehen, der Text ist noch nicht ins Deutsche übersetzt, ein Vertrag ist noch nicht diskutiert worden. Daher wäre es verfrüht, jetzt schon über Geschäftliches zu sprechen. 50 : 50 für Dich und für mich wäre das Natürliche ...

Allmählich wird mir der Briefträger verhaßt, weil er immer nur Post von anderen Leuten bringt. Dein Freund Günther

1 Wurde auf dem Umwege über eine dritte, in den Vereinigten Staaten lebende Person geschickt. Da aber dieser Brief von niemandem bestätigt worden ist, müssen wir wohl annehmen, daß er in andere Hände gefallen ist.

2 Daniel 6.

3 Da ja auf diesen Brief keine Antwort mehr gefolgt ist, ist auch die erbetene nochmalige Autorisierung nicht gegeben worden. Indessen hatte mich Eatherly

wiederholt dazu bevollmächtigt, von seinen Worten im Interesse der Sache nach eigenem Ermessen Gebrauch zu machen. So z. B. in Brief 54: ‚Was immer Du für unser Werk nützlich hältst, zögere nicht, es zu tun und verwende mich, wenn nötig' oder in Brief 56: ‚Und ein für alle Male sollst Du wissen, daß, wenn Du irgend etwas Geschriebenes nötig hast oder mich in irgendeinem Sinne des Wortes verwenden kannst, tue es'.

Brief 59. Von Günther Anders an Mr. Ray Bell
Waco News Tribune
Mr. Ray Bell

Sehr geehrter Herr Bell, 28. 1. 61

Sie haben vielleicht eine vage Vorstellung davon, wer ich bin, denn da Sie ja Augenzeuge der Eatherly-Verhandlung waren, haben Sie wohl meinen Namen gehört: Gerüchte, die aus den U. S. kommen, machen es freilich wahrscheinlich, daß das Verhandlungspublikum die Rolle, die ich vielleicht für Bob[1] Eatherly spiele, nicht ganz verstanden hat.

Gleichzeitig erhalten Sie die Kopie eines ‚Offenen Briefes' an den Präsidenten Kennedy, in dem ich die psychologischen und philosophischen Implikationen dieses Falles dargestellt habe. Und als Zeugnis für die unbezweifelbare Renormalisierung Eatherlys (sofern die Integrität, die Selbstbeherrschung und die Menschenliebe, die diese Briefstellen beweisen, ‚normal' genannt werden können, sie sind viel mehr als das) habe ich Stücke aus seinen Briefen beigegeben. Dieser Brief ist nun an Zeitungen und Zeitschriften vieler Länder gegangen, der Text wird also bald überall erscheinen. Da ich Ursache habe, zu vermuten, daß ihr Interesse an diesem Fall besonders groß ist, und da es für die Richter, Ärzte und Geschworenen vielleicht nützlich sein könnte, die beiden Texte kennenzulernen, übergebe ich sie Ihnen. Sie sind berechtigt, sie in Ihrem Blatte zu veröffentlichen ...

Natürlich ist meine Bevollmächtigung nicht auf Veröffentlichung in Ihrem Blatte beschränkt. Falls Sie mit anderen Blättern in Beziehung stehen, etwa in Dallas, oder eine ‚syndicated column' schreiben sollten, dürfen Sie von meiner Einsendung Gebrauch machen. Fairness sollte wohl jeden Reporter dazu verpflichten, die Tatsache zu unterstreichen, daß die zwei Monate, die Bob Eatherly außerhalb des Waco-Hospitals verbracht hat, ohne den mindesten Zwischenfall verlaufen sind. Leider haben die Nachrichten, die nicht nur in den Vereinigten Staaten, sondern auch in Europa veröffentlicht worden sind: nämlich die Behauptung, Eatherly sei bei der Verletzung eines Straßenverkehrsgesetzes festgenommen worden, die ungeschriebenen Gesetze des Wahrheits-Verkehrs verletzt; mindestens sind mir andere Gerüchte über die Festnahme zu Ohren gekommen. Ich glaube, es wäre lohnend, diese Version noch einmal nachzuprüfen.

In der Hoffnung, bald von Ihnen zu hören, Ihr ergebener

Günther Anders

1 Eatherlys familiärer Name, abgeleitet von seinem zweiten Namen Robert.

Brief 60 (gekürzt). *Von Günther Anders an American Civil Liberties Union, Mr. Roland Watts*

Sehr geehrter Herr Watts, 17. 2. 61

... Wir versuchen nun alles, um zu verhindern, daß Eatherly ein ‚forgotten man' werde. Diese Gefahr scheint akut zu sein, denn der Korrespondent von ‚France Soir', der von seinem Blatt beauftragt worden war, über den Fall Informationen einzuholen, erhielt von dem Director of Public Relations of the Veterans Administration Hospital Waco die Abfertigung, den Fall einfach zu vergessen und diese Männer ihre Vergangenheit vergessen zu lassen.

Diese Abfertigung bezeugt aufs schrecklichste, wie recht ich hatte, als ich (schon vor langem) formulierte, man mißgönne Eatherly den Besitz seiner Erfahrung, und als ich den Verdacht äußerte, daß die Ärzte einen Geisteszustand zu erzeugen hofften, in dem Eatherly seiner Erfahrung und seiner Erinnerung beraubt wäre – so als wenn es möglich wäre, die geistige Gesundheit eines Menschen durch Annihilierung seiner Erinnerung wieder herzustellen. Ich bin im Milieu wissenschaftlicher Psychologie groß geworden, und ich muß Ihnen gestehen, daß ich vor Scham in dem Erdboden zu versinken wünsche, wenn ich an die Methoden und Zielsetzungen der Waco-Psychiater denke. ... Ihr ergebener Günther Anders

Brief 61. Von Mr. Ray Bell an Günther Anders

Sehr geehrter Herr Anders, 1. März 1961

Ich kann Ihnen gar nicht sagen, wie geehrt und geschmeichelt ich mich fühlte, als ich Ihren Brief und die Kopie Ihres offenen Briefes an Präsident Kennedy erhielt. Leider kann der Kennedy-Brief in unserem Blatte nicht verwendet werden (wir sind ein räumlich sehr beschränktes Blatt, und die Herausgeber haben starke Hemmungen, einen so umfangreichen Text zu veröffentlichen), aber ich habe den Brief an zwei amerikanische Zeitschriften weitergesandt, die ihn vielleicht in der nahen Zukunft verwenden werden.

Aber was wichtiger ist, ist die Tatsache, daß Kopien Ihres Briefes Eatherlys Anwalt zur Verfügung stehen und von ihm bei der Berufung benutzt werden können. Ich habe das Gefühl, das Gewicht dieses Briefes muß beträchtlichen Eindruck auf die Geschworenen machen.

Sie wissen vielleicht, daß Eatherlys Anwalt, Mr. Tom Moore, hofft, in der nahen Zukunft gegen das Urteil Berufung einzulegen. Das hätte er sogar bereits getan, wenn nicht seit dem ursprünglichen Verhör zwei ungewöhnliche Situationen eingetreten wären. 1. Die außerordentlich hohe Zahl von Kriminalfällen, die bei den Patienten des Veterans Hospitals seit dem 12. Januar, dem Tage des Verhörs, eingetreten sind; und 2. die Möglichkeit, daß eine nochmalige für Eatherly ungünstige Geschworenenentscheidung die Aussichten auf lange Sicht verschlechtern könnte; ich meine, daß andere Geschworene, die von zwei negativen Entscheidungen gehört hätten, auch künftig von diesen negativen Entscheidungen beeinflußt werden könnten.

Ich habe auch, wie Sie vielleicht erfahren haben, eng mit Mr. Moore zusammengearbeitet. Offen gestanden, war ich aufs äußerste überrascht von dem Urteil der Geschworenen am 12. Januar und ziemlich erschüttert (more than a little moved) durch die reine Stupidität, die dieses Urteil dokumentierte. Es gab da auch eine Reihe von Begründungen (sc. von Eatherlys Geisteskrankheit), die meiner Empfindung nach mindestens dubios sind. Es scheint mir ziemlich absurd, wenn jemand, gleich ob er Psychiater ist oder nicht, behauptet, er könne schon auf Grund des Händedrucks eines Mitmenschen die geistige Verfassung dieses Mannes beurteilen.

Dieser Einzelfall hat nicht nur mein Interesse, sondern auch meinen Zorn erregt. Ich möchte, daß Gerechtigkeit durchgesetzt werde, und ich hoffe von ganzem Herzen, daß ich meinen kleinen Beitrag dazu leisten kann. Ich glaube, das kann erreicht werden, aber zu diesem Zwecke muß Eatherlys Anwalt mit einer Fülle von gültigem und unbestreitbarem Material versorgt werden.

In der Zeit seit der Verhandlung habe ich mit jedem einzelnen der sechs Geschworenen, die über den Fall zu entscheiden gehabt hatten, gesprochen. Die meisten von ihnen halte ich für ehrenwerte und ernsthafte Leute, die freilich keine gute Schulung hinter sich hatten. Ihre geistigen Kräfte reichten gerade dazu aus, den Ausführungen der Psychiater blindlings zu folgen und deren Aussagen wortwörtlich zu akzeptieren. Es ist in der Tat, scheint mir, ein Unglück, daß die Geschworenen nicht in der Lage waren, einen Mann von Eatherlys Art und das Milieu, in dem er seine Formung erfahren hat, zu begreifen (could not comprehend a man of Eatherly's make up and upbringing[1]). Wahrscheinlich ist es schwierig für jeden von uns, Folgerungen aus Erfahrungen, die wir nicht selbst gemacht haben, mitzuvollziehen.

Noch einmal möchte ich betonen: ich habe nicht die Empfindung, daß es sich um eine unredliche oder um eine zu diesem Zwecke zusammengestellte Geschworenengruppe gehandelt habe; vielmehr würde ich einfach sagen: Die Geschworenen waren uninformiert. Hätten sie die Tatsachen gekannt – an einer Stelle z. B. wäre die Sache vielleicht ganz anders gelaufen, wenn man dokumentarisch hätte beweisen können, daß Eatherly dies oder jenes veröffentlicht hat –, ich bin im tiefsten davon überzeugt, daß dann die Entscheidung anders ausgefallen wäre. Von mir kann ich jedenfalls sagen, daß ich nicht fähig gewesen wäre, gegen ihn zu entscheiden.

Ich weiß nicht recht, ob ich nicht damit aufdringlich bin, aber es wäre meine Hoffnung, daß Sie mir mehr mitteilen über Ihre Beziehung zu Bob. Ich kann Ihnen zusichern, daß jede Informierung, die Sie mir geben, zu seiner Verteidigung benutzt werden würde. Ich glaube – das darf ich vielleicht in aller Bescheidenheit hinzufügen –, daß das für ihn von großem Vorteil sein würde.

Auf jeden Fall werde ich darüber schreiben, sowohl in unserem Blatte wie in jeder Zeitschrift, die einen solchen Beitrag akzeptieren würde. Im Augenblick etwas zu tun, ist freilich äußerst schwierig. Die meisten amerikanischen Publikationsorgane sperren sich, entweder wegen der Klassifizierung ‚geisteskrank' oder wegen der ‚pazifistisch'. Mir scheint, das liegt zum großen Teil an ihrer Verständnislosigkeit –

aber auch an dem Fehlen von Beweismaterial. Wie ich gehört habe, haben Sie mit Bob an einigen Artikeln zusammengearbeitet, ich glaube auch an einem Buch[2], wenn es eine Möglichkeit gibt, mir Kopien zuzusenden, so wäre das gewiß für mich, Bob und den Anwalt sehr nützlich.

In aller Offenheit: Ich habe das Gefühl, dies ist eine der bedeutungsschwersten Geschichten unserer Generation, und wer weiß, vielleicht aller Generationen. Der Effekt (the impact and the implications) könnte ungeheuer sein.

Wenn ich doch irgendwie eine kleine Rolle, ganz gleich wie winzig, dabei spielen könnte. Hochachtungsvoll Ray Bell

1 Auf welche spezielle Erziehung der Schreiber hier anspielt, ist mir unbekannt.

2 Zu diesem Mißverständnis haben vermutlich zwei Dinge beigetragen:
a) die Tatsache, daß mein erster Brief an E. und seine Antwort stets zusammen publiziert worden sind; und
b) die Tatsache, daß E. und ich die Möglichkeit einer Zusammenarbeit an E.'s Biographie diskutiert haben.

Brief 62. Von Günther Anders an Mr. Ray Bell

Lieber Ray Bell, 8. 3. 61

Unsinn, durch meinen Brief sollten Sie sich nicht ‚geehrt‘ oder ‚geschmeichelt‘ fühlen; Sie sollten nur einfach froh darüber sein, daß Leute, gleich wo, einfach weil sie eben Menschen sind, von der gleichen Flamme der Empörung verzehrt werden – das war jedenfalls meine Reaktion, als ich Ihren Brief las. Und es ermutigte mich, zu sehen, daß Zusammenarbeit keiner geographischen Nachbarschaft bedarf, und daß solche Menschen, obwohl Tausende von Meilen voneinander entfernt, eben ‚just around the corner‘ leben. Ehe ich auf die verschiedenen Punkte und Fragen Ihres Briefes eingehe, ein paar Fakten, die Sie und Mr. Moore vielleicht interessieren:

1. In einem Artikel, den mir Lord Russell gerade zugesandt hat, bezieht er sich auf Claudes Briefe an mich, und geht sogar so weit, zu sagen: Wenn der Schreiber dieser Briefe als verrückt angesehen wird, dann ‚werde ich nicht überrascht sein, meine letzten Jahre in einem Irrenhaus zu verbringen – wo ich die Gesellschaft all derer genießen werde, die fähig sind, menschlich zu fühlen[1].

2. Illustrierte Artikel (in Fortsetzungen) über Claude und seinen Briefwechsel mit mir sind unterdessen in großen französischen und italienischen Zeitungen und Zeitschriften (z. B. im ‚France Soir' und im ‚Europaeo') erschienen.

Sie sehen: Der Fall liegt nackt vor den Augen der Welt, und – ich glaube da nicht zu übertreiben – die Tausende in Europa und Asien, die über Claude nun Bescheid wissen, warten nun ungeduldig darauf, daß diese übel eingefädelte Affaire gerecht in Ordnung gebracht werde. Dazu kommt, daß in gewissem Ausmaß das Prestige der U. S. im Ausland von der Erledigung dieser Angelegenheit beeinflußt werden könnte. Mir scheint, dies ist einer der Hauptpunkte, die Mr. Moore den Geschworenen vorzutragen in Betracht ziehen sollte. Diesen sollte es klargemacht werden, daß sie zwei Aufgaben zu erfüllen haben: a) Daß sie gewissenhaft das Schicksal des Mannes, der vor ihnen stehe, dieses Mannes, der schuldlos schuldig geworden war, abzuwägen haben; und b) daß sie den Idealen der U. S. nachzukommen haben, und daß sie deren guten Namen ernsthaft beschädigen könnten, wenn sie sich darauf einließen, jenen Stimmen von ‚hidden persuaders' nachzugehen, die, um gewisse politische oder militärische Interessen zu fördern, in ihre Ohren hineinflüstern.

3. Seit dem 22. Dezember 1960 habe ich von Claude nichts gehört. Eine so lange Briefpause hat es früher niemals gegeben. Diese Tatsache scheint Ihren ersten Bericht zu bestätigen, daß Eatherly nun durch seine Relegierung in Ward 10 luftdicht von der Außenwelt abgesperrt sei. Ich fürchte, daß sich diese Absperrung nun auch auf Briefschreiben und Brieferhalten erstreckt. Zwar will ich die Behörden nicht verdächtigen, willentlich einen geisteskranken Claude herzustellen; aber – und auch das scheint mir wiederum ein Hauptpunkt für Mr. Moore zu sein – es ist nicht nur nicht ausgeschlossen, sondern sogar wahrscheinlich, daß solch eine Behandlung schließlich einen Zustand der geistigen und der emotionalen Abnormität herstellen *wird.* Diese Gefahr scheint mir um so bedrohlicher, als Claude ja schon seit Jahren kein normales soziales Leben geführt hatte und auch von den natürlichen Freuden des Lebens seit langem ausgeschlossen gewesen war –, als ihm also das Reservoir fehlt, aus dem er in einer so schweren Prüfungszeit schöpfen könnte. So gesehen, ist es um so bewundernswerter, daß die zwei Monate, die Claude außerhalb der Institution verbracht hat, ohne jeden Zwischenfall verlaufen sind, daß er also jeden Zweifel darüber, ob

er Herr seiner selbst sei, beseitigt hat. Dies ist der dritte Punkt, der für Mr. Moore von Wichtigkeit werden könnte. –

Und nun zu Ihrer Bitte um Material: Gewiß werden Sie verstehen, daß es mir nicht möglich ist, Ihnen den ganzen Briefwechsel zwischen Claude und mir zuzusenden – dies um so weniger, als dieser ziemlich bald von einem großen Verlag veröffentlicht werden wird. Das bedeutet freilich nicht, daß Sie von dem Material ausgeschlossen bleiben sollen, schließlich rangiert das Ziel, Claude direkt zu helfen, vor allen anderen Zielen. Falls Sie oder Mr. Moore Antwort auf spezielle Fragen wünschen sollten, dann würde ich daher versuchen, herauszufinden, ob Eatherlys Briefe an mich Passagen enthalten, die als solche Antworten gelten können. In solchen Fällen würde ich Ihnen auch Briefstücke photostatisch reproduzieren lassen. – Natürlich wird dieses Buch, wenn es erst einmal erschienen ist, das Interesse an Claudes Fall noch lebhafter machen, als es heute bereits ist; nicht zuletzt deshalb, weil Robert Jungk, der als Autor nicht nur in deutschsprachigen Ländern, sondern überall bekannt ist, die Vorrede schreiben und als Herausgeber fungieren wird. Wenn jemand von dem großen Interesse, das Verleger an der Korrespondenz zeigen, überrascht sein sollte – die Erklärung ist einfach: Mein erster Brief an Claude und seine Antwort auf diesen sind immer wieder in vielen Ländern erschienen. Nachdem die Verleger Claudes überraschende Antwort gelesen und erfahren hatten, daß dieser Briefwechsel weiterlief, gingen sie der Sache nach.

Viele Einzelheiten, über die Sie berichtet haben, namentlich über die Geschworenen und über die erstaunliche Situation, die im V. A. Hospital seit dem Verhör am 12. Januar eingetreten ist, waren mir neu, und sie sind mir sehr wichtig. Ich bin Ihnen für diese gute Informierung zu großem Dank verpflichtet. Bitte halten Sie mich weiter auf dem laufenden. Was meinten Sie, als Sie ‚die ungewöhnlich große Zahl von Kriminalfällen, in die seit dem Verhör am 12. Januar Patienten des V. A. Hospitals verwickelt waren‘ erwähnten? Meinten Sie damit ein zufälliges chronologisches Zusammentreffen, oder wollten Sie da auf eine ursächliche Beziehung zwischen dem Verhör und dem Verhalten der Internierten (was ich nicht verstehen würde) hinweisen?

Ehe ich schließe, möchte ich Ihnen noch einmal sagen, wie froh ich darüber bin, zu sehen, daß Sie zu den ‚unhappy few‘ gehören, die begriffen haben, daß im Eatherly-Fall unsere ganze moralische Situation vor Gericht steht. Vielleicht ist es sogar ein Glück, daß wir etwas in der Hand haben, was, wie ein Miniaturmodell, die moralischen Probleme von heute in sich enthält und sichtbar macht. Durch unsere Arbeit *für diesen einen Menschen* leisten wir *nicht nur für einen Menschen* Arbeit. Und wie entsetzlich die Implikationen dieses einen Falles auch sein mögen, vielleicht ist es tröstlich, zu wissen, daß wir unsere Kräfte in *den* Fall von heute investieren. Ihr ergebener

Günther Anders

1 ‚New Statesman', 17. Februar 1961.

Brief 63 (gekürzt). *Von Günther Anders an Dr. Walter F. Ford, Director, Professional Services, V.A. Hospital, Waco, Texas*

Sehr geehrter Dr. Ford, 18. 4. 61

Ich hatte den Vorzug, von einem Schreiben Kenntnis zu erhalten, das Sie an einen Freund von mir gerichtet haben. In diesem Schreiben beziehen Sie sich auf meinen ‚offenen Brief an Präsident Kennedy' und diagnostizieren an mir einen ‚Dreyfus-Komplex'. ‚Wir können nicht darauf hoffen', formulieren Sie, ‚Individuen mit einem Dreyfus-Komplex zu verändern, besonders dann nicht, wenn sie Hunderte von Meilen entfernt sind.'

Warum ‚Komplex'?

Sokrates fühlte sich berufen, der Jugend die Wahrheit beizubringen? Nichts weniger als das. Nichts als ein Erziehungskomplex.

Hegel bemühte sich um ein universelles Geschichtsprinzip? Nichts weniger als das. Nichts als ein Systemkomplex.

Ärzte versuchen, Kranke zu heilen? Nichts weniger als das. Nichts als ein Gesundheitskomplex.

Menschen haben Hunger? Nichts weniger als das. Nichts als ein Brotkomplex.

Eatherly versucht, Hiroshima zu bereuen? Nichts weniger als das. Nichts als ein Schuldkomplex.

Anders versucht, ihm zu helfen? Nichts weniger als das. Nichts als ein Dreyfuskomplex.

Wahrhaftig, eine empfehlenswerte Methode, dieses ‚Nichts als ein Komplex'. Denn was Sie damit erreichen, ist:

1. die Sache, um die es geht, ihrer Komplexität zu berauben.

2. Ihren Mitmenschen weiszumachen, daß die Ziele, für die die Opfer Ihrer Diagnosen kämpfen, keine Berechtigung haben.

3. Diejenigen, die diese Ziele verfolgen, der Lächerlichkeit preiszugeben. Mit vorzüglicher Hochachtung Günther Anders

Brief 64. Von Günther Anders an Mr. Robert Kennedy[1]*, Attorney General, Washington D. C.*

Sehr geehrter Herr Minister, 7. 5. 61

Eine dänische Zeitschrift, die vor einigen Wochen meinen offenen Brief an Präsident Kennedy publiziert hatte, hat mich nun darum ersucht, zu dem Schreiben, das Sie nach Lektüre dieses Briefes an Herrn Prof. Johannes Knudsen am 31. März d. J. geschickt haben, Stellung zu nehmen.

Sie werden sich vielleicht daran erinnern, daß Ihr Brief fast ausschließlich aus einem Zitat bestanden hat: Nämlich aus der Wiedergabe der Information über Mr. Eatherly, die Sie auf Grund meines Briefes von der Veterans Administration angefordert hatten.

1. Diese Information beginnt mit dem Satz: ‚Mr. Eatherly ist dann und wann in den letzten Jahren freiwilliger Patient (voluntary patient) in unserem Veterans Hospital in Waco gewesen.‘ – Für diesen Satz bin ich Ihnen außerordentlich dankbar, denn er bestätigt meine These, daß die Arretierung und Re-internierung Eatherlys nach dessen freiwilliger Flucht aus dem Hospital seinen Status ‚voluntary‘ verletzt haben muß.

2. Eatherly (so fährt der von Ihnen mitgeteilte Bericht fort) habe ‚die Hospitalleitung davon verständigt, daß er erwarte (expected), das Hospital zu verlassen; daraufhin sei sein Bruder James verständigt worden, und dieser habe einen Antrag auf Hospitalinternierung gestellt‘. – Selbst wenn das zutreffen sollte, wäre auch das ja eine Unterlage für meine Behauptung, daß der Ausdruck ‚freiwilliger Patient‘ nur ein Wort gewesen war.

3. Der Bericht geht dann über zu dem Verhör am 12. 1. 61. – Die Jury (so heißt es) sei der Ansicht gewesen, daß Mr. Eatherly psychiatrische Behandlung benötige und der Veterans Administration übergeben werden sollte. Diesem Urteil widerspricht aufs seltsamste

a) die Tatsache, die der nächste Satz mitteilt: Daß nämlich die Geschworenen Eatherly für fähig erklärt hätten, seine eigenen Gelder zu verwalten – was immerhin, und nicht zuletzt in Ihrem Lande, das Zugeständnis einer schätzenswerten Kompetenz darstellt; und

b) ein ausführlicher Report, der mir von einem Augenzeugen des Verhörs zugegangen ist. (Folgt Bericht siehe Brief 58.)

Was nun die Darstellung des Hospitals betrifft, so stimmt diese mit dem ausführlicheren Bericht, den ich von Mr. Eatherly selbst erhalten habe, nicht überein; und Mr. Eatherly zu mißtrauen, habe ich noch niemals einen Anlaß gesehen. Dagegen glaube ich, dem Bericht der Veterans Administration deshalb etwas kritisch begegnen zu dürfen, weil diese sich, wie ja auch Ihnen bekannt sein dürfte, Ungenauigkeiten hat zuschulden kommen lassen – so hat sie z. B. die Flucht Eatherlys umdatiert und das fingierte Datum (22. November statt 19. Oktober) der Weltpresse übergeben. –

Im Zusammenhang mit 1. könnte es Sie vielleicht auch interessieren, zu erfahren, was die ‚Washington Post and Times-Herald' am 5. 12. 60 zu diesem Punkt geschrieben haben: ‚Veterans Administration-Beamte sagten, sie seien nicht befugt, Eatherly festzunehmen oder ihn ins Hospital zurückzubringen.' – Warum andere Behörden einen Mann, der freiwillig im Hospital geweilt, dieses freiwillig verlassen und während seiner Freiheitszeit kein Vergehen begangen hatte, arretieren durften, das entzieht sich leider meinem laienhaften Verstand. Daß Eatherly, der angeblich wegen Durchfahrung eines Rotlichts arretiert wurde, gar nicht am Steuer des Wagens gesessen hatte, darüber wird ja nicht nur Europa informiert sein. In anderen Worten: Ich bin unfähig, den Sinn, der dem Ausdruck ‚voluntary' hier zugemutet wird, mit dem allgemein anerkannten Sinn dieses Wortes in Deckung zu bingen.

Nach wie vor bleibe ich davon überzeugt, daß die Bereinigung dieses Falles dem Prestige der Vereinigten Staaten nicht unbedingt abträglich sein würde. Ihr sehr ergebener Günther Anders

1 Justizminister, Bruder des Präsidenten.

Brief 65. An Claude Eatherly

Lieber Claude, 10. 5. 61

Viel Hoffnung darauf, daß dieser Brief Dich erreichen wird, habe ich nicht gerade. Denn seit nun beinahe vier Monaten habe ich kein

Lebenszeichen mehr von Dir erhalten, und leider muß ich annehmen, daß auch Du von mir seitdem nichts mehr gehört hast. Vielleicht sind Dir in der stummen Welt, in der Du nun lebst, Zweifel gekommen; vielleicht fürchtest Du, ich sei des Mithoffens nun satt geworden, und ich hätte Dich abgeschrieben. Der Schritt, den ich, seit Du verschwunden bist, unternommen habe, der ist Dir ja vermutlich unbekannt geblieben. Glaube mir, Claude, Deine Befürchtung wäre ganz unbegründet. Die Sache liegt genau umgekehrt: Je vergeblicher ich versuche, Dich zu erreichen, je länger ich nichts von Dir höre, um so unerhörter wird Dein Schicksal für mich. Dein Verstummen dröhnt in meinen Ohren noch lauter, als es Deine Stimme getan hatte. Und von diesem Dröhnen Deines Verstummens fortzuhören, das würde meine Kräfte übersteigen.

Hier also der Schritt, den ich, gemahnt von diesem Dröhnen, unternommen habe: In einem offenen Brief habe ich Dein Schicksal dargestellt, und zwar, um diesem Schritt den größten Nachdruck zu verleihen, in einem Brief an den Präsidenten Kennedy; und diesen Brief habe ich vor einigen Wochen der Öffentlichkeit bekanntgemacht. Daß ich von Präsident Kennedy selbst keine Antwort erhalten habe, sondern nur eine von einem Sekretär geschriebene Empfangsbestätigung, das ist nicht wichtig. Denn schon heute hat es dieser Brief, der auch in den USA, von Universitätsleuten vervielfältigt, zirkuliert, zustandegebracht, daß Du, obwohl physisch eingesperrt, nun im Denken und Fühlen von mehr Menschen vorkommst und von mehr Freunden umgeben bist, als je zuvor; auch von mehr als in jener Zeit, da Du als glamourous victory boy durch die Presse der ganzen Welt gingst. Die Wände, die Dich einschließen und von der Welt absperren, die sind heute nun zu Scheinwänden geworden. Und gegen diese Tatsache kann kein Arzt etwas ausrichten, keine Air Force und kein verängstigter Verwandter. So wahr es ist, daß Du keinen Deiner Freunde sehen kannst, ebenso wahr ist es, daß alle Deine Freunde nun auf Dich blicken. Und darum bist Du in gewissem Sinne gar nicht eingesperrt. Wenn jemand eingesperrt ist (oder richtiger: ausgesperrt, nämlich von der Sympathie der Mitmenschen), dann sind es vielmehr jene Toren, die Dich, weil Du Gewissen genug hast, auf dem, was Du weißt, weiter zu bestehen, als krank bezeichnen und zwischen vier Wänden halten. Vielleicht haben diese Männer sogar Mitleid mit Dir. Aber dieses Mitleid können wir nicht hoch achten. Denn letztlich ist das ein schlechtes

Mitleid, ein Mitleid, das nur der Angst entspringt, nämlich beweist, daß sie Angst vor der Wahrheit haben. –

Daß ich gerade in diesen Tagen so viel an Dich denke und heute noch einmal den Versuch unternehme, Dein Ohr zu erreichen, das ist kein Zufall. Denn wir leben nun in Wochen, die für alle Deinesgleichen, für alle, die noch nicht abgestumpft sind, unter dem Zeichen *Eichmann* stehen. Du weißt: Eichmann war jener Mann, der in den vierziger Jahren als Organisator die Liquidierung von Millionen von Menschen, von Juden, Polen, Zigeunern, leitete, und als Vernichtungsbürokrat seine Pflicht tat. Vielleicht sind auch Dir Zeitungsberichte darüber in die Hände gefallen. Dann wirst auch Du gelesen haben, daß er ‚ehrlich' erklärt habe, nichts als ein Werkzeug, nichts als ein ‚Schräubchen im Apparat des Terrors' gewesen zu sein, und nur dem Eid, den er Hitler geschworen, Treue gehalten zu haben – kurz: ‚in dem Sinne, in dem man es ihm vorwerfe, nicht schuldig' zu sein. So wenig es uns möglich ist, Eichmanns Tätigkeit im Geiste nachzuvollziehen, so wenig ist es möglich, zu begreifen, daß er, ehe man seiner habhaft wurde, fünfzehn Jahre lang hat leben können, ohne diese seine Schuld zu erwähnen, ohne von sich aus zu dieser Schuld Stellung zu nehmen, nein, ohne unter dieser übermäßig zu leiden. Dabei ist es sogar durchaus unwahrscheinlich, daß er wirklich nur ein Werkzeug gewesen ist. Die Tatsache, daß er an jenen Konferenzen teilgenommen hat, in denen die Organisatoren des Terrors, Cognac trinkend, die Vernichtung der Millionen und die ‚tunlichsten Maßnahmen' für diese diskutierten, die widerspricht deutlich der Winzigkeit seiner Bürokratenrolle, auf die er nun, um seine Schuld so winzig wie möglich zu machen, so ungeheuer großen Wert legt. Ebensowenig Recht hat er, sich darauf herauszureden, er habe ja nur an seinem Büroschreibtisch gesessen und von diesem aus die Mordkartotheken in Ordnung gehalten; das wirkliche Ausmaß dessen, was seine Kartotheken zum Inhalt hätten, das hätte er sich als Papiermensch gar nicht vorstellen, das hätte er gar nicht sehen können. Selbst das – und auch das wäre ja keine Entlastung – entspricht ja nicht der Wahrheit, denn gelegentlich war er ja als Augenzeuge bei der Zerstörung jener Menschen, deren Namen und deren Goldzähne er in seinen Kartotheken so schön registriert hatte, dabei. Gewiß, gefallen hat ihm das Schauspiel dieser Massenvernichtung nicht, und nun – würdig ist das auch nicht gerade –, nun bittet er uns ja sogar darum, Mitleid mit jenem Ekel aufzubringen, den ihm dieses Schauspiel bereitet habe – aber dieser Ekel hat ihn doch nicht davon abgehalten, sein Vernichtungsbüro weiter zu leiten und noch für Jahre dieses sein Amt zuverlässig zu verwalten.

Das Furchtbarste an den Erklärungen des Massenmörders: ‚Ich war ja nur ein Schräubchen im Apparat', ‚ich habe ja nur Weisungen befolgt', besteht darin, daß diese identisch sind mit jenen Argumenten, die heute von jedem von uns verwendet werden: Von den Arbeitern, die an den Polaris-Raketen arbeiten, von den Wissenschaftlern, die chemical warfare Mittel testen, von Deinem Kollegen Francis Powers, der durch seine Spionageflüge beinahe eine Katastrophe ausgelöst hätte – nein, mehr als das: Diese Argumente sind ja identisch mit denjenigen, die man uns allen, um unser Gewissen zu beruhigen, also als Tranquillizers, eintrichtert. Machen wir uns nichts vor: Wenn wir diese Eichmann-Argumente nicht akzeptieren, dann gelten wir, und auch in jenen Ländern, die heute durch den Spezialfall Eichmann ehrlich erschüttert sind, als illoyal oder als Verräter.

Oder als geisteskrank.

Wenn ich in diesen Tagen, in denen wir täglich neu von jenem nun beinahe zwanzig Jahre zurückliegenden Grauen hören, besonders stark an Dich denke, so weil Du, Claude, die eine große Gegenfigur bist, die uns in diesem Grauen trösten kann. Als Du das, was Dir als ‚Schräubchen in der Maschine' aufgetragen worden war, durchführtest, da wußtest Du nicht, was Du tatest. Aber nachdem Du gesehen hattest, was Du angerichtet hattest, da bist Du aufgestanden, da hast Du Nein gerufen. Und seit diesem ersten Nein hat es keinen Tag gegeben, an dem Du dieses Nein verschluckt hättest. Du hast Dich nicht klein gemacht und Dich nicht mit dem Satze: ‚Aber ich war ja nur ein Schräubchen, also bin ich nicht schuldig' zu entlasten versucht, sondern umgekehrt erklärt: ‚Wenn wir als Schräubchen so furchtbar schuldig werden können, dann müssen wir es verweigern, in diesem Sinne Schräubchen zu bleiben.' Eichmann und Du – ihr zwei seid die beispielhaften Figuren der heutigen Epoche. Und gäbe es Dich nicht als Gegenfigur zu ihm, wir hätten allen Grund, in dieser Eichmann-Zeit zu verzweifeln.

Glaube nicht, Claude, daß diese Gegenüberstellung von Eichmann und Dir künstlich sei. Sie war mir längst schon klar, als ich heute morgen in der Zeitung las, daß Servatius, der Verteidiger Eichmanns (für *den* findet sich eine Verteidigung mit weltweitem Echo, für Dich nicht), die Schamlosigkeit gehabt hat, zu erklären: Ein Mann, der so unter Befehl gestanden habe wie Eichmann, der könne genau so wenig zur Verantwortung gezogen werden wie der Mann, der die A-Bombe über Hiroshima habe fallen lassen[1]. Ich will gar nicht von der Ungeheuerlichkeit dieses Vergleiches reden: Denn Du und Deine Kameraden haben zwei Aktionen durchgeführt, die ihr für Kriegshandlungen halten mußtet, während Eichmann Jahre hindurch von Tag zu Tag die Liquidierung von Menschen, und zwar von militärisch völlig gleichgültigen Menschen, systematisch durchführte. Sondern allein davon, daß Du eben selbst für *diese* Handlungen die Verantwortung übernommen hast, obwohl Du nicht zur Verantwortung gezogen wurdest, obwohl Du sogar diese Verantwortung nicht übernehmen *solltest* – während dem Eichmann die Verantwortung durch den Vergleich mit Dir fortdiskutiert werden soll. Wenn es *einen* Menschen gibt, der ein Recht darauf hätte, Servatius oder Eichmann richtigzustellen – dieser Mann bist *Du*. –

Wie einsam nun auch jeder Morgen sein mag, zu dem Du erwachst – an jedem Morgen mache es Dir klar, Claude, daß Du das unsägliche Glück hast, die große Gegenfigur zu sein, die uns allen Trost und Hoffnung schenkt. Verglichen mit der Wichtigkeit, dieser Rolle, die Dir zugefallen ist, und der Du Dich gewachsen gezeigt hast, kann Dir die Tatsache, daß Du physisch allein bist, und daß Du diejenigen, die Du tröstest, nicht von Angesicht zu Angesicht siehst, vielleicht erträglich werden. Wir jedenfalls denken voll Dankbarkeit an Dich. Und wenn wir Dich eines Tages sehen werden – mit ‚wir' meine ich alle diejenigen, die durch Deine Existenz getröstet worden sind –, dann wird Dir das Opfer, das Du in diesen Jahren hast bringen müssen, vielleicht wie ein Nichts vorkommen. Für diesen Tag laß uns weiterarbeiten. Wie immer, Dein Freund Günther

1 ‚Newsweek', 17. April 1961.

Der Briefwechsel war bereits im Satz, als nach nahezu halbjähriger Pause wieder ein Lebenszeichen von Eatherly eintraf. In der Tat scheint sich nun – auf Grund wovon, dürfen wir wohl offenlassen – eine Entwicklung vorzubereiten, die uns das Recht auf Hoffnung gibt. Es ist technisch noch möglich, von dem Beginn dieser neuen Phase Rechenschaft zu geben. Die Affaire Eatherly geht weiter; und wer weiß, vielleicht wird sie, wenn die Korrespondenz der Öffentlichkeit vorliegt, bereits ihren glücklichen Abschluß gefunden haben.

Brief 66. An Günther Anders

Lieber Günther, 30. Mai 1961

Bldg. 10

Es war gut, wieder von Dir zu hören und zu erfahren, daß alles bei Dir in Ordnung ist. Entschuldige bitte, daß ich Dir nicht schreiben konnte. Ich erhielt einen Brief von Dir vor etwa drei Monaten. Mir geht's hier im Hospital gut.

Aber gute Nachrichten über die Entlassung aus dem Hospital kann ich nicht kriegen. Im Januar hatte ich versucht, meine Entlassung in einer Verhandlung durchzusetzen. Bald werde ich einen neuen Versuch machen, sofern ich nicht ermutigende Nachrichten von meinen Ärzten bekomme. Du kannst mir glauben, daß ich über meine immer weitergehende Hospitalisierung enttäuscht bin, aber meinen Mut verloren habe ich nicht, ich weiß, schließlich werde ich einmal einen ‚break' haben.

Miss F. schickte mir den Brief zu, den Du ihr geschrieben hast.

Ich las einen Zeitungsartikel, der mich betraf, und daß Dein neues Buch bald draußen sein wird. Wenn es doch auf Englisch veröffentlicht werden könnte, ich würde es gern lesen.

Ich habe den Eichmann-Prozeß verfolgt, er wird täglich von den Zeitungen gebracht. Wie immer dieser Mann sich verteidigen mag, da gibt es keinen Ausweg ... Für so einen Mann ist kein Platz.

... Ich höre kaum je etwas von irgendeinem Mitglied meiner Familie. Von keinem von ihnen kann ich Hilfe erwarten ... Claude

Brief 67. Von Department of Justice, Washington D. C. an Günther Anders

Sehr geehrter Herr Anders, 26. 6. 61

Der Justizminister hat mich darum gebeten, Ihren zweiten Brief in Sachen Major Eatherly zu beantworten. Offenbar haben Sie die Reihenfolge der Ereignisse, sofern es sich um seine Internierung (‚retention') im Hospital handelt, mißverstanden. Seine ursprüngliche Behandlung basierte auf seiner Zulassung als ‚freiwilliger Patient' (‚on the basis of his voluntary admission'), aber auf Anordnung der Gerichtsbarkeit in Texas, die sich auf den Spruch der Geschworenen stützte, wurde sein Status ‚freiwillig' in den Status ‚unfreiwillig' umgewandelt. In Gewahrsam genommen (‚committed') wurde er also auf die Empfehlung der Geschworenen hin. Im Augenblick, da diese auf der Empfehlung der Geschworenen basierende Anordnung in Kraft trat, ergab sich als notwendige Konsequenz, daß Major Eatherly, nachdem er das Hospital verlassen, in dieses wieder überstellt wurde.

In diesem Zusammenhange möchte ich noch einen anderen Punkt erwähnen:

Sowohl der Gerichtshof wie die Anordnung gehören zum Bereich der Staatsautorität (sc. des Staates von Texas), nicht zum Bereich der Bundesregierung. Diese Rechtsprechung ist durch die Verfassung unseren Einzelstaaten eingeräumt, dieses Department (Department of Justice) darf sich da also nicht einmischen. Sollte freilich die Internierung irgend etwas Ungesetzliches an sich haben, dann würde Major Eatherly das volle Recht zustehen, alle als Beweisstücke notwendigen Fakten dem Bundesgericht vorzulegen.

Damit wären wohl, so scheint mir, Ihre Punkte beantwortet.

Hochachtungsvoll
William H. Orrick, jr.
Assistant Attorney General

Brief 68. Von Günther Anders an Mr. William H. Orrick, jr., Assistant Attorney General[1], Washington D. C.

Sehr geehrter Herr Orrick, 2. 7. 61

Haben Sie meinen verbindlichen Dank für Ihren liebenswürdigen Brief vom 26. Juni 1961 und für Ihren Versuch, die Verdächte, die mir der Fall Eatherly einflößt, zu zerstreuen. Ich bedauere, Ihnen mitteilen zu müssen, daß es Ihnen nicht völlig gelungen ist, mich zu überzeugen.

Natürlich lasse ich hier die breiteren und philosophischeren Aspekte des Falles beiseite, ich spreche also nicht von der tragischen Situation des Mannes, der ahnungslos zum ersten ‚Opfer' der ersten atomaren Mission wurde, obwohl ich es nicht für unmöglich halte, daß diesen Gesichtspunkten eines Tages viel größere historische Bedeutung zukommen wird als den rein juristischen. Da ich vermute, daß wir auf dieser breiten philosophischen Basis nur schwer zu einer Einigung kämen, beschränke auch ich mich hier also auf das rein Juristische.

Sie betonen, daß die Frage der Reihenfolge (der Reihenfolge von Eatherlys „freiwilligem" und „unfreiwilligem" Internierungsstatus) die ausschlaggebende Frage sei. Wenn ich Sie recht verstehe, kann das nur bedeuten, daß seine Wieder-Arretierung legal gewesen wäre, wenn sie in einer Phase der ‚Unfreiwilligkeit' stattgefunden hätte; illegal dagegen, wenn sie sich während einer Phase der Freiwilligkeit abgespielt hätte. Wenn dem so ist, dann war Eatherlys Wieder-Arretierung in der Tat illegal, denn – und das ist mein Hauptpunkt – die Chronologie der Daten, über die ich verfüge, widerspricht der Reihenfolge von Ereignissen, die Sie zur Unterlage Ihres Arguments machen.

Sie wissen besser als ich, daß in der Internierungszeit Major Eatherlys die Phasen der Freiwilligkeit und der Unfreiwilligkeit abgewechselt haben.

Eine seiner Freiwilligkeitsphasen von 90 Tagen endete z. B. im Juli 1959; trotz seines Status ‚voluntary' wurden seine Versuche, das Veterans Administration Hospital zu verlassen, zum Scheitern gebracht.

Am 22. April 1960 bestätigte Eatherly von neuem seinen Status ‚voluntary', und zwar in einem Brief, den er der American Civil Liberties Union schrieb. In diesem Brief hieß es: ‚Ich bin ein freiwilliger Patient, was mir das Recht gibt, um Befreiung anzusuchen.'

Erst am 20. Mai 1960 wurde Eatherly, und zwar nach einem ‚closed hearing'[2], als involuntary Patient klassifiziert, ein Status, der drei Monate lang gedauert haben muß. Das bedeutet, daß er seinen Status als ,voluntary Patient' am 18. August 1960 wieder erreichte. – Tatsächlich schrieb er mir am 18. August: ,Jetzt, glaube ich, ist die Zeit gekommen, in der ich meinen Schritt unternehmen sollte, um aus dem Hospital herauszukommen.' – Und am 6. September 1960 schrieb er expressis verbis: ,Da ich ja wieder als freiwilliger Patient gelte.'

Wenn er tatsächlich ein solcher war, dann impliziert das, daß er frei darüber entscheiden konnte, ob er im Veterans Administation Hospital bleiben oder nicht bleiben würde. Entweder bezeichnete der Terminus ,voluntary' eine Freiheit der Wahl, oder er ist eine leere und völlig sinnlose Vokabel, die sowohl dem alltäglichen, wie dem philosophischen Sprachgebrauch zuwiderläuft. –

Aber lassen Sie mich auf Ihren Punkt zurückkommen, auf die Reihenfolge. Da Eatherlys Status ,voluntary Patient' am 18. August 1960 wiederhergestellt wurde, muß er sich in diesem Status am 19. Oktober 1960, als er aus dem Hospital entfloh, noch befunden haben. Daß er wirklich ein ,voluntary Patient' war, findet seine Bestätigung:

1. In der Textstelle (Washington Post and Times-Herald, 5. Dezember 1960), auf die ich Sie bereits in meinem letzten Brief aufmerksam gemacht hatte. Ich zitiere: ,Veteran Administration-Beamte sagten, sie hätten nicht die Vollmacht, Eatherly festzunehmen oder ihn ins Hospital zurückzunehmen.'

2. In einer Briefstelle aus einem Briefe von Eatherly vom 21. Dezember 1960. Dort schreibt er: ,Das Hospital hatte in den veröffentlichten reports gesagt, daß ich entlassen worden und nicht gewünscht sei. In Wahrheit beantragte es aber meine Internierung am 20. Oktober, also einen Tag, nachdem ich entflohen war.'

Zum ,involuntary Patient' wurde Eatherly also erst, nachdem er wieder eingefangen worden war und nachdem er, am 12. Januar 1960 eine Verhandlung (mit Geschworenen) gehabt hatte.

Wenn ich diese Chronologie durchgehe, kann ich mich schwer des Gefühls erwehren, daß sich in den Report, den Sie erhalten haben, ein Irrtum über die Reihenfolge der Ereignisse eingeschlichen hat. Wenn auch Ihnen mein Verdacht plausibel vorkommen sollte, wäre es vielleicht der Mühe wert, die Reihenfolge der Ereignisse noch einmal nachprüfen zu lassen. Ich wäre Ihnen in der Tat zu größtem Dank verpflichtet, wenn Sie das veranlassen könnten.

Ich bin Ihnen für die Mühe, die Sie der Aufklärung dieses Falles widmen, außerordentlich erkenntlich. Hochachtungsvoll Ihr

Günther Anders

1 Leiter der Sektion Zivilrecht im Justizministerium.
2 Verhandlung ohne Geschworene.

Brief 69. An Claude Eatherly

Lieber Claude, 3. 7. 61

Was für eine Erleichterung, endlich nach einer so langen Pause einen Brief von Dir zu bekommen. Vielleicht bist Du Dir nicht klar darüber, daß diese Pause beinahe ein halbes Jahr gedauert hat. Du wirst gewiß verstehen, daß ich mir in dieser Zeit Sorgen gemacht habe, und auch heute sind diese Sorgen noch nicht vorbei, da Du die Ursache Deines Verstummens überhaupt nicht erwähnst. Du sagtest einfach, Du konntest nicht schreiben. Aber was bedeutet dieses ‚nicht-können'? Warst Du krank? Oder – das scheint mir unwahrscheinlich – hat irgend jemand Dich am Korrespondieren gehindert?

Mir scheint, Du hast Ermutigung nötig. Vielleicht kann ich Dir ein paar „Injektionen" geben.

Hier ist die erste: Das Interesse an unserem Briefwechsel, der im Herbst herauskommen wird, ist so groß, daß der Verlag nun eine Auflage von 11000 drucken wird, das Mehrfache üblicher erster Auflagen. Außerdem wird der Band als das Hauptstück des Verlages 1961 präsentiert. Das bedeutet natürlich einen gewissen Verdienst für Dich, denn der Vertrag lautet auf meinen und Deinen Namen, wir teilen die Buchhonorare 50 : 50. Schon heute, Monate vor dem Erscheinen des Buches, wartet ein Betrag von $ 750 auf Dich, Du kannst ihn abheben, wenn Du ihn benötigst. Und selbst wenn Du ihn nicht benötigen solltest – mir scheint, die Tatsache, daß Honorare auf Dich warten, könnte sowohl Geschworene wie Richter beeindrucken, Geldverdienst hat noch nie das Prestige eines Menschen gemindert. – Da bereits acht bis zehn Verlagshäuser in diversen Ländern ihr Interesse an dem Buch angemeldet haben, besteht auch eine gute Chance für ein weiteres Ansteigen Deines ‚Autorenverdienstes'. Falls Du an Dein Geld heran möchtest, brauchst Du nur an den Rowohlt Verlag (Adresse ...) zu schreiben.

Die zweite „Injektion“: Mein ‚Offener Brief an Präsident Kennedy‘ hat schließlich seinen Weg zu einem offiziellen Schreibtisch gefunden. Gestern kam ein Brief vom Assistant Attorney General, William H. Orrick jr., Department of Justice, Civil Division, Washington D. C., in dem er auf Grund inkorrekter Informierung zu beweisen sucht, daß Deine Internierung nach Deiner Flucht legal gewesen sei. Zu Unrecht setzt er voraus, daß Du vor Deiner Flucht als ‚involuntary Patient‘ klassifiziert worden seist.

Freilich schließt Mr. Orrick seinen Brief mit den Worten: ‚Sollte die Internierung irgend etwas Ungesetzliches an sich haben, dann würde Major Eatherly das volle Recht zustehen, alle als Beweisstücke notwendigen Fakten dem Bundesgericht vorzulegen.‘ Vielleicht solltest Du diese seine Bemerkung beim Wort nehmen. Ich überlasse es Deiner Entscheidung, ob Du es für richtig hältst oder nicht, ihm eine genaue Chronologie der juristischen Geschichte Deines Falles vorzulegen, namentlich der Reihenfolge Deiner Klassifikation als ‚freiwilliger‘ und als ‚unfreiwilliger‘ Patient. Es würde dieser Chronologie nicht schaden, wenn sie in drei parallelen Spalten angelegt würde: links das Datum; in der Mitte das Ereignis; rechts Deine Klassifizierung. – Zum Beispiel:

19. Oktober Flucht freiwillig

Auf jeden Fall lege ich Dir eine Kopie des Briefes bei, den ich gerade an Mr. Orrick abgesandt habe.

Und nun, Claude, nehmen wir unseren Briefwechsel wieder auf. Vergiß nicht, daß wir schon vor vielen Monaten Deine Pläne aufs konkreteste besprochen haben. Wenn Du nicht in der Lage bist, diese Pläne zu verwirklichen, und wenn es während des letzten halben Jahres für Dich unmöglich war, Dich Deinem Projekt zu widmen, bitte habe keine Scheu und teil mir die Ursache mit. Vielleicht haben die indirekten Wirkungen Deiner Behandlung oder die Anstaltsatmosphäre Konzentration einfach unmöglich gemacht. Das würde ich wahrhaftig verstehen. Und noch einmal: Bitte laß mich etwas von Deinem Alltag wissen, den hast Du stets scheu mit einem Firnis des Schweigens zugedeckt. Wenn das Leben todlangweilig sein sollte, schäm Dich nicht, das zu sagen, denn die Langeweile wäre nicht Deine Schuld; und ein todlangweiliges Leben so durchzustehen wie Du es tust, das erfordert mehr Heroismus als manche Tat, die als Heldentat gefeiert wird.

Und vergiß nicht: Die Welt, in der Du lebst, besteht nicht aus den vier Wänden, die Dein Zuhause geworden sind, sondern aus vielen

Freunden, die sich Dir nahe fühlen, und die Dich respektieren. Ich weiß, wie leicht es ist, den weisen Mann zu spielen, wenn man vollkommen frei ist wie ich; aber wir, die wir, ohne daß das unser Verdienst wäre, nicht in Deiner Situation sind, aber in diese hätten hineingeraten können, wir schämen uns der Glätte unseres Lebens. Immer

Dein Freund Günther

Brief 70. An Günther Anders

7. Juli 1961

Bldg. 93

Lieber Günther,

Dank für Deinen guten und ermutigenden Brief.

Ich bin glücklich, Dir erzählen zu können, daß meine Lage eine Wendung zum Besseren genommen hat. Ich bin vom ‚Maximum Security Building' in die Klasse der Privilegierten verlegt worden (‚put on privilege basis'). Das gibt mir eine gewisse Freiheit. Nun habe ich endlich einen Arzt, der versucht, mir zu helfen. Ich glaube, daß ich nun in der Lage sein werde, das Hospital in ein paar Monaten zu verlassen. Aus diesem Grunde glaube ich, daß ich nicht noch einmal versuchen sollte, meinen Fall gerichtlich verhandeln zu lassen.

Wenn ich Dir mitteilte, daß ich Dir nicht schreiben konnte, so weil es unmöglich für mich war, aus dem Gebäude, in dem ich war, einen Brief herauszuschicken. Nun werde ich unbehindert mit Dir korrespondieren können.

Es macht mich sehr glücklich, zu hören, daß Du ein Buch, das aus unseren Briefen besteht, veröffentlichen läßt. Ich weiß wirklich die Fairness des Vertrags, den Du für mich abgeschlossen hast, zu schätzen. Ehe ich das Hospital verlasse, werde ich das Geld nicht nötig haben, darum werde ich es vorläufig dort lassen, wo es liegt.

Ich fühle mich wunderbar, nur ein bißchen aufgeregt durch die Aussicht darauf, aus dem Hospital herauszukommen (‚I feel wonderful, only a little anxious about leaving the hospital'). Aber mir scheint, das wird bald geschehen, sofern ich mit meinem Doktor kooperiere, was ich vorhabe.

Günther, wirklich, ich weiß alles, was Du für mich getan hast, ich hoffe nur, daß ich Dir das eines Tages vergelten kann. Sei gewiß, ich werde alles, was in meinen Kräften steht, tun, um meine Freiheit wiederzugewinnen; und ich bin nicht entmutigt, ich werde nicht aufgeben. Nochmals Dank für alles, Dein Freund Claude

Brief 71. An Claude Eatherly

Lieber Claude, 11. 7. 61

Ich gratuliere! Mit solcher Freude und so viel Zuversicht wie heute habe ich noch nie an Dich geschrieben. Und nach Deinem letzten düsteren Brief hätte ich es nie gewagt, auf eine solche Überraschung und eine solche Wendung zum Besseren zu hoffen. Ich hatte sogar schon eine öffentliche Erklärung in Sachen Eatherly vorbereitet und die Unterschriften von prominenten Leuten wie Lord Russell, Max Born, Moravia, Carlo Levi gesammelt, sogar der Bürgermeister von Hiroshima hatte seine Signatur gegeben – aber jetzt ist es natürlich überflüssig geworden, die Erklärung der Presse zu übergeben, und die Unterschriften können nun ruhig in meiner Schublade schlafen.

Natürlich kann ich nicht ahnen, wann der große Augenblick eintreten wird. Bitte, bereite Dich innerlich auf ihn vor. Und namentlich auf die Zeit direkt danach.

Ich halte es nämlich für sehr wahrscheinlich, daß Du von Scharen von Reportern belagert und bestürmt wirst. Und die werden nicht nur versuchen, aus Sensationsgier nichtssagende und private Einzelheiten, die niemanden etwas angehen, aus Dir herauszupressen, sondern auch, Dich durch Fangfragen zu provozieren, die im Augenblick zu beantworten kein Mensch die Geistesgegenwart hat. Es scheint mir am ratsamsten, Antworten höflich zu verweigern, den Leuten zu erklären, daß es nicht Dein Privatleben ist, was zählt, sondern die Atomsituation als solche, die jedermanns Angelegenheit sei. Deine erste Aufgabe sei es, Dich an die neue Situation zu adaptieren und diese zu meistern, und Du wärest ihnen dankbar, wenn sie diesen Grund für Deine Reserve respektierten. Füge hinzu, daß Du später gewiß Erklärungen abgeben würdest, wenn Du das für nützlich oder notwendig halten würdest, aber nur dann; und daß es Dir gegen den Strich gehe, Erklärungen abzugeben, die auf jenen Schienen laufen würden, die sie durch ihre Frageformulierungen bereits gelegt haben würden.

Wenn Du Dich dazu entschließt, so zu handeln, brauchst Du keine Angst vor der Zeit nach Deiner Entlassung zu haben.

Übrigens fiel mir, als ich Deine beiläufige Bemerkung über Deine Angst las, ein Film über Dreyfus ein, den ich vor zwanzig Jahren gesehen hatte. Als Dreyfus, der jahrelang unschuldig auf der Teufelsinsel gesessen hatte, erfuhr, daß er frei sei, begann er, genau so wie er es Tag für Tag und Jahr für Jahr getan hatte, in seiner Zelle auf und ab zu gehen, obwohl sein Zellentor weit offen stand; und nur mit größter Anstrengung konnte er sich schließlich dazu bringen, die Schwelle, die ihn von der Außenwelt trennte, zu übersteigen. Sei nicht überrascht, wenn Du eine ähnliche Hemmung verspüren solltest, das wäre nur natürlich. Aber Du hast schließlich die Chance, vorher Bescheid zu wissen, Du kannst Dein letztes Auf- und Abgehen schon jetzt erledigen, so daß Du, wenn der große Tag kommt, ohne Zögern ins Freie treten kannst.

Du weißt, Claude, an Deinem Tage der Freiheit werde auch ich mich befreit fühlen, und wenn ich Dein Kabel ‚Ich bin draußen' in der Hand halten werde, werde ich sofort versuchen, Dich zu treffen, um zusammen mit Dir den Beginn der Epoche zu feiern, in der Du nicht nur frei von Behinderung, sondern auch frei für Deine Aufgabe sein wirst.

Dein Freund Günther

Nachbemerkung

Der hier folgende Text entspricht dem Nachwort zur amerikanischen Ausgabe dieses Briefwechsels, die im Sommer 1962 im Verlag Monthly Review, New York, erscheint.

Seit dem ersten Erscheinen dieses Briefwechsels hat der Fall Eatherly neue Aspekte bekommen.

Denn Claude ist jetzt auf freiem Fuß.

Damit kann bald mein Wunsch in Erfüllung gehen, Eatherly zu sehen. Daß diese Möglichkeit bisher so fern lag, war Umständen zuzuschreiben, an denen keiner von uns beiden Schuld trug.

Er ist jetzt auf freiem Fuß, und zwar schon ein halbes Jahr lang, obwohl seinen Landsleuten nicht die Freiheit vergönnt war, davon zu erfahren.

Er ist jetzt auf freiem Fuß und lebt unter ihnen.

Natürlich fände ich es tröstlich, sagen zu können, die amerikanischen Behörden hätten am Ende begriffen, was auf dem Spiel stand und sie seien die Urheber dieses glücklichen Ausgangs. Leider kann ich das nicht sagen.

Eatherly ist nämlich geflohen, er hat die Freiheit gewählt – falls das Wort ‚wählen' hier angemessen ist, denn verwirkt hatte er seine Freiheit nie. Im Gegenteil: es machte gerade den Sinn seines Lebens aus, daß er von den Urteilen und Vorurteilen frei war und noch ist, mit denen wir alle unablässig bombardiert werden – und weit schlimmer als diese Tatsache ist, daß wir es nicht einmal bemerken. Nicht nur stimmt es, daß sich diese Freiheit selbst hinter den Wänden einer Anstalt aufrechterhalten läßt, es kann darüber hinaus auch einem von uns widerfahren, daß er sich auf Kosten seiner Freiheitsliebe von solchen Wänden umgeben sieht.

Darum ist die äußere Freiheit, die er jetzt genießt, nur eine Ergänzung jener Freiheit, die niemand imstande war, ihm zu rauben.

Diese Behauptung klingt vielleicht sonderbar, denn wir alle wissen, daß ihn ständig die Geister der Verstorbenen und die Rachegöttinnen einer Tat verfolgten und gepeinigt haben, an der er selber durch Zufall

Anteil hatte. Und ein Gepeinigter scheint kein Freier zu sein, eher das Gegenteil. Doch es scheint auch nur so: da er nämlich den Mut aufbrachte, die Rachegöttinnen, die ihn umflatterten, nicht zu übersehen und zu überhören, wie es viele, ja die meisten mit Erfolg getan haben, bezeugen im Gegenteil seine Qualen seine Freiheit.

Er war frei, noch bevor er die Freiheit wählte. Die Behörden jedoch waren es nicht: denn sie vermieden es, ihm die einzige Freiheit zu schenken, die sie ihm hätten schenken können – ich meine die äußere –, und dadurch haben sie ihre Chance verpaßt. Jetzt nämlich müssen sie sich auf die recht bescheidene Freiheit beschränken, von der sie nun doch noch Gebrauch machen: die Freiheit, ihn allein zu lassen und nicht zu behelligen. Es ist immerhin tröstlich zu wissen, daß sie sich zu diesem Mindestmaß verstehen, obwohl sie seinen Aufenthaltsort kennen. Den Amerikanern bleibt jetzt, so scheint mir, die Aufgabe, darauf zu achten, daß dieses Mindestmaß unangetastet bleibt.

Es ist nicht ausgeschlossen, daß sich die Lage nochmals verändert hat, wenn diese Zeilen im Druck erscheinen. Bei dem Versuch, einen Beitrag zum Verständnis unserer Epoche zu leisten, können wir es nicht mit den Fernsehreportern aufnehmen, die in der glücklichen Lage sind, ihre Worte mit den Ereignissen synchronisieren zu können; wir hingegen müssen unvermeidlich hinter den Tagesereignissen herhinken, und wir sind uns dessen bewußt. Doch braucht uns das nicht zu beunruhigen, da es nicht unsere Sache ist, letzte und jüngste Ereignisse darzustellen, sondern eine permanente Situation zu deuten – und das erspart uns das Hinterherhinken, freilich nur im günstigsten und nicht allzu wahrscheinlichen Fall, weil *das einzig Permanente an unserer Lage die ständige Drohung ist, daß nichts von Dauer ist und all unsere Warnungen zu spät kommen.*

Und das gilt auch für Claudes Dasein, der eine Verkörperung unserer Epoche darstellt, die auch noch das Morgen und Übermorgen umfaßt (falls es ein solches Morgen und Übermorgen geben sollte). Da wir von jetzt an (sofern uns überhaupt noch Zeit vergönnt ist) dazu verurteilt sind und es auch bleiben werden, in einer Lage zu leben, deren Kennzeichen sich nicht mehr verändern können, in der ‚Endzeit' nämlich, die nicht anders als durch sich selbst zu enden vermag und auch dann noch Endzeit bleiben wird, wenn es uns gelingen sollte, das ‚Zeitende' von Tag zu Tag aufzuschieben – darum kann eine Ausdeutung unseres Atomzeitalters, die diese Tatsache unterstreicht, nicht hinterherhinken. Dieses Kennzeichen unserer Epoche wird nie schwinden, denn haben wir einmal die Fähigkeit erlangt, das Ende der Zeiten zu bewirken, haben wir sie ein für allemal erlangt: wir sind zwar fähig, vieles dazuzulernen, doch wir sind unfähig, zu verlernen, was wir einmal gelernt haben.

Obwohl also Claudes Lebensbedingungen sich verändert haben, ist der Fall Eatherly nicht überholt. Im Gegenteil: er ist so neu, daß er noch nicht einmal verstanden worden ist. Denn er war der erste, der das Kennzeichen unserer Epoche in die Sprache persönlichen Lebens übersetzt hat – der erste, dessen persönliches Leben ausschließlich von den Gegebenheiten und Ängsten des Atomzeitalters bestimmt worden ist –, der erste, der es abgelehnt hat, mit dem Verhalten konform zu gehen, das eine konformistische Gesellschaft fordert –, der erste, der sich selbst darauf beschränkt hat, zu warnen statt sich darauf zu verlegen, die Gefahr zu verharmlosen, zu übertreiben oder Nutzen aus ihr zu ziehen, wie man es von uns erwartet. Nochmals, der Fall Eatherly ist nicht überholt, er ist vielmehr Inbegriff und Verkörperung des Gewissens in einer Welt, deren Millionen damit eingelullt werden, daß man ihnen weismacht und sie auch selber glauben, die Folgen ihrer Handlungen seien nicht ihre Sache – sie handelten nicht, sondern ‚arbeiteten' nur, und ihre Arbeit, ganz gleich, was sie bezwecke, welche Ziele sie verfolge und welche unmittelbaren oder mittelbaren Ergebnisse sie habe, stinke nicht, ‚non olet'. Eatherly hat dieser Versuchung widerstanden und sich standhaft geweigert, mit einer Freiheit vorliebzunehmen, die letztlich auf die Freiheit eines Blinden hinausläuft und auf eine Freiheit *vom* Gewissen, obwohl sie uns als eine Freiheit *des* Gewissens dargestellt wird. Nein, dieser Fall ist nicht überholt, und er hat sich nicht durch die Tatsache verändert, daß sich seine äußeren Bedingungen verändert haben.

In wachsendem Maße sind wir dazu gezwungen worden, unsere eigene Verantwortung auf die engen Grenzen unseres Privatlebens zu beschränken (sofern dieses, das auch von Massenmedien geformt wird, zur Zeit noch Gegenstand unserer Verantwortung ist). Er hat sich geweigert, diese Beschränkung mitzumachen. Und seine Weigerung, seine unermüdliche Bereitschaft, die Verantwortung für die Folgen von Taten auf sich zu nehmen, bei denen er nur Mitwirkender war – diese Weigerung und diese Bereitschaft sind Pioniertaten auf dem moralischen Kontinent der Gegenwart. Die Amerikaner mit ihrer Pioniertradition und ihrer Begeisterung für ‚New Frontiers' – können und sollten stolz darauf sein, daß er Amerikaner ist: ein junger Mann von der Straße, der plötzlich zum Pionier dieses neuen Zeitalters wird. Er ist nicht nur der Bruder, er ist der ältere Bruder Glenns, denn während der Weltraumfahrer lediglich technische Pioniertaten zu vollbringen hatte, die ohne sein Verdienst möglich geworden sind, wurde Claude zum Pionier des neuen Zeitalters durch seine eigene, persönliche Entscheidung, ja durch seinen Mut, gegen die Folgen der technischen Vervollkommnungen zu provozieren, für die er benutzt worden ist.

Vor Jahren haben die Amerikaner Claude als Helden gefeiert. Recht so. Doch sie haben kein Recht mehr, recht zu haben. Denn sie haben ihn aus falschen Gründen als Helden bezeichnet. Nicht seiner berühmten Tat wegen ist er ein amerikanischer Held geworden, sondern wegen seiner unabhängigen Einstellung zu dieser Tat. Ein Sprichwort besagt: ‚Ubi bene, ibi patria'. Amerika aber sollte ihn zu seinem Bürger erklären, *weil* er gut ist.

Jede andere Einstellung zu ihm würde ich als verdächtig empfinden, weil sie ein Beweis für das Schwinden des demokratischen Geistes in Amerika wäre.

Denn schließlich bedeutet doch Demokratie, daß man sich nicht nur für die eigene Tätigkeit oder für die Tätigkeit verantwortlich fühlt, die man in seinem Beruf gewissenhaft ausübt, sondern auch für deren Folgen, die alle Mitbürger und Mitmenschen betreffen. Die Definition der Demokratie selber widerspricht der Spezialisierung und der Arbeitsteilung, die heute zu einer Verantwortungsteilung umgewandelt worden ist. Als früher in amerikanischen Stadträten Schneider, Bäcker oder Holzfäller ihr Mitspracherecht hatten und mit darüber entschieden, ob über einen Fluß eine Brücke gebaut werden sollte, da ging es nicht um die Brücke der Schneider, der Bäcker oder Holzfäller, sondern um die Brücke des Volkes für das Volk. Wenn heute ein einzelner mitentscheidet, daß die Brücke zur Zukunft nicht eingerissen werden soll, so tut er damit nur, was schon seine Vorfahren taten: er übt seine demokratischen Rechte aus. Und diese Rechte zu bestreiten ist unamerikanisch.

Wien, am 26. Februar 1962 *Günther Anders*

Die Toten

Rede über
die drei Weltkriege
1964

I. Die blinde Trauer

Wir, die wir übriggeblieben sind von den zwei in den Tod geschickten Generationen, und die wir vielleicht die prospektiven Toten des nächsten Weltkrieges sind – wie könnten wir heute, da wir zusammengekommen sind, um der Toten zu gedenken, einander mit „meine Damen und Herren“ anreden? Nein, hier und heute sind wir nicht „Damen und Herren“, sondern *Hinterbliebene.* Und zwar die Hinterbliebenen von Millionen, die für nichts und wieder nichts vernichtet worden sind. Die nicht für ihr Vaterland gefallen, sondern für dessen Schande umgekommen sind.

Ich weiß, in den Ohren von Hinterbliebenen klingt das furchtbar. Schon die Unwiderruflichkeit des Todes von Vätern, Söhnen, Brüdern und Männern zu ertragen, ist schwer genug. Und es ist sehr begreiflich, daß sich Menschen dazu versucht fühlen, den Verlust, den sie erlitten haben, dadurch erträglicher zu machen, daß sie der Sache, durch die ihre Nächsten zugrundegegangen sind, Ehre erweisen.

Aber wir? Dürfen *wir* das? Nein, wir dürfen dieser Versuchung nicht nachgeben. Umgekehrt müssen wir sogar unzweideutig erklären, daß ihr Tod unsinnig gewesen ist, nein sogar, daß sie ihr Leben für Gemeinheit und Gewissenslosigkeit hingegeben haben; daß die Millionen von Deutschen, die im letzten Kriege gefallen sind, im Dienste eines Systems zugrundegegangen sind, das sich längst schon, moralisch nämlich, zugrundegerichtet hatte, ehe es, nun vor fünfundzwanzig Jahren, damit begann, eigene und fremde Menschen, und eigenes und fremdes Land, zugrundezurichten; daß die Toten, die wir beklagen, als verführte Vollzugsbeamte und Helfershelfer eines skrupellosen Eroberungs-, Verknechtungs- und Vernichtungskrieges gestorben sind; eines Krieges, der nicht, wie der lügenhafte Ausdruck lautet, „ausgebrochen“ ist, der vielmehr von denjenigen, die ihn kaltblütig geplant hatten, vom Zaune gebrochen worden ist. Wenn wir es unterlassen, das zuzugestehen, und statt dessen den Respekt, den wir dem Tode selbst und unseren Toten entgegenbringen, auch auf die Sache, die ihren Tod verschuldet hat, übertragen, dann tun wir damit das allerschlimmste, was wir als Hinterbliebene tun könnten: Denn dann besorgen wir sogar noch nachträglich die Geschäfte derer, denen sie zum Opfer gefallen sind.

„Ich habe nur Angst", erklärte Hitler eine Woche vor seinem Einmarsch in Polen, „daß mir im letzten Moment irgendein Schweinehund einen Vermittlungsplan vorlegt." – In seinen Augen bewies also Vermittelungswille, und das heißt doch: der Wille, den Frieden zu erhalten – bereits den „Schweinehund". – Diese unsägliche Vulgarität würden wir also bejahen, wenn wir der Sache, für die die Millionen ihr Leben haben hingeben müssen, Ehre erweisen würden.

Bitte mißverstehen Sie mich nicht. Wenn ich sage, daß die Millionen, die wir betrauern, der Vulgarität und Gewissenlosigkeit zum Opfer gefallen sind, und daß wir auf dieser Tatsache unbestechlich weiterbestehen müssen, so meine ich damit natürlich nicht, daß wir auf unseren Schmerz verzichten oder unsere Totenehrung aufgeben sollten. Im Gegenteil. Seinen Ernst und seine Düsterkeit erhält unser Schmerz und unser Respekt gerade erst durch das zusätzliche Wissen, daß sie *dafür* hatten ihr Leben geben müssen. Und nur dann, wenn wir dieses Wissen durchhalten, werden wir die Toten auch wirklich ehren. Nur dann können wir es nämlich erreichen, daß sie *nicht vergeblich* tot sind. Nur dann werden sie uns nämlich zu Warnern vor Wiederholungen werden. Nur dann werden wir die Kraft zum „nie wieder" aufbringen. Nur dann vielleicht uns selbst und unsere Kinder davor bewahren, an Ähnlichem teilzunehmen. Nur dann vielleicht den Frieden gewinnen. Ob sie vergeblich gestorben sind oder nicht, das hängt also von uns, den Hinterbliebenen, ab. Von unserer Unbestechlichkeit.

Nun, zu diesem „nie wieder" sind Sie vermutlich entschlossen, jeder von Ihnen. Und gewiß sind Sie überzeugt davon, daß Sie einem Hitler und einem so gewissenlosen Kriege wie Hitlers Vernichtungskrieg gegen Polen diesmal Ihr Nein entgegensetzen würden. Aber seien wir unser selbst nicht so sicher. Hitler-Situationen sind nicht ohne weiteres erkennbar. Zuweilen gibt es zwar Blitze, die eine Sekunde lang die Landschaft der Gegenwart aufleuchten lassen und zeigen, wie furchtbar sie der Landschaft von gestern ähnelt. Ein solcher Blitz zuckte z. B. im August auf, und was da einen Augenblick lang als Bild vor uns stand, war der Sonderbeauftragte einer gewissen Macht, der von Franco Hilfe erbat, um diese zwecks „Rettung der Freiheit" in Vietnam einzusetzen – ein Bild, das uns gespenstisch vertraut vorkam, da während seines Rußlandfeldzuges auch Hitler Franco um Hilfe gebeten hatte, und ebenfalls im Interesse der „Freiheit". Aber solche, die Ähnlichkeit enthüllende Blitze sind selten. Die Fassade der Wirklichkeit hat sich verändert, man verändert sie von Tag zu Tag, sogar ganz bewußt, um jeden Verdacht im Keime zu ersticken, also um uns daran zu verhindern, in dem, was heute geschieht, eine Wiederholung dessen zu sehen, was gestern geschehen ist. Keinen Moment lang dürfen wir uns von diesen neuen Fassaden täuschen lassen. Vielmehr müssen wir es uns heute ein für allemal klar machen, daß, wie verändert die heutige Welt auch aussehen mag, und wie unerhört neu die heutigen Schlagworte auch klingen mögen, *Kriege von nun an ausnahmslos gleicher Natur sein werden wie der Hitler-Krieg;* nein, sogar schlimmer und gewissenloser als dieser. Das ist deshalb der Fall, weil jeder nunmehr automatisch in einen Krieg ausarten würde, *der zwischen Militär und Zivil keinen Unterschied mehr machen würde;* in einen Krieg, der *als maschinelle Produktion von Leichen, also als ein Liquidationskrieg, vor sich gehen würde;* und sogar in einen Krieg, *der die ganze Menschheit liquidieren könnte.* Und das bedeutet, daß es heute kein Kriegsziel mehr gibt, das im universellen Untergange nicht mit-untergehen würde; und daß es kein Kriegsziel mehr geben kann, das als Kriegsgrund gerechtfertigt werden könnte. Was von den Männern, Frauen und Kindern vor 20 oder 25 Jahren gilt: daß sie sinnlos und gewissenlos hingeopfert worden sind, das wird von nun an von allen Opfern aller möglichen Kriege gelten. Oder richtiger: das wird auch von den Opfern *des* nächsten Krieges gelten. Und ich sage: *des* Krieges, weil es nach dem nächsten Kriege nichts mehr gäbe, mithin auch keinen Krieg mehr, weil also von „Kriegen" in der Mehrzahl zu sprechen sinnlos geworden ist. Woraus folgt, daß wir von nun an dazu verpflichtet sind, jedem Kriege und jeder Kriegsvorbereitung Widerstand zu leisten.

Aber verschieben wir erst einmal unsere politischen Überlegungen. Wir sind hier ja zusammengekommen, um der Toten der Weltkriege zu gedenken. Das ist leicht gesagt, aber nur sehr schwer getan. Warum?

Weil es *Millionen* sind, die wir zu betrauern haben. Und versuche einer einmal, das Bild von Millionen heraufzubeschwören. Von Millionen von Toten.

Nein, diese Kraft, Millionen vorzustellen, die hat keiner von uns. Und die Kraft des Schmerzes, Millionen zu betrauern, erst recht keiner.

Welch beschämende Lage! Da leben wir nun tagein, tagaus über den Gräbern dieser Millionen (und damit meine ich nicht etwa Einzelgräber – wem hätten die schon zugestanden? – oder auch nur Massengräber hier oder da – denn selbst die waren ja noch eine Vergünstigung – vielmehr meine ich den *einen* großen Friedhof, den unsere Erde darstellt, den einen großen Friedhof, der von Meter zu Meter und von Land zu Land angefüllt ist mit den Gebeinen von gestern und vorgestern) – da treiben wir uns nun täglich auf diesem Friedhof herum, da arbeiten wir über ihm, da produzieren wir über ihm neue Waffen, da amüsieren wir uns über ihm, da schlafen wir über ihm – und selbst in einem solchen Augenblick wie diesem, da wir uns wirklich dazu bereit gemacht haben, dieser Toten zu gedenken, da müssen wir feststellen, voll Schrecken und Beschämung, daß wir unzulänglich bleiben; daß wir dem Enormen, das wir zu betrauern wünschen, nicht gewachsen sind, daß wir als Trauernde versagen. Dies ist die dritte Trauer, die heute fällig ist.

Die erste gilt den *Menschen*, die wir verloren haben.

Die zweite der Tatsache, daß diese Menschen *für nichts* gestorben sind.

Und die dritte entspringt dem Schrecken darüber, daß der Verlust zu groß ist, als daß wir ihn noch betrauern *könnten.*

Und selbst damit ist noch nicht alles über die heute erforderliche Trauer gesagt. Denn die Ziffer der Toten – es sind etwa siebzig Millionen: fünfzig Millionen im letzten Weltkrieg, zehn Millionen im ersten, und nahezu zehn im Koreakrieg – diese Ziffer, vor der wir unfähig dastehen, und wir wissen nicht, wie wir es anstellen sollen, ihrer Herr zu werden – diese Ziffer begreift ja noch nicht annähernd alle diejenigen in sich, die wir eigentlich betrauern müßten. Wer fehlt denn noch in unserer Rechnung? Ach, wer fehlte nicht? Drei Milliarden fehlen noch. Jawohl, ich sage: Milliarden. Und wer sind die?

Wir. Wir, die heutigen Bewohner unserer Erde. Denn wir drei Milliarden sind ja „morituri". Das heißt: daß wir, die drei Milliarden Erdbewohner, die Toten und die Ermordeten von *morgen* sein werden, es sei denn, daß es uns gelingt, der Bedrohung rechtzeitig Einhalt zu gebieten.

„Und auch *die* sollen wir heute schon betrauern?" werden Sie fragen. – Ja, auch *die.* Heute oder niemals. Später würde niemand mehr da sein, der dieses Gedenken übernehmen könnte; niemand, der auch nur versuchen könnte, unser *so* zu gedenken, wie wir es heute versuchen, der Toten des letzten Weltkrieges zu gedenken. Wo es überhaupt nichts mehr geben wird, da wird es auch Hinterbliebene nicht mehr geben, Tote und Totenkläger werden ununterscheidbar nebeneinander liegen. Und aus diesem Grunde müssen wir das Gedenken *heute* schon leisten; müssen *wir* es leisten, so, als wären wir unsere eigenen Hinterbliebenen. Mindestens *versuchen* müssen wir das. Auch wenn wir dabei ebenso versagen, wie bei unserem Versuche, der Millionen der beiden letzten Weltkriege zu gedenken.

Die sich selbst blind machen

Nun werden Sie vielleicht ungeduldig werden: ich sollte nicht immer nur von „Versagen" reden.

Ich brauche Ihnen nicht zu versichern, wie froh auch ich wäre, wenn ich mir das ersparen könnte. Aber das kann ich mir deshalb nicht ersparen, weil wir nur dann damit rechnen können, einen Schritt weiterzukommen, wenn wir uns keine Illusionen über unser Versagen und über die Gründe unseres Versagens machen.

Natürlich dürfen Sie diese Worte nicht als persönliche Vorwürfe mißverstehen. Denn Sie – oder sagen wir ruhig: wir – wir versuchen ja mindestens, uns die Ungeheuerlichkeit einer ausgelöschten Menschheit vorzustellen. Ungleich gefährlicher als wir sind aber diejenigen, die noch nicht einmal scheitern: und zwar deshalb nicht, weil sie den Vorstellungsversuch überhaupt nicht unternehmen. Und damit komme ich zum eigentlichen Gegenstand unserer heutigen Rede: Nämlich zu den Wurzeln der Gefahr, in der wir heute schweben.

Machen wir uns doch keine Illusionen. Die meisten von denen, die unsere Geschicke leiten, tun das völlig blind, mindestens völlig phantasielos. Oder glauben Sie vielleicht, daß ein Mann wie Dulles eine Vorstellung von dem hatte, was er tat, wenn er programmatisch am Rande der Katastrophe Politik trieb? Daß er auch nur versucht hat, sich davon eine Vorstellung zu machen? Oder daß ein Mann wie Goldwater auch nur ahnt, was er vorschlägt, wenn er die Entscheidung über den Einsatz gewisser atomarer Waffen Generälen übertragen will?

Oder daß von den Propagandisten des (von allen ernsthaften Physikern als albern verworfenen) Atomschutzes auch nur einer auf den Gedanken gekommen ist, sich die drei Milliarden, deren Existenz auf dem Spiele steht, vorzustellen? Nichts stellen sie sich vor, nichts betrauern sie im voraus. Vielmehr benutzen sie die Drohung mit dem Untergange dazu, um zu zeigen, was für forsche Kerle sie sind, oder sie setzen diese in ihre taktischen Kalkulationen ein. Diese Männer *können* sich den Untergang nicht vorstellen? Möglich. Wir auch nicht. Aber sie *wissen* ja davon; die Chance, von der Gefahr *nicht* zu wissen, die hat heute ja niemand mehr, *auf Ignoranz kann sich heute ja niemand mehr herausreden.* Aber sie *wollen* es eben nicht wissen. Wenn sie es wollten, wäre es ja unerfindlich, warum sie so pausenlos versuchen, auch *uns* das wahre Bild der möglichen Katastrophe vorzuenthalten. Und statt zu Tode zu erschrecken, weil das, was sie wissen, ihre Vorstellungskraft übersteigt; statt dessen werden sie betriebsam und erfinderisch, um das, was sie nur wissen, noch nicht einmal mehr zu wissen, also um sogar ihr Wissen auszulöschen. Ein Beispiel: wenn diese Männer von einem ihrer Elektronengehirne erfahren haben, daß bei einem bestimmten Vernichtungs-Unternehmen der Tod von hundert Millionen zu erwarten sein würde, dann nennen sie diese hundert Millionen – dies ist eine bereits eingeführte Sprachregelung – „*hundert megacorpses*", d. h.: „hundert Großleichen" – etwa so, wie wir hunderttausend Meter „hundert Kilometer" nennen; oder so, wie wir, ohne uns für die Zahl der Einzelexemplare zu interessieren, von hundert Tonnen Heringen sprechen. Und wenn diese Sprachregler einen solchen Ausdruck wie „megacorpse" geprägt haben, dann fallen sie diesem Ausdruck natürlich auch zum Opfer, denn dann rechnen sie wirklich nur noch mit hundert – und was sind schon hundert? Und da sie nun nur noch mit hundert rechnen, haben sie das Geheimziel, auf das ihre Sprachregelung abgezielt hatte, ebenfalls erreicht: dann haben sie nämlich ihre Hemmungen gegenüber den Vernichtungswaffen ebenfalls vernichtet.

II. Die Zeitbombe

Aber natürlich stammt die Gefahr, in der wir heute schweben, nicht allein aus solchen psychologischen Wurzeln. Wenn die Abwehr der

Katastrophe heute so grenzenlos schwierig ist, so an erster Stelle deshalb, weil der Macht- und Expansionsdrang des Kapitalismus, ohne den die zwei ersten Weltkriege ja ebenfalls nicht ausgebrochen wären, immer hektischer wird; um so hektischer nämlich, je deutlicher es wird, daß es mit der Allmacht der kapitalistischen Staaten aus ist, daß diese an der Realität anderer Systeme ihre Machtgrenze findet. Die ungeheure Rolle, die die Atomwaffe in unseren Tagen angenommen hat, war nichts weniger als ein Zufall; vielmehr begrüßte die kapitalistische Welt, ehe Sowjetrußland gleichgezogen hatte, die technische Allmacht, die diese Waffe verbürgt, als ein Himmelsgeschenk: nämlich als dasjenige Mittel, mit dessen Hilfe sie glaubte, ihre bedrohte politische Allmacht doch aufrechterhalten zu können. Hiroshima war nichts als eine Manöveraktion gewesen. Ihre wirkliche Rolle nahm die Bombe erst nach Kriegsende an, erst als sie als ein Mittel gegen die kommunistische Welt hergestellt wurde. Wie kindlich die Hoffnung auf ein wissenschaftliches Monopol des Kapitalismus gewesen war, das wissen wir heute ja: denn natürlich hat Rußland im Interesse der Selbstsicherung und der Machtbalance gleichgezogen. Aber trotzdem gilt es ja auch heute noch als selbstverständlich, daß als die Opfer der atomaren Waffen nichtkapitalistische Staaten gemeint sind.

Aber zu dieser Wurzel der Gefahr kommt noch eine weitere: nämlich die Rolle, die die Rüstungsindustrie als solche innerhalb der kapitalistischen Welt spielt. Um diese Gefahrenwurzel zu durchschauen, kommen wir nicht darum herum, uns ganz Grundsätzliches über kapitalistische Produktion überhaupt klarzumachen. Das zu tun, mag heute zwar als unmodern gelten, aber doch nur bei denjenigen, die beschlossen haben, die kapitalistische Welt als tabu zu betrachten und nicht mehr ihrer Kritik zu unterziehen. Kurz: bei denen, die ihre Ängstlichkeit und ihre Konformität als Modernismus tarnen. Genieren wir uns nicht. Seien wir unmodern. Sprechen wir über Kapitalismus.

Die kapitalistische Produktion ist – das weiß jedes Kind – darauf angewiesen, ihre Erzeugnisse abzustoßen. Sie hat dafür zu sorgen, daß diese verkauft und verbraucht, kurz: *liquidiert* werden. Liquidation, also der Ruin ihrer Produkte, ist das Ziel jeder Produktion. Wenn dieses Ziel nicht erreicht wird, wenn sich eine Menge unliquidierter Erzeugnisse aufstapelt, dann ist die Weiterproduktion, und damit auch der Profit, gefährdet. Aus diesem Grunde ist es die Aufgabe jeder

Industrie, die Nachfrage und die Konsumsituation für ihre Produkte zu sichern und zu fördern, wenn nicht sogar herzustellen, z. B. die Aufgabe der Getränke-Industrie, durch Werbung unserem Durst nachzuhelfen oder diesen geradezu zu erzeugen. Das gilt allgemein, also auch von Vernichtungsgeräten.

Was ist nun aber die „Konsumsituation" der Waffen?

Die Antwort lautet: der Krieg. Denn allein Kriege bieten die Gelegenheit für den effektiven und massenhaften Verbrauch von Waffen. Aus diesem Grunde ist es für die Kriegsindustrie selbstverständlich, Kriege oder Kriegsgefahr zu fördern. Gewiß, geschäftlich gesehen bleibt ihr nichts anderes übrig, sie tut das gewissermaßen unschuldig. Aber gleich, ob schuldig oder unschuldig, daß sie außer den Waffen immer auch Waffenbedarf und die Chancen für deren Gebrauch erzeugt, also immer eine Doppelindustrie ist, das kann nicht bestritten werden.

Sie werden zugeben, das ist furchtbar. Aber vollends furchtbar wird diese Tatsache erst dadurch, daß diese Doppelindustrie stets auch zu einem selbstverständlichen und entscheidend wichtigen Bestandteil der Friedenswirtschaft wird. Was von jeder Industrie gilt: daß sie, wenn sie erst einmal in Gang ist, wünscht, weiterzubestehen und sich zu erweitern, das gilt eben auch von der Vernichtungsindustrie. Und da diese tatsächlich Hunderttausenden Brot gibt, und nicht nur Brot, sondern auch Haus, Wagen und Ferien, kann sie sich sogar als Garantin des Wohlstandes und des inneren Friedens aufspielen, sogar als Anwältin des gesellschaftlichen Verantwortungsgefühls. Wie oft habe ich nicht in hochindustrialisierten Ländern gehört: „Abschaffung der Rüstungsindustrie? Ja, wo denken Sie denn hin? Das ist ja nicht nur Hochverrat, sondern Sabotage der Wirtschaft! Das ist ja Sabotage des Wirtschaftsfriedens! Und wie unsozial Sie sind! An die Hunderttausende von Rüstungsarbeitern denken Sie überhaupt nicht? Und was aus denen werden soll, das interessiert Sie überhaupt nicht?"

Nun, mir scheint, so schwer wäre es nicht, andere Produkte zu finden, die an Stelle der Vernichtungswaffen zu erzeugen sich verlohnen würde. Zeitgenossen, denen es nur dann einfällt, an unser Verantwortungsgefühl und an unsere Menschenliebe zu appellieren, wenn sie damit hoffen, die Vernichtungsindustrie zu rechtfertigen; und die uns deshalb als „*Störenfriede*" verleumden, *weil wir ihre Friedensstörung stören,* und weil wir die Voraussetzung der Vernichtung, die sie vorbereiten, zu vernichten wünschen – nein, solche Zeitgenossen brauchen wir als Richter nicht zu akzeptieren. Im Gegenteil: wenn wir von solchen Zeitgenossen verleumdet werden, dann haben wir alles Recht, stolz darauf zu sein.

Nun werden Sie einwenden: so viele Kriege, wie die Industrie benötige oder sich wünsche, könne sie ja gar nicht durchsetzen. – In gewissem Sinne haben Sie da schon recht. Aber die Kriegsindustrie kann es sich leisten, mindestens vorübergehend auf ihre schönsten Kriege zu verzichten. Und zwar deshalb, weil sie sich einen „*Kriegsersatz*“ erfunden hat; weil sie trotz der Tatsache, daß sich ihre unaufgebrauchten Produkte von Tag zu Tag weiter anhäufen, über ein Mittel verfügt, um die Liquidationssituation immer neu herzustellen und um dadurch ihre Weiterproduktion und ihren weiteren Profit zu sichern. Über welches Mittel verfügt sie?

Über die *Waffenvervollkommnung*. – Diese ist, mindestens vorübergehend, ihr Kriegsersatz.

Das klingt sonderbar. Denn es ist ja bekannt, daß die bereits existierenden Waffen seit langem schon dazu ausreichen, um den „Optimaleffekt“ der Waffen: die Totalausrottung des Menschengeschlechtes, herbeizuführen, und es scheint ja einleuchtend, daß, da es kein „toter als tot“ gibt und keine größere Totenzahl als „wir alle“, Waffen nicht mehr verbessert oder vervollkommnet werden können, daß also der Begriff des „Fortschritts“ hier seine Geltungsgrenze erreicht hat. Da die Effekte nicht mehr fortschreiten können, können auch die Mittel nicht mehr fortschreiten.

Aber für wen ist das einleuchtend? Einsicht hängt ja nicht von Intelligenz ab, sondern von Interessen. Und da die Industrie weiter zu produzieren wünscht, darf sie sich für diese Einsicht nicht interessieren, nein, muß sie sogar alles unternehmen, um sich dieser Einsicht zu versperren. Also verspricht sie mit einer Stimme, die so klingt, als käme sie aus den tiefsten Tiefen des vertrauensseligen vorigen Jahrhunderts, grundsätzlich Besseres für morgen und noch Besseres für übermorgen.

Freilich, so mir nichts dir nichts kann sie ihre Versprechen nicht glaubhaft machen. Weder sich selbst noch den anderen. Vielmehr muß sie, um ihren Betrug durchzuführen, einen Trick anwenden, und sogar einen höchst überraschenden: Sie hat nämlich ihre eigenen Leistungen zu *schmälern*, gewissermaßen „Werbung gegen sich selbst“ zu treiben. Niemandem darf sie es erlauben, das jeweils Heutige als ihr Bestes anzuerkennen. Nun, daß das in Wahrheit keine Gegenwerbung ist, sondern eine positive und höchst massive Reklame, das liegt ja auf der Hand. Denn Reklame ist das natürlich für ihre morgigen und übermorgigen Produkte, die sie allein dadurch attraktiv machen kann, daß sie ihre gestrigen und heutigen Erzeugnisse immer und grundsätzlich als nur halb gelungen hinstellt. Kurz: *da sie das Morgige abzusetzen wünscht, hat sie das Heutige herabzusetzen.*

Diese scheinbare „Gegenwerbung" ist uns allen ja vertraut, auch die „Gegenwerbung", die von der Vernichtungsindustrie getrieben wird. Denn es vergeht ja kein Tag, an dem wir nicht bagatellisierendes Gerede über die Atomgefahr, und das heißt natürlich: über die totale Vernichtungskraft der atomaren Waffen zu hören bekommen. Nur machen wir es uns gewöhnlich eben nicht klar, daß hinter dieser pausenlosen Verniedlichung ihrer heutigen Omnipotenz letztlich die Vernichtungsindustrie selbst steht; und daß wir, wenn wir von der Hiroshima-Bombe zur Tagesordnung übergehen – und das pflegen wir ja leider zu tun –, von der Industrie selbst zu dieser Gewohnheit angestiftet worden sind.

Wie widersinnig es auch ist, auch heute noch, da die bereits vorhandenen Waffen längst schon ausreichen, um das Menschengeschlecht als ganzes auszurotten, von „Fortschritten der Waffenproduktion" zu sprechen – die Vernichtungsindustrie darf es niemals zugeben, daß hier ein Widersinn vorliegt. Um sich in Gang zu halten, hat sie genau so wie jede andere Industrie am Wahn des „Fortschritts" festzuhalten; und gerade *sie* hat das zu tun, weil der Zweifel an der Verbesserbarkeit ihrer Produkte bereits sehr viel vernehmlicher geworden ist als der an der Verbesserbarkeit anderer Erzeugnisse. Und am verbissensten hat sie das natürlich dort zu tun, wo das von ihr schon ausgelieferte Vernichtungspotential größer ist als irgendwo sonst: also in den Vereinigten Staaten. – Da es keine Industrie gibt, deren Sein oder Nichtsein so restlos vom Weiterbestand des Fortschrittsglaubens abhängt wie die Vernichtungsindustrie, würde es mich durchaus nicht wundernehmen, wenn dieser Glaube sein letztes und bis zum letzten verteidigtes Asyl bei ihr finden würde, bzw. in denjenigen Meinungsfabriken, die ihr angegliedert sind. Und es ist durchaus vorstellbar, daß noch Tage nach dem Untergang eine dröhnende Lautsprecherstimme im angeblichen Interesse der bereits in Schutt und Asche liegenden Unternehmungen fortfahren wird, der verstummten und zukunftslosen Wüstenei „größere, bessere und sauberere", kurz: fortschrittlichere Waffen für morgen anzukündigen; und daß diese von niemandem mehr vernommene Ankündigung unser aller Epitaph sein wird.

Für den normalen Menschen ist es schon schwer genug, zu begreifen, daß Zeitgenossen, die neben ihm gelebt haben, ihre technische Phantasie ausschließlich der Ermöglichung von Vernichtung, sogar der Ermöglichung universeller Vernichtung gewidmet haben. Aber daß es Wissenschaftler und Ingenieure gibt, sogar abertausende, die ihr Leben damit zubringen, sich gegen gute Bezahlung den Kopf darüber zu zerbrechen, wie sie die Vernichtungswaffen, deren Effekte gar nicht mehr gesteigert werden können, doch noch steigern könnten, dieser Mangel an Selbstachtung ist in der Tat absolut unbegreiflich. Das Ziel dieser Männer: die Ausrottbarkeit der Menschheit, ist ja bereits erreicht; sie sind ja nur die Söhne ihrer Väter; der Väter, die bereits angekommen waren, die den denkbaren Höchsteffekt bereits erreicht hatten. Mithin sind sie ganz veraltete Typen, Männer, die sich durch die Anwendung neuer Methoden darüber hinwegtäuschen, daß sie das Ziel ihrer Väter einfach unbesehen übernommen haben; Männer, denen nichts anderes übrig bleibt, als die von ihren Vätern verwendeten Mittel zu variieren. In anderen Worten: Die Tätigkeit dieser Männer läuft auf reine Spielerei heraus, auf eine ganz phantastische Spielerei, die zu keiner Wirklichkeit, außer zu der des Profits, noch irgendeinen Bezug hat; und die, was Unvernunft und Realitätsblindheit betrifft, alle Spielereien der Vergangenheit weit hinter sich läßt, sogar die Denkspiele der überspanntesten Utopisten. Was diese sich ausgemalt hatten, und zuweilen auch hatten verwirklichen wollen, das waren ja schließlich immer noch „Ziele" gewesen; Ziele, die noch nicht erreicht waren; die zu verfolgen also (auch wenn sie uns heute als grundsätzlich unerreichbar durchschaubar geworden sein mögen) keinen Widersinn dargestellt hatte.

Verächtlich sind die Männer, die heute als Wissenschaftler oder als technische Experten der Waffenindustrie dienen, mithin nicht nur deshalb, weil sie sich und ihre Gaben ausschließlich der Vernichtung zur Verfügung stellen, sondern außerdem deshalb, weil sie, ohne sich zu schämen (freilich auch ohne daß es jemanden gäbe, vor dem sie sich blamieren könnten), ihre Kraft einem so gigantischen Widersinn widmen und damit die Würde der geistigen Berufe, denen ihrer irgendwie ja auch noch zugehört, so restlos entehren.

Wie gesagt: einen nicht widersinnigen Anblick bietet diese absurde Geschäftigkeit allein aus der Perspektive des *Geschäfts*. Aus dieser sogar einen sehr vernünftigen. Denn die Produkte werden ja nicht umsonst erzeugt, das sinnlos Erzeugte findet ja seine Käufer. Ob wir dabei freilich von ,,finden" reden dürfen, das ist fraglich. Denn die Gruppen, die auf diese Produkte reflektieren und die diese dann erwerben (natürlich ohne eigenen Verlust, vielmehr für das Steuergeld der Gesamtbevölkerung), die sind ja durchweg mit den Interessen der Produktion aufs allerengste verknüpft; die meisten Offerten, die ihnen gemacht werden, sind ja von ihnen selbst angeregt worden. Und zuweilen ist dieser Zusammenhang von Herstellern und Kunden so eng, daß die konventionelle Unterscheidung zwischen zwei Geschäftsparteien noch aufrecht zu erhalten, gar keinen Sinn mehr hat. Die Transaktionen wickeln sich nicht mehr zwischen zwei Parteien ab, sondern zwischen Partnern, gewissermaßen im Schoße der Familie selbst.

Der springende Punkt dabei ist freilich, daß jener ,,Kriegsersatz", von dem wir vorhin gesprochen hatten, dadurch wirklich gewährleistet wird. Denn da der Gewinn, den die Verkäufe der Geräte einbringen, die Weiterproduktion, und zwar stets die Erzeugung von Produkten neuer Art, ermöglicht, verwandeln sich die verkauften Stücke automatisch in ,,altes Eisen", dann sind sie im pragmatischen Sinne ,,nicht mehr da", dann sind sie ,,liquidiert". In je kürzeren Abständen die Modelle einander folgen, um so rascher gelingt natürlich auch die von der Produktion gewünschte Liquidierung ihrer Waren – kurz: diese Lebensbedingung wird durch den Verkauf der zur Obsoletheit verurteilten Waren erfüllt. Wenn auch nicht ganz so gut, wie wenn diese Waren in einem anständigen und reellen Kriege tatsächlich aufgebraucht würden. – Doch darüber später.

Daß ich das Wort ,,Obsoletheit" immer wieder verwende, das ist natürlich kein Zufall. Denn es ist wirklich das Schlüsselwort, das Wort, das uns das Verständnis unserer ganzen Situation aufschließt. Nur müssen wir, wenn wir uns dieses Wortes bedienen, ein für allemal begriffen haben, daß die Produkte, die verkauft und gekauft werden, nicht deshalb obsolet werden, und nicht deshalb (sogar schon in ihrer Geburtsstunde) obsolet *sind*, weil sie hinter den jeweils auf den Reißbrettern schon bereitliegenden Entwürfen so rapide zurückbleiben, also weil der ,,Fortschritt" so hektisch ist; sondern umgekehrt, daß die Entwürfe auf den Reißbrettern einander deshalb mit solcher Rapidität folgen, und daß der ,,Fortschritt" deshalb so hektisch fortschreitet, weil die Industrie kein anderes Ziel verfolgt als das, ihre bereits verkauften Produkte so rasch wie möglich der Obsoleszenz preiszugeben und durch dieses Verhalten den Weiterbestand ihrer Produktion zu gewährleisten. Wenn der Ausdruck ,,Fortschritt" überhaupt noch etwas bezeichnet, dann also den *Fortschritt in der Herstellung von Veraltetem.*

Geschäftlich gesehen ist mithin das technische Manko des Veraltetseins, das heute jedem angebotenen und erworbenen Produkt anhängt, kein Manko, sondern, da es ja sogar die Lebensbedingungen der Industrie darstellt, eine Tugend. Und da es zu den selbstverständlichen Aufgaben jeder Industrie gehört, ihre Tugenden und Lebensbedingungen zu sichern, oder (wenn diese nicht von selbst existieren) herzustellen, *erzeugt* sie pausenlos nicht nur Veraltetes, sondern das *Veralten selbst;* und nur weil sie diesen Vorgang erzeugt, kann sie mit dem Verkauf ihrer morgigen ,,besseren" Erzeugnisse rechnen. Daß es naiv wäre, von diesem Vorgang zu behaupten, er repräsentiere, da er ständig Neues abwerfe, den ,,Fortschritt", das liegt auf der Hand. Umgekehrt zielt dieser Vorgang ja darauf ab, daß es kontinuierlich *überholte* Produkte gebe; nein, nicht einmal ,,gebe", sondern, da sie ja überholt werden sollen, *nicht* mehr gebe. Robert Jungk's bekannter Titel ,,Die Zukunft hat schon begonnen" drückt also nur die eine Hälfte der Wahrheit aus. Kennzeichnend für die heutige Industrie ist ja nicht nur, daß sie mit einem Fuße immer schon in der Zukunft steht, sondern auch, daß sie das Morgige immer schon als etwas potentiell Überholtes ansieht, nein, also solches sogar herstellt; daß sie die Zukunft dazu zwingt, immer schon mit einem Fuße in der Vergangenheit zu stehen – kurz: daß, von ihr aus gesehen, ,,die Vergangenheit (mit jedem Produkt) immer schon begonnen" hat – und sogar ,,morgen schon begonnen" hat. Und damit ist natürlich nicht nur gemeint (das war auch dem Verfasser des ,,Ecclesiastes" schon bekannt gewesen), daß auch die Zukunft eines mehr oder minder schönen Tages etwas Gewesenes, sogar etwas Vergessenes, sein werde, und daß der Keim des Todes auch heute schon alles Noch-nicht-Seiende vergifte; sondern daß dem Zukünftigen das Gift seines ,,Es wird gewesen sein" schon immer ausdrücklich eingespritzt, daß ihm zuweilen sogar seine Sterbestunde schon von vornherein festgelegt wird. Jener Science-Fiction-Autor, der neulich zum Staunen seiner Mitwelt die heutigen Industrieerzeugnisse durchweg der Klasse der „*Zeitbomben*" zurechnete, hatte also völlig recht. Versteht man unter „Zeitbomben" diejenigen Gegenstände, zu denen der kalkulierte Ruin ihres Bestandes gehört; und die als geglückt nur dann gelten, wenn sie das ihnen zugedachte Sterbepensum an dem ihnen vorbestimmten Sterbetage programmgemäß absolvieren; und als mißglückt dann, wenn sie diese ihre Frist überdauern – dann gibt es heute in der Tat kein einziges Produkt, gleich, ob es sich um Rasierklingen, Autoreifen oder Vernichtungswaffen handelt, das dieser Klasse nicht zugehörte. Und „Zeitbomben" in diesem Sinne sind die heutigen Produkte nicht etwa nur nebenbei, nicht nur zusätzlich zu der Tatsache, daß sie Rasierklingen, Autoreifen oder Vernichtungswaffen sind; umgekehrt sind sie – denn allein das verschafft ihnen ja geschäftliche Realität – „Zeitbomben" in *erster* Linie; ob sich die Produzenten entschließen, diese Gegenstände in der Form von Rasierklingen oder in der von Autoreifen zu verwirklichen, ist, verglichen damit, von zweitrangiger Bedeutung.

Machen wir uns keine Illusionen. Diese „Produktion von Veraltung" ist das Weltsystem, mit dessen Herrschaft wir, sofern es nicht durch einen Vernichtungskrieg zugrunde geht, in Zukunft weiter zu rechnen haben. Jedenfalls gibt es kein Ziel, das der heutigen Industrie – und das definiert ihren, trotz aller technischen Umwälzungen zutiefst *konservativen Charakter* – wichtiger wäre als das, dieses „Zeitbomben-System" für ewig zu konservieren. Für sie ist dieses System sogar identisch mit ihrer „Welt". Was *wir* so „unsere Welt" nennen, das ist für sie irrelevant, und zuweilen behandelt sie unseren Begriff von „Welt" und unseren Wunsch, diese zu konservieren, sogar als subversiv. Bedenken, unsere Welt aufs Spiel zu setzen, sind ihr jedenfalls, wenn es sich darum handelt, den Bestand der ihren zu konservieren, unbekannt.

Ich gebe zu: dieser heutige Zustand ist äußerst verwirrend. Er ist um so verwirrender, als das klassische Charakteristikum des kapitalistischen Systems: die Konkurrenz zwischen den individuellen Unternehmungen oder Unternehmungsgruppen, nicht mehr die einzige Konkurrenz ist, die hier ausgefochten wird: denn neben diese tritt ja eine andere und neuartige. Pausenlos findet nun ja ein „*Binnenwettlauf*" statt, einer, der sich innerhalb der Unternehmungen selbst abspielt:

nämlich zwischen denjenigen, die die Produkte entwerfen, und denjenigen, die diese effektiv ausführen. Atemlos rennt der Ausführende dem die Fortschrittstreppe hinaufstürmenden Erfinder nach; und das tut er nicht nur, um diesem seine letzte Modellzeichnung zu entreißen und diese in ein Produkt zu verwandeln, sondern auch, um dieses Produkt sofort treppab zu stoßen und obsolet zu machen.

Wie gesagt: je rapider der Wechsel dessen, was produziert wird, um so rapider häuft sich natürlich auch das Reservoir dieser treppab gestoßenen und noch nicht verwendeten Produkte an. Und wenn es sich dabei um Vernichtungswaffen handelt, dann bedeutet das natürlich zugleich, daß auch die Gefahr immer rapider anschwillt. Schließlich sind ja die Waffen, die akkumulieren, obwohl niemals verwendet, doch auch nicht effektiv aufgebraucht und liquidiert, und wenn ein „Ernstfall" einträte, wäre das „alte Eisen" ja noch nicht unverwendbar. Ob der Käufer ad infinitum dazu bereit bleiben wird, seinem kontinuierlich anschwellenden Reservoir neue Stücke hinzuzufügen, das kann die Produktion nur schwer übersehen, es sei denn, sie habe die Käufer mit Haut und Haaren geschluckt, also zu ihren Interessepartnern gemacht. Und diese Angst davor, ihre überflüssigen Produkte eines Tages doch nicht mehr absetzen zu können, gehört zu den für unsere Epoche charakteristischen Emotionen. Mit dem Gefühl wirklicher Sicherheit weiterarbeiten kann sie eigentlich nur dann, wenn Aussicht auf eine *wirkliche* Liquidierung der von ihr gelieferten Produkte besteht; wenn sie darauf hoffen kann, daß die Käufer doch hin und wieder die Gelegenheit haben werden, sich Luft zu verschaffen, und daß die Bestände, die sich bei diesen auftürmen, doch dann und wann wirklich – und das heißt eben: in Kriegen – „konsumiert" und „liquidiert" werden. Geschäftlich gesehen hat die krieglos immer weiterlaufende Waffenakkumulation etwas tief Ungesundes an sich, etwas von *asketischer Abundanz*. In ihr einen vorübergehenden Ersatz für Kriege zu sehen, mag zwar berechtigt sein, aber darauf zu vertrauen, daß mit ihrer Hilfe Kriege endgültig ersetzt werden können, das wäre einfach töricht. Was als Kriegssurrogat anhebt, wird selbst zur Kriegsursache. Denn es ist eben gerade diese nicht endende Akkumulation von Waffenbeständen, die die Kriegsgefahr pausenlos befördert; und auf Grund derer auch die Hoffnung der Industrie auf einen gesunden „Ernstfall", mindestens auf eine massive Kriegsgefahr, immer weiter akkumulieren muß.

(Daß in einem solchen „Ernstfall“ nicht nur die Waffenbestände selbst liquidiert werden würden, sondern auch die Millionen von Menschen, denen diese Waffen gelten: also wir, die „Konsumenten des Todes“, das stellt, aus der Perspektive dieses Produktionsmechanismus gesehen, nur einen bedauerlichen Sekundäreffekt dar.)

III. Der Streik

So steht es also mit den Mächten, die über unser Schicksal entscheiden. Das ist schon erschreckend genug. Aber wie steht es denn mit uns? Sind denn wir, wir die Millionen morituri, wir, die wir morgen oder übermorgen die Opfer werden könnten, besser als diese Mächte und als die Männer, die diese Mächte dirigieren?

Kaum. – Was meine ich?

Daß wir bei den Arbeiten, die wir in Fabriken, Werkstätten und Büros zu verrichten gewöhnt sind, verlernt haben, uns für den *Endeffekt* dessen, woran wir mitarbeiten und was wir mitverursachen, zu interessieren.

Nun werden Sie einwenden, weder Sie noch ich hätten das persönliche Unglück, in Fabriken beschäftigt zu sein, in denen atomare Sprengköpfe oder ähnliche Vernichtungsmittel hergestellt würden. Richtig. Aber ist das ein Verdienst? Oder nicht vielmehr einfach ein Zufall? Ein Zufall, und zwar einer, der für nichts garantiert? Denn gleich, wo und an was wir mitarbeiten, die Arbeitsmentalität, in der wir das tun, ist so, nämlich so desinteressiert an dem von uns mitverursachten Endeffekt, daß wir ohne weiteres auch an der Produktion von Vernichtungsgeräten mitarbeiten *würden.* Und wirklich gibt es ja auch Hunderttausende unseresgleichen, die das tun, und zwar genau so gedanken- und bedenkenlos, als wenn es sich um die Erzeugung von Rasierklingen oder Autoreifen handelte; die sich nicht das mindeste dabei vorstellen; und die es sich zuweilen sogar weismachen lassen, diesen ihren Beitrag im Interesse der „freien Welt“ oder sogar der Freiheit der Welt zu leisten. Sehr ehrenhaft scheint mir das nicht gerade. Wenn ich daran denke, mit welchem Mut unsere sozialistischen Großväter versuchten, sich die Unfreiheiten, die ihr Dasein ruinierten, klarzumachen und die Wurzeln ihrer Unfreiheit zu bekämpfen, dann scheint es mir sogar, daß wir alle Ursache hätten, uns vor unseren

Vorvätern zu schämen. Nichts ist falscher als zu behaupten, daß es für uns Heutige entsprechende Widerstandsaufgaben nicht mehr gebe; nein, das ist sogar reine Ausflucht, die Ausflucht derer, für die es überhaupt nicht mehr in Betracht kommt, etwas, sofern es nur „Arbeit" heißt und als „Arbeit" entlöhnt wird, zu kritisieren; für die es umgekehrt selbstverständlich ist, alles, sofern es nur „Arbeit" heißt und als solche entlohnt wird, mitzumachen. Wir hätten keine Widerstandsaufgaben mehr? Das Gegenteil gilt. Unsere Aufgaben sind größer und dringlicher als es die unserer Großväter gewesen waren. Was meine ich?

Daß wir nicht allein davon ausgeschlossen sind, Eigentümer unserer *Produktionsmittel* zu sein – das war die Einsicht unserer Großväter gewesen – sondern auch davon, Eigentümer unserer *Produktionsziele* zu sein; daß wir der Freiheit, über die Zielsetzung der Erzeugnisse, an deren Herstellung wir beteiligt sind, über deren Bewandtnis, Auswahl und Verwendung mitzubestimmen, als Arbeitende gleichfalls beraubt sind; oft sogar der Freiheit, von dieser Bewandtnis etwas zu wissen oder auch nur etwas wissen zu wollen. Und wenn das keine Unfreiheit ist, dann weiß ich nicht, was dieses Wort beinhaltet. Gewiß, vor hundert Jahren hatte das gleichfalls gegolten: auch unsere Großväter hatten nicht mitbestimmen können, was sie mitproduzierten. Aber entscheidend war diese Unfreiheit damals nicht gewesen, und zwar deshalb nicht, weil die Zahl der Erzeugnisse, deren Nützlichkeit und Produktionswürdigkeit in Zweifel gezogen wurde, im Vergleich zu heute ganz gering war. Heute dagegen gilt, daß die Herstellung schlechthin menschenfeindlicher Produkte im Mittelpunkt vieler nationaler Wirtschaften steht. Es ist ein Skandal, daß wir Arbeitende auf diesen Skandal nicht reagieren, daß dieser uns gleichgültig bleibt. Das ist ein Skandal nicht nur deshalb, weil wir durch diese Indifferenz auf unsere eigene Freiheit verzichten, sondern auch deshalb, weil wir durch sie das Überleben der Menschheit aufs Spiel setzen. Betrügen wir uns doch nicht. Solange wir für unser Mitarbeiten anständig entlohnt werden und solange wir gewiß zu sein glauben, unter gut gesicherten Bedingungen weiterarbeiten zu können, so lange verschließen wir unsere Augen vor dem, *was* wir und *wofür* wir arbeiten; und so lange sind wir auch dazu bereit, von der Vorbereitung des Unterganges zu leben. – Wenn einer von Ihnen mir erklären könnte, warum diese Unfreiheit weniger verhängnisvoll und weniger schändlich sein soll als die, die unsere Großväter kritisiert und bekämpft hatten; und warum unsere Aufgabe, Widerstand zu leisten, kleiner sein soll als deren Aufgabe, dann wäre ich ihm dankbar.

Hören Sie von dem folgenden extremen Fall: In einer Fabrik A – wo diese steht, ist nicht schwer zu erraten – waren gewisse Stücke von atomaren Raketen erzeugt worden. Eines Tages stellte es sich heraus, daß die Modelle dieser Stücke veraltet waren; daß es überflüssig geworden war, diese weiter zu erzeugen. Die atomaren Waffen hatten sich eben unterdessen „verbessert"; und die Produktion der für die neuen Modelle erforderlichen Stücke wurden einem anderen, dafür geeigneteren Unternehmer B in Auftrag gegeben. Wie reagierte die Belegschaft A darauf? Atmete sie auf? War sie glücklich über die Aussicht, von ihrer Mitarbeit am allgemeinen Untergange befreit zu werden?

Nichts dergleichen. Umgekehrt trat sie in *Streik*. Und zwar deshalb, weil sie fürchtete, die Umstellung ihres Unternehmens auf andere Produkte könnte ihre Löhne mitaffizieren. Machen wir uns das klar: *Streik deshalb, weil die Chance, zum universellen Tod nicht mehr beitragen zu dürfen, zu verschwinden drohte.* Was würden wohl jene Männer, die im vorigen Jahrhundert den Streik als taktische Waffe des Befreiungskampfes ausgebildet hatten, von diesem Streikmotiv halten?

Ich weiß, die Freiheitsparolen unserer Großväter klingen in unseren Ohren oft schon ledern und langweilig. Wir Enkel glauben, mit dem Moped oder mit der Fernsehtruhe, die wir erworben haben, auch unsere Freiheit erworben zu haben, und sogar eine weit umfangreichere als die, die unsere Großväter erhofft oder beansprucht hatten. Auch *daß* wir das glauben, *daß* wir uns das einreden lassen, das ist selbst schon Beweis dafür, daß wir auf unsere Freiheit verzichtet haben. Denn *wirklich frei sind wir alleine dann, wenn* wir mitbestimmen, *was* wir herstellen, und *was* (auf Grund der von uns mithergestellten Produkte) aus der Welt wird; nur dann, wenn wir Verantwortung nicht nur für das übernehmen, was wir im privaten Kreis tun oder anstellen, sondern wenn *wir einsehen, daß auch unser Arbeiten ein „Tun", und auch unser Herstellen ein „Anstellen" ist; wenn wir Verantwortung also auch für das übernehmen, was wir erzeugen.* Wer behauptet, daß sein Verzicht auf Mitentscheidung darüber nur „Neutralität" sei, der betrügt sich; wer, ohne Stellung zu nehmen, an der Produktion von Vernichtungsgeräten teilnimmt, der nimmt Stellung, der hat Stellung genommen, denn der trägt nun positiv zur Vernichtung bei. Kurz: *Wer nicht nein sagt, der tut dadurch ja.* Die Tausende, die bedenkenlos in der Vernichtungsindustrie mitarbeiten, die haben ihre Freiheit, über das was sie „herstellend anstellen" mitzubestimmen, für ein Linsengericht verkauft: nämlich für ihr „Recht auf Mitkonsum". Und das ist in Wahrheit natürlich gar kein Recht, denn unser Mitkonsum ist ja eine Pflicht, die wir der Produktion gegenüber zu erfüllen haben.

Und genau so abgenutzt wie die Freiheitsparolen scheint uns Enkeln bereits jene Idee, die für unsere Großväter so wichtig gewesen war: die der *internationalen Solidarität.* Auch das wieder völlig zu Unrecht. Denn ihre wirkliche und ihre ganz aktuelle Bedeutung gewinnt diese Idee ja erst heute, da wir es erst heute so herrlich weit gebracht haben, daß jeder Bewohner unserer Erde von jedem Punkte der Erde aus tödlich getroffen werden kann. Die heutigen Parolen hätten zu lauten: „*Gefährdete aller Länder, vereinigt euch!*" oder: „*Gefährdet nicht einander!*"

Nun werden Sie fragen, wie wir das alles tun sollen. Wir, die einzelnen. Das Nein-Sagen. Und das Uns-Vereinigen. Und das Einander-nicht-Gefährden.

Von der Anti-Atombewegung brauche ich Ihnen ja nicht zu erzählen. Aber dieser Bewegung zuzugehören, das reicht nicht aus, unseren Alltag hat diese Bewegung noch nicht wirklich durchdrungen. Daß wir *ein*mal im Jahre durch die Gegend sausen und die atomare Gefahr nur als ein Feiertagsthema behandeln, nur als die Fahne unserer Ostermärsche, das ist natürlich nicht genug. Was notwendig ist, ist vielmehr, jeden einzelnen Tag zu einem Ostermarschtag zu machen; das heißt: an keinem Tage auch nur die kleinste Gelegenheit auszulassen, um unseren Nachbarn die Augen zu öffnen und um sie begreifen zu machen, daß sie durch die Unterstützung von politischen Bewegungen, die sich für die Erzeugung von Vernichtungsmitteln oder auch nur für die multilaterale Atommacht einsetzen, die Gefahr vergrößern und sich selbst bereits schuldig machen, denn die Unterstützung solcher Gruppen ist auch schon eine „Mitarbeit" an den Vernichtungsgeräten.

Und wenn ich sage, daß wir unsere Nachbarn zu belehren haben, dann denke ich nicht etwa nur an unsere Wohnungsnachbarn oder an die Nachbarn an der Werkbank. Unsere Welt ist ja zur Nachbarschaftswelt geworden. In unseren Ferien suchen wir ja – was es in früheren Friedenszeiten niemals gegeben hatte – zu Tausenden Nachbarländer auf, sogar atomare, also solche, in denen Vernichtungswaffen tatsächlich erzeugt werden, und die dadurch sich selbst und uns und andere aufs furchtbarste gefährden. Finden Sie es sehr würdig, daß wir: die Söhne derer, die die Menschen jenseits der Grenze nur als Sklaven des Hitlerterrors behandelt hatten – daß wir Söhne nun diese Nachbarvölker ausschließlich als unsere Kellner betrachten? Daß wir die Chance, mit Tausenden in Berührung zu kommen, zu nichts anderem benutzen als zum Zelten oder zum Baden oder um einmal anders zu essen und zu trinken als zuhause? Ich bin durchaus für baden und zelten, und essen und trinken macht mir das allergrößte Vergnügen. Aber muß das *alles* sein? Sollten wir die Gelegenheit der tausendfachen Kontakte mit den Anderen nicht vielleicht auch zu anderem benutzen können? Nämlich dazu, um mit ihnen die uns gemeinsame Bedrohung und die sich aus dieser gemeinsamen Bedrohung ergebende gemeinsame Verpflichtung zu besprechen?

So könnte ich es mir zum Beispiel vorstellen, daß deutsche Arbeiter und Angestellte, die ihre letzten Ferien in Frankreich verbracht haben – und das sind Tausende –, als Gruppe einen offenen Brief an diejenigen ihrer französischen Kameraden schreiben, die an der Erzeugung der atomaren Vernichtungswaffen mitbeteiligt sind. – Was hätte in diesem offenen Briefe zu stehen?

Daß ihre Arbeit – also die Arbeit derer, die an der Herstellung der sog. „Force de Frappe" beteiligt sind – nicht „nur" dem Interesse der Arbeiter aller Länder widerspricht; und nicht „nur" dem Interesse aller Zeitgenossen; und nicht „nur" dem Interesse aller künftigen Generationen; sondern auch, daß atomar gerüstete Länder der Gefahr möglicher Angriffe ungleich stärker ausgesetzt sind als atomar nicht gerüstete; daß sie, die an der Erzeugung und Installierung dieser Waffen mitarbeiten, also auch ihr eigenes Land aufs gewissenloseste gefährden. Kurz – und das müßte der Kernpunkt unseres Briefes sein – wir hätten sie dazu aufzufordern, ihre Arbeit niederzulegen. Ich weiß: das klingt höchst ungewöhnlich. Aber neue und ungewöhnliche Situationen – und die Weltgefahr, in der wir schweben, die ist weiß Gott etwas Ungewöhnliches – erfordern neue und ungewöhnliche Mittel; und in einer solchen Situation vor Methoden deshalb zurückzuscheuen, weil sie ungewöhnlich sind, das ist nicht nur furchtbar philiströs, sondern auch furchtbar gewissenlos. – Wir hätten ihnen also zu erklären, daß heute ein Streik total neuer Art fällig geworden ist; ein Streik, dessen Zielsetzung sich von der aller bisherigen Streiks grundsätzlich unterscheidet: daß zu streiken heute nicht nur dann geboten ist, wenn es gilt, unerträgliche Arbeits- oder Lohnbedingungen zu bekämpfen, sondern auch dann, wenn die Produkte, deren Herstellung von uns erwartet wird, unverantwortbare Effekte nach sich ziehen; daß, wer auch nur einen Funken von Verantwortung in sich spüre, die Pflicht habe, sich zu weigern, sich an der Herstellung solcher Erzeugnisse, ganz gleich, welcher Lohn ihm dafür geboten werde, zu beteiligen.

Ende September hat Robert Kennedy, um sein Rennen als Senator im Staate New York zu machen, vor Rüstungsarbeitern zugesichert, daß sie sich um das Weitergehen ihrer Fabriken keine Sorge zu machen brauchten. – Was *wir* zu tun haben, ist umgekehrt, den Arbeitern in der Vernichtungsindustrie klarzumachen, daß sie sich gerade deshalb Sorgen zu machen haben, *weil* diese Produktion weiterlaufe; und weil *sie* diese Produktion weiter in Gang halten.

Gewiß, von heute auf morgen kann ein solcher Brief, wie der, den ich da vorgeschlagen habe, die Welt nicht verändern. Aber bedeutet das, daß solche Signale nicht lohnen? Dürfen wir deshalb, weil es kein prompt wirkendes Patentmittel gegen die Katastrophe gibt, und weil die Frist für geduldige Vor- und Kleinarbeiten vielleicht nicht mehr ausreicht – dürfen wir deshalb die Hände in den Schoß legen? Ist der tödliche Ernst unserer vielleicht schon befristeten Zukunft ein Freibrief für Bequemlichkeit?

Darauf zu antworten, ist überflüssig. Was aber die uns zugestandene „Frist" betrifft, so kennen wir deren Dauer nicht. Es ist ja durchaus denkbar, daß diese nicht ganz so kurz ist wie wir fürchten. Vielleicht ist uns doch noch etwas Zeit vergönnt, um das Schlimmste zu verhüten. Und dieses „vielleicht doch" ist es, was uns dazu verpflichtet, unsere Versuche fortzusetzen; und das auch dann zu tun, wenn unsere ersten Mahnungen oder unsere ersten Briefe nur Wenige oder nur wenig erreichen. Soviel steht fest: Die Idee dieses Streiks muß ausgesprochen werden; und sie muß schließlich im Geiste der Arbeiterschaft Wurzeln schlagen.

Absurd? Nicht im mindesten. Denn vergessen Sie nicht: Solch einen Streik *gibt* es ja bereits. Auch Sie wissen ja von den Tausenden von Physikern, die, noch ehe sie zur Mitarbeit aufgefordert worden waren, erklärt, nein, feierlich gelobt haben, niemals für die Herstellung der

Untergangsgeräte auch nur einen Finger zu rühren. Daß diese Männer das Wort „Streik“ nicht in den Mund genommen haben, ist völlig gleichgültig. Sie *sind* in Streik getreten. Allein das zählt. – Und von jedem Arzt wird das Gelöbnis erwartet, daß er allein diejenige Arbeit leiste, die dem Mitmenschen helfe; und diejenige verweigere, die dem Mitmenschen schade – kurz: jeder legt den sog. „Hippokratischen Eid“ ab.

Sollte es sich die internationale Arbeiterschaft nachsagen lassen, weniger Gewissen zu haben als diese Physiker und Ärzte? Und Angst davor zu haben, den Eid abzulegen, den die Wissenschaftler ablegen? Sollten wir uns von den Männern, die uns vorangegangen sind, beschämen lassen?

Vor kurzem hat Linus Pauling Deutschland besucht. Haben wir ein Recht darauf, Männer wie ihn willkommen zu heißen, wenn wir selbst nicht den Mut aufbringen, ähnliches zu riskieren?

Nun werden Sie einwenden: Wir erzeugen ja gar nicht derartige Untergangsgeräte; Vernichtungsarbeit zu verweigern, gehöre also gar nicht zu *unseren* Pflichten. *Wir* könnten in dieser Lage überhaupt nichts tun, und das brauchten wir auch nicht. – Bedauere, dieser Einwand ist kurzsichtig. Die Verpflichtungen, die die atomare Lage auferlegt, sind hierzulande nicht weniger verbindlich als anderswo. Selbst wenn (was zutrifft) Vernichtungswaffen hier noch nicht erzeugt werden – daß es auch hier Machtgruppen gibt, die die eigene Produktion oder, auf dem Umweg über die multilaterale Atommacht, die Verfügung über diese Waffen enthusiastisch begrüßen würde, das wissen Sie genau so wie ich. Also haben wir diesen Tendenzen (denn auch Tendenzen sind Realitäten) entgegenzutreten; also haben wir uns jetzt schon dazu zu entschließen, niemals, wenn der Fall eintreten sollte, bei der Herstellung oder beim Transport oder bei der Montierung solcher Erzeugnisse mitzuwirken. Seien wir froh darüber, daß wir uns noch in der beneidenswerten Lage befinden, nicht innerhalb einer schon angelaufenen Produktion streiken zu müssen; daß wir uns nicht nachträglich zu revidieren brauchen. Daß wir vielmehr von vornherein, also schon heute, unsere Stellung gegenüber dem möglichen Fall festlegen und kundgeben können. Eine Erklärung dieses Inhalts, also unseren „Hippokratischen Eid“ der Arbeiter, zu veröffentlichen, ist der zweite Vorschlag, den ich Ihnen mache.

Aber nehmen wir selbst an, wir wüßten mit absoluter Gewißheit, daß dieser Fall niemals eintreten werde – auch dieses Wissen würde uns von Pflichten nicht entbinden. Die politische und militärische Kohäsion der Staaten – denken Sie an die NATO – ist heute enger als je zuvor. Diese Kohäsion hat zur Folge, daß man auch in Ländern, die, wie die Bundesrepublik, zu den atomaren „have nots" gehören, keinen einzigen politischen Schritt mehr unternehmen kann, der nicht innerhalb der atomar rüstenden und gerüsteten und durch diese Rüstung auch atomar gefährdeten Welt stattfände; daß indirekt also auch die Politik atomar nicht gerüsteter Staaten, auch die der Bundesrepublik, die Katastrophe fördern oder sogar ins Rollen bringen könnte. In vielen Ländern gibt es Ewiggestrige, die (oft einfach um Stimmen zu fangen) den Mund voll nehmen und die wildesten politischen Ziele verkünden – Ziele, deren effektive Verfolgung den Bündnismechanismus, und damit u. U. auch den Einsatz der Vernichtungswaffen, auslösen könnte. Daß diese Draufgängertypen in nuklear *nicht* gerüsteten Ländern besonders zahlreich sind, das ist durchaus kein Zufall. Denn in diesen Ländern haben sie ja immer die Chance, sich die Hände in Unschuld, mindestens in angeblicher Unschuld, zu waschen: nämlich scheinheilig zu beteuern, daß sie über Katastrophenmittel selber ja gar nicht verfügen, mithin Unverantwortliches gar nicht riskieren *können.* Glauben Sie nur nicht, daß diese Draufgänger so dumm sind, wie sie aus Schlauheit zu sein vorgeben. Vielmehr wissen diese Männer sehr genau, was die Abhängigkeit ihrer Länder von den Atommächten bedeutet: daß jede lauthals herausgeschriene überspannte Forderung indirekt zum Schlimmsten führen könnte: daß jede in den Augen derer, die als „die Feinde" unterstellt werden, und die sich (nach den Erfahrungen der letzten fünfzig Jahre begreiflicherweise) bedroht fühlen, wie eine durch die alliierte Atommacht gedeckte Forderung aussehen kann. Aber das stört diese Männer nur wenig. Und manche tun das sogar gerade deshalb, weil sie diese Deckung im Rücken spüren. – Und solche Männer in die Schranken zu weisen, gehört zu den Aufgaben, die hier erledigt werden müssen.

IV. Wer droht?

„Das ist ja alles ganz unmöglich", wird der eine oder der andere vielleicht denken, „die freie Welt muß schließlich verteidigt werden. Und dafür benötigt man eben Waffen."

„Freie Welt." – Haben die Männer, die, mit dem Untergang spielend, diesen Ausdruck so gern in den Mund nehmen, denn wirklich Freiheit im Auge? Und demaskieren sich nicht gerade diejenigen, die diese Redensart nachreden, als *total unfrei?* Nämlich als Menschen, die sich ihrer Urteilskraft haben berauben lassen? Denn was heißt heute denn „freie Welt"? Wollen Sie wirklich behaupten, daß, was in Südostasien vor sich geht, zur Beförderung irgend einer Freiheit geschieht? Oder daß die südafrikanischen Landsknechte oder die aus amerikanischen Flugzeugen im Kongo abspringenden Exil-Kubaner Freiheit verteidigen? Welche Freiheit? Wessen Freiheit? Rechnen Sie es sich doch einmal an Ihren Fingern aus, welche Mächte heute „der freien Welt" zugezählt werden. Außer den großen und kleinen kapitalistischen Mächten nur diejenigen abhängigen, die sich dem Anspruch dieser Großmächte *nicht widersetzen.* Oder ist es etwa ein Zufall, daß z.B. Kuba solange, als es gezwungen war, auf Unabhängigkeit zu verzichten, und solange es der „freien Welt" *gehörte,* der „freien Welt" angeblich auch *zugehörte?* Und kann man die Etikette „frei" noch gelten lassen, wenn man, wie bei der „Republican Convention" in San Franzisko, Jubel um einen Mann hört, der, wie er ankündigt, als Präsident den Einsatz gewisser Atomwaffen den Militärs überlassen würde?

Nein, die Welt weiter in eine „„freie" und in eine „unfreie" aufzuteilen, das bedeutet einfach, sklavisch Schlagwörter nachreden, also – *unfrei* sein. Machen wir uns doch keine Illusionen: Als selbstverständlich zu unterstellen, daß, wenn die Katastrophe ausbräche, die sog. „freie Welt" daran keine Schuld tragen würde, das ist durch nichts gerechtfertigt. Im Gegenteil: oft genug hat sie mit dem Allerschlimmsten gespielt, oft genug das Äußerste provoziert – und das tut sie auch heute. Was der Sowjetunion kaum nachgesagt werden kann. – Und ich glaube, daß das heute, nach den jüngsten Geschehnissen, auch noch gilt. (Geschrieben war mein Text natürlich *vor* der Absetzung Chruschtschows, und *vor* dem Umbau des sowjetischen Staats- und Parteiapparates, und *vor* der Explosion der chinesischen Atombombe. Über die künftige russische Politik kann ich natürlich nichts voraussagen.) Soviel steht jedenfalls fest, daß die sowjetischen Außenpolitiker der letzten Jahre deutlich gezeigt hatten, daß ihr Land nach den düsteren Zeiten, das es durch eigene und fremde Diktatur durchgemacht hatte, aufatmen würde, wenn es die Gewißheit hätte, die endlich erreichte Notlosigkeit und den Beginn der Liberalisierung weiter ausbauen und genießen zu dürfen. Daß Chrustschow sehr genau gewußt hat, was ein atomarer Krieg bedeuten würde – auch Kennedy scheint das nach der Kuba-Krise begriffen zu haben –, das ist wohl unbestreitbar.

Peking – werden Sie also sagen. – Aber so einfach liegt auch das nicht. – (Ich wiederhole: der Text, den ich Ihnen hier vortrage, der war *vor* der Explosion der chinesischen Bombe niedergeschrieben. Wenn ich Ihnen meine damaligen Überlegungen trotzdem vorlege, so, weil das, was nun geschehen ist, nur das Finale einer längst schon spielenden Musik darstellt. Nach dieser Analyse werde ich dann vom Heute aus über das vor einigen Tagen Geschehene sprechen.)

Peking also. Von dort droht, vorerst jedenfalls, die Gefahr eines nuklearen Angriffs ebenfalls nicht. Und nicht nur deshalb nicht, weil China noch nicht als vollgültige atomare Macht zählen kann; sondern auch deshalb nicht, weil es den atomaren Krieg gleichfalls nicht wünscht. Das Gegenteil behaupten können allein diejenigen, die den sehr ausführlichen Schriftwechsel, der vor Jahren zwischen den diversen kommunistischen Parteien gepflogen worden ist, nicht sorgfältig gelesen haben; oder die (was sie leider dürfen) damit rechnen, daß diese Korrespondenz der Mehrzahl der Zeitgenossen überhaupt unbekannt geblieben ist; oder die sich schließlich darauf beschränken, die Redensart vom „Papiertiger" einfach nachzuplappern. Gewiß, es gibt chinesische Aussprüche, die wirklich beängstigend klingen; die so klingen, als wenn die Chinesen die atomare Bedrohung einfach lächerlich machten. Aber wenn es diese chinesischen Bagatellisierungen gibt, so aus einem Grunde, der dem der westlichen Bagatellisierer diametral entgegengesetzt ist: nämlich deshalb, weil die Chinesen auf die Tatsache reagieren müssen, daß mit ihnen atomar gespielt *wird;* nicht deshalb, weil sie (wozu sie ja bislang gar nicht in der Lage gewesen sind) mit der atomaren Drohung spielen. Schließlich ist es Peking ja nicht unbekannt geblieben, daß die Möglichkeit eines atomaren Angriffs auf China seit den Zeiten MacArthurs in Erwägung gezogen worden ist:

daß das Pro oder Contra eines Nuklearangriffes auf China sogar elektronischen Robotern zur Entscheidung vorgelegt worden ist; und daß, wenn der Atomkrieg ausbräche, *sie* die ersten Opfer sein würden. Unter solchen Umständen die Gefahr als tödlich konzedieren, das würde ja nichts anderes bedeuten als schon heute vor der pausenlosen Bedrohung zu kapitulieren – und das von einem Volke von 700 Millionen, das sich nach Jahrzehnten der Anarchie und der Ausplünderung mitten in seiner Reorganisation befindet, zu erwarten, das ist reine Torheit.

Sie werden zaudern, weil China ja sogar den ersten Schritt zur Entspannung: den Vertrag über die partielle Stoppung der Tests, unverblümt ablehnt. Aber daß diese Ablehnung Aggressionslüsternheit beweise, das ist gleichfalls ein Fehlschluß. Die Ablehnung beweist etwas ganz anderes: nämlich Chinas sehr begreifliche Furcht. Was China fürchtet, ist, daß die Fortsetzung dieser Verständigung zwischen den zwei Atomkolossen eine *Versteinerung des status quo* zur Folge haben könnte: daß sich die atomare Erpressung, die durch die bloße Existenz der Atomwaffen nun einmal gegeben ist, verewigen könnte; daß der Skandal, daß es als volksreichstes Land der Erde nicht im Sicherheitsrat der UNO sitzt, endgültig werden könnte; und endgültig auch die verspätete imperialistische Herrschaft, die die Vereinigten Staaten als Nachfolge-Imperialisten der europäischen Kolonialmächte in globalem Umfang angetreten haben. Imperialismus: nämlich Unterjochung fremder Länder *ist* bereits Krieg. Ein Krieg, der im Wörterbuch der Imperialisten selbst freilich „Frieden" heißt. Wenn dieser Krieg in einen heißen Krieg umschlagen würde – die Schuld der Opfer des Imperialismus wäre das gewiß nicht.

Und was es ferner zu erkennen gilt, ist, daß die heutige Lage der Chinesen weitgehend derjenigen entspricht, in der sich die Sowjetrussen in der atomaren Frühzeit befunden hatten, als sie atomar noch nicht gleichgezogen hatten, und daß China auf die Vereinbarungen zwischen den USA und Rußland nicht anders reagiert, als Rußland auf das amerikanische Monopol reagiert hatte. Wenn Rußland damals alle Anstrengungen machte, um zur Gegen-Atommacht aufzusteigen, so gewiß nicht, um mit der Bombe zu drohen; vielmehr um nicht weiter und ad finitum durch die Bombe bedroht zu bleiben. Und wenn es trotzdem gleichzeitig zuhause die Entsetzlichkeit der Bombe untertrieb, so nicht, um schon im voraus einen eventuellen eigenen atomaren Angriff als „gar nicht so schlimm" hinzustellen, sondern um die Zeit der eigenen atomaren Ohnmacht psychologisch zu überbrücken, also um Panik in dieser Zeit zu verhindern. Ich bin überzeugt davon, daß Chinas heutige Attitude ganz ähnliche Gründe hat.

Tief erschreckend ist freilich der Gedanke, welche Folgen ein erster chinesischer Atomtest, oder gar eine Testserie, auslösen könnte. Denn ich halte es durchaus nicht für undenkbar, daß die Explosion in der Wüste Gobi eine politische Kettenreaktion auslösen, daß sie zum Signal werden könnte. Zwar nicht unbedingt zum Kriegssignal. Wohl aber zum Signal für andere Staaten, um nun mit gutem Gewissen – was heute so „gutes Gewissen" heißt – Tests von neuem aufzunehmen; und daß dadurch nicht allein die physische Atmosphäre der Welt weiter radioaktiv verseucht werden würde, sondern auch die politische Atmosphäre: daß die kleinen und wahrhaftig pflegebedürftigen Anfänge des gegenseitigen Vertrauens durch dieses Ereignis von neuem zerstört werden könnten. Das darf nicht geschehen. Und ob das geschieht, das hängt auch von China ab. Peking wäre weise, wenn es nach der ersten Demonstration, die vermutlich nicht mehr aufzuhalten ist, auf weitere Tests erst einmal verzichten würde; und wenn es auf Grund der durch den ersten Test veränderten Lage eine China einbegreifende Atomkonferenz vorschlagen würde.

Nun, ich bin darauf gefaßt, daß Sie mich, auf Grund dieser meiner Überlegungen, als einen, wie man heute sagt, „Chinesen" klassifizieren werden. Machen Sie es sich nicht zu leicht. Schroffer und unbedingter als ich es seit Jahren getan habe – und meine Thesen liegen schwarz auf weiß vor – könnte man die *Forderung des universellen Abbaus der Atomrüstung* wohl nicht formulieren. Und von dieser meiner Position nehme ich kein Jota zurück. Aber China deshalb zu schmähen, weil es nicht wünscht, der Waffe, auf die die Anderen noch nicht verzichtet haben, weiter ausgeliefert zu bleiben, und weil es aus diesem Grunde den Besitz der Waffe gleichfalls anstrebt, das ist nicht nur unfair, sondern unwahrhaftig; denn das heißt: den Schwachen als aggressiv verurteilen, weil er unwillig ist, vor der Bedrohung zu kapitulieren.

Sie sehen: die Alternativen, vor die wir heute gestellt werden, blindlings zu akzeptieren, das ist nicht möglich. Das bedeutet aber auch, daß ich mich weigere, Moskau deshalb zu verurteilen, weil ich Peking nicht schmähe. Aus diesem Grunde wiederhole ich, wie widerspruchsvoll das auch nach meinem Exkurs über China klingen mag: Wir haben das amerikanisch-sowjetische Abkommen über die partielle Sistierung der atomaren Tests rückhaltlos zu bejahen. Es stellt nach der pausenlosen apokalyptischen Spannung, in der wir seit Hiroshima gelebt haben, wirklich den ersten Schritt in Richtung Entspannung dar. Und trotz Peking haben wir mit allem Nachdruck zu verlangen, daß in dieser Richtung unermüdlich weitergearbeitet werde, und daß keine Chance, wie winzig diese immer auch sein mag, vernachlässigt werde.

Wie löst sich dieser Widerspruch?

Er ist kein Widerspruch. Nur haben wir die Formulierung, daß wir die Anstrengungen „*trotz Peking*" zu unternehmen haben, zu korrigieren. *Mit* Peking haben wir das nämlich zu tun. Jawohl: *mit.*

Machen wir es uns doch klar, was, um die Gefährlichkeit der Lage zu entspannen, letztlich erforderlich ist. Der Wunsch Chinas nach Atomwaffen ist ja lediglich eine Reaktion und ein Symptom. Das Symptom einer unerträglichen Lage, an der China primär keine Schuld trägt. Was wir zu verlangen haben, ist, daß ein politischer Zustand eintrete, in dem China es nicht mehr nötig hätte, diesen Besitz zu wünschen. Darauf kommt es an.

Das ist freilich leicht gesagt. Der Versuch, dieses Ziel zu erreichen, stößt auf den schärfsten Widerstand. Bekanntlich ist China im Zuge der imperialistischen Asienpolitik Washingtons verteufelt worden. Und da die Existenz Chinas die Chancen der amerikanisch-russischen Vereinbarung erschwert, hat diese Verteufelung Pekings nun sogar auch in Sowjetrußland um sich gegriffen. In Washington geht diese Diabolisierung so weit, daß heute nur die allerkühnsten amerikanischen Staatsmänner – und dafür sind sie wirklich zu bewundern – den Mut aufbringen, einen Wandel zu verlangen: denn wer das tut, der muß damit rechnen, daß er den nun als „patriotisch" geltenden Haß beleidige und damit sich selbst verhaßt, mindestens unpopulär, mache. Und da außerdem das Puppenregime von Formosa als ständiges Mitglied des Sicherheitsrates der Vereinten Nationen sanktioniert ist, scheint ein Zustand totaler Lähmung eingetreten zu sein.

Und trotzdem, dieser Wandel muß durchgesetzt werden. Das Recht darauf, vom kommunistischen China echte Verhandlungsbereitschaft und Zusammenarbeit in der Atomfrage zu erwarten, haben die heutigen Atommächte allein dann und erst dann, wenn sie selbst auf diejenigen Waffen verzichten, von denen China sich bedroht fühlt, und deren Besitz sie Peking gerne vorenthalten würden; und erst dann, wenn sie China die Stimme in den Vereinten Nationen zugestehen, die ihm zukommt. Solange das nicht geschieht, solange werden alle Abrüstungsverhandlungen in einem imaginären Raume vor sich gehen; und solange werden wir das ungute Gefühl nicht los werden können, daß dieser Raum willentlich imaginär gehalten wird. Kurz: Die Anerkennung Chinas und dessen Aufnahme in den Sicherheitsrat der Vereinten Nationen ist heute die Grundbedingung der Befriedung unserer Welt.

So weit also meine damaligen Überlegungen.

Und nun sind also Ereignisse eingetreten, die ich zwar beim Schreiben nicht vorhergesehen hatte, die aber der damaligen Beurteilung der Lage auch nicht widersprechen. Was ist nun zu der jüngsten Entwicklung zu sagen?

1. Zum chinesischen Test: überflüssig zu betonen, daß *jeder* Test zu verurteilen ist, auch dieser. Aber katastrophenhaft würde die Situation allein dann werden, wenn eine der großen Atommächte etwas Gewalttätiges vom Zaune bräche, um auf diese Weise China daran zu hindern, sich zu einer Atomgroßmacht zu entwickeln; oder wenn die Explosion den reaktionären Kräften Amerikas in den kurz bevorstehenden Wahlen Auftrieb verleihen würde; oder wenn andere Mächte sich nun auf den Präzedenzfall China berufen würden, und nun auch jeder kleinste Staat zum omnipotenten Erpresser aller werden würde.

2. Meiner Ansicht nach glaubwürdig ist aber die von Peking unmittelbar nach dem Test abgegebene Erklärung, daß es diese Waffe niemals zu Angriffszwecken verwenden würde; namentlich aber die, daß es nunmehr die Einberufung einer internationalen Konferenz zum Zwecke der wirklich totalen Abschaffung dieser Waffen für gekommen halte. Das ist wirklich genau das, was nun erforderlich ist. Und das entspricht auch vielen Formulierungen, die Sie schon in früheren chinesischen Dokumenten, leider oft versteckt zwischen vulgären Schmähungen, nachlesen können.

3. Was den Umbau in der Staats- und Parteiführung Sowjetrußlands betrifft, so ist er in der Tat schockierend. Denn daß Chrustschow dem Stalinismus wirklich ein Ende gemacht hat, daß er die Kraft hatte, die völlig neue atomare Lage wirklich undogmatisch zu erkennen und

diese Erkenntnisse zur Grundlage seines Handelns zu machen, und daß wir es zum großen Teile ihm verdanken und ihm dafür zu danken haben, wenn wir heute noch da sind, das muß unzweideutig ausgesprochen werden. Die Plötzlichkeit, mit der er abserviert worden ist, ist erschreckend. Aber eine Rückkehr zum Stalinismus scheint mir nicht geplant. Der gehörte einem Produktionsstadium an, das nicht wiederkehrt. Und vielleicht könnte der Antritt der neuen Garnitur sogar zu etwas Positivem führen. Dann nämlich, wenn es Moskau nun gelingen würde, aus der Not seiner Zwischenposition zwischen dem Westen und China die Tugend der Vermittlung zu machen. Wenn die Sowjetunion nämlich einerseits die Verständigung mit den Vereinigten Staaten, die sich in dem partiellen Abkommen über die Tests angebahnt hatte, wirklich weiter fortführen würde; wenn sie andererseits die Beziehungen zu China sanieren könnte – dann würde sie in dem Weltantagonismus, der sich heute ja zu einem zwischen Amerika und China zugespitzt hat, *die* große und notwendige Brückenrolle der „dritten Macht" und das heißt: der den Frieden verbürgenden Macht, spielen können. Als „dritte Macht" würden dann also nicht mehr die sogenannten „blockfreien Staaten" figurieren, sondern eben dasjenige Land, das einerseits industriell Amerika immer ähnlicher wird; andererseits aber auch heute noch Grundsätzliches mit dem industriell und wirtschaftlich natürlich noch nicht synchronisierten China gemein hat. Und wir könnten wahrhaftig nichts besseres wünschen, als daß sich Moskau dieser ihm heute zugefallenen Mission gewachsen erweise.

So viel zu unserer weltpolitischen Lage. Lassen Sie mich nun zum Abschluß noch einmal auf das zurückkommen, womit ich begonnen hatte: auf die Toten.

Ich entsinne mich einer Massenversammlung, die im Jahre 1936 in Paris stattfand. Am Pult stand André Malraux, außer sich vor Ungeduld und Verzweiflung über die Blindheit und die seelische Faulheit derer, die es noch nicht erkannten und die es nicht erkennen wollten, daß Hitler den Krieg bedeutete. Da improvisierte er ein Mittel, mit dem er es von einem Augenblick zum anderen zuwege brachte, der Zuhörerschaft die Augen zu öffnen: Er begann nämlich, die Versammelten abzuzählen. Sein Zeigefinger wanderte von Platz zu Platz, von

Reihe zu Reihe; und bei jedem Zehnten, auf den sein Finger wies, rief er, so als wenn er den Mann zum Tode verurteilte: „Mort" – tot.

Sind auch wir schon wieder so weit? Sollen auch wir nun wieder jeden Zehnten auszählen?

Nein. Denn das können wir uns ersparen. Aber nicht etwa deshalb, weil die Bedrohlichkeit der Lage geringer wäre als vor achtundzwanzig Jahren. Sondern weil sie heute ungleich größer ist. Weil wir in der *Endzeit* leben, in der Zeit, in der wir einander wirklich das Ende bereiten können; und weil diese Endzeit, wenn wir das nicht verhindern, in das wirkliche *Zeitenende* umschlagen wird. – Jeder Zehnte? Gute Zeiten waren das, als man nur jeden Zehnten als wahrscheinlichen Toten auszuzählen brauchte. Diese Zeiten liegen hinter uns. Heute und hier würde eine einzige Geste genügen. Diese Geste würde *uns alle* – und damit meine ich nicht nur Sie, die Sie hier im Saale anwesend sind; und nicht nur die auf den Straßen; und nicht nur die in anderen Ländern und Städten – diese Geste würde vielmehr die gesamte heutige und künftige Menschheit umgreifen. Und das Wort „mort", das würde man nur ein einziges Mal auszusprechen brauchen.

Liebe Endzeitgenossen! Wir sind hier zusammengekommen, um der Toten der drei Weltkriege zu gedenken. Daß unsere Kraft nicht ausreicht, um uns diese Millionen wirklich vorzustellen und um uns den ungeheuren Klagelärm, den die Summe der Abermillionen Todesschreie ergeben würde, wirklich zu hören, das wissen wir ja. Was können wir da tun, um ihrer dennoch zu gedenken?

Mir scheint, uns bleibt nichts anderes übrig, als daß jeder von uns versuche, *eines* Toten zu gedenken, eines einzigen. Aber wenn möglich eines, der nicht zu seinen persönlichen Toten gehört.

Der eine gedenke eines zerstrahlten Kindes in Hiroshima.

Der andere einer verbrannten Frau in Dresden.

Der dritte eines vergasten Juden in Auschwitz.

Der vierte eines im Ozean ertrunkenen Amerikaners.

Der fünfte eines im Gestapokeller Zusammengeschlagenen.

Der sechste eines gemarterten Algeriers.

Der siebente eines in Stalingrad zu Eis erstarrten Russen.

Der achte eines Kindes, das *morgen* zerstrahlt daliegen wird.

Der neunte eines Matrosen, der *morgen* ertrinken wird.

Der zehnte eines Kindes, das *morgen* nicht mehr das Licht der Welt erblicken wird.

Jeder versuche, *eines* zu gedenken, eines Gewesenen oder eines Künftigen. Vielleicht, daß die Summe unseres Gedenkens und unserer Trauer *dem* nahekommen wird, was wir eigentlich betrauern müßten. Und vielleicht, daß wir aus diesem Gedenken die Kraft zu dem Entschluß gewinnen können, durchzusetzen, daß, die wir heute im voraus beklagen, *doch* weiterleben, daß also das Furchtbare *nicht* geschehe.

Zu diesem Gedenken und zu diesem aus Trauer geborenen Entschluß bitte ich Sie, sich zu erheben.

(Abgeschlossen am 18. Oktober 1964)

Weitere Bücher von Günther Anders

Die atomare Drohung

Radikale Überlegungen
3., durch ein Vorwort erweiterte Auflage von
‹Endzeit und Zeitenende›. 1981. 237 Seiten. Paperback
(Beck'sche Schwarze Reihe, Band 238)

«Was wir bekämpfen, ist nicht dieser oder jener Gegner, der mit atomaren Mitteln attackiert oder liquidiert werden könnte, sondern die atomare Situation als solche.» *Günther Anders*

Die Antiquiertheit des Menschen

Erster Band:
Über die Seele im Zeitalter der zweiten industriellen Revolution
Durch ein Vorwort erweiterte 5. Auflage. 1980.
X, 353 Seiten. Leinen

Zweiter Band:
Über die Zerstörung des Lebens im Zeitalter
der dritten industriellen Revolution
2., unveränderte Auflage. 1981. 465 Seiten. Leinen

«Dieses Werk ist eine radikale Abrechnung. Es ist eine ‹Summa technologiae› ... auf seine Weise ein Jahrhundertwerk.» *Westdeutscher Rundfunk*

Besuch im Hades

Auschwitz und Breslau 1966. Nach ‹Holocaust› 1979
1979. 218 Seiten. Paperback
(Beck'sche Schwarze Reihe, Band 202)

«Die Form des philosophischen Tagebuchs erlaubt eine besondere Schärfe der mikroskopischen Erkenntnis, wenn es scheinbar persönlichste Eindrücke versammelt und sie zu einem Mosaik der Zeitgeschichte legt.»
Deutsches Allgemeines Sonntagsblatt

Ketzereien

1982. 348 Seiten. Leinen

Hier schreibt Günther Anders «über Gott und die Welt, über Natur, Gesellschaft, Mitmenschen und Kunst ... als Vertreter von Kampfthesen, der es mindestens verdienen würde, attackiert zu werden». *Aus dem Vorwort*